ABRAMOS LA BIBLIA

EL ANTIGUO TESTAMENTO

DECLINACIÓN Y CAÍDA DE UN IMPERIO 471

17. Introducción a la profecía 473
18. Jonás 481
19. Joel 493
20. Amós y Oseas 509
21. Isaías 535
22. Miqueas 563
23. Nahúm 575
24. Sofonías 581
25. Habacuc 593
26. Jeremías y Lamentaciones 609
27. Abdías 639

LA LUCHA POR SOBREVIVIR 649

28. Ezequiel 651
29. Daniel 679
30. Ester 709
31. Esdras y Nehemías 723
32. 1 y 2 Crónicas 747
33. Hageo 765
34. Zacarías 777
35. Malaquías 803

ÍNDICE

INTRODUCCIÓN 11

I EL ANTIGUO TESTAMENTO 25

LAS INSTRUCCIONES DEL FABRICANTE 27
1. Reseña del Antiguo Testamento 29
2. Génesis 43
3. Éxodo 127
4. Levítico 159
5. Números 183
6. Deuteronomio 209

UNA TIERRA Y UN REINO 237
7. Josué 239
8. Jueces y Rut 271
9. 1 y 2 Samuel 299
10. 1 y 2 Reyes 329

POESÍAS DE ADORACIÓN Y SABIDURÍA 357
11. Introducción a la poesía hebrea 359
12. Salmos 377
13. Cantar de Cantares 407
14. Proverbios 417
15. Eclesiastés 439
16. Job 451

Copyright © 2015 David Pawson

El derecho de David Pawson a ser identificado como el autor de esta obra ha sido afirmado por él de acuerdo con la
Ley de Copyright, Diseños y Patentes de 1988.

A menos que se indique lo contrario, las citas bíblicas son tomadas de
La Santa Biblia, Nueva Versión Internacional® NVI®
© 1999 by Biblica, Inc.®
Usada con permiso. Todos los derechos reservados en todo el mundo.

Otras versiones bíblicas usadas:
(RVR60) Reina-Valera © 1960 Sociedades Bíblicas en América Latina;
© renovado 1988 Sociedades Bíblicas Unidas.

(LBLA) La Biblia de las Américas®,
© 1986, 1995, 1997 by The Lockman Foundation.

(NBLH) Nueva Biblia Latinoamericana de Hoy®
© 2005 by The Lockman Foundation.

(DHH) Dios Habla Hoy®, Tercera edición © Sociedades Bíblicas Unidas,
1966, 1970, 1979, 1983, 1996.

(NTV) Santa Biblia, Nueva Traducción Viviente,
© Tyndale House Foundation, 2010.

Traducido por Alejandro Field
Revisado por María Alejandra Ayanegui Alcérreca

Esta traducción internacional en español se publica por primera vez
en Gran Bretaña en 2015 por
Anchor Recordings Ltd
72 The Street
Kennington, Ashford TN24 9HS

ISBN 978-1-909886-10-0

Printed by CreateSpace

ABRAMOS LA BIBLIA

J. David Pawson, M.A., B.Sc
con
Andy Peck

Anchor Recordings

NOTA

Ésta es una obra escrita originalmente en ocho libros que se han agrupado en dos volúmenes, Antiguo Testamento y Nuevo Testamento. Este primer volumen incluye los primeros cinco libros (temas 1 a 35) y el segundo incluye los últimos tres libros (temas 36 a 59).

INTRODUCCIÓN

Supongo que todo comenzó en Arabia, en 1957. Era entonces un capellán de la Real Fuerza Aérea británica, a cargo del bienestar espiritual de todos los que no eran anglicanos o católicos romanos, sino de otras denominaciones, desde metodistas a salvacionistas y desde budistas a ateos. Tenía a mi cargo una serie de puestos desde el mar Rojo hasta el Golfo Pérsico. En la mayoría no había siquiera una congregación que pudiera llamar "iglesia", y mucho menos un edificio.

En la vida civil había sido un ministro metodista, trabajando en lugares que iban desde las islas Shetland al valle del río Thames. En esa denominación solo era necesario preparar unos pocos sermones cada trimestre que usaba para un "circuito" de capillas. Los míos habían sido en su mayoría centrados en un único versículo o en un único tema apoyado por varios versículos de distintas partes de la Biblia. En ambos casos eran tan culpable como cualquiera de sacar textos fuera de contexto, antes de darme cuenta de que los números de los capítulos y de los versículos no eran ni inspirados ni deseados por Dios. Habían hecho un enorme daño a las escrituras, en particular cambiando el significado mismo de la palabra "texto", ya no todo un libro sino una única oración. La Biblia se había convertido en un compendio de "textos de prueba", escogidos a voluntad y usados para apoyar casi todo lo que un predicador quisiera decir.

Con un puñado de sermones basados en esta técnica cuestionable, me encontré en uniforme, enfrentando congregaciones muy diferentes. Eran todos varones, en vez de las reuniones tipo "bote salvavidas" a las que había estado acostumbrado: mujeres y niños primero. Mi magro repertorio de mensajes pronto se agotó. Algunos habían caído como un globo de plomo, especialmente en servicios de desfiles obligatorios en Inglaterra, antes de ser destinado al exterior.

Así que, aquí estaba en Adén, prácticamente comenzando una iglesia de cero con el personal permanente y los reclutas temporarios de las fuerzas armadas más jóvenes de Su Majestad. ¿Cómo podría hacer que estos hombres se interesaran en la fe cristiana y luego se comprometieran con ella?

Algo (ahora diría Alguien) me impulsó a anunciar que daría una serie de charlas a lo largo de los próximos meses que nos llevaría a recorrer toda la Biblia ("¡de Generación a Revolución!").

Resultaría ser un viaje de descubrimiento para todos nosotros. La Biblia se convirtió en un libro nuevo cuando se lo veía como un todo. Usando un cliché gastado, los árboles nos habían impedido ver el bosque. Ahora el plan y el propósito de Dios aparecían desplegados de una manera nueva. Los hombres estaban recibiendo algo del tamaño suficiente como para hincar sus dientes. La idea de ser parte de un rescate cósmico era una poderosa motivación. Veíamos la historia de la Biblia como algo real y pertinente a la vez.

Por supuesto, mi "reseña" en ese tiempo era bastante sencilla, hasta ingenua. Me sentía como un turista estadounidense que "hizo" el Museo Británico en 20 minutos, ¡y lo podría haber hecho en 10 si hubiera tenido sus zapatillas! Corrimos velozmente por los siglos, dando a algunos libros de la Biblia poco más que una mirada al pasar.

Pero los resultados superaron mis expectativas y fijaron el curso para el resto de mi vida y ministerio. Me había convertido en un "maestro de la Biblia", si bien en forma embrionaria. Mi anhelo de compartir la emoción de conocer toda la Biblia se convirtió en una pasión.

Cuando volví a la vida de iglesia "normal", me propuse llevar a mi congregación a través de toda la Biblia en una década (si me soportaban tanto tiempo). Esto implicaba encarar alrededor de un "capítulo" por culto y llevó mucho tiempo, tanto en la preparación (una hora en el estudio por cada 10 minutos en el púlpito) como en la entrega (45-50 minutos). La proporción era similar a la que existe entre cocinar y comer una comida.

El efecto de esta "exposición" sistemática de las escrituras confirmó que estaba en lo correcto. Quedó en evidencia un hambre genuina por la Palabra de Dios. Comenzaron a *venir* personas de todas partes "para recargar sus baterías", como explicaron algunos. Pronto este tráfico se invirtió. Las grabaciones en cintas, preparadas primero para los enfermos y confinados al hogar, ahora comenzaron a *ir* a todas partes, finalmente de a cientos de miles a 120 países. Nadie estaba más sorprendido que yo.

Cuando salí de Gold Hill, en Buckinghamshire, hacia Guildford, en Surrey, me encontré participando en el diseño y la construcción del Millmead Centre, que contenía un auditorio ideal para continuar este ministerio de enseñanza. Cuando se inauguró, decidimos asociarlo con toda la Biblia leyéndola en voz alta de punta a punta sin parar. Nos llevó 84 horas, desde el domingo a la noche hasta el jueves a la mañana. Cada persona leía 15 minutos antes de pasar la Biblia a otra. Usamos la versión "actual", la más fácil para leer y escuchar, con el corazón y con la mente.

No sabíamos qué esperar, pero el evento pareció capturar la imaginación pública. Aun el alcalde quiso participar y por pura coincidencia (o providencia) se encontró leyendo acerca de un esposo que es "respetado en la comunidad; ocupa un puesto entre las autoridades del lugar". Insistió en llevar una copia a casa a su esposa. Otra mujer pasó camino a ver a su abogado para la terminación legal de su matrimonio, y se encontró leyendo: "Yo aborrezco el divorcio, dice el Señor". Nunca fue al abogado.

Asistió un total de 2000 personas y compraron media tonelada de Biblias. Algunos venían por media hora y seguían en el lugar tres horas después, diciéndose por lo bajo: "Bueno, tal vez un libro más y luego debo irme realmente".

Era la primera vez que muchos, incluyendo nuestros asistentes más habituales, habían escuchado jamás un libro de la Biblia leído de punta a punta. En la mayoría de las iglesias, solo se leen unas pocas frases cada semana, y no siempre de manera consecutiva. ¿Qué otro libro haría que alguien se interesara, y aun entusiasmara, cuando recibía este tratamiento?

Así que los domingos recorrimos toda la Biblia, libro por libro. Porque la Biblia no es un libro, sino muchos; de hecho, es toda una biblioteca (la palabra *biblia* en latín y griego es plural: "libros"). Y no solo muchos libros, sino muchas *clases* de libros: historia, ley, cartas, cantos, etc. Se volvió necesario, cuando habíamos terminado de estudiar un libro y al iniciar otro, comenzar con una introducción especial que cubriera preguntas muy básicas: ¿Qué clase de libro es éste? ¿Cuándo fue escrito? ¿Quién lo escribió? ¿Para quiénes fue escrito? Por sobre todo, ¿por qué fue escrito? La respuesta a esta pregunta brindaba la "llave" para abrir su mensaje. Nada en ese libro podría ser comprendido plenamente a menos que se lo viera como una parte del todo. El contexto de cada "texto" no era solo el párrafo o la sección, sino fundamentalmente todo el libro mismo.

A esta altura, estaba siendo conocido más ampliamente como un maestro de la Biblia y era invitado a universidades, conferencias y convenciones, primero en este país, pero cada vez más en el exterior, donde las cintas habían abierto puertas

INTRODUCCIÓN

y habían preparado el camino. Disfruto de conocer personas y lugares nuevos, ¡pero la sensación de novedad desaparece después de estar sentado en un avión diez minutos!

En todos los lugares donde iba encontré el mismo ávido deseo de conocer la Palabra de Dios. Alabé a Dios por la invención de las cintas grabadas que, a diferencia de los sistemas de video, están estandarizados en todo el mundo. Estaban ayudando a tapar un verdadero agujero en muchísimos lugares. Hay mucha evangelización exitosa, pero poco ministerio de enseñanza para estabilizar, desarrollar y madurar a los conversos.

Podría haber seguido de esta forma hasta el fin de mi ministerio activo, pero el Señor tenía otra sorpresa preparada para mí, que fue el último eslabón en la cadena que llevó a la publicación de este volumen.

A principios de la década de 1990, Bernard Thompson, un amigo que pastoreaba una iglesia en Wallingford, cerca de Oxford, me pidió hablar en una breve serie de reuniones unidas, con el objetivo de aumentar el interés y el conocimiento de la Biblia, ¡un propósito garantizado para lograr mi compromiso!

Dije que iría una vez al mes y hablaría tres horas acerca de un libro de la Biblia (con una pausa para el café). A cambio, pedí a los asistentes que leyeran el libro entero antes y después de mi visita. Durante las semanas que siguieron, los predicadores basarían sus sermones y las discusiones de los grupos caseros en ese mismo libro. Se esperaba que todo esto produciría cierta familiarización, por lo menos con ese libro.

Mi propósito era doble. Por un lado, interesar de tal forma a las personas en ese libro que apenas pudieran esperar para leerlo. Por otro, darles la suficiente perspectiva e información como para que, cuando lo leyeran, estuvieran entusiasmadas por su capacidad de entenderlo. Como ayuda para ambos propósitos, usé dibujos, gráficos, mapas y modelos.

Este enfoque fue realmente exitoso. ¡Después de solo cuatro meses, fui presionado para reservar fechas para los siguientes cinco años a fin de cubrir la totalidad de los 66 libros! Decliné con una sonrisa, diciendo que podría estar en el cielo mucho antes (de hecho, raramente he reservado nada más allá de seis meses de anticipación, no queriendo hipotecar mi futuro o presumir que tengo uno). Pero el Señor tenía otros planes, y me permitió completar la maratón.

Anchor Recordings (http://anchor-recordings.com) ha distribuido mis cintas durante los últimos 20 años y, cuando el director, Jim Harris, escuchó las grabaciones de estas reuniones, me alentó a considerar ponerlos en forma de video. Hizo arreglos para que las cámaras y los técnicos vinieran a High Leigh Conference Centre, donde su sala central fue "convertida" en un estudio, de a tres días por vez, lo que nos permitió hacer 18 programas con un público invitado. Llevó otros cinco años completar este proyecto, que fue distribuido bajo el título "Unlocking the Bible".[1]

Ahora estos videos están viajando por todo el mundo. Están siendo usados en grupos caseros, iglesias, universidades, fuerzas armadas, campamentos de gitanos, cárceles y en redes de televisión por cable. Durante una larga visita a Malasia, eran prácticamente arrebatados de la mano a razón de mil por semana. Han infiltrado los seis continentes, ¡incluyendo Antártida!

Más de uno lo ha llamado mi "legado a la iglesia". Ciertamente es el fruto del trabajo de muchos años. Y ahora estoy en mi séptima década en el planeta Tierra, aunque no creo que el Señor haya terminado conmigo aún. Pero sí había pensado que esta tarea específica había llegado a su conclusión. Estaba equivocado.

HarperCollins se puso en contacto conmigo con la idea

---

[1] En español, *Abramos la Biblia*.

INTRODUCCIÓN

de publicar este material en varios volúmenes. Hacía como diez años que venía escribiendo libros para otras editoriales, así que ya estaba convencido de que éste era un buen medio para difundir la Palabra de Dios. No obstante, tenía dos enormes reparos con relación a esta propuesta que me hicieron dudar. Uno, la forma en que el material había sido preparado; el otro, cómo había sido entregado. Los explicaré en orden inverso.

Primero, nunca he escrito enteramente ningún sermón, exposición o charla. Hablo usando notas, que a veces ocupan varias hojas. Me ha preocupado la comunicación tanto como el contenido, y sabía intuitivamente que un manuscrito completo interrumpe el vínculo entre el conferencista y el público, en particular al obligarlo a quitar la vista de los oyentes. El habla que es más espontánea permite responder a las reacciones además de expresar más emociones.

El resultado es que mi estilo cuando hablo y escribo es muy distinto, porque cada uno está adaptado a su propia función. Disfruto de escuchar mis cintas y soy capaz de emocionarme profundamente conmigo mismo. Me entusiasmo al leer una de mis nuevas publicaciones, y a veces le digo a mi esposa: "¡Esto *sí* es un material realmente bueno!". Pero cuando leo la transcripción de lo que he dicho, me avergüenzo y aun me horrorizo. ¡Tanta repetición de palabras y frases! Tanta divagación, ¡y aun frases incompletas! Tanta mezcla de tiempos verbales, ¡especialmente del pasado con el presente! ¿Realmente abuso del inglés de la reina de esta forma? La evidencia es irrefutable.

Dejé en claro que de ninguna forma podría considerar escribir este material en su totalidad. Ya me ha llevado toda una vida, y no tengo otra. Es cierto que las transcripciones de las charlas ya se habían hecho, con la idea de traducir y subtitular los videos en otros idiomas, como español y chino. Pero la idea de que fueran impresos me espantaba. Tal vez ésta sea una lucha final con el orgullo, pero el contraste con mis libros escritos, que tanto tiempo y esfuerzo me habían exigido, era más de lo que podía soportar.

Me aseguraron que los editores de las transcripciones corrigen la mayoría de los errores gramaticales. Pero el principal remedio propuesto fue emplear un "escritor fantasma" que estuviera sintonizado conmigo y con mi ministerio, para que adaptara el material para ser impreso. Una presentación de la persona escogida, Andy Peck, me dio toda la confianza de que podría hacer el trabajo, aun cuando el resultado no sería lo que yo hubiera escrito, ni tampoco, para el caso, lo que él mismo hubiera escrito.

Yo le entregué todas las notas, las cintas, los videos y las transcripciones, pero estos volúmenes son tanto obra suya como mía. Ha trabajado de una forma increíblemente dura y estoy profundamente agradecido a él por permitirme llegar a muchas más personas con la verdad que libera. Si uno recibe la recompensa de un profeta simplemente por dar al profeta un vaso de agua, solo puedo agradecer al Señor por la recompensa que recibirá Andy por esta inmensa obra de amor.

Segundo, nunca he guardado un registro cuidadoso de mis fuentes. Esto es en parte porque el Señor me ha bendecido con una memoria razonablemente buena para cosas como citas e ilustraciones, y tal vez también porque nunca he contado con la ayuda de una secretaria.

Los libros han jugado un papel importante en mi trabajo: tres toneladas, según la última empresa de mudanzas que usamos, que llenan dos habitaciones y un galpón del jardín. Están en tres categorías: los que he leído, los que pienso leer y los que nunca leeré. Han sido una bendición tan grande para mí como una pesadilla para mi esposa.

La sección más grande, por lejos, está llena de comentarios bíblicos. Al preparar un estudio bíblico, he consultado a todos los escritores pertinentes, pero solo después de haber

INTRODUCCIÓN

preparado lo más posible por mi cuenta. Luego he ampliado y corregido mis esfuerzos a la luz de escritos eruditos y devocionales.

Me resultaría imposible nombrar a todas las personas con las que me siento en deuda. Como muchos otros, devoré los *Daily Bible Readings*[2] de William Barclay apenas salieron, allá por la década del 50. Su conocimiento del trasfondo y del vocabulario del Nuevo Testamento fue invalorable, y su estilo sencillo y claro, un modelo a seguir, si bien más adelante llegué a cuestionar sus interpretaciones "liberales". John Stott, Merrill Tenney, Gordon Fee y William Hendricksen fueron algunos de los que abrieron el Nuevo Testamento para mí, mientras que Alec Motyer, G. T. Wenham y Derek Kidner hicieron lo propio con el Antiguo. Y no alcanzaría el tiempo para hablar de Denney, Lightfoot, Nygren, Robinson, Adam Smith, Howard, Ellison, Mullen, Ladd, Atkinson, Green, Beasley-Murray, Snaith, Marshall, Morris, Pink y muchísimos más. Tampoco debo olvidar dos notables libritos de las plumas de mujeres: *What the Bible is all about*,[3] de Henrietta Mears, y *Christ in all the Scriptures*,[4] de A. M. Hodgkin. Haberme sentado a sus pies ha sido un privilegio inestimable. Siempre he considerado una disposición para aprender como una de las cualificaciones fundamentales para ser un maestro.

Absorbí todas estas fuentes como una esponja. Recordaba mucho de *lo* que había leído, pero no podía evocar fácilmente *dónde* lo había hecho. Esto no parecía importar demasiado al recolectar material para la predicación, dado que la mayoría de estos escritores apuntaban precisamente a ayudar a predicadores, y no esperaban ser citados de continuo. Por cierto, un sermón lleno de citas atribuidas puede ser una

---

2 En español, *Lecturas bíblicas diarias*.
3 En español, *De qué se trata la Biblia*.
4 En español, *Cristo en todas las Escrituras*.

distracción considerable, cuando no malinterpretado como una ostentación de nombres o de instrucción, ¡cómo podría ocurrir con mi párrafo anterior!

Pero el material impreso, a diferencia de las prédicas, está sujeto a los derechos de autor, dado que hay regalías involucradas. Y el temor de infringirlos era un freno para permitir que alguna parte de mi ministerio hablado fuero reproducido de manera impresa. Sería imposible rastrear cuarenta años de materiales rebuscados, y aunque fuera posible, las notas al pie y reconocimientos necesarios podrían duplicar el tamaño y el costo de este volumen.

La alternativa era denegar el acceso a este material a aquellos que más podrían beneficiarse de él, algo que mi editor me persuadió de que sería incorrecto. Por lo menos era responsable de recoger y compaginar todo el material, pero quiero creer que hay suficientes componentes originales como para justificar su difusión.

Solo puedo ofrecer una disculpa y mi gratitud a todos cuyos estudios he saqueado a lo largo de los años, sea en pequeñas o grandes cantidades, con la esperanza de que puedan verlo como un ejemplo de esa imitación que es la forma más sincera de adulación. Usando una cita que leí en alguna parte, "Ciertos autores, al hablar de sus obras, dicen 'mi libro' . . . Harían mejor en decir 'nuestro libro' . . . porque generalmente hay en ellos más de otras personas que de ellos" (el original vino de Pascal).

De modo que, ¡he aquí "nuestro" libro! Supongo que soy lo que los franceses llaman crudamente un "vulgarizador", una persona que toma lo que enseñan los académicos y lo vuelve lo suficientemente sencillo como para que las personas "comunes" puedan entender. Me conformo con eso. Como me dijo una señora anciana, luego de haber explicado un pasaje profundo de las escrituras: "Usted lo partió en partes lo suficientemente chicas como para lo pudiésemos digerir".

INTRODUCCIÓN

De hecho, siempre he apuntado a enseñar de modo tal que un niño de doce años pudiera entender y recordar mi mensaje.

Algunos lectores se sentirán desilusionados y aun frustrados por la escasez de referencias de textos, ¡especialmente si desean verificar lo que digo! Pero su ausencia es intencional. Dios nos dio su Palabra en libros, pero no en capítulos y versículos. Eso fue la obra de dos obispos, un francés y un irlandés, siglos después. Se volvió más fácil encontrar un "texto" e ignorar el contexto. ¿Cuántos cristianos que citan Juan 3:16 pueden recitar los versículos 15 y 17? Muchos ya no "estudian con diligencia las Escrituras"; simplemente las buscan (si tienen los números). Así que he seguido la costumbre de los apóstoles de simplemente nombrar los autores: "como dijo Isaías, David o Samuel". Por ejemplo, la Biblia dice que Dios silba. ¿Dónde lo dice? En el libro de Isaías. ¿Por dónde? Vaya y averígüelo usted mismo. Entonces se enterará también cuándo y por qué lo hizo. Y tendrá la satisfacción de haberlo encontrado por su cuenta.

Una última palabra. Detrás de mi esperanza de que estas introducciones a los libros de la Biblia lo ayuden a conocerlos y amarlos más que antes yace un anhelo mucho más grande y profundo: que usted también conocerá mejor y amará más al personaje central de todos los libros, el Señor mismo. Me conmovió profundamente el comentario de alguien que había visto todos los videos en unos pocos días: "Sé mucho más acerca de la Biblia ahora, pero lo más grande es que he sentido el corazón de Dios como nunca antes".

¿Qué más podría pedir un maestro de la Biblia? Deseo que usted experimente lo mismo al leer estas páginas y se una a mí diciendo: "Alabado sea el Padre, el Hijo y el Espíritu Santo".

J. David Pawson
Sherborne St John, 2008

INTRODUCCIÓN

Pensé que la Biblia conocía
Por leer pedacitos cada tanto
Una pizca de Juan o Mateo
De Génesis los primeros años

Ciertos capítulos de Isaías
Algunos salmos, el veintitrés
Trozos de Proverbios y Romanos
Si, la Palabra conocía pensé

Pero encontré que leerla en serio
Una cosa muy distinta era
Y un camino desconocido
Cuando leí la Palabra completa

Tú que juegas a la Biblia
Picoteando de verso en verso
Cuando de rodillas cansado
Bostezas un presuroso rezo

Tú que esta reina de escrituras
Como ningún otro libro tratas
Solo un párrafo inconexo
Una cruda y rápida mirada

Intenta un proceso más digno
Intenta una visión firme y plena
De rodillas pasmado quedarás
Cuando leas la Biblia completa.

Autor anónimo

I.
ANTIGUO TESTAMENTO

LAS INSTRUCCIONES DEL FABRICANTE

1. Reseña del Antiguo Testamento

2. Génesis

3. Éxodo

4. Levítico

5. Números

6. Deuteronomio

1.
RESEÑA DEL ANTIGUO TESTAMENTO

Dios nos ha dado una biblioteca de 66 libros. La palabra latina *biblia* significa literalmente "libros".

Los 39 libros del Antiguo Testamento, que cubren más de 2000 años, fueron escritos por diferentes autores e incluyen muchos tipos de literatura. Por lo tanto, no es ninguna sorpresa que muchos lleguen a la Biblia preguntándose cómo encaja todo.

Dios no organizó la Biblia por tópicos para que pudiésemos estudiar temas individualmente; la ordenó de manera que pudiésemos leer un libro por vez. La Biblia es la verdad de Dios acerca de sí mismo y sobre cómo debemos relacionarnos con él, puesto en el contexto de la historia. Cuenta cómo las personas, principalmente de la nación de Israel, llegaron a experimentar a Dios por sí mismas y cómo respondieron a su Palabra. Lejos de ser un árido libro de texto teológico, es la vibrante historia de la obra redentora de Dios en la vida de su pueblo.

Muchos no logran comprender el mensaje general porque tienen un entendimiento insuficiente del trasfondo de la Biblia. Este capítulo apunta a brindar una reseña del Antiguo Testamento de modo que cualquier porción específica de la escritura pueda tener su contexto adecuado.

Geografía

Si queremos entender el Antiguo Testamento hay dos mapas que necesitamos apreciar ante todo: la Tierra Prometida y Oriente Medio.

La zona clave del mapa de Oriente Medio es lo que los geógrafos denominan "el Creciente Fértil": la franja de tierra fértil que se extiende desde el río Nilo, en Egipto, en el oeste, hacia el noreste, a través de la tierra de Israel y luego hacia el sur y el sureste, hacia las llanuras que rodean los ríos Tigris y Éufrates, en lo que se solía llamar Mesopotamia (que significa "el medio de los ríos"; *meso*: "medio" y *potamia*: "ríos"). Esta zona fecunda comprendía los centros de poder del mundo antiguo, con Egipto ubicado al oeste y Asiria, luego Babilonia, al este. Israel estaba encerrado entre ambos, y gran parte del Antiguo Testamento está escrito con las luchas entre estos poderes mundiales en el trasfondo. Hay momentos importantes también cuando sus amenazas o actividades afectan directamente a Israel.

La posición geográfica de Israel hacía que fuera importante como una ruta comercial. El desierto sirio al este de Israel significaba que los comerciantes y ejércitos del oriente necesitaban cruzar la frontera de Israel cuando se desplazaban entre Asia, África y Europa. Una zona montañosa de roca basáltica al sudoeste del mar de Galilea encauzaba a los viajeros a través del valle de Jezreel camino a Meguido. Un gran camino troncal ingresaba a Palestina a través de las Puertas Sirias, que atravesaba Damasco, cruzando el puente de las Hijas de Jacob y sobre un dique de basalto hacia el lago de Galilea. Luego corría hacia el sudoeste a través de las llanuras de Meguido a la llanura costera, a través de Lod y Gaza hacia Egipto. Israel era un corredor angosto; hacia el este estaba la fosa tectónica que corría de norte a sur hacia el mar Muerto, y hacia el oeste estaba el mar Mediterráneo.

Israel, por lo tanto, estaba en la encrucijada del mundo, con rutas comerciales que llegaban de todas las direcciones, y Meguido era el lugar donde se encontraban todas. Mirando por encima de esta "encrucijada" estaba la aldea de Nazaret, y sin duda Jesús se habría sentado sobre la colina ahí mientras veía pasar el mundo.

Este lugar tiene importancia espiritual. Dios estaba plantando un pueblo en una encrucijada, donde podría ser un modelo del reino del cielo en la tierra. El mundo entero podría ver la bendición que viene a un pueblo que vive bajo el gobierno de Dios, y la maldición que viene cuando desobedece. La posición única de Israel no es ningún accidente.

Volviendo a la geografía interna de la Tierra Prometida, la parte norte que contiene la encrucijada del mundo se llamaba Galilea, o "Galilea de las naciones", por su sabor internacional. La parte sur, Judea, era más montañosa y estaba aislada del resto del mundo, propiciando una cultura más característicamente judía, con la capital, Jerusalén, en su centro.

ABRAMOS LA BIBLIA

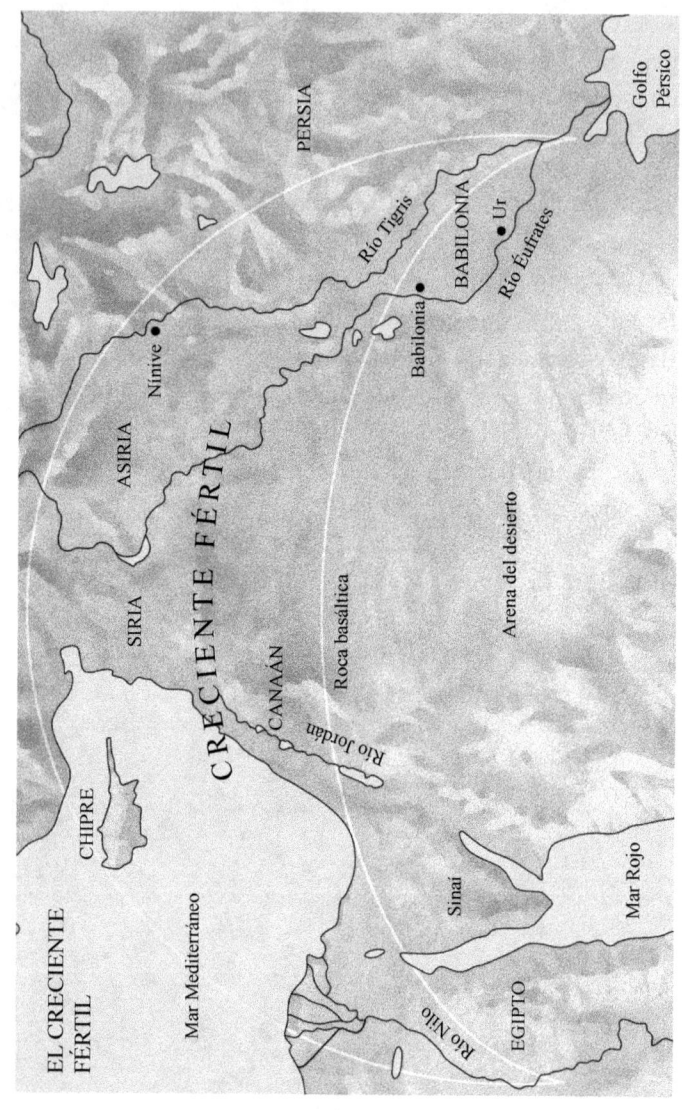

LAS INSTRUCCIONES DEL FABRICANTE

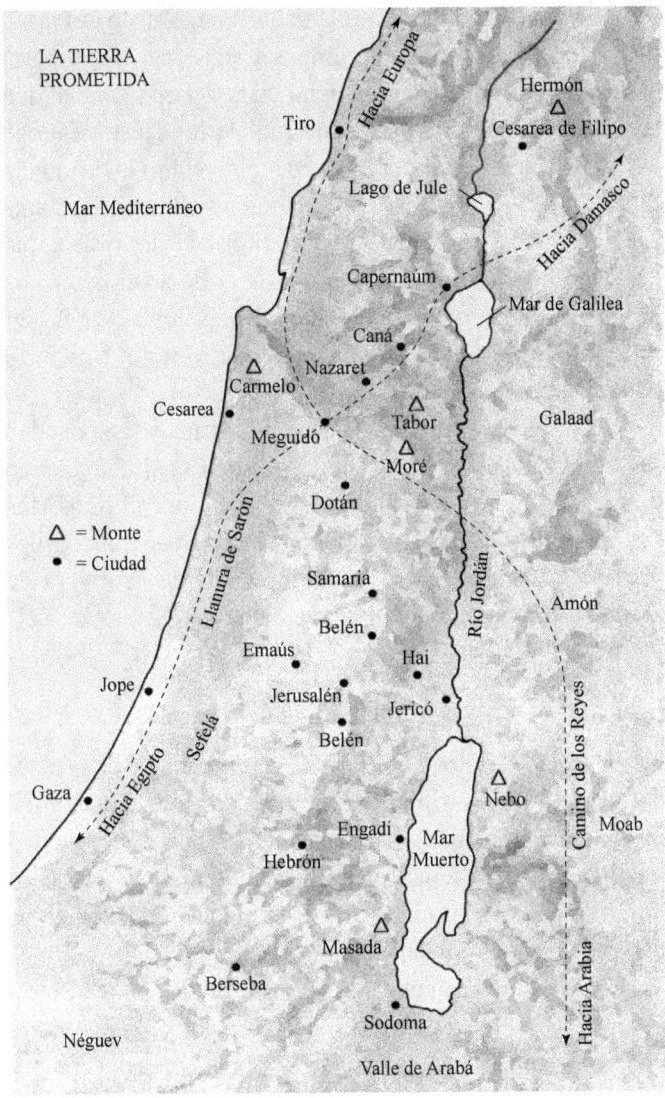

La Tierra Prometida tiene el tamaño aproximado de Gales, pero incluye toda clase de climas y paisajes. No importa dónde viva usted, hay algún lugar en Israel que es igual que su hogar. El lugar más parecido a Inglaterra es justo al sur de Tel Aviv. Carmelo, al norte, es conocido como la "pequeña Suiza". A solo 10 minutos de Carmelo usted puede sentarse entre palmeras. Se destaca en el territorio el río Jordán, que nace en el monte Hermón y corre de norte a sur dentro de la fosa tectónica que mencionamos antes, a través del mar de Galilea y descendiendo hacia el mar Muerto. Una fértil llanura rodea su curso.

Toda la flora y la fauna de Europa, África y Asia pueden ser encontradas en Israel. Hay pinos de Escocia creciendo junto a palmeras del Sahara. En tiempos bíblicos, los animales salvajes en el país incluían leones, osos, cocodrilos y camellos. Parece como si todo el mundo estuviera de alguna forma metido en un pequeño país.

Historia

Después de habernos familiarizado con la geografía general del mundo del Antiguo Testamento, ahora necesitamos considerar un bosquejo de su historia. Podría parecer una tarea abrumadora tener que cubrir 2000 años o más, pero un gráfico sencillo nos ayudará a entender los elementos básicos (ver más adelante).

El Antiguo Testamento cubre más de 2000 años de historia antes del tiempo de Cristo. Génesis 1-11 cubre la parte "prehistórica": la creación del universo, la Caída del hombre en el jardín del Edén, el Diluvio y la torre de Babel. El foco acá está en la humanidad en general, si bien incluye una línea "piadosa". Pero podemos hacer un gráfico de la historia de Israel mismo desde 2000 a.C., cuando Dios llama a Abraham (si bien pasarían siglos antes que se formara la nación).

LAS INSTRUCCIONES DEL FABRICANTE

El período del Antiguo Testamento puede ser dividido en cuatro partes iguales de unos 500 años cada uno. Cada período tiene un suceso clave, una persona destacada y un tipo de liderazgo.

2000	**1500**	**1000**	**500**
Elección	Éxodo	Imperio	Exilio
Abraham	Moisés	David	Isaías
Patriarcas	Profetas	Reyes	Sacerdotes

En el primer período, los patriarcas condujeron a Israel: Abraham, Isaac, Jacob y José. En el segundo, Israel fue liderado por profetas, de Moisés a Samuel. En el tercer período, fueron conducidos por reyes, de Saúl a Sedequías. El cuarto período vio a los sacerdotes asumir la conducción, de Josué (un sacerdote que volvió a Judá desde el exilio bajo el gobierno de Zorobabel) a Caifás, en el tiempo de Cristo.

Ninguno de estos tipos de líderes eran ideales, y cada individuo trajo sus propias fallas a la tarea. La nación necesitaba un líder que fuera un profeta, sacerdote *y también* rey, y lo encontró en Jesús. Cada etapa, por lo tanto, era una prefiguración del líder ideal que vendría.

Esta línea de tiempo es interrumpida por dos tramos de 400 años. El primero viene entre los patriarcas y los profetas, alrededor de 1500 a.C., y el segundo, después de los sacerdotes, en 400 a.C. Durante estos dos grupos de 400 años Dios no dijo ni hizo nada, así que no hay nada en la Biblia para esos dos períodos. Se escribieron algunos libros judíos en el segundo de estos dos períodos, conocidos colectivamente como los Apócrifos, pero no forman parte de la Biblia misma porque no cubren el tiempo cuando Dios estaba hablando y actuando. Por lo tanto, Malaquías es el último libro del Nuevo Testamento en nuestras Biblias inglesas-españolas convencionales, y luego hay un intervalo de 400 años antes del Evangelio de Mateo.

Es de especial interés notar los sucesos en la historia mundial que ocurrieron durante estos dos intervalos. Las culturas egipcia, india y china se desarrollaron durante el primer intervalo, mientras que en el segundo se desarrolló la filosofía griega, a través de Sócrates, Platón y Aristóteles. Otras grandes figuras de este tiempo incluyen a Buda, Confucio, Alejandro Magno y Julio César. Ocurrió mucho que los historiadores consideran importante, pero que era de poca relevancia para Dios. Lo que realmente importaba era *su* historia con *su* pueblo.

Una breve reseña de los libros

Génesis 12-50 cubre el primer período de la historia de Israel, cuando la nación fue liderada por los patriarcas (ver la tabla más adelante). Es posible que el libro de Job haya sido escrito en este tiempo, ya que hay paralelos con la clase de vida que habrían vivido los patriarcas.

Hay relativamente pocos libros que cubren el siguiente cuarto. Éxodo, Levítico, Números y Deuteronomio fueron escritos todos por Moisés. Los libros de Josué, Jueces y Rut continúan la historia de ese período.

LAS INSTRUCCIONES DEL FABRICANTE

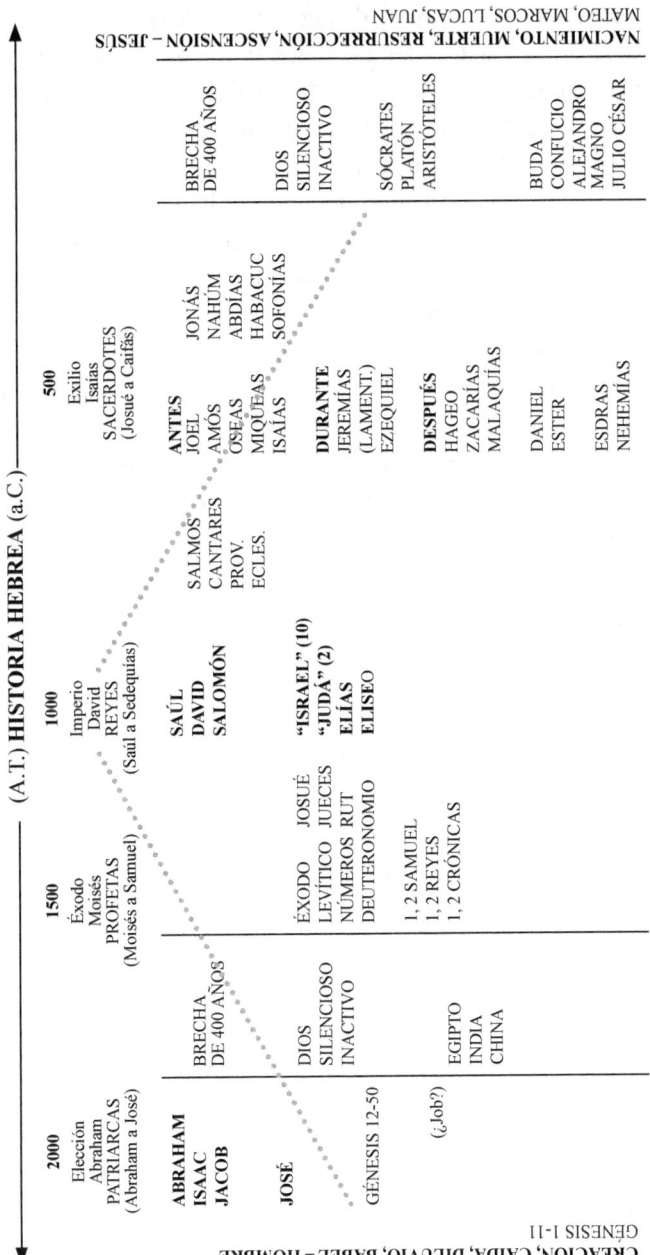

Hay más libros asociados con el tercer cuarto: Samuel, Reyes y Crónicas, además de los libros poéticos: Salmos, Proverbios, Eclesiastés y Cantar de Cantares. Durante este tercer cuarto, y luego del tiempo de Salomón, hubo una guerra civil durante la cual las doce tribus se dividieron en dos partes. Las diez tribus del norte se llamaron Israel y las dos del sur, Judá. Éste es el fin de la nación unida. Hubo profetas durante ese tiempo —Elías y Eliseo—, pero no tuvieron sus propios libros.

Finalmente, hay un gran número de libros proféticos asociados con el exilio (el reino del norte de Israel cayó ante los asirios, y luego las tribus del reino del sur de Judá fueron exiliadas por la fuerza por los babilonios). Algunos contienen profecías antes del exilio, algunos durante, algunos después, y algunos tienen una mezcla, porque el profeta se superpone a más de una fase. Esto nos dice algo acerca de la importancia de este suceso para la historia de Israel. Significó la pérdida de la tierra que Dios les había prometido y fue un golpe al corazón de su identidad como nación.

Hubo profetas que advirtieron al pueblo que perderían la tierra y profetas (a veces los mismos) que los consolaron cuando la perdieron. Hubo profetas que los instaron a reconstruir el templo cuando volvieron a Judá luego de estar 70 años afuera. Los libros de Daniel y Ester fueron escritos desde Babilonia misma. Los profetas Esdras y Nehemías ayudaron a reconstruir Jerusalén y a renovar al pueblo una vez que volvió.

Esta breve reseña es suficiente para demostrar que los libros del Antiguo Testamento no están siempre en orden cronológico. Los "libros históricos" están ordenados de manera bastante precisa, pero los profetas están organizados por tamaño, y no por cronología. Por lo tanto, puede ser confuso saber quién hablaba y en qué momento.

El crecimiento y la caída de una nación

Hay otro aspecto del gráfico anterior que vale la pena subrayar. Muestra una línea de puntos que representa la suerte de la nación, que alcanza su punto máximo bajo David y Salomón. La subida suave de la línea indica el avance hasta ese punto, con una brusca caída una vez alcanzado el pico. Todo judío mira atrás a este período y anhela su retorno. Fue una era dorada. Buscan un hijo de David que restaure su prosperidad.

La última pregunta que hicieron los discípulos a Jesús antes que ascendiera al cielo fue acerca de cuándo restauraría el reino a Israel. Siguen haciendo la misma pregunta dos mil años después.

La línea continúa su descenso hasta que Israel es exiliado por Asiria en 721 a.C., y luego Judá por Babilonia en 587 a.C.

Después de la brecha de 400 años llega Juan el Bautista, el primer profeta en mucho tiempo. Luego viene la vida y el ministerio de Jesús. El Nuevo Testamento cubre 100 años, comparados con los más de 2000 años del Antiguo Testamento.

El orden de los libros

Ya hemos notado que la cronología de la historia del Antiguo Testamento es diferente del orden en el cual aparecen los libros. Hay también una gran diferencia en el orden de los libros incluidos en el Antiguo Testamento inglés-español comparado con la Biblia hebrea. Nuestra Biblia está ordenada en términos de **historia** (Génesis a Ester), luego **poesía** (Job a Cantar de Cantares) y luego **profecía** (Isaías a Malaquías). Los profetas se dividen además en **profetas mayores** (Isaías, Jeremías, Ezequiel y Daniel) y **profetas menores** (Oseas a Malaquías). Sin embargo, las descripciones "mayores" y "menores" corresponden al tamaño del libro y nada más.

Estas divisiones generalmente se resaltan en el índice, si es que aparecen, de modo que la mayoría de los lectores no son conscientes del cambio de categoría cuando pasan de una sección a la siguiente.

Las Escrituras hebreas tienen tres claras divisiones. Los primeros cinco libros no son considerados como historia sino como **ley**, y son conocidos por las primeras palabras que se leían al abrir el rollo. La sección siguiente lleva por título **profetas**, un título sorprendente, porque incluye varios libros que aparecen en la Biblia inglesa-española como historia. Josué, Jueces, Samuel y Reyes son llamados **profetas anteriores**, y los profetas mayores y menores (como se los denomina en nuestra Biblia) llevan el nombre de **profetas posteriores**. Esto se debe a que los judíos consideran los libros históricos como historia profética: la historia de acuerdo a cómo *Dios* percibía lo que ocurría y lo que era importante para él. Toda historia está basada en el principio de selección y conexión: qué se incluye y por qué se incluye. La historia de la Biblia no es ninguna excepción, excepto que son los profetas, bajo la inspiración de Dios, quienes hacen la selección.

Rut y los libros de Crónicas son historia dentro de la Biblia inglesa-española, pero no son considerados como historia profética dentro de la Biblia hebrea. Por cierto, no hay ninguna acción directa de Dios mencionada en el libro de Rut, si bien las personas en la historia se refieren a él, por ejemplo al bendecir a otras. En cambio, estos libros forman parte de los **escritos**, la tercera y última división en las Escrituras hebreas. Hay más sorpresas aquí, porque se incluyen los libros poéticos y Daniel, que uno esperaría que estuviera entre los libros proféticos.

LAS INSTRUCCIONES DEL FABRICANTE

ANTIGUO TESTAMENTO

HEBREO		INGLÉS-ESPAÑOL	
LEY (TORA, PENTATEUCO)	Jonás	**HISTORIA (PASADO)**	**PROFECIA (FUTURO)**
* En el principio (Génesis)	Miqueas	* Génesis	**Mayores (4):**
* Estos son los nombres (Éxodo)	Nahúm	* Éxodo	Isaías
* Y llamó (Levítico)	Habacuc	* Levítico	Jeremías
* El Señor le habló a Moisés (Números)	Sofonías	* Números	* Lamentaciones
* Éstas son las palabras (Deuteronomio)	Hageo	* Deuteronomio	Ezequiel
PROFETAS	Zacarías	* Josué	* Daniel
Anteriores:	Malaquías	* Jueces	**Menores (12):**
* Josué	**ESCRITOS**	* Rut	Oseas
* Jueces	* Alabanzas (Salmos)	* 1, 2 Samuel	Joel
* Samuel	* Job	* 1, 2 Reyes	Amós
* Reyes	* Proverbios	* 1, 2 Crónicas	Abdías
Posteriores:	* Rut	* Esdras	Jonás
Isaías	* Cantar de Cantares	* Nehemías	Miqueas
Jeremías	* El Predicador (Eclesiastés)	* Ester	Nahúm
Ezequiel	* ¿Cómo? (Lamentaciones)	**POESÍA (PRESENTE)**	Habacuc
Oseas	* Ester	* Job	Sofonías
Joel	* Daniel	* Salmos	Hageo
Amós	* Esdras	* Proverbios	Zacarías
Abdías	* Nehemías	* Eclesiastés	Malaquías
	* 1, 2 Las palabras de los días (Crónicas)	* Cantar de Cantares	"maldición" (última palabra)
	"sube" (aliya) (últimas palabras)		
	[Lucas 24:27, 44]		

(Los asteriscos indican libros que aparecen en diferentes secciones en la Biblia hebrea y la inglesa-española)

Esta división puede parecer extraña, pero es la que Jesús menciona cuando aparece a los dos hombres camino a Emaús y a los diez discípulos, luego de su muerte y resurrección. Leemos cómo los llevó a recorrer la ley, los profetas y los escritos, y les mostró todo acerca de él. Ésta era la división del Antiguo Testamento que Jesús conocía y aceptaba, y creo que nos puede resultar útil a nosotros también.

Hay otros libros de historia judía que no forman parte de la Biblia. Los libros Apócrifos son mayormente "históricos", si bien algunos contienen otras clases de literatura. Incluyen historias fascinantes, que ofrecen perspectivas de la vida de los macabeos en su rebelión contra los griegos que ocuparon el país siglos antes de Cristo. Pero estos libros no fueron considerados como registros inspirados por Dios, así que no fueron incluidos cuando se acordó finalmente el canon del Antiguo Testamento. Han sido incorporados a las Biblia católica romana. En este volumen, los libros han sido reorganizados siguiendo un orden aproximadamente cronológico, de modo que los lectores puedan oír las palabras de Dios en el orden en que las habló, y así entender mejor el sentido de la revelación progresiva que contienen.

Conclusión

El Antiguo Testamento puede parecer confuso a primera vista, pero espero que esta reseña lo ayude a navegar exitosamente por sus páginas. Por supuesto, nada reemplaza la lectura y relectura del texto mismo. El ejercicio no necesita ser académico. Dios ha inspirado la escritura del Antiguo Testamento y se encontrará con usted a través de sus páginas. Solo tiene que pedírselo.

2.
GÉNESIS

Introducción

La Biblia no es un libro, sino muchos. La palabra "Biblia" viene de la palabra plural *biblia*, que significa "biblioteca" en latín. Consiste de 66 libros distintos y es diferente de cualquier otro libro de historia, ya que comienza antes y termina después. Su primer libro, Génesis, comienza en el inicio del universo y el último, Apocalipsis, describe el fin del mundo y más allá. La Biblia es también única porque es la historia escrita desde el punto de vista de Dios. Una historia política o una historia física del universo tienen un enfoque determinado por el interés humano, pero en la Biblia Dios selecciona lo que es importante para él.

Temas
Hay básicamente dos temas principales en la Biblia: lo que ha salido mal con nuestro mundo y cómo se puede arreglar. La mayoría está de acuerdo en que nuestro mundo no es un buen lugar donde vivir, que algo ha salido terriblemente mal. El libro de Génesis nos dice exactamente cuál es el problema, mientras que el resto de la Biblia nos dice cómo Dios arreglará las cosas rescatando a la humanidad pecaminosa de sí misma. Los 66 libros de la Biblia forman parte de un gran drama, lo que podríamos denominar el drama de la redención. Génesis es fundamental, porque nos introduce al escenario, el elenco y la trama de esta gran obra dramática. Además, sin los primeros capítulos de este libro, el resto de la Biblia no tendría mucho sentido.

COMIENZOS
El título hebreo para este libro es simplemente "En el principio". Las Escrituras hebreas venían en forma de

pergaminos enrollados, y el nombre de cada libro era la primera palabra o frase escrita arriba del rollo, visible para cualquiera que buscara identificar qué libro era.

Cuando el Antiguo Testamento hebreo fue traducido al griego alrededor de 250 a.C., los traductores cambiaron el nombre del primer libro a "Génesis", que significa en realidad "orígenes" o "comienzos". Es un título muy apropiado, ya que el libro incluye el origen de muchas cosas: nuestro universo, el sol, la luna y las estrellas, el planeta Tierra. Aquí tenemos el origen de las plantas, las aves, los peces, los animales y los humanos. Tenemos también el comienzo del sexo, el matrimonio y la vida familiar, el origen de la civilización, el gobierno, la cultura (artes y ciencias), el pecado, la muerte, el asesinato y la guerra. También tenemos los primeros sacrificios, tanto de animales como de humanos. En pocas palabras, tenemos una historia resumida de la humanidad. Los primeros 11 capítulos de Génesis podrían llamarse "el prólogo de la Biblia".

LA NECESIDAD DE REVELACIÓN

Génesis no trata solo con los orígenes, sino que aborda también las preguntas últimas de la vida. ¿De dónde vino nuestro universo? ¿Por qué estamos aquí? ¿Por qué tenemos que morir?

Es obvio de inmediato que estas preguntas no pueden ser contestadas por ningún ser humano. Los historiadores registran lo que las personas han visto o experimentado en el pasado. Los científicos observan lo que puede ser observado hoy y sugieren cómo las cosas pueden haber comenzado. Pero ninguno de estos grupos puede decirnos por qué comenzó todo y si el universo, como existe hoy, tienen algún significado. Los filósofos solo pueden conjeturar las respuestas. Especulan acerca del origen del mal y por qué hay tanto sufrimiento en el mundo, pero no lo saben con certeza. La única persona que podría contestarnos realmente estas preguntas es Dios mismo.

¿Quién lo escribió?
Cuando abrimos el libro de Génesis, por lo tanto, nos vemos enfrentados inmediatamente con la pregunta: ¿Estamos leyendo los resultados de la imaginación humana o un libro de inspiración divina?

    La pregunta puede ser contestada adoptando un enfoque similar al que se usa en la investigación científica. La ciencia está basada en pasos de fe: se produce una hipótesis y luego se la verifica para ver si encaja con los hechos. Así avanza la ciencia, con una serie de saltos de fe, postulando teorías y tomando acciones basadas en las teorías. De manera similar, a fin de leer Génesis correctamente debemos dar un salto de fe antes de abrir el libro siquiera. Debemos suponer que es un libro de inspiración divina y luego ver si las respuestas que brinda encajan en los hechos de la vida y el universo, tal como los vemos.

    Hay dos hechos claros en particular que se explican perfectamente por las respuestas de Génesis. El primer hecho es que vivimos en un mundo maravilloso de una hermosura magnífica y una variedad extraordinaria. El segundo hecho es que el mundo ha sido arruinado por quienes viven en él. Se nos dice que 100 especies diferentes se están extinguiendo cada día, y nos estamos volviendo cada vez más conscientes de los efectos dañinos que tiene la producción moderna sobre el medio ambiente. Génesis explica perfectamente por qué estos dos hechos pueden ser verdaderos, como veremos más adelante.

El lugar de Génesis
Génesis no es solo el primer libro, sino que es el libro *fundamental* para toda la Biblia. La mayoría de las verdades

bíblicas, si no todas, están incluidas aquí, por lo menos de manera embrionaria. Este libro es la llave que abre el resto de la Biblia. Aprendemos que existe un Dios, creador del universo. También se nos dice que, de todas las naciones, Israel fue el pueblo elegido para ser bendecido. Los eruditos llaman a esto "el escándalo de la particularidad": que, de todas las naciones, Israel fuera seleccionada de manera especial. Éste es el tema que recorre la Biblia hasta la última página.

La importancia de Génesis se confirma si nos preguntamos cómo sería la Biblia si comenzara, en cambio, por Éxodo. Si fuera así, nos quedaríamos pensando por qué tendríamos que estar interesados en un montón de esclavos judíos en Egipto. Solo si tuviésemos un interés académico particular en el tema seguiríamos leyendo. La lectura de Génesis nos permite entender la importancia de estos esclavos, como descendientes de Abraham. Dios había hecho un pacto con Abraham, prometiendo que todas las naciones serían bendecidas a través de su descendencia. Sabiendo esto, podemos apreciar por qué la preservación de Dios de estos esclavos tiene interés, mientras vemos cómo logra desarrollar sus propósitos.

¿Qué clase de literatura es Génesis?
Muchos lectores de Génesis son conscientes de que hay mucha discusión acerca de si el libro es la revelación de Dios. Algunos han sugerido que es un libro de mitos con escasa base histórica. Al respecto, me gustaría establecer tres puntos preliminares.

1. Todo el Antiguo Testamento está edificado sobre el libro de Génesis, con muchas referencias en su texto a personajes como Adán, Noé, Abraham y Jacob (conocido luego como Israel). El Nuevo Testamento también se apoya en los fundamentos que provee

Génesis y lo cita mucho más que lo que lo cita el Antiguo Testamento. Cada uno de los primeros seis capítulos se citan en detalle en el Nuevo Testamento, y sus ocho principales escritores se refieren al libro de Génesis de alguna forma.
2. Jesús mismo pone fin a todas las cuestiones acerca de su historicidad mediante sus frecuentes referencias a los personajes de Génesis como personas reales y a los sucesos como historia real. Jesús consideraba el relato de Noé y el Diluvio como un hecho histórico. También dijo ser un conocido personal de Abraham. El Evangelio de Juan registra sus palabras a los judíos: "Abraham, el padre de ustedes, se regocijó al pensar que vería mi día". Luego dijo: "Antes de que Abraham naciera, ¡yo soy!". Juan también nos recuerda en su Evangelio que Jesús estuvo allí en el principio del tiempo. Cuando se le preguntó a Jesús acerca del divorcio y el nuevo matrimonio, derivó a sus inquisidores a Génesis 2 y les dijo que buscaran la respuesta allí. Si Jesús creía que Génesis era verdadero, no tenemos ningún motivo para hacer lo contrario.
3. El entendimiento teológico de Pablo supone que Génesis es históricamente verdadero. En Romanos 5, contrasta la obediencia de Cristo con la desobediencia de Adán, explicando los resultados en la vida para el creyente. Este argumento no tendrían ningún significado si Adán no hubiera sido una figura histórica real.

Si Génesis no es verdadero, tampoco lo es el resto de la Biblia
Esta clase de consideraciones no tiene consecuencias solo para Génesis. Si no aceptamos que Génesis es verdadero, la consecuencia lógica es que no podemos confiar en el resto de la Biblia. Como ya hemos notado, hay mucho en la

Biblia que se apoya en la verdad fundamental de Génesis. Si este libro no es verdadero, entonces el "azar" es nuestro creador y las bestias brutas son nuestros ancestros. No es sorprendente que este libro haya sufrido más ataques que cualquier otro libro en toda la Biblia.

El ataque tiene dos brazos: uno es científico y el otro, espiritual. Analizaremos los aspectos del ataque científico cuando veamos el contenido de Génesis como más detalle después. Por ahora solo necesitamos notar la aseveración de que muchos de los detalles incluidos en los primeros capítulos no cuadran con la ciencia moderna: detalles como la edad de la Tierra, el origen del hombre, la extensión del Diluvio y la edad de las personas antes y después del Diluvio.

Sin embargo, detrás del ataque científico es posible discernir un ataque satánico. Los dos libros que el diablo más odia de toda la Biblia son los que describen su ingreso y su egreso indecoroso: Génesis y Apocalipsis. Por lo tanto, quiere impedir que las personas crean los primeros capítulos de Génesis y los últimos capítulos de Apocalipsis. Si logra persuadirnos de que Génesis es un mito y que Apocalipsis es un misterio, entonces sabe que ha dado un paso importante en la destrucción de la fe de muchas personas.

¿Cómo llegó a escribirse Génesis?
Génesis es uno de los cinco libros que forman una unidad en las Escrituras judías conocida como el Pentateuco (penta significa "cinco") o la Tora (que significa "instrucción"). Los judíos creen que estos cinco libros forma en conjunto "las instrucciones del fabricante" para el mundo, así que los leen cada año, tomando una porción cada semana.

Ha sido una larga tradición entre judíos, cristianos y aun historiadores paganos que Moisés escribió estos cinco libros, y no parece haber ninguna buena razón para dudarlo. Para el tiempo de Moisés, el alfabeto había reemplazado el lenguaje pictórico que prevalecía en Egipto y sigue siendo usado en China y Japón hoy. Moisés tuvo una educación universitaria, así que tenía la formación y el conocimiento necesarios para compilar estos cinco libros.

Sin embargo, hay dos problemas a considerar si Moisés escribió estos cinco libros.

PROBLEMAS CON LA AUTORÍA DE MOISÉS

El primer problema es algo menor. Al final de Deuteronomio se registra la muerte de Moisés. ¡Es algo difícil que haya escrito esa parte! Es probable que Josué haya agregado una nota al respecto al final de los cinco libros para redondear la historia.

El segundo y principal problema es que el libro de Génesis finaliza unos 300 años antes que Moisés haya nacido. No habría tenido ningún problema para escribir los libros de Éxodo, Levítico, Números y Deuteronomio, ya que vivió durante los sucesos que registran. Pero, ¿cómo podría haber obtenido su material para el libro de Génesis?

El problema se soluciona fácilmente, sin embargo. Estudios hechos de pueblos en culturas no literarias han revelado que las personas que no saben escribir tienen memorias excepcionales. Las tribus que no tienen escritura aprenden su historia a través de narraciones compartidas alrededor de la fogata del campamento. Esta tradición oral es muy fuerte en comunidades primitivas y habría sido así entre los hebreos, especialmente cuando se convirtieron en esclavos en Egipto y querían que sus hijos supieran quiénes eran y de dónde habían venido.

Hay dos clases de historias que suelen ser transmitidas de esta forma. Una es la genealogía, ya que el árbol genealógico da a las personas su identidad. Hay muchas genealogías en Génesis, y la frase "éstas son las generaciones de" (o "estos son los hijos de" en algunas traducciones) aparece unas diez veces. La otra es la saga o historia de héroes, que cuenta las grandes acciones que lograron los ancestros. Génesis está compuesto casi en su totalidad por estos dos aspectos de la historia: historias acerca de grandes héroes entremezcladas con árboles genealógicos. Con esto en mente, es fácil ver cómo el libro fue compuesto a partir de recuerdos que Moisés obtuvo de los esclavos en Egipto.

No obstante, esto no contesta todas las preguntas acerca de la autoría de Moisés. Hay una parte de Génesis que es imposible que hubiera obtenido de esta forma: el primer capítulo (o más bien de 1:1 a 2:3, ya que la división de capítulos está en el lugar incorrecto). ¿Cómo compuso Moisés este texto que detalla la creación del mundo?

Es aquí donde debemos ejercer la fe. El Salmo 103 dice que Dios hizo conocer sus caminos mediante Moisés, incluyendo el relato de la creación. Es una de las pocas partes de la Biblia que tiene que haber sido dictada directamente por Dios y anotada por el hombre, así como Dios indica claramente a Juan que escriba en Apocalipsis su descripción del fin del mundo. Por lo general, Dios inspiraba a los escritores para que usaran su propio temperamento, memoria, perspectiva y punto de vista para dar forma a su Palabra (como Moisés en el resto de Génesis), supervisando mediante la inspiración del Espíritu para que lo que resultara fuera lo que él quería que se escribiera. Pero proporcionó la historia de la creación mediante revelación directa.

Tenemos un detalle confirmatorio cuando consideramos que no existen registros de la observación del día de reposo antes del tiempo de Moisés. No leemos que tomarse un día para el descanso en el día de reposo formara parte del estilo de vida de ninguno de los patriarcas. Por cierto, no hay rastro alguno del concepto de una semana de siete días. Todas las referencias temporales están relacionadas con meses y años. Dado que tenemos en Génesis 1 al principio de la Biblia, suponemos de manera bastante errónea que Adán sabía esto y guardaba el día de reposo como un modelo para todos los que lo siguieron. Pero al parecer Adán cuidaba del jardín del Edén *todos* los días y tenía tiempo para el Señor por las tardes. De igual forma, no hay ninguna sugerencia de que Abraham, Isaac o Jacob tuvieran un día de reposo, y su trabajo como pastores probablemente les permitía poco tiempo para descansar.

Todo esto no debería sorprendernos si, como se sugiere arriba, Moisés recibió el primer capítulo, incluyendo el concepto del descanso del día de reposo, de Dios mismo. Con este conocimiento, pudo entonces introducir el concepto del día de reposo en la vida de Israel a través de los Diez Mandamientos.

Resumiendo, entonces, Génesis es claramente un libro de Dios y debería ser leído con esta suposición. Es también un libro escrito por Moisés, que usó la educación y el don para escribir de su tiempo en Egipto para registrar las obras extraordinarias de Dios para revertir los efectos de la Caída en el llamado de Abraham.

La forma de Génesis
Es instructivo notar la forma general del libro. El primer cuarto (capítulos 1-11) forma una unidad aparte que cubre muchos siglos y el crecimiento y propagación de las naciones por todo el "Creciente Fértil" (la tierra que se extiende desde Egipto hasta el Golfo Pérsico en Oriente Medio). La divisoria de aguas llega con el llamado de Dios a Abraham, en el capítulo 12. Los siguientes tres cuartos del libro tienen un foco más estrecho, registrando los tratos de Dios con Abraham y sus descendientes: Isaac, Jacob y José.

Hay otras divisiones dentro de esta forma general. En los capítulos 1-2, todo es descrito como "bueno", incluyendo los seres humanos. En los capítulos 3-11, vemos el origen y los resultados del pecado al alejarse el hombre de Edén, espiritual y físicamente. Vemos el carácter y la justicia de Dios al castigar al hombre, junto con su provisión misericordiosa aun dentro de este castigo.

En los capítulos 12-36 se contrastan seis hombres: Abraham con Lot, Isaac (el hijo de la promesa) con Ismael (el hijo de la carne), y Jacob con Esaú. Nos vemos confrontados con dos clases de personas y se nos pregunta con quiénes nos sentimos identificados. Dios está atando su propia reputación a tres hombres, Abraham, Isaac y Jacob, por defectuosos que sean. Finalmente, el texto se centra en José, un personaje completamente diferente. Veremos más adelante cómo y por qué es tan distinto de sus antepasados.

Dios, en el principio

Vayamos ahora al libro mismo y al asombroso capítulo con el cual comienza. Las primeras palabras son: "Dios, en el principio".

Génesis está lleno de principios, pero está claro que Dios mismo no comienza aquí. Dios ya está allí cuando se abre la Biblia, porque ya estaba allí cuando el universo llegó a ser. Las preguntas filosóficas acerca de dónde vino Dios en realidad son "no preguntas". Tenía que haber un algo o alguien eterno antes que el universo existiera, y la Biblia deja en claro que esta persona es Dios. La suposición fundamental de la Biblia es que Dios existe eternamente, que siempre ha estado allí, que siempre estará allí, y que él es el Dios que es. Su nombre mismo, "Yavé", es un participio del verbo hebreo "ser". Una palabra en español que transmite la naturaleza de Dios contenida en la palabra "Yavé" es "siempre": siempre ha sido quien es y siempre será exactamente igual.

Aunque no necesitamos explicar la existencia de Dios, sí necesitamos explicar la existencia de todo lo demás. Esto es exactamente lo opuesto al pensamiento moderno, que mira alrededor, a lo que está allí, y supone que necesitamos probar la existencia de Dios. La Biblia llega a la pregunta desde la otra dirección y dice que Dios siempre estuvo allí y tenemos que explicar ahora por qué hay algo más allí.

Por cierto, cuando Moisés estaba escribiendo, todo hebreo sabía que Dios existía. Él había rescatado a su pueblo de Egipto, había dividido el mar Rojo y había ahogado al ejército egipcio, así que su experiencia personal les decía que Dios estaba allí. Más "pruebas" eran innecesarias.

La necesidad de la fe
El Nuevo Testamento sugiere un enfoque útil para considerar a Dios que nos ayudará en nuestra lectura de Génesis. En Hebreos 11, leemos dos cosas acerca de la creación. Primero, que "por la fe entendemos que el universo fue formado por la palabra de Dios, de modo que lo visible no provino de lo que se ve". Luego, un poco más adelante en el mismo capítulo, leemos que "cualquiera que se acerca a Dios tiene que creer que él existe y que recompensa a quienes lo buscan".

En lo que respecta a toda la Biblia, entonces —incluyendo Génesis—, debemos suponer que Dios está allí y que quiere que lo encontremos, lo conozcamos, lo amemos y lo sirvamos. Entonces vemos lo que ocurre en base a esta confianza. No podemos *probar* si Dios existe o no, pero podemos sostener la creencia básica de que Dios quiere que lo conozcamos y que tengamos fe en él.

Un cuadro del creador
Pasando de las primeras cuatro palabras del libro, llegamos a una característica que puede ser sorprendente: el sujeto de Génesis 1 no es la *creación* sino el *creador*. No trata principalmente acerca de *cómo* nuestro mundo llegó a ser, sino de *quién* lo hizo llegar a ser. De hecho, en solo 31 versículos la palabra "Dios" aparece 25 veces, como para

subrayar que todo tiene que ver con él. No es tanto la historia de la creación como un cuadro del creador. Así que, ¿qué nos dice este cuadro?

1. DIOS ES PERSONAL

Génesis 1 describe a un Dios personal. Tiene un corazón que siente. Tiene una mente que piensa y puede expresar sus pensamientos. Tiene una voluntad, toma decisiones y se atiene a ellas. Todo esto forma lo que conocemos como una personalidad. Dios no es un algo, es un *alguien*. Es una persona plena, con sentimientos, pensamientos y motivos, como nosotros.

2. DIOS ES PODEROSO

Es muy evidente que, si Dios puede hacer que las cosas existan con su Palabra, debe ser enormemente poderoso. En total da 10 "mandamientos" en el primer capítulo, y cada uno se cumple tal como él lo desea.

3. DIOS ES INCREADO

Ya hemos notado que Dios está y siempre estuvo allí. Siempre fue el Creador, nunca una criatura.

4. DIOS ES CREATIVO

¡Qué imaginación debe tener! ¡Qué artista! Seis mil variedades de escarabajos. No hay dos hojas de césped iguales. Ni dos copos de nieve. Ni dos nubes. Ni dos granos de arena. Ni dos estrellas. Una variedad asombrosa, pero en armonía. Es un "uni-verso".

5. DIOS ES ORDENADO

Hay simetría en su obra de la creación, como veremos. El hecho de que la creación es matemática ha hecho posible la ciencia.

6. DIOS ES SINGULAR
Los verbos en Génesis 1, desde "creó" en adelante, son todos singulares.

7. DIOS ES PLURAL
La palabra usada para "Dios" no es el singular *El*, sino el plural *Elohim*, que significa tres o más "dioses". De modo que la primera oración de toda la Biblia, que usa un sustantivo plural con un verbo en singular, es gramaticalmente incorrecta pero teológicamente correcta, sugiriendo un Dios que es "Tres-en-uno".

8. DIOS ES BUENO
Por lo tanto, toda su obra es "buena" y pronuncia a los seres humanos como su mejor obra, su obra maestra, "muy buena". Además, él quiere ser bueno para toda su creación, quiere "bendecirla". Su bondad fija el patrón para toda bondad.

9. DIOS ESTÁ VIVO
Él está activo en el mundo del tiempo y el espacio.

10. DIOS ES UN COMUNICADOR
Él habla a la creación y a las criaturas en ella. En particular, desea relacionarse con todos los seres humanos.

11. DIOS ES COMO NOSOTROS
Estamos hechos a su imagen, así que debemos ser en algunas formas como él, y él como nosotros.

12. DIOS NO ES COMO NOSOTROS
Él puede "crear" de la nada (ex nihilo), mientras que nosotros solo podemos "hacer" algo a partir de otra cosa. Somos "fabricantes"; él es el único Creador.

13. DIOS ES INDEPENDIENTE

Dios nunca se identifica con su creación. Hay una distinción entre creador y creación desde el inicio mismo. El movimiento de la Nueva Era confunde esta idea al sugerir que de alguna forma "dios" forma parte de nosotros. Pero el creador está aparte de su creación. Él puede tomarse un día libre y mantenerse bien separado de todo lo que ha hecho. Nunca debemos identificarlo con lo que ha hecho. Adorar a su creación es idolatría. Adorar al creador es la verdad.

Filosofías cuestionadas

Si aceptamos la verdad de Génesis 1, entonces varias visiones alternativas acerca de Dios quedan descartadas automáticamente. Estos puntos de vista podrían llamarse también filosofías (la palabra "filosofía" significa "amor a la sabiduría"). Todas las personas tienen su propia forma de ver el mundo, sea que lo piensen de manera consciente o no.

Si usted cree Génesis, las siguientes filosofías no tendrán cabida.

1. **Ateísmo**. Los ateos creen que no existe Dios. Génesis 1 confirma que existe.
2. **Agnosticismo**. Los agnósticos dicen que no saben si existe Dios o no. Génesis dice que aceptamos que existe.
3. **Animismo**. Ésta es la creencia de que muchos espíritus controlan el mundo: espíritus de ríos, espíritus de montañas, etc. Génesis 1 afirma que Dios creó y controla el mundo.
4. **Politeísmo**. Los politeístas creen que hay muchos dioses. Los hindúes estarían en esta categoría. Génesis 1 afirma que hay uno solo.
5. **Dualismo**. Ésta es la creencia de que hay dos dioses, uno bueno y uno malo, con el dios bueno responsable de las cosas buenas que ocurren y el dios malo, de las

malas. Génesis 1 afirma que hay solo un Dios, que es bueno.

6. **Monoteísmo.** Ésta es la creencia del judaísmo y el islamismo: que existe un Dios, y solo una persona, rechazando así a Dios como trinidad. Al usar la palabra *Elohim* para describir a Dios, Génesis 1 nos dice que existe un Dios en tres personas.

7. **Deísmo.** Los deístas ven a Dios como el creador, pero sostienen que él no puede controlar ahora lo que ha creado. Es como un relojero que ha dado cuerda al mundo y lo deja funcionar con sus propias leyes. Como tal, Dios nunca interviene en este mundo, y los milagros son imposibles. Muchos cristianos son, para todos los efectos prácticos, deístas.

8. **Teísmo.** Los teístas creen que Dios no solo creó el mundo sino que también está en control de todo y todos los que ha creado. El teísmo da un paso hacia la filosofía bíblica, pero no llega lo suficientemente lejos.

9. **Existencialismo.** Ésta es una filosofía popular hoy, donde la experiencia se considera como nuestro Dios. Nuestras elecciones y nuestra afirmación propia son la "religión" que seguimos. No hay ningún creador, como en Génesis 1, a quien rendir cuentas.

10. **Humanismo.** Los humanistas rechazan el concepto de un dios fuera del mundo creado. Si bien Génesis 1 nos dice que el hombre es creado por Dios, los humanistas creen que el hombre es Dios.

11. **Racionalismo.** Los racionalistas creen que nuestra propia razón es Dios, y rechazan la indicación en Génesis de que los poderes de la razón fueron dados cuando Dios creó el hombre a su imagen.

12. **Materialismo.** Los materialistas creen que solo la materia es real y no aceptan a nadie ni nada que no puedan ver por sí mismos.

13. **Misticismo.** En contraste con el materialismo, los místicos creen que solo el espíritu es real.
14. **Monismo.** Esta filosofía subyace gran parte del movimiento de la Nueva Era. Dice que la materia y el espíritu son esencialmente la misma cosa. La idea de Dios como un espíritu independiente que creó el mundo, por lo tanto, es descartada de plano.
15. **Panteísmo.** Esta idea es similar al monismo, en el sentido que considera que todo es Dios. Una versión moderna se denomina panenteísmo: Dios en todo.

En contraste con todas estas filosofías, el punto de vista bíblico podría llamarse **triunteísmo**: Dios es tres en uno, creador y controlador del universo. Ésta es la forma bíblica de pensar, que surge directamente de Génesis 1 y continúa hasta el último capítulo de Apocalipsis.

Estilo

Pasemos a considerar más de cerca el texto de Génesis 1 y en particular el estilo del capítulo. El punto obvio a destacar es que no está escrito en lenguaje científico. Muchas personas parecen aproximarse al capítulo esperando el detalle de un libro de texto científico. En cambio, está escrito de manera muy sencilla, de modo que cada generación pueda entenderlo, no importa el nivel de su conocimiento científico.

El relato usa solo categorías muy simples. La vegetación se divide en tres grupos: hierba, plantas y árboles. La vida animal también tiene tres categorías: animales domesticados, animales cazados para comida y animales salvajes. Estas clasificaciones sencillas son entendidas por todos y en todas partes.

PALABRAS

Este estilo sencillo se demuestra también por las palabras usadas. Hay solo 76 palabras raíz distintas en todo Génesis

LAS INSTRUCCIONES DEL FABRICANTE

1. Además, cada una de esas palabras se encuentra en cada idioma de la tierra, lo cual significa que Génesis 1 es el capítulo más fácil para traducir de toda la Biblia.

Todo escritor tiene que preguntarse cuál será público potencial para su trabajo. Dios quería que la historia de la creación llegara a todos en cada tiempo y en cada lugar. Por lo tanto, lo hizo muy sencillo. Aun un niño puede leerlo y entender el mensaje.

Los verbos también son muy sencillos. Uno de los verbos usados es especialmente importante para nuestra comprensión de lo que ocurrió. Génesis 1 distingue entre las palabras "creó" e "hizo". La palabra hebrea para "creó", *bara*, significa hacer algo de la nada, y ocurre solo tres veces en todo el capítulo, para describir la creación de la materia, la vida y el hombre. En otras ocasiones, en cambio, se usa la palabra "hizo", para indicar que algo se hace a partir de otra cosa, de una forma similar a cómo nos referimos a la fabricación de cosas.

La descripción de la obra de creación de Dios en siete días es también muy sencilla. Cada oración tiene un sujeto, un verbo y un objeto. La gramática es tan directa que cualquiera puede seguirla. Todas las oraciones están vinculadas por una palabra; por ejemplo, "pero", "y" o "entonces". Es una producción notable.

ESTRUCTURA

Génesis 1 está estructurado de una manera hermosa. Es ordenado, está distribuido a lo largo de seis días, y los seis días están divididos en dos grupos de tres.

En Génesis 1:2 leemos: "La tierra era un caos total" ("estaba desordenada y vacía"). El desarrollo comienza en el versículo 3, y hay una asombrosa correspondencia entre los primeros tres días y los últimos tres días. En los tres primeros, Dios crea un entorno variado con marcados contrastes: luz de la oscuridad, cielo del océano y tierra del mar. Está creando distinciones que producen variedad. El tercer día también comienza a llenar la tierra con plantas. La tierra ahora tiene "forma".

Luego, en los días cuarto, quinto y sexto, se dedica a llenar los entornos que ha creado en los primeros tres días. Así que en el día cuarto el sol, la luna y las estrellas corresponden a la luz y la oscuridad creados en el día uno; en el día cinco las aves y los peces llenan el cielo y el mar creados en el día dos; y en el día seis los animales y Adán son creados para ocupar la tierra creada en el día tres. Dios está creando cosas de una manera ordenada y precisa. Ciertamente está produciendo orden del caos. La tierra ahora está "llena" de vida.

PROPIEDADES MATEMÁTICAS

Es fascinante también notar que Génesis 1 tiene propiedades matemáticas. Los tres números que aparecen constantemente en el relato son el 3, el 7 y el 10, cada uno de los cuales tiene un significado particular a lo largo de toda la Biblia. El número 3 habla de lo que es Dios, el 7 es el número perfecto en las escrituras y el 10 es el número de lo completo. Si examinamos las ocasiones en que aparecen los números 3, 7 y 10, aparecen unos vínculos asombrosos.

En solo tres puntos Dios realmente *crea* algo de la nada. En tres ocasiones *llama* algo por nombre, tres veces *fabrica* algo y tres veces *bendice* algo.

En siete ocasiones leemos que Dios "consideró que era bueno/buena". Hay, por supuesto, siete días, y la primera oración en hebreo tiene siete palabras. Además, las últimas tres frases en este relato de la creación también están formadas por siete palabras en el hebreo original.

Y hay diez mandamientos de Dios.

LAS INSTRUCCIONES DEL FABRICANTE

SENCILLEZ

El estilo de Génesis 1 está en marcado contraste con otras "historias de la creación"; por ejemplo, la epopeya de la creación babilonia, que es muy complicada y extraña, con pocos vínculos con la realidad. La sencillez del relato de la creación de Génesis, sin embargo, no ha sido celebrada universalmente. Algunos han sugerido que este enfoque simplista es evidencia de que la Biblia no puede ser considerada con seriedad en la era moderna. Pero hay mucho que se puede decir en defensa de este enfoque sencillo.

Imagine describir cómo se construye una casa en un libro para niños. Uno querría que fuera preciso pero simplificado, para que los jóvenes lectores pudieran seguir el proceso. Escribiría acerca del albañil que pone los ladrillos, el carpintero que trabajó con las ventanas, el marco de la puerta y las vigas del techo. Mencionaría al plomero que puso los caños, el electricista que fue a instalar los cables, el yesero que revoca las paredes y el decorador que las pinta.

Escrito de esta forma, la descripción tiene seis etapas básicas, pero por supuesto construir una casa es muchísimo más complicado que eso. Exige la sincronización y la superposición de diferentes trabajadores durante períodos específicos. Nadie diría que la descripción dada en el libro para niños es errónea o engañosa, solo que la realidad es algo más compleja. De igual forma, no hay ninguna duda de que Génesis es una simplificación, y que la ciencia puede completar muchos más detalles para nosotros. Pero el propósito de Dios no fue brindar una detallada precisión científica. Más bien, fue dar una explicación ordenada que todos pudieran seguir y aceptar, y que subrayara que él sabía lo que estaba haciendo.

Preguntas científicas
Entender la necesidad de sencillez no contesta todas las

preguntas que surgen del relato de la creación de Génesis. En particular, debemos considerar la velocidad de la creación y la edad de la tierra, dos áreas separadas pero interrelacionadas. Los geólogos nos dicen que la tierra necesitó 4250 millones de años para formarse, mientras que Génesis dice que solo fueron seis días. ¿Quién tiene razón?

En términos del orden de la creación, hay una coincidencia general entre los hallazgos de los científicos y el relato de Génesis. La ciencia concuerda con el orden de Génesis 1, con una excepción: el sol, la luna y las estrellas recién aparecen en el cuarto día, luego de que son hechas las plantas. Esto parece contradictorio, hasta que nos damos cuenta de que la tierra original estaba cubierta por una espesa nube o neblina. La investigación científica confirma la probabilidad de esto. Así que, cuando apareció la primera luz, solo se la vería como una nube más clara, mientras que una vez que llegaron las plantas y comenzaron a convertir el dióxido de carbono en oxígeno, la neblina se disipó y el sol, la luna y las estrellas aparecieron de manera visible en el cielo por primera vez. La aparición del sol, la luna y las estrellas, por lo tanto, se debió al despeje de la densa nube que rodeaba la tierra. Por lo tanto, la ciencia concuerda con el orden de Génesis 1. Las criaturas aparecieron en el mar antes que en la tierra. El hombre apareció en último lugar.

Si bien los científicos concuerdan por lo general con la Biblia en el orden de la creación, hay todavía importantes áreas de conflicto. Comprenden el origen de los animales y los humanos, y una multitud de cuestiones asociadas, incluyendo la edad de las personas que vivieron antes y después del Diluvio, la extensión del Diluvio y toda la cuestión de la evolución versus la creación.

Antes de meternos en el detalle de estas cuestiones, sin embargo, es importante señalar que hay tres formas de manejar este problema de la ciencia contra las escrituras. Es

LAS INSTRUCCIONES DEL FABRICANTE

vital que usted decida cómo encarará el problema antes de hacerlo. Deberá escoger entre repudiar, segregar o integrar.

REPUDIO

El primer enfoque ofrece una elección. O las Escrituras o la ciencia están en lo correcto, pero hay que repudiar a una o a la otra; no se puede aceptar a ambas. Normalmente, los incrédulos creen en la ciencia, los creyentes creen en las escrituras y ambos meten la cabeza en la arena respecto del otro.

El problema con repudiar la ciencia si uno es un cristiano es que la ciencia ha estado en lo correcto en muchísimas áreas. Debemos mucho de nuestra comunicación moderna al desarrollo científico, por ejemplo. La ciencia no es el enemigo que algunos cristianos parecen creer que es.

La historia del descubrimiento del "hombre de Piltdown" es un buen ejemplo. Cuando un cráneo de una criatura que parecía medio hombre y medio simio se descubrió en Piltdown, Sussex, Inglaterra, en 1912, muchos lo vieron como una evidencia de alguna forma de evolución. Cuando se descubrió más tarde que en realidad era una falsificación, los cristianos se apresuraron a ridiculizar a la ciencia. ¡Se olvidaron de que la ciencia era la que había descubierto que el cráneo era falso en primer lugar!

Escoger entre la ciencia y la Biblia tiene, por lo tanto, problemas. No debemos aceptar la verdad científica sin cuestionamientos, pero tampoco debemos ser tan necios como para pedir a las personas que se suiciden intelectualmente para creer en la Biblia. No es necesario.

SEGREGACIÓN

El segundo enfoque es mantener a la ciencia y las escrituras lo más separados posible. La ciencia se ocupa de una clase de verdad y las escrituras, de otra. Este punto de vista afirma que la ciencia se ocupa de la verdad física o material, mientras que las escrituras están interesadas en la verdad moral y sobrenatural. Ambas tratan con temas completamente separados. La ciencia nos dice cómo y cuándo el mundo llegó a ser. Las escrituras nos dicen quién lo hizo y por qué. Deben ser mantenidos completamente separados, porque no hay ninguna superposición por la cual preocuparse. La ciencia habla de hechos; las escrituras, de valores. Y no debemos buscar en uno lo que tiene el otro.

Este enfoque se ha vuelto muy común aun en las iglesias. Surge de una mentalidad modelada por el pensamiento griego, donde lo físico y lo espiritual se mantienen en dos compartimentos herméticos. Este tipo de pensamiento es ajeno a la mente hebrea, sin embargo, que veía a Dios como Creador y Redentor, donde lo físico y lo espiritual van juntos.

Si tomamos este enfoque segregado para Génesis nos veremos forzados a tratar la narración como mito. Génesis 3 se convierte en una fábula llamada "Cómo la serpiente perdió sus patas" y Adán se convierte en "el hombre arquetípico". El libro se convierte en un montón de historias ficticias que nos enseñan valores acerca de Dios y de nosotros, mostrándonos cómo pensar acerca de ambos, pero no debemos introducirlas en la realidad histórica.

Así como Hans Christian Andersen escribió libros para niños que enseñaban valores morales, según este enfoque Génesis tiene historias que contienen verdades morales, pero sin verdad histórica. Adán y Eva fueron mitos, Noé y el Diluvio, también. Esta perspectiva se extiende más allá de los relatos de Génesis, por supuesto, porque una vez que uno cuestiona la historicidad de una sección de la Biblia, el paso siguiente es cuestionar a las demás. Por lo tanto, este enfoque nos deja sin historia en la Biblia: muchos valores pero pocos hechos.

Como ocurre con el repudio, entonces, el intento de

LAS INSTRUCCIONES DEL FABRICANTE

segregar la ciencia y las escrituras también tiene sus problemas. En realidad, las escrituras y la ciencia son como círculos que se superponen: sin duda tratan con algunas cosas que son iguales, así que las contradicciones aparentes deben ser enfrentadas. Y debilita toda la Biblia si decimos que es objetivamente impreciso pero pretendemos que siga teniendo valor. ¿Cómo resolveremos entonces el problema? ¿Puede el tercer enfoque ayudarnos a unir la ciencia con las escrituras?

INTEGRACIÓN

Al tratar de integrar a ambos, debemos recordar dos cosas básicas, ambas igual de importantes: la naturaleza transitoria de la investigación científica y los cambios en nuestra interpretación de las escrituras.

1. La ciencia cambia de opinión

Los científicos solían creer que el átomo era la cosa más pequeña del universo. Sabemos ahora que cada átomo es un universo en sí mismo. Se decía hasta hace poco que los cromosomas X e Y deciden si el feto se convierte en un ser humano masculino o femenino. Ahora esta idea está siendo derribada. El descubrimiento del ADN revolucionó nuestro pensamiento acerca de la vida, porque ahora sabemos que la forma de vida más primitiva tenía un ADN complejo. El ADN es un lenguaje que transmite un mensaje de una generación a otra; por lo tanto, necesita una persona detrás.

Una generación atrás la mayoría de las personas habría entendido que la naturaleza funcionaba de acuerdo con leyes fijas. La ciencia moderna ahora afirma que hay una aleatoriedad mucho mayor que la que hayamos imaginado jamás. La física "cuántica" es mucho más flexible.

La geología también está cambiando y se desarrolla. Hay ahora muchas formas diferentes de averiguar la edad de la tierra. Algunos nuevos métodos dicen haber revelado que la edad de la tierra es mucho más joven, con menos de 9000 años en un extremo del espectro y 175.000 en el otro, mucho menos que los 4250 millones de años calculados previamente.

Además, la antropología está en un estado de desorden. Los hombres prehistóricos que se creían que eran nuestros ancestros son vistos ahora como criaturas que llegaron y desaparecieron sin ningún vínculo con nosotros. La biología ha cambiado también, y hoy hay menos personas que creen en el concepto darwiniano de la evolución.

Todo esto significa que, si bien no debemos subestimar los conflictos entre los descubrimientos científicos y los relatos bíblicos, seríamos necios si intentáramos atar nuestra interpretación a una era científica en particular, dado que el conocimiento científico mismo siempre se está ampliando.

2. La interpretación de las escrituras cambia

Así como hay progresos en el entendimiento científico, también las interpretaciones tradicionales de las escrituras cambian. La Biblia está inspirada por Dios, pero nuestra interpretación de su Palabra no siempre es inspirada. Tenemos que trazar una distinción muy clara entre el texto de la Biblia y la forma en que lo interpretamos. Cuando la Biblia habla de los cuatro ángulos de la tierra, por ejemplo, pocas personas hoy interpretan que esto significa que la tierra es un cubo o un cuadrado. La Biblia usa *el lenguaje de la apariencia.* Habla del sol que nace en el este, se pone en el oeste y corre por el cielo. Pero eso, como sabemos, no significa que el sol está desplazándose alrededor de la tierra.

Una vez que entendemos que la interpretación científica es flexible y nuestra interpretación de la Biblia puede cambiar, entonces podemos buscar integrar la ciencia y la Biblia, y hacer juicios equilibrados cuando parece haber contradicciones.

EL "DÍA" EN GÉNESIS 1

Esta clase de juicio "integrado" es muy necesario en el momento de considerar los argumentos relacionados con los días de Génesis 1, un campo de batalla tradicional en la discusión de la ciencia versus las escrituras.

El problema de los días descritos en Génesis 1 y la verdadera edad de la tierra fue intensificado por el hecho de que algunas Biblias solían publicarse con una fecha al lado del primer capítulo, a saber 4004 a.C. Esto fue calculado por un arzobispo irlandés llamado James Ussher (¡otro erudito llegó a afirmar que Adán nació a las 9 a.m. del 24 de octubre!). Todo esto a pesar del hecho de que no hay ninguna fecha en el original hasta el capítulo 5.

Ussher hizo sus cálculos basándose en las generaciones registradas en Génesis, sin ser consciente de que las genealogías judías no incluyen todas las generaciones en una descendencia. Las palabras "hijo de" pueden significar nieto o bisnieto. Es fácil descartar la fecha de Ussher, pero aún nos queda un conflicto entre la aparente afirmación bíblica de que la creación llevó seis días y la afirmación científica de que llevó mucho más tiempo.

¿Qué significaba la palabra "día" en el idioma original? La palabra hebrea es *yom*, que ciertamente significa a veces un día de 24 horas. Pero también puede significar 12 horas de luz o una era de tiempo, como en la frase "el día del caballo y la carreta ha finalizado".

Tomando en cuenta estos significados alternativos, consideremos los distintos puntos de vista sobre el día de Génesis 1.

Días terrestres

Algunos toman la palabra "día" de manera literal, como un día terrestre de 24 horas. Esto entra en conflicto con la evaluación de los científicos del tiempo geológico que llevaría crear la tierra, dada su edad aparente.

Una brecha en el tiempo

Algunos sugieren una brecha en el tiempo entre el versículo 2 y el versículo 3. Sostienen que después que leemos "la tierra era un caos total" en el versículo 2, hay una larga brecha antes de los seis días, cuando Dios trae a la existencia todo lo demás. Así que la tierra ya existía antes que comenzara la obra de Dios en los seis días. Esta es una teoría muy popular, que se encuentra en la Biblia Scofield y otras notas de la Biblia.

Una segunda forma de encontrar más tiempo es explicarlo con referencia al Diluvio. Se han publicado varios libros, principalmente asociados con John Whitcomb y Henry Morris, que han dicho que los datos geológicos que tenemos surgen en su totalidad del Diluvio, y la edad "aparente" de las rocas es producto de esta inundación.

La ilusión del tiempo

Otros sugieren que Dios hizo que las cosas parecieran viejas deliberadamente. Así como Adán fue creado como un hombre y no como un bebé, algunos creen que Dios hizo la Tierra para que pareciera más vieja de lo que realmente es. ¡Dios crea auténticas antigüedades! Él puede hacer que un árbol parezca que tiene 200 años con todos sus anillos, y puede crear una montaña que parece tener miles de años. Es una teoría posible; Dios podría hacerlo.

Los puntos de vista de la "brecha" y de la "ilusión" suponen que tomemos el "día" literalmente, y por lo tanto necesitamos encontrar más tiempo para que el registro geológico tenga sentido.

Eras geológicas

Otro enfoque es considerar que la palabra "día" significa "era geológica". En este caso, no estamos hablando de seis días, sino de seis eras geológicas; es decir, los días 1 a 3 no son días solares (¡de todas maneras no había sol!). Esto es visto como una teoría atractiva por muchos, pero no explica el refrán que habla de la noche y la mañana desde el día 1, ni el hecho de que no hay una correspondencia entre los seis días y las eras geológicas.

Días míticos
Ya hemos visto que algunos intérpretes no tienen ningún problema con el largo de los días porque suponen que el texto es mitológico de todas formas. Para ellos, los seis días son solo el marco poético para la historia —días fabulados—, y pueden ser desestimados. Lo principal es extraer la moraleja de la historia y olvidarse del resto.

Días de escuela
Uno de los enfoques más intrigantes ha sido postulado por el profesor P. J. Wiseman de London University. Él cree que los días eran días "educativos". Dios reveló su creación por etapas a Moisés durante un período de siete días, de modo que el relato que tenemos es acerca de Moisés, mientras aprende acerca del proceso creativo en una semana de enseñanza. Otros coinciden, pero sugieren que la revelación tuvo la forma de visiones, de manera similar a las visiones que recibió Juan para que registrara en el libro de Apocalipsis.

Días de Dios
La última interpretación posible es que estos eran "días de Dios". El tiempo es relativo para Dios, y mil días son como un día para él. Podría entenderse a partir de esto que Dios estaba diciendo que toda la creación fue para él "el trabajo de una semana".

Esto sirve para enfatizar la importancia que asigna Dios a la humanidad en el esquema de la creación, ya que la vida humana puede perder todo significado si uno toma el tiempo geológico como única medida. Por ejemplo, imagine que la altura de la aguja de Cleopatra en el terraplén del río Támesis, en Londres, representa la edad del planeta. Coloque una moneda de 10 peniques en forma horizontal sobre el monumento y una estampilla encima de la moneda. La moneda representa la edad de la raza humana, y la estampilla, el hombre civilizado. El hombre parece insignificante desde una perspectiva cronológica.

Tal vez Dios quería que pensáramos en la creación como el trabajo de una semana porque quería dedicarse a lo importante: nosotros viviendo sobre el planeta Tierra. De toda la creación, nosotros somos los más importantes para él. Dios dedica muy poco espacio en Génesis a describir la creación y mucho a la humanidad.

Esta teoría puede ser extendida. El séptimo día no tiene final en el texto, porque ha durado siglos. Duró a través de toda la Biblia hasta el domingo de Pascua, cuando Dios resucitó a su Hijo. A lo largo de todo el Antiguo Testamento no hay nada nuevo creado; Dios terminó la creación. Por cierto, la palabra "nuevo" casi no aparece en el Antiguo Testamento, y cuando lo hace tiene un sentido negativo, como cuando leemos en Eclesiastés, "no hay nada nuevo bajo el sol". Dios descansó durante todo el Antiguo Testamento.

Por lo tanto, hay un fuerte argumento a favor de ver los días de Génesis 1 como días de Dios: él mismo quiso que lo consideráramos como la obra de una semana.

El hombre en el centro

Cuando vamos al capítulo 2, es obvio de inmediato que hay una gran diferencia entre este capítulo y el anterior. Hay un cambio de estilo, contenido y punto de vista. En el capítulo 1 Dios está en el centro y el relato de la creación se da desde su punto de vista. En el capítulo 2, el hombre recibe un papel destacado. Los términos genéricos del primer capítulo dejan lugar a los nombres específicos del segundo. En el capítulo 1 la raza humana se menciona simplemente como "hombre" y "mujer". En el capítulo 2 el hombre y la mujer se convierten en "Adán" y "Eva", dos individuos concretos.

Dios también recibe un nombre en el capítulo 2. En el capítulo 1 era simplemente "Dios" (*Elohim*), pero ahora es "Dios el Señor" (según se traduce en la Biblia en español). Cuando leemos "el Señor" en nuestras Biblias en español significa que en el hebreo su nombre se encuentra allí también. No hay vocales en el hebreo, así que su nombre está formado por cuatro consonantes —J H V H—, de donde se acuñó la palabra "Jehová". Esto es un error, en realidad, porque en español se pronunciaría Yavé. En la Biblia de Jerusalén la palabra aparece tal cual: "Yahvé Dios". Vimos antes cómo la palabra en español "siempre" transmite el significado del hebreo (el participio del verbo "ser"), y es una palabra útil a tener en mente al pensar en Dios.

El capítulo 2 explica más acerca de la relación entre el hombre y Dios. El capítulo 1 incluía la referencia a que el hombre y la mujer habían sido hechos a su imagen, pero en el capítulo 2 vemos a Dios interactuando con el hombre de una forma que es única entre todas las criaturas que había hecho. Hay una afinidad entre los seres humanos y Dios que falta en toda otra parte de su creación. Los animales no tienen la capacidad de tener una relación espiritual con Dios como tienen los humanos. En este sentido, los humanos se parecen a su creador de una forma única.

Pero se nos habla también de las diferencias entre Dios y el hombre, porque si bien el hombre ha sido hecho a la imagen de Dios, también es *distinto* de él. Ésta es una verdad importante a comprender si queremos tener una relación con Dios. El hecho de que sea como nosotros significa que nuestra relación con él puede ser íntima, pero el hecho de que sea distinto de nosotros mantendrá una relación de reverencia y asegurará que nuestra adoración sea la apropiada. Es posible tener demasiada confianza con Dios, por un lado, o estar intimidado por él, por otro.

La importancia de los nombres
El nombre que Dios dio a Adán significaba "de la tierra". Más adelante en el capítulo a la mujer también se la da un nombre: Eva, que significa "vivaz".

Era habitual que los nombres fueran descriptivos, o aun onomatopéyicos (como "cucú"), así que cuando Adán nombra a los animales usa descripciones que luego se convierten en sus nombres. Los nombres en la Biblia no son solo descriptivos, sino que llevan *autoridad* en ellos. La persona que da el nombre tiene autoridad sobre lo que recibe el nombre. Así Adán nombra a todos los animales, indicando autoridad sobre ellos. También nombra a su esposa, un rasgo que aún se recuerda hoy cuando la mujer toma el apellido del hombre al casarse.

Este capítulo también incluye nombres de lugares. La tierra no es solo "tierra seca": se nos habla de la tierra de Javilá, Cus, Asiria y el jardín del Edén. El agua también se nombra. Se mencionan cuatro ríos, y el Tigris y el Éufrates aún son conocidos hoy. Esto coloca al jardín del Edén en algún lugar cerca del noreste de Turquía, o Armenia, donde se encuentra el monte Ararat y donde algunos creen que está enterrada el arca de Noé.

Relaciones humanas
En Génesis 2 vemos al hombre en el centro de una red de relaciones. Éstas definen el significado de la vida. Las relaciones tienen tres dimensiones: hacia lo que está debajo, arriba y al lado de nosotros. O, expresado de otra forma, tenemos una relación vertical con la naturaleza

abajo, una relación vertical con Dios arriba y una relación horizontal con otras personas y con nosotros. Miremos más detenidamente estas tres dimensiones.

Nuestra relación con la naturaleza. La primera dimensión incluye la relación que tenemos con las demás criaturas que hizo Dios. Esta relación es de subyugación: los animales son dados para servir a la humanidad. Esto no significa que tengamos una licencia para ser crueles o para hacer que se extingan, pero sí significa que los animales están más abajo en la escala de valor que los seres humanos.

Éste es un punto importante que debemos comprender en una era cuando parece que le adjudicamos más valor a la protección de las focas bebé que a la preservación del feto humano. Jesús estuvo dispuesto a sacrificar dos mil cerdos a fin de salvar la cordura de un hombre y restaurarlo a su familia. En Génesis 9 leemos que los animales fueron dados para brindar alimento a la humanidad luego del Diluvio. Con relación a la naturaleza debajo de nosotros, por lo tanto, debemos dominarla, cultivarla y controlarla.

Es interesante notar también en este contexto que los seres humanos necesitan un entorno que sea a la vez utilitario y estético, tanto útil como hermoso. Dios no puso al hombre en el desierto, sino plantó un jardín para él, así como los viejos jardines de las casas de campo inglesas eran una mezcla de pensamientos y papas: lo útil y lo hermoso lado a lado.

Nuestra relación con Dios. La segunda dimensión es la relación que tenemos con Dios arriba. La naturaleza de esta relación se ve parcialmente en el mandamiento de Dios al hombre con relación a dos árboles en el jardín del Edén: el árbol del conocimiento del bien y del mal, y el árbol de la vida. Uno acortaba la vida y el otro la alargaba. Estos no son árboles mágicos, sino lo que llamaríamos árboles "sacramentales". En la Biblia Dios designa canales físicos para comunicarnos bendiciones o maldiciones espirituales.

Así que comer pan y tomar vino en la cena del Señor es para nuestra bendición, pero hacerlo incorrectamente o en exceso puede hacer que nos enfermemos o aun que nos muramos. Dios ha designado canales físicos tanto de gracia como de juicio. El árbol de vida nos dice que Adán y Eva no eran por naturaleza *inmortales*, sino que eran *capaces* de ser inmortales. No habrían vivido para siempre por alguna cualidad inherente propia, sino solo si tenían acceso al árbol de la vida.

Ningún científico ha descubierto aún por qué morimos. Han descubierto muchas causas de muerte, pero nadie sabe por qué el reloj dentro de nosotros comienza a desacelerarse. Después de todo, el cuerpo es una máquina asombrosa. Si se le brinda alimento, aire fresco y ejercicio, teóricamente podría seguir renovándose. El secreto está en el árbol de la vida: Dios estaba haciendo posible que los seres humanos siguieran viviendo para siempre al poner ese árbol en el jardín para ellos. El hombre no era intrínsecamente inmortal, pero se le dio la oportunidad de lograr la inmortalidad si se alimentaba de la provisión constante de vida de Dios.

El árbol del conocimiento del bien y del mal es muy significativo con relación a esto. Cuando leemos la palabra "conocimiento", debemos reemplazarla por la palabra "experiencia". El concepto de conocimiento en la Biblia es, en realidad, "conocimiento personal". Esta idea está presente en las versiones más antiguas de la Biblia, que dicen: "Adán *conoció* a Eva y ella concibió y tuvo un hijo". "Conocimiento", en este sentido, es una experiencia personal de alguien o de algo. El mandamiento de Dios de no tocar este árbol fue dado porque él no quería que conocieran (experimentaran) el bien y el mal; quería que retuvieran su inocencia. Es similar aún hoy. Una vez que hacemos algo malo ya no podemos ser como éramos antes. Podremos ser perdonados, pero hemos perdido nuestra inocencia.

Entonces, ¿por qué puso Dios un árbol así al alcance de ellos? Era su forma de decir que retenía la autoridad moral sobre ellos. No debían decidir por sí mismos lo que estaba bien y lo que estaba mal, sino que debían confiar en que Dios se los dijera. Además, él estaba subrayando el hecho de que no eran los terratenientes de la tierra, sino los arrendatarios. El terrateniente retiene del derecho de fijar las reglas.

El pasaje resalta también la importancia de las relaciones horizontales, que analizaremos con mayor detalle abajo. El hombre no solo necesita relacionarse con los que están debajo de él y con Dios, que está arriba de él, sino también con los que están a su lado. No somos plenamente humanos si solo nos relacionamos con Dios y no con otras personas. Necesitamos una red de relaciones. Esta idea se refleja en la palabra hebrea *shalom*, que significa "armonía": armonía con uno mismo, con Dios, con otras personas y con la naturaleza.

En Génesis 2 tenemos un cuadro de esa armonía, y Dios advierte a Adán que, si rompe esa armonía, tendrá que morir. Esto no será necesariamente con efecto inmediato, pero su "reloj" personal comenzará a desacelerarse.

Algunos han cuestionado la severidad de la pena. La muerte parece ser un duro castigo para un pequeño pecado. Pero Dios estaba diciendo que una vez que el hombre ha experimentado el mal, tendría que limitar la duración de su vida sobre la tierra, porque si no el mal se volvería eterno. Si Dios permitiera a personas rebeldes vivir para siempre, arruinarían el universo para siempre, así que puso un límite temporal a quienes no quieren aceptar su autoridad moral.

Nuestra relación entre nosotros. El hombre necesitaba un compañero adecuado. Por más valiosa y valorada que sea una mascota, jamás podrá reemplazar una amistad personal con otro ser humano. Por lo tanto, Dios hizo a Eva para que fuera la compañera de Adán. Se nos dice en Génesis 1 que el hombre y la mujer son iguales en dignidad, y veremos más adelante que también son iguales en depravación y destino.

En Génesis 2 aprendemos que las funciones de los hombres y las mujeres son diferentes. La Biblia habla de las responsabilidades del hombre de proveer y proteger, y de la mujer de ayudar y aceptar. Hay tres puntos a notar en particular, que son todos retomados por el Nuevo Testamento.

1. **La mujer fue hecha del hombre.** Por lo tanto, deriva su ser de él. Por cierto, como ya hemos visto, la mujer es nombrada por el hombre, así como nombró a los animales.
2. **La mujer fue hecha después del hombre.** Por lo tanto, él lleva la responsabilidad del primogénito. La importancia de esto será evidente en Génesis 3, donde Adán es culpado por el pecado, y no Eva, ya que él era responsable de ella.
3. **La mujer fue hecha para el hombre.** Adán tenía una tarea antes que tuviera una esposa, y el hombre fue hecho principalmente para su trabajo, mientras que la mujer fue hecha esencialmente para las relaciones. Esto no significa que un hombre no deba tener relaciones o que una mujer no deba salir a trabajar, sino más bien que éste es el propósito principal para el cual Dios hizo al hombre y la mujer. El hecho de que el hombre haya nombrado a la mujer muestra también cómo debe trabajar esta asociación: no como una democracia, sino con la responsabilidad del liderazgo cayendo sobre el hombre. El énfasis está en la cooperación, no en la competencia.

Génesis 2 trata también con otras áreas fundamentales para las relaciones humanas. Está claro que el sexo es bueno; no es un pecado. Es hermoso y, por cierto, Dios dijo que era "muy bueno". El sexo fue creado para la asociación más que para la procreación (un punto importante y pertinente en el uso de la contracepción, que planifica la paternidad sin proscribir la asociación en las relaciones sexuales). Hay dos versículos, uno en el capítulo 1 y otro en el capítulo 2, que están en forma de poesía, y ambos tienen que ver con el sexo. Dios se vuelve poético cuando considera al hombre y la mujer creados a su imagen. Luego Adán se vuelve poético cuando nota su hermosa mujer desnuda al despertarse de la primera cirugía bajo anestesia. Nuestras traducciones en inglés-español no transmiten el impacto. Adán exclama, literalmente: "¡Vaya! ¡Esto es lo que quería!". Ambas pequeñas poesías transmiten el deleite de Dios y el hombre en la sexualidad.

Está claro también que el patrón para el disfrute sexual es la monogamia. El matrimonio está constituido por dos cosas, desprenderse y aferrarse, así que hay tanto un aspecto físico como social que, en conjunto, consolidan la unión. El uno sin el otro no es un matrimonio. Las relaciones sexuales sin reconocimiento social no son un matrimonio, sino fornicación. El reconocimiento social sin la consumación no es un matrimonio tampoco, así que deberá ser anulado.

Se nos dice que el matrimonio tiene prioridad sobre todas las demás relaciones. ¡No habría ningún chiste sobre los suegros si esto se hubiera observado a lo largo de la historia! La pareja de una persona es su primera prioridad, antes que todas las demás relaciones, aun antes que sus hijos. El esposo y la esposa deben considerarse mutuamente como la máxima prioridad. El ideal descrito aquí en Génesis 2 es de una pareja que no tiene nada que ocultarse entre sí, sin ninguna vergüenza y con total apertura mutua. Éste es un cuadro asombroso, al cual hará referencia Jesús siglos después.

Génesis 2 describe la armonía que debería existir en los tres niveles de relación entre los seres humanos y el mundo creado, con Dios y con los demás humanos. Sin embargo, hay algunos problemas científicos relacionados con el origen del hombre que deben ser considerados.

¿Dónde encajan los hombres prehistóricos?

La teoría evolucionista ha desarrollado el argumento de que los seres humanos descendieron de los simios. Los hallazgos geológicos sugieren que hubo hombres prehistóricos que parecen estar relacionados con el *homo sapiens* moderno. Se han encontrado varios restos, especialmente por los Leakey, tanto el padre como el hijo, en la garganta de Olduvai, Tanzania, entre otros lugares. Se afirma que la vida humana comenzó en África, en vez de Oriente Medio, donde la coloca la Biblia.

¿Cómo debemos interpretar esta evidencia? ¿Cómo debemos entender la relación del hombre moderno con el hombre prehistórico? ¿Es posible reconciliar lo que dicen las escrituras y la ciencia acerca del origen del hombre?

EL ORIGEN DEL HOMBRE

Veamos primero lo que dice la Biblia. Génesis nos dice que el hombre está hecho del mismo material que los animales. Los animales fueron hechos del polvo de la tierra. Nosotros también estamos hechos de exactamente los mismos minerales que encontramos en la corteza terrestre. ¡Una estimación reciente indica que los minerales que se encuentran en un cuerpo valen unos 85 centavos de dólar! En contraste con el mundo animal, sin embargo, Génesis 2 nos dice también que Dios sopló en el polvo y el hombre se convirtió en un "alma viviente".

Alma

"Alma" es una palabra que se entiende mal. Se usa exactamente la misma palabra también para los animales de Génesis 1. Son llamados "almas vivientes" porque la palabra hebrea para "alma" significa simplemente un cuerpo que respira. Dado que tanto los animales como los hombres son descritos como "almas vivientes", ambos son la misma clase de ser. Cuando corremos peligro en el mar enviamos un SOS (*Save Our Souls* – Salven Nuestras Almas) y no un SOB (*Save Our Bodies* – Salven Nuestros Cuerpos), pero lo que queremos es que nuestros cuerpos que respiran sean salvados.

Lord Soper estaba en Speaker's Corner[1] en Hyde Park, Londres, un día cuando se le preguntó: "¿Dónde está el alma en el cuerpo?". Contesto: "¿Dónde está la música en el órgano?". Uno puede desarmar un órgano o un piano y no encontrará la música. Solo está allí cuando es convertido en algo vivo por otra persona.

Una creación especial
La palabra "alma" en Génesis 2 ha confundido a muchas personas, llevándolas a pensar que lo que hace a los seres humanos únicos es que tenemos almas. De hecho, somos únicos por una razón diferente. Creer que el hombre y los simios antropoides vinieron de una fuente común parece estar en oposición directa con el relato bíblico. El hombre, sin duda, es una creación especial. Está hecho a la imagen de Dios, directamente del polvo y no indirectamente de otro animal. La palabra hebrea *bara*, crear algo completamente nuevo, se usa solo tres veces: con relación a la materia, la vida y el hombre. Esto sugiere que hay algo único en el hombre.

El relato de Génesis enfatiza la unidad de la raza humana también. El apóstol Pablo dijo a los atenienses que Dios nos había hecho "de un solo hombre". Todo en la historia apunta a la unidad de nuestra raza en el presente. He estudiado arqueología agrícola un poco, y es interesante notar que esta disciplina pone el origen del cultivo del maíz y la domesticación de los animales donde la Biblia pone el jardín del Edén, en el noreste de Turquía, o el sur de Armenia.

---
1 En español, *El rincón del orador.*

ESPECULACIÓN CIENTÍFICA

¿Qué tiene que decir la ciencia al respecto? Muchas personas quisieran que escojamos un lado y rechacemos el otro: o la ciencia ha hecho investigaciones falsas acerca del hombre prehistórico o las escrituras nos han dado información falsa.

No hay duda alguna de que la ciencia ha descubierto restos que tienen un parecido asombroso con nosotros. Se le han dado diferentes nombres: el hombre de Neandertal, el hombre de Pekín, el hombre de Java, el hombre de Australia. Los Leakey afirman haber encontrado restos humanos que datan de 4 millones de años atrás. Entre los antropólogos se acepta casi de manera unánime que los orígenes humanos deben encontrarse en África y no en Oriente Medio.

Se dice que *Homo sapiens* tiene 30.000 años, el hombre de Neandertal, entre 40.000 y 150.000 años, el hombre de Swanscombe, 200.000 años, *Homo erectus* (hombre de China y de Java), 300.000 años, el hombre de Australia, 500.000 años; y ahora el hombre de África, 4 millones de años. ¿Qué podemos decir acerca de todo esto?

Lo primero que debemos señalar de manera muy firme es que aún no se ha encontrado nada que sea mitad hombre y mitad simio. Hay restos *humanos* prehistóricos, pero al día de hoy no hay nada que sea *mitad hombre y mitad simio*.

Lo segundo que podemos señalar es que no todos los grupos son nuestros ancestros directos. Esto es reconocido hoy por los científicos; la antropología está en un estado de cambio constante hoy.

El tercer punto importante es que los restos no siguen un orden progresivo. Se han producido gráficos que supuestamente indican el desarrollo de la humanidad, que comienzan con un simio del lado izquierdo del gráfico y siguen a través de especies sucesivas hasta el ser humano moderno, *homo sapiens*, a la derecha. Pero estos gráficos son inexactos: algunos de los primeros humanos tenían cerebros más grandes que nosotros hoy, y caminaban más erguidos que lo que indican algunos de los restos posteriores. El consenso de la opinión actual es que ninguno de estos grupos está conectado con el nuestro.

Hay tres formas posibles de resolver el conflicto. Aquí aparecen en un bosquejo muy breve.

1. **El hombre prehistórico era el hombre bíblico.** Lo que estamos desenterrando fue lo mismo que Adán, hecho a la imagen de Dios. Se ha sugerido que Génesis 1 describe al "hombre cazador paleolítico" y Génesis 2, al "hombre agricultor neolítico".
2. **El hombre prehistórico en algún momento se transformó en el hombre bíblico.** En algún punto de la historia este hombre parecido a un animal, o animal parecido al hombre, se convirtió en la imagen de Dios. Si uno solo, unos pocos o todos cambiaron está abierto a la discusión.
3. **El hombre prehistórico no era el hombre bíblico.** El hombre prehistórico tenía una apariencia similar y usaba herramientas, pero no hay ningún rastro aparente de religión u oración. Era una criatura diferente, no hecha a la imagen de Dios.

Es improbable que tengamos que quedarnos con una explicación por sobre otra a esta altura. La antropología misma está en un proceso de cambio y desarrollo actualmente, y es muy probable que el debate planteará otros enfoques en el futuro. Es suficiente para nosotros tomar nota de los argumentos y ser conscientes de que cualquier conclusión que extraigamos bien puede ser provisoria.

Evolución
Vayamos ahora a la cuestión de la evolución en general.

ABRAMOS LA BIBLIA

La mayoría de las personas supone que la evolución es una teoría de Charles Darwin, pero no lo es. Fue originalmente concebida por Aristóteles (384-322 a.C.). En tiempos modernos, fue Erasmus Darwin, el abuelo de Charles, quien la propuso por primera vez. Charles la tomó de su abuelo ateo y la popularizó.

Si queremos comprender los elementos básicos de la teoría, hay ciertos términos que necesitamos conocer.

La **variación** es la creencia de que ha habido cambios pequeños y graduales en las formas, que se transmiten a cada generación sucesiva. Cada generación cambia ligeramente y transmite ese cambio.

Desde esas variaciones ha habido una **selección natural**. Esto significa simplemente la supervivencia de los que están mejor adaptados a su entorno. Tome el caso de la polilla moteada, por ejemplo. Contra las pilas de carbón en el noreste de Inglaterra, la polilla negra estaba más adaptada al camuflaje que la blanca. Los pájaros podían consumir polillas blancas más fácilmente, y las negras sobrevivieron. Ahora que los basurales han desaparecido de la zona, las polillas blancas están volviendo y las negras están desapareciendo. La selección natural es un proceso mediante el cual aquellas especies mejor adaptadas a su entorno sobreviven. Esta selección es "natural", porque ocurre automáticamente dentro de la naturaleza, sin ayuda exterior.

Sin embargo, la creencia de que solo existe un proceso de variación y selección lento y gradual ha cambiado ahora. Un francés, llamado Lamarque, dijo que, en vez de cambios graduales había cambios repentinos y grandes, conocidos como **mutaciones**. En esta situación, la progresión se asemeja más a una escalera que a un ascensor.

El concepto de la **microevolución** es que ha habido cambios limitados dentro de ciertos grupos animales; ej: el grupo de los caballos y los perros. Sin duda, la ciencia ha demostrado que la microevolución ocurre.

La **macroevolución**, en contraste, es la teoría de que todos los animales vinieron del mismo origen y están todos relacionados. Todos tienen su origen en la misma forma de vida sencilla. En consecuencia, esto no es un cambio dentro de especies individuales sino una creencia de que todas las especies se desarrollaron de otra.

El último término a considerar es **lucha**. En el contexto de la evolución, se refiere a la "supervivencia del más apto".

No voy a argumentar a favor o en contra de la evolución, sino señalar que sigue siendo una teoría. No ha sido demostrada y, de hecho, cuanta más evidencia obtenemos de los fósiles menos parece ser una teoría adecuada para explicar las diferentes formas de vida que surgieron.

1. En la evidencia fósil, grupos clasificados de manera separada bajo la teoría evolucionista en realidad aparecen simultáneamente en el período cámbrico. No surgen de manera gradual a lo largo de diferentes edades, sino casi juntos.
2. Formas complejas y sencillas aparecen juntas. No hay una secuencia de lo sencillo a lo complejo.
3. Hay escasísimos fósiles "puente" que se encuentren a mitad de camino entre una especie y otra.
4. Todas las formas vivas son muy complicadas: siempre han tenido ADN.
5. Las mutaciones, los cambios repentinos que supuestamente explican el desarrollo de una especie hacia la siguiente, por lo general producen deformidades y aun hacen que las criaturas se extingan.
6. El cruzamiento de razas generalmente produce esterilidad.
7. Por encima de todo, cuando se analizan las probabilidades estadísticas, aparte de toda otra objeción, no alcanza el

tiempo para que todas las variedades de formas vivas se desarrollaran.

La teoría de la evolución no tiene solo interés académico, por supuesto. La forma en que entendemos nuestros orígenes tiene un efecto sobre la manera en que vemos a la humanidad como un todo. Los líderes infectados por una filosofía evolucionista han tenido un impacto considerable.

Es fundamental para la teoría evolucionista el concepto de la supervivencia del más apto y la lucha que enfrentan todas las especies para sobrevivir. Esto se encuentra en algunas filosofías que han dado forma a nuestra sociedad civilizada, y ha causado un sufrimiento incalculable. Capitalistas estadounidenses como John D. Rockefeller han dicho: "Los negocios son la supervivencia del más apto". Se ve una perspectiva similar en el fascismo: el libro de Adolf Hitler se llama *Mein Kampf*, "Mi lucha". Él creía en la supervivencia del más apto, donde el "más apto", desde su punto de vista, era la raza aria alemana. También se encuentra en el comunismo. Karl Marx escribió acerca de la "lucha" entre la burguesía y el proletariado, que él consideraba que debería producir una revolución. La palabra "lucha" también podría ser escrita también sobre los primeros días del colonialismo, donde pueblos enteros eran eliminados en nombre del progreso.

En breve, la idea de la supervivencia de los más aptos, aplicada a los seres humanos, ha causado más sufrimiento que cualquier otro concepto en tiempos modernos. Pero también nos ha enfrentado con dos enormes elecciones en cuanto a lo que creemos.

ELECCIÓN MENTAL
Nos confronta primero con una elección mental. Si usted cree en la creación, cree en un padre Dios. Si cree en la

evolución, tiende a optar por la madre naturaleza (una dama que no existe). Si usted cree en la creación, cree que este universo fue producto de una elección personal. Si cree en la evolución, sostendrá que fue resultado del azar fortuito e impersonal. Hubo un propósito designado bajo la creación, pero bajo la evolución solo existe un patrón aleatorio. Con la creación, el universo es una producción sobrenatural; en la evolución, es un proceso natural. Bajo la creación, todo el universo es una situación abierta a la intervención personal, tanto de Dios como del hombre. En la evolución, tenemos a la naturaleza como un sistema cerrado que opera sobre sí mismo. En la creación, tenemos el concepto de la providencia: Dios se ocupa de su creación, la sostiene y la cuida. Pero con la evolución simplemente tenemos coincidencia: si algo bueno ocurre, es el mero producto del azar. Con la creación, tenemos fe basada en hechos; con la evolución, fe basada en la imaginación (porque es solo una teoría). Si aceptamos la creación, entonces aceptamos que Dios es libre para hacer algo y hacer al hombre a su imagen. Si aceptamos la evolución, nos queda la visión de que el hombre es libre para hacer a Dios según la imagen que escoja desde su imaginación. Aceptar el uno o el otro, por lo tanto, tiene ramificaciones considerables.

ELECCIÓN MORAL
Hay también una elección moral detrás de la aceptación de la creación o la evolución. ¿Por qué las personas se aferran a la teoría de la evolución con tanto fanatismo? La respuesta es que es la única alternativa real si uno quiere creer que no hay ningún Dios sobre nosotros. Bajo la creación, *Dios* es Señor; bajo la evolución, el *hombre* es Señor. Con la creación, estamos bajo la autoridad divina, pero si no existe Dios somos autónomos como humanos, y podemos decidir las cosas por nuestra cuenta. Si aceptamos a Dios

como creador, aceptamos que hay normas absolutas de lo bueno y lo malo. Pero sin ningún Dios, bajo la evolución, solo tenemos situaciones relativas. Con el mundo de Dios, hablamos de deber y responsabilidad; con la evolución, de exigencias y derechos. Bajo Dios tenemos dependencia infinita, nos volvemos como niñitos y hablamos con el padre celestial. Con la evolución, somos orgullosos de nuestra independencia, hablamos de la mayoría de edad, de que ya no "necesitamos" a Dios. Según la Biblia, el hombre es una criatura caída. Según la evolución, está elevándose y progresando todo el tiempo. En la Biblia, tenemos salvación para los débiles. En la filosofía evolucionista, la supervivencia de los fuertes.

Nietzche, el filósofo detrás del pensamiento de la Alemania de Hitler, dijo que odiaba al cristianismo porque mantenía a las personas débiles y cuidaba a los enfermos y moribundos. La Biblia dice que uno es poderoso cuando hace lo que está bien, pero la filosofía evolucionista conduce a una perspectiva de "el poder da derecho". Una conduce a la paz; la otra, a la guerra. Donde el evolucionismo dice que uno debe darse los gustos, ocuparse de uno mismo, la Biblia dice que la fe, la esperanza y el amor son las tres virtudes principales. En última instancia, la Biblia nos conduce al cielo, mientras que la evolución promete poco —fatalismo, impotencia y suerte—, y conduce al infierno.

La Caída
Cuando Dios terminó de crear nuestro mundo, dijo que era muy bueno. Pocos hoy dirían que es un mundo muy bueno. Algo salió mal. Génesis 3 nos describe cuál es el problema y cómo surgió.

Hay tres hechos innegables acerca de nuestra existencia hoy.

LAS INSTRUCCIONES DEL FABRICANTE

1. El nacimiento es doloroso.
2. La vida es dura.
3. La muerte es inevitable.

¿Por qué ocurre esto? ¿Por qué el nacimiento es doloroso? ¿Por qué la vida es dura? ¿Por qué la muerte es inevitable?

La filosofía nos da muchas respuestas. Algunos filósofos dicen que debe haber un Dios malo además de uno bueno. Con mayor frecuencia, dicen que el Dios bueno malogró las cosas e intentan encontrar en esto alguna explicación para el origen del mal.

Génesis 3 nos da cuatro perspectivas vitales de este problema.

1. El mal no estuvo siempre en el mundo.
2. El mal no comenzó con los seres humanos.
3. El mal no es algo físico; es algo moral. Algunos filósofos han dicho que la parte material del universo es la fuente del mal o, en términos personales, que el cuerpo de una persona es la fuente de la tentación.
4. El mal no es algo que existe por su cuenta. Más que el sustantivo (mal), existe el adjetivo (malo). El mal en sí mismo no existe; son solo las personas las que pueden ser o convertirse en malas.

Así que, ¿que tiene para enseñarnos Génesis 3 sobre el tema? Es importante que recordemos que se trata de un suceso real en la historia real: se nos da tanto el lugar como el tiempo en que ocurrió. En el amanecer de la historia humana, ocurrió una gigantesca catástrofe moral.

El problema comienza con un reptil hablante (más una lagartija que una serpiente, porque tenía patas, a pesar de la sabiduría popular; solo después Dios hizo que la serpiente se deslizara sobre su vientre). ¿Cómo debemos entender esta historia extraordinaria de la serpiente que habla a Eva? Hay tres posibilidades.

1. La serpiente era el diablo disfrazado; él puede aparecer como un ángel o un animal.
2. Dios permitió hablar a un animal, como hizo con la burra de Balán.
3. El animal fue poseído por un espíritu maligno. Así como Jesús envió a los demonios que atormentaban a un hombre en los cuerpos de unos cerdos por el despeñadero gadareno, también es perfectamente posible para Satanás poseer un animal. Esto permitiría engañar a Adán y Eva, porque Satanás se estaba poniendo por debajo de ellos. En realidad, Satanás es un ángel caído, tan real como los seres humanos, más inteligente y fuerte que nosotros.

Es significativo que Satanás haya apuntado a Eva. En términos muy generales, las mujeres tienden a ser más confiadas que los hombres, que son notoriamente desconfiados. Aprovechando esto, Satanás subvierte el orden de Dios y trata a Eva como si fuera la cabeza del hogar. Si bien está claro que Adán estaba allí con Eva, él no dice nada. Él debería estar protegiéndola, discutiendo con Satanás. Después de todo, era Adán quien había oído las palabras de prohibición de Dios.

En total, hay tres formas de citar incorrectamente la Palabra de Dios. Una, es agregar algo; otra, es quitar algo; la tercera, cambiar algo. Si lee el texto cuidadosamente, encontrará que Satanás hizo las tres cosas. Él conoce la Biblia muy bien, pero puede citarla incorrectamente y manipularla también. Adán, sin embargo, que conocía exactamente lo que Dios había dicho, permaneció en silencio cuando tendría que haber hablado. En el Nuevo Testamento es culpado claramente por permitir que entrara el pecado en el mundo.

Es útil notar la estrategia que adopta Satanás en su aproximación a Eva. Primero, alienta la duda con la mente, luego el deseo con el corazón y finalmente la desobediencia con la voluntad. Ésta es su estrategia siempre en todos sus tratos con los humanos. Alienta el pensamiento incorrecto primero, por lo general interpretando incorrectamente la Palabra de Dios. Luego nos seduce para que deseemos el mal en nuestro corazón. Después de eso, las circunstancias son las adecuadas para que desobedezcamos con nuestra voluntad.

¿Cuál es el resultado del pecado? Cuando Dios interroga a Adán, él busca culpar tanto a Eva como a Dios. Habla de "la mujer que me diste por compañera" o "la mujer que pusiste aquí conmigo". Él dejó de cumplir su papel como hombre al renegar de su responsabilidad de cuidar a su esposa.

Dios responde en juicio. Este aspecto de su carácter aparece por primera vez: Dios odia el pecado y debe enfrentarlo. Si realmente es un Dios bueno, entonces no puede dejar que la gente cometa una maldad impunemente. Éste es el mensaje de Génesis 3. El castigo se da de manera poética. Cuando Dios habla en prosa está comunicando sus pensamientos, de la mente de él hacia la mente de usted, pero cuando habla poéticamente está comunicando sus sentimientos, de corazón a corazón.

En Génesis 3, las poesías revelan las emociones airadas de Dios (la ira de Dios, en términos teológicos). Dios siente de manera muy profunda que Edén ha sido arruinado, y sabe adónde conducirá esto. La siguiente paráfrasis de Génesis 1-3 arroja una luz fresca sobre esta historia.

Hace mucho tiempo, cuando nada más existía, el Dios que siempre había estado allí trajo todo el universo a la existencia, todo el espacio exterior y este planeta Tierra.

Al principio la Tierra era solo una masa de materia fluida, completamente inhabitable y, por cierto, inhabitada. Estaba cubierta de oscuridad y envuelta en agua, pero el espíritu mismo de Dios estaba sobrevolando justo encima del diluvio.

Entonces Dios ordenó: "¡Que entre la luz!". Y ahí estaba. Le pareció perfecto a Dios, pero decidió alternar la luz con la oscuridad, y les dio nombres distintos: "día" y "noche". La oscuridad original y la luz nueva fueron la tarde y la mañana del primer día de trabajo de Dios.

Entonces Dios habló nuevamente: "Que haya dos depósitos de agua, con una expansión entre ellas". Así que separó el agua en la superficie de la humedad de la atmósfera. Así llegó a ser el "cielo", como Dios lo llamó. Esto finalizó el segundo día de trabajo.

Lo siguiente que dijo Dios fue: "Que la superficie de agua se concentre en un lugar, para que el resto pueda secarse". ¡Y ocurrió tal cual! De ahí en adelante, Dios se refirió al "mar" y a la "tierra" de manera separada. Le gustó lo que vio, y agregó: "Ahora, que la tierra haga brotar vegetación, plantas con semillas y árboles con fruto, todos con la capacidad de reproducirse". Y aparecieron: toda clase de plantas y árboles, cada uno capaz de propagar su propio tipo. Todo encajaba en el plan de Dios. Su tercer día de trabajo había terminado.

Ahora Dios declaró: "Que aparezcan diferentes fuentes de luz en el cielo. Distinguirán los días de las noches, y permitirán medir las estaciones, días y años especiales, aunque su propósito principal será brindar iluminación". Y así es, tal como dijo. Las dos luces más brillantes son el "sol" más grande, que domina el día, y la "luna" menor, que predomina de noche, rodeada por estrellas titilantes. Dios los puso todos allí por el bien de la tierra: para iluminarla, regularla y mantener el patrón alternante de

LAS INSTRUCCIONES DEL FABRICANTE

luz y oscuridad. Dios estaba complacido porque su cuarto día de trabajo había salido tan bien.

La siguiente orden que dio Dios fue: "Que el mar y el cielo pululen con seres vivientes, con bancos de peces nadando y bandadas de aves volando". Así Dios trajo a la existencia todas las cosas animadas que habitan los océanos, desde los enormes monstruos de las profundidades a los minúsculos organismos que flotan en las olas, y toda la variedad de aves e insectos en vuelo en el viento arriba. Para Dios fue un espectáculo asombroso, y los alentó a reproducirse y a ser más numerosos, de modo que cada parte del mar y el cielo estuviera repleta de vida. Eso puso fin a su quinto día.

Luego Dios anunció: "Ahora, que la tierra también pulule con seres vivientes: mamíferos, reptiles y vida salvaje de todo tipo". Como antes, ¡apenas lo dijo, se cumplió! Hizo toda clase de animales salvajes, incluyendo mamíferos y reptiles, cada uno como un tipo distinto. Y todos le dieron placer.

En ese momento, Dios tomó una decisión crucial. "Ahora hagamos algunas criaturas bastante diferentes, más de nuestro tipo; seres como nosotros. Pueden estar a cargo de todos los demás: los peces en el mar, las aves en el aire y los animales en la tierra.

> Para parecerse a sí mismo Dios creó a los humanos,
> Su propio corazón, voluntad y mente en ellos reflejados,
> Para relacionarse entre ellos, hombre y mujer entrelazados.

Luego afirmó la posición única de ellos con palabras de aliento: "Produzcan muchos descendientes, porque ustedes deben ocupar y controlar toda la tierra. Los peces en el mar, las aves en el aire y los animales en la tierra son todos suyos para que dominen. También les estoy dando las plantas que dan semillas y los árboles que dan fruto como su provisión de alimento. Las aves y las bestias pueden tener el follaje verde para el alimento de ellos". Y así fue.

Dios miró toda la obra de sus manos y estuvo muy satisfecho . . . todo tan perfecto, tan hermoso . . . unos buenos seis días de trabajo.

El espacio exterior y el planeta Tierra estaban completos ahora. Ya que nada más era necesario, Dios se tomó el día libre. Por eso designó cada séptimo día como diferente a los demás, apartado para él solo, porque ese día no estuvo ocupado con su trabajo diario de la creación.

Así nació nuestro universo y así llegó a ser todo de la manera que es; cuando el Dios cuyo nombre es "Siempre" estaba haciendo el espacio exterior y el planeta Tierra, hubo un momento en que no había ninguna vegetación en el suelo. Y si hubiera habido, no había lluvia para irrigarla ni estaba el hombre para cultivarla. Pero las fuentes subterráneas surgieron hacia la superficie y regaron el suelo. Y el Dios "Siempre" modeló un cuerpo humano con partículas de arcilla, le dio el beso de la vida y el hombre se unió a las criaturas vivientes. Y el Dios "Siempre" ya había preparado un terreno de un parque, al este de aquí, un lugar llamado "Edén", que significa "Deleite". Trajo al primer hombre para que viviera allí. El Dios "Siempre" había plantado una gran variedad de árboles en el parque con follaje hermoso y fruta deliciosa. Justo en el medio había dos árboles un tanto especiales: el fruto de uno de ellos podía mantener la vida indefinidamente mientras que el fruto del otro daba al que lo comía la experiencia personal de hacer lo bueno y lo malo.

Un río regaba toda la zona, pero se dividía en cuatro brazos al dejar el parque. Uno se llamaba Pisón y recorría toda la extensión de Javilá, la tierra donde se encontraron

LAS INSTRUCCIONES DEL FABRICANTE

después pepitas de oro puro, además de resina aromática y ónice. El segundo brazo se llamaba Guijón, y serpenteaba por toda la tierra de Cus. El tercero era el actual río Tigris, que fluye frente a la ciudad de Assur. El cuarto era lo que conocemos como el río Éufrates.

Así que el Dios "Siempre" puso al hombre en este "Parque del Deleite" para que lo desarrolle y lo proteja. Y el Dios "Siempre" le dio órdenes muy claras: "Eres perfectamente libre para comer el fruto de cualquier árbol menos uno: el árbol que da la experiencia de lo bueno y lo malo. Si lo pruebas, ciertamente tendrás que morir la muerte".

Luego el Dios "Siempre" se dijo a sí mismo: "No está bien que el hombre esté completamente solo. Le proveeré una pareja que combine con él".

Ahora bien, el Dios "Siempre" había formado toda clase de aves y bestias del suelo, y los trajo en contacto con el hombre, para que viera cómo los describiría, y lo que el hombre dijo acerca de cada uno pasó a ser su nombre. Así que fue el hombre quien rotuló a todas las demás criaturas, pero en ninguna de ellas reconoció una compañía adecuada para él.

Así que el Dios "Siempre" puso al hombre en un coma profundo y, mientras estaba inconsciente, tomó un poco de tejido del costado de su cuerpo y volvió a cubrir el hueco con la carne. Del tejido Dios produjo un clon femenino y se lo presentó al hombre, que exclamó:

"Por fin me has concedido mi deseo,
Compañera de mi carne y de mis huesos,
'Mujer' es el nombre que he elegido,
Cortejada por el hombre de quien vino".

Todo esto explica por qué un hombre se desprende

de sus padres y se aferra a su esposa, sus dos cuerpos volviendo a fundirse en uno. El primer hombre y su nueva esposa deambulaban por el parque completamente desnudos, pero sin la menor vergüenza.

Ahora había un reptil mortífero en las cercanías, más astuto que todas las bestias salvajes que había hecho el Dios "Siempre". Se puso a conversar con la mujer un día y le preguntó: "¿No irás a decirme que Dios realmente les prohibió comer el fruto de todos estos árboles?". Ella contestó: "No, no es tan así. Podemos comer del fruto de los árboles, pero Dios nos prohibió comer de ése que está en el medio. De hecho, nos advirtió que si aun lo tocábamos, tendríamos que ser muertos".

"Seguro que no hará eso con ustedes", dijo el reptil a la mujer, "solo está tratando de asustarlos, porque sabe perfectamente bien que, cuando coman el fruto, verán las cosas de una forma bastante diferente. En realidad, los pondría en el mismo nivel que él, capaces de decidir por ustedes mismos lo que está bien y lo que está mal".

Así que ella miró largo y profundo al árbol y notó cuán nutritivo y apetitoso parecía ser el fruto. Además, obviamente era una ventaja poder hacer sus propios juicios morales. Entonces tomó algunos frutos, comió parte y dio el resto a su esposo, que estaba con ella en ese momento y comió también enseguida. Dicho y hecho, ¡vieron las cosas de manera muy diferente! Por primera vez se sintieron cohibidos por su desnudez. Así que trataron de cubrirse con ropas primitivas cosidas con hojas de parra.

Esa misma tarde, de pronto se dieron cuenta de que se acercaba el Dios "Siempre" y corrieron para ocultarse entre las malezas. Pero el Dios "Siempre" dijo al hombre: "¿En qué te has metido?". Él contestó: "Escuché que te acercabas y tuve miedo, porque no tengo ropa decente. Así que me estoy ocultando entre los arbustos aquí". Entonces

LAS INSTRUCCIONES DEL FABRICANTE

Dios preguntó: "¿Cómo descubriste lo que se siente estar desnudo? ¿Has estado comiendo del fruto que te dije que no tocaras?". El hombre intentó defenderse: "Todo se debe a la mujer que mandaste; ella me trajo este fruto, así que simplemente lo comí sin hacer preguntas".

Entonces el Dios "Siempre" confrontó a la mujer: "¿Qué has estado haciendo?". La mujer dijo: "¡Es culpa de ese reptil espantoso! Él me engañó maliciosamente y caí en la trampa".

Así que el Dios "Siempre" dijo al reptil: "Como castigo por tu parte en esto:

Maldita sobre todas las bestias
Será tu camino en consecuencia
Sobre tu vientre te moverás
Tu boca sobre el polvo colgarás.
Por el resto de los días de tu vida,
Habrá terror, lucha y gran inquina
Entre la mujer y tú por este hecho
Que ambos pasarán a sus herederos;
Pero su pie sobre el cráneo sentirás
Cuando en temor su talón golpearás".

Luego a la mujer dijo:

"Que aumente del parto el dolor,
La agonía, trabajo y presión;
Desearás a un hombre controlar
Pero bajo su mando estarás".

Pero al hombre, Adán, dijo: "Porque prestaste atención a tu esposa y no a mí, y desobedeciste la orden que prohibía ese árbol:

Maldición hay sobre el suelo;
Todos tus días será tu desvelo.
Espinas y cardos crecerán
Entre todo lo que quieras sembrar.
Con una frente llena de sudor
Para comer será siempre tu labor;
Y de nuevo a la tierra volverás
Como fuiste hallado así serás.
De la arcilla fuiste formado;
Y en el polvo serás enterrado".

Adán dio a su esposa el nombre de Eva (significa "dadora de vida"), porque ahora se dio cuenta de que sería la madre de todos los seres humanos que vivieran jamás.

El Dios "Siempre" hizo ropa nueva de pieles de animales para Adán y su esposa, y los hizo vestir correctamente. Luego el Dios "Siempre" se dijo a sí mismo: "Ahora que este hombre se ha vuelto tan consciente de las cosas buenas y malas como lo hemos sido nosotros, ¿cómo podremos limitar el daño si todavía puede comer del otro árbol especial y vivir tanto como nosotros?" Para impedir que pase esto, el Dios "Siempre" desterró al hombre el Parque del Deleite, ¡y lo hizo volver a cultivar el mismo terreno de donde había sido formado originalmente!

Después que fue expulsado, fueron colocados ángeles del cielo en el borde este del Parque del Deleite, custodiando el acceso al árbol de la vida continua con armas punzantes y llameantes.

LOS RESULTADOS DE LA CAÍDA
El capítulo 3 es denominado generalmente "la Caída", cuando el hombre cayó del hermoso estado descrito en el capítulo 2. Podría haber sido todo tan diferente. Si Adán no hubiera intentado culpar a Eva, o aun a Dios, pero

hubiera respondido en arrepentimiento, Dios podría haberlo perdonado de inmediato. La historia podría haber sido muy diferente. En cambio, tenemos el patético intento de Adán de cubrirse con hojas de parra como reflejo de su necedad.

Vale la pena notar la naturaleza del castigo. Adán es castigado con relación al trabajo y Eva con relación a la familia. El reptil se convierte en una serpiente (aun hoy hay patas muy pequeñas en la parte inferior de este animal).

La relación que tenían con Dios se destruye. La relación entre ellos también se ve afectada: se ocultan el uno del otro y Dios pronuncia una maldición sobre ellos. En el capítulo 4 ocurre el primer asesinato dentro de la familia, cuando la envidia da lugar al desafío ante la advertencia de Dios.

Centrémonos ahora en tres áreas en la historia subsiguiente donde se ven en especial las reacciones de Dios ante la situación.

1. Caín

Alguien ha señalado que el pecado cometido por el primer hombre hizo que el segundo matara al tercero. Aquí tenemos a la propia familia de Adán. Su hijo mayor mata a su hijo del medio, y por la misma razón que mataron a Jesús siglos después: envidia. La envidia fue la responsable del primer asesinato de la historia y del peor asesinato de la historia.

Caín significa "adquirido"; cuando nació, Eva dijo: "Por voluntad de Jehová he adquirido varón". Abel significa "aliento" o "vapor". Dios prefirió a Abel, el menor de los dos hijos, porque no quería que nadie pensara jamás que tenía un derecho natural a los dones y a la herencia divina. A menudo en las escrituras vemos a Dios escoger a una persona más joven sobre una mayor (ej: Isaac sobre Ismael, Jacob sobre Esaú).

El problema que los dividió fue que Dios aceptó el sacrificio de Abel y rechazó el de Caín. Abel había aprendido de sus padres que el único sacrificio digno de Dios era el sacrificio de sangre, el resultado de una vida quitada. Dios ya había cubierto el pecado de sus padres al matar animales y brindar una cobertura para Adán y Eva con sus pieles. Se estaba estableciendo un principio: era necesario verter sangre para cubrir su vergüenza (comenzó aquí y sigue hasta el Calvario). Así que, cuando Abel fue a adorar a Dios, trajo un sacrificio animal. Caín simplemente trajo frutas y vegetales.

A Dios solo le agradó el sacrificio de Abel, y no la ofrenda de Caín. Caín se enojó por esto. A pesar de la advertencia de Dios de que debía dominar el pecado, Caín aleja a su hermano de su hogar con un falso pretexto, lo asesina, lo entierra y luego se desentiende de él ("¿Acaso soy el que debe cuidar a mi hermano?", pregunta).

Surge un claro patrón aquí: las personas malas odian a las buenas, y los impíos son envidiosos de los piadosos. Esta es una división que recorre toda la historia humana.

De modo que el mundo perfecto de Dios es ahora un lugar donde la bondad es odiada, y las personas malas excusan su maldad. Todo el que presente un desafío a la conciencia es odiado. Podríamos decir que Abel fue el primer mártir en bien de la justicia. Jesús mismo habló de "toda la sangre justa que ha sido derramada sobre la tierra, desde la sangre del justo Abel hasta la de Zacarías".

El relato sigue trazando la descendencia de Caín e incluye algunos elementos interesantes. Junto a los nombres de los descendientes de Caín aparecen sus logros, en especial el desarrollo de la música y la metalurgia, incluyendo las primeras armas. La urbanización llegó de la línea de Caín. Fue la línea de Caín la que comenzó a construir ciudades, concentrando a los pecadores en un lugar y, por lo tanto, concentrando el pecado en un lugar. Podría decirse que las ciudades se volvieron más pecaminosas que la campiña debido a esta concentración.

Lo que podemos considerar como el "progreso humano"

está contaminado. La "marca de Caín", por así decirlo, está en estos "desarrollos", y ésa es la interpretación bíblica de la civilización: la actividad pecaminosa está siempre en su corazón. La poligamia también vino a través de la línea de Caín. Hasta ese momento un hombre y una mujer estaban casados de por vida, pero los descendientes de Caín tomaron muchas esposas, y sabemos que aun Abraham, Jacob y David fueron polígamos.

Hubo un tercer hermano, sin embargo, el tercer hijo de Adán y Eva: Set. Con él vemos el comienzo de otra línea, una línea piadosa. Desde la línea de Set, los hombres comenzaron a "invocar el nombre del Señor".

Estas dos líneas recorren toda la historia humana y seguirán haciéndolo hasta el fin, cuando serán separadas para siempre. Vivimos en un mundo en el cual hay una línea de Caín y una línea de Set, y podemos escoger a cuál pertenecemos y qué clase de vida queremos vivir.

2. Noé

El siguiente suceso importante es el Diluvio y la construcción del arca de Noé. La historia es muy conocida, tanto dentro como fuera de la Biblia. Muchos pueblos tienen historias de un diluvio universal dentro de su folclore. Se ha cuestionado si fue un suceso real y si cubrió literalmente toda la tierra. El texto no indica si el Diluvio llegó a todo el globo o si solo cubrió al mundo entonces conocido. Por cierto, la cuenca de Oriente Medio, luego llamada Mesopotamia, la enorme llanura a través de la cual fluyen el Tigris y el Éufrates, es el escenario de todas las primeras historias de Génesis y era claramente una zona afectada por diluvios.

El foco de la Biblia no es tanto sobre el aspecto material de esta historia sino sobre el aspecto moral. ¿Por qué ocurrió? La respuesta es impactante. Ocurrió porque Dios lamentó haber hecho a los seres humanos. "Le dolió en el corazón".

Éste es sin duda uno de los versículos más tristes de la Biblia. Comunica los sentimientos de Dios muy claramente, que produjeron su decisión de eliminar la raza humana.

¿Qué había ocurrido para causar tal crisis en las emociones de Dios? Para contestar esto debemos juntar el relato de Génesis con algunas partes del Nuevo Testamento y algún material exterior a los Testamentos citado por Judas y Pedro.

Se nos dice que entre doscientos y trescientos ángeles en la zona del monte Hermón, enviados a cuidar al pueblo de Dios, se enamoraron de mujeres, las sedujeron y las dejaron embarazadas. La descendencia fue horriblemente híbrida, algo intermedio entre hombres y ángeles, seres no en el orden de Dios. Estos son los "nefilim" en Génesis 6, la descendencia de la unión de los "hijos de Dios" y las "hijas de los seres humanos". La palabra se traduce a veces como "gigantes" en versiones inglesas-españolas. No sabemos precisamente lo que significa; es solo un término nuevo para una nueva clase de criatura. Esta combinación espantosa fue también el comienzo del ocultismo, porque esos ángeles enseñaron a las mujeres la brujería. No hay indicios de prácticas ocultistas antes de este suceso.

El efecto inmediato de este sexo pervertido fue que la violencia llenó toda la tierra; una cosa lleva a la otra, cuando las personas son tratadas como objetos y no como seres humanos. Génesis 6 nos dice que Dios vio que "todos sus pensamientos tendían siempre hacia el mal". Sintió que se había llegado al colmo.

Pero Dios no juzgó enseguida, sino que tuvo mucha paciencia y les dio una clara advertencia. Llamó a Enoc a ser un profeta para decir a la raza humana que Dios venía a juzgar y tratar con toda la impiedad. A los 65 años Enoc tuvo un hijo, y Dios le dio el nombre para el niño, Matusalén, que significa "cuando muera, ocurrirá". Por lo tanto, tanto

Matusalén como Enoc sabían que cuando el hijo de Enoc muriera Dios juzgaría el mundo.

Sabemos que Dios fue paciente, porque Matusalén vivió más que ninguna otra persona: 969 años. Cuando murió, comenzó a llover fuertemente. El nieto de Matusalén se llamaba Noé. Él y sus tres hijos habían dedicado 12 meses a construir una gran balsa cubierta de acuerdo con las especificaciones de Dios. Solo una familia —un predicador y sus tres hijos, tres nueras y su esposa— se salvó.

Después del Diluvio, Dios prometió nunca repetir algo así mientras permaneciera la tierra. Hizo un pacto, una promesa sagrada con toda la raza humana: no solo nunca volvería a destruir la raza humana, sino que los apoyaría brindando suficiente alimento. Se aseguraría de que el verano, el invierno, la primavera y la cosecha ocurrieran regularmente. En un tiempo en que el hambre era frecuente en varias partes del mundo, esta promesa tal vez haya sido pasada por alto. Pero hay mucho más maíz en el mundo que lo que necesitamos; solo que no está distribuido de manera equitativa. Todos podrían ser alimentados si existiera la voluntad política de hacerlo.

Dios puso un arco iris en el cielo para indicar este pacto. Las dos cosas que necesitamos para la vida en la tierra son luz solar y agua. Cuando se juntan, aparece el arco iris.

Cuando Dios hizo esta promesa, también exigió algo a la humanidad. Ordenó que debíamos tratar la vida humana como sagrada y, por lo tanto, castigar el asesinato con la ejecución. Cuando una nación elimina la pena capital, dice algo de su visión de la vida humana.

3. Babel

El siguiente incidente que afectó a Dios hondamente fue la construcción de la torre de Babel. La gente quería construir una torre que llegar a la esfera del cielo de Dios, en realidad para "desafiar el cielo". El texto dice que quisieron hacerse famosos. Sabemos aproximadamente cómo habría sido la construcción: una torre de este tipo se denominaba *zigurat*, una gran estructura de ladrillos con escaleras que se extendía hacia el cielo. Arriba de estas torres solía haber signos astrológicos. Pero no era tanto para adorar a las estrellas que Nimrod (rey de Babilonia, o Babel) construyó esa torre; era más para expresar su propio poder y grandeza.

La torre de Babel ofendió a Dios muy profundamente. Dijo que si los dejaba continuar no habría forma de saber dónde terminaría todo. Así que Dios dio el don de lenguas por primera vez, para confundir a las personas. Ya no podrían entenderse entre sí. De ahí en más la humanidad se dividió, dispersándose y hablando diferentes idiomas.

Hay una interesante nota al pie para esta historia. Entre los pueblos dispersos en Babel había un grupo que cruzó las montañas hacia el este y terminó estableciéndose cuando llegó al mar. Se convirtió en la gran nación de China, cuya cultura se remonta a este suceso. Dejaron la zona de Babel antes que el alfabeto cuneiforme reemplazara el lenguaje basado en imágenes del antiguo Egipto. Todos los lenguajes eran pictóricos hasta el tiempo de Babel. El idioma que llevaron a China quedó expresado en forma de imágenes. Lo asombroso es que es posible reconstruir la historia de Génesis 1-11 mirando los símbolos que los chinos usan para describir las diferentes palabras.

La palabra china para "crear", por ejemplo, está formada por las imágenes de barro, vida y una persona caminando. Su palabra para "demonio" está formada por un hombre, un jardín y la imagen para un secreto. Así que el demonio es una persona secreta en el jardín. Su palabra para "tentador" está formada por la palabra para "demonio" más dos árboles y la imagen para una cubierta. Su palabra para "bote" está formada por un recipiente, la boca y el número ocho, así que un bote en el idioma chino es un recipiente para ocho personas, como fue el arca de Noé.

Podemos reconstruir la totalidad de Génesis 1-11 a partir del lenguaje pictórico de los chinos. Cuando este pueblo llegó a China, por lo tanto, creían en un Dios, el que hizo el cielo y la tierra. Solo después de Confucio y Buda se involucraron en la idolatría. El idioma chino es una confirmación independiente, desde afuera de la Biblia, de que estas cosas ocurrieron y fueron transmitidas a través de los recuerdos de los pueblos dispersos en Babel que luego se establecieron en China.

JUSTICIA Y MISERICORDIA

Hay dos temas que predominan en estos capítulos: desde la Caída de Adán en adelante vemos tanto el orgullo del hombre como la respuesta de Dios en justicia y misericordia. Mostró justicia a Adán y Eva al desterrarlos del jardín y decirles que un día morirían, pero también misericordia al brindarles una cobertura. Mostró justicia a Caín al condenarlo a ser un errabundo, pero misericordia al colocar una marca sobre él para que nadie lo matara. Castigó a la generación de Enoc (aunque no a Enoc mismo), pero vemos su misericordia al salvar a Noé y a su familia, y su paciencia al esperar dándole a Matusalén una vida tan larga. ¿Qué nos dice el resto de Génesis acerca de Dios? Miremos con más detalle para ver qué clase de relación tuvo con su pueblo a través de las generaciones y los sucesos que siguieron.

El Dios soberano

Hay un hilo doble que recorre toda la descripción de Dios en el Antiguo Testamento y que requiere una explicación. Es una yuxtaposición que solo queda clara mediante la lectura del libro de Génesis.

El Dios de todo el universo

Por un lado, el Antiguo Testamento afirma que el Dios de los judíos es el Dios de todo el universo. En aquellos días, cada nación tenía su propio dios, ya sea Baal, Isis o Moloc, y la religión era estrictamente nacional. Todas las guerras eran guerras religiosas, entre naciones con diferentes dioses. El Dios de Israel (Yavé) era considerado por otras naciones solo como el dios nacional de Israel. Pero Israel mismo decía que su Dios era "el gran Dios . . . sobre todos los dioses". Por cierto, los israelitas fueron aún más lejos, afirmando que su Dios era el único dios que realmente existía. Él había hecho el universo entero. Todos los demás dioses eran fruto de la imaginación humana. Estas afirmaciones eran, por supuesto, sumamente ofensivas para las demás naciones. Uno puede leer acerca de esto en Isaías 40, en el libro de Job y en muchos de los salmos.

El Dios de los judíos

El otro lado del cuadro que pinta el Antiguo Testamento es que el Dios de todo el universo es el Dios de los judíos. Ellos decían que el creador de todo tenía una relación muy personal e íntima con ellos, un pequeño grupo de personas en la tierra. De hecho, decían que él se había identificado con una familia; con un abuelo, un padre y un hijo. Según ellos, el Dios de todo el universo se llamaba a sí mismo "el Dios de Abraham, Isaac y Jacob". Era una afirmación increíble.

El plan de Dios

Esta asombrosa verdad doble, que el Dios de los judíos es el Dios del universo, y que el Dios del universo es especialmente el Dios de los judíos, se nos explica en Génesis; por cierto, sin este libro no tendríamos ningún fundamento para creerlo.

El libro de Génesis cubre más tiempo que todo el resto

de la Biblia junta. El comienzo de Éxodo hasta Apocalipsis 3 cubre unos 1500 años, un milenio y medio, mientras que solo Génesis cubre toda la historia del mundo desde el inicio hasta el tiempo de José. Así que, cuando leemos la Biblia debemos darnos cuenta de que el tiempo ha sido comprimido, y que Génesis cubre muchos siglos en comparación con el resto de la Biblia.

Esta compresión del tiempo ocurre también en Génesis mismo. Ya hemos notado que los capítulos 1 a 11 forman una cuarta parte del libro y, sin embargo, cubren un período muy largo y una amplitud considerable de pueblos y naciones. La segunda "parte" de Génesis, capítulos 12 a 50, es una sección mucho más larga y ocupa tres cuartos del libro, pero cubre relativamente pocos años y personas: solo una familia y solo cuatro generaciones de esa familia. Parece una enorme falta de proporción de espacio si Génesis pretende contar la historia de todo nuestro mundo.

Sin embargo, está claro que esta diferencia de proporciones es intencional. Hay un desplazamiento deliberado de mirar el mundo entero a centrarse en una familia específica, como si fuera la familia más importante que haya vivido jamás. En un sentido lo fue, porque formaron parte de una línea muy especial desde Set de personas que invocaban el nombre del Señor. En lo que concernía a Dios, los que lo invocaban eran más importantes que toda otra persona, porque a través de ellos él podía cumplir sus planes y propósitos.

Este enfoque sirve para recordarnos que la Biblia no consiste en las respuestas de Dios a nuestros problemas; es la respuesta de Dios al problema de Dios. Su problema era: "¿Qué hace uno con una raza que no quiere conocerlo, amarlo u obedecerlo?". Una solución era eliminarla y comenzar de nuevo. Lo intentó, pero aun el padre del remanente justo salvado a través del Diluvio (Noé) se emborrachó y se expuso, demostrando que la naturaleza humana no había cambiado. Pero Dios no se dio por vencido. Estaba preocupado por los seres humanos; él los había creado. Ya tenía un hijo, y disfrutaba tanto de ese hijo que quería una familia más grande, así que no iba a renunciar al problema de la humanidad.

Su solución comenzó por Abraham. Los filósofos lo llaman "el escándalo de la particularidad", sugiriendo que Dios estaba siendo injusto al escoger tratar solo con los judíos. ¿Por qué no salva a los chinos mediante los chinos, a los estadounidenses a través de los estadounidenses, a los británicos a través de los británicos? El programa de rescate de Dios es una ofensa para nosotros, resumido por el poeta William Norman Ewer:

Qué curioso
Que Dios los
Haya elegido
A los judíos.

Luego Cecil Browne decidió agregar un segundo verso en respuesta:

Pero no tan llamativo
Como quienes abrazan
A un Dios que es judío
Y a los judíos rechazan.

Podríamos explicar el enfoque de Dios considerando una sencilla situación doméstica. Un padre decide traer golosinas para sus tres hijos. Podría traer tres barras de chocolate y dar uno a cada uno, o podría traer una bolsa de caramelos, dárselo a uno de los hijos y decirle que los comparta. La primera opción es la más pacífica, pero trata a los hijos como individuos desconectados. Si desea crear una *familia*, entonces el segundo enfoque les enseñaría más.

El modo de Dios, por lo tanto, fue comenzar un plan mediante el cual su hijo vendría como un judío. Dijo a los judíos que compartieran las bendiciones de él con todos los demás, en vez de tratar con cada nación por separado. Escogió a los judíos, con la intención de que todos los demás pueblos pudieran conocer la bendición de él a través de ellos.

Por esto se denomina a sí mismo el Dios de Abraham, Isaac y Jacob en el Antiguo Testamento. Los capítulos 12 a 50 de Génesis son esencialmente las historias de solo cuatro hombres. Tres aparecen agrupados juntos, mientras que el cuarto, José, es tratado por separado, por razones que serán aparentes más tarde, cuando nos centremos en él con mayor detalle.

Incorporados en las historias de los tres primeros hombres hay contrastes con otros familiares. El contrapunto de Abraham es su sobrino Lot; el de Isaac, su hermanastro Ismael; el de Jacob, su mellizo Esaú. Las relaciones se vuelven cada vez más estrechas, de sobrino a mellizo. Dios está mostrando que sigue habiendo dos líneas que recorren la raza humana en marcado contraste. Las historias nos invitan a alinearnos con un lado o el otro. ¿Es usted un Jacob o un Esaú? ¿Un Isaac o un Ismael? ¿Un Abraham o un Lot?

¿SON REALES ESTAS HISTORIAS?

Hay quienes sostienen que estos capítulos son leyendas o epopeyas. Dice que, si bien contienen un núcleo de verdad, no pueden ser confirmados como históricamente precisos. Lo que olvidan estas personas es que la "ficción" es una forma de literatura muy reciente. Las novelas eran completamente desconocidas en el tiempo de Abraham. No tendría mucho sentido escribir historias inventadas. Por cierto, si uno se dedicaba a inventar una historia acerca de una figura heroica, sin duda le atribuiría milagros. El registro de Génesis casi no incluye ninguno. Hay docenas en Éxodo, pero Génesis tiene muy pocos. Sin embargo, la leyenda por lo general está llena de acontecimientos milagrosos o mágicos.

Además, nadie ha encontrado un solo anacronismo en estas historias (un anacronismo es la inclusión de material que no podría haber ocurrido en ese período). Los detalles culturales que surgen en estas historias han sido demostrados por la arqueología como totalmente verdaderos.

La característica que no puede ser explicada naturalmente es la parte que juegan los ángeles, pero están involucrados a lo largo de la Biblia. Si usted tiene problemas con los ángeles, tiene problemas con toda la Biblia. Aparte de esto, estas historias son bastante comunes, acerca de hombres y mujeres comunes y corrientes que nacen, se enamoran, se casan, tienen hijos y mueren. Cuidan ovejas, cabras y ganado, y tienen algunos cultivos. Tienen desacuerdos, se pelean; levantan carpas, construyen altares y adoran a Dios. Todas estas cosas están completamente dentro de la gama de la experiencia humana.

¿POR QUÉ ESCOGIÓ DIOS A LOS JUDÍOS?

Lo que *sí* es diferente acerca de estas historias, sin embargo, es que Dios habla con las personas en ellas y las personas hablan con él. Así que encontramos que el Dios de todo el universo tiene un amigo especial llamado Abraham. Por cierto, Dios lo llama "Abraham mi amigo". Esto es el escándalo de la particularidad. Las personas no pueden asimilar a un Dios que tiene amigos personales. Sienten que es de algún modo inapropiado y, sin embargo, es la verdad de lo que ocurre aquí.

La gran pregunta es: ¿Por qué Dios escogería identificarse como el Dios de Abraham, Isaac y Jacob? ¿Qué tienen de especial? Ésta ha sido la pregunta hecha por otras naciones y otros pueblos a lo largo de las edades. ¿Qué tienen de especial los judíos? ¿Por qué deben ser ellos el pueblo elegido y no nosotros?

La respuesta yace en la elección soberana de Dios. Estos tres hombres no tenían ningún derecho *natural* a Dios. Él inició libremente la relación con ellos, y ellos no podían decir que la relación se debía a ellos. De hecho, en cada una de las generaciones es llamativo cómo los derechos típicos de la herencia son desechados. El primer hijo normalmente heredaba la riqueza familiar del padre, pero en cada generación Dios escoge, no el hijo mayor sino el menor. Escoge a Isaac, no a Ismael; a Jacob, y no a Esaú. De esta forma está estableciendo que nadie tiene un derecho natural a su amor, y solo el amor de Dios determina lo que Dios hará. Por lo tanto, no era una cuestión de un vínculo hereditario directo a través del hijo mayor. Ni Isaac ni Jacob eran los primogénitos. Lo que heredaron fue un don gratuito.

Más llamativo es el hecho de que ninguno de estos tres hombres tenían un derecho *moral* sobre Dios tampoco, porque no podían decir que eran mejores que nadie. En realidad, la Biblia indica cómo cada hombre mintió para desembarazarse de una situación difícil. Tanto Abraham como Isaac mintieron descaradamente acerca de sus esposas para salvar sus pellejos, y Jacob era el peor de los tres. No solo eran mentirosos estos hombres, sino que también tomaron más de una esposa. Se nos da el cuadro de hombres muy comunes, como nosotros, que tenían todos sus debilidades.

Lo único que tenían que sí los marcó fue la *fe*. Estos hombres creían en Dios. Dios puede hacer maravillas cuando una persona cree. Él prefiere tener una persona creyente que una persona buena, al punto que dijo a Abraham que su fe fue registrada en su libro como "justicia". Las buenas obras sin creer en Dios no tienen ningún valor.

Isaac y Jacob compartieron esa fe, si bien eran muy

diferentes en personalidad y temperamento. Lo que los tres hombres tenían en común era que tenían fe.

La fe de los patriarcas
La fe de Abraham fue especialmente evidente cuando salió de Ur de los caldeos. La ciudad era un lugar impresionante y muy sofisticado, uno de los más avanzados de todo el mundo, pero Dios dijo a Abraham que quería que viviera en una carpa el resto de su vida. No muchos de nosotros dejaríamos una ciudad cómoda para vivir en una carpa arriba en las montañas, donde hace frío y nieva en invierno, especialmente a los 75 años de edad. Dios le dijo que dejara una tierra que nunca volvería a ver para ir a una tierra que nunca había visto. Debía dejar a su familia y a sus amigos (si bien Abraham en realidad llevó a su padre y otros integrantes de su familia hasta la mitad del camino, en Jarán, desde donde él y su sobrino Lot continuaron el viaje). Abraham obedeció. Hasta creyó en Dios cuando le dijo que tendría un hijo, a pesar de que su esposa Sara tenía 90 años. (Cuando llegó el niño lo llamaron "Chiste". *Isaac* es "risa" en hebreo. Cuando Sara escuchó que iba a quedar embarazada a esa edad soltó una carcajada.)

La fe de Abraham tuvo varios golpes a lo largo del camino. Habían pasado once años desde la promesa de Dios y seguía sin señales de un hijo. Abraham, a sugerencia de Sara, buscó descendencia a través de su sierva Agar. La Biblia deja en claro que Ismael no era un "hijo de la fe", sino un "hijo de la carne", que Dios no había escogido (si bien luego lo bendijo también con muchas generaciones de descendientes que constituyen el pueblo árabe hoy).

Cuando Isaac finalmente llegó, Abraham ejerció fe cuando estuvo dispuesto a sacrificarlo sobre un altar a pedido de Dios. La Biblia nos dice que estaba dispuesto a matar a su hijo en un sacrificio porque creía que Dios lo resucitaría después que lo hubiera matado. Considerando que Dios nunca había hecho esto antes, ¡vaya que tenía fe! Él razonó que si Dios podía producir vida (Isaac) de su cuerpo viejo, sin duda podría traerlo de vuelta de los muertos si así lo quisiera.

La mayoría de las representaciones pictóricas del sacrificio de Isaac lo muestran como un niño de 12 años. Pero si analizamos el texto que rodea el hecho vemos que el siguiente suceso es la muerte de Sara a los 127 años de edad, que haría que Isaac tuviera 37 años. Así que Isaac probablemente estaría comenzando su tercera década de vida al momento del sacrificio. Por lo tanto, podría haber resistido fácilmente, pero se sometió en fe a su padre Abraham, un anciano. (El lugar es significativo también, porque el monte del sacrificio se llamaba Moria, que luego se convirtió en Gólgota, o Calvario.) Isaac también demuestra su fe de otras maneras, principalmente al confiar en el siervo de Abraham para encontrarle una esposa.

Jacob también tenía fe, pero inicialmente esta fe era solo en sí mismo. El relato muestra cómo manipuló a su padre para que le transmitiera la bendición a él antes que a Esaú, mediante artimañas y engaños. Pero por lo menos demostró que quería la bendición, en contraste con la indiferencia de Esaú por lo que podría haber sido suyo. Más adelante en su vida, Dios tuvo que "quebrar" a Jacob. Cojeó el resto de su vida luego de luchar con Dios toda la noche. Pero éste fue un punto de inflexión para su fe en Dios. Desde ese momento creyó en las promesas de Dios de que sus 12 hijos se convertirían en 12 tribus.

Estos tres hombres, a pesar de todas sus debilidades y sus fracasos, resplandecen como individuos que creyeron en Dios. Tuvieron fe, en marcado contraste con sus familiares, que eran personas de carne más que personas de fe.

Lot aparece como un materialista, que escogió descender a la fértil llanura del Jordán en vez de vivir en las colinas desérticas. Confió en sus ojos, mientras que Abraham, con los ojos de la fe, sabía que Dios estaría con él en las colinas. Esaú decidió que preferiría un tazón de "sopa instantánea" a la bendición de su padre. La carta a los Hebreos nos dice que no seamos como Esaú, que lamentó su intercambio y luego buscó la bendición con lágrimas, aunque sin un arrepentimiento genuino. Hay, por lo tanto, un claro contraste entre los hombres de fe y sus parientes en la carne, una distinción que atraviesa muchas familias hoy.

El contraste se ve también en las esposas de los hombres. Sara, Rebeca y Raquel tenían una cosa en común: eran todas muy hermosas. Las tres esposas de los patriarcas tenían la belleza duradera del carácter interior y todas se sometieron a sus esposos. Las esposas de los otros están en un marcado contraste. La esposa de Lot, por ejemplo, miró atrás a la vida cómoda que estaban dejando pero que estaba por recibir el juicio divino, y habiendo desobedecido la palabra de Dios se convirtió en una estatua de sal.

Abraham

Consideremos a estos tres hombres con mayor detalle. Dios hizo una promesa a Abraham en la que los cristianos aún confían. Dios comenzó la creación con un hombre y comenzó la redención con un hombre. Se nos dice que Dios hizo un pacto con Abraham, un tema que continúa a través de toda la Biblia hasta Jesús mismo, que instituye un nuevo pacto conmemorado en la Cena del Señor.

Es importante entender el significado de la palabra "pacto" claramente. Algunos la confunden con la palabra "contrato", pero no es un acuerdo realizado entre dos partes de igual poder y autoridad. Un pacto se hace enteramente por una parte para bendecir a la otra. La otra parte tiene solo dos opciones: aceptar los términos o rechazarlos. No puede modificarlos. Cuando Dios hace pactos, él los guarda y jura por ellos. Donde un humano podría decir "te prometo hacerlo por Dios", Dios dice "he jurado por mí mismo", porque no hay nada arriba de él por lo cual jurar. Así que él jura por sí mismo y dice la verdad, toda la verdad y nada más que la verdad.

En su promesa a Abraham, Dios repite las palabras de intención "haré", "bendeciré" y "maldeciré" en Génesis 12, como un esposo que se casa con una esposa. Lo cierto es que el Dios del universo se casó con esta familia específica, y su primera promesa fue darles un lugar donde vivir (un territorio donde se encuentran los continentes; el centro mismo de la masa terrestre es Jerusalén, y es el lugar donde se cruzan los caminos de África a Asia y de Arabia a Europa, cerca de una pequeña colina llamada Armagedón en hebreo, la encrucijada del mundo). Dios dijo, en efecto, "Éste es el lugar que te daré para siempre". Ellos tienen el título de propiedad de ese lugar, no importa lo que digan los demás, porque Dios se lo dio a ellos, a Abraham y a sus descendientes para siempre.

Su segunda promesa fue darles descendientes. Dijo que siempre habría descendientes de Abraham sobre la tierra. Y dijo esto a pesar de la edad avanzada de Abraham y Sara.

La tercera promesa era que los usaría para bendecir o maldecir a todas las demás naciones. El llamado de los judíos es a compartir a Dios con todos. Es un llamado que puede tener dos consecuencias, porque Dios dijo a Abraham: "Bendeciré a los que te bendigan y maldeciré a los que te maldigan". A cambio, Dios esperaba primero que todo judío varón fuera circuncidado como una señal de que había nacido en ese pacto, y segundo que Abraham obedeciera a Dios e hiciera todo lo que le dijera.

Este pacto está en el corazón mismo de la Biblia y es la base sobre la cual Dios dijo: "Yo seré su Dios y ustedes serán mi pueblo", una frase que se repite a través de toda la

Biblia hasta la última página de Apocalipsis. Nos dice que Dios quiere quedarse con nosotros. En el final mismo de la Biblia Dios se muda del cielo y baja a la tierra para vivir con nosotros en una tierra nueva para siempre.

Isaac

Sabemos menos de él que de su padre, Abraham, o su hijo, Jacob, pero es el eslabón vital entre ellos. Podemos ver su fe cuando aceptó la elección de Dios de una esposa, quedándose en la tierra de Canaán ante la llegada del hambre y dejando la tierra a su hijo aunque no la poseía de hecho, sino solo en promesa. Lamentablemente, su pérdida de vista a una edad avanzada hizo que fuera engañado por su propia familia.

Jacob

Jacob es probablemente el más pintoresco de los tres hombres. Aun en el momento de nacer estaba tomando el talón de su hermano mellizo, Esaú; desde el inicio mismo era alguien que se aferraba. Esaú fue a vivir a un lugar conocido ahora como Petra, donde todavía es posible ver los asombrosos templos excavados en la arenisca roja. Fue aquí que Esaú formó la nación de Edom. El odio entre Ismael e Isaac aún existe en Oriente Medio en la tensión entre árabes y judíos, pero el odio entre Esaú y Jacob ha desaparecido. Los últimos edomitas llevaron el nombre de Herodes, y fue un descendiente de Esaú quien fue rey de los judíos cuando nació Jesús. Mató a todos los bebés en Belén para tratar de deshacerse de este descendiente de Jacob que nació para ser rey.

Herencia

Abraham, Isaac y Jacob mostraron todos su fe de una manera extraordinaria y decisiva. Cada uno dejó a sus hijos lo que en realidad no poseía. Abraham dijo a Isaac que le estaba dejando toda la tierra que lo rodeaba. Isaac también dijo a Jacob que le dejaba toda la tierra, y Jacob dijo a sus doce muchachos que les dejaba toda la tierra de Canaán. Pero ni uno de ellos poseía lo que legaba. Solo Abraham realmente poseía algún terreno, y ésta era solo la cueva en Hebrón donde estaba sepultada Sara. Cada uno creía que Dios les había dado lo que estaban legando, y que un día todo el territorio sería de ellos.

Cuando leemos acerca de estos hombres más adelante en la Biblia, en Hebreos 11, descubrimos que "todas estas personas seguían viviendo por fe cuando murieron". Todos fueron elogiados por su fe, aunque "ninguno de ellos vio el cumplimiento de la promesa. Esto sucedió para que ellos no llegaran a la meta sin nosotros, pues Dios nos había preparado algo mejor". Abraham, Isaac y Jacob no están muertos. Podemos ver las tumbas de sus cuerpos en Hebrón, pero no están muertos. Jesús dijo que Dios *es* el Dios de Abraham, Isaac y Jacob; no *era*, sino *es*. Él no es el Dios de muertos; es el Dios de los vivos.

José

La parte final de Génesis tiene que ver con una historia que es conocida por muchos, la de José. Es una historia atractiva para niños y adultos por igual, una historia donde "el bueno le gana al malo". Hasta se ha convertido en un musical, aunque las referencias populares a una túnica multicolor probablemente sean inexactas. Lo más probable es que haya sido una túnica diseñada específicamente con mangas largas, y no algún tipo de vestimenta de muchos colores; la cuestión principal era que José había sido puesto como capataz sobre los demás y usaba un atuendo que enfatizaba que no tenía que hacer trabajo manual. Esta preferencia era extraña, ya que José no era el hijo mayor, así que produjo bastante resentimiento.

José es la cuarta generación, el bisnieto de Abraham y, nuevamente, no es el mayor. Hay un claro patrón aquí: el heredero natural no recibe la bendición. Dios escoge en su gracia quién la recibe. La norma ha sido que uno de los hijos menores es el que la recibe.

Sin embargo, en un aspecto importante este patrón no continúa. Señalé antes que hay una gran diferencia entre José y las tres generaciones anteriores. Dios nunca se llama a sí mismo "el Dios de José". Los ángeles nunca aparecen a José y sus hermanos no son rechazados como los de los otros tres. Sus hermanos están incluidos en la línea piadosa de Set, así que no es el mismo contraste en este sentido. Además, Dios nunca habla directamente a José. Él recibe sueños y la interpretación de los sueños, pero nunca llega a recibir una comunicación de Dios, como los otros tres patriarcas.

Al parecer, entonces, José ocupa un lugar aparte. ¿Por qué es diferente, y por qué se nos cuenta esta historia?

En parte, la razón es obvia, porque su historia encaja naturalmente con el siguiente libro de la Biblia. En Éxodo encontramos a esta familia en esclavitud en Egipto, y de alguna forma necesitamos explicar cómo llegaron allí. La historia de José es el enlace vital que explica cómo Jacob y su familia migraron hacia Egipto por la misma razón que Abraham e Isaac habían bajado a ese país antes: por una escasez de alimentos. (Egipto no depende de la lluvia, ya que tiene el río Nilo que fluye desde las tierras altas de Etiopía, mientras que la tierra de Israel depende para sus cosechas completamente de la lluvia traída por el viento oeste del Mediterráneo.) Como mínimo, por lo tanto, la historia de José está allí para conectarnos con la siguiente parte de la Biblia. La cortina cae después de José por unos 400 años, acerca de los cuales no sabemos nada, y cuando vuelve a levantarse la familia se ha convertido en un pueblo de varios cientos de miles de personas, pero ahora son esclavos en Egipto.

LAS INSTRUCCIONES DEL FABRICANTE

Si ésta fuera la única razón por la que se incluye la historia de José en Génesis, entonces difícilmente explique por qué se le asigna tanto espacio. Se nos da tanta información acerca de José como de Abraham y mucho más de lo que nos dice acerca de Isaac y Jacob. ¿Por qué se nos habla con tanto detalle acerca de José? ¿Es simplemente el ejemplo de un hombre bueno con la moraleja de que el bien triunfa al final? Sin duda debe haber más.

Hay por lo menos cuatro niveles desde donde podemos leer la historia de José.

1. EL ÁNGULO HUMANO

El primer nivel es simplemente el nivel *humano*. Es una historia vívida contada de manera soberbia con personajes muy reales. Es una gran aventura, más extraña que la ficción. Tiene algunas coincidencias extraordinarias, y uno puede resumir la vida de José en dos capítulos: capítulo 1, abajo; capítulo 2, arriba. Bajó de ser el hijo favorito de su padre al punto de convertirse en un esclavo hogareño, y subió de ser un prisionero olvidado hasta primer ministro. En el medio, tenemos la envidia de sus hermanos que lo llevaron abajo y la clave de un final exitoso que surge de los sueños. Por lo tanto, en el nivel humano, es un buen show musical para el West End de Londres, y miles lo ven y lo disfrutan.

2. EL ÁNGULO DE DIOS

Uno puede leer la historia también desde el ángulo de *Dios*. Aun cuando él no llega a hablar con José, está allí, detrás de las escenas, el Dios invisible que arregla las circunstancias para sus propósitos y planes, revelándolos a través de sueños. Está claro en la Biblia que a veces Dios necesita hablar a su pueblo de esta forma, pero siempre necesita una interpretación. José dijo que estos sueños eran de Dios y que la interpretación vendría de Dios. Daniel luego se destacaría por tener el mismo don. José creía que sus circunstancias eran dirigidas por Dios, y que Dios estaba detrás de las cosas que le ocurrían.

El versículo clave en la historia de José es el 45:7, cuando finalmente se da a conocer a sus hermanos, luego de humillarlos y avergonzarlos enormemente. Después de perdonarlos por lo que le habían hecho, les dice: "Por eso Dios me envió delante de ustedes: para salvarles la vida de manera extraordinaria y de ese modo asegurarles descendencia sobre la tierra".

Los hermanos de José pensaron que se habían librado de él cuando lo vendieron a mercaderes de camellos viajeros como un esclavo, cubriendo su túnica especial con la sangre de una cabra, para engañar a su padre, haciéndolo pensar que su hijo estaba muerto. Pero José podía ver que la mano de Dios estaba en esto. Podía mirar atrás a su trabajo en Egipto, donde había sido elevado a un puesto alto luego de su interpretación del sueño del faraón (habría siete años "gordos" con buenas cosechas, y siete años "flacos" a continuación). Al aconsejar que se atesorara la comida durante los años de abundancia había llegado a salvar a toda la nación de Egipto, y a su propia familia cuando les faltó comida. Se convirtió en el salvador de ellos.

La providencia de Dios también puede verse en el traslado de la familia de José a Egipto. Si bien Dios les había prometido la tierra, le había dicho a Abraham muchos años antes que tendría que dejar a su familia en Egipto durante 400 años hasta que hubiera "llegado al colmo la iniquidad de los amorreos". Dios no dejaría que la familia de Abraham quitara la tierra prometida de los que vivían en ella hasta que se volvieran tan repulsivos como para perder todo derecho a su tierra y a sus vidas. Dios es un Dios moral: no está en su carácter simplemente sacar a un pueblo para que entre el suyo. La arqueología nos ha indicado lo espantoso que era este pueblo. La tierra de Canaán estaba plagada de enfermedades venéreas por sus prácticas sexuales corruptas. Finalmente llegaron a un punto de no retorno, y solo entonces Dios dijo que su pueblo podría tener su territorio. Quienes se quejan de la injusticia de Dios al dar la tierra a los judíos están bastante equivocados.

Pero había otras razones también. Dios *quería* que su pueblo escogido se volviera esclavo. Era parte de su plan rescatarlos de la esclavitud, para que estuvieran agradecidos a él y vivieron a la manera de él, convirtiéndose en un modelo para que todo el mundo viera cuán bendecidas son las personas cuando viven bajo el gobierno del cielo. Así que los dejó pasar por los males de la esclavitud, trabajando siete días a la semana sin ninguna paga, sin ninguna tierra propia, sin dinero propio, nada propio. Luego, cuando clamaron a él, se inclinó y los rescató con su brazo poderoso. Dios dejó que ocurrieran estas cosas para sus propios propósitos. Él quería que supieran que era Dios quien los había liberado y les había dado su propia tierra.

3. EL CARÁCTER DE JOSÉ

También podemos encarar el relato como un estudio del *carácter de José*. Lo notable es que nada de lo que se dice de José es malo. Ya hemos notado que la Biblia dice toda la verdad acerca de Abraham, Isaac y Jacob, que sin duda tenían debilidades y pecados. No hay una sola palabra de crítica dirigida a José. Lo peor que hizo fue mostrar poco tacto cuando contó a sus hermanos su sueño de grandeza futura, pero no hay una sola traza de una actitud o una reacción errónea en el carácter de José. Sus reacciones al sumergirse en la escala social son magníficas: no hay un atisbo de resentimiento, no se queja, no cuestiona a Dios, no dice que haya sido una injusticia que haya acabado en la prisión, sentenciado a muerte en la cárcel del faraón. Además, aun cuando estaba lejos de su hogar y era completamente desconocido, mantuvo su integridad cuando la esposa de Potifar intentó seducirlo. Aun en el fondo de la situación, languideciendo en la cárcel, su mayor interés parece haber sido ayudar a los demás, cuando intentó consolar al copero y al panadero del faraón. José es un hombre que no parece tener ninguna preocupación por sí mismo, sino una profunda inquietud por todos los demás.

Su carácter es también intachable cuando asciende hasta ser el segundo en importancia en el gobierno del faraón. Note su reacción a los hermanos que lo habían vendido a la esclavitud. Les da alimento y rehúsa cobrarles, poniendo el dinero de vuelta en sus bolsas. Los perdona con lágrimas, intercede por ellos ante el faraón y compra la mejor tierra en el delta del Nilo para que puedan vivir allí. Ellos lo habían echado y le habían dicho a su padre que había muerto, pero aquí él está supliendo todas sus necesidades.

José no se ve afectado por la humillación o la honra. Es un hombre de integridad total, y el único que se presenta así en el Antiguo Testamento. Todos los demás personajes son presentados con sus debilidades además de sus fortalezas, pero aquí hay un hombre que solo tiene fortalezas. Solo existe otra persona en la Biblia así.

Hay un capítulo en el medio de la historia de José que nos toma de sorpresa, y tiene que ver con su hermano Judá. En el medio del relato de este hombre bueno aparece como un claro contraste. Judá visita una mujer que cree que es una prostituta, pero que en realidad es su nuera con un velo. Participa en un incesto y la sórdida historia es contada justo en medio del relato de José. ¿Por qué se encuentra en ese lugar? Está allí porque sirve para resaltar la integridad de José. Así como Abraham fue contrastado con Lot, Isaac con Ismael y Jacob con Esaú, José es contrastado con Judá.

4. UN REFLEJO DE JESÚS

Hasta aquí hemos discutido la historia desde tres niveles: la historia humana de un hombre que fue llevado hasta el fondo y luego subió hasta la cima y que se convirtió en el salvador de su pueblo y el Señor de Egipto, la historia de Dios gobernando la vida de este hombre y usándola para salvar a su pueblo y, finalmente, la historia de un hombre de integridad total, que en todo el camino descendiente y ascendente permaneció como un hombre de verdad y de bondad sincera.

Cada nivel de la historia nos recuerda a otra persona: Jesús mismo. José se convierte en lo que se conoce como un *tipo* de Jesús. La palabra "tipo", en este sentido, significa "anuncio". Es como si Dios nos está mostrando, en la vida de José, lo que hará con su propio hijo. Como José, su propio hijo sería rechazado por sus hermanos y llevado abajo hasta la humillación total, para ser levantado luego como "Salvador" y "Señor" de su pueblo.

Una vez que reconocemos el "tipo", las comparaciones son notables. Cuanto más leemos la historia de José, más vemos esta imagen de Jesús, como si Dios supiera en todo momento lo que iba a hacer y estaba dando pistas a su pueblo. Jesús mismo alentó a los judíos a "estudiar con diligencia las Escrituras porque . . . son ellas las que dan testimonio a mi favor", refiriéndose al Antiguo Testamento. Al leer sus textos siempre debemos estar buscando a Jesús, su parecido, su sombra. Jesús mismo es la sustancia, pero su sombra cruza todas las páginas del Antiguo Testamento, especialmente en Génesis.

Jesús en Génesis

Una vez que hemos visto que José es una imagen de Jesús, podemos verlo en muchas otras partes a lo largo de Génesis. José es un modelo de la respuesta de Dios a la fe en él, y su historia demuestra cómo Dios puede tomar la vida de una persona y usarla para liberar a su pueblo de su necesidad, levantándola para ser Salvador y Señor.

GENEALOGÍAS

Las genealogías en Génesis son en realidad la genealogía de nuestro Señor Jesucristo. Si uno lee Mateo 1 y Lucas 3, encontrará en las genealogías allí nombres del libro de Génesis. Jesús es de la línea de Set, que desciende directamente hasta el hijo de María. Por lo tanto, todo el que está en Cristo está leyendo también su propio árbol genealógico. Estos son los ancestros más importantes que tenemos, porque a través de la fe en Cristo nos hemos convertido en hijos de Abraham.

ISAAC

Cuando examinamos los personajes en Génesis podemos ver similitudes con Jesús. Ya hemos señalado a José, pero volvamos al momento en que a Abraham se le dijo que ofreciera a Isaac como sacrificio. Dios le dice que fuera a una montaña concreta llamada Moria. Años más tarde esa misma montaña era conocida como Gólgota, el lugar donde Dios sacrificó a su único hijo. Génesis 22 nos dice que Isaac era el único hijo bien amado de Abraham, y ya hemos visto cómo Isaac estaba comenzando su tercera década para entonces, lo suficientemente fuerte como para resistir a su padre, pero se sometió a ser atado y puesto sobre el altar.

Dios detuvo a Abraham en el momento crucial y brindó otro sacrificio, un carnero con su cabeza atrapada en espinos. Siglos más tarde, Juan el Bautista diría de Jesús: "¡Aquí tienen el 'carnero' de Dios que quita el pecado del mundo!". La palabra "cordero" se aplica frecuentemente a Jesús, pero los adorables corderitos nunca se ofrecían en sacrificio; los sacrificios eran carneros de un año, con cuernos. Jesús es descrito en el libro de Apocalipsis como el carnero con siete cuernos que simbolizan fuerza: "un carnero de Dios". Dios brindó un carnero para que Abraham ofreciera en lugar de su hijo, un carnero con su cabeza atrapada en los espinos, y Dios también anunció un nuevo nombre para sí: "Yo soy siempre tu proveedor". En ese mismo lugar otro joven en su tercera década fue sacrificado con su cabeza atrapada en espinos. ¿Ve aquí un cuadro de Jesús?

MELQUISEDEC

Vale la pena también mirar cuidadosamente un encuentro extraño que tuvo Abraham con un hombre que era a la vez rey y sacerdote. Era rey sobre la ciudad de Salén (que luego se convirtió en Jerusalén). Cuando Abraham volvía de rescatar a su familia tras haber sido secuestrada, llegó con el botín del enemigo cerca de esta ciudad. Era en ese tiempo una ciudad pagana, sin ninguna relación con la línea piadosa de Abraham. Salió a su encuentro la extraña figura de Melquisedec, que era a la vez sacerdote y rey, una combinación muy inusual, que nunca se dio en Israel. Este "Sacerdote Rey" trajo pan y vino como refrigerio para Abraham y su tropa, y Abraham le dio una décima parte de todo el botín de la batalla, un diezmo del tesoro. En el Nuevo Testamento se nos dice que Jesús es un sacerdote para siempre según el orden de Melquisedec.

LA ESCALERA DE JACOB

¿Y la escalera de Jacob? Cuando Jacob huyó de su casa durmió afuera de noche con su cabeza sobre una piedra, y soñó acerca de una escalera (en realidad, más parecido a una escalera mecánica). El hebreo sugiere que la escalera se movía, y que había una escalera que subía y otra que bajaba, con ángeles subiendo y bajando. Jacob sabía que en la parte de arriba de las escaleras estaba el cielo, donde vivía Dios.

Cuando se despertó, prometió dar una décima parte de todo lo que ganara a Dios. La entrega de diezmos no fue parte de la ley hasta el tiempo de Moisés. (La oferta de Jacob de una décima parte de las posesiones tenía más la característica de un intercambio con Dios: tú tráeme a casa de manera segura y yo te daré un diezmo. Sin embargo, no es posible negociar con Dios —Dios hace un pacto con nosotros, no al revés—, y Jacob lo tuvo que aprender por las malas más adelante).

Siglos después, cuando Jesús se encontró con un hombre llamado Natanael, le dijo: "Te vi cuando estabas sentado debajo de la higuera, y eres un verdadero israelita, en quien no hay falsedad". Natanael le preguntó cómo sabía esto. Jesús contestó: "Piensas que esto es maravilloso, que conozca los detalles de tu vida. ¿Qué pensarás si ves a los ángeles de Dios subir y bajar sobre el Hijo del hombre?". Está diciendo: "Yo soy la escalera de Jacob. Yo soy el vínculo entre la tierra y el cielo. Yo soy la nueva escalera".

ADÁN Y EVA
Más atrás, en Génesis 3, Dios hizo una promesa en medio del castigo de Adán y Eva. Dijo a la serpiente que la simiente, o descendencia, de la mujer (simiente es masculino en hebreo) heriría la cabeza de la serpiente, aun cuando la serpiente hiriera el talón de la descendencia. Herir un talón no es fatal, pero herir una cabeza sí, y ésta es la primera promesa de Dios de que un día heriría a Satanás con un golpe fatal. Ahora sabemos quién fue el que ató al hombre fuerte y le quitó su botín.

En Romanos 5 Pablo nos dice que, así como la descendencia de un hombre trajo muerte, la obediencia de un hombre trajo vida, dando a entender que Jesús es un segundo Adán. Fue en el jardín del Edén que Adán dijo "no lo haré", y fue en el Jardín de Getsemaní que Jesús dijo: "no mi voluntad sino la tuya". ¡Qué contraste! Cada uno comenzó una raza humana: Adán fue el primer hombre de la raza *homo sapiens*; Jesús, el primer *homo novus*.

Todos nacemos *homo sapiens*, y a través de Dios podemos convertirnos en *homo novus*. El Nuevo Testamento habla del nuevo hombre, la nueva humanidad. Hay dos razas humanas en la tierra hoy: o estamos en Adán o estamos en Cristo. Hay toda una nueva raza humana que habitará un planeta Tierra completamente nuevo; por cierto, un universo totalmente nuevo.

CREACIÓN

Una de las cosas más notables dichas acerca de Jesús en el Nuevo Testamento es que fue responsable de la creación del universo. Los primeros discípulos entendieron que Jesús estuvo involucrado en los sucesos de Génesis 1. Como dijo Juan al inicio de su Evangelio, "sin él, nada de lo creado llegó a existir".

Por lo tanto, cuando leemos Génesis 1, encontramos que Jesús estuvo allí. Dios dijo: "Hagamos al ser humano a nuestra imagen y semejanza". Jesús formaba parte de la pluralidad de la Deidad.

Hemos sabido durante varias décadas ya que la superficie de la tierra está sobre placas planas de roca que flotan sobre roca derretida, y que estas placas están en constante movimiento, causando terremotos cuando se tocan entre sí. Cuando se descubrió que estas placas se movieron para formar las masas terrestres que tenemos hoy, los científicos necesitaron acuñar una nueva palabra para estas placas. Las llamaron "placas tectónicas". En griego, la palabra *tectone* significa "carpintero". Todo el planeta Tierra en el cual vivimos es obra de un carpintero de Nazaret, ¡y su nombre es el Señor Jesucristo!

Así que finalizamos nuestros estudios en Génesis donde comenzamos, con la creación. Dios está sin duda contestando su problema de qué hacer cuando los humanos se rebelan. La solución es Jesucristo, a través de quien el mundo llegó a ser, para quien fue hecho y mediante quien descubrimos la respuesta a todas nuestras preguntas.

3.
ÉXODO

Introducción

Éxodo es la historia de la mayor huida de la historia. Más de dos millones de esclavos huyen de una de las naciones más fuertemente fortificadas de todo el mundo. Es humanamente imposible, una historia extraordinaria, y contiene una serie de milagros, incluyendo algunos de los más conocidos de toda la Biblia. El líder de los israelitas en ese tiempo fue un hombre llamado Moisés. Él vio más milagros que Abraham, Isaac y Jacob juntos, en algunos lugares uno tras otro, al intervenir Dios en favor de su pueblo. Algunos de los milagros suenan un poco a magia —por ejemplo, cuando la vara de Moisés se transforma en una serpiente—, pero la mayoría son claras manipulaciones de la naturaleza, al demostrar Dios su poder sobre todo lo que ha hecho en beneficio de su pueblo.

El título hebreo original para Éxodo era "Estos son los nombres", las primeras palabras del libro que aparecen en el rollo cuando el sacerdote se disponía a leerlo. Nuestro nombre, "Éxodo", viene del griego *ex-hodos*, literalmente *ex*: "fuera", *hodos*: "camino" (similar a la palabra latina *exit*), "el camino de salida".

Todo el suceso del Éxodo tiene una profunda importancia en dos frentes.

1. Nacional
Primero, tuvo importancia nacional para el pueblo de Israel. Señaló el comienzo de su historia nacional. Recibieron su libertad política y se convirtieron en una nación soberana por derecho propio. Si bien aún no tenían un territorio, eran una nación con un nombre propio: "Israel". Fue tan central este suceso que desde entonces su celebración ha

estado incorporada en su calendario nacional. Así como los estadounidenses celebran su independencia el 4 de julio, cada marzo/abril los judíos celebran el Éxodo. Comen la comida de la Pascua y relatan las acciones poderosas de Dios.

2. Espiritual

Segundo, tuvo importancia espiritual. Los israelitas descubrieron que su Dios era el Dios que había hecho todo el universo y podía controlar lo que había hecho para el bien de ellos. Llegaron a creer que su Dios era más poderoso que todos los dioses de Egipto juntos. Más tarde se darían cuenta de que su Dios era el único que existía (vea especialmente las profecías de Isaías).

La verdad de que Dios era más poderoso que cualquier otro dios quedó claro por el nombre que él se dio a sí mismo. Su título "formal" era *El-Shaddai*, Dios Todopoderoso, pero es en el libro de Éxodo que la nación recibió su nombre personal. Así como conocer el nombre de una persona permite que una relación humana sea más íntima, cuando descubrieron el nombre de Dios, Israel pudo entrar en una relación más íntima con él.

En español traducimos el nombre como "Yavé", si bien no hay vocales en el idioma hebreo; hablando estrictamente, debería ser simplemente Y H W H. El nombre es un participio del verbo "ser". Vimos en nuestro estudio de Génesis que "siempre" es una palabra española que comunica cómo los judíos lo habrían entendido. Dios es el eterno, sin comienzo ni fin: "siempre". Éste es su primer nombre, pero tiene muchos segundos nombres también: "Siempre mi proveedor", "Siempre mi ayudador", "Siempre mi protector", "Siempre mi sanador".

En el libro de Éxodo se nos presenta también la verdad extraordinaria de que el creador de todo se convierte en el redentor de unas pocas personas. La palabra "redención" incluye la idea de soltar a los secuestrados cuando el precio del rescate ha sido pagado. Así debía entender Israel a su Dios. Él era el creador del universo y también el redentor de su pueblo. Ambos aspectos son importantes si queremos aprender a conocer a Dios como aparece revelado en la Biblia.

El libro

Éxodo es uno de los cinco libros que escribió Moisés. Génesis trata con los sucesos antes de su nacimiento y Éxodo, Levítico, Números y Deuteronomio, con los que ocurrieron durante su vida. Estos libros son cruciales para la vida de Israel, ya que registran los fundamentos de la nación. Son también fundamentales para todo el Antiguo Testamento. Este grupo de esclavos necesitaba saber quiénes eran y cómo llegaron a ser una nación.

Vimos en nuestro estudio de Génesis cómo Moisés recolectó dos cosas de los recuerdos de las personas: *genealogías* e *historias acerca de sus ancestros*. El libro de Génesis está constituido enteramente por estos recuerdos. Éxodo, Levítico, Números y Deuteronomio son diferentes, ya que comprenden una mezcla de narración y legislación. El relato describe el desplazamiento de los israelitas desde Egipto a través del desierto y su entrada en la tierra de Canaán. La legislación refleja lo que Dios les dijo con relación a cómo debían vivir. Es esta combinación única de relato y legislación que caracteriza a estos otros cuatro libros de Moisés.

Éxodo mismo es parte narración y parte legislación. La primera mitad describe lo que Dios hizo en beneficio de los israelitas para sacarlos de la esclavitud. La segunda, lo que Dios dijo acerca de cómo debían vivir ahora que eran libres. La primera mitad demuestra la gracia de Dios hacia ellos al sacarlos de sus problemas. La segunda, muestra que Dios espera que demuestren su gratitud por esa gracia viviendo cómo él quiere. Este énfasis es importante. Demasiadas personas leen la ley de Moisés pensando que muestra cómo pueden ser aceptadas por Dios. Lo entienden al revés. El pueblo de Israel fue redimido por Dios, y *después* recibió la ley para que la guardaran como una expresión de gratitud. Este principio es el mismo en el Nuevo Testamento. Los cristianos son redimidos y *después* se les dice cómo vivir vidas santas. Usando terminología teológica, la justificación viene antes de la santificación. No nos convertimos en cristianos viviendo correctamente primero, sino siendo redimidos y liberados, y luego viviendo correctamente. *La liberación llega antes que la legislación.*

En Éxodo, la liberación de los israelitas tiene lugar en Egipto y la legislación, en el monte Sinaí, durante su viaje a Canaán. Aquí responden al compromiso de pacto de Dios con ellos. El pacto asume la forma de un servicio matrimonial. Dios dice "lo haré" (seré su Dios si me obedecen) y luego el pueblo debe decir "lo haremos" (seremos tu pueblo y te obedeceremos).

ESTRUCTURA

Además de tener dos mitades, el libro de Éxodo contiene diez porciones diferentes: seis secciones en los capítulos 1-18 y cuatro en los capítulos 19-40. Pueden ordenarse según lo indica la siguiente tabla.

La primera parte (capítulos 1-18) detalla los sucesos que precedieron y siguieron su huida de Egipto. Contiene muchos milagros, incluyendo los más famosos: cómo los israelitas fueron protegidos durante la matanza de los primogénitos de Egipto y cómo pudieron pasar por el mar Rojo. Incluye también la menos conocida pero no menos asombrosa provisión de Dios en su viaje de Egipto a Sinaí. Durante la guerra de Yom Kippur de 1973, el ejército egipcio no pudo durar más de tres días en el desierto; sin embargo, en Éxodo 2,5 millones de personas sobrevivieron allí durante 40 años.

LAS INSTRUCCIONES DEL FABRICANTE

Capítulos 1-18
(el pueblo móvil)
Temas clave
ACCIONES DIVINAS
GRACIA
LIBERACIÓN
DESDE EGIPTO
ESCLAVITUD (hombres)
REDENCIÓN

Las secciones
1. **1** Multiplicación y asesinato
(ISRAEL)
2. **2-4** Juncos y la zarza ardiente
(MOISÉS)
3. **5-11** Plaga y pestilencia
(FARAÓN)
4. **12-13:16** Fiesta y primogénito
(PASCUA)
5. **13:17-15:21** Liberados y ahogados
(MAR ROJO)
6. **15:22-18:27** Provistos y protegidos
(DESIERTO)

Capítulos 19-40
(el pueblo estacionario)
Temas clave
PALABRAS DIVINAS
GRATITUD
LEGISLACIÓN
HACIA SINAÍ
SERVICIO (Dios)
JUSTICIA

Las secciones
7. **19-24** Mandamientos y pacto
(SINAÍ)
8. **25-31** Especificaciones y especialistas
(TABERNÁCULO)
9. **32-34** Disipación e intercesión
(BECERRO DE ORO)
10. **35-40** Construcción y consagración
(TABERNÁCULO)

En la segunda parte, el foco está en la legislación. Los Diez Mandamientos aparecen primero, pero hay también otras leyes relacionadas con la intención de Dios de vivir entre su pueblo. Así como ellos vivieron en carpas, Dios se uniría a ellos en su campamento. Pero su propia carpa sería distinta y estaría separada de las de ellos. Estas personas no habían hecho más que ladrillos de arcilla hasta ahora, pero Dios les dio las habilidades para trabajar con oro, plata y madera.

La segunda parte incluye también algunos relatos. Leemos aquí la parte más triste de todo el libro, cuando el pueblo se deja llevar por sus deseos y hace un becerro de oro para adorar. El libro termina con la construcción del tabernáculo. Dios establece su residencia y la gloria desciende sobre su carpa.

Capítulos 1-18

Muchos perciben la primera parte de Éxodo como problemática, porque es una historia tan antinatural. Hay tantos sucesos extraordinarios que muchos sugieren que lo que tenemos aquí es una serie de leyendas más que la verdad. Los hechos que se describen, ¿forman parte de un mito o de un milagro?

¿Mito o milagro?
1. NO HAY NINGÚN REGISTRO SECULAR
El problema no es solo la naturaleza de los sucesos mismos, sino también el hecho de que no están respaldados por ningún registro secular e histórico. Todo lo que tenemos es una sola mención de "los habiru" en Gosén, una posible referencia a los "hebreos", como eran conocidos los "hijos de Israel". Esta falta de documentación no debería sorprendernos, sin embargo. El Éxodo de los judíos fue uno de los sucesos más humillantes de la experiencia de Egipto. Sufrieron plagas severas, incluyendo la muerte de sus primogénitos, y sus mejores soldados en carrozas fueron ahogados en el mar Rojo. Difícilmente podríamos esperar un comentario favorable.

2. LAS CANTIDADES INVOLUCRADAS
Muchas personas encuentran que la historia es difícil de creer debido a las grandes cantidades involucradas. Se nos dice que 2,5 millones de esclavos salieron de Egipto. No importa cómo se la calcule, es una cantidad enorme. Si

marcharan de cinco en línea, la columna tendría un largo de 180 kilómetros, sin incluir el ganado. Les llevaría meses desplazarse a cualquier lugar. Es, también, una enorme población para mantener alimentada y con agua en el desierto durante 40 años.

3. LA FECHA

Está también la cuestión de la fecha de los sucesos. Como no tenemos ningún otro registro fuera de la Biblia, no podemos fechar los hechos con alguna certeza. Así que no sabemos con seguridad qué faraón estuvo involucrado y cuándo ocurrió todo. La opción parece estar entre Ramsés II, que tenía una poderosa fuerza militar, que erigió enormes estatuas de sí mismo y de cuyo hijo se ha descubierto recientemente la tumba, y Dedumes, según la "nueva cronología" de David M. Rohl.[2]

4. LA RUTA

Hay también una polémica con relación a la ruta que tomaron los israelitas cuando dejaron Egipto. Hay tres posibilidades: una ruta hacia el norte, una ruta hacia el sur o una ruta por el medio. Volveremos a esta cuestión más adelante.

5. EL NOMBRE DIVINO

Otros eruditos encuentran problemas con las palabras de Dios a Moisés en Éxodo 6:2-3, donde dice: "Yo soy el SEÑOR. Me aparecí a Abraham, a Isaac y a Jacob bajo el nombre de Dios Todopoderoso, pero no les revelé mi verdadero nombre, que es el SEÑOR".

La última frase puede ser una declaración ("... no les revelé..."), en cuyo caso Abraham lo conocía como "Dios", pero sin un nombre personal que lo distinguiera de los demás

---

[2] Ver *A Test of Time* (BCA, 1996) y *Legend* (BCA, 1988) para la asombrosas afirmaciones de este egiptólogo que dice haber descubierto evidencias del tiempo de José en Egipto, la liberación de Moisés y, aún más atrás, ¡la ubicación del jardín del Edén!

dioses, o una pregunta ("... ¿acaso no les revelé...?"), en cuyo caso Abraham conocía a Dios por nombre, igual que Moisés. Este último caso es el más probable.

LOS HECHOS
Todas estas cuestiones han llevado a los eruditos a dudar si están leyendo hechos, ficción o tal vez una combinación de ambos. Quienes no creen en los sucesos necesitan preguntarse por qué no pueden hacerlo. ¿Se trata de prejuicio o una supuesta visión científica del universo que les impide creer? Al mismo tiempo, también podemos intentar buscar la explicación más comprensible de los hechos que están fuera de discusión.

1. Nadie puede discutir que existe una nación llamada Israel hoy. Así que, ¿de dónde surgió? ¿Cómo comenzó? ¿Cómo llegó a ser una nación si eran originalmente un montón de esclavos? Sabemos de los registros seculares que eran un montón de esclavos. Algo dramático es necesario para explicar la existencia de Israel.
2. Cada año, cada familia judía celebra la Pascua. ¿Por qué lo hacen? Éste es un ritual que ha sobrevivido durante muchos miles de años que también necesita alguna explicación.

Estos dos hechos conocidos necesitan por lo menos una explicación, y es el libro de Éxodo el que brinda las respuestas. Miremos entonces cada sección, siguiendo la estructura que fijamos anteriormente, y consideremos algunas de las cuestiones que rodean el texto.

1. Multiplicación y asesinato
En esta sección inicial descubrimos que la cantidad de esclavos hebreos debe haber sido de unos 2,5 millones al comienzo del relato de Éxodo. Nos podría parecer un número grande, considerando que comenzaron con solo los 12 hijos

de Jacob, sus descendientes y sus familias más amplias. Pero si cada familia tuvo cuatro hijos (no un número grande en esos días) a lo largo de 30 generaciones, se podría alcanzar este número.

Pero, ¿por qué se quedaron en Egipto durante 400 años, cuando solo fueron por 7 originalmente? Llegaron en el tiempo de José y Jacob, ante el hambre de Canaán. (Egipto era el granero de Oriente Medio, gracias al juicioso almacenamiento de granos de José durante los siete años de abundancia.) Llegan voluntariamente, son aceptados como invitados del gobierno y reciben una zona fértil del delta del Nilo llamada Gosén para vivir juntos, y permanecen como nación durante los siete años de hambre. Pero, al final de ese tiempo, ¿por qué no volvieron a su propia tierra? Ésta es una pregunta pertinente, dado que terminaron convertidos por la fuerza en esclavos en Egipto.

La razón humana es que estaban muy cómodos. Era mucho más fácil ganarse la vida en el delta del Nilo que en los montes de Judea. La tierra era fértil, el clima era más cálido, sin nieve en el invierno, como había en su territorio. La dieta era buena; podían comer pescado del Nilo y mantenerse mucho mejor. De modo que se quedaron porque estaban cómodos. Solo cuando se vieron forzados a convertirse en esclavos se acordaron de Dios y comenzaron a clamar a él.

Hay, también, una razón divina. Dios no hizo nada para alentarlos a volver a su propia tierra durante 400 años. Si hubieran vuelto tan pronto finalizó el hambre, solo habrían sido unas pocas personas, una cantidad demasiado pequeña como para lograr lo que Dios quería hacer. Porque la intención de Dios era remover al pueblo de Canaán de su tierra. Explicó a Abraham que sus descendientes permanecerían en Egipto hasta que la maldad de los cananeos se completara. Dios tuvo que esperar hasta que se volvieran tan malos que sería un acto de justicia y juicio echarlos de la Tierra Prometida para dejar entrar a los esclavos hebreos. Leemos en Deuteronomio que no fue ninguna virtud de los israelitas que llevó a Dios a escogerlos. Por cierto, si se comportaban en la tierra como los que habían expulsado, ellos también tendrían que salir. Para ser instrumentos de justicia, ellos mismos debían ser justos.

Pero todo esto habría de ocurrir más tarde. Como esclavos en Egipto, el pueblo de Israel enfrentó tres decretos opresivos:
1. Trabajo forzado: el faraón decidió usar a los hebreos como mano de obra para sus programas de construcción.
2. Condiciones más duras: debían hacer ladrillos sin paja (lo que significaba que los ladrillos serían más pesados para llevar). Excavaciones arqueológicas dentro de Egipto han descubierto edificios hechos de tres diferentes tipos de ladrillos: los fundamentos con paja, la parte del medio con basura, al tratar de continuar haciendo ladrillos livianos los hebreos cuando se les negó la paja, y luego en la parte superior ladrillos hechos completamente de arcilla. La idea detrás de este duro decreto era que el peso adicional de los ladrillos haría que los hebreos estuvieran demasiado cansados como para el sexo o para crear problemas, haciendo decrecer su población. Era una forma tosca de control de la población, y no funcionó, así que los egipcios tuvieron que introducir un tercer decreto.
3. Muerte: todos los bebés varones nacidos a esclavos hebreos debían ser arrojados a los cocodrilos en el río Nilo.

2. Juncos y la zarza ardiente

La mayoría de las personas conoce esta historia bien. El río Nilo estaba lleno de cocodrilos, y esta forma de genocidio era considerada necesaria por los egipcios si querían reducir las cantidades de los israelitas de manera efectiva. El bebé

Moisés debería haber muerto de esta forma. Pero notamos que, bajo la providencia de Dios, Moisés, como José, fue criado en una corte y recibió la mejor educación en la universidad egipcia. Esto, por supuesto, le dio una educación muy superior a cualquiera de los esclavos hebreos, y le permitió escribir los primeros cinco libros de la Biblia. Para los judíos, Moisés fue el segundo hombre más importante del Antiguo Testamento, después de Abraham. Sin embargo, su tiempo como príncipe egipcio llegó a un fin repentino cuando perdió los estribos con uno de los capataces de los esclavos y lo mató, luego de lo cual tuvo que huir para salvar su vida.

Las estadísticas de la vida de Moisés son muy interesantes. ¡A los 40 años, pasó 40 años cuidando ovejas en el mismo desierto donde volvería a vivir durante 40 años con el pueblo de Israel! Esto era claramente la mano de Dios obrando.

El encuentro de Moisés con el Señor a través de la zarza ardiente es también fascinante, no tanto por la zarza como por las excusas de Moisés. Dios primero le dijo que se quitara las sandalias porque estaba en tierra santa. Luego le dijo que sería el hombre que sacaría al pueblo de Dios de Egipto. Moisés dio cinco excusas para no hacerlo.

Primero dijo que era *insignificante*. Dios dijo que estaría con él; él era el importante. Luego dijo que era *ignorante* y no tenía nada que decir. Dios le dijo que él le diría a Moisés qué decir. Su tercera excusa era que sería *impotente* para convencer a la gente que Dios se había encontrado con él y le había dicho que los liderara. Dios dijo que su poder estaría con Moisés, y que realizaría milagros. Luego Moisés dijo que era *incompetente* para hablar, con un tartamudeo que le impediría armar las palabras. Así que Dios proveyó a su hermano Aarón para que fuera su vocero. Dios diría a Moisés qué decir y él se lo transmitiría a Aarón. Finalmente, Moisés dijo que era *irrelevante*; ¿podría Dios enviar a otro, por favor? Pero Dios había provisto a Aarón como compañero;

trabajarían juntos. Cada vez que el cuestionamiento de Moisés se centra en sus debilidades, Dios tiene una respuesta.

3. Plaga y pestilencia

Se mencionan diez plagas en esta sección: el Nilo transformado en sangre, la plaga de las ranas, la plaga de los mosquitos, la plaga de los tábanos, la enfermedad del ganado, las úlceras, el granizo, la plaga de las langostas, las tinieblas sobre la tierra y, finalmente, la muerte de los primogénitos.

Hay varias cosas para notar, y la primera es que Dios está en control total del mundo de los insectos. Dios puede decir a los mosquitos y a las langostas qué hacer y adónde ir, así como puede decir a las ranas qué hacer. Las plagas dan un sentido tremendo del control que tiene Dios sobre lo que ha creado.

Es interesante también notar cómo las plagas aumentan en intensidad. Hay un crecimiento desde la incomodidad al peligro y a la muerte. Hay también un movimiento desde plagas que afectan la naturaleza a plagas que afectan a personas. Las afflicciones se vuelven gradualmente peores al rehusarse el faraón y la gente a responder a las advertencias. Algunos consideran que el castigo final es injusto: ¿no es de una severidad excesiva la muerte de los primogénitos? Pero los egipcios habían hecho cosas peores a los israelitas, matando a todos sus bebés varones, así que esta retribución era completamente apropiada.

Es fácil, también, perder de vista la competencia peligrosa que tiene lugar durante las plagas. Cada una de esas plagas era un ataque a un dios concreto adorado por los egipcios:

Khuum: el guardián del Nilo
Hapi: el espíritu del Nilo
Osiris: se creía que el Nilo era el flujo sanguíneo de Osiris
Heqt: el dios de la resurrección con aspecto de rana

LAS INSTRUCCIONES DEL FABRICANTE

Hathor: una diosa madre que era una vaca
Apis: un toro del dios Ptah, símbolo de fertilidad
Minevis: también un toro, el toro sagrado de Heliópolis
Imhotep: el dios de la medicina
Nut: la diosa del cielo
Seth: el protector de las cosechas
Re, Aten, Atum y Horus: todos dioses del sol
El faraón también era considerado divino

Las plagas estaban dirigidas específicamente contra estos dioses egipcios. El mensaje era muy sencillo: el Dios de los esclavos hebreos era mucho más poderoso que todos sus dioses juntos.

Algunos ven un problema con lo que se nos dice en esta sección narrativa sobre el corazón del faraón. Leemos que Dios endureció su corazón. Algunos, incluso, han erigido una doctrina de predestinación sobre este pasaje y los versículos en Romanos 9 donde Pablo habla acerca de este endurecimiento. Sugieren que el pasaje enseña que Dios escoge si ablanda o endurece el corazón de una persona. Los que defienden este punto de vista sostienen que no sabemos por qué Dios hace estas elecciones, pero sea cual fuere la razón, en el caso del faraón decidió que endurecería su corazón. Es como si Dios sacara nombres de un sombrero y decidiera salvar a algunos y enviar a otros al infierno, endurecer a algunos y ablandar a otros.

Sin embargo, esto no es lo que enseña la Biblia. Si uno estudia el texto cuidadosamente, encontrará que el corazón del faraón se endureció diez veces. En las primeras siete oportunidades, el faraón endurece su propio corazón; en las tres siguientes, Dios es el que lo endurece. Así que Dios solo endurece el corazón del faraón luego que el faraón ha endurecido de manera deliberada y repetida su propio corazón. Él confirma la elección que ha hecho el faraón. Ésta es la forma en que Dios castiga: él ayuda a las personas por el camino que quieren recorrer. En Apocalipsis Dios dice: "Deja que el malo siga haciendo el mal". De modo que no hay ninguna elección arbitraria en los tratos de Dios con el faraón: él endurece su propio corazón primero y luego Dios se lo endurece. Dios responde a nuestras elecciones. Si escogemos persistentemente el camino erróneo, Dios nos ayudará a recorrer ese camino. Él demostrará su juicio si nos rehusamos a ser una demostración de su misericordia.

4. Fiesta y primogénito

La décima plaga fue que cada varón primogénito en cada familia egipcia moriría. Esta fue una plaga crucial para todo el drama. La tragedia ocurriría también a los judíos, a menos que siguieran las instrucciones de Dios. Debían pintar la sangre de un cordero sobre sus dinteles. El ángel de la muerte vendría a Egipto esa noche y pasaría por encima de las casas que tuvieran la marca. Para los demás hogares, la muerte tendría lugar a la medianoche. Es interesante que la sangre tiene un color escarlata/bermellón, el color más difícil de ver en la oscuridad.

La sangre tenía un significado adicional: los judíos debían matar un carnero de un año, plenamente maduro, y después de poner su sangre sobre los dinteles debían llevarlo adentro para ser asado. Así que estaban cubiertos y también alimentados por él. Cuando llamamos a Jesús el "cordero de Dios", puede sugerir una imagen más blanda y dócil que lo que quiere la Biblia, porque él es, en realidad, el *"carnero* de Dios", que da una imagen más robusta. Los judíos debían comer la carne de pie, vestidos y listos para partir en cualquier momento. Se les dijo que llevaran raciones de emergencia de pan sin levadura. Debían salir de Egipto esa misma noche.

Los judíos siguen guardando la fiesta de la Pascua al día de hoy. En un momento específico de la noche, el miembro más joven de la familia tiene que preguntar: "¿Qué significa todo esto?". El miembro mayor de la familia responde: "Esto es lo que Dios hizo la noche en que cada varón primogénito murió y nosotros fuimos salvados por la sangre del carnero". Así se les recordaba que el primogénito necesita ser redimido en cada generación.

5. Liberados y ahogados
Hay tres posibilidades para la ruta tomada por los israelitas cuando dejaron Egipto, que se indican en el mapa que sigue.

La primera se conoce como la ruta del norte. Sugiere que cruzaron por una fila de bancos de arena en una parte poco profunda del mar Mediterráneo. Los mapas de Egipto muestran bancos de arena marcados en un lugar llamado lago Sirbonis. Su ruta luego los lleva a Cades Barnea. Pero no pueden haber sido seguidos por carrozas egipcias a través de los bancos de arena, así que esto parece improbable.

La segunda teoría es que cruzaron todo el paso de Mitler hasta Cades. Pero había una línea de fortalezas (donde se encuentra el canal de Suez hoy) construida en ese lugar, como protección contra cualquier invasión desde el este. Los israelitas tendrían que haber cruzado esa línea de fortalezas. No estaban armados ni en condiciones de luchar, así que esta ruta es muy improbable también.

La tercera posibilidad es la ruta del sur hacia el monte Sinaí, donde Moisés había sido un pastor durante 40 años. Esto es lo más probable, porque Moisés conocía esta tierra. La ubicación del monte Sinaí es incierta, pero todas las tradiciones de Oriente Medio lo ubican en el sur. Los israelitas dejaron Gosén y fueron en dirección sur. El faraón solo los dejaría ir al desierto, pensando que siempre los podría volver a traer de vuelta desde ahí. Luego de acampar, fueron ocultados de los egipcios por una nube que había enviado Dios.

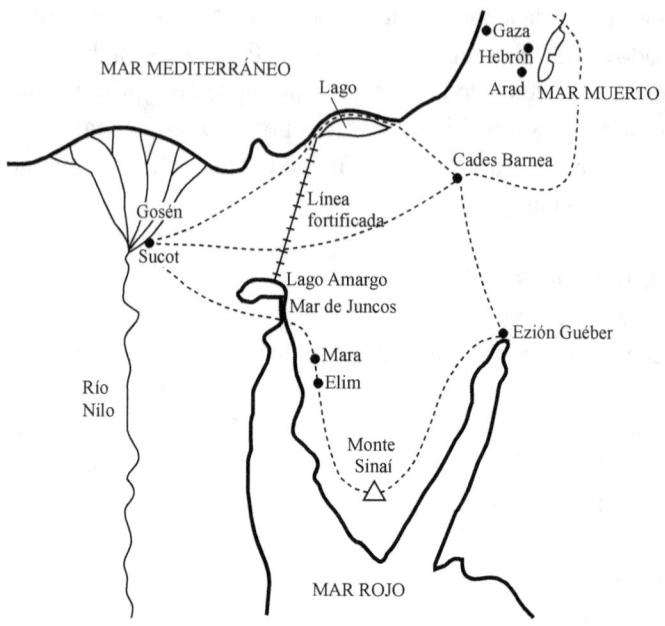

Con relación al cruce mismo del mar, la Biblia no dice que Dios dividió el mar Rojo, sino que envió un viento del este que dividió el agua. Pero, ¿cómo podría un viento del este dividir un mar?

Si examinamos la zona en detalle veremos que años atrás el Gran Lago Amargo estaba en realidad unido a lo que llamamos el mar Rojo (ver diagrama más adelante). Estaban vinculados por un canal poco profundo y pantanoso llamado el "mar de Juncos" y por cierto el hebreo sugiere que "mar de Juncos" es un nombre más probable que "mar Rojo". La línea fortificaba llegaba hasta el Gran Lago Amargo.

Si esto fue donde cruzaron los hebreos, hay dos fuerzas naturales que pueden haber dividido el mar. Un fuerte viento este podría haber empujado el agua al extremo oeste del Gran Lago Amargo, y una marea baja también la podría había empujado hacia el sur.

Esto no explica el milagro en absoluto. ¿Cómo apareció el viento este en el momento preciso? Al considerarlo de una forma tan racional, no estamos intentando disminuir el milagro con una explicación. Más bien estamos mostrando que es un milagro de "coincidencia". De hecho, la Biblia nos dice que no existe tal cosa como una "coincidencia" sino solo la "providencia".

El hecho más llamativo acerca del cruce del mar de Juncos o mar Rojo es que ocurrió al tercer día después que fue muerto el cordero de la Pascua. La liberación de los israelitas ocurrió el tercer día después del cordero pascual. Además, el libro de Éxodo nos dice la hora exacta en que debía ser muerto ese cordero: 3:00 p.m. Al tercer día después de eso los israelitas finalmente escapan. Son libres del faraón y nunca volverán a verlo. Notaremos más adelante algunos paralelos con sucesos del Nuevo Testamento.

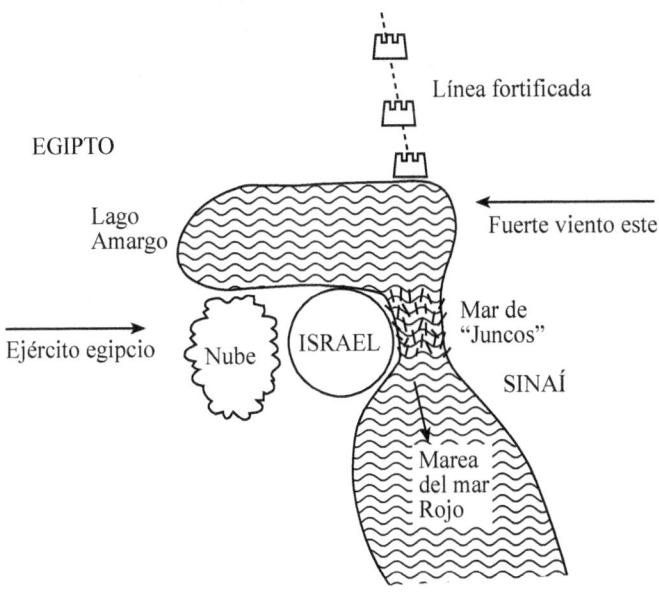

6. Provistos y protegidos

La región desértica que atravesaron los israelitas era incapaz de soportar la vida humana. No era el lugar ideal para llevar a 2,5 millones de personas y sus animales.

Por lo tanto, Moisés tenía problemas externos e internos, el más básico de los cuales era la necesidad de alimento y agua. Cada mañana Dios proveía alimentos para ellos. Lo encontraban sobre el piso cuando se despertaban. Era conocido como "¿Qué es?"; en hebreo, *maná*. Cada día había 900 toneladas de maná. Era literalmente pan del cielo, un tema que se repite más adelante en la Biblia.

Si bien vivían cómodamente con el maná, los israelitas se quejaron porque no estaban recibiendo carne. Habían estado acostumbrados a una dieta alta en proteínas en Egipto. Así que Dios envió una bandada de codornices, tantos que quedaron apilados hasta un metro y medio sobre el piso del desierto. ¡Comieron codornices hasta que se hartaron!

También tuvieron problemas con el agua. El primer oasis al que llegaron fue Mara. Si bien el lugar ofrecía agua, no era potable, hasta que se volvió fresca gracias a un milagro. El siguiente lugar, Elim, tenía agua fresca de entrada. Las cantidades que se necesitaban eran considerables, por lo menos 7,5 millones de litros diarios para la cantidad de animales y personas. Más tarde obtendrían agua de depósitos en las rocas. Tal vez uno de los mayores milagros de su viaje providencial fue que sus sandalias nunca se desgastaron. Las rocas aún hoy destrozan los neumáticos de caucho de los vehículos, ¡pero estas sandalias duraron 40 años!

Moisés enfrentó también dificultades internas. Cuando pensamos en el tamaño del pueblo, no sorprende que uno de los mayores problemas que tuvo Moisés fue juzgar en disputas entre las personas. Se nos dice que esto podía durar todo el día, hasta que Moisés quedaba agotado. Fue necesario que su suegro Jetro le sugiriera delegar responsabilidades para que Moisés designara a 70 ancianos para ayudarlo en esta tarea.

Capítulos 19-40

Luego del relato de la huida de Egipto, la segunda parte de Éxodo se ocupa más de la legislación, los mandamientos que Dios dio a su pueblo, diciéndoles cómo debían vivir, y el pacto que hizo con ellos.

7. Mandamientos y pacto
Hay tres recopilaciones "legales" en la segunda mitad de Éxodo. Los más conocidos son los "Diez Mandamientos" (o decálogo, que significa "10 palabras"), escritos con el dedo de Dios sobre dos tabletas de piedra. (La mayoría de los cuadros modernos del hecho describen a Moisés volviendo del monte Sinaí con los Diez Mandamientos divididos en dos tabletas, cinco en una y cinco en la otra, pero en realidad los diez estaban en cada piedra.) Éste era un contrato legal, en consonancia con tratados similares acordados en ese tiempo. Un rey conquistador podría hacer un tratado con una nación vencida, por ejemplo. Cada parte tendría una copia. En el caso de los Diez Mandamientos, una copia era de Dios y la otra, del pueblo. Este tratado era especial, sin embargo, y es conocido en la Biblia como un "pacto". Un pacto no era una *negociación* entre dos partes sino un *contrato* escrito por Dios que podía ser aceptado o rechazado por el pueblo.

Los Diez Mandamientos formaron la primera recopilación legal, que fue seguida por lo que se conoce como el "libro del pacto", que se encuentra en Éxodo 20:23-23:33. Este libro trata con leyes relacionadas con la vida comunitaria. La tercera recopilación es el libro de leyes en los capítulos 25-31, que se centran en la vida de adoración de Israel, y están relacionadas con el lugar de adoración y los que conducen la adoración. Encontramos una superposición y expansión de estas leyes en Deuteronomio. Por lo tanto, no hay solo Diez Mandamientos, sino un total de 613 reglas y reglamentos acerca de la forma de vivir correctamente ante Dios.

Es crucial subrayar la importancia del *contexto* de las leyes en Éxodo. Los Diez Mandamientos y el libro del pacto están en medio de dos enlaces que hacen referencia al pasado y al futuro.
1. En 20:2 Dios dice: "Yo soy el Señor tu Dios. Yo te saqué de Egipto, del país donde eras esclavo".
2. En 23:20-23 Dios asegura al pueblo de su presencia en el futuro y la provisión de la tierra, siempre que guarden sus caminos.

El primer texto se refiere al pasado en Egipto, y el segundo se centra en la entrada en Canaán en el futuro. El contexto nos dice que estas leyes de Dios son para personas que han experimentado el *pasado* de él y están esperando el *futuro* de él y que, por lo tanto, podrán vivir en el *presente* de él.

El rey Alfredo basó el sistema legal británico en los Diez Mandamientos, pero es difícil ver cómo las personas los pueden entender si no han experimentado una redención. Deben ser vistos en el contexto adecuado.

LOS DIEZ MANDAMIENTOS

Una mirada más cercana a los Diez Mandamientos y la legislación que los acompaña revela tres principios básicos que se encuentran consagrados aquí. Primero, el principio del **respeto**. Los Diez Mandamientos en su totalidad están basados en esto: respeto por Dios, respeto por su nombre, respeto por su día, respeto por las personas, respeto por la vida familiar, respeto por la vida misma, respeto por el matrimonio, respeto por la propiedad de las personas, respeto por la reputación de las personas.

El mensaje es claro: una sociedad sana y santa está construida sobre el respeto. Gran parte de la sociedad hoy, especialmente los medios de comunicación masiva, se propone destruir el respeto. Las comedias de televisión frecuentemente alientan una visión irreverente de la vida, de manera que nada es considerado sagrado. Todo y todos son objetos potenciales de diversión. Pero está claro que la falta de respeto por Dios conduce a la idolatría, y la falta de respeto por las personas lleva a la inmoralidad y la injusticia.

La mayoría de los Diez Mandamientos trata con acciones o palabras, pero el último tiene que ver con sentimientos; es el único que trata con el corazón. Tal vez sea por eso que el apóstol Pablo dijo en Romanos 7 que había guardado los primeros nueve pero no podía manejar el décimo, el mandamiento acerca de la avaricia. Porque cuando deseamos algo que no tenemos, nuestro problema es nuestra vida interior. Si uno rompe una ley, ha roto todas. Todas van de la mano, como un collar, y si uno rompe un collar solo una vez se pierden todas las cuentas. En realidad, no son diez mandamientos separados. Son todos una única ley.

El segundo principio es la **responsabilidad**. Cada vez más se nos enseña que no somos responsables por nuestras acciones, ¡aun al punto de afirmar que la maldad se debe a la genética! Sabemos que el pecado original es transmitido a través de los genes, pero la idea de que algunas personas son más malvadas que otras porque tienen el gen erróneo conduce a la visión de que la gente no es responsable por lo que hace. Éxodo se opone directamente a esta visión. El Señor Dios dice que somos responsables ante él por cómo vivimos con relación a su ley.

El tercer principio es la **retribución**. Hay tres razones para el castigo bajo la ley. La primera es *reforma*: el castigo busca mejorar al ofensor. La segunda es *disuasión*: el castigo de otros funciona como una advertencia para posibles infractores. La tercera es *sanción*: el castigo ocurre simplemente porque la persona lo merece, sin ninguna preocupación necesaria por si otros prestan atención a la advertencia o si la parte culpable aprende de sus errores. Este tercer principio de la retribución se encuentra en las leyes de Éxodo.

La pena capital se aplica a 15 pecados diferentes (listados en el libro de Éxodo) contra Dios, desde homicidio a quebrantar el día de reposo. Incluye también el secuestro, maldecir o atacar a los padres y ocasiones en que un animal fuera de control mata a alguien.

Hay una distinción muy cuidadosa en la ley de Dios entre la muerte *intencional* y la *accidental*. Hay dos clases de matanzas: el homicidio intencional y el homicidio accidental. Uno acarrea la pena de muerte; el otro, un castigo menos severo. En cada caso se nos dice que no hay ningún sacrificio en la ley mosaica para el pecado continuo, deliberado e intencional. Por cierto, si lee Hebreos, encontrará que el Nuevo Testamento dice lo mismo.

Vale la pena señalar que la pérdida de la libertad personal mediante el encarcelamiento no es una opción bajo la ley. No hay ningún lugar en la Biblia que apoye esta forma de castigo. Sin embargo, había un claro sistema de *restitución*, un sistema de compensación para quienes habían sido lesionados. Ésta es la *lex talionis*, conocida hoy por la expresión abreviada "ojo por ojo y diente por diente". Si, por ejemplo, una mujer embarazada es atacada y el bebé que lleva nace con una deformidad resultante del ataque, la parte culpable será discapacitada de la misma forma que la víctima. En otros casos había un sistema de compensación en especie o en efectivo cuando se dañaba o hurtaba una propiedad.

8. Especificaciones y especialistas

ESPECIFICACIONES
A continuación nos encontramos con el hecho extraordinario de que Dios quería vivir con Israel. Ya había dejado muy en

claro su santidad. Cuando la ley fue dada en el monte Sinaí, Dios quería que los israelitas estuvieran seguros de lo que significaba la santidad. Dios dijo que nadie podría tocar su santo monte y vivir. Moisés erigió un cerco alrededor de la base. La entrega de la ley fue acompañada por truenos, rayos y fuego, indicando el poder y el estado de separación de Dios del hombre.

Pero, habiendo enfatizado su condición separada, Dios luego dice a Moisés que quiere descender y vivir en el campamento con ellos. Donde ellos acampen, él quiere estar allí, en el corazón de su pueblo. Será en una carpa en el centro del campamento, y deberá ser una carpa que comunique su santidad, para que las personas lo adoren de manera respetuosa.

Esta carpa fue llamada "tabernáculo", y Éxodo nos da las especificaciones para construirla que Dios estipuló en las leyes relacionadas con la vida religiosa de Israel (capítulos 25-31). Todo acerca del tabernáculo debía hablar de Dios y de la forma correcta de aproximarnos a él. Debía estar ubicada en el centro del campamento, con las 12 tribus ordenadas de manera secuencial a su alrededor.

ESPECIALISTAS

Para usarlo

Lo más importante es que el tabernáculo no era fácilmente accesible, a pesar de estar en medio del campamento. Para comenzar, había un cerco de 45 metros de largo y 2,25 metros de altura, lo suficientemente alto como para impedir que alguien mirara de afuera hacia adentro. El cerco tenía una sola abertura, situada frente a la tribu de Judá. Dentro del cerco había un atrio con un *altar* y un *lavamanos*.

El Tabernáculo

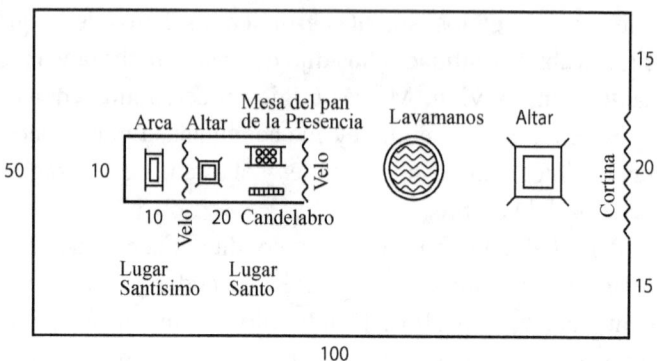

La primera aproximación a Dios, por lo tanto, sería a través de un sacrificio: el animal debía ser muerto y luego quemado en el altar en ofrenda al Señor. Luego el adorador se lavaba las manos en el lavamanos de cobre entre el altar y el lugar santo. Solo entonces podría aproximarse a la carpa de Dios. La carpa tenía dos secciones: el lugar donde Dios vivía propiamente era una parte más pequeña de la carpa mayor, un lugar oculto de la visión humana y visitado solo una vez al año por el Sumo Sacerdote.

La parte mayor tenía 4,5 metros por 9 metros, y era conocido como el *lugar santo*. Solo se permitía a los sacerdotes entrar allí, y solo en el caso que hubieran sacrificado un animal y se hubieran lavado las manos en el lavamanos. Tenía tres muebles. Había una mesa con el pan de la Presencia, 12 panes que representan a las 12 tribus de Israel. Había también un candelabro de siete brazos encendido con aceite sagrado que ardía continuamente, y otro altar para el sacrificio junto a un velo.

El velo ocultaba una zona de 4,5 metros por 4,5 metros, el *lugar santísimo*: el lugar donde moraba Dios. Allí había un cofre, y arriba del cofre había dos querubines. En la Biblia, los querubines son siempre ángeles de juicio. Aquí se los describe mirando abajo hacia la tapa dorada del propiciatorio. Una vez al año el sumo sacerdote entraba al lugar santísimo y sacrificaba un carnero inmaculado de un año como expiación por el pueblo. Además, en el lugar santísimo estaba el arca del pacto, que contenía un poco de maná y los libros de la ley. No había luz natural dentro del lugar santísimo, pero siempre tenía un brillo radiante. Dios moraba ahí y su gloria iluminaba el lugar.

La belleza del tabernáculo debe haber sido arrobadora, pero en su mayor parte estaba oculta. Tenía cortinas y cubiertas hermosamente bordadas, pero todo estaba cubierto por una piel de tejón que ocultaba esta hermosura del pueblo. Adentro había muebles de oro y cortinas bordadas de azul (el color del cielo), rojo (el color de la sangre), plata y oro.

Toda la estructura indicaba que si uno quería acudir a Dios debía hacer un sacrificio primero a fin de estar limpio. Dios dijo que era una copia de donde él vivía en el cielo.

Aun cuando la carpa se desarmaba y se llevaba a otro lugar, todos los elementos se mantenían cubiertos. La carpa debía ser llevada por personas designadas y las personas "comunes" debían mantenerse a mil pasos de distancia hasta que fuera erigida nuevamente.

La santidad de Dios queda enfatizada también en la vestimenta de los sacerdotes. El sumo sacerdote recibió instrucciones específicas con relación a lo que debía usar. Usaba 12 joyas sobre el pecho que representaban las 12 tribus de Israel. Estas joyas se vuelven a mencionar en la última página de la Biblia, que describe a la Nueva Jerusalén. El sumo sacerdote también usaba una faja especial, un turbante, una túnica, un efod y un abrigo.

Los sacerdotes comunes también tenían "vestimentas del oficio", pero sus requisitos incluían solo abrigos, fajas, gorras y calzones especiales. Podemos discernir en estas diferentes túnicas un cuadro de Aquel que vendría y sería el sumo sacerdote para siempre en representación de su pueblo.

Para construirlo
Hasta este momento, las habilidades del pueblo solo incluían fabricar y transportar ladrillos, así que la tarea de construir una carpa tan elaborada los hubiera superado en condiciones normales. Se nos dice que Bezalel, Aholiab y otros recibieron dones particulares de Dios para lograr la construcción. Ésta es la primera mención de "dones espirituales" en la Biblia, y es interesante que haya sido con relación a tareas manuales como éstas.

9. Disipación e intercesión
DISIPACIÓN
Moisés estuvo en el monte Sinaí durante un tiempo largo recibiendo la ley. Al no saber lo que le había pasado, la gente preguntó a Aarón si podrían adorar a un "dios" que pudieran ver. Así que, con la ayuda de Aarón, derritieron su oro para hacer un becerro para adorar. La elección del animal fue significativo. Como ya hemos notado, estos animales eran algunos de los muchos ídolos usados por los egipcios. Los toros y los becerros eran símbolos de fertilidad, y han sido usados como tales a lo largo de la historia. Es un claro principio de las escrituras que la idolatría conduce a la inmoralidad: la pérdida de respeto por Dios lleva a la pérdida de respeto por las personas. Se produjo una orgía salvaje. Cuando Moisés descendió y vio lo que estaba pasando, hizo pedazos las dos copias de la ley. Estaba simbolizando lo que el pueblo ya había hecho mediante su comportamiento.

INTERCESIÓN
Moisés volvió a subir a la montaña y dijo a Dios que estaba harto del pueblo, y encontró que Dios sentía lo mismo. Llegamos a un momento clave en la historia de Israel y un momento crucial en el liderazgo de Moisés. Le dijo a Dios que si iba a borrar a Israel de su libro, él debía ser borrado

también, ya que no quería ser el único que quedara. En realidad, estaba diciendo: "Toma mi vida en expiación por ellos". Dios explicó que solo borra de su libro los nombres de quienes han pecado contra él, un tema que es recogido en distintos puntos a lo largo de la Biblia. Lo más importante en la vida es mantener nuestro nombre en el Libro de la Vida. Dios dijo a Moisés: "Yo borro de mi libro a quienes pecan contra mí".

Moisés insistió en que el pueblo fuera castigado y Dios le dijo que tratara con los cabecillas. Tres mil personas murieron. Esta figura precisa puede significar poco para nosotros, pero los detalles del relato de Éxodo tienen una correspondencia asombrosa con sucesos del Nuevo Testamento. La ley fue dada en Sinaí el día cincuenta después de la muerte del cordero de la Pascua. El cordero fue muerto a las 3:00 p.m. y tres días después los esclavos fueron liberados. El día cincuenta después de la Pascua la ley fue dada, un día que los judíos llamaron entonces Pentecostés. Tres mil personas murieron porque quebrantaron la ley. Fue en ese mismo día cincuenta que, siglos después, cuando los judíos estaban celebrando el otorgamiento de la ley, que Dios dio su Espíritu, y esta vez tres mil personas fueron salvadas (ver Hechos 2).

10. Construcción y consagración
¿Dónde obtuvieron los israelitas todos los materiales que necesitaban para construir el tabernáculo? Se requería por lo menos una tonelada de oro, sin hablar de la tela, el lino, las joyas, el cobre y la madera. Hubo una donación promedio de un quinto de onza de oro por hombre.

Dios había dicho a Abraham muchos siglos antes que no solo sus descendientes serían esclavos sino que cuando dejaran la tierra de su cautiverio los sacaría con grandes posesiones. Los materiales para el tabernáculo y la vestimenta de los sacerdotes en realidad vinieron de los egipcios, que estaban tan contentos de ver las espaldas de los israelitas que les dieron todas sus joyas. Esto nos dice cómo llegaron a *tener* los materiales. Pero fueron *usados* en el tabernáculo porque la gente los dio, los donó para este uso. Cuatro palabras describen la naturaleza de su donación: espontánea, meditada, regular y sacrificada. Esta no fue una colección forzada con castigos para quienes no daban, sino que dependía por completo de la decisión libre de la gente ("Todos los que en su interior se sintieron movidos . . .").

Al final de Éxodo se nos dice cómo Dios fijó su residencia y consagró la carpa. El pueblo vio cuando llegó su gloria y vio la pluma de humo o nube arriba de la habitación interior. Esta habitación se llenó de luz al venir sobre ella la gloria del Señor. Dios estaba acampando con su pueblo. De ahí en más, cuando vieran moverse la nube y la luz, sabían que era momento de avanzar.

El uso cristiano del libro de Éxodo

La historia de Éxodo es cautivante, y los detalles de la adoración de los israelitas son fascinantes, pero debemos preguntarnos: ¿Cómo deberían los cristianos leerlo hoy?

Lo primero que hay que decir es que Dios no ha cambiado. Él trata con los cristianos de la misma forma que trató con los hijos de Israel. Por eso tantas palabras de Éxodo vuelven a usarse en el Nuevo Testamento, palabras como ley, pacto, sangre, cordero, Pascua, Éxodo, levadura. Se usan en el Nuevo Testamento pero derivan su significado del libro de Éxodo.

Al mismo tiempo, hay algunas diferencias significativas. No estamos ahora bajo la ley de Moisés, sino bajo la ley de Cristo. Como veremos, en ciertos aspectos esto hace las cosas más difíciles y, en otras, más fáciles. El tabernáculo ya no es necesario, porque sabemos que Cristo ha provisto un acceso directo al lugar santísimo. Tampoco dependemos de la provisión de alimento y agua de Dios desde el cielo y la roca. Hay dos formas esenciales en las que los cristianos necesitan aplicar Éxodo hoy.

Cristo

Los cristianos deben buscar a Cristo en el libro de Éxodo. Jesús dijo: "Ustedes estudian con diligencia las Escrituras... ¡Y son ellas las que dan testimonio en mi favor!". El Éxodo es central para el Antiguo Testamento, y todos los libros que siguen miran hacia atrás a este suceso como la redención sobre la cual se basa todo lo demás. De la misma forma, la cruz es central para el Nuevo Testamento.

Ésta no es una conexión fantasiosa. Seis meses antes de que Jesús muriera en la cruz estaba a 1200 metros de altura, en el monte Hermón, al norte de Israel, hablando con Moisés y Elías. El Evangelio de Lucas nos dice que hablaban de "el éxodo" que Jesús estaba por realizar en Jerusalén.

Además, Jesús murió a las 3:00 p.m., justo la hora en que miles de corderos de Pascua estaban siendo muertos. Así que Cristo es llamado "nuestro cordero de la Pascua", el que ha sido sacrificado por nosotros para que el ángel de la muerte pase por arriba de quienes confían en él. Él resucitó al tercer día y su resurrección nos libera de la muerte, así como los hebreos fueron liberados de la esclavitud el tercer día después de la Pascua.

Hay otros vínculos también. Leemos en el Evangelio de Juan que Jesús es el pan del cielo. Pablo dice que Jesús es la roca de la cual Moisés extrajo agua para los hijos de Israel. Juan dice también en su Evangelio que "el Verbo se hizo hombre" y "tabernaculó entre nosotros". Literalmente, armó su carpa; Dios, en Cristo, estaba morando en medio de su pueblo.

Con todo esto en mente, podemos entender las palabras de Cristo en Mateo: "No he venido a anular [la ley] sino a darle cumplimiento". Resumiendo, no podemos entender el Nuevo Testamento sin el Antiguo.

Cristianos

El libro de Éxodo también puede ser aplicado a los cristianos. Pablo, reflexionando sobre algunos de los sucesos de Éxodo, escribe a la iglesia de Corinto: "Todo eso sucedió para servirnos de ejemplo, a fin de que no nos apasionemos por lo malo, como lo hicieron ellos".

El cruce del mar Rojo prefigura el bautismo. Pablo dice que los hijos de Israel fueron bautizados en Moisés en el mar Rojo, y sus lectores habían sido bautizados en Cristo.

Los cristianos también participan de una comida de Pascua regularmente, porque la Cena del Señor es una comida de Pascua que conmemora la liberación de Cristo.

Pablo habla de guardar la fiesta y de deshacerse de la levadura o fermento porque Cristo, el cordero de la Pascua, ha sido sacrificado. Esto parece una exhortación extraña, hasta que consideramos el contexto. Estaba escribiendo a una iglesia acerca del comportamiento inmoral de un creyente que se estaba acostando con su madrastra. En este contexto, la levadura representaba el mal que estaba ocurriendo y que debía ser quitado si realmente querían "guardar la fiesta". El relato de Éxodo ve las cosas de una manera material, mientras que el Nuevo Testamento las ve en un contexto moral.

Muchos se preocupan especialmente acerca de cómo los cristianos deberían tratar las leyes dadas a Moisés. Es cierto que no necesitamos guardar la ley, pero en muchas formas la "ley de Cristo" es mucho más dura que la "ley de Moisés". La ley de Moisés dice "no maten a nadie" y "no cometan adulterio". Muchas personas no tienen problemas en este nivel, pero la ley de Cristo dice "ni siquiera lo pienses". Es mucho más difícil guardar la ley de Cristo que la ley de Moisés.

Por otra parte, es mucho más fácil en ciertos aspectos, porque ahora no necesitamos una gran cantidad de sacerdotes, ritos y edificios especiales. El apóstol Juan escribió: "La ley fue dada por medio de Moisés, mientras que la gracia y la verdad nos han llegado por medio de Jesucristo". Cada vez que oramos podemos entrar en el lugar santísimo sin impedimentos, en el nombre de Jesús.

Hay una gran diferencia, también, entre el Nuevo Pacto y el Antiguo. Bajo la ley dada en Pentecostés, tres mil personas murieron, pero con el Espíritu dado en Pentecostés, tres mil vivieron. Prefiero tener el Espíritu que escribe la ley en el corazón que la vieja ley.

El tema de la gloria también tiene un nuevo significado para los cristianos. Pablo compara la gloria de Moisés que se disipaba con la obra del Espíritu en el Nuevo Pacto. Los cristianos pueden conocer la misma gloria que conoció Moisés cuando descendió de la montaña. Esta gloria, sin embargo, no está conectada con altares, incienso y túnicas, sino con el Espíritu que mora en el creyente. Esta gloria crece día tras día.

Finalmente, debemos notar la forma en que el tabernáculo habla de manera tan poderosa de nuestro acercamiento a Dios hoy. Venimos primero a través del sacrificio (el altar), justificados mediante Cristo, y luego necesitamos la purificación mediante el Espíritu (el lavamanos). Los colores del tabernáculo son significativos: la púrpura nos habla de realeza, el azul del cielo y el blanco de la pureza. Hoy tenemos un Sumo Sacerdote que nos representa ante Dios, pero que no necesita ningún sacrificio por sus propios pecados. Hizo un sacrificio de una vez por todas al cual apuntan todos los sacrificios bajo el Antiguo Pacto.

Hay todavía por delante una liberación futura para los cristianos equivalente al Éxodo. En Apocalipsis encontramos que más de la mitad de las plagas del faraón volverán a ocurrir. Hay una correlación asombrosa entre las plagas al final de la historia y las plagas que cayeron sobre el faraón. Quienes permanezcan fieles a Jesús pasarán por ellas y serán victoriosos. El capítulo 15 de Apocalipsis dice que los mártires y quienes han vencido las presiones de la persecución afuera y la tentación adentro cantarán la canción de Moisés. En Éxodo 15 tenemos la primera canción registrada en la Biblia, una canción compuesta por Miriam para celebrar que los egipcios fueron ahogados en el mar Rojo. Esta canción será cantada cuando hayan pasado los problemas de este mundo y estemos seguros en la gloria. Tendremos un éxodo doble para celebrar: el Éxodo de Egipto y el éxodo de la cruz.

4.
LEVÍTICO

Introducción

Muchas personas que se proponen leer toda la Biblia de punta a punta quedan atascadas en Levítico. Es fácil entender por qué. Es un libro muy difícil de leer, por tres razones principales.

En primer lugar, es sencillamente un libro aburrido; es como tratar de leer la guía telefónica. Tiene un contenido muy diferente de los demás libros de la Biblia, especialmente los dos primeros, que están llenos de historias. En estos libros hay una trama, hay drama, las cosas se mueven. Cuando llegamos a Levítico casi no hay narración y, dado que muchos consideran que la Biblia es una colección de historias, es una gran desilusión llegar a un libro que no tiene historias de ningún tipo.

En segundo lugar, es un libro muy extraño. Es de una cultura distinta, además de tener un contenido diferente. Nos encontramos alejados de nuestra situación actual en miles de años y en miles de kilómetros. Es un mundo completamente diferente y leemos acerca de cosas que nos resultan muy extrañas. Por ejemplo, considere la forma de tratar una enfermedad infecciosa en Levítico. La pobre persona debía rasgar la ropa, dejar su cabello largo y sin cepillar, cubrirse la parte inferior de la cara y caminar gritando: "¡Impuro! ¡Impuro!". También incluye actividades extrañas: no llegamos hoy a la iglesia llevando un corderito o una paloma para dar al pastor, quien luego le corta el cuello frente a toda la congregación.

La tercera razón es que parece tener poco que ver con nosotros. ¿Qué tiene que decirme Levítico a mí hoy? ¿Y el lunes, en mi trabajo? Bien en lo profundo sé instintivamente que no estamos bajo la ley de Moisés y, dado que este libro forma parte de esa ley, no estamos seguros de qué parte —si es que hay alguna— del libro tiene que ver con nosotros.

Contexto

Consideremos por lo tanto el libro con la idea de derribar algunos de los recelos que podríamos tener. Levítico es uno de los cinco libros que constituyen en conjunto lo que se denomina el Pentateuco (*penta* significa "cinco") y contienen la ley de Moisés. Los judíos lo llaman la Tora, los "Libros de Instrucción", y los leen completos una vez al año. Comienzan el octavo día de la Fiesta de Tabernáculos, en algún momento de septiembre/octubre y, comenzando por Génesis 1, lo leen a lo largo del año de modo de finalizar en la siguiente Fiesta de Tabernáculos, en el otoño siguiente.

Lo interesante acerca de los cinco libros de Moisés es que conforman una forma característica y fácil de recordar. Si tenemos en cuenta esta forma, nos ayudará a poner a Levítico en contexto. El diagrama lo dejará en claro.

"PENTATEUCO" - 5 libros de Moisés - "TORA" - instrucción

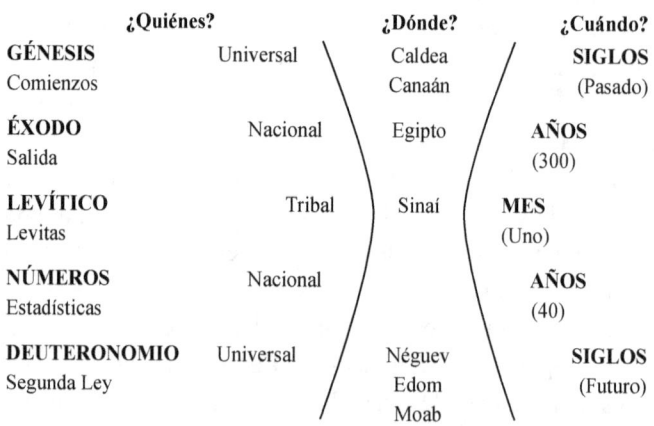

	¿Quiénes?	¿Dónde?	¿Cuándo?
GÉNESIS Comienzos	Universal	Caldea Canaán	SIGLOS (Pasado)
ÉXODO Salida	Nacional	Egipto	AÑOS (300)
LEVÍTICO Levitas	Tribal	Sinaí	MES (Uno)
NÚMEROS Estadísticas	Nacional		AÑOS (40)
DEUTERONOMIO Segunda Ley	Universal	Néguev Edom Moab	SIGLOS (Futuro)

LAS INSTRUCCIONES DEL FABRICANTE

SU LUGAR EN EL PENTATEUCO

Génesis es el libro de los comienzos: es lo que significa la palabra "génesis", y nos dice cómo comenzó todo, desde la creación del universo a cómo Israel se convirtió en el pueblo de Dios. Éxodo se centra en la salida de los israelitas de Egipto. Levítico deriva su nombre de la tribu de los levitas, una de las tribus de Israel. El libro de Números es justamente lo que dice: un libro de estadística (600.000 hombres salieron de Egipto, más las mujeres y los niños, probablemente 2,5 millones en total). Finalmente, Deuteronomio (deutero significa "segundo" y nomus significa "ley") se centra en la segunda entrega de la ley (Dios dio su ley dos veces: una vez en Sinaí y otra vez justo antes de cruzar el Jordán para entrar en la Tierra Prometida. Así que los Diez Mandamientos llegan dos veces, una vez en Éxodo y una vez en Deuteronomio, como una especie de recordatorio de la ley antes de entrar en la Tierra Prometida).

Cuando preguntamos de quiénes tratan estos libros, comenzamos a ver cómo surge la forma. Génesis es un libro universal; trata de todos, la raza humana y todo el universo. Éxodo es un libro nacional; se focaliza en la nación de Israel. En Levítico el foco es aún más estrecho, y cae sobre una sola tribu de toda la nación. Una vez que pasamos Levítico, el foco vuelve a abrirse, y Números trata de toda la nación nuevamente. Deuteronomio pone a Israel contra el trasfondo de todo el mundo, y volvemos a un punto de vista universal.

Esta forma ayuda a explicar por qué tantos se atascan en Levítico. Si bien están interesados en cosas universales y aun nacionales, les preocupa menos cuando el foco está sobre una tribu específica que no sea la suya.

SU LUGAR EN LA GEOGRAFÍA

Génesis comienza por toda la tierra, y luego empieza a enfocarse en una zona de los caldeos donde vivía Abraham, luego en la tierra de Canaán adonde viajó, y luego en Egipto, donde terminaron sus descendientes. En la tierra de Egipto se convirtieron en esclavos durante 400 años. En Levítico, el foco vuelve a ser muy estrecho, concentrándose en un solo lugar: el monte Sinaí, donde fueron dados la ley y los reglamentos. El foco luego se amplía con los viajes a través del Néguev, Edom y Moab, y la entrada en Canaán.

SU LUGAR EN EL TIEMPO
Génesis cubre siglos, toda la historia remota de nuestra tierra. Éxodo cubre años, unos 300. Levítico solo cubre un mes, mientras que Números cubre 40 años y Deuteronomio mira hacia adelante a través de los siglos a la historia futura de Israel. Una vez más, podemos ver la forma de los cinco libros de Moisés. Levítico es la bisagra de todo, focalizándose en el mes más importante en el lugar más importante con la tribu más importante. Toda la ley de Moisés depende de este libro.

Cuando los judíos leen todo el Pentateuco cada doce meses, dedican entre dos y tres semanas a leer Levítico.

Relación con Éxodo
Habiendo considerado Levítico en el contexto del Pentateuco, debemos también relacionarlo con el libro anterior, Éxodo. Es muy importante reconocer cómo cada libro se basa en el que lo antecede, si queremos entenderlo plenamente. En la segunda mitad de Éxodo se construye el tabernáculo, la carpa de Dios donde vive entre su pueblo. Si usted imagina el campamento en Éxodo, la carpa de Dios estaría en el medio, con cientos de carpas alrededor; la carpa divina y las carpas humanas juntas. Levítico tiene que ver con todo lo que ocurre en la carpa de Dios y todo lo que debería ocurrir en las carpas de la gente. Así que se divide en dos mitades: la carpa de Dios y las carpas de las personas, con las reglas y los reglamentos para ambas.

Además, cuando se ocupa del tabernáculo, Éxodo habla del acercamiento de Dios al hombre, pero Levítico habla de la aproximación del hombre a Dios. Éxodo trata de la liberación que Dios trajo a su pueblo, pero Levítico se ocupa de la dedicación del pueblo a Dios. Éxodo trata de la gracia de Dios al liberar al pueblo, pero Levítico comienza con las ofrendas de gratitud, explicando cómo el pueblo puede demostrar su gratitud a Dios por haber sido liberado.

Necesitamos ambos libros y sus mensajes complementarios. Este libro tal vez no sea tan apasionante como Éxodo, pero muestra que Dios espera algo de nosotros a cambio de lo que él ha hecho por nosotros. Una vez más, se nos recuerda que somos salvados para servir. Éxodo muestra cómo Dios salvó a su pueblo, pero Levítico explica cómo debe servirlo ese pueblo.

"Sean santos"
Cuando leemos el Antiguo Testamento puede ser útil imaginar que somos judíos. Para un judío, la razón detrás de la lectura de Levítico es clara: se trata literalmente de una cuestión de vida o muerte. Para los judíos hay un solo Dios, y ése es el Dios de Israel. Todos los otros supuestos dioses son creaciones de la imaginación humana. Era lo mismo para los israelitas en Éxodo que en Levítico. Dado que había un solo Dios y ellos eran su único pueblo acá en la tierra, había una relación especial entre ellos. Del lado de Dios, el prometía hacer muchas cosas por ellos: ser su gobierno, ser su ministro de defensa y protegerlos, ser su ministro de economía, para que no hubiera pobres entre ellos, ser su ministro de salud, para que ninguna de las enfermedades de Egipto los tocara. Dios sería todo lo que necesitaran; sería su Rey. A cambio, esperaba que ellos vivieran correctamente y que hicieran lo correcto. La palabra bíblica es "justos"; "justicia" significa vivir correctamente. El texto clave en todo Levítico es uno

que aparece con frecuencia en el Nuevo Testamento: "Sean ustedes santos, porque yo, el Señor, soy santo".

Dios espera que el pueblo que libera sea como él y no como los pueblos que los rodean. Muchas de las cosas que parecen desconcertantes en Levítico se explican por este hecho. Es la llave que abre todo el libro. Cuando Dios les dice que no deben hacer algo, es porque la gente alrededor lo está haciendo, pero ellos deben ser diferentes; ellos deben ser santos porque él es santo. Si Dios lo salva a usted, espera que sea como él; espera que usted viva a la manera de él y sea santo así como él es santo.

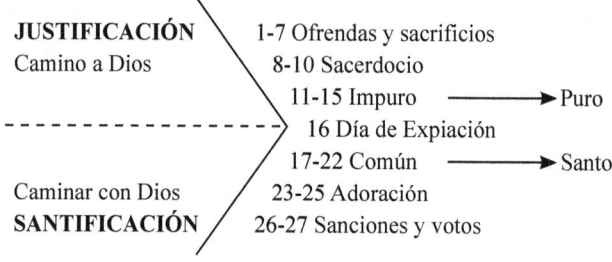

La forma del libro

Ya hemos señalado que el libro tiene dos mitades. Va creando un clímax y luego va saliendo de ese clímax. Es también como un emparedado de varias capas. El gráfico muestra que la primera sección se corresponde con la sexta, la segunda con la quinta y la tercera con la cuarta, dejando una sección justo en el medio. Hay claras correspondencias entre estas secciones, que están armadas y desarrolladas de una manera hermosa.

Recuerde que Dios es el responsable de este patrón, y no Moisés. De hecho, ¡hay más palabras de Dios en el libro de Levítico que en cualquier otro libro de la Biblia! Alrededor del 90 por ciento de Levítico son palabras directas de Dios: "El Señor dijo a Moisés . . .". No hay ningún otro libro en la Biblia que contenga tantas palabras directas de Dios, así que si quiere leer la Palabra de Dios, éste es un buen libro para comenzar. Estará leyendo las auténticas palabras de Dios.

Las ofrendas y los sacrificios de los primeros siete capítulos están respaldados por las sanciones y los votos del pueblo en la última sección. Los detalles acerca del sacerdocio se corresponden con los detalles acerca de la adoración que deben conducir.

El clímax del libro es el Día de Expiación, el día en que dos animales eran usados para simbolizar los pecados del pueblo. Sacrificaban un animal, un carnero, adentro del campamento. Uno tras otro ponía las manos sobre el otro animal, una cabra, y confesaban sus pecados. Empujaban a la cabra fuera del campamento, al desierto, donde moriría con todos los pecados cargados encima. Era llamado el "chivo expiatorio", una palabra que es de uso común aún hoy.

Las dos secciones del libro giran alrededor del Día de Expiación. La primera mitad describe nuestro camino a Dios —lo que llamamos **justificación**— y la segunda, nuestro caminar con Dios —lo que se conoce como **santificación**.

Ofrendas y adoración

Miremos primero los primeros siete capítulos, que tratan con las reglas para las ofrendas. Hay cinco ofrendas, de dos tipos diferentes.

Ofrendas de gratitud

Las primeras tres ofrendas eran la forma correcta de decir "gracias" a Dios por su bendición. No eran ofrendas por el pecado sino ofrendas de gratitud. Si nos sentimos agradecidos con Dios, él quiere que le digamos "gracias".

Para el **holocausto**, el animal era traído, muerto y luego quemado, para que Dios pudiera olerlo. Se decía que el sacrificio era un aroma dulce, agradable para él.

En un holocausto se quemaba todo, pero para la **ofrenda de cereal** una porción se guardaba para que el adorador pudiera compartir una comida con Dios. Parte de la ofrenda era dada a Dios y parte era comida por la persona que hacía la ofrenda.

La tercera ofrenda de gratitud era un **sacrificio de comunión**, donde se quemaba toda la grasa.

Sacrificios por la culpa

Las otras dos ofrendas no eran para expresar gratitud sino para tratar con la culpa. Estaba el **sacrificio expiatorio** y el **sacrificio por la culpa**, que hacían dos cosas.

Primero, hacían expiación por el pecado. Ofrecían compensación a Dios por lo que la persona había hecho mal. La palabra expiación significa "compensación", así que si uno hace expiación por algo, ofrece algo como compensación. Tanto el sacrificio expiatorio como el sacrificio por la culpa son ofrendas de compensación a Dios que involucran sangre: como una compensación por la vida mala que el oferente había vivido, ofrecen a Dios una vida buena que no ha pecado.

Segundo, solo funcionan para pecados no intencionales; no sirven para pecados deliberados. En otras palabras, nadie es perfecto, todos cometemos errores, todos caemos en el pecado sin intención. Aun cuando no queremos hacer lo malo, lo hacemos. Dios proveyó ofrendas para pecados no intencionales, pero no hay ninguna ofrenda en esta lista para el pecado deliberado.

Éste es un punto importante que se retoma en el Nuevo Testamento, que distingue entre el pecado accidental y el pecado deliberado y consciente en los cristianos. Como el Antiguo Testamento, dice que, si pecamos deliberadamente después de haber sido perdonados, no hay más sacrificio para el pecado. El pecado deliberado en quienes han sido perdonados es muy serio, que es la razón por la que Jesús dijo a la mujer atrapada en adulterio: "Ahora vete, y no vuelvas a pecar". Sin embargo, para el pecado accidental hay una provisión plena, porque Dios sabe que somos débiles, sabe que caemos y sabe que no siempre tenemos la intención de hacer lo que hacemos. Como dice Pablo en Romanos: "De hecho, no hago el bien que quiero, sino el mal que no quiero". Esta distinción entre el pecado deliberado y el accidental en el pueblo de Dios recorre todo el Nuevo Testamento, así como el Antiguo.

Calendario de adoración
Además de traer ofrendas a Dios, los judíos observaban un calendario de adoración. No hay ningún calendario cristiano correspondiente en el Nuevo Testamento ni instrucciones acerca de guardar la Navidad o la Pascua, pero para el pueblo judío el calendario era una parte vital de su andar con Dios. Estaban siendo tratados como niños; los adultos no necesitan un calendario, pero los niños sí, para recordarles cosas que de otra forma se olvidarían. Se mencionan varias clases de fiestas en Levítico, y todas debían ser guardadas.

FIESTAS ANUALES
El calendario comenzaba el primer mes del año, que es aproximadamente nuestro marzo/abril, con la **Pascua**, la Fiesta de los Panes sin Levadura. Tenía lugar el día quince del primer mes, para recordar cómo Dios había sacado a los israelitas de la esclavitud en Egipto. El día antes que comenzara la Pascua, un cordero debía ser muerto a las 3:00 p.m.

Tres días después (es decir, tres días después de la matanza del cordero), debían ofrecer las **Primicias** de la cosecha a Dios. No es difícil discernir las similitudes en el patrón con la muerte y resurrección de Jesús.

Cincuenta días después, debían celebrar la **Fiesta de Pentecostés** (*pente* significa "50"), o la Fiesta de las Semanas. Éste era el día en que la ley fue dada en Sinaí. Debían recordar esto y dar gracias. En Sinaí, en el primer Pentecostés, 3000 personas fueron muertas por su pecado. Siglos después, cuando el Espíritu fue dado en Pentecostés, 3000 fueron salvadas.

Luego vienen las fiestas hacia el fin del año (el "séptimo mes", nuestro septiembre/octubre). En la **Fiesta de las Trompetas**, se hacía sonar el *shofar*, el cuerno del carnero viejo. Esto señalizaba toda una nueva ronda de fiestas.

Luego venía el **Día de Expiación**, el día crucial cuando el chivo expiatorio era empujado fuera del campamento con todos los pecados del pueblo sobre su cabeza.

La **Fiesta de los Tabernáculos** (también conocida como Fiesta de Sucot) venía a continuación, y duraba ocho días. Para esta fiesta se mudaban de sus casas y vivían en refugios. Debían poder ver las estrellas a través del techo, para recordarles sus 40 años de deambulación insensata en el desierto, cuando podrían haber llegado a la Tierra Prometida en solo 11 días.

Todas estas fiestas tendrían un cumplimiento cristiano. Las tres primeras ya se han cumplido en la primera venida de Jesús. Las últimas tres se cumplirán en su segunda venida. No podemos saber el año en que vendrá Jesús, pero sí sabemos que será alrededor de septiembre/octubre, porque él siempre hace las cosas a tiempo. Por cierto, éste fue el tiempo en que nació: la evidencia en el Evangelio de Lucas apunta al séptimo mes del año, que corresponde a la Fiesta de Tabernáculos, que es cuando los judíos esperan al Mesías. Cada vez que se menciona una trompeta en el Nuevo Testamento es para anunciar su venida. Cuando ocurra eso, las tres últimas fiestas serán cumplidas, y en ese Día de Expiación la redención llegará a toda la nación de Israel.

DÍA SAGRADO SEMANAL

Además de los festivales anuales, debía haber también un descanso semanal, una bendición particular para personas que habían sido esclavas en Egipto. No hay ninguna traza del **día de reposo** en la Biblia antes de Moisés. Tanto Adán como Abraham, por ejemplo, no tenían ningún día de reposo; trabajaban los siete días de la semana. Moisés introdujo este día de descanso semanal. No debía ser un feriado ni un día para la familia, sino un día para Dios, un día sagrado, y esto era parte de su calendario.

JUBILEO

Pero no solo había festivales anuales y semanales; debía haber también un festival cada 50 años, conocido como el **Jubileo**. Cada 50 años, el saldo de las cuentas de todas las personas quedaba equilibrada, las deudas eran canceladas y todas las propiedades eran devueltas a la familia que las habían tenido originalmente. Así que los alquileres se volvían más baratos al acercarse al año cincuenta. Los esclavos también eran liberados en el año del jubileo. Por lo tanto, la gente miraba con expectativa el jubileo, conocido también como "el año del favor del Señor". Era buenas noticias para los pobres, porque volverían a ser ricos, y era un momento en que los cautivos serían puestos en libertad.

Jesús proclamó en Nazaret: "El Espíritu del Señor está sobre mí . . . para anunciar buenas nuevas a los pobres . . . proclamar libertad a los cautivos . . . pregonar el año del favor del Señor". En otras palabras, Jesús comenzó el verdadero jubileo que cada una de estas personas estaba anhelando. Otra vez, el Antiguo Testamento es necesario para entender el Nuevo.

Reglas para vivir

Puro e impuro

Un área crucial que necesitamos entender en Levítico tiene que ver con las distinciones entre lo sagrado y lo común, lo puro y lo impuro. La mayoría de las personas piensa en términos de bueno y malo, pero la Biblia trabaja con tres categorías, como muestra el gráfico.3

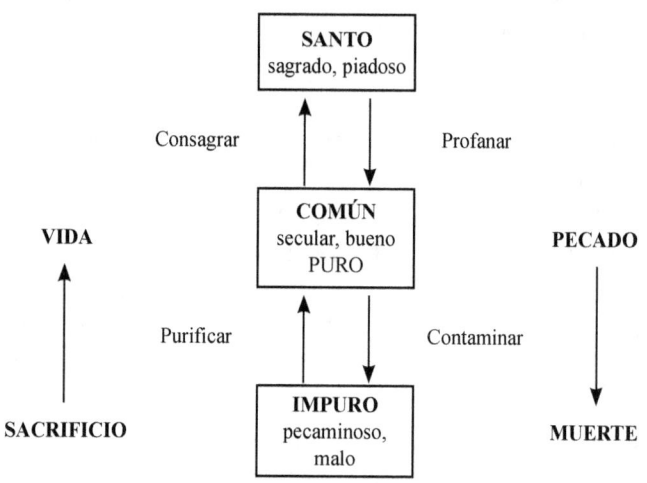

Están ocurriendo dos procesos. El primer proceso es cuando cosas sagradas, piadosas y santas son profanadas y se convierten en comunes. Uno puede arruinar algo santo haciéndolo común. Cuando la Sociedad Bíblica envió Biblias a Rumania, el gobierno comunista permitió que las hojas fueran usadas como papel higiénico y desató una revolución que iniciaron los cristianos, que estaban escandalizados por esta acción. ¿Qué había ocurrido en esa situación, según la enseñanza de Levítico? Al usar la Biblia para un propósito

---

3 Para la distinción esclarecedora entre lo santo, lo puro y lo impuro, estoy en deuda con G. J. Wenham, en su *New International Commentary on Leviticus* (Wm. B. Eerdmans, Grand Rapids, Michigan, 1979).

tan común aunque necesario, algo santo se había convertido en común. El segundo proceso es cuando algo común y puro es hecho impuro y pecaminoso.

Las tres palabras *sagrado, secular* y *pecaminoso* se corresponden aproximadamente con estas divisiones de *santo, puro* e *impuro*. Así como existe un proceso de profanación de lo santo para hacerlo común, y contaminación de lo común y puro para hacerlo impuro, también existe un proceso de redención de esta situación. Uno puede purificar lo impuro para hacerlo puro, y luego puede consagrarlo para convertirlo en santo.

Lo que es santo y lo que es impuro nunca deben entrar en contacto. Deben ser mantenidos rigurosamente separados. Las cosas santas y las cosas impuras no tienen nada en común. Si hay una mezcla de lo impuro y lo puro, ambas cosas se volverán impuras. De modo similar, si uno mezcla cosas santas y comunes, todas se convierten en comunes; no las hace todas santas.

Por lo tanto, el proceso descendente que aparece en el gráfico conduce a la muerte, de manera muy literal, mientras que el proceso ascendente lleva a la vida. Pero involucra sacrificio. Solo mediante el sacrificio puede uno purificar lo que es impuro y traerlo a la vida.

Esto tiene ramificaciones para nuestra visión de la vida. Según la Biblia, nuestro trabajo puede ser consagrado a Dios. El trabajo puede ser cualquiera de estas tres cosas: santo, puro o impuro. Hay algunos trabajos que son ilegales e inmorales, y por lo tanto son impuros. Un cristiano no debería participar en ellos. Hay otros trabajos que son puros, pero comunes. Pero uno puede consagrar su trabajo y hacerlo para el Señor, y entonces deja de ser común; se convierte en una vocación santa en el Señor. Por lo tanto, es posible que un impresor esté haciendo un trabajo santo, así como es posible que un misionero haga solo un trabajo común. Su dinero puede ser impuro si es gastado en cosas malas, pero puro si es usado para cosas buenas, o santo si es consagrado al Señor. El sexo, también, puede ser cualquiera de estas tres cosas.

Muchas personas viven vidas decentes, comunes y puras, pero no son personas santas. Dios no quiere que solo vivamos vidas buenas; él quiere que vivamos vidas santas. Éste es el énfasis de Levítico.

Los que están fuera de la iglesia pueden decir que pueden vivir vidas tan buenas como los que están dentro, pero no son las personas santas que Dios está buscando.

Vidas santas
Vivir vidas santas involucra una serie de cosas muy prácticas.
- La **salud** del cuerpo es tan importante para la santidad como la salud del espíritu. Lo que hacemos con nuestros cuerpos tiene importancia si queremos ser santos para el Señor. Levítico tiene instrucciones acerca de cortes de cabello, tatuajes y el uso de aretes por los hombres, así como reglamentos sobre las secreciones masculinas y femeninas, y el parto.
- Hay muchos reglamentos relacionados con la **comida** aquí, especialmente la comida pura e impura.
- Hay enseñanza en Levítico acerca de no involucrarse en el **ocultismo** o con médiums espiritistas.
- Se dan instrucciones sobre las acciones a tomar cuando hay **pudrición por hongos** en la casa. La casa debe ser derribada por amor a su vecino.
- Hay enseñanza acerca de la **vestimenta**. No debe haber materiales mezclados.
- La **vida social** está cubierta: la santidad significa prestar una atención especial a los pobres, los sordos, los ciegos y los ancianos. Si eres un joven santo, te pondrás de pie cuando entra una persona mayor en la habitación.

- El **sexo** también se trata. Levítico tiene cosas que decir acerca del incesto, la sodomía y la homosexualidad.

Si usted pregunta qué es una vida santa, Levítico dice que es cómo usted vive de lunes a sábado, y no solo lo que hace el domingo. Dios no está buscando solo personas puras, sino personas santas. Esa es una gran diferencia, y hasta tanto uno no se convierte en cristiano ni siquiera piensa en volverse santo. Solo piensa en ser bueno, y eso no es suficientemente bueno.

Reglas y reglamentos

Debemos ser claros acerca de nuestro entendimiento de la ley de Moisés. Se la llama la "ley", y no las "leyes", porque constituye una unidad. Santidad significa integridad, y todas estas reglas y reglamentos encajan juntos y forman un todo. Si uno rompe cualquiera de ellos los ha roto todos. (En el capítulo sobre Éxodo comparé el quebrantamiento de uno de los mandamientos con romper un collar, que hace que todas las cuentas se caigan.) Este hecho se contradice con la visión de la mayoría de las personas de los Diez Mandamientos. ¡La idea general es que si guardamos una alta proporción de las leyes vamos bien! Esto no alcanza.

RAZONES

Dios no nos dio razones para todas sus reglas. No nos dijo por qué no debemos usar ropa con materiales mezclados, por ejemplo, o por qué no debemos cruzar especies o sembrar semillas mezcladas. Tal vez podamos ver la razón, sin embargo, en el hecho de que Dios es un Dios de pureza, así que no le gustan los materiales mezclados para la ropa, o las semillas mezcladas, o las especies cruzadas. Si bien no siempre nos da las razones para una prohibición, en algunos casos podemos hacer una estimación fundamentada. En algunos casos, el motivo es indudablemente la higiene.

Algunos de los reglamentos acerca de los excusados son obvios, por ejemplo: hay razones higiénicas detrás de lo que Dios les dijo que hicieran. Además, podría ser que algunos de los alimentos prohibidos por ser "impuros" estuvieran prohibidos también por preocupaciones de salud. La carne de cerdo, por ejemplo, era especialmente propensa a la enfermedad en ese clima.

Cuando no se dan razones, el pueblo debía obedecer simplemente porque confiaban en que el que daba la ley sabía por qué la había ordenado. De la misma forma, hay momentos en el hogar familiar en que a los hijos se les debe decir que deben hacer algo "porque papá lo dice". A veces, dar la razón sería inapropiado, o sería imposible de explicar.

Con muchas de las leyes Dios está diciendo: ¿Confías en mí? ¿Crees que si te digo que no hagas algo tengo una muy buena razón para hacerlo?

Demasiado a menudo solo estamos preparados para hacer algo luego de que estamos convencidos que es para nuestro bien. Queremos ser Dios. Igual que Adán y Eva, que tomaron del fruto del árbol del conocimiento del bien y del mal, queremos decidir, experimentar y determinar algo por nuestra cuenta. Pero Dios no tiene ninguna obligación de explicarnos lo que hace.

Sanciones

Dios tal vez no dé razones, pero da sanciones. Hay un llamado a la obediencia, pero *el costo de la desobediencia* también aparece. Y los castigos son bastante severos. En Levítico 26, por lo tanto, se da toda una colección de razones positivas para ser obedientes, pero por la misma razón hay también una maldición sobre los que desobedecen. Si un judío lee el libro de Levítico, encuentra varias cosas que podrían ocurrir si desobedece la ley de Dios.

Podría perder su casa, su ciudadanía y su vida. Se

mencionan 15 pecados en Levítico para los cuales la consecuencia es la pena capital. Tal vez ahora podamos ver por qué entender este libro era tan crítico: era literalmente una cuestión de vida o muerte.

Además, Levítico deja en claro que la nación como un todo puede perder dos cosas. Podrían perder su libertad, siendo invadidos por enemigos desde afuera (vemos esto en el libro de Jueces) o podrían perder su tierra, siendo expulsados y hechos esclavos en otro lugar. Con el tiempo, ambas cosas ocurrieron a la nación de Israel. No eran promesas y amenazas vacías. Hay recompensas por confiar en Dios y obedecerlo, pero hay también castigos para quienes no confían en él y no lo obedecen.

FELICIDAD Y SANTIDAD

Lo que Dios está diciendo, en realidad, mediante esta combinación de recompensas y castigos, es que la única forma de ser verdaderamente felices es ser realmente santos. La felicidad y la santidad van juntas, y la falta de santidad acarrea infelicidad. La mayoría de las personas lo entienden al revés. La voluntad de Dios para nosotros es que seamos santos en este mundo y felices en el próximo, pero muchos quieren ser felices en este mundo y santos después.

Dios está dispuesto a dejar que nos pasen cosas que pueden ser dolorosas, pero que nos harán más santos como resultado. Nuestro carácter tiende a hacer más avances en los tiempos duros que en los buenos.

Leer Levítico como cristianos

¿Qué tiene que decirnos este libro a nosotros, cristianos que vivimos en el mundo moderno? ¿Tenemos que deshacernos de toda la ropa que tenga fibras mezcladas? Si tenemos pudrición por hongos en la casa, ¿debemos quemarla?

Un principio que podemos usar como guía se encuentra en la segunda carta de Pablo a Timoteo, donde le dice: "Desde tu niñez conoces las Sagradas Escrituras, que pueden darte la sabiduría necesaria para la salvación mediante la fe en Cristo Jesús. Toda la Escritura es inspirada por Dios y útil para enseñar, para reprender, para corregir y para instruir en la justicia, a fin de que el siervo de Dios esté enteramente capacitado para toda buena obra".

Pablo está hablando a Timoteo acerca del Antiguo Testamento. El Nuevo Testamento no existía cuando escribió esto, así que "las Sagradas Escrituras" a las que se refiere deben ser el Antiguo Testamento. Cuando Jesús dijo: "Ustedes estudian con diligencia las Escrituras . . . ¡y son ellas las que dan testimonio a mi favor!", se refería al Antiguo Testamento. Podemos aprender acerca de dos cosas en el Antiguo Testamento: salvación y justicia. Esto se cumple para Levítico también. Este libro también nos puede ayudar a entender cómo ser salvos, y abrirá nuestros ojos a la vida recta. Los dos propósitos se destacan claramente.

Levítico en el Nuevo Testamento

Siempre es muy esclarecedor ver lo que hace el Nuevo Testamento con un libro del Antiguo Testamento. Como alguien ha dicho: "El Antiguo en el Nuevo está revelado, el Nuevo en el Antiguo está oculto". Los dos van juntos, y cada Testamento es un bosquejo del otro.

Hay varias citas directas de Levítico en el Nuevo Testamento, pero hay dos que aparecen con bastante frecuencia: "Sean santos, porque yo, el Señor su Dios, soy santo" y "Ama a tu prójimo como a ti mismo". Hay muchos otros pasajes donde claramente hay partes de Levítico en mente, y en particular no podemos entender la carta a los Hebreos a menos que leamos Levítico. Ambos libros van juntos. Hebreos no podría haberse escrito si no se hubiera escrito Levítico primero.

Hay más de 90 referencias a Levítico en Nuevo Testamento, de modo que es un libro muy importante para que los cristianos traten de entender.

EL CUMPLIMIENTO DE LA LEY

¿Cómo debemos entender entonces la ley de Moisés hoy, recordando que no hay solo 10 leyes sino un total de 613? Tenemos la impresión de que no estamos atados a todas, pero ¿a cuántas estamos atados? Por ejemplo, algunas iglesias enseñan a diezmar a sus miembros. Otras tienen reglas estrictas acerca del día de reposo, aun si para ellas el día de reposo es el domingo, y no el sábado que guardaban los judíos. Todo cristiano tiene que enfrentar esta dificultad, que se complica por el hecho de que Jesús dijo: "No he venido a anularlos [la ley o los profetas] . . . sino a darles cumplimiento".

Por lo tanto, debemos preguntar cómo se cumple cada ley. Es obvio que algunas se cumplen en Cristo y ya no tienen vigencia. Por eso uno no tiene que llevar una paloma o un cordero a la iglesia cuando va a adorar el próximo domingo. Las leyes acerca de los sacrificios de sangre han sido cumplidas.

De manera similar, la ley del día de reposo es cumplida para nosotros cada día de la semana cuando dejamos de hacer nuestros propios trabajos y hacemos los de Dios en cambio, entrando así en el reposo que queda para el pueblo de Dios. Seguimos siendo libres para mantener un día especial si queremos, pero también somos libres para considerar a todos los días de la misma forma. Así que ni siquiera podemos imponer guardar el domingo a otros creyentes, y menos a los incrédulos, porque todos somos libres en Cristo.

Es muy importante darse cuenta de qué es precisamente el cumplimiento de cada ley. De los Diez Mandamientos, nueve se repiten en el Nuevo Testamento exactamente de la misma manera; por ejemplo, no robarás, no cometerás adulterio. El que no se repite es el del día de reposo, que se cumple de una manera muy diferente.

Otras leyes de Moisés se cumplen de otras formas. Una ley en Deuteronomio dice, por ejemplo, que cuando uno usa un buey para trillar el trigo, caminando en círculo y rompiendo con sus patas el trigo para separarlo de la cáscara, no debe ponerle un bozal, porque tiene todo el derecho de comer lo que está preparando para otros. Esto se cumple en el Nuevo Pacto. Pablo cita esa ley y le da un cumplimiento completamente diferente, explicando que, de manera similar, los que viven para el evangelio tienen derecho a esperar apoyo económico de los demás. Es necesario considerar cada ley para ver cómo se cumple en el Nuevo Testamento y darle un significado más profundo.

Sin embargo, hay cuatro cosas cruciales que aprendemos del libro de Levítico que *no cambian* en el Nuevo Testamento.

1. LA SANTIDAD DE DIOS

No hay ningún libro en la Biblia que haga más hincapié en la santidad de Dios que Levítico, y es algo que olvidamos a nuestra cuenta y riesgo, especialmente en una era en que la gente pregunta: "¿Cómo puede un Dios de amor enviar a alguien al infierno?". Sabemos, a través de Jesús, que Dios es un Dios de amor, pero Jesús también habló abiertamente acerca del infierno. No podemos escoger lo que nos gusta: si Jesús dijo la verdad acerca de que Dios es un Dios de amor, debemos aceptar también que habló la verdad acerca del infierno.

En realidad, la forma en que Dios entiende el amor es algo diferente de la nuestra. El nuestro es un amor sentimental; el suyo, un amor santo. Su amor es tan grande que odia el mal. Muy pocos de nosotros amamos lo suficiente como para odiar el mal. Aprendemos acerca de la santidad de Dios del libro de Levítico. Aprendemos del amor con reverencia, con temor santo. Hebreos dice: "Adoremos a Dios como a él le agrada, con temor reverente, porque nuestro Dios es fuego consumidor". Éste es un sentimiento que el escritor obtuvo directamente de Levítico. Es vital para los cristianos hoy leer Levítico, a fin de mantener este sentido de la santidad de Dios.

2. LA PECAMINOSIDAD DEL HOMBRE

Levítico subraya fuertemente la pecaminosidad del hombre, así como la santidad de Dios. Es muy realista, con los pies en la tierra. Aquí está la naturaleza humana, capaz del bestialismo, el incesto, las supersticiones y muchas otras cosas que son una abominación para Dios. "Abominación" significa algo que hace que alguien tenga ganas de vomitar, porque se siente tan disgustado. La palabra hebrea para este concepto es una expresión sumamente fuerte; las traducciones españolas —abominación, aborrecible, vil, repugnante— son solo pobres sustitutos.

La Biblia trata con las emociones de Dios. La reacción emocional de Dios al pecado ocurre porque él es santo. La pecaminosidad del hombre no está solo en la contaminación de cosas puras, sino también en la profanación de cosas santas. Las palabrotas comunes son la profanación de palabras santas. Hay solo dos relaciones sagradas en nuestras vidas: entre nosotros y Dios, y entre un hombre y una mujer. El noventa por ciento de las palabrotas surgen de estas dos relaciones. La humanidad profana las cosas santas y contamina las cosas puras. Vivimos hoy en un mundo que está haciendo ambas cosas, y la pecaminosidad del hombre no está solo en ensuciar cosas limpias, sino en hacer comunes las cosas santas y en tratar cosas como comunes cuando no lo son.

3. LA PLENITUD DE CRISTO

Levítico apunta hacia la plenitud de Cristo y su sacrificio, realizado una vez para siempre. Dios ha provisto una forma de limpiar el pecado de la humanidad. Su problema es cómo reconciliar la justicia con la misericordia. ¿Debería tratar con este pecado en justicia y castigarnos, o debe tratarlo con misericordia y perdonarnos? Dado que Dios es a la vez justo y misericordioso, debe encontrar una manera de ser justo y misericordioso a la vez. Es imposible para nosotros encontrar una forma, pero ha sido posible para él, mediante la sustitución de una vida culpable por una inocente. Solo cuando ocurre esto se satisfacen tanto la justicia como la misericordia. Las leyes de sacrificios de Levítico comienzan a mostrarnos cómo puede ocurrir esto.

Hay algunas palabras asociadas con este proceso que aparecen varias veces. "Expiación" y "sangre" se mencionan con frecuencia, porque la vida está en la sangre. Si la sangre de una persona es quitada, se le quita la vida. También se mencionan frecuentemente las "ofrendas". El holocausto habla de la *entrega* total que es necesaria. La ofrenda de cereal habla de nuestro *servicio*. El sacrificio de comunión nos habla de la *serenidad* que podemos tener con Dios. Éstas son tres cosas que deberían caracterizar una vida agradecida, una vida que ha sido salvada.

Pero notamos también el lado de Dios de la ecuación, su *sacrificio*. Los únicos sacrificios que tenemos que traer ahora al Señor son los sacrificios de alabanza y acción de gracias, y estos deberían ser preparados adecuadamente y traídos delante de él. Pero los sacrificios en Levítico también hablan del sacrificio que ha hecho Jesús. El sacrificio expiatorio nos habla de la *sustitución* de una vida inocente por una culpable, y el sacrificio por la culpa nos hace ver que este sacrificio *satisface* la justicia divina, que hay alguna ley que está siendo cumplida por este sacrificio. Mira directamente hacia adelante, hacia el Nuevo Testamento.

4. LA PIEDAD DE LA VIDA

Levítico nos dice que seamos santos en cada parte de nuestra vida, ¡aun en el arreglo de los escusados! La santidad es integridad, que es la razón por la que podemos leer del increíble detalle que usa Dios al aplicar la santidad a cada parte de la vida de su pueblo. Le dice que una vida piadosa es piadosa de la cabeza a los pies, o no es piadosa para nada.

Es importante notar, sin embargo, que hay dos cambios importantes entre la santidad del Antiguo Pacto y la del Nuevo. En Levítico hay una triple división entre santo, puro e impuro. Esto sigue siendo aplicable en el Nuevo Testamento, pero tiene dos alteraciones importantes.

Primero, la santidad se desplaza de cosas materiales a cosas morales. Los hijos de Israel *eran* niños que debían ser enseñados como niños. Debían aprender la diferencia entre lo puro y lo impuro en cuestiones de comida, por ejemplo. Los cristianos, sin embargo, no tienen esta clase de reglas. El apóstol Pedro necesitó una visión para aprender esto. Jesús dijo que no era lo que entraba en la boca lo que lo hace a uno impuro ahora, sino lo que sale de la boca. Ser puro o impuro ya no es un asunto de vestimenta o alimento, sino de una moralidad pura o impura. Ha pasado de lo material a lo moral. Ahora no tenemos todos esos reglamentos acerca de la ropa y la comida, pero tenemos mucha enseñanza acerca de cómo ser santos en cuestiones morales.

Segundo, las recompensas y los castigos se desplazan de esta vida a la próxima. En este mundo, es posible que las personas santas sufran y no sean recompensadas, pero el cambio ha ocurrido porque en el Nuevo Testamento tenemos una visión de más largo plazo. Esta vida no es la única que existe; es solo la preparación para una existencia mucho más larga en otra parte. Así que en el Nuevo Testamento leemos que "les espera una gran recompensa en el cielo", no en la tierra.

Considerando estos dos grandes cambios, Levítico es un libro muy provechoso para que los cristianos lean. Sobre todo, nos da una perspectiva de estas cuatro cosas vitales: la santidad de Dios, la pecaminosidad del hombre, la plenitud de Cristo y la piedad de la vida.

5.
NÚMEROS

Introducción

Números no es un libro demasiado conocido, ni tampoco muy citado. Tal vez solo se conozcan bien dos o tres pasajes. Samuel Morse citó uno de estos cuando envió el primer mensaje telegráfico en código Morse a Washington, DC, el 24 de mayo de 1844. Expresó su asombro con el versículo "¡Miren lo que Dios ha hecho!". El descubrimiento de la comunicación electrónica fue atribuido a Dios, quien lo había hecho posible.

El segundo versículo es conocido por la mayoría de las personas: "Y pueden estar seguros de que no escaparán de su pecado". Esto fue dicho originalmente por Moisés como una advertencia al pueblo cuando les estaba diciendo que debían cruzar el Jordán para combatir a sus enemigos.

Por lo general, ninguno de los dos versículos se reconoce como de Números. Muy pocas personas pueden citar versículos del libro, y he encontrado que pocos conocen el contenido de algún capítulo. Debemos remediar esta situación, ya que Números es otra parte muy importante de la Biblia.

"Números" es un título extraño para un libro. En el hebreo, el título es tomado de las primeras palabras del rollo: "El Señor le habló a Moisés". Cuando las Escrituras hebreas fueron traducidas al griego, los traductores le dieron un título nuevo, *Arithmoi* (de donde sacamos nuestra palabra "aritmética"). La versión latina (la Vulgata) lo tradujo como *numeri*. Así que en inglés-español lo conocemos como "Números".

Comienza y finaliza con dos censos. El primero fue tomado cuando Israel partió de Sinaí un mes después de haber erigido el tabernáculo. La cantidad total de personas contadas fue 603.550. El segundo, cuando llegaron a Moab, antes de entrar en la tierra de Canaán, casi 40 años después. La cantidad de personas se había reducido en 1.820, a 601.730, que no es una diferencia muy grande. Estos eran censos masculinos usados para la conscripción militar.

El libro de Números nos dice que no tiene nada de malo contar. El rey David fue castigado por Dios por contar hombres, pero esto fue porque estaba motivado por el orgullo. Otras partes de la Biblia incluyen ejemplos de contar y hacer inventarios. Por ejemplo, se nos dice que se agregaron 3000 personas a la iglesia en Pentecostés. Jesús alentaba a sus seguidores a evaluar el costo de seguirlo reflexionando sobre cómo el líder de un ejército podría evaluar sus posibilidades según la fuerza relativa de su ejército.

Podemos decir tres cosas acerca de las cifras que aparecen en Números.

1. ¡Qué número grande!
Muchos comentaristas de la Biblia cuestionan la magnitud de los números. Las cifras en realidad representan la conscripción militar: los hombres de más de 20 años de edad en condiciones de luchar. Ya hemos visto en nuestros estudios de Éxodo que había más de 2 millones de personas en total, así que el número "grande" de 603.550 es en realidad una fracción de toda la población. Hay varios puntos a considerar que indican que las cifras dadas son, de hecho, factibles y razonables.

- En 2 Samuel se nos dice que ejército de David tenía 1.300.000 soldados, así que un número de unos 600.000 es pequeño en comparación.
- El número es pequeño también en comparación con los cananeos. Los israelitas necesitarían contar con cierta fuerza para combatir (recordando, no obstante, que Dios estaba de su lado).

LAS INSTRUCCIONES DEL FABRICANTE

- Quienes argumentan que es imposible que las 70 familias que llegaron a Egipto produjeran tantos descendientes se olvidan que el pueblo estuvo en Egipto 400 años. Si cada generación tuvo cuatro hijos (una cantidad pequeña para esos tiempos), la cifra es posible.
- Algunos dicen que es un número que no podría caber en el desierto de Sinaí. Sin embargo, es factible, porque había suficiente espacio. ¡Si viajaban de a cinco en línea, la columna tendría 180 kilómetros de largo y llevaría 10 días para que pase!
- Algunos dicen que estos números significan que había demasiadas personas como para ser alimentadas adecuadamente en el desierto. Sin duda es lo que hubiera ocurrido de no haber sido por la provisión sobrenatural de Dios.

2. ¡Qué número similar!

Dadas las magnitudes involucradas, una diferencia de 1.820 entre el primer y segundo censo representa un cambio porcentual muy pequeño. La tribu de Simeón había perdido 37.100 y Manasés había ganado 20.500, pero la mayoría de las demás tribus quedaron casi igual. Dado que el crecimiento numérico indicaba la bendición de Dios, podemos notar desde el inicio que éste no fue un período en el que Dios estuvo complacido con su pueblo. Considerando el entorno hostil y el largo del tiempo, sin embargo, mantener estos números fue asombroso.

3. ¡Qué número diferente!

Hubo unos 38 años entre ambos censos, así que toda una generación pereció en el desierto. (Era raro que los hombres llegaran a los 60 años; Moisés fue una excepción en que vivió hasta los 120 años.) Así que, aunque el número era similar, las personas no eran las mismas. Solo Josué y Caleb

(2 entre 2 millones) sobrevivieron a los que partieron de Egipto hacia la Tierra Prometida. En cierto sentido, ésta es la mayor tragedia de toda la Biblia. Números es un libro muy *triste*. Dos terceras partes del libro nunca tendrían que haber sido escritas. Les tendría que haber llevado 11 días viajar de Egipto a la Tierra Prometida, ¡pero en realidad les llevó 13.780 días! Solo dos de los que partieron llegaron a su hogar. El resto quedó atrapado en una existencia sin propósito, "haciendo tiempo" hasta que el juicio de Dios estuviera completo. Con el tiempo, todos murieron en el desierto, y una nueva generación asumió el viaje.

La mayoría de las lecciones que aprendemos de Números son negativas. ¡Ésta es la forma de *no* ser el pueblo de Dios! Pablo nos dice cómo debemos verlo en 1 Corintios 10: "Todo eso sucedió para servirnos de ejemplo, a fin de que no nos apasionemos por lo malo, como lo hicieron ellos . . . Todo eso les sucedió para servir de ejemplo, y quedó escrito para advertencia nuestra, pues a nosotros nos ha llegado el fin de los tiempos". Números está lleno de malos "ejemplos".

Contexto

¿Cuál es, entonces, el contexto de este libro? El viaje desde el monte Sinaí a Cades (el último oasis en el desierto del Néguev) y el comienzo de la Tierra Prometida de Canaán lleva 11 días a pie. La ruta que tomaron implicó alejarse de Cades y cruzar la fosa tectónica hasta las montañas de Edom. Terminaron en Moab, del lado equivocado del río Jordán. Requirió 38 años y unos meses, no porque fuera una parte del país particularmente difícil, sino porque Dios solo se movía un poco cada vez. Se quedaba un tiempo muy largo en cada lugar y les dijo que esperaría hasta que todos los hombres entre ellos estuvieran muertos, salvo Josué y Caleb.

¿Qué ocurrió para traer el juicio de Dios sobre el pueblo? En Cades el pueblo se rehusó a entrar en la tierra cuando

Dios les dijo. Hoy muchos cristianos han sido sacados del pecado pero no han disfrutado de la bendición que Dios ha preparado para ellos. Ellos también terminan en un desierto miserable.

Dos tercios del libro de Números tratan de este viaje extendido. La Biblia es un libro muy sincero, que nos habla de las fallas y los vicios así como los grandes éxitos y virtudes. Cuando Pablo dijo a los corintios que Números fue escrito como un ejemplo y una advertencia para nosotros, quería indicar claramente el propósito del libro. Tal vez no sea un libro popular, pero si uno no estudia la historia está condenado a repetirla.

Aun a Moisés no se le permitió entrar en la Tierra Prometida, si bien estuvo allí siglos después cuando habló con Jesús. Él también fracasó miserablemente en un aspecto crucial, como veremos.

Contenido y estructura

Número, otro de los cinco libros de Moisés, es una mezcla de legislación y narración. El autor de las leyes no es Moisés sino Dios. Se nos dice 80 veces en el libro: "Dios dijo a Moisés...". Dios le da leyes y legislación generales, además de reglamentos sobre ritos y ceremonias religiosas.

En cuanto a la narración en el libro, se nos dice que Moisés mantenía un diario de sus viajes a instancias de Dios. También mantenía otro libro llamado "el libro de las guerras del Señor", que registraba los relatos de las batallas. Números fue escrito por Moisés usando estos registros, pero Moisés mismo aparece en tercera persona.

La mezcla de narración y legislación hace que se parezca un poco a Éxodo, pero mientras en Éxodo la primera mitad es narración y la segunda es ley, en Números está todo mezclado. Por lo tanto, es mucho más difícil encontrar un hilo conductor.

Surge un patrón más fácilmente cuando consideramos la narración y la legislación en contexto. La estructura del libro es *cronológica* más que temática. Podemos verlo mejor si ponemos el contenido de Números junto al de Éxodo, Levítico y Deuteronomio.

Contexto cronológico	Contenido	Duración
Éxodo 1-18 *Egipto a Sinaí*	Narración	50 días
Éxodo 19-40 *en Sinaí*	Legislación	?
Levítico 1-27 *en Sinaí*	Legislación	30 días
Números 1:1-10:10 *en Sinaí*	Legislación	19 días
Números 10:11-12:16 *Sinaí a Cades*	Narración	11 días
Números 13:1-20:21 *Cades*	Legislación	?
Números 20:22-21:35 *Cades a Moab*	Narración	38 años
Números 22:1-36:13 *Moab*	Legislación	3 meses, 10 días
Deuteronomio 1-34 *Moab*	Legislación	5 meses

Es fascinante notar que todas las leyes fueron dadas a los israelitas mientras estaban acampados. Las historias de sus viajes muestran cómo quebrantaron esas leyes. Mientras estaban acampados y estacionarios, Dios les dijo lo que *debían* hacer, pero mientras se movían escuchamos la historia de lo que *hicieron*. Aprenderían las lecciones de las dos formas, a través de la enseñanza de Moisés y a través de la experiencia de sus viajes (similar a la forma en que Jesús enseñaba a sus discípulos a través de "mensajes", como el Sermón del Monte, y mientras iban "por el camino").

La tabla anterior es como un emparedado de varias capas. Así, en Éxodo 1-11 los israelitas están atascados en Egipto, luego en los capítulos 12-18 se mueven a Sinaí. Todo esto es narración. Sin embargo, en Éxodo 19-40, Levítico 1-27 y Números 1-10, siguen en Sinaí. Estas tres secciones consecutivas están llenas de legislación.

En Números 10-12 vuelven a moverse, de Sinaí a Cades, un viaje de 11 días. La estadía en Cades incluye la crisis, cuando el pueblo se rebela. Dios les habla en Cades desde el capítulo 13 al 20, de nuevo mediante legislación.

Números 20-21 cubre el viaje desde Cades a Moab, y todo el viaje de 38 años ocupa solo dos capítulos. Números 22-36 habla de lo que Dios dijo a los israelitas mientras esperaban para entrar en la Tierra Prometida. Todo Deuteronomio 1-34 pertenece a ese mismo tiempo estacionario.

Números tiene mucho movimiento, Deuteronomio ninguno y Éxodo lo tiene solo en la primera mitad.

Legislación

Como se señaló arriba, se nos dice en 80 ocasiones en Números que Dios habló con Moisés ("cara a cara"). Esto era único; otros recibían la Palabra de Dios a través de visiones cuando estaban despiertos o de sueños cuando estaban dormidos. Las personas consultaban los *urim* de los sacerdotes (el equivalente de "echar suertes") cuando querían discernir el pensamiento de Dios en una situación.

Moisés se encontró por primera vez con Dios en el monte Sinaí, a cierta distancia del resto de Israel, pero ahora que el tabernáculo estaba construido Dios moraba con el pueblo. El gran peligro ahora que Dios estaba "con ellos", sin embargo, era que se volvieran demasiado confianzudos, perdieran su sentido de sobrecogimiento y respeto, y se olvidaran de su santidad. Las leyes en Números no son leyes morales o sociales, sino leyes dadas para que la gente no perdiera su reverencia hacia Dios. Pueden clasificarse bajo tres títulos: cuidado, limpieza y costo.

1. Cuidado

CUANDO ESTABAN ACAMPADOS

Debían tener mucho cuidado de acampar en el lugar correcto (capítulo 2). A cada tribu se le asignaba un lugar específico con relación a las demás tribus y al tabernáculo en el centro. El campamento parecía un "rectángulo hueco" (ver el gráfico abajo). La única otra nación que se sabe que acampara de esta forma eran los egipcios; éste era la disposición preferida de Ramsés II (el faraón que puede haber estado en el trono en ese tiempo).

El tabernáculo en el centro estaba rodeado por un cerco, y había una sola entrada. Dos personas acampaban afuera de la entrada, Moisés y Aarón. Los levitas acampaban alrededor de los otros tres lados, y sus tres clanes —Merari, Guersón y Coat— tenían una responsabilidad especial. Nadie podía siquiera tocar el cerco, y había órdenes de matar a todo el que se aproximara. Dios era santo y la aproximación a él no podía hacerse con ligereza.

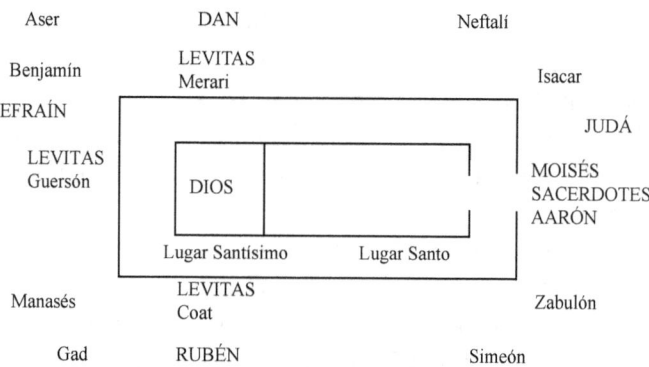

Las demás tribus estaban ordenadas alrededor del tabernáculo, cada tribu con su propio lugar específico asignado con relación a la carpa de Dios y su entrada. El lugar más importante era justo frente a la entrada, y estaba ocupado por la tribu de Judá. Jesús vendría de esta tribu.

CUANDO ESTABAN DE VIAJE

Cuando el campamento emprendía un viaje, todos se movían de acuerdo con un patrón fascinante. Había instrucciones específicas para el desmantelamiento y el transporte del tabernáculo. Los sacerdotes envolvían el mobiliario sagrado y luego los levitas lo levantaban. Todos sabían quién debía llevar cada pieza de mobiliario del tabernáculo, quién debía llevar las cortinas y en qué orden. Algunas tribus tenían que partir antes de llevar las piezas del tabernáculo. Cuando las otras tribus se movían, se iban abriendo como cuando se pela una naranja. Marchaban en el mismo orden cada vez, de modo que cuando llegaban al campamento siguiente era sencillo para cada tribu encontrar su lugar y levantar sus carpas. Todo estaba cuidadosamente detallado. Las trompetas de plata sonaban para anunciar la partida del campamento, y la tribu de Judá lideraba la procesión con alabanza.

Siempre sabían cuándo era el momento de moverse porque la columna de nube (o de fuego, a la noche) encima del tabernáculo avanzaba. El cuadro es claro: cuando Dios se mueve, el pueblo se mueve.

¿Por qué Dios es tan quisquilloso con los detalles? No solo era una forma muy eficiente de mover una cantidad tan enorme de personas, sino que era una manera muy eficiente de acampar. Estaba diciendo: "¡Tengan cuidado!". Una actitud descuidada no tiene cabida en el campamento de Dios: el descuido es algo peligroso. Una palabra moderna para esto sería "informalidad", la actitud de que "cualquier cosa está bien para Dios".

En estas direcciones detalladas Dios está diciendo a su pueblo que sea cuidadoso, porque él está en el campamento con ellos. También describe otras áreas donde debían ser cuidadosos. Se mencionan algunos pecados en Números que son pecados de "descuido". El descuido en el día de reposo podía ser castigado con la muerte. Debían llevar borlas en su ropa para acordarse de orar. Los votos debían tomarse muy en serio. Si se hacía un voto a Dios, debía guardarse. (En Jueces tenemos la historia de un hombre que hizo un voto de sacrificar a Dios lo primero que encontrara cuando salía, ¡que resultó ser su hija!) Si una esposa hace un voto a Dios, entonces su esposo tiene 24 horas para aceptarlo o no rechazarlo.

2. Limpieza

Además de mantener un orden cuidadoso, el campamento debía tener una limpieza inmaculada, por que éste era "el pueblo de Dios". Aun cosas como las cuestiones sanitarias estaban cuidadosamente detalladas. Se les decía que llevaran una pala al hacer sus necesidades para que pudieran mantener el campamento limpio para el Señor. No solo estaba preocupado por los gérmenes. Dios estaba interesado en un campamento "limpio" porque él es un Dios "limpio". Este principio sigue vigente hoy. Un edificio de iglesia sucio y descuidado es un insulto a Dios.

No solo el *campamento* debía estar limpio, sino que se nos habla de la limpieza del *pueblo* antes de dejar Sinaí.

Hay más detalles de los ritos de purificación en el capítulo 19. La muerte es algo impuro. Dios es un Dios de vida, así que no debía haber ninguna contaminación de muerte en el campamento. Hasta había una "prueba de celos" para esposas adúlteras. Aun cuando no hubiera testigos, Dios ve lo que ocurre y castigará al infractor. Éste es *su* campamento.

¡La expresión "la limpieza es vecina de la piedad" tiene bastante apoyo en el libro de Números!

3. Costo
SACRIFICIOS Y OFRENDAS
Es costoso para una persona que está en pecado vivir cerca de un Dios santo. Se ofrecían sacrificios por las personas

de manera diaria, semanal y mensual. Literalmente, había cientos de sacrificios. Cada sacrificio debía ser costoso; solo se ofrecían los mejores animales.

El sacrificio diario, semanal y un sacrificio mensual especial dejaban en claro que era una cuestión costosa recibir el perdón de Dios. Debía haber sangre vertida.

SACERDOCIO

Además, el sacerdocio debía ser sostenido mediante ofrendas. Los levitas fueron consagrados para el servicio antes de partir de Sinaí. Había unos 8.580 sirviendo (de los 22.000 de la tribu), y tanto los sacerdotes como los levitas dependían de las demás tribus para su apoyo económico.

El mantenimiento del sacerdocio, además de los sacrificios regulares, significaba por lo tanto un "costo" considerable para la gente.

Esto nos enseña que todavía tenemos que ser muy cuidadosos hoy acerca de cómo nos acercamos a Dios. Tal vez no tenga que traer un carnero o una paloma para ser sacrificados cuando me acerco a él, pero eso no significa que no tenga que traer ningún sacrificio. Hay tanto sacrificio en el Nuevo Testamento como en el Antiguo. Leemos del sacrificio de *alabanza* y el sacrificio de la *acción de gracias*, por ejemplo. Tenemos que preguntarnos si hacemos sacrificios para Dios. Nosotros también debemos *prepararnos* para la adoración.

Números también nos habla del voto nazareo, un voto voluntario de dedicación y devoción a Dios, si bien no formaba parte del sacerdocio. Los nazareos juramentaban no cortarse el cabello, no tocar el alcohol (ambos eran contrarios a la costumbre social del día) y no tocar un cuerpo muerto. Algunos de estos votos eran temporales, otros eran para toda la vida. Samuel y Sansón son los nazareos más conocidos de la Biblia. Para el tiempo de Amós, la práctica era ridiculizada.

¿QUÉ PODEMOS APRENDER DE ESTO?

Hoy hay una tendencia hacia un enfoque informal y anti-ritualista de la adoración, olvidándonos de que Dios es exactamente el mismo hoy que entonces. Nosotros también debemos acercarnos a él con sobrecogimiento y dignidad. Hebreos nos recuerda que él es fuego consumidor.

En el Nuevo Testamento leemos acerca de cómo las personas reunidas para la adoración pueden traer una canción, una palabra, una profecía, una lengua, una interpretación. Éste es el equivalente del Nuevo Testamento de la preparación, acercándonos a Dios con la actitud mental correcta.

Números también nos recuerda que debemos adorar a Dios de acuerdo con el gusto *suyo*, y no el nuestro. La adoración moderna tiende a centrarse en los gustos de las personas; por ejemplo, si prefieren himnos o canciones. Podemos olvidarnos de que nuestras preferencias son irrelevantes en comparación con la importancia de asegurarnos de que nuestra adoración coincida con lo que Dios quiere.

Nuestros sacrificios de alabanza y de ofrendas también se mencionan en el Nuevo Testamento: "Es una ofrenda fragante, un sacrificio que Dios acepta con agrado". En Levítico y Números a Dios le encantaba el olor de cordero asado. De igual forma, nuestro sacrificio de alabanza puede ser también agradable a Dios hoy.

Narración

Al volvernos a las partes narrativas de Números, pasamos de la palabra divina a las acciones humanas, de lo que el pueblo *debería* hacer a lo que *hizo*. Es una historia triste y sórdida. El desierto se convierte en el terreno de prueba para ellos. Han salido de Egipto pero no están en la Tierra Prometida, y esta existencia en el limbo les resulta muy dura de soportar.

Tenemos que recordar que el pueblo se encuentra ahora en una relación de pacto con Dios. Él se ha atado a ellos. Bendecirá su obediencia y castigará su desobediencia. Se cometen los mismos actos de pecado en Éxodo 16-19 que en Números 10-14, pero solo en Números se viola la ley, así que solo aquí corresponden sanciones.

La ley de Dios puede ayudarlo a ver lo que está bien (y mal), pero no puede ayudarlo a *hacer* lo correcto. La ley no cambió el comportamiento de ellos: trajo culpa, condena y castigo. Por eso la ley dada el primer día de Pentecostés fue inadecuada y luego necesitó que el Espíritu fuera dado ese mismo día. Sin ayuda sobrenatural nunca podríamos guardar la ley.

Líderes

Consideraremos primero los líderes de la nación para ver cómo intentaron vivir de acuerdo con la ley y fracasaron. Son todos de la misma familia, dos hermanos y una hermana: Moisés, Aarón y Miriam (la versión hebrea del nombre María). Se nos dicen sus puntos buenos y sus fortalezas de carácter, junto con sus debilidades.

FORTALEZAS

Moisés

Moisés es la figura dominante a lo largo de todo el libro. En muchos sentidos era un profeta, un sacerdote y un rey.

Ya hemos visto cómo otros profetas recibieron visiones y sueños, pero Moisés hablaba cara a cara con Dios en el tabernáculo. Hasta se le permitió ver parte de Dios: vio su "espalda".

También cumplía la función de sacerdote. Hay cinco ocasiones en las que intercedió ante Dios. Por cierto, en ocasiones era bastante osado en la forma que oraba por el pueblo e instaba a Dios a ser fiel a sí mismo.

Nunca fue llamado "rey", y por supuesto esto fue algunos siglos antes del establecimiento de la monarquía, pero condujo a su pueblo en la batalla y los gobernó, así que funcionó como rey, aunque no usara el título.

Una de las cosas más notables de Moisés es que, cuando lo criticaban, lo maltrataban o lo traicionaban, nunca intentaba defenderse. Escribiendo sobre sí mismo, dijo que era más humilde que cualquier otro sobre la tierra, ¡algo difícil de decir si uno quiere que siga siendo cierto! Por supuesto, Moisés no decía más que Jesús, cuando dijo que aprendiésemos de él, que era apacible y humilde de corazón. Moisés dejaba que el Señor lo defendiera. Humildad no es debilidad, pero significa no tratar de defenderse uno mismo.

Aarón
Aarón era el hermano de Moisés, designado para ser su "vocero" cuando tuvo que enfrentar al faraón en Egipto. Él también era un profeta. También fue designado para ser un sacerdote, el sumo sacerdote. El sacerdocio aarónico se convirtió en el corazón de la adoración y el ritual del antiguo pueblo de Dios.

Miriam
Miriam era la hermana de Moisés y Aarón. Era conocida como profetisa. Cantó y bailó de alegría cuando los egipcios se ahogaron en el mar.

Así que tenemos a Moisés como profeta, sacerdote y rey, a Aarón como profeta y sacerdote, y a Miriam como profetisa. Note que los dones son compartidos, y que la profecía es un ministerio para mujeres así como para hombres. El don profético específico de Miriam se expresó en canto. Hay un vínculo muy directo entre la profecía y la música. Más adelante, el rey David escogió a maestros de coro que eran también profetas, y Eliseo a menudo pedía música como una preparación para sus profecías. Al parecer hay algo en el tipo correcto de música que libera el espíritu profético.

A pesar de sus fortalezas y dones, sin embargo, cada uno de estos líderes fracasó de alguna forma. Es instructivo para nosotros examinar sus fallas en detalle.

DEBILIDADES

Miriam

El problema de Miriam eran los celos: deseaba honra para ella. Quería hablar con Dios como lo hacía Moisés. Además, criticó la elección de esposa que había hecho Moisés. Miriam fue castigada con "lepra" durante siete días, hasta que se arrepintió. Estuvo entre los que murieron en Cades.

Aarón

El siguiente que desapareció del cuadro de líderes fue Aarón. De nuevo, su problema eran los celos y el deseo de honra. Miriam y Aarón se unieron para criticar a Moisés. Su excusa era que se había casado con alguien que ellos no aprobaban (se casó con una mujer cusita que había salido de Egipto con ellos y que no era siquiera hebrea). Dios no lo criticó por hacerlo, pero Miriam y Aarón sí.

Aarón entonces murió en el monte Hor, un poco más adelante que Cades, cuando tenía más de 100 años. Poco tiempo después que expresaron sus celos y su deseo de honra, tanto Aarón como Moisés murieron.

Moisés

Aun Moisés falló. Se volvió demasiado impaciente con el pueblo. El Nuevo Testamento nos dice que soportó al pueblo 40 años en el desierto. Fue una asombrosa tarea de liderazgo tratar con más de 2 millones de personas que siempre se estaban quejando, reclamando y teniendo discusiones que necesitaban ser resueltas.

Su gran error fue cuando desobedeció las instrucciones de Dios con relación al suministro de agua. Moisés había provisto agua para el pueblo golpeando la roca con su vara. La piedra caliza del desierto de Sinaí tenía la propiedad peculiar de tener depósitos de agua en su interior. Hay grandes reservas de agua en el desierto de Sinaí, pero generalmente están contenidos dentro de la roca que las rodea. Moisés había liberado esos depósitos de agua con solo tocar la roca con su vara.

En esta segunda ocasión en que les faltaba agua Dios dijo a Moisés no que golpeara la roca sino que solo le hablara. Una palabra sería suficiente para liberar el agua en la roca. Pero Moisés estaba tan impaciente con el pueblo que no escuchó con cuidado a Dios y golpeó la roca dos veces. Dios le dijo que, como fue desobediente, no pondría un pie en la Tierra Prometida. Éste es un recordatorio conmovedor de cuán importante es para un líder escuchar atentamente a Dios. Moisés murió en el monte Nebo a la vista de la Tierra Prometida, pero sin poder entrar en ella.

Números nos dice que es una gran responsabilidad liderar al pueblo de Dios. Debe ser hecho correctamente; debe ser hecho al modo de Dios.

Personas
Hubo varias personas que decepcionaron a Dios a lo largo del libro de Números. El más destacado es un hombre llamado Coré. Lo encontramos liderando una rebelión porque estaba enojado porque el sacerdocio era el derecho exclusivo de Aarón y su familia. Otros se unieron a él en esta subversión, y pronto se habían reunido 250 personas que desafiaban la autoridad de Moisés y el sacerdocio de Aarón. Los rebeldes decían que no podían creer que Dios hubiera escogido

a Moisés y Aarón, y criticaban su fracaso en guiar a los israelitas a la Tierra Prometida.

Entonces, de manera muy dramática, Moisés dijo al pueblo que se mantuviera alejado de las carpas de los rebeldes. Descendió fuego del cielo que alcanzó sus carpas y los destruyó a todos. Coré lo vio venir y huyó con unos pocos seguidores, pero fueron devorados por unos lodazales. (En el desierto de Sinaí hay lodazales que tienen una corteza muy dura pero son muy blandos por debajo, como el hielo delgado en una laguna. Son como un pantano traicionero o arenas movedizas.)

A pesar de todo esto, algunos de los salmos están escritos por los hijos de Coré. La familia de este hombre no lo siguió en su rebelión, y sus hijos luego pasaron a ser cantores en el templo. No tenemos que seguir a nuestros padres cuando hacen lo malo.

Coré se menciona en el libro de Judas en el Nuevo Testamento como una advertencia para los cristianos, para que no cuestionen las designaciones de Dios y se vuelvan celosos.

Moisés luego anunció que debían probar si Dios los había escogido a él y a su hermano para estos puestos. Dijo a los líderes de las doce tribus que tomaran ramitas de los arbustos en el desierto. Deberían ponerlas en el lugar santo ante el Señor toda la noche. A la mañana la vara de Aarón había florecido con ramas, flores y frutos incipientes. Las otras ramitas estaban muertas. De ahí en más pusieron la vara de Aarón dentro del arca del pacto como la prueba de Dios de que Aarón había sido elegido por él y no se había autodesignado.

Pueblo

El pueblo como un todo era problemático, así como algunas personas. Hechos nos dice que Dios *soportó* su proceder en el desierto durante 40 años. Números dice que todo el pueblo fracasó excepto dos; dos entre más de dos millones, una proporción sumamente baja. El pueblo tenía un problema general y fracasó en tres ocasiones que se destacan especialmente.

QUEJA

El problema general del pueblo era la queja. Uno no necesita ningún talento para quejarse, no necesita cerebro, personalidad ni abnegación para armar el negocio de la queja. Es una de las cosas más fáciles de hacer en el mundo.

El pueblo pensaba que, como Dios estaba en el tabernáculo, no sabía lo que decían cuando estaban en sus propias carpas. ¡Qué gran error! se quejaban por la falta de agua, por la comida monótona. Dice que se quejaban porque no podían tener ajo, cebolla, pescado, pepinos, melones y puerro, como habían tenido en Egipto. Dios escuchó sus quejas y respondió en consecuencia. Pronto les envió codornices para complementar su dieta de maná; ¡tantos que cubrían 1,5 metros de profundidad, sobre 30 kilómetros cuadrados! La gente salió a recoger las codornices, pero mientras estaban aún recogiendo la carne, Dios los castigó con una plaga severa porque lo habían rechazado.

La queja probablemente haga más daño al pueblo de Dios que cualquier otro pecado.

OASIS DE CADES

La primera ocasión específica en que fracasaron fue cuando llegaron al último oasis, 106 kilómetros al sudoeste del mar Muerto (hoy llamado Ain Qudeist) en el desierto del Néguev. Se les dijo que enviaran 12 espías, uno de cada tribu, para espiar la tierra y volver y contar a todo el campamento cómo era el lugar. Pasaron 40 días en el sur, alrededor de Hebrón, y también viajaron bien al norte, y encontraron que era una tierra muy fértil. Pero la conclusión del informe fue negativa. Difundieron el rumor de que la tierra los devoraría. Preferían volver a Egipto.

Dos de los espías, Josué y Caleb, dijeron que Dios estaba con ellos y no había nada que temer. Estuvieron de acuerdo en que la tierra estaba bien fortificada y que estaba habitada por personas mucho más grandes. Sabemos a partir de la arqueología que la altura promedio de los esclavos hebreos era bastante pequeña comparada con los cananeos. También estaban de acuerdo en que los muros de las ciudades eran un obstáculo. Pero sostuvieron que Dios no los había traído tan lejos para dejarlos en el desierto. Dijeron al pueblo que Dios los llevaría sobre sus hombros (así como un niñito se sentiría como un gigante sobre los hombros de su padre).

Sin embargo, los argumentos pesimistas de los otros 10 espías fueron más persuasivos. La multitud quiso apedrear a Moisés y a Aarón por traerlos hasta ese lugar. ¡Solo habían pasado tres meses desde que habían dejado Egipto, pero estaban preparados para matar a Moisés y Aarón por sacarlos de la esclavitud! Prefirieron confiar en lo que los 10 espías vieron y dijeron. Tomaron el veredicto de la mayoría, que en este caso era contrario a las intenciones de Dios.

El contraste entre ambos informes es notable. Los 10 hombres dijeron que no podían tomar la tierra y punto; Josué y Caleb dijeron: "Nosotros no podemos, pero Dios puede". Esto no era mero pensamiento positivo, sino una disposición para ver los problemas como oportunidades para Dios.

Como resultado de la perspectiva carente de fe de la mayoría, Dios juró que ni uno de esa generación entraría jamás en la Tierra Prometida, excepto Josué y Caleb. Se nos dice que juró por sí mismo, porque no hay nadie superior por quien él podía jurar.

Habían estado espiando la tierra durante 40 días, así que Dios dijo que por cada día que habían espiado la tierra y habían llegado a la conclusión errónea, pasarían un año en el desierto. Hizo que el castigo se adecuara al crimen. Este suceso se convierte en la bisagra del libro de Números, a un tercio de su inicio. Si hubieran obedecido a Dios, el resto de los hechos del libro nunca habrían tenido lugar.

EL VALLE DE "ESCORPIONES"
La siguiente vez que el pueblo probó a Dios y fracasó fue luego de una victoria magnífica sobre el rey cananeo de Arad.

Volvieron bajando por el profundo valle de Arovar, también conocido como el valle de "escorpiones". Está justo debajo del monte Hor y es bien conocido por su población de escorpiones y serpientes. Otra vez los israelitas se quejaron contra Dios, volviendo al tema de la dieta pobre y diciendo que preferirían volver a Egipto antes que permanecer en el desierto.

Esta vez Dios los castigó enviándoles serpientes, de modo que muchos fueron mordidos y murieron. Dándose cuenta de su pecado, pidieron a Moisés que intercediera por ellos. Dios no detuvo las serpientes, sino que envió una cura para sus mordeduras. Moisés fijó una serpiente de cobre sobre un palo encima de la montaña que bordeaba el valle. Si alguien era mordido, podía mirar hacia esa serpiente de cobre y no moriría. Todo lo que necesitaban era fe para creer que funcionaría.

LLANURA DE MOAB
La tercer y última crisis ocurrió cuando llegaron a la llanura de Moab. Lograron una serie de victorias en el camino. Querían usar la ruta principal a través de Edom. Su solicitud fue denegada, a pesar de sus vínculos históricos (Edom descendía de Esaú, el hermano de Jacob). Hubo una batalla y Dios les dio victoria sobre Edom y Moab, así que se sentían confiados. Acamparon junto al río Jordán, mirando hacia la Tierra Prometida.

Pero hubo oposición a su avance sobre Canaán. Los pueblos de Amón y Moab, que eran dueños de la tierra que bordeaba la Tierra Prometida, decidieron desbaratar sus planes y contrataron a un adivino sirio para lograr su objetivo.

Este adivino de Damasco se llamaba Balán. Se había hecho una reputación de lograr las derrotas de los ejércitos que maldecía. Pero nunca se le había pedido que maldijera a Israel porque, como explicó a los que lo contrataron, ¡solo podía decir lo que Dios le daba para decir! Era habitual que un adivino maldijera a la oposición antes de una batalla, así que le pidieron a Balán que pronunciara palabras de desgracia sobre los israelitas. Su motivo era puramente el pago por sus servicios. Sin embargo, no pudo pronunciar maldiciones contra Israel y terminó bendiciéndola en cambio. ¡No lo pudo evitar!

Balán anuncia que Dios bendecirá y multiplicará a Israel, una predicción acerca del rey David y su hijo. Así que tenemos un relato asombroso de un incrédulo que profetiza una bendición sobre Israel.

El relato cuenta también la historia extraordinaria de la burra parlante que se rehúsa a avanzar cuando ve un ángel en su camino. Cuando Balán azota a la burra porque no sigue caminando, ¡el animal le dice por qué no se mueve! (Quienes cuestionan si esto ocurrió se olvidan que los animales pueden ser poseídos por espíritus malignos y espíritus buenos. La serpiente en el Jardín del Edén y el envío de Jesús de demonios a los cerdos son dos ejemplos bíblicos.) El mensaje es claro: ¡el animal tiene más juicio que Balán!

Es una historia triste por lo que sucedió después. Balán finalmente se dio cuenta de cómo obtener dinero de los reyes de Amón y Moab. Les dijo que se olvidaran de la maldición pero que en cambio enviaran unas chicas bonitas al campamento para seducir a los israelitas. Como era algo prohibido por la ley, la mayor parte del sexo ilícito ocurrió fuera del campamento. Pero un hombre, Zimri, tuvo el descaro de traer a una chica a la puerta misma del tabernáculo.

Al ver este acto espantoso, un hombre llamado Finés clavó a la pareja al suelo con una lanza. De ahí en adelante se le dio un sacerdocio perpetuo para él y su familia. Fue el único hombre en defender la casa de Dios contra lo que estaba ocurriendo a la vista divina. El juicio puede parecer duro, pero recuerde que los israelitas se estaban dirigiendo hacia la Tierra Prometida. Uno de los peores rasgos que encontrarían allí era la inmoralidad. Había diosas de la fertilidad, estatuas ocultistas y símbolos fálicos, y toda clase de comportamiento promiscuo. Debían darse cuenta de que esta clase de cosas eran abominaciones ante Dios.

¿Qué podemos aprender de Números?

Números fue escrito para los judíos, para que las generaciones posteriores pudieran aprender a temer a Dios. Por lo tanto, fue escrito también para los cristianos, para que pudiésemos aprender de sus fracasos. Ya hemos visto cómo Pablo dijo a los corintios que estos sucesos fueron registrados como "ejemplos" que nos advierten que no debemos vivir como lo hicieron los israelitas. También podemos no llegar al lugar de destino, igual que ellos. La Biblia es un espejo en el que nos vemos, según Santiago. Podemos vivir y morir en el desierto; podemos mirar atrás a los "placeres del pecado" pero ser incapaces de mirar adelante al "reposo de Dios" en la Tierra Prometida.

Podemos aprender más acerca del carácter de Dios en Números, y los temas gemelos de la bondad y la severidad son retomados en distintos momentos en el Nuevo Testamento, en Romanos, Hebreos, Judas y 2 Pedro.

La carta de Judas también menciona tanto a Coré como

a Balán. La queja era un problema tan grande en la iglesia primitiva como lo había sido en Israel. Cuando la gente se queja y reclama, se llama "raíz amarga", que puede crecer dentro de una comunidad y causar problemas.

En el Nuevo Testamento se nos recuerda que somos nombres y no números. Aun los cabellos de nuestra cabeza están contados. Nuestros nombres están en el "libro de la vida", pero hay también evidencia de que nuestros nombres pueden ser borrados.

Lo que dice Números acerca de Dios
En Números se nos dice muy claramente que el carácter de Dios tiene dos aspectos. El apóstol Pablo los destaca cuando dice: "Por tanto, considera la bondad y la severidad de Dios..."
1. Por un lado, vemos su provisión de alimento, bebida, vestimenta y calzado. Vemos a Dios brindando a su pueblo protección de sus enemigos, mayores que ellos en tamaño y número. Vemos su preservación de la nación a través de su pecaminosidad.
2. Por otro lado, vemos su justicia. Él es fiel a las promesas de su pacto, castigando al pueblo cuando peca. Esto involucra disciplina y, en última instancia, la desheredación si se rehúsan a seguir adelante y seguir su voluntad. Nosotros tratamos con el mismo Dios. Él es santo y debemos temerlo.

Lo que dice Números acerca de Jesús
1. Así como Israel pasó por el desierto, Jesús también pasó 40 días de tentación en el desierto.
2. El versículo 16 de Juan 3 es muy conocido, pero no tanto el versículo 14: "Como levantó Moisés la serpiente en el desierto, así también tiene que ser levantado el Hijo del hombre".
3. Juan también afirma que Jesús es el "maná", el "pan del cielo".

4. En un pasaje asombroso el apóstol Pablo habla del agua que sale de la roca golpeada en el desierto, dando a entender que la roca era ni más ni menos que Jesús.
5. Hebreos dice que si las cenizas de una novilla podrían traer perdón, cuánto más la sangre de Cristo lograría lo mismo.
6. Tal vez lo que causa más asombro es que Balán, el falso profeta, ¡en realidad hizo una profecía verdadera acerca de Jesús! "Lo veo, pero no ahora; lo contemplo, pero no de cerca. Una estrella saldrá de Jacob; un rey surgirá en Israel". De ahí en adelante, cada judío devoto buscaba la estrella del rey que vendría, y eso fue lo que guio a los sabios a Belén.

Bendiciones de la comunión con Dios
Tal vez el pasaje más conocido del libro es Números 6:24-26: "El Señor te bendiga y te guarde; el Señor te mire con agrado y te extienda su amor; el Señor te muestre su favor y te conceda la paz".

Ésta fue la bendición que Dios dio a Aarón para que pronunciara al pueblo cuando partían del campamento para la siguiente parte de su viaje. Tiene toda la marca de una inspiración directa de Dios porque tiene una perfección matemática. Cada vez que Dios habla, su lenguaje es matemáticamente perfecto. En hebreo, la bendición tiene tres líneas:

El Señor te bendiga y te guarde
El Señor te mire con agrado y te extienda su amor
El Señor te muestre su favor y te conceda la paz

En hebreo, hay 3 palabras en la primera oración, 5 en la segunda y 7 en la tercera. Hay 15 letras en la primera, 20 en la segunda y 25 en la tercera. Hay 12 sílabas en la primera, 14 en la segunda y 16 en la tercera. Si sacamos la palabra

"Señor", nos quedan 12 palabras hebreas. ¡Nos queda el Señor y las 12 tribus de Israel! Es matemáticamente perfecto. Aun en inglés-español hay una progresión, una especie de crescendo a través de las líneas. Cada línea tiene dos verbos, y el segundo amplía al primero.

La bendición se aplica a los cristianos hoy, porque las dos cosas que ofrece son **gracia** y **paz**. Esta es la bendición cristiana dada en las epístolas en el Nuevo Testamento: "Que nuestro Padre y el Señor Jesucristo les concedan gracia y paz". Nosotros también podemos recibir las bendiciones de la comunión con Dios que Israel disfrutaba, si prestamos atención a las lecciones de Números.

6.
DEUTERONOMIO

Introducción

Toda sinagoga judía incluye un armario grande, generalmente cubierto por una cortina o un velo. Dentro del armario hay algunos rollos envueltos en una tela hermosamente bordada. Estos rollos son la ley de Moisés. Son llamados la Tora, que significa "instrucción", y son considerados como el fundamento de todo el Antiguo Testamento. Se los lee en voz alta una vez al año.

Cuando un rollo es quitado del armario, la primera parte se desenrolla para revelar las primeras palabras. El libro era conocido por estas palabras. El libro de Deuteronomio es denominado simplemente "Las Palabras", porque la primera frase en hebreo es: "Éstas son las palabras". Cuando el Antiguo Testamento fue traducido al griego, tuvieron que pensar en un nombre más apropiado. "Deuteronomio" viene de dos palabras en el idioma griego, *deutero*, que significa "segundo", y *nomos*, que significa "ley".

El nombre nos da una pista de su contenido, porque en Deuteronomio encontramos que los Diez Mandamientos vuelven a aparecer, como en el libro de Éxodo.

Una segunda lectura

¿Por qué los Diez Mandamientos necesitan ser repetidos? Además, hay 613 leyes de Moisés en total, y muchas se repiten aquí. ¿Por qué?

La pista está en el libro de Números. Deuteronomio fue escrito 40 años después del libro de Éxodo. Durante esos 40 años toda una generación murió. Consistía en todos los adultos que salieron de Egipto, cruzaron el mar Rojo, acamparon en Sinaí y escucharon los Diez Mandamientos la primera vez. Para el tiempo de Deuteronomio, todos habían muerto (con la excepción de Moisés, Josué y Caleb). Habían quebrantado la ley tan rápidamente que Dios dijo que nunca entrarían en la Tierra Prometida. Su castigo fue deambular por el desierto durante 40 años hasta que toda una generación desapareció.

La nueva generación habían sido solo niños pequeños cuando cruzaron el mar Rojo y acamparon en Sinaí. Por lo tanto, la mayoría de ellos apenas se acordaría de lo que había ocurrido cuando sus padres salieron de Egipto, y ciertamente no recordarían la lectura de la ley en Sinaí. Por lo tanto, Moisés leyó y explicó la ley por segunda vez. Cada generación debe renovar el pacto con Dios.

Hay otro motivo para la segunda lectura. Tiene que ver con el momento en que ocurrió. Estaban por entrar en la Tierra Prometida. Habían estado solos en el desierto y ahora enfrentaban una tierra que ya estaba ocupada por enemigos. De modo que la ley fue leída y explicada cuando el pueblo estaba todavía del lado este del río Jordán, para que supiera lo que Dios esperaba de ellos.

Además, su líder Moisés no entraría con ellos. Había perdido el derecho de entrar porque había desobedecido la Palabra de Dios con relación a la provisión de agua de la roca. Dios le había mostrado que moriría en solo siete días. Así que Moisés quería asegurarse de que esta nueva generación estuviera informada acerca del pasado y estuviera lista para enfrentar el futuro. Por cierto, verían el milagro de la separación del agua de nuevo, esta vez con el río Jordán. Dios quería que conocieran su poder milagroso, tal como había pasado con la generación anterior.

Es importante que tengamos en claro el contexto en el cual la ley fue dada por segunda vez. Dios llevó a los israelitas a través del mar Rojo la primera vez y luego hizo un pacto en Sinaí. No les dijo cómo vivir hasta que los salvó. Éste es un patrón a lo largo de toda la Biblia: Dios primero nos muestra su gracia salvándonos, y luego nos explica cómo debemos vivir.

Esta nueva generación iba a ver cómo Dios los rescataba y los llevaba a través del Jordán, que en ese tiempo del año estaba anegado e intransitable. Habiendo visto ese milagro, continuarían a su propio equivalente del monte Sinaí (monte Ebal y monte Guerizín) y escucharían una repetición de las bendiciones y las maldiciones del Señor. Era una función que se repetía al final de 40 años para una generación completamente nueva.

Deuteronomio, por lo tanto, el último de los libros de Moisés, fue escrito y hablado en el campamento de los israelitas en el lado este del río Jordán, mientras Moisés aún estaba vivo y aún los estaba liderando.

Tierra
Hay ciertas frases clave en el libro de Deuteronomio. Una, ocurre casi 40 veces. Es **"la tierra que te da el Señor tu Dios"**. A los israelitas se les recuerda que esta tierra es un regalo, un regalo inmerecido. El Salmo 24 dice que "del Señor es la tierra y todo cuanto hay en ella". Cuando discutimos acerca de quién es el dueño de la tierra, debemos recordar que, en última instancia, Dios es el dueño de todo. Él se la da a quien quiera dársela. En Hechos 17, Pablo, hablando a los atenienses en la colina de Marte, explicó que es Dios quien decide cuánto espacio y cuánto tiempo tiene una nación sobre esta tierra.

La segunda frase que ocurre la misma cantidad de veces es **"tomen posesión de ella [la tierra]"**. Todo lo que recibimos de Dios es un regalo, pero tenemos que tomarlo. La salvación es un regalo gratuito de Dios, pero debemos "tomar posesión de ella" para que sea nuestra. Dios no nos obliga a recibirla. Poseer la tierra sería algo muy costoso para los israelitas; deberían combatir para tenerla, deberían luchar para poseerla. Aun cuando Dios nos da todo, tenemos que hacer un esfuerzo por tomarlo.

Una pregunta importante que surge de Deuteronomio tiene que ver con la propiedad de la tierra. ¿Sería de ellos para siempre, o podrían tenerla y perderla? Podemos sacar dos conclusiones.

1. PROPIEDAD INCONDICIONAL

Dios dijo que les daba la tierra *para siempre*. Sin embargo, esto no significaba necesariamente que podrían *ocuparla* para siempre.

2. OCUPACIÓN CONDICIONAL

La ocupación de la tierra era condicional. El *hecho* que vivieran en ella y la disfrutaran dependía de la *manera* en que vivían en ella.

El mensaje de Deuteronomio es muy sencillo: pueden mantener la tierra siempre que mantengan mi ley. Si no guardan mi ley, aun cuando sean los dueños de la tierra y yo se las haya dado, no serán libres para vivir en ella y disfrutarla.

Hay una diferencia entre "propiedad incondicional" y "ocupación condicional". Esta distinción era una que los profetas del Antiguo Testamento necesitaban recordar al pueblo. Los profetas podían ver que el comportamiento del pueblo significaría la pérdida de su derecho de mantener la tierra.

Al día de hoy las promesas de Dios son condicionales. Son regalos, pero la manera que vivimos en esas promesas determina si podemos disfrutarlas.

El marco del pacto

El marco del pacto descrito en Deuteronomio fue usado en todo el antiguo Oriente Medio. Cada vez que un rey ampliaba su imperio y conquistaba otras ciudades, acostumbraba hacer lo que se conocía como un "tratado de estado protector". Éste era un acuerdo que, en esencia, decía que si los conquistados se comportaban bien, el rey los protegería y los mantendría, pero si se comportaban mal, los castigaría. Hay numerosos ejemplos de esta clase de tratados del mundo antiguo que han sido descubiertos por arqueólogos, especialmente en Egipto. El patrón de los tratados es exactamente igual en su esquema general al libro de Deuteronomio.

Podemos suponer que Moisés vio y estudió estos tratados cuando fue educado en Egipto. Moisés presenta el pacto al pueblo de Israel de manera de tratado ya que el Señor era su rey, y ellos eran sus súbditos. El patrón de los tratados de estado protector era el siguiente:

- **Preámbulo:** "Éste es un tratado entre el faraón y los hititas . . ."
- **Prólogo histórico**, que resumía cómo el rey y sus nuevos súbditos llegaron a relacionarse entre sí
- **Declaración de los principios básicos** sobre el cual estaría fundamentado todo el tratado
- **Leyes detalladas** acerca de cómo debían comportarse los súbditos
- **Consecuencias** (o sea, recompensas o castigos): lo que el rey haría si se comportaban correctamente, y qué haría si no lo hacían
- **Firma ante testigos**, normalmente invocando a "los dioses" para testificar del tratado
- **Cláusula de continuidad**: qué ocurriría si el rey moría, y el nombramiento de un sucesor al cual el pueblo seguiría estando sujeto.

Todo se arreglaba en una ceremonia en la cual el tratado era puesto por escrito, firmado y acordado entre el rey y sus nuevos súbditos.

Es fácil ver los paralelos entre esta forma y la forma y contenido de la ley dada en Deuteronomio:

- **Preámbulo**   1:1-5
- **Prólogo histórico**   1:6-4:49
- **Declaración de principios básicos**   5-11
- **Leyes detalladas**   12-26
- **Consecuencias**   27-28
- **Invocación de testigo divino**   30:19; 31:19; 32
- **Cláusula de continuidad**   31-34

Las consecuencias son una parte clave del libro y tienen que ver con nuestro entendimiento de sucesos posteriores en la historia bíblica. Había dos cosas que Dios haría en términos de consecuencias si los israelitas no vivían como él les decía.

CONSECUENCIAS NATURALES

La consecuencia natural que impondría sería la falta de lluvia. La tierra a la que estaban ingresando estaba entre el mar Mediterráneo y el desierto de Arabia. Cuando el viento soplaba del oeste, tomaba lluvia del Mediterráneo y la dejaba caer en la Tierra Prometida. Pero si el viento venía del este, sería el viento seco y cálido del desierto que reseca todo y convierte a la tierra en un lugar de desolación. Por lo tanto, durante el tiempo de Elías, Dios castigó la idolatría del pueblo con una sequía durante tres años y medio. Ésta era una manera sencilla de Dios de recompensar o castigar a su pueblo.

CONSECUENCIAS MILITARES

Si la consecuencia natural fallaba, Dios pasaría a algo

bastante más feroz. Usaría agentes humanos para atacarlos. Amós 9 nos dice algo muy significativo en este sentido. Leemos que, cuando Israel estaba cruzando el Jordán, Dios trajo otro pueblo al mismo tiempo a la misma tierra desde el oeste. Este pueblo eran los filisteos. Dios trajo un pueblo que demostró ser el mayor enemigo de Israel al mismo territorio y al mismo tiempo. Israel se estableció en las colinas y los filisteos en la llanura de la costa (hoy la franja de Gaza). Si Israel era fiel en guardar las leyes, disfrutaría de paz. Si se comportaba mal, Dios enviaría a los filisteos para tratar con ellos. Era así de sencillo.

Corrupción
La tierra de Canaán estaba habitada por una mezcla de amorreos y cananeos. Dios dijo a los israelitas que expulsaran a estas naciones y poseyeran la tierra. Este tema ha dado origen a una objeción frecuente a la Biblia. Un aparente genocidio tan grande parece cruel para la mente moderna. ¿Cómo podemos reconciliar un Dios de amor con un Dios que dice a los judíos que maten a todas las personas que viven en la Tierra Prometida? Parece inmoral e injusto.

La respuesta se encuentra atrás, en Génesis. Dios dijo a Abraham que mantendría a su familia y a sus descendientes en otro país durante 400 años hasta que la maldad de los amorreos fuera completa. En realidad, esperó 400 años para que esos pueblos se volvieran tan malos que ya no merecían vivir en Canaán, porque no merecían vivir en ninguna parte de la tierra de Dios. Dios no permite a las personas ocupar su tierra independientemente de lo que hagan. Es muy paciente con ellas, pero finalmente actuará en juicio. La arqueología ha revelado evidencias de cuán malvados eran los amorreos. Por ejemplo, las enfermedades de transmisión sexual eran comunes y corrientes entre ellos. Si los israelitas se hubieran mezclado con esta gente, hubiera sido como vivir en una tierra donde todos tuvieran SIDA, aparte de la influencia generalmente insalubre de su estilo de vida corrupto.

En Deuteronomio Dios dice: "No es por tu justicia ni por tu rectitud por lo que vas a tomar posesión de su tierra. ¡No! La propia maldad de esas naciones hará que el Señor tu Dios las arroje lejos de ti. Así cumplirá lo que juró a tus antepasados Abraham, Isaac y Jacob".

Algunos preguntan por qué era necesario que los *israelitas* los mataran. ¿No los podría haber destruido Dios mismo? La respuesta es muy clara. Él tenía que enseñar a los israelitas la importancia de vivir como él les decía. Si se comportaban como los amorreos, irían por exactamente el mismo camino.

Cuando leemos Deuteronomio, debemos darnos cuenta de que estamos leyendo una *imagen de espejo* de la vida en Canaán. Todo lo que Dios dijo a los israelitas que no hicieran era lo que ya estaba pasando en Canaán. Podemos construir una imagen de lo que estaba ocurriendo en la Tierra Prometida antes que entraran en ella. Se resume en tres palabras.

1. INMORALIDAD

Ya hemos señalado que había enfermedades de transmisión sexual en la tierra. Había fornicación, adulterio, incesto, homosexualidad, travestismo y sodomía. También había divorcios y nuevos casamientos generalizados. Deuteronomio describe cómo todas estas conductas estaban estrictamente prohibidas.

2. INJUSTICIA

Deuteronomio trata también con la injusticia. Según la conocida frase, "los ricos se estaban volviendo más ricos y los pobres se estaban volviendo más pobres". Los eternos pecados de orgullo, avaricia y egoísmo eran evidentes, llevando a la explotación de los pobres. Los que tenían discapacidades, los ciegos, los sordos, no eran cuidados. Muchas personas no podían romper las cadenas de la pobreza causadas por la usura. Dios dijo que los israelitas debían ser altruistas. Debían cuidar de los sordos, los ciegos, las viudas y los huérfanos. Las personas eran importantes.

3. IDOLATRÍA
Canaán estaba llena de idolatría. Había ocultismo, superstición, astrología, espiritismo, necromancia y cultos de fertilidad. Adoraban a la "Madre Tierra", creyendo que los actos sexuales tenían vínculos con la fertilidad de la tierra. En los templos paganos había prostitutos masculinos y femeninos, y el culto incluía el sexo. Estas prácticas se reflejaban en monumentos en toda la tierra: las imágenes de la diosa Aserá (símbolos fálicos) se veían con frecuencia sobre las colinas como testigos de los ritos paganos que predominaban.

Deuteronomio deja en claro cómo veía Dios este comportamiento. Era su tierra y ahora estaba totalmente corrompida, contaminada, degradada. Había sido deshonrada, y Dios no permitiría que siguiera así. ¿Han cambiado demasiado las cosas hoy?

La última obra de Moisés
Deuteronomio es el último de los cinco libros de Moisés, el Pentateuco. Hemos visto que fue escrito en un momento crítico para el pueblo de Israel. Estaban por entrar en la Tierra Prometida, pero Moisés no iba a guiarlos. Era para ese entonces un anciano de 120 años de edad, y entraba en la última semana de su vida (el libro finaliza con su muerte). Habiendo visto la debilidad de los padres de la generación actual, temía que ellos siguieran el mismo camino. Miró hacia adelante, hacia las batallas que tendrían que librar, tanto físicas como espirituales.

En la última semana de su vida les habló tres veces. Todo Deuteronomio está formado por tres largos discursos, cada uno de los cuales debe haber llevado la mayor parte del día pronunciar. El estilo hablado es evidente. Es un libro muy personal y emotivo. Moisés está apelando al pueblo como un padre moribundo a sus hijos.

Es muy probable que durante estos seis últimos días de la última semana de la vida de Moisés haya hablado y escrito en días intermedios. Los días 1, 3 y 5 dio estos discursos y los días 2, 4 y 6 puso por escrito lo que había dicho el día anterior. Entregó lo que escribió a los sacerdotes, que lo colocaron junto al arca del pacto, para que el pueblo nunca olvidara. Este es su "último testamento y voluntad", cuando el mayor profeta del Antiguo Testamento trae la Palabra del Señor a su pueblo.

El libro puede ser dividido de manera práctica en tres partes.

1. Pasado: Recolección (1:1-4:43)
a. infidelidad condenada (1:6-3:29)
b. fidelidad aconsejada (4:1-43)

2. Presente: Regulación (4:44-26:19)
a. amor expresado (4:44-11:32)
b. ley ampliada (12:1-26:19)

3. Futuro: Retribución (27:1-34:12)
a. pacto confirmado (27:1-30:20)
b. continuidad asegurada (31:1-34:12)

Primer discurso (1:1-4:43): Pasado

En el primer discurso, Moisés mira atrás a los días posteriores a Sinaí, donde Dios había hecho el pacto con los padres de sus oyentes. Les recuerda que si bien solo se requieren 11 días para caminar desde Sinaí hasta la Tierra Prometida, a sus padres les llevó 13.780. Cuando llegaron a Cades, en la frontera, hicieron una pausa y bajo instrucciones de Dios habían enviado a un hombre de cada tribu para espiar la tierra. Los espías tenían una actitud positiva acerca de la calidad de la comida en la tierra, pero no en cuanto a su posibilidad de conquistarla. La gente era demasiado grande y las ciudades eran impregnables, habían dicho. Solo dos, Josué y Caleb, instaron al pueblo a confiar en Dios y seguir adelante.

Israel tenía todo por delante, y sin embargo su espíritu decayó. Si bien Dios había sido fiel a ellos, ellos eran infieles. El mensaje del capítulo 4 es simplemente éste: "No sean como sus padres. Ellos perdieron su fe y perdieron la tierra. Si ustedes mantienen la fe, podrán mantener la tierra".

Segundo discurso (4:44-26:19): Presente

La legislación en la segunda parte no es tan fácil de leer. Es, lejos, la sección más larga, probablemente dada en el tercer día de la última semana de la vida de Moisés. Describe la forma en que los israelitas debían vivir si querían permanecer en la tierra que Dios les estaba dando.

Resumen

Capítulo 5 Moisés comienza por los principios básicos de la forma de vida justa y recta que quiere Dios, o sea los Diez Mandamientos. Todos tienen que ver con una cosa: *respeto*. Respetar a Dios, respetar su nombre, respetar su día, respetar a nuestros padres, respetar la vida, respetar el matrimonio, respetar la propiedad, respetar la reputación de las personas. La forma más rápida de destruir una sociedad es destruir el respeto.

Es muy interesante hacer un contraste entre la ley de Moisés y las leyes en la sociedad pagana. Si uno contrasta las normas en la ley de Moisés con las peores prácticas de la sociedad pagana, como ya hemos hecho con los amorreos en Canaán, quedan en claro la pureza y la santidad de los Diez Mandamientos.

Capítulo 6 La ley del pacto es explicada y ampliada. Se nos dice el *propósito* de la ley: es para que el amor pueda ser comunicado de una generación a la siguiente.

Capítulo 7 Se les ordena abolir toda idolatría (es decir, el Primer Mandamiento) y exterminar a los cananeos, para que no pudieran ser llevados por el mal camino.

Capítulo 8 Son alentados a recordar con gratitud los tratos de Dios con su pueblo. Se les advierte que no olviden, especialmente cuando llegue la prosperidad.

9:1-10:11 Moisés analiza el pecado y la rebeldía del pueblo. Se les advierte que no tengan una actitud de autojustificación.

10:12-11:33 El tema de esta sección es la obediencia. Si son obedientes serán bendecidos; si son desobedientes, serán maldecidos. Depende de ellos. Éste es un énfasis que recorre todo el libro. La palabra "oír" aparece 50 veces, y las palabras "hacer", "guardar" y "observar", 177 veces.

Junto a esto, es importante conocer que otra palabra frecuente en la exposición de Moisés es "amor". Aparece 31 veces. Si uno ama al Señor, guarda sus leyes. En el Nuevo Testamento Pablo dice que amar es cumplir la ley. No es una cuestión de legalismo, sino una cuestión de amor. Amar es obedecer, porque a los ojos de Dios el amor es lealtad. Significa mantenerse fiel a alguien. El amor y la ley no se oponen entre sí; van juntos.

Capítulos 12-26 Hay muchísimo material en estos capítulos, a veces con un detalle asombroso. En esta sección de su discurso Moisés pasa de lo general a lo particular; de lo vertical (nuestra relación con Dios) a lo horizontal (nuestra relación con los demás).

Normas contrastantes
La mejor forma de considerar estas leyes es contra un fondo de contrastes. ¿Qué era tan diferente, tan especial, acerca de la ley de Moisés en comparación con otras sociedades de la región?

1. NORMAS EN LA TIERRA PROMETIDA
Ya hemos visto cómo las leyes en Deuteronomio son una *imagen en espejo* de lo que estaba ocurriendo en la tierra en ese momento. Algunas de las leyes más desconcertantes están relacionadas con las prácticas de los que ya estaban ocupando la tierra.

2. NORMAS EN LAS TIERRAS VECINAS
Hay también una comparación interesante que se puede hacer entre la ley de Moisés y otra ley que se ha descubierto del mundo antiguo, el código de Hammurabi, un rey amorreo de Babilonia (o Babel). Estas leyes fueron escritas 300 años antes de Moisés. Incluyen prohibiciones sobre el homicidio, el adulterio, el robo y el falso testimonio. Además, la famosa ley de lex talionis, o la ley de la venganza ("ojo por ojo y diente por diente") también está incluida. Todo esto no debería sorprendernos. En Romanos, el apóstol Pablo dice que los paganos "llevan escrito en el corazón lo que la ley exige". Dios no la escribió solo sobre piedra, sino que la ha escrito en los corazones de las personas, para que todos sepan que ciertas cosas están mal. Por ejemplo, toda sociedad en el mundo siempre ha considerado que el incesto está mal.

Hay, sin embargo, algunas grandes diferencias entre la ley de Hammurabi y la ley de Moisés. En la primera había un solo castigo para todo agravio cometido, y ese castigo era la muerte. En la ley de Moisés la pena de muerte es bastante rara. Hay solo 18 cosas en la ley de Moisés que merecen la pena de muerte. En comparación con la ley de Hammurabi, la ley de Moisés es muchísimo menos dura.

Otra enorme diferencia es que en la ley de Moisés los esclavos y las mujeres son tratados como personas, mientras que en la ley de Hammurabi son considerados como propiedades. En la ley de Hammurabi las mujeres no tienen ninguno de los derechos y el respeto que tienen en la ley de Moisés.

La ley de Hammurabi también incluye distinciones de clase. Hay nobles y personas comunes, y se aplica una ley diferente según la clase. En la ley de Moisés no existe tal cosa como la clase. La misma ley se aplica a todos.

Un último punto a destacar es que las leyes de Hammurabi son *casuísticas*: se presentan en la forma de condiciones. "*Si* hacen esto, *entonces* deben morir". Las leyes de Moisés se presentan en lo que se denomina una forma *apodíctica*; no como condiciones, sino como órdenes. "*No deben* hacer esto". Las leyes de Moisés reflejan el derecho de Dios como rey de decir lo que debe hacerse. Él da órdenes porque fija la norma.

Las órdenes y la legislación caen en varias categorías, que se detallan en las siguientes secciones.[4]

---

4 Estoy en deuda por la siguiente clasificación de las leyes mosaicas con mi amigo F. LaGard Smith, ex profesor de Ley en Pepperdine University, Malibu, California, que ha producido la *New International Version* sin capítulos y números de versículos, con los libros en orden cronológico y con las leyes ordenadas en categorías convenientes, como aquí. La versión en tapa dura se llama *The Narrated Bible* (La Biblia narrada) y la versión en tapa blanda, *The Daily Bible* (La Biblia diaria), ambas de Harvest House, 1978.

LAS INSTRUCCIONES DEL FABRICANTE

1. Religiosas/ceremoniales

IDOLATRÍA/PAGANISMO

- Se le prohíbe a Israel seguir a otros dioses o erigir imágenes talladas. Se nos dice que el Señor es un Dios celoso. Los celos son una emoción apropiada para Dios, aun cuando no lo pensemos inicialmente. Somos celosos cuando queremos lo que es nuestro. La envidia es cuando queremos lo que *no* es nuestro. Así como sería apropiado que un hombre estuviera celoso si otro hombre tomara a su esposa, está bien que Dios esté celoso por su pueblo cuando sigue a otros dioses.

- Como consecuencia del Primer Mandamiento, se prohíben específicamente las imágenes de la diosa Aserá.

- Hay leyes acerca de cortarse la piel y rasurarse la cabeza al hacer duelo.

- Si una persona trata de alejar a su familia de la adoración a Dios, debe ser muerta; no debe haber misericordia alguna.

- Al atacar ciudades idólatras, se les dice a los israelitas que maten a todas las personas y que quemen la ciudad para que nunca pueda ser reconstruida.

- Los idólatras deben ser apedreados ante el testimonio de dos o tres testigos, uno de los cuales debe ser responsable de arrojar la primera piedra.

- Debe haber un solo lugar de adoración. Todos los "lugares altos" donde los cananeos adoran deben ser destruidos.

- Los israelitas no deben consultar ni interesarse en otras religiones. Deben evitar el sacrificio infantil, que es detestable.

ESPIRITUALIDAD FALSA
- Todos los falsos profetas, soñadores y los que "siguen a otros dioses" deben ser muertos.
- Toda forma de espiritismo debe ser castigada con la muerte: consultas a los muertos, brujería, agüeros, hechizos, médiums.
- Se nos dice que se levantará un verdadero profeta como Moisés (una referencia a Jesús).
- Cuando falsos profetas hablan en nombre de otros dioses, o cuando hablan pero la profecía no se cumple, deben ser muertos.

BLASFEMIA
- Si el nombre de Dios es usado incorrectamente, el malhechor deberá ser muerto.

DEDICACIONES
- Todos los animales primogénitos deben ser dedicados al Señor.

DIEZMOS
- Una décima parte de todos lo producido debe ser separado. Cada tres años se debía entregar de lo producido a los levitas, extranjeros, huérfanos y viudas.

CONQUISTA
- Deberán ofrecerse canastos con las primicias de toda tierra que los israelitas conquisten.
- Deberán declarar su historia cuando llegan a la tierra, contando su rescate de Egipto.
- Deberán hacerse también oraciones de agradecimiento.

DÍA DE REPOSO
- Hasta el tiempo de Moisés, nadie tenía un día de

reposo. Es una nueva disposición para esclavos que han trabajado previamente siete días a la semana, pero que ahora reciben un día a la semana libre de trabajo.

FIESTAS (TODOS EVENTOS PARA PEREGRINOS)
- Pascua.
- Semanas (Pentecostés).
- Tabernáculos.

SACRIFICIOS Y OFRENDAS
- Si ocurre un asesinato y no puede encontrarse el perpetrador, deberá sacrificarse una novilla para declarar la inocencia de la comunidad.

EXCLUSIONES DE LA ASAMBLEA
- Los que tengan genitales mutilados o estén castrados están excluidos de la asamblea del Señor.
- Los hijos de uniones prohibidas (hasta la décima generación) también tienen prohibida su entrada.
- Los amonitas y moabitas están prohibidos explícitamente.
- Los edomitas (desde la tercera generación) tienen permitido entrar.

VOTOS
- Todo lo que uno prometa hacer, deberá hacerlo. Los votos se hacen libremente, así que deben ser cumplidos. Si uno hace un voto a Dios, debe guardarlo.

SEPARACIÓN
- No se permite mezclar semillas.
- Un burro y un buey no deben compartir el mismo yugo.
- No pueden mezclarse vestimentas de lana y de lino.

Estas leyes de separación pueden parecer muy extrañas,

pero estaban conectadas con el antiguo culto de fertilidad que estaba extendido en la tierra. Los paganos creían que mezclando estas cosas estaban produciendo fertilidad. Dios estaba enfatizando que él da la fertilidad; no necesitaban practicar la superstición.

2. Gobierno

REY
Hay leyes aquí para un rey, aunque no tendrían un rey por varios siglos.
- Dios es su rey; la realeza es una concesión, no es parte de su plan.
- Cuando un rey llegue al trono deberá escribir las leyes de Moisés con su propia letra y leerlas regularmente.
- Se le dice al rey que no tenga muchas esposas, muchos caballos o mucho dinero.

JUECES
- Se dan reglas para conducir tribunales, incluyendo la estipulación para una corte de apelaciones. Es interesante que la pena para el desacato del tribunal que se da acá es la muerte.
- Hay también reglas para la justicia: no debe haber sobornos ni favoritismos. Un extranjero, un huérfano y una viuda deben recibir exactamente el mismo trato que el comerciante más rico.
- Debe haber por lo menos dos o tres testigos que estén de acuerdo completamente sobre lo que han visto u oído. Si dan falso testimonio deben sufrir exactamente lo que la persona habría sufrido si es encontrada culpable. Si mi falso testimonio ante el tribunal hace que una persona tenga que pagar $1.000, entonces cuando se descubra mi falso testimonio deberé pagar $1.000. "Ojo por ojo y diente por diente".

- Hay reglamentos que cubren la administración de castigos. Los azotes deben tener un máximo de 40 golpes (generalmente llegaban a 39 para estar seguros de no infringir la ley). Los azotes excesivos son deshumanizantes, porque el criminal es tratado como un pedazo de carne. Cuando una persona es ejecutada, el cuerpo no debe quedar colgado en el árbol después de la puesta del sol. (El apóstol Pablo lo aplica a Jesús en la cruz, en Gálatas). No existe el encarcelamiento.

3. Crímenes especiales

CONTRA PERSONAS
- El asesinato siempre acarrea la pena de muerte, a menos que haya sido un homicidio no intencional. Se debían establecer seis ciudades de refugio, tres a cada lado del Jordán, donde un hombre que hubiera matado a alguien accidentalmente pudiera correr para escapar de la pena de muerte.
- El secuestro también tiene como castigo la pena de muerte.
- La muerte es la penalidad para los violadores si el ataque tuvo lugar en la campiña, pero ambas partes deberán ser muertas si tuvo lugar en la ciudad, porque la víctima debería haber gritado.

CONTRA LA PROPIEDAD
- Hay leyes contra el hurto y la remoción de marcadores de propiedad en toda la tierra.

4. Derechos y responsabilidades personales
- Lesiones y daños.
- Amos y esclavos: los esclavos tienen derechos y los trabajadores deben ser pagados a tiempo.

- Créditos, intereses y garantías. Las deudas deben ser canceladas luego de siete años por todo acreedor que hace préstamos a otros israelitas. No debe cobrarse interés.
- Pesas y medidas. Deberán usarse balanzas con pesas correctas en todo momento.
- Herencia. Es responsabilidad del familiar más cercano continuar la línea familiar.

5. Relaciones sexuales
- Matrimonio. Hay instrucciones estrictas con relación al vínculo matrimonial, para los casados, los comprometidos para casarse y las personas violadas.
- Divorcio. El divorcio basado en que al esposo "no le gusta" su esposa está prohibido. El nuevo casamiento al esposo original luego del divorcio está prohibido para proteger a la mujer inocente.
- Adulterio. Ambas partes deben ser muertas.
- Travestismo. Vestirse con ropa del otro sexo es detestable para Dios.

6. Salud
- Para la lepra, hay un procedimiento cuidadoso si alguien sospecha que puede tener la enfermedad, que involucra un examen por el sacerdote.
- Hay leyes contra comer animales encontrados muertos.
- Hay reglas estrictas que rigen la "comida pura e impura". Los camellos, conejos, cerdos y ciertas aves no deben aparecer en el menú.
- La carne y la leche no deben cocinarse juntos.

Éste último punto es una ley que ha sido mal entendida por casi todos los judíos: "No cocines el cabrito en la leche de su madre". Basándose en este único versículo, los judíos han erigido una sistema de dieta "kosher" mediante el cual tienen (efectivamente) dos cocinas con dos conjuntos completamente diferentes de ollas y sartenes, además de los fregaderos donde lavarlas, para que los productos lácteos se mantengan separados de los productos cárnicos; esto es algo que Abraham nunca hizo, ya que ofreció ternera y manteca a sus visitantes. Han malentendido por completo el propósito de la ley, que otra vez estaba relacionado con un rito del culto de fertilidad pagano. Los cananeos creían que cocinar un cabrito en la leche de su madre hacía que cometiera incesto con su madre, lo cual promovía la fertilidad.

7. Asistencia social
- La benevolencia no solo se alienta, sino que se ordena. Deben dejarse espigas de maíz en el rincón de un campo para que los pobres las recojan.
- Los padres deben esperar el respeto y el apoyo de sus hijos: un hijo terco y rebelde debe ser muerto.
- Los vecinos cuyos animales se han perdido deben ser ayudados.
- Los animales deben ser tratados bien. Nadie deberá poner un bozal a un buey mientras está pisando el grano. Está permitido quitar huevos de un nido, pero la madre no debe ser quitada; se la debe dejar para que pueda poner más huevos.

8. Guerra
- La preparación es vital. La guerra no es para los pusilánimes. Los temerosos pueden volver a su casa.
- Durante un sitio los soldados no deben cortar los árboles alrededor de una ciudad.
- Deberá fijarse un lugar para la higiene personal alrededor del campamento y todos los excrementos deberán ser cubiertos.

- Un soldado que acaba de casarse puede quedarse en su casa durante un año antes de volver a ir a la guerra. Nadie debería ir a la guerra a costa de su matrimonio en su hogar.

¿Qué debemos hacer con todo esto?

1. ALCANCE
A Dios le interesa la totalidad de nuestra vida. Vivir bien no es solo lo que uno hace en la iglesia el domingo, sino que tiene que ver con toda su vida. Hay una forma correcta de hacer todo. Dios quiere que las personas estén en lo correcto en cada área de su vida.

2. INTEGRACIÓN
Estas leyes demuestran una asombrosa integración. Pasamos, por ejemplo, de una ley acerca de no comer camellos a una ley acerca de guardar un día de fiesta. Esto no cae bien en la mente occidental moderna. Sentimos que debemos clasificar todas estas leyes de alguna forma. Pero Dios está diciendo que no hay ninguna división en la vida. No hay una división sagrado/secular; toda la vida es para Dios.

3. PROPÓSITO
Hay un claro propósito para todas estas leyes. No era para arruinar la diversión de las personas, o para limitarlas con restricciones. Una frase que se repite en todo el libro es **"para que disfrutes de una larga vida y te vaya bien en la tierra que te da el Señor tu Dios"**. Dios quiere que seamos saludables y felices. Hay quienes imaginan a Dios en el cielo diciendo "no" y "no harás". Pero su propósito en las prohibiciones es siempre nuestro bien. A él le interesa nuestro "bienestar".

Tercer discurso (27:1-34:12): Futuro

El tercer y último discurso dado por Moisés tiene dos partes.

1. Pacto afirmado (27:1-30:20)

En la primera parte dice a los israelitas que deben ratificar la ley por ellos mismos. Luego de cruzar el Jordán deberán pararse bajo el monte Ebal y el monte Guerizín. Las montañas están frente a frente y forman un anfiteatro, con un valle en el medio. Los líderes deberán gritar las bendiciones desde el monte Guerizín y las maldiciones desde el monte Ebal. Luego de cada frase deberán responder con un "amén"; o sea, "¡esto es cierto!". Estas maldiciones y bendiciones están todas incluidas en Deuteronomio 28 (y, dicho sea de paso, en el Libro de Oración Común anglicano, para ser recitado cada Cuaresma).

Las palabras son poderosas. El resto de la historia del Antiguo Testamento gira alrededor de la respuesta de Israel a estas bendiciones y maldiciones. Cuando leemos Deuteronomio 28, es como leer toda la historia de Israel durante los últimos 4000 años.

2. Continuidad asegurada (31:1-34:12)

Josué es designado como el sucesor de Moisés a los 80 años. Moisés entonces entrega la ley escrita a los sacerdotes, que la colocan junto al arca, y ordena que toda la ley sea recitada cada siete años.

Moisés finaliza su mensaje con un canto. Como muchos profetas, era también un músico. Su hermana, Miriam, cantó después del cruce del mar de Juncos, y ahora Moisés recita las palabras de un canto antes de su muerte. El canto detalla la fidelidad de Dios y sus tratos justos con Israel. Él es una roca, completamente fiable, inmutable, enteramente confiable. Luego de terminado el canto, Moisés bendice a las doce tribus e incluye atisbos proféticos del futuro.

Finalmente, llega la muerte y sepultura de Moisés, ¡la única parte de los cinco libros de Moisés que él no escribió! Supuestamente, Josué agregó los detalles. Moisés murió solo, con su espalda contra la roca en la cima del monte Nebo, mirando al otro lado del Jordán a la tierra que había sido prometida, pero que él nunca pisaría.

Siglos después, leemos en los Evangelios que Moisés habló con Jesús arriba de una de estas montañas, pero nunca entró en Canaán durante su vida terrenal. Fue enterrado también en el monte Nebo, si bien no por sus compatriotas. En el Nuevo Testamento Judas nos dice que vino un ángel para enterrarlo. Cuando el ángel llegó a Moisés, el diablo estaba parado del otro lado. El diablo señaló que este hombre era suyo porque había asesinado a un egipcio. Pero el arcángel Miguel dijo al diablo: "¡Que el Señor te reprenda!", y así Moisés fue enterrado por el ángel. Fue un final asombroso para una vida asombrosa. El pueblo hizo luto por él durante un mes antes de prepararse para cruzar el río Jordán.

La importancia de Deuteronomio

Deuteronomio es la clave de toda la historia de Israel. No pudieron ni quisieron expulsar a los cananeos de la tierra cuando recién llegaron, y pronto se habían casado con la gente del lugar y estaban involucrados en las mismas prácticas malvadas de los paganos. De hecho, les llevó 1000 años, desde el tiempo de Abraham al tiempo de David, habitar finalmente la tierra que se les había prometido. En los siguientes 500 años lo perdieron todo, como veremos en el libro de Reyes. Toda la historia de Israel puede ser resumida en solo dos oraciones. La obediencia y la justicia les trajeron bendiciones. La desobediencia y la maldad les trajeron maldiciones. Todo esto queda perfectamente claro en el libro de Deuteronomio.

Deuteronomio juego un papel enorme en el Nuevo Testamento también. Es citado 80 veces en solo 27 libros.

Jesús
- Jesús fue *el* profeta predicho por Moisés en Deuteronomio.
- Jesús conocía Deuteronomio muy bien. Cuando fue tentado en el desierto usó las escrituras para defenderse, y en cada oportunidad citó a Deuteronomio.
- En el Sermón del Monte, se nos dice que "ni una letra ni una tilde" pasarán de la ley.
- Cuando se le pidió a Jesús que resumiera la ley de Moisés, usó las palabras de Deuteronomio, "Ama al Señor tu Dios con todo tu corazón y con toda tu alma y con todas tus fuerzas", y de Levítico, "Ama a tu prójimo como a ti mismo".

Pablo
- Pablo usó Deuteronomio cuando escribió sobre la importancia de que nuestros corazones sean cambiados.
- Usó la muerte de Jesús como un ejemplo de alguien que fue maldito.
- Cita la ley acerca de poner un bozal al buey como un principio aplicable al sostén de los predicadores.

Los cristianos y la ley de Moisés
Entonces, ¿cómo debemos los cristianos hoy leer la ley de Moisés?

Preceptos específicos
No estamos bajo la ley de Moisés, sino bajo la ley de Cristo. Por lo tanto, debemos averiguar si cada ley del Antiguo Testamento es repetida o reinterpretada en el Nuevo Testamento.

Por ejemplo, de los Diez Mandamientos solo el cuarto, relacionado con el día de reposo, no se repite en el Nuevo Testamento. Y el diezmo no es algo obligatorio en el Nuevo Testamento tampoco, aunque se nos alienta a dar de manera generosa, alegre y abundante. Las leyes acerca de los alimentos puros e impuros han sido abolidas.

Principios generales
Somos salvos *para* justicia y no *por* justicia. Éste es un concepto importante que debemos comprender. La necesidad de "hacer" es tan común en el Nuevo Testamento como en el Antiguo, pero la motivación es sumamente importante ahora también. Nuestra justicia deberá superar "a la de los fariseos y de los ministros de la ley", pero ahora nuestra justicia es *interior* además de exterior. Ahora tenemos al Espíritu que nos permite lograrla. Así que somos justificados por fe, pero juzgados por obras.

Vale la pena notar, también, que Deuteronomio es una advertencia contra el sincretismo. Podemos incorporar fácilmente prácticas paganas a nuestras vidas sin darnos cuenta. Halloween y Navidad, por ejemplo, eran ambas fiestas paganas originalmente, que la iglesia buscó "cristianizar" cuando tendrían que haberlas evitado por completo.

Conclusión

Deuteronomio es una libro crucial dentro de la historia de Israel, y no solo porque es uno de los cinco libros de Moisés. Recuerda a las personas el pasado, les enseña cómo vivir el presente y las insta a mirar hacia el futuro por delante. Refleja la preocupación de Moisés de que su pueblo no se descarriara. Al mismo tiempo, indica el deseo de Dios de que su pueblo, al honrarlo y respetarlo, fuera digno de la tierra que les estaba dando.

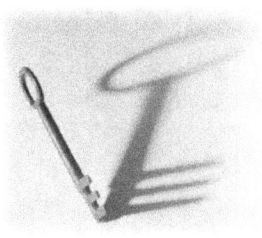

UNA TIERRA Y UN REINO

7. Josué

8. Jueces y Rut

9. 1 y 2 Samuel

10. 1 y 2 Reyes

7.
JOSUÉ

Introducción

Un maestro de escuela preguntó en un aula: "¿Quién derribó los muros de Jericó?". Hubo un largo silencio antes que un niñito dijera: "Por favor, señor, ¡yo no fui!".

Más tarde ese día, en la sala del personal, el maestro contó el incidente al director de la escuela. "¿Sabe lo que ocurrió en mi clase hoy? Pregunté quién derribó los muros de Jericó y ese chico González dijo: 'Por favor, señor, ¡yo no fui!'".

El director contestó: "Bueno, conozco a González de hace años, y conozco su familia. Son una buena familia. Si dice que no lo hizo, estoy seguro que dice la verdad".

El director luego informó la respuesta del chico al inspector de escuela que estaba de visita, cuya respuesta fue: "Tal vez sea demasiado tarde para averiguar quién lo hizo; haga que los reparen y envíenos la factura".

El chiste, por supuesto, es que todos deberían saber quién derribó los muros de Jericó. En una de las historias más conocidas de la Biblia. Si no la leyeron ahí, entonces tal vez la escucharon de una canción, como el "negro spiritual" *Joshua fit the battle of Jericho*.[5] Pero ésta es la única parte del libro que muchos conocen. Josué no es un libro muy conocido, y aunque muchos sepan de la batalla no significa que todos crean que realmente ocurrió. Porque aun esta historia plantea preguntas: ¿Cómo fueron derribados los muros? ¿Fueron, en realidad, derribados?

Está claro que hay varias preguntas preliminares a considerar cuando analizamos el libro de Josué. Ante todo, debemos preguntar qué clase de libro es, y cómo debemos leer las historias increíbles que contiene. Luego pasaremos

---

5 En español, *Josué luchó en la batalla de Jericó*.

a ver el contenido y la estructura del libro, y cómo pueden leerlo los cristianos para su máximo beneficio.

¿Qué clase de libro es Josué?
Josué es el sexto libro del Antiguo Testamento. En nuestra Biblia inglesa-española viene después de Deuteronomio, en lo que sería una secuencia lógica, desde la muerte de Moisés al final de un libro al nombramiento de su sucesor, Josué, al principio del libro siguiente. Sin embargo, para los judíos la posición del libro tiene un significado bastante diferente. El final de Deuteronomio marca el fin de la Tora, la ley de Moisés. Estos cinco libros son leídos cada año en la sinagoga. Génesis 1:1 da comienzo al Año Nuevo y Deuteronomio 34:12 es leído cuando finaliza el año. Cada uno de los cinco libros es denominado según sus primeras palabras, ya que eran las que se veían al comienzo del rollo, cuando los libros eran elegidos para ser leídos. Josué es el primer libro que es conocido por el nombre de su autor.

Josué es también un tipo de literatura completamente nuevo. Los primeros cinco libros de la Biblia establecen la constitución básica del pueblo de Israel y son fundamentales para todo lo que sigue. En contraste, no hay una sola ley en Josué, ni en los libros que siguen. En este libro comenzamos a ver cómo la ley funciona en la práctica.

Josué tiende a ser considerado como un libro histórico porque figura en lo que se considera como la sección de historia de la Biblia inglesa-española. Pero es más que un libro de historia. Como vimos en nuestra Reseña del Antiguo Testamento, los judíos dividen este volumen en tres secciones, como si fuera una biblioteca con libros reunidos bajo tres categorías. Los primeros cinco libros son los "libros de la ley", también llamados la Tora o el Pentateuco. Los "libros de los profetas" vienen a continuación. Josué es el primer libro de los "profetas anteriores", seguido por Jueces, 1 y

2 Samuel, y 1 y 2 Reyes. Los libros de Isaías a Malaquías contienen los "profetas posteriores", con unas pocas excepciones. La tercera sección se denomina "los escritos", que incluye Salmos, Job, Proverbios, Rut, Cantar de Cantares, Eclesiastés, Lamentaciones, Ester, Daniel, Esdras, Nehemías y 1 y 2 Crónicas. Así que dos libros que están en la Biblia inglesa-española como profetas —Daniel y Lamentaciones— forman parte de "los escritos" en la organización del Antiguo Testamento judío. Crónicas es el último libro de los escritos, si bien nuestra Biblia lo incluye en la sección de historia.

La inclusión de Josué como un libro de profecía bajo la organización judía sorprende a muchos, porque la mayor parte está en forma de narración y se lee más como simple historia que como la profecía poética de libros posteriores. Sin embargo, hay una serie de razones por las que debemos coincidir con este rótulo de "profecía".

Primero, no muchos saben que Josué fue un profeta. Es cierto que es mejor conocido como un comandante militar, pero fue tan profeta como Moisés, en el sentido que escuchaba a Dios y hablaba en nombre de Dios. Por cierto, el último capítulo del libro muestra a Josué, en primera persona singular, dando un mensaje de Dios al pueblo.

Segundo, la historia bíblica es, en todo caso, un tipo especial de historia. Hay dos principios que deben ser seguidos al escribir cualquier historia:

- Selección – es imposible incluir todo, aun cuando se cubra un período corto. La historia de la Biblia es altamente selectiva, y está centrada en su mayor parte en una nación y solo en ciertos sucesos dentro de la vida de esa nación.
- Conexión – un buen historiador toma sucesos aparentemente dispares y muestra cómo se vinculan entre sí, con el objetivo de desarrollar un tema común.

Usando estos dos principios, podemos ver por qué las historias en Josué y en los demás libros "históricos" de la

Biblia son, en realidad, *proféticas*. El autor selecciona los hechos que son importantes para Dios o que se explican por la actividad divina. Solo un profeta puede escribir esta clase de historia, porque solo él cuenta con la perspectiva necesaria para saber qué incluir y por qué incluirlo. Cuando vemos el libro como profecía, nos recuerda que el verdadero héroe del libro no es Josué, sino Dios (y esto se aplica a cualquier libro de la Biblia). Vemos la actividad de Dios en este mundo, lo que dice y lo que hace. Por lo tanto, si bien es historia auténtica, en el sentido que describe lo que ocurrió, debemos verlo como historia *profética*, porque declara la realidad de Dios y su obra en el mundo.

El gráfico que sigue muestra el contraste entre los libros de los "profetas anteriores" y los libros de la ley.

PRIMEROS CINCO LIBROS	SIGUIENTES SEIS LIBROS
Génesis	Josué
Éxodo	Jueces
Levítico	1 y 2 Samuel
Números	1 y 2 Reyes
Deuteronomio	
LEY (TORA)	PROFETAS (ANTERIORES)
PROMESA	CUMPLIMIENTO
GRACIA	GRATITUD
REDENCIÓN	RECTITUD
LEGISLACIÓN	APLICACIÓN
BENDICIONES	OBEDIENCIA (TIERRA ENTREGADA)
MALDICIONES	DESOBEDIENCIA (TIERRA QUITADA)
PACTO ESTABLECIDO	PACTO EXPRESADO
CAUSA	EFECTO

Hay varias cosas que podemos notar en esta tabla.

1. La ley incluye **las promesas de Dios a Israel**. Los profetas anteriores describen **cómo se cumplieron estas promesas.**

2. La ley es **la gracia de Dios** expresada al pueblo. Los profetas anteriores muestran **cómo el pueblo respondió en gratitud** a lo que escucharon (si bien, como veremos, esta gratitud muchas veces estuvo ausente, tristemente).
3. Los libros de la ley describen **la redención de Dios de su pueblo** de Egipto (Éxodo). Los profetas anteriores explican **cómo el pueblo debía responder** a la iniciativa de Dios viviendo en rectitud.
4. Los libros de la ley muestran cómo **Dios bendeciría la obediencia y castigaría la desobediencia**. En Josué vemos **cómo una respuesta obediente llevó a la victoria**, como en la batalla de Jericó. A la inversa, vemos también las consecuencias de desobedecer la ley, como en la derrota de Hai. La desobediencia continua significó que la tierra reclamada en el libro de Josué fue quitada en 2 Reyes.

Los profetas anteriores cuentan la trágica historia de cómo el pueblo ganó la Tierra Prometida a través de la obediencia a la ley pero luego la perdió por su desobediencia. Dicho de otra forma, los primeros cinco libros son la causa, y los seis siguientes son el efecto.

¿Cómo debemos leer Josué?

Antes de centrarnos en el libro mismo, tenemos que encarar el debate académico que puede socavar nuestra lectura de gran parte de la historia bíblica. Muchos estudiosos sostienen que la verdad bíblica no es histórica o científica, sino moral y religiosa. No tienen ningún problema en aceptar que los sucesos milagrosos forman parte de la Biblia, ¡siempre que no se espere que realmente hayan ocurrido! Sugieren que la historia bíblica es "mito" o "leyenda", que enseña verdades o valores espirituales pero que no describe hechos que realmente sucedieron.

No negamos que hay partes de la Biblia que son ficción. Las parábolas de Jesús son, técnicamente, "mitos". No importa si existió o no un hijo pródigo, ya que el propósito de la historia era comunicar verdades importantes a los oyentes. Sin embargo, reconocer que la Biblia contiene historias está muy lejos de aceptar que los sucesos incluidos en la Biblia son ficción.

El cuestionamiento de la veracidad de la Biblia comenzó en el siglo diecinueve, con eruditos que sostenían que Adán y Eva no eran personas de verdad sino figuras mitológicas cuyas actividades explican verdades universales. Decían que la Caída no fue la entrada del pecado en el mundo, donde un Adán y una Eva reales comieron un fruto prohibido por Dios, ¡sino una historia que muestra la verdad universal de que si uno le dice a alguien que no toque algo, querrá tocarlo!

Este enfoque no se detuvo en la historia de Adán y Eva. El arca de Noé siguió, y finalmente quedaron pocos sucesos bíblicos que eludieron esta clase de escrutinio. Después de esto nos quedamos aparentemente con una especie de versión bíblica de las Fábulas de Esopo, que transmite verdad espiritual pero que cuenta con una mínima base histórica.

El proceso de leer la Biblia desde este punto de vista recibió un nombre largo: *desmitologización*. En palabras sencillas, significa que, a fin de obtener la verdad, uno debe descartar la historia (mito) y, con ello, toda sugerencia de que está basada en un hecho histórico. Por lo tanto, los elementos milagrosos o sobrenaturales pueden ser descartados como parte de un mito.

Esta desmitologización no se detuvo en el Antiguo Testamento: el Nuevo también fue atacado. El nacimiento virginal, los milagros y la resurrección fueron considerados como blancos fáciles. Este debate académico afectó la capacitación teológica, y no pasó mucho tiempo antes que a los líderes de iglesia se les enseñara que no importaba si la resurrección realmente tuvo lugar, siempre que la gente creyera que ocurrió. Dijeron que si los huesos de Jesús aún están descomponiéndose en Israel, no hacía ninguna diferencia a nuestra "fe".

Con este trasfondo en mente, no debe sorprendernos descubrir que se han planteado cuestionamientos con relación a elementos del libro de Josué, en particular la caída de Jericó. Los eruditos razonaron que los milagros en la historia no podrían ser aceptados como realidad por lectores en una sofisticada era científica. Lo vieron, en cambio, como un mero cuento que nos enseña que Dios quiere que ganemos nuestras batallas.

Sin embargo, la desmitologización del libro de Josué requiere eliminar gran parte del texto, porque hay muchos mitos aparentes dentro del libro: el río Jordán se seca, los muros de Jericó se desploman, un granizo ayuda a ganar una batalla, y el sol y la luna se detiene un día entero.

¿Cómo respondemos a esta clase de intento de socavar el valor histórico de Josué?

1. Si llegáramos a aceptar que los milagros no suceden, nos quedaría una historia puramente humana, con poco o ningún beneficio espiritual. **La parte de Dios quedaría completamente excluida.** Los "valores" o "verdades" no tendrían más valor que la clase de lecciones que aprendemos, por ejemplo, de la historia secular de China.
2. Los escritos míticos inventan lugares y personas para distinguir el género de la historia real, pero la historia bíblica es otra cosa por completo. **Josué incluye lugares reales** que podemos visitar hoy: el río Jordán, Jericó y Jerusalén. **Incluye también pueblos reales**, que los historiadores seculares reconocen que existieron en ese tiempo: los cananeos y los israelitas.
3. Josué dice estar **escrito por testigos oculares contemporáneos**. Se usa la primera persona en plural, "nosotros", porque los escritores estaban reflexionando

sobre sucesos que habían visto. Además, una frase frecuente en el texto es "hasta el día de hoy". Los coetáneos del escritor podrían verificar los detalles. Ésta no es una fábula acerca de personajes míticos, sino una secuencia de sucesos históricos descritos por personas que estuvieron en el lugar de los hechos.

4. **Los arqueólogos confirman gran parte de la información dada en Josué.** Han descubierto que toda la cultura de algunas de las ciudades incluidas en el libro cambió a lo largo de un período de 50 años. Hay evidencia de que ciudades como Jazor, Betel y Laquis fueron destruidas entre 1250 y 1200 a.C., y que los habitantes volvieron a un estilo de vida mucho más sencillo. La fecha de este cambio encaja con el relato de Josué sobre cómo fueron conquistadas estas ciudades.

5. Quienes cuestionan los milagros en Josué ignoran el hecho de que los sucesos mismos no son necesariamente milagrosos. No tenemos ningún problema en aceptar lo milagroso, pero es interesante notar que estos fenómenos pueden ser explicados. Por ejemplo, el río Jordán se seca durante las inundaciones aún hoy. El río serpentea por el valle del Jordán y, como consecuencia de la inundación, socava las orillas en las curvas. Este desgaste puede ser de tal magnitud que colapsan, haciendo que el río se embalse, a veces hasta cinco horas. De manera similar, en tiempos modernos, sabemos que hay edificios grandes que se desploman. Hay catedrales y rascacielos que han caído de la misma forma que los muros descritos en Josué. **No son tanto los sucesos los que son milagrosos sino *el momento* en que ocurrieron.** El río se seca y los muros caen justo cuando Dios dijo que lo harían.

6. Ya hemos notado que la Biblia no es la historia de Israel como tal, porque hay mucho que se excluye. Josué cubre 40 años, pero la mayor parte de lo que ocurrió en esos 40

años no está registrado. La caída de Jericó ocupa unos tres capítulos, que está fuera de toda proporción si ésta es una historia de Israel. **Es, en realidad, la historia de lo que el Dios de Israel hizo.** El escrito registra los períodos en los que Dios estuvo obrando, porque él es un Dios vivo, activo en el tiempo y en la historia, diciendo y haciendo cosas. Si Dios no hubiera intervenido a favor de ellos, los israelitas nunca hubieran obtenido la Tierra Prometida. Era una tarea imposible para un montón de ex esclavos sin entrenamiento militar alguno entrar y tomar una tierra bien fortificada y reemplazar una cultura que era muy superior a la suya en términos humanistas. Si el tema del libro es la actividad de Dios, por lo tanto, no debería ser ninguna sorpresa si su obra está más allá del entendimiento humano. Si buscamos quitar estas partes de la historia, o queremos "desmitologizarlas", socavamos toda la naturaleza y el propósito del libro.

Las preguntas acerca de si la Biblia es mito o historia se reducen a una pregunta personal: ¿Creemos en un Dios *vivo*? Si contestamos que sí, entonces podemos seguir y ver la Biblia como un registro de lo que él dijo e hizo, y preguntar por qué dijo e hizo esas cosas.

La Biblia no trata solo de Dios, o siquiera solo del Dios de Israel. Es la historia de Dios y de Israel —la historia de la relación entre ellos—, y es así como necesitamos leer cada libro del Antiguo Testamento, incluido Josué. No es fantasioso ver la relación de Dios con Israel como un matrimonio. El compromiso tuvo lugar cuando Dios prometió ser el Dios de Abraham y sus descendientes. La boda tuvo lugar en Sinaí, cuando el pueblo escuchó las obligaciones y las promesas atadas a la ley y estuvo de acuerdo en cumplir su parte en el acuerdo vinculante que Dios estaba introduciendo. La luna de miel debía durar tres meses, mientras el pueblo viajaba a la Tierra Prometida. La esposa, sin embargo, no estaba dispuesta a confiar en su esposo, así que pasaron 40 años antes que entraron finalmente en la tierra. En Josué tenemos el comienzo de su vida juntos en un lugar preparado, su nuevo hogar. Recibieron los títulos de propiedad, pero todavía tenían que entrar en la tierra y tomarla. Tristemente, el matrimonio no resultó y hasta hubo un divorcio temporal, con la culpa "del lado de la esposa". Dado que Dios odia el divorcio, nunca los abandonó.

El contenido de Josué

Es importante tener una reseña del contenido de Josué antes de ver los detalles. Esto evitará que saquemos conclusiones inapropiadas o injustificadas acerca de lo que significa, así como no aceptaríamos juzgar una novela seleccionando páginas aisladas sin ver la totalidad. Cada oración en un libro toma su significado del contexto, por lo cual necesitamos verlo como un todo primero.

El libro cubre la vida de Josué desde los 80 a los 110 años de edad. El liderazgo de Moisés, entre los 80 y los 120 años de edad, está cubierto por Éxodo, Levítico, Números y Deuteronomio. Las diferencias entre ambos es que Moisés fue un legislador y un líder, mientras que Josué fue solo un líder, ya que el período de la ley se había completado.

Estructura
El libro de divide como un emparedado. Tiene tres partes: dos rebanadas delgadas de pan con bastante relleno en el medio.
- La "rebanada" superior es el **capítulo 1**, el prólogo que describe el **nombramiento de Josué** como líder.
- La "rebanada" inferior son los **capítulos 23 y 24**, el **sermón final** de Josué, junto con su **muerte** y **sepultura**.

La sección principal entre estas dos "rebanadas" exteriores es el relato acerca de cómo Israel poseyó la tierra que Dios le había prometido, a pesar del hecho de que ya estaba ocupada. Esta sección media puede ser divida aún más:

- Los **capítulos 2-5** cubren la entrada en la tierra de Canaán a través del río Jordán.
- Los **capítulos 6-12** describen la **conquista** de la tierra, con una lista de los 24 reyes que Josué derrotó en el capítulo 12.
- Los **capítulos 13-22** cubren la **división** de la tierra entre las tribus que la habían conquistado.

El nombramiento de Josué

Josué tenía 80 años cuando recibió su llamado a servir como líder. Podemos identificar dos partes del llamado: aliento divino y entusiasmo humano.

ALIENTO DIVINO

Dios dice a Josué que es la persona que ha elegido para reemplazar a Moisés luego de su muerte. Moisés había liderado a Israel en su salida de Egipto, y ahora Josué los guiaría en su entrada en la Tierra Prometida. Dios promete que, tal como había estado con Moisés, estaría con Josué. Le dice que sea fuerte, valiente y que se cuide de obedecer la ley. Si hace esto, tendrá éxito.

Es un comienzo alentador, aunque desafiante, para su liderazgo. La palabra "tener éxito" (o "prosperar") ha sido mal entendida. No significa "ser rico", y los que dicen que la Biblia promete recompensas económicas están equivocados. Significa que Josué logrará lo que se proponga en el nombre de Dios.

Estas palabras de aliento no eran meramente para el bienestar de Josué. Dios sabía que su liderazgo afectaría el ánimo de todo el pueblo de Israel. Y, por importante que era que este liderazgo ayudara al ánimo del pueblo, también debía asegurarse de que su propia moralidad tuviera el nivel más elevado. No estaba solo liderando un grupo de personas armadas para la batalla que necesitaban buenas charlas motivacionales, sino que estaba a cargo del pueblo de Dios. Los estándares de moralidad del pueblo afectarían su éxito en la batalla también, y Josué debía dar el ejemplo.

ENTUSIASMO HUMANO

Cuando Josué dijo al pueblo la decisión de Dios, se entusiasmaron; por cierto, la respuesta precisa que da el pueblo es un eco de los mandamientos que Dios le había dado a Josué en privado, porque ellos también lo alientan a ser "fuerte y valiente". Además, prometen obedecerlo plenamente, como habían obedecido a Moisés. Esto puede parecer extraño, ya que la conducta de los israelitas bajo el liderazgo de Moisés difícilmente podría describirse como obediente, y ésta fue una de las razones por las que les había llevado 40 años viajar a la Tierra Prometida. Pero esta nueva generación había aprendido de la desobediencia de sus antepasados. Ellos habían obedecido a Moisés mientras vivía, cuando habían conquistado Moab y Amón, y ahora se sentían cómodos reafirmando su apoyo por el "hombre nuevo". Prometen hacer específicamente lo que Josué les diga e ir donde los envíe. Piden que Dios pueda estar con Josué como lo había estado con Moisés.

Este doble aspecto del llamado de Josué es instructivo para los llamados al servicio hoy. Se requieren ambos aspectos: un sentir dado por Dios de que una persona ha sido llamada a la obra, y una sentida respuesta del pueblo que lo confirme.

El comando de Josué

El corazón del libro trata con Josué y su conducción del pueblo al entrar en la tierra de Canaán. Hay tres secciones, y todas tratan fundamentalmente con la tierra.

1. ENTRADA

(i) Antes

Antes de entrar, Josué envía 2 espías a la tierra. Cuando habían sido enviados 12 espías 40 años atrás, el informe negativo de 10 de ellos había sido un factor importante para que Israel rehusara entrar en la tierra, por falta de fe. Esta vez solo pide 2 espías, un reflejo de la cantidad que había traído un informe positivo en la primera ocasión. Enviar espías puede indicar falta de fe; después de todo, ¿no les había prometido Dios la tierra? Pero estaban poniendo en práctica un principio que Jesús usó en una historia cuando estuvo en la tierra: es importante sentarse y calcular el costo antes de entrar en batalla. Hubiera sido necio para los israelitas entrar en Canaán sin obtener primero la mayor cantidad de información acerca de lo que podrían enfrentar.

El lugar donde los espías se quedaron dice mucho acerca del estado moral de Canaán. Terminaron quedándose en un burdel con una prostituta llamada Rajab. Está claro por su conversación con ella que las noticias de las victorias israelitas sobre Egipto y las naciones vecinas habían hecho que la gente del lugar dudara de sus posibilidades de repeler una invasión. Por cierto, Rajab estaba tan convencida de que Dios entregaría la tierra a Israel que quería unirse a ellos. El Nuevo Testamento elogia esta notable muestra de fe, porque Rajab figura entre los grandes héroes de la fe que aparecen en Hebreos.

Su medio de escape trae reminiscencias de la forma en que los primogénitos judíos huyeron para salvar sus vidas cuando el ángel de la muerte vino a Egipto. Habían pintado sangre del cordero de la Pascua en los dinteles de sus casas. Se le dijo a Rajab que colgara un cordón rojo de la ventana para que ella y su familia no sufrieran la destrucción que vendría sobre la ciudad de Jericó. Era como si estuviera marcando su ventana con sangre, para que la muerte no tocara su hogar. No solo fue elogiada por su fe, sino que el Evangelio de Mateo registra cómo esta prostituta está incluida en el linaje real que llega hasta Jesús mismo. Es una historia extraordinaria y conmovedora.

(ii) Durante
El río Jordán operaba como un puente levadizo en el borde este de Canaán, especialmente en tiempos de cosecha, cuando las inundaciones llegaban a una profundidad de 6 metros, sin puentes o fiordos que permitieran cruces sencillos. Ya hemos notado que es probable que un dique natural río arriba haya detenido el agua para permitir el cruce del pueblo. El momento fue perfecto: el lecho del río estaba seco en el instante preciso en que el sacerdote al frente de la procesión ingresó en el río.

El milagro permitió el cruce, pero también tuvo un propósito adicional. Muchos de la nueva generación del pueblo que entraron en la tierra con Josué no habían sido testigos del milagro del cruce del mar Rojo registrado en el libro de Éxodo. Dios quería que su pueblo viera su gran poder y que tuviera confianza en el liderazgo de Josué al liderarlos contra los cananeos y al entrar en la Tierra Prometida. Dios estaba con él como había estado con Moisés.

(iii) Después
Su primer campamento en la Tierra Prometida fue en Guilgal, un espacio abierto cerca de la ciudad fortificada de Jericó, que había sido construida para custodiar la subida por las montañas desde el este. Cuando los israelitas llegaron hicieron tres cosas:

1. **Tomaron 12 piedras del lecho del río Jordán e hicieron un hito** como recordatorio para generaciones futuras de cómo Dios había secado el río. La recordación era una parte importante de la piedad del Antiguo Testamento. Israel

tenía, como parte de su cultura, muchos recordatorios de lo que Dios había hecho por ellos en el pasado. Un hito de piedras era un método favorito para marcar un sitio significativo, y las 12 piedras representaban a las 12 tribus.
2. **Circuncidaron a todos los hombres.** La nueva generación no había pasado por este rito del pacto, introducido con Abraham. Josué quería seguir la ley al pie de la letra; la condición espiritual del pueblo era importante.
3. Llamaron al lugar **Guilgal, que significa "rodar"**, porque Dios había "hecho rodar" (como una piedra) el reproche o la desgracia de Egipto.

Dios también hizo algo cuando entraron en la tierra: dejó de enviar el maná. Durante 40 años los israelitas se habían alimentado de esta provisión diaria, pero ahora habían llegado a la tierra fértil de Canaán, "una tierra donde abundan la leche y la miel", y el maná era redundante. Aún hoy se venden deliciosos pomelos y naranjas en Jericó.

(iv) El capitán de las huestes del Señor

Jericó era la primera ciudad que atacarían, pero antes de la batalla Josué tuvo una experiencia inusual. Se acercó a la ciudad de noche para ver las fortificaciones por sí mismo y se encontró con un hombre armado.

Josué sospechó que este hombre era un enemigo y preguntó si era amigo o enemigo. Se sorprendió al recibir como respuesta "No", ¡una réplica sin sentido! Pero luego el hombre agregó que no formaba parte del pueblo hebreo o del cananeo, sino que pertenecía a las fuerzas de Dios, y estaba involucrado en tropas celestiales antes que terrenales. ¡Prácticamente estaba preguntando a Josué de qué lado estaba él! La persona no era otro que el capitán de las huestes del Señor, es decir un ángel principal, un arcángel o aun el Hijo de Dios preencarnado mismo. Se le estaba recordando a Josué que él no era el oficial de mayor rango en el ejército del Señor, sino solo un oficial subalterno. La experiencia también le dejó en claro que no estaba luchando solo, ni era el verdadero comandante de Israel; era un siervo de Dios y del pueblo.

2. CONQUISTA

La estrategia militar para tomar la tierra era clara: debían dividir y conquistar. Josué introdujo una cuña justo por el medio de Canaán y luego, habiendo dividido el ejército en dos mitades, conquistó el sur y luego el norte. Esta estrategia impidió que las fuerzas de Canaán se unieran, y significó que Israel pudo combatir contra cantidades razonables, de una zona por vez.

La idea de que Josué es historia profética está subrayada por el espacio dado a las dos primeras ciudades atacadas. Jericó y Hai fueron consideradas las más importantes. Las lecciones morales, tanto el éxito positivo como el fracaso negativo, aprendidas de estos dos ataques iniciales, serían confirmadas en batallas posteriores; pero la interpretación profética no necesitaría ser repetida.

(i) El centro

Jericó

La antigua Jericó está a un kilómetro y medio de la moderna ciudad homónima. Sus ruinas hoy están en Tell es-Sultán, y revelan que Jericó es la ciudad más antigua del mundo, ya que data de 8000 a.C., y contiene el edificio más antiguo del mundo, una torre circular con una escalera espiral en su interior. Esto restos han sido excavados y por supuesto, la pregunta clave es si se pudieron encontrar los muros que cayeron en el tiempo de Josué. En la década de 1920, el arqueólogo John Garstang pensó que los había encontrado, pero fue contradicho por Kathleen Kenyon, ¡que afirmó que Jericó ni siquiera estaba ocupado en ese entonces! Sin embargo, el egiptólogo David Rohl ha revisado el fechado y descubrió muros caídos y edificios quemados en otro nivel de la excavación (ver su notable libro *The Test of Time*,[6] Century, 1995, producto de una serie de televisión del mismo nombre, que incluye su descubrimiento de restos en el tiempo de José en Egipto, y su libro aún más asombroso, *Legend: The Genesis of Civilization*,[7]Century, 1988, que ubica el jardín del Edén, todavía lleno de frutales; ¡y ni siquiera es un creyente!).

Cuando cayó finalmente Jericó, Josué maldijo a todo el que intentara reconstruirlo. Dijo que su primogénito moriría al poner los cimientos, y que su hijo menor moriría al colocar las puertas de la ciudad. El libro de Reyes registra un intento de reconstruirlo 500 años después, cuando la maldición fue implementada exactamente como fue predicho. Si bien uno esperaría que hubiera trabajo de reconstrucción sobre las ruinas, la maldición llegó a ser un verdadero freno. Los restos de Jericó quedaron expuestos al clima y disponibles para todo el que quisiera quitar piedras para otros edificios. La ausencia de algunos muros, por lo tanto, ayuda a confirmar la veracidad del registro de la Biblia.

Los arqueólogos han confirmado el tamaño de los muros a partir de construcciones similares. Sugieren que los muros de Jericó tenían 9 metros de altura, con un muro exterior de un ancho de 1,8 metros, con un espacio de 3,6 a 4,6 metros entre éste y un muro interior de 3,6 metros de ancho. Los muros se convirtieron en una barrera al crecer la ciudad, así que las casas, muy apretujadas, se apoyaban sobre ellos. Es fácil ver cómo un temblor de la tierra podría hacer que todo se viniera abajo. El texto nos dice que el ruido sostenido de los cuernos de 40.000 hombres fue el detonante, así que tal vez este

---

6 En español, *La prueba del tiempo.*
7 En español, *Leyenda: el génesis de la civilización.*

sonido fue suficiente, de manera similar a cómo una cantante de ópera puede rajar una lámpara incandescente si canta con cierta intensidad y altura. La única casa que quedó en pie fue la que tenía la cinta roja colgada de la ventana: la casa de la prostituta Rajab, preservada por su fe en el Dios de Israel.

La destrucción fue tan grande que no hizo falta ninguna lucha; los israelitas simplemente entraron caminando y tomaron la ciudad. Pero las celebraciones de victoria tenían condiciones. Dios les dijo que la ciudad era de él, de manera similar a las "primicias" de la cosecha. Debían reconocer que ésta era una victoria de Dios, y no de ellos. Las ciudades conquistadas en el futuro podrían ser saqueadas, pero no Jericó. Sin embargo, un hombre desobedeció la orden, y este hecho nos conecta con la próxima historia.

Hai

La floreciente ciudad de Hai estaba subiendo la montaña desde Jericó. Pero esta vez la batalla se perdió. Israel cometió dos errores. El primero fue un exceso de confianza: Josué usó menos tropas, creyendo que la conquista de esta ciudad sería tan fácil como había sido la toma de Jericó. Aprendieron la importante lección de que es fatal pensar que, como Dios lo ha bendecido una vez, lo hará de nuevo y de la misma forma.

El hombre que tomó parte del botín de Jericó cometió el segundo error. Acán había tomado un manto de Babilonia, 200 monedas de plata y una barra de oro de medio kilo, creyendo que la desaparición de estos artículos no sería notada. Cuando las tropas de Josué atacaron Hai la primera vez, fueron derrotadas y huyeron. Josué estaba consternado y preguntó a Dios por qué había permitido que pasara esto, especialmente ahora que la reputación de ellos estaba en alza. Dios explicó que Israel había pecado; uno de ellos había tomado algo dedicado a Dios. Así que echaron suertes para encontrar la tribu, luego el clan y, finalmente, la familia de Acán.

Echar suertes puede parecer una forma extraña de decidir en un tema de tanta magnitud, pero los israelitas creían que Dios estaba en control de cada situación y permitiría que la persona fuera identificada por este medio, y así fue. Se usó un método similar a lo largo de la historia de Israel. El sacerdote llevaba una piedra negra y una piedra blanca dentro de su pechera, llamadas *urim* y *tumim*. La gente las usaba para discernir lo que debía hacer. Cuando salía la piedra blanca, la respuesta era positiva, y cuando salía la negra, era negativa. Esta práctica continuó entre el pueblo de Dios hasta la llegada del Espíritu Santo en Pentecostés. Desde ese momento, el Espíritu guio a su pueblo, y métodos como estos nunca volvieron a usarse.

Acán sabía que era culpable. Si lo hubiera reconocido antes, podría haber sido perdonado, pero no quiso dar la cara. Su familia también quedó implicada en el crimen, porque no lo habían expuesto, así que fueron todos apedreados. Es aterrador que el pecado de una persona pueda hacer que todo un pueblo sufra tal desgracia.

Cuando el pecado fue enfrentado, los israelitas volvieron a combatir contra Hai y esta vez salieron victoriosos.

Los montes Ebal y Guerizín

Luego de la destrucción de Hai, Josué condujo al pueblo de Israel a dos montañas en el centro del territorio. Moisés había dejado instrucciones claras con relación a la renovación del pacto que Dios había hecho con ellos en Sinaí. Debían escribir las leyes que él les había dado en piedras sin cortar cubiertas de yeso, y luego debían dividirse en dos grupos. Un grupo debía pararse en el monte Guerizín para gritar las bendiciones del pacto, y él otro debía pararse sobre el monte Ebal, gritando las maldiciones. Las dos montañas forman un anfiteatro natural, de modo que cada grupo podía oír al otro, respondiendo con un "amén" a los gritos.

(ii) El sur

A pesar de la confirmación del pacto, el pueblo seguía siendo falible, y cometió inmediatamente un gran error en su trato con los gabaonitas. Éste era un grupo tribal dentro de la tierra de Canaán que se dio cuenta de que difícilmente podrían resistir un ataque de los israelitas. Así que optaron por la decepción. Fueron a Israel vestidos con ropa y calzado viejos, llevando odres de vino viejos, bolsas gastadas y pan rancio y mohoso. Dijeron que venían de un país distante, que habían oído de Israel y pidieron protección.

El texto dice que los hombres de Israel les creyeron al pie de la letra, y no preguntaron a Dios. Solo después se dieron cuenta de su error, pero para entonces era demasiado tarde, y las cuatro ciudades pertenecientes a los gabaonitas tuvieron que quedar sin tocar por el juramento que habían hecho los israelitas de preservar sus vidas. Los gabaonitas quedaron protegidos por el tratado que obtuvieron mediante engaño, y sirvieron como leñadores y aguateros del pueblo de Israel. De esta forma, Israel no pudo expulsar a este pueblo del territorio.

Gabaón siguió formando parte del cuadro. El rey de Jerusalén, Adonisédec, se enteró del tratado que habían hecho los gabaonitas con Israel y llamó a cuatro reyes amorreos a unirse a él para atacar a Gabaón. Los gabaonitas pidieron la ayuda de Israel y la batalla comenzó. Dios aseguró la victoria de los israelitas enviando granizo de un tamaño tal que murieron más hombres por la tormenta que por la espada. Fue en este momento que Josué pidió un milagro extraordinario. Sabía que no podría seguir persiguiendo al enemigo cuando oscureciera, ya que al caer el sol se detenía todo combate, sea cual fuere el estado de la batalla, porque era imposible distinguir quién era amigo o enemigo. Por lo tanto, Josué pidió en oración algo completamente inusitado: ¡pidió que el sol se detuviera a fin de que la batalla pudiera continuar!

Esta muestra asombrosa de fe fue recompensada, y leemos que el sol se detuvo todo un día. La victoria fue completa.

La campaña sur continuó, con victorias sobre Betel y Laquis (que sabemos por la arqueología que fue destruida entre 1250 y 1200 a.C.). Toda la región fue sojuzgada.

(iii) El norte

Habiendo derrotado el sur, el pueblo volvió sus preocupaciones hacia el norte. Para entonces, los reyes del norte estaban al tanto del éxito de los israelitas, así que unieron sus fuerzas para la batalla. Sin embargo, una vez más Dios aseguró la victoria para los israelitas: las carrozas de sus enemigos fueron quemadas y sus caballos fueron desjarretados.

Las ciudades en los collados fueron las únicas no destruidas por completo, aparte de Jazor, que fue quemada por Josué. Los arqueólogos confirman que la ciudad fue devastada por el fuego en este período, entre 1250 y 1200 a.C.

Con las conquistas terminadas, se nos da un interesante resumen de la actividad de los israelitas, incluyendo la declaración de que el Señor endureció los corazones de las naciones para que fueran contra Israel en batalla. Claramente sus pecados eran tan grandes que el exterminio completo era la única solución.

3. DIVISIÓN

Antes de seguir avanzando, debemos establecer la distinción entre ocupación y subyugación. La ocupación se refiere a lugares; la subyugación, a pueblos. Si bien la tierra era de ellos, ya que el pueblo fue subyugado, los israelitas aún tenían mucho territorio que ocupar. Gran parte del resto del libro se ocupa de este proceso.

La asignación de la tierra fue decidida por una lotería nacional, llevando a algunos a creer que Dios aprueba las loterías que funcionan actualmente en muchos países, incluyendo Gran Bretaña. Hay, sin embargo, una distinción importante que debemos entender. Las loterías están arregladas para que los humanos no puedan influir en el resultado. Israel escogió este método específicamente para que Dios pudiera influir en el resultado. Después de todo, si Dios pudo controlar el sol, esto no era nada para él.

(i) La ribera oriental
El territorio en sí mismo es fascinante, y Josué registra cómo fue inspeccionado. Tiene el mismo tamaño que Gales y es la única parte verde de Oriente Medio. El desierto de Arabia está al este y el desierto del Néguev, al sur. La lluvia viene del mar Mediterráneo.

Moisés había prometido que los rubenitas, los gaditas y media tribu de Manasés recibirían la tierra fértil al este del Jordán, siempre que ayudaran en la batalla de Canaán. Josué cumplió con su promesa.

Durante toda la división del territorio, la palabra clave era "herencia". La tierra era una herencia para Israel, no solo por un tiempo, no solo durante la vida de los vencedores, sino como un hogar permanente que transmitirían a sus descendientes.

(ii) La ribera occidental
En Guilgal: 2 ½ tribus
Caleb fue uno de los espías que habían dado un informe positivo acerca de la tierra cuando habían sido enviados los 12 espías 45 años atrás. Ahora, a los 85 años de edad, leemos que estaba tan fuerte como cuando tenía 40. Se acercó a Josué y le pidió que le permitiera tomar la tierra montañosa que se le había prometido años atrás. Josué lo bendijo y le dio la ciudad de Hebrón.

Las hijas de Zelofejad recordaron a Josué la promesa de Moisés de que les daría tierra también. La tribu de José también dijo que era demasiado numerosa para la tierra que se les había asignado, así que recibió también zonas arboladas para que las despejaran.

El libro describe con bastante detalle las ciudades y aldeas que fueron asignadas a cada tribu, con referencias ocasionales a otros temas. Leemos, por ejemplo, del fracaso de los israelitas en derrotar al enemigo cuando Judá no pudo remover a los jebuseos de Jerusalén.

En Siló: 8 ½ tribus
Varias tribus quedaron sin tierra asignada, así que cada tribu seleccionó hombres para que inspeccionaran el territorio a fin de dividirlo más.

(iii) Ciudades especiales
Refugio
Había seis ciudades especiales de refugio, tres a cada lado del Jordán, adonde las personas culpables de homicidio podrían huir cuando eran perseguidas por los que buscaban venganza. Dentro de la ley judía había una distinción entre una muerte accidental, intencional y premeditada. Estas ciudades permitían que la ley fuera aplicada.

Levitas
Cuando la tierra había sido asignada, el texto deja en claro que los levitas no recibieron ningún territorio específico. Se nos dice que el Señor era su herencia; servir a Dios era suficiente para ellos. Por supuesto, los individuos levitas tenían que vivir en alguna parte, y se les asignaron ciudades y tierras de pastoreo, dispersas entre las demás tribus.

(iv) El altar en la ribera oriental
Hacia el final del libro se nos dice cómo se evitó una tragedia potencial. Cuando las dos tribus y media volvieron del otro

lado del Jordán a sus territorios en la ribera oriental, Josué les advirtió que tuvieran cuidado de amar a Dios, andar en sus caminos y obedecer sus mandamientos. Sin embargo, tan pronto llegaron a su hogar edificaron un altar en Peor, junto al Jordán. Las otras tribus lo consideraron como idolatría y les declararon la guerra de inmediato. Afortunadamente, decidieron hablar antes de dar el primer golpe. Las tribus "culpables" dijeron que el nuevo altar era su forma de recordar que seguían siendo parte del pueblo de Dios del otro lado del río. Esto pacificó a los líderes tribales alarmados y evitó la guerra.

La comisión de Josué
Los últimos dos capítulos son un final conmovedor del libro. Josué era consciente de su edad avanzada. Sabía que moriría pronto, así que quería hacer provisión para el futuro de la nación.

Es importante notar que, mientras Moisés designó a Josué como su sucesor, Josué no designó a ningún sucesor propio. Esto puede parecer extraño, pero de ahí en adelante la tarea del liderazgo no podría dejarse en manos de un solo hombre. Las necesidades eran diferentes, el pueblo estaba disperso por toda la tierra, y un hombre no podría liderar correctamente con tanto terreno que cubrir. Así que Josué transmitió su comisión a todos ellos.

El mensaje de Josué fue muy firme: Dios había prometido no solo bendecirlos cuando lo obedecieran, sino maldecirlos cuando lo desobedecieran. Dios los había traído a la tierra como había prometido, pero ellos debían obedecer la ley si querían experimentar su favor continuo.

Josué dio todo el crédito por la posesión de la tierra a Dios. Si bien él había conducido al pueblo, reconoció que Dios había peleado por ellos y ellos debían estar agradecidos a él por su éxito. Concluyó su discurso pidiendo a los israelitas que hicieran un juramento de lealtad a Dios.

El capítulo final tiene un estilo completamente diferente. Aquí Josué habla en primera persona singular, como en el capítulo anterior, pero esta vez "yo" significa Dios. Su último mensaje es profecía y es entendido como tal por el pueblo.

(i) Gracia

Primero Dios recuerda al pueblo todo lo que ha hecho por ellos. No hay mención alguna del papel de Josué.

(ii) Gratitud

Ahora habla Josué, instando al pueblo a temer a Dios, a servirlo, a ser fieles y desechar todo otro dios. Luego habla por sí y por su hogar, diciendo "mi familia y yo serviremos al Señor".

El pueblo está de acuerdo en seguir a Dios junto con Josué, que erige una piedra como testimonio. Tres veces el pueblo dice "serviremos al Señor".

El último versículo del libro registra tres entierros: el entierro de Josué, el entierro de los huesos de José y el entierro de Eleazar. Durante 40 años habían llevado con ellos un féretro que tenía los huesos de José, porque su último deseo había sido que lo sepultaran en la Tierra Prometida. Ahora, por fin, sus huesos podían ser puestos a descansar en la tierra que José había esperado.

Así que un triple funeral cierra este libro. Se nos dice que mientras Josué y su generación de líderes vivieron, el pueblo fue fiel a Dios. Cuando creció la siguiente generación, las cosas se pusieron muy mal.

Podemos resumir las lecciones del libro de Josué con dos frases sencillas:

- Sin Dios, no lo **podrían** haber hecho.
- Sin ellos, Dios no lo **habría** hecho.

Estas son dos lecciones muy importantes. Es fácil poner toda la responsabilidad en Dios o en nosotros. La Biblia tiene un equilibrio: sin Dios no podemos hacerlo, pero sin nosotros él no lo hará. La diferencia es importante: no es que sin nosotros él no lo puede hacer, sino que sin nosotros él no *quiere* hacerlo. Si Josué y el pueblo de Israel no hubieran cooperado con Dios, su entrada en la Tierra Prometida no habría ocurrido y, sin embargo, sin Dios y sin su intervención, no hay forma en que lo hubieran podido hacer.

Intervención divina
1. LAS PALABRAS DE DIOS
Las palabras de Dios tienen un lugar destacado en el libro de Josué cuando escuchamos su solemne pacto con Israel que nunca podría romper. Él había jurado por sí mismo que permanecería con ellos, y la tierra era su regalo prometido. Dios siempre cumple su Palabra; no puede mentir. Josué nos dice que Dios dio a Israel toda la tierra que había jurado a sus antepasados.

2. LAS ACCIONES DE DIOS
Las acciones de Dios están vinculadas con sus palabras. Se nos dice que Dios lucharía por Israel. Él echaría a todas las demás naciones del territorio.

Josué está lleno de milagros físicos: la división del río Jordán, el cese repentino de la provisión de maná, el colapso de los muros de Jericó, el granizo que ayuda a derrotar a los cinco reyes, el alargamiento del día haciendo que el sol "se detenga" y el uso de la suerte para decidir cómo debía dividirse la tierra.

El libro se cuida de dar la gloria a Dios por estos hechos asombrosos. Dios estaba verdaderamente con Israel. El nombre *Emanuel* tiene cuatro significados o énfasis posibles:

1. ¡*Dios* está con nosotros!
2. ¡Dios *está* con nosotros!
3. ¡Dios está *con* nosotros!
4. ¡Dios está con *nosotros*!

La cuarta versión transmite el significado del texto bíblico. *Emanuel* significa Dios está de nuestro lado; el énfasis está en que él peleará por nosotros, no por ellos. Josué es un testimonio de esta verdad.

Cooperación humana – positiva
Dios obra a través de la cooperación humana. Él no luchó solo: los israelitas debían ir al campo de batalla y enfrentar al enemigo ellos mismos. Sin ellos, Dios no lo habría hecho; tenían que entrar en la tierra, debían tomar acción. Dios dijo que les daría todo lugar que tocaran sus pies.

1. LA ACTITUD DEL PUEBLO
No temor (negativo)
Al tomar acción y entrar en la tierra, los israelitas no debían tener temor. Éste era el mandamiento dado a Josué al inicio mismo del libro. Ésta había sido la causa del fracaso del pueblo 40 años antes, cuando habían rehusado entrar en Canaán.

Sino fe (positivo)
Si querían ganar cada batalla, debían tener una actitud de confianza y obediencia. Esta fe se vio en acción cuando obedecieron la orden del Señor de marchar alrededor de Jericó siete veces en silencio, cuando sin duda hubieran preferido ponerse a combatir de inmediato. También debían estar preparados para correr riesgos. Josué asumió el riesgo de pedir a Dios públicamente que detuviera el sol.

2. LA ACCIÓN DEL PUEBLO
Su confianza debía producir obediencia. Deberían actuar en base a la palabra de Dios; debían hacer lo que él les decía. Esto es un recordatorio para nosotros de que los regalos de Dios deben ser recibidos. Los israelitas recibieron todo lugar que tocaran sus pies, pero esto significaba que debían hacer algo para apropiarse de la herencia; no era automático.

Necesitamos alcanzar un delicado equilibrio entre la fe y la acción, que Oliver Cromwell resumió brillantemente cuando dijo a sus tropas: "Confíen en Dios y mantengan la pólvora seca" o, en palabras de C. H. Spurgeon: "Ora como si todo dependiera de Dios y obra como si todo dependiera de ti".

Sin embargo, si la actitud de los israelitas fuera volverse seguros de sí mismos y su acción se convirtiera en desobediencia, perderían cada batalla. Por eso las dos partes principales de Josué cubren la historia de Jericó y la historia de Hai: un ataque fue un éxito y uno (inicialmente) un fracaso. Si aprendemos las lecciones de estas dos ciudades, entonces estamos listos para conquistar la tierra.

Cooperación humana – negativa
La Biblia es un libro muy sincero. Trata con debilidades y fortalezas. El libro de Josué nos habla acerca de tres errores que los israelitas cometieron cuando tomaron la tierra.

El primer error fue en Hai. Fueron derrotados por tropas superiores porque estaban demasiado seguros de sí mismos. La generación anterior había carecido de confianza y, por lo tanto, era culpable de temor, pero esta generación tenía un exceso de confianza y, por lo tanto, era culpable de necedad. Ambas actitudes eran igualmente dañinas.

El segundo error fue cuando los gabaonitas los engañaron, obligándolos a hacer un tratado para protegerlos. En esta ocasión, su necedad consistió en no preguntar al Señor lo que debían hacer.

El tercer error fue cuando las dos tribus y media erigieron un altar en la ribera oriental del Jordán y las tribus del otro lado las acusaron de traición y de alejarse del Señor. El malentendido que surgió casi produce una guerra civil.

Aplicación cristiana

Se nos dice en 1 Corintios 10 y Romanos 15 que todo en el pasado fue escrito para nuestro aprendizaje. ¿Cómo se usa el libro de Josué en el Nuevo Testamento, y cómo podemos aplicar lo que aprendemos de él hoy?

Fe
En Hebreos 11 Josué y Rajab, la prostituta, son usados como ejemplos de fe. Forman parte de la "multitud de testigos" que nos rodean.

Santiago dice que la fe sin acción está muerta; no puede salvarnos. De nuevo, Rajab aparece como ejemplo, por la forma en que escondió a los espías y se despidió del pasado a fin de abrazar la fe de Israel.

Pecado
El libro también nos da un recordatorio gráfico de los problemas que puede causar el pecado entre todo un pueblo. En el Nuevo Testamento un incidente con Ananías y Safira coincide exactamente con el pecado de Acán. El libro de Hechos cuenta la historia de cómo esta pareja miente acerca de dinero retenido del tesoro común de la iglesia, mientras Acán engaña al pueblo al no reconocer los artículos que robó de Jericó. El resultado en ambos casos es el mismo: el juicio de Dios. Ananías y Safira caen muertos inmediatamente, así como Acán fue muerto por las piedras del pueblo.

Salvación
El libro es un cuadro glorioso de la salvación. El nombre de Josué era originalmente Oseas, que significa "salvación", pero Moisés lo cambió a Yeshúa, que significa "Dios salva". La versión griega del Antiguo Testamento lo traduce como "Jesús".

Moisés mismo significa "extraído", así que su nombre y el de Josué, en conjunto, describen el progreso de Israel hacia la Tierra Prometida. Moisés los sacó de Egipto, pero fue Josué el salvador que los hizo entrar en la Tierra Prometida. Salir de Egipto no constituyó salvación, pero entrar en Canaán, sí.

Esto ilustra un punto importante: los cristianos no solo son salvados *de* algo, sino son salvados *a* algo. Es perfectamente posible salir de Egipto y seguir en el desierto; dejar de vivir el estilo de vida de un incrédulo pero no disfrutar la gloria de la vida cristiana.

Aplicación del concepto
Finalmente, debemos preguntar: ¿Cómo debería un cristiano aplicar el concepto de la Tierra Prometida?

CIELO
Algunos imaginan que la Tierra Prometida representa el "cielo". Un himno, por ejemplo, contiene la línea "cuando piso la orilla del Jordán, mis temores ansiosos quiero acallar", como si la imagen del río describiera la muerte, con Canaán (el cielo) del otro lado.

SANTIDAD
La Tierra Prometida, sin embargo, no es el cielo sino la santidad. El escritor de Hebreos, al comentar la conquista del territorio por Josué, dice que los israelitas nunca entraron en el "reposo" bajo Josué, a pesar de entrar en Canaán. Continúa diciendo que aún queda "un reposo" para el pueblo

de Dios. Este "reposo" significa el reposo de la batalla, y la Tierra Prometida se alcanza cuando disfrutamos de lo que Dios tiene para nosotros. Así que, cada vez que vencemos la tentación tenemos un anticipo del reposo que Dios ha prometido. Las victorias en Josué deben ser replicadas en la vida de cada creyente mientras vive por Cristo y batalla contra el pecado. El "reposo" es ese alivio cuando nuestras luchas con las fuerzas del enemigo han quedado exitosamente atrás y nuestros esfuerzos han sido recompensados.

8.
JUECES Y RUT

Introducción

Jueces y Rut van de la mano, así que los consideraremos juntos. La Biblia es única entre los escritos sagrados en que es mayormente historia. El Corán, por ejemplo, contiene poca o ninguna historia, mientras que la Biblia muestra una dimensión histórica en todo momento. Además, contiene historia que ningún humano podría haber escrito, porque incluye el comienzo mismo del universo en Génesis y una descripción de su final en Apocalipsis. O es imaginación humana o Dios mismo lo reveló; no hay otra explicación.

Cuando analizamos el libro de Josué, vimos cómo la historia profética es un tipo especial de historia, porque registra los sucesos en términos de lo que Dios dice y hace con su pueblo, Israel. Lo que tenemos en la Biblia no es ningún libro de historia común que simplemente registra lo que una nación ha hecho o experimentado; es la historia de los tratos de Dios con su pueblo.

Hay cuatro niveles posibles cuando se trata de estudiar historia:

1. **El estudio de personalidades:** este enfoque involucra un análisis detallado de las personas que hicieron historia: monarcas, líderes militares, filósofos, pensadores. Sus vidas determinan lo que se incluye; son el punto de referencia para todo lo que ocurre.
2. **El estudio de pueblos:** aquí, el enfoque está en naciones o pueblos enteros. Descubrimos cómo las naciones se vuelven más fuertes y más débiles, y cómo esto afecta el equilibrio del poder dentro del mundo.

3. **El estudio de patrones:** aparte de las personalidades y las personas, este enfoque busca patrones que existen a lo largo de marcos temporales, como las formas en que surgen y caen civilizaciones. Se preocupa menos por el detalle y más por los temas.
4. **El estudio del propósito:** los historiadores preguntan también hacia dónde se dirige la historia. Buscan significado y propósito. Los historiadores marxistas creen en el materialismo dialéctico, es decir que la historia de los pueblos incluye el conflicto, especialmente entre los trabajadores y las clases gobernantes. Los optimistas evolucionistas creen en el ascenso del hombre, es decir la humanidad está progresando hacia un mundo mejor. Otros analizan la guerra a lo largo de la historia y predicen un futuro negro.

El estudio del propósito puede dividirse en dos vertientes. Por un lado, hay quienes ven la historia como una progresión lineal: las cosas avanzan, con el presente construyendo sobre el pasado. Por otro lado, hay quienes ven a la historia como una serie de ciclos, donde las cosas tienden a dar un círculo completo; para ellos, hay poco avance y solo existe una actividad errática y fútil sin ningún significado.

No es ninguna sorpresa que una visión divina de la historia incluya un sentido de propósito. No es el optimismo de los evolucionistas, porque no todo "se pone mejor", pero la historia bíblica tiene un propósito, porque Dios está en control y llevará las cosas al final que tiene pensado. La historia es, por cierto, "su historia".

Estos dos aspectos de la historia —la visión lineal y la cíclica— nos ayudarán a entender Jueces y Rut. La historia de Jueces es un caso clásico de una serie de ciclos: el mismo ciclo aparece identificado en siete ocasiones y, si bien hay una línea de tiempo presente, está mayormente en segundo plano. Rut, en contraste, es una historia con una línea de tiempo, con un principio, un medio y un final, junto con un claro sentido de progreso.

El patrón de historia en el libro de Jueces refleja de manera precisa la clase de vidas que viven muchas personas cuando no conocen a Dios. Se levantan, van a trabajar, llegan a casa, miran la televisión y vuelven a la cama, listos para repetir el mismo ciclo al día siguiente. ¡Es una vida en una gran rotonda! Uno no llega a ningún lado y no logra nada. El patrón que vemos en Rut está más de acuerdo con la forma en que Dios quiere que su pueblo proceda por la vida. Aquí hay propósito y significado, un movimiento hacia una meta.

Lo más importante que tenemos que establecer acerca de cualquier libro de la Biblia es la razón por la que fue escrito. Algunos libros revelan su propósito muy fácilmente, pero Jueces y Rut exigen un poco más de investigación. Necesitaremos examinar cada libro en detalle antes de poder llegar a alguna conclusión acerca del propósito detrás de ellos.

Jueces

La mayoría de las personas tiene un conocimiento de Jueces al nivel de Escuela Dominical: solo conocen la versión "bowdlerizada". Thomas Bowdler no estaba de acuerdo con ciertas partes de las obras de William Shakespeare, así que las revisó, omitiendo lo que consideraba como las "partes indeseables", y ahora su nombre ha quedado en la historia. De igual forma, las historias de Escuela Dominical de Jueces omiten algunos de los elementos más desagradables: concubinas, prostitutas cortadas en pedazos, violación, asesinato, símbolos fálicos, etc. Como resultado, muchas personas están familiarizadas con ciertos personajes, como Sansón, Dalila, Débora y Gedeón, pero no tienen ningún conocimiento acerca del resto del libro, y mucho menos de su tema y propósito generales.

Historias individuales

Las historias en el libro sin duda son apasionantes. Hay una economía de palabras, pero los personajes cobran vida para el lector mediante detalles interesantes y descripciones vívidas.

El espacio asignado a cada personaje varía mucho. Sansón tiene cuatro capítulos solo para él, Gedeón tiene tres, Débora y Barac dos, pero algunos solo tienen un breve párrafo. Casi parece como si el espacio estuviera relacionado con su espectacularidad. Claramente, el propósito del autor no es dar un relato equilibrado de cada héroe. Sin embargo, es fácil quedarse con la impresión de que el libro trata acerca de una serie de héroes populares que salvaron cada situación que enfrentaron (y el libro contiene una selección de sucesos bastante estrafalarios), al estilo de Nelson o Wellington en la historia británica.

Leemos al principio del libro acerca del sobrino menor de Caleb, **Otoniel**. Todo lo que se nos dice en realidad es que trajo paz a su pueblo por 40 años.

Leemos acerca de **Aod**, el líder zurdo que ocultó una espada de doble filo y de medio metro de largo atándola a su pierna derecha. Como la mayoría de las personas eran diestras, era habitual ver si la pierna izquierda tenía un arma. Por lo tanto, pudo llevar su arma a un encuentro privado con el rey de Moab y clavársela en el vientre.

Leemos acerca de **Samgar**, que mató a 600 filisteos con una vara para arrear bueyes.

Leemos acerca de **Débora** y **Barac**. Débora era una profetisa, casada con Lapidot. ¡Su nombre significa "siempre ocupada" y Lapidot, "rayo" en hebreo! Débora arreglaba las disputas escuchando la respuesta del Señor, y en una ocasión que registra Jueces dijo a Barac que liderara al pueblo a la batalla, pero Barac se rehusó a hacerlos sin ella. Los oficiales de mayor rango en Israel, en ese tiempo y ahora, siempre guían a las tropas en la batalla. Dios se enojó con la negativa de Barac y le dijo que el enemigo, Sísara, caería en manos de una mujer a fin de humillarlo. Y fue así.

La siguiente historia está relacionada con **Gedeón**, uno de los hombres más temibles de la Biblia. Puso un poco de carne en un altar y vino fuego del cielo y la quemó. Luego pidió al Señor una señal del cielo, ¡como si no fuera suficiente el fuego! Dios fue tan amable como para darle una señal adicional mediante un vellón de lana que estaba seco un día y húmedo el día siguiente. Gedeón tuvo que aprender que es mediante la fortaleza y la estrategia de Dios que se ganan las batallas. Dios redujo su ejército de 30.000 a 300, para que pudiera aprender a no poner su confianza en los recursos humanos.

El siguiente personaje que encontramos es **Abimélec** (hay más sobre él más adelante); luego viene **Tola**, que recibe el breve comentario de que lideró a Israel durante 23 años. Después de él, **Yaír** los guio 22 años y tuvo 30 hijos, cada uno de los cuales montaba un asno y controlaba una ciudad. Detalles interesantes, ¡pero nada más!

Hay una sección más larga que cuenta la historia de **Jefté**, el líder de Galaad. Hizo un juramento imprudente de que sacrificaría al Señor a la primera persona que viniera a su encuentro cuando volviera de la batalla, y terminó teniendo que sacrificar a su única hija.

Ibsán de Belén tuvo 30 hijas y 30 hijos, todos los cuales se casaron fuera del clan de Judá. **Elón** lideró a Israel durante 10 años. **Abdón**, que lo siguió, ¡tuvo 40 hijos, 30 nietos y 70 asnos! De nuevo, no se nos dan más detalles.

Pero cuando llegamos a **Sansón** aprendemos mucho más. Su nombre significa literalmente "luz del sol". Fue criado como nazareo, que implicaba que no se le permitía tomar alcohol o cortarse el cabello. Es una historia extraordinaria acerca de un hombre que tenía problemas con las mujeres. Se casó, pero su matrimonio se deshizo antes de la luna de miel. Pasó por una prostituta sin nombre antes de unirse con una amante llamada Dalila. Si bien tenía una gran fuerza física, Sansón era en realidad un hombre débil. Su debilidad no era principalmente sus relaciones, sino que surgía de su debilidad de carácter. Su unción carismática le permitió lograr muchas proezas asombrosas, pero luego el Espíritu de Dios lo dejó. Fue capturado por los filisteos, cegado y puesto a moler, convertido en el hazmerreír de sus captores.

Hace muchos años, prediqué un sermón titulado "el cabello de Sansón está creciendo nuevamente". Se hizo muy conocido, y una joven que lo escuchó escribió una poesía acerca del ciego Sansón siendo conducido por un niño a las columnas del templo, que termina derribando.

El niño que sostuvo su mano

Se los sacaron
Primero
No soportaba mirar:
    Vacíos y crudos y crueles.
No quería mirar:
    El espanto del vacío,
    Sabiendo que no vería.
Miré la rapada cabeza inclinada
    Siguiendo el ritmo de la muela
    Vuelta. Vuelta. Vuelta.
Miré los grilletes superfluos:
    Pesados y duros,
    Mordiendo la carne con estériles cadenas

Ahora
No importa que sus ojos se hayan ido:
    Yo soy sus ojos,
    Él ve por mí.

Él tiene que ver por mí, no hay otra forma.
Y he llorado las lágrimas que no puede llorar,
    Por todos esos años negligentes.
Y he aprendido a amar a este hombre quebrado,
Mientras ha aprendido por fin a temer a su Dios.

Así que
No tengo miedo de morir:
Feliz de ser sus ojos esta última vez.
Tomando su mano,
Guiando con practicado cuidado,
Paso por guiado paso
Al lugar donde él pueda orar,
"Señor,
O Dios Soberano".
Y al caer las columnas, clamo
"Amén".

En sus últimos cinco minutos Sansón hizo más por su pueblo que todo lo que había hecho en el resto de su vida.

DEBILIDAD HUMANA

La Biblia es siempre sincera acerca de los fracasos y debilidades de las personas que describe, y Jueces no es ninguna excepción. Los personajes del libro revelan varias fallas. Barac no era viril. Gedeón era temeroso, siempre pidiendo señales, y hacia el fin de su vida hizo un efod de oro, un "pulóver" sacerdotal que luego resultó ser una trampa para Israel, una reliquia que se había convertido en un objeto de devoción. Jefté era el hijo de una prostituta que hizo un voto imprudente. Sansón trató mal a su esposa, se acostó con una prostituta y tuvo una amante. No eran personajes fuertes, ni personas santas, ¡pero Dios los usó!

FORTALEZA DIVINA

¿Cómo lograron tanto estas personas tan imperfectas? No fue mediante su propio poder. Su secreto fue el Espíritu Santo que vino sobre ellas: era todas personas "carismáticas".

Jueces nos da ejemplos vívidos de la fuerza divina obrando a través de personas débiles, cuando leemos cómo estas personas pudieron realizar proezas sobrenaturales. Sansón fue tal vez el ejemplo más gráfico, pero hay muchas historias asombrosas. Esto es algo muy importante que debemos notar: la unción del Espíritu Santo solo viene sobre unos pocos en el Antiguo Testamento. En Jueces esta unción fue experimentada por solo 12 personas entre las 2 millones que habitaban Israel en ese tiempo. Notamos también que el Espíritu Santo viene sobre ellos solo temporalmente, no de manera permanente: por ejemplo, el texto dice que el Espíritu Santo abandonó a Sansón. En el Antiguo Testamento era un Espíritu "ungidor", que los tocaba durante un tiempo, más que un Espíritu morador, que permanecía con ellos.

¿QUÉ ERAN LOS JUECES?

Al considerar algunas historias individuales de los jueces hemos omitido una pregunta importante. ¿Qué eran exactamente los jueces? ¿Quiénes eran y qué hacían?

En inglés-español se los llama "jueces", pero esta expresión no captura en realidad la esencia de la palabra usada originalmente para describirlos. Cuando leemos que Sansón "juzgó" a Israel o que Gedeón "juzgó" a Israel, la idea detrás de la expresión hebrea es que eran "solucionadores de problemas", que salvaban al pueblo de Dios de ellos mismos y de los demás. Nunca se les da un título como tal, pero se los describe en términos de los que hicieron. Por cierto, a la única persona a la que se le aplica el sustantivo en el libro de Jueces es Dios. Él es *el* Juez, el que soluciona sus problemas. Sería, por lo tanto, más correcto decir que Dios es el rescatador o solucionador de problemas que opera a través de estos héroes, mediante su Espíritu, para beneficio del pueblo.

Estaban preocupados por la justicia dentro de la nación, pero principalmente por los problemas externos, ya que el pueblo estaba rodeado por naciones hostiles que los atacaron en distintos momentos: los amonitas (tres veces), los amalecitas (dos veces), los moabitas (una vez) y los filisteos (tres veces). Hay una mención específica también de los reyes de Jericó, Moab y Jazor.

El pueblo de Dios había llegado a una zona altamente poblada, a pueblos que eran mayormente hostiles a su presencia. Eran percibidos como invasores. La única justificación para que ellos estuvieran en esa tierra era que Dios se la había dado, y ellos debían castigar a los que vivían en el lugar eliminándolos. Por lo tanto, el libro no se trata solo de héroes individuales —o el estudio de personalidades, el primer nivel de la historia descrito al principio de este capítulo— sino de pueblos enteros también, el segundo nivel de la historia.

Historia nacional
Si uno suma todos los años en que las 12 personas previamente mencionadas juzgaron Israel, llega a 400, pero el libro de Jueces en realidad cubre solo 200 años. ¿Cómo puede ser? Hay varios aspectos a considerar

GEOGRÁFICO
Este problema se resuelve fácilmente cuando nos damos cuenta de lo que los jueces estaban haciendo en realidad. Cuando leemos acerca de Gedeón y Sansón, tendemos a pensar que estaban liberando a toda la nación, pero Israel ahora estaba dividido en grupos de tribus, dispersos por toda una zona del tamaño aproximado al de Gales. Por lo tanto, cuando leemos que un juez gobernó 40 años, podría aplicarse solo a las tribus del norte. Otro juez puede haber estado salvando

una situación en el sur al mismo tiempo. Sansón, por ejemplo, liberó a las tribus de sur y Gedeón, a las del norte.

POLÍTICO
En este tiempo había un vacío de liderazgo dentro de Israel. Moisés los había conducido en la salida de Egipto, Josué los había guiado en la entrada de la Tierra Prometida, pero con estos dos grandes hombres muertos, no había ninguna cabeza visible de la nación, teniendo en cuenta que era antes de los días de la monarquía. Por lo tanto, los jueces eran líderes locales que comandaban la lealtad de grupos de tribus, pero que no unían a toda la nación.

MORAL
Había una razón moral por la que las tribus estaban enfrentando oposición continuamente de otras naciones y pueblos, y éste es el corazón del mensaje del libro. La estructura del libro lo deja en claro, como veremos si consideramos una breve reseña. Se divide claramente en tres partes.

1. Concesión inexcusable (1-2)
(i) Permisos
(ii) Alianzas

2. Conducta incorregible (3-16)
(i) Sedición por el pueblo
(ii) Sujeción por un enemigo
(iii) Suplicación al Señor
(iv) Salvación por un liberador

3. Corrupción inevitable (17-21)
(i) Idolatría en el norte – Dan
(ii) Inmoralidad en el sur – Benjamín

En la segunda sección, las cuatro etapas del ciclo se repiten siete veces. El libro finaliza con una afirmación que ha sido en realidad el refrán en todo momento: "En aquella época no había rey en Israel; cada uno hacía lo que le parecía mejor".

1. Concesión inexcusable
(I) PERMISOS – VALLES VULNERABLES
Dios envió a Israel a la tierra para destruir a los habitantes por completo. La arqueología confirma las prácticas malvadas del pueblo cananeo; estaban plagados de enfermedades sexuales. Quienes cuestionan la justicia del exterminio se olvidan de la palabra de Dios a Abraham acerca del futuro de sus descendientes. Se le dijo que los judíos permanecerían en Egipto durante siglos hasta que la maldad de los amorreos llegara "al colmo". Dios tuvo tolerancia de su maldad, pero finalmente se excedieron de la raya y usó a Israel como el instrumento de su juicio sobre una sociedad sumamente perversa.

Sin embargo, en vez de seguir las órdenes de Dios Israel fue selectivo en su castigo. Capturaron las colinas y las montañas, pero permitieron que muchos pueblos se quedaran, especialmente los que vivían en los valles. Por lo tanto, Israel quedó dividido en tres grupos: norte, centro y sur. La comunicación entre las tribus era difícil y no podían responder de manera rápida y unida cuando surgían amenazas externas. Además, los valles ofrecían rutas para los invasores, que no dudaron en explotar esta debilidad interna.

(II) ALIANZAS – MATRIMONIOS MIXTOS
Las normas permisivas de los valles fueron una tentación demasiado grande para muchos hombres, y en poco tiempo los israelitas se habían casado fuera de su fe, en un claro desafío de la ley de Dios, que prohibía los

"matrimonios mixtos". Esto afectó la vida espiritual de Israel. ¡Si uno se casa con un hijo del diablo, seguro que tendrá problemas con su suegro! Todos los designios de una vida santa fueron destruidos y muchos israelitas en matrimonios desiguales terminaron sirviendo a dioses cananeos. La influencia espiritual del incrédulo tiende a ser más fuerte en un matrimonio mixto, aun hoy. El culto a los dioses cananeos condujo inevitablemente a la inmoralidad, porque la creencia errónea siempre produce una conducta errónea.

2. Conducta incorregible

El grueso del libro de Jueces consiste en una serie de ciclos. Con una regularidad casi monótona, el pueblo de Dios repite el mismo patrón.

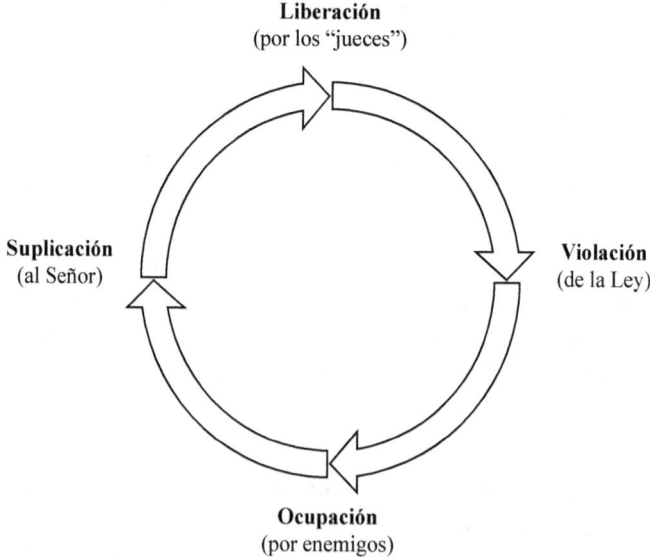

- **Suplicación:** Comienza por el clamor de Israel al Señor porque está enfrentando alguna clase de opresión.
- **Liberación:** Dios envía a un liberador (ej: Gedeón, Sansón) para rescatar al pueblo.
- **Violación:** A pesar de su liberación, el pueblo vuelve a recaer en el pecado.
- **Ocupación:** Dios, por lo tanto, envía un pueblo hostil (ej: madianitas, filisteos) para subyugar a Israel. Israel se convierte en un estado vasallo en una tierra que debía ser su propiedad libre.
- **Suplicación:** Ante la difícil situación, vuelven a clamar a Dios, y el ciclo continúa. Parece que solo oran cuando están en problemas. Es difícil saber si realmente están arrepentidos o simplemente lamentan las consecuencias de su conducta. Claramente, muchos no tenían conciencia de que la opresión era culpa de ellos.

El ciclo no se aplica simplemente a toda la nación: las personas también viven en una rutina similar de pecado, perdón y más pecado. Tampoco es un mero ciclo interminable, sino una espiral descendente. Las cosas se ponen cada vez peor.

3. Corrupción inevitable

La última parte del libro de Jueces es un relato muy poco edificante de lo que ocurrió con el pueblo. Hubo dos situaciones, una en el norte, en el territorio de Dan, y una en el sur, en el territorio de Benjamín. En ambas ocasiones, el pueblo de Dios fue descaminado por un sacerdote. Es una ilustración perfecta de la máxima mencionada antes, que la idolatría (creencia errónea) conduce a la inmoralidad (conducta errónea).

(I) IDOLATRÍA EN EL NORTE – DAN

La historia comienza por un hijo, Micaías de Efraín, que hurta 1100 monedas de plata de su propia madre. Le devuelve el dinero y ella está tan encantada que la usa para hacer un ídolo que entrega a su hijo para el santuario privado que él ha erigido en su casa.

Un joven levita viene a la casa de Micaías en busca de alojamiento, y se le ofrece la oportunidad de ser su padre y sacerdote a cambio de un ingreso regular, ropa y comida. El hombre acepta. Luego las tribus de Dan, que no lograron tomar la tierra que Dios les había asignado en el sur, migran hacia el norte. Cuando sus líderes se alojan en esta casa con los ídolos y el sacerdote, le ofrecen la oportunidad de oficiar para toda su tribu a cambio de más dinero, y él acepta.

En clara violación de la ley de Dios, por lo tanto, la tribu de Dan cae en la idolatría. Igual que Judas Iscariote, uno de los 12 discípulos, que desapareció luego de su gran pecado, la tribu de Dan no aparece en el libro de Apocalipsis. El pecado comienza por un hombre que hurta dinero de su madre y luego es transferido a un levita que se convierte en un capellán privado, primero para una familia y luego para todo una tribu, sin ninguna designación o autorización adecuadas.

(II) INMORALIDAD EN EL SUR – BENJAMÍN

Esta historia es aún peor. Otro levita de la tribu de Efraín toma una concubina de Belén, en Judá. Ella lo deja y vuelve a su hogar familiar. Después de cuatro meses el levita llega a Belén para intentar hacerla volver. El padre insiste en que el levita se quede en su casa pero finalmente deja ir a su hija. Salen demasiado tarde en el día y solo llegan a Jerusalén, una ciudad pagana en ese entonces. El levita se niega a quedarse en una "ciudad extranjera", así que viajan al norte, a la tribu de Benjamín, llegando a Guibeá al anochecer. Un anciano les ofrece hospedaje en su casa. Sin embargo, mientras están comiendo, son interrumpidos por unos "hombres perversos de la ciudad" que exigen que le entreguen al recién llegado para tener sexo. El anciano se rehúsa, pero les ofrece a cambio su hija. Finalmente el levita les entrega su concubina. La mañana siguiente la concubina yace muerta a la puerta de la casa, después de haber sido violada por el grupo durante la noche.

El levita corta el cuerpo de su concubina en doce pedazos y los envía por todas las regiones de Israel. Cuando los israelitas descubren que hombres de la tribu de Benjamín habían cometido el crimen, buscan venganza de los perpetradores. Los benjaminitas se ofenden por la acusación y se rehúsan a entregar a los hombres.

Se produce una guerra civil que casi elimina a la tribu; solo quedan 600 hombres. Sus ciudades son destruidas y todas las mujeres y los niños son muertos. Las demás tribus habían jurado no entregar a sus hijas en matrimonio a la tribu de Benjamín, pero ahora la tribu está al borde de la extinción, y los israelitas sienten pena por ellos y toman acción para impedir que ocurra esto. Encuentran 400 vírgenes de Jabés Galaad como esposas de los benjaminitas, pero necesitan más. Entonces conciben un plan ingenioso. Realizan un festival en Siló y permiten a los benjaminitas secuestrar a sus hijas, con lo cual no las están "entregando" técnicamente, y así cumplen con la letra aunque no con el espíritu de su juramento anterior.

Es una historia espantosa en todo sentido, y junto con la historia de la tribu de Dan, constituye un final deprimente para el libro de Jueces.

Propósito teológico o eterno
Luego de una historia tan sombría pasamos a un tema más estimulante: una consideración del propósito teológico del

libro. En última instancia, la historia de la Biblia no es un registro humano sino un registro de lo que Dios ha dicho y hecho, mostrándonos quién es él.

Ya hemos señalado que Dios es el juez o liberador del pueblo, ya que es la única persona a quien se le aplica el sustantivo "juez" en el libro. Él es el verdadero héroe, y el éxito se logra cuando los líderes humanos cooperan con él.

Sin embargo, cuando preguntamos "¿Quién echó a los cananeos de la tierra, Israel o Dios?", debemos responder: "¡Ambos!". Podemos resumir la situación así: sin él ellos no podían, sin ellos él no quería. Por un lado, Dios declaró que les daría la tierra y echaría a los habitantes, pero por otro lado necesitaba que Israel respondiera a sus indicaciones.

Además, leemos que en algunos casos Dios no echó a la oposición, sino que los dejó en la tierra para probar a Israel y enseñarles a luchar. Leemos en Amós que, así como Dios sacó a Israel de Egipto, trajo a los filisteos de Creta como vecinos, para infligir daño a Israel.

Dentro del libro de Jueces, por lo tanto, encontramos que Dios castiga a su pueblo. Los entrega *al* mal, demostrando su justicia, además de librarlos *del* mal, mostrando su misericordia.

Este principio se ve también en el Nuevo Testamento. Hay, por supuesto, una línea en el Padrenuestro: "No nos dejes caer en tentación, sino líbranos del maligno". El poder del Espíritu Santo puede sanar a los enfermos, pero también puede traer enfermedad; puede dar vista a los ciegos, pero también puede impedir que ojos sanos vean; puede resucitar a los muertos, pero trae muerte también, como ocurrió con Ananías y Safira. La sanción última en la disciplina de la iglesia es entregar a los miembros que yerran a Satanás, cuyo poder destructivo sobre el cuerpo puede hacer que recapaciten y salven sus almas en el día del juicio.

Pero al mismo tiempo Dios oye las oraciones de Israel y

responde. Él está dolido por su aflicción, es paciente y fiel, a pesar de la repetida desobediencia del pueblo. Así que leemos acerca de cómo Dios contestó oraciones, enviando a líderes ungidos y dirigiendo operativos, por ejemplo con Gedeón y Barac. Vemos una relación dinámica entre Dios y el hombre, en la cual cada uno afecta al otro.

Notar esta importante dinámica aún no explica el propósito del libro, sin embargo, pero es algo que no quedará totalmente claro hasta que hayamos visto el libro de Rut también. A esta altura todo lo que vemos es el ciclo poco edificante de Israel, metiéndose en problemas y saliendo de ellos. Todavía no vemos adónde se dirige. Las razones para estos problemas dentro de Israel pueden explicarse de dos maneras:

1. MIEMBROS DE SEGUNDA GENERACIÓN

El pueblo de Israel que ahora ocupaba la Tierra Prometida no tenía el mismo conocimiento de Dios y de lo que había hecho por ellos como la generación anterior. Ellos no querían conocer a Dios. En cambio, hicieron lo que les parecía correcto a sus propios ojos, pero que era incorrecto para él. Cada uno era su propia ley.

2. LÍDERES DE SEGUNDA GENERACIÓN

No había ninguna sucesión ininterrumpida de liderazgo. Cuando moría un juez, había una brecha antes que apareciera otro, y durante este intervalo el pueblo revertía al tipo de conducta que llevaba al castigo de Dios. El patrón del ciclo está indicado por frases como "mientras vivió el juez . . . pero cuando el juez murió . . ." Esto era muy diferente de la sucesión dinástica que prevalecía en otras naciones que garantizaba continuidad y estabilidad; además, los jueces gobernaban un grupo limitado, no una nación unida.

Esta cuestión del reinado surge varias veces.

1. A **Gedeón** sus seguidores le ofrecen el trono luego de su victoria sobre los madianitas. El pueblo le pide que inicie una dinastía. Algunos sostienen que tendría que haber aceptado, pero claramente éste no es el tiempo de Dios para escoger un rey. Gedeón dice al pueblo que el problema de ellos es que no han visto a Dios como su rey.
2. Luego de Gedeón, el liderazgo queda en manos de varias personas. **Abimélec** pregunta al pueblo si prefieren el liderazgo exclusivo de él al liderazgo de los 70 hijos de Gedeón como grupo. Es debidamente instalado y pasa a asesinar a sus hermanos. Las cosas se ponen cada vez peor, ya que su hambre de poder demuestra que tiene poco interés en el bienestar de su pueblo, y termina siendo muerto en una batalla.
3. A lo largo de Jueces leemos el refrán "en aquella época no había rey en Israel . . ." con la sugerencia de que las cosas podrían haber estado mucho mejor si hubiera habido uno. Volveremos a este tema más adelante. Por ahora, el punto importante a notar es que Jueces nos dice que hay una necesidad desesperada de un rey. Al pasar al libro de Rut nos encontramos con el mensaje más positivo de que ese rey será provisto. Rut comienza a encarar la pregunta: "¿Quién será?".

Rut

El libro de Rut fue escrito al mismo tiempo que Jueces, pero difícilmente podría haber un mayor contraste entre ambos.

- Jueces incluye las historias de muchas personas; Rut, solo de unas pocas.

- Jueces es relativamente grande; Rut es uno de los libros más pequeños del Antiguo Testamento.
- Jueces cubre todo Israel; Rut, un solo pueblito.
- Jueces abarca 200 años; Rut, una sola generación.

Rut puede leerse como una novela de Thomas Hardy, con la clase de romance que no estaría fuera de lugar en una historia de una revista. Es una bocanada de aire puro después de Jueces. En Jueces tenemos asesinatos en masa, violación, una concubina cortada en pedazos, guerra civil, sacerdotes malvados. Hay solo tres kilómetros entre los territorios de Benjamín y Judá, donde ocurre la acción de Rut, pero la atmósfera es completamente otra.

Rut tiene solo cuatro capítulos. Los primeros dos tratan de dos mujeres inseparables, y los segundos dos, de dos hombres influyentes. Estas cuatro personas forman los personajes principales en el drama.

1. La pérdida de la suegra
2. La lealtad de la nuera
3. El amor del pariente redentor
4. La línea real del rey

1. La pérdida de la suegra

La historia comienza con una situación de hambre en Israel, que hizo que dos hombres partieran hacia Moab. Podemos suponer que el hambre era un castigo divino, porque era una señal habitual del desagrado de Dios, y brinda un contraste con el lugar del drama principal; Belén significa "casa de pan" en hebreo.

Si la familia hubiera aprendido las lecciones de la historia de Israel, habría sabido que la búsqueda de alimento fuera del país siempre había traído problemas, como dan testimonio las historias de Abraham, Isaac y Jacob, pero en ningún lugar dice que hubieran orado a Dios para pedir alimentos. De modo que Noemí y su esposo viajaron al este, a través de las montañas del otro lado del mar Muerto, hacia Moab. Con el tiempo cada uno de sus hijos se casó con una moabita. Las cosas fueron de mal en peor. El esposo de Noemí falleció y los dos hijos también. Las tres viudas quedaron solas. En esos tiempos, el futuro de una viuda era sombrío. Todo el drama comenzó por la negativa de los hombres de confiar en Dios. Buscaron una solución humana a su situación, en vez de preguntar a Dios lo que estaba ocurriendo y qué debían hacer.

Dios les hubiera dicho que el hambre era parte de su castigo, y que si tan solo volvían a él tendrían suficiente alimento nuevamente. Pero ni siquiera esperaron para preguntarle, y mucho menos para escuchar su respuesta.

Como resultado de esta crisis, Noemí se volvió amarga. Su nombre significa en realidad "placer", pero cuando volvió a Israel era irreconocible para sus viejos familiares, y pidió ser llamada "Mara", que significa "amarga". Alentó a sus dos nueras a quedarse en Moab, sabiendo que volver a Judá significaría tener pocas perspectivas de volver a casarse. Los hombres de Judá difícilmente se casarían fuera de su clan.

Orfa estuvo de acuerdo y volvió a Moab, y no volvemos a escuchar de ella. En base a su elección ya no tenía más lugar en el propósito de Dios. Rut, sin embargo, fue con Noemí y su nombre ha quedado en la historia como un ancestro de nuestro Señor Jesucristo.

La historia tiene el recordatorio de que muchas cosas pueden depender de una sola decisión. Son las elecciones que hacemos que forman nuestro carácter, y Rut tomó la decisión correcta en el momento correcto.

Por fin vemos a alguien cuyas acciones escapan del ciclo interminable. Como consecuencia, Rut se convirtió en parte de la línea de Dios. Su nombre aparece en la genealogía de Jesús en Mateo, a pesar del hecho de que era una gentil y una mujer.

2. La lealtad de la nuera

Rut era un personaje hermoso, tanto por dentro como por fuera. Estaba llena de humildad y, sin embargo, tenía una especie de osadía que los hombres encuentran atractivo. Era leal, con un espíritu de servicio, pero no era pasiva ni una desvalida, en absoluto.

No solo escogió quedarse con Noemí, sino que escogió el pueblo y el Dios de Noemí. Evidentemente, Dios era real para Rut, aun cuando lo había visto castigando a su pueblo. Al ser leal a Noemí demostró su amor por ella. "Lealtad" y "amor" son casi la misma palabra en hebreo. Un amor que no es leal no es amor verdadero. De igual forma, el amor de pacto de Dios por su pueblo significa que sigue con ellos en las buenas y en las malas.

Además, leemos que Rut encontró "gracia" a los ojos de Booz, a quien llamaba "mi señor". En hebreo, la palabra "gracia" o "favor" está relacionada con la palabra "favorito"; ella se convirtió en una de las favoritas de Booz. Está claro, según la historia, que Rut se convirtió en la comidilla del pueblo de Belén, porque el Señor no dejó de mostrar su bondad hacia ella.

3. El amor del pariente redentor

La segunda mitad del libro incluye dos hombres influyentes, Booz y el hombre que se convertiría en rey.

Booz era un hombre de gran prestigio y generosidad. Era habitual que a los pobres se les permitiera recoger los granos que quedaban en un campo luego de la cosecha, pero Booz dio instrucciones a sus obreros para que se aseguraran de que Rut en especial recibiera una provisión grande.

Hay otras dos costumbres en el libro de Rut que debemos conocer si queremos entender el drama que se desarrolla. La primera es el levirato. En el año del jubileo, cada 50 años, todas las propiedades eran devueltas a la familia que era la dueña original en el año del jubileo anterior. Por lo tanto, era imperativo que hubiera un representante familiar masculino para reclamar la propiedad en ese momento. La ley del levirato decía que si el esposo de una mujer moría antes que tuviera un hijo varón a quien transmitir la herencia, el hermano de su esposo debía casarse con ella para darle un hijo, con lo cual mantenía la propiedad en la familia. Rut, por supuesto, había estado casada con alguien que tenía derecho a una propiedad, pero ahora no tenía esposo o hijo, así que un familiar tenía la obligación de casarse con ella para mantener el nombre y la línea de su esposo, y para volver a heredar la propiedad cuando estuviera disponible en el año del jubileo.

La segunda ley que tenemos que entender era una costumbre social. Una mujer no podía proponer casamiento a un hombre en esos días, pero estaba libre para indicar que le gustaría estar casada con alguien, y podía hacerlo de varias maneras. ¡Una era calentar los pies del hombre! Así que, cuando Rut se acostó a los pies de Booz y los cubrió con su manto, estaba indicando que no le desagradaría estar casada con él. Estas dos costumbres explican cómo Booz se casó con Rut.

Cuando Rut se acostó a los pies de Booz, era una clara señal de que ella estaba interesada en él. Él se sentía halagado porque ella lo había elegido, ya que no era ni el mayor ni el menor de los parientes disponibles. Su hermano mayor era quien debía cumplir con la obligación legal, ¡así que tenía que darle la primera opción! Éste le dio su consentimiento de la forma habitual: sacó su sandalia y se la entregó a Booz, el equivalente de darse la mano después de un trato. Rut y Booz estaban libres para casarse.

4. La línea real del rey
Es una historia preciosa, un bello romance rural. Pero debemos preguntar por qué Dios estaba haciendo todo esto, porque

difícilmente la historia estaría incluida en las escrituras como un mero interludio ligero. Queda claro que Dios estaba preparando una línea real para un rey de Israel. La decisión correcta de Rut al unirse a Noemí y volver para ser parte del pueblo de su suegra estaba dentro de la elección correcta de Dios, porque él la había elegido para integrar la línea real.

Por cierto, aunque Dios no aparece involucrado directamente en el drama, es mencionado a menudo en el libro, cuando los distintos personajes le piden que bendiga a otros. Noemí pidió al Señor que bendijera a Rut por estar con ella. Los cosechadores pidieron a Dios que bendijera a Booz y él les devolvió la bendición. Booz pidió al Señor que bendijera a Rut por haberlo escogido a él. Cuando hablaban de Dios, usaban Yavé, un nombre que funciona como "siempre" en español: Dios es "siempre" mi proveedor, "siempre" está a mi lado, "siempre" es mi sanador.

Es interesante notar que Booz era un descendiente directo de Judá, uno de los 12 hijos de Jacob. Era también un descendiente de Tamar, que tuvo un hijo de su suegro, lo cual demuestra que Dios puede usar las situaciones más inverosímiles como parte de su plan. Jacob había dado una profecía a Judá en su lecho de muerte: "El cetro no se apartará de Judá, ni de entre sus pies el bastón de mando, hasta que llegue el verdadero rey". Esto fue varios siglos antes que el pueblo hubiera pensado en tener un rey, y sin embargo Jacob prometió a su hijo que una línea real vendría de su casa.

Descubrimos también que la abuela de Booz no era judía. Rajab, la prostituta, fue la primera gentil en la tierra de Canaán en aceptar al Dios de Israel. Por lo tanto, tenemos un árbol genealógico mixto: Tamar tuvo un hijo de su suegro, Rajab era una gentil y una prostituta, Rut era una moabita. Y, sin embargo, todas estas personas son ancestros de nuestro Señor Jesucristo.

¿Quién escribió Jueces y Rut?

Es momento ahora de analizar por qué Jueces y Rut van de la mano, y también de contestar la pregunta: ¿Quién los escribió, y por qué?

El final de un libro de la Biblia a menudo revela su propósito. La frase "en *aquella* época no había rey en Israel" significa que el libro de Jueces y, por lo tanto, también Rut, fueron escritos *después* que el pueblo tuviera un rey. El final de Rut deja en claro también que David no era el rey al momento de ser escrito, porque leemos "Isaí, el padre de David" y no "Isaí, el padre del rey David".

Estos dos hechos sugieren fuertemente que el libro fue escrito cuando había un rey, pero antes del tiempo de David. El único período en que ocurrió esto fue durante el reinado de Saúl. En consecuencia, el libro fue escrito cuando Saúl, el primer rey de Israel, el que había sido elegido por el pueblo, estaba en el trono. Había sido escogido por su altura y su apariencia física, no por su carácter o capacidad.

Si sabemos cuándo fue escrito el libro, también podemos preguntar quién lo escribió. Los estudiosos han encontrado que los discursos del profeta Samuel en el primer libro de Samuel tienen un lenguaje idéntico al del libro de Jueces y Rut. Además, acostumbraba enseñar a partir de la historia de su pueblo. Es muy probable, por lo tanto, que Samuel haya escrito Jueces y Rut como un único libro cuando Saúl era rey.

Podemos discernir más acerca del propósito de la escritura del libro cuando preguntamos de qué tribu venía el rey Saúl. La respuesta es Benjamín. Todo el mensaje de los dos libros es que Benjamín es una mala estirpe, en contraste con Judá y la gente de Belén. En otras palabras, la obra de dos volúmenes fue escrito para preparar al pueblo para pasar de Saúl a David. Samuel había ungido a David en secreto pero necesitaba preparar al pueblo para que lo aceptara como rey en vez de la elección de ellos, Saúl.

Pide a sus lectores que comparen a los hombres depravados de Benjamín con la gente encantadora de Belén. Bien al final, Samuel menciona que Isaí era el padre de David, sabiendo que era el rey designado por Dios y que cambiaría toda la situación.

Esta teoría está respaldada por los detalles incluidos en el primer capítulo de Jueces. Cuando la tribu de Judá entró en la Tierra Prometida, la ciudad de Jerusalén fue asignada a la tribu de Benjamín. Pero la primera parte de Jueces nos dice que la ciudad estaba en manos de los jebuseos "hasta el día de hoy", dando a entender que Benjamín nunca la había conquistado. Uno de los primeros actos de David como rey, registrado en 1 Samuel, fue capturar la ciudad. Esto brinda un dato adicional para fijar la fecha del libro, y confirma la probabilidad de que su propósito era alentar al pueblo a estar a favor de David. La posición de Rut junto a Jueces destaca a dos ciudades: Belén, la "casa del pan", la ciudad natal de David, y Jerusalén, ocupada por los jebuseos pero que pronto se convertiría en la capital de la nación.

¿Cómo podemos usar Jueces y Rut hoy?

En el Nuevo Testamento, el apóstol dice a Timoteo que toda la escritura es inspirada por Dios y puede darnos "la sabiduría necesaria para la salvación". Jesús dice que las escrituras dan testimonio de él, así que debemos preguntar cómo debería un cristiano leer Jueces y Rut.

Jueces
Los cristianos pueden aprender mucho de los personajes en el libro de Jueces. Podemos aprender de los errores que cometieron los jueces así como de sus decisiones correctas.

Cada historia tiene valor para cualquier creyente. Pero no miramos a los jueces para que nos brinden modelos a seguir. Por cierto, el Nuevo Testamento desalienta este camino. En Hebreos 12 se nos dice que quienes nos precedieron, que se describen en el capítulo 11 e incluyen a algunos de estos jueces, están observando para ver cómo corremos la carrera, mirando a nuestro único verdadero modelo, Jesús, el iniciador y perfeccionador de nuestra fe, cuya obra de liberación permanece para siempre.

La iglesia necesita estudiar Jueces porque podría caer en la misma espiral de anarquía hoy, haciendo lo que piensa que está bien a sus propios ojos. Podría caer en el error al buscar una "monarquía" visible, un ser humano cuyo punto de vista o liderazgo sean valorados más que los de Cristo. El gobierno por medio de la democracia, oligarquía o autocracia depende de líderes humanos, pero la Biblia enseña que debemos ser guiados por una teocracia. Nuestro líder es a la vez humano y divino; estuvo en la tierra y está ahora en el cielo.

Debemos recordar también que Dios es el mismo en carácter hoy como en el tiempo de los hechos descritos en Jueces y Rut. Él ama a su pueblo, y lo demuestra disciplinando a los que se desvían del camino. Al mismo tiempo, él obra sus planes para nuestro bien. No necesitamos formar parte de un ciclo de desesperanza. Podemos conocer una verdadera dirección y seguir los propósitos de Dios.

Rut

Rut fue una de las primeras gentiles en aceptar al Dios de Israel. Ella es una imagen de todos los creyentes que están en la línea real, hermanos de Jesús mediante la fe en él.

El libro nos recuerda a Jesús, porque si la iglesia es como Rut, Booz es como Cristo: el pariente redentor. La iglesia ha sido incorporada a la línea del pueblo de Dios del Antiguo Testamento. Nosotros somos la esposa y él es el esposo.

Rut no es un libro aislado del Antiguo Testamento, sino que cubre un tema que recorre toda la Biblia. Toda la Biblia es un romance que finaliza con la cena de las bodas del Cordero, en el libro de Apocalipsis. El romance de Rut y Booz es un cuadro perfecto de Cristo y su esposa gentil.

9.
1 Y 2 SAMUEL

Introducción

Los libros que forman 1 y 2 Samuel en la Biblia inglesa-española son un solo libro en las Escrituras hebreas, y están incluidos en la sección de "profetas anteriores". Samuel cubre 150 años de historia, contados desde un punto de vista profético para registrar cómo Dios ve las cosas y qué es lo que él considera importante. El libro lleva el nombre del profeta que domina la historia, y que probablemente escribió la mayor parte de él. Cubre grandes cambios en la historia de Israel y el surgimiento del gran rey David, cuya fama se recuerda al día de hoy.

Contexto

Abraham, el padre de los judíos, vivió alrededor de 2000 a.C.; el rey David llegó al trono alrededor de 1000 a.C. La promesa de Dios a Abraham de que tendría descendientes y una tierra, por lo tanto, tiene 1000 años cuando llegamos al libro de Samuel y a la historia de David. Según la línea de tiempo del Antiguo Testamento que vimos antes en la sección de la Reseña, el libro de Samuel registra un tercer cambio en el patrón de liderazgo durante la historia del pueblo de Israel.

1. **Desde 2000 hasta 1500 a.C.** Israel fue liderado por *patriarcas*: Abraham, Isaac, Jacob y José (si bien no eran una nación a esta altura).
2. **Desde 1500 hasta 1000 a.C.** fueron liderados por *profetas*: de Moisés a Samuel.
3. **Desde 1000 hasta 500 a.C.** fueron liderados por *reyes*: de Saúl a Sedequías.
4. **En los 500 previos al tiempo de Cristo** fueron liderados por *sacerdotes*: de Josué a Anás y Caifás.

Las fechas son aproximadas, pero nos sirven como un resumen útil. Samuel describe el cambio de profetas a reyes, los 150 años del proceso ascendente hasta el imperio de David.

Es un período altamente significativo de la historia de Israel. Los judíos hablan del reino de David como la era dorada de paz y prosperidad en la que conquistaron la mayor parte de la tierra que Dios les había prometido. Aún hoy, anhelan volver a los días en que un rey gobernaba una nación unida y victoriosa. Pero no fueron todas buenas noticias, y vemos en Samuel el comienzo de la declinación que continúa a lo largo de 1 y 2 Reyes, hasta que Israel pierde todo lo que había ganado en los 1000 años anteriores.

Antes de analizar cómo deberíamos interpretarlas, veremos el detalle de las principales historias en los libros de Samuel, comenzando por una reseña del contenido y la estructura.

Estructura
   1. Samuel – último juez
   (i) Ana – esposa ansiosa
   (ii) Elí – sacerdote enfermo
   (iii) Israel – ejército arrogante
   (iv) Saúl – rey ungido

   2. Saúl – primer rey
   (i) Jonatán – hijo aventurero
   (ii) Samuel – profeta airado
   (iii) David – rival aparente
      ADENTRO
      (a) Pastor sencillo
      (b) Músico hábil
      (c) Guerrero eximio

AFUERA
  (a) Cortesano sospechoso
  (b) Forajido acechado
  (c) Soldado exiliado
(iv) Filisteos – enemigo agresivo

3. David – mejor rey
(i) Ascenso triunfante
  ARRIBA
  (a) Tribu única
  (b) Nación establecida
  (c) Imperio grande
(ii) Descenso trágico
  ABAJO
  (a) Hombre desgraciado
  (b) Familia desintegrada
  (c) Pueblo descontento

4. Epílogo

En este gráfico estructural, las vidas de Samuel y Saúl se describen en términos de su relación con tres personas y un pueblo: Samuel con Ana, Elí, Saúl e Israel; Saúl con Jonatán, Samuel, David y los filisteos.

La vida de David puede ser resumida de manera muy sencilla con cuatro palabras direccionales, como muestra el esquema anterior: adentro, afuera, arriba, abajo. Las palabras "adentro" y "afuera" se refieren a su favor cambiante con el rey Saúl, "arriba" se refiere a su trayecto hacia el pináculo de su poder como rey, y "abajo" se refiere a su viaje hacia las profundidades de la desesperación.

Contenido

1. Samuel – último juez

(I) ANA – ESPOSA ANSIOSA

El libro comienza por la historia de la madre de Samuel, Ana. Su esposo, Elcaná, tiene dos esposas y Ana, que no tiene hijos, tiene que soportar las burlas de la otra esposa, Penina, que tiene hijos. Pasan los años y el dolor de Ana por no tener hijos se profundiza. Visita el templo en Siló (donde Israel guardaba el arca del pacto) y ora diciendo a Dios que, si le concede finalmente un hijo, se lo dedicará a su servicio. El sacerdote Elí nota que está masculando algo y sospecha que está ebria. Ella le explica que está profundamente afligida y Elí la despide con la bendición de Dios. Más tarde Ana concibe y da a luz un hijo, que llama Samuel.

En gratitud, cumple su voto al Señor y presenta a Samuel a Elí para servir en el templo. Ana vuelve a orar, reflejando su confianza y gozo en Dios. Esta oración es claramente evocada por María 1000 años después, cuando el ángel le dice que dará a luz a Jesús. Su gozo y alabanza, en lo que hoy es llamado el "Magníficat", contiene ecos de la oración de Ana.

(II) ELÍ – SACERDOTE ENFERMO

Samuel ministra bajo el sacerdote Elí. Una noche escucha una voz y corre a Elí, suponiendo que lo estaba llamando, pero él le dice que no lo había llamado. Esto ocurre tres veces antes que el sacerdote se da cuenta de que es Dios quien quiere hablar con Samuel. Es un momento significativo, ya que la revelación profética, tanto verbal como visual, era infrecuente en esos días.

Así, Samuel, a los doce años de edad, recibe la responsabilidad de decir a Elí que Dios actuará en juicio sobre su familia porque sus dos hijos se están comportando muy mal y él ha estado mirando para otro lado. Los hijos han estado abusando de sus posiciones de responsabilidad, comiendo carne consagrada y acostándose con algunas de las mujeres que traen ofrendas. De ahí en más, dice Dios, nadie en la línea de Elí llegará a viejo.

Este encuentro fue el comienzo del ministerio profético de Samuel, y no fue la última vez que diera una palabra difícil de recibir.

(III) ISRAEL – EJÉRCITO ARROGANTE

La historia que sigue tiene que ver con la derrota de Israel a manos de los filisteos, la nación guerrera que vivía en la costa oeste. Los israelitas suponen que perdieron la batalla porque habían dejado el arca del pacto en el templo. La vez siguiente, por lo tanto, la llevan a la batalla, pero vuelven a tener una gran derrota en la que mueren 30.000 soldados de a pie, incluyendo los hijos de Elí (cumpliéndose así la profecía relacionada con sus muertes tempranas). El arca es capturada por los filisteos y es llevada al templo de Dagón, el dios de los filisteos.

Al oír la noticia, Elí —un hombre anciano y débil para entonces— cae hacia atrás con su silla y se rompe el cuello. El arca, sin embargo, genera problemas para los filisteos. Dios les envía enfermedades horribles y finalmente la llevan de vuelta a los israelitas en una carreta tirada por dos vacas. Los filisteos siguen la carreta para ver dónde va, y la ven subiendo en dirección a Jerusalén.

Samuel reúne a los israelitas en Mizpa y les dice que las derrotas anteriores no tienen nada que ver con el arca y todo que ver con los dioses paganos que están adorando. Israel quema los ídolos, y esta vez sale victorioso en la batalla contra los filisteos. Esto demuestra el principio descrito en Jueces: cada vez que los israelitas desobedecen a Dios un enemigo viene a derrotarlos, pero cada vez que se arrepienten y arreglan las cosas, ellos derrotan a sus enemigos.

La fama de Samuel crece de aquí en más, y su obra como juez y profeta llega a ser muy valorada.

(IV) SAÚL – REY UNGIDO

El último acto público que realiza Samuel como profeta es ungir a Saúl como rey. El pueblo pregunta a Samuel si pueden tener un rey como las naciones que los rodean. Ellos saben que Dios es su rey, pero quieren un rey que sea visible. Al principio, Samuel se ofende por su pedido, hasta que Dios le recuerda que él no tiene ningún derecho de ofenderse, porque es a Dios a quien han rechazado.

Dios dice a Samuel que si la nación tiene un rey, tiene que estar preparada para las consecuencias. Un rey va a querer un palacio y un ejército, así que inmediatamente después de la coronación vendrán los impuestos y los conscriptos. A pesar de estas advertencias, los israelitas siguen insistiendo en que quieren un rey, y escogen a Saúl, un hombre que es más alto y más apuesto que todos los demás.

2. Saúl – primer rey

La selección de Saúl es inusual. ¡Dios dice a Samuel que la persona a ser ungida como rey será un hombre que está buscando burras! Así que cuando Saúl llega a su casa pidiendo ayuda, Samuel sabe lo que tiene que hacer. Saúl recibe el don de profecía como señal de que él es el heredero, aunque tenemos pocos detalles acerca de cómo fue este don. El pueblo confirma a Saúl como rey, a los 30 años de edad, y Samuel, el último juez, le entrega el liderazgo.

Saúl arranca bien. El pueblo está contento con su designación y experimenta un éxito temprano al derrotar a los amonitas. Pero lo que empieza a andar mal son sus relaciones.

(I) JONATÁN – HIJO AVENTURERO

El hijo de Saúl, Jonatán, es instrumental en la derrota de los filisteos, y Saúl está inicialmente muy orgulloso de él. Sin embargo, Jonatán comete el error de ir a la batalla siguiente sin decir a su padre. Gana la batalla, pero Saúl se pone celoso de su éxito, y su relación con su hijo se pone tensa.

En la siguiente historia, vuelven a estar en una batalla y Saúl hace la promesa insensata de que todo el que sea encontrado comiendo ese día, antes que se haya vengado del enemigo, sería muerto. Jonatán, que desconoce la promesa, come un poco de miel. Nos encontramos entonces con la situación disparatada de Saúl que amenaza matar a su propio hijo por desobedecer instrucciones que no había oído. Si los hombres bajo su comando no hubieran intervenido, Jonatán hubiera perdido su vida.

(II) SAMUEL – PROFETA AIRADO
La relación de Saúl con Samuel también se deteriora. Como profeta, la tarea de Samuel es transmitir al rey las palabras que Dios le da. En una ocasión, Saúl recibe instrucciones de esperar la llegada de Samuel antes de ofrecer un sacrificio después de una batalla. Cuando el profeta demora su llegada al campo de batalla, Saúl realiza el sacrificio por sí mismo. Airado por esta acción arrogante, Samuel le dice que su reino está a punto de ser entregado a otro.

El segundo error importante de Saúl también tiene que ver con desobedecer la palabra de Dios. Esta vez, se le indica que elimine a los amalecitas y su ganado, pero Saúl perdona a su rey, Agag, y los mejores animales del ganado. Otra vez llega el profeta a la escena y encuentra que el rey no ha obedecido todo lo que Dios ha dicho. Samuel se enoja mucho, ejecuta a Agag ante el altar del Señor y dice a Saúl que obedecer es mejor que sacrificar. Además, le dice que, como ha rechazado la palabra del Señor, Dios lo ha rechazado como rey. Desde ese día hasta la muerte de Samuel, Saúl no volvería a oír de él. La historia es un recordatorio saludable de que el ritual no es ningún sustituto para la justicia. Ciertamente marcó el principio del fin para el primer rey de Israel.

Privado del consejo de Samuel, Saúl no tiene forma de averiguar la voluntad de Dios, y no tiene idea de si las batallas de Israel serán exitosas o no. Si bien complació a Dios al principio de su reinado al desterrar a todos los médiums del territorio de Israel, al final de su reinado, un tiempo después de la muerte de Samuel, logra encontrar a una adivina en Endor que sigue trabajando. Saúl acude a ella e invoca el espíritu de Samuel para una última conversación. Se le dice que la batalla inminente con los filisteos será su última.

(III) DAVID – RIVAL APARENTE
La historia de Saúl pasa a segundo plano con la llegada de David. El joven pastor entra en el servicio del rey, y se nos dice que Saúl lo aprecia mucho, pero luego de un buen comienzo la relación de él con David sigue el camino de la que tiene con Jonatán y Samuel.

ADENTRO
(a) Pastor sencillo
La llegada a escena de David ocurre luego que Dios rechaza a Saúl, aunque éste seguirá siendo rey durante un tiempo. Samuel es enviado al hogar familiar de David para ungir a uno de los hijos de Isaí como rey, pero no encuentra ninguno que reciba la aprobación divina. Solo cuando el hijo menor, el octavo, es llamado del campo, Dios le indica que éste será el próximo rey. David es ungido en secreto, anticipando el momento muchos años después en que finalmente será coronado.

(b) Músico hábil
A esta altura Saúl se está deteriorando mentalmente y también moralmente. Leemos que el Espíritu Santo lo abandona y un espíritu impuro se apodera de él. Se vuelve impredecible, un hombre que puede perder los estribos en

un instante. Sus consejeros encuentran que una cosa que logra calmarlo es la música, así que David, conocido como un hábil arpista, es traído a la corte y su música calma el espíritu de Saúl.

(c) Guerrero eximio
La historia de David y Goliat es una de las más conocidas de la Biblia. Era la competencia despareja del siglo, el tipo de historia que les encanta a los judíos: Goliat de Gat medía casi tres metros de alto, y David era un simple pastorcito. Era habitual que los ejércitos que se enfrentaban escogieran un campeón de cada lado para combatir entre sí. El que ganaba obtenía la victoria para su lado, evitando mucho derramamiento de sangre.

A esta altura en la historia Saúl había renunciado a su propio papel de "campeón" de la nación, así que, luego de alguna discusión, permite a David combatir con Goliat en nombre de Israel. A pesar de las probabilidades en contra, David está convencido de que Dios le dará la victoria. Él cree que la batalla es del Señor y que su victoria demostrará a todo el mundo su poder. Usa una honda, como había hecho en su trabajo como pastor, y con una sola piedra de las cinco que había escogido, Goliat queda muerto y los filisteos son derrotados.

AFUERA
(a) Cortesano sospechoso
Si Saúl podía tener celos de su propio hijo, ¿qué haría con este nuevo héroe? Escucha a su pueblo cantar acerca de cómo Saúl había muerto a sus miles, pero David a sus decenas de miles. Éste se convierte en un héroe nacional y Saúl comienza a odiarlo. A partir de ahí, la vida de David corre peligro. Continúa tocando música para calmar la mente atribulada del rey, pero hay momentos

en que Saúl se enfurece tanto que arroja una lanza en la dirección de David.

Luego Saúl planea matarlo, primero ofreciéndole su hija Merab en matrimonio a cambio de que derrote a los filisteos. David se rehúsa a aceptar a su hija y los planes del rey se ven frustrados cuando logra derrotarlos y sale ileso. Luego David se casa con Mical, otra de las hijas de Saúl.

Saúl entonces pide a Jonatán que lo ayude a matarlo, pero él y Mical están del lado de David, y en el transcurso de varios complots le advierten acerca de las intenciones de Saúl.

(b) Forajido acechado
Queda claro que David tiene que dejar el palacio, así que huye y se esconde en la casa de Samuel, en Ramá. Luego hay un suceso extraordinario cuando Saúl y sus hombres intentan tomar prisionero a David, pero el Espíritu del Señor cae sobre ellos y profetizan, sin poder llevar a cabo su plan.

Jonatán sigue ayudando a David, y hacen un pacto mediante el cual Jonatán promete ser el súbdito de David, a pesar de ser el hijo de Saúl. Es un príncipe que abdica en favor de un simple pastor. La Biblia describe una amistad notable. Se nos dice que nunca ha habido tal amor entre dos hombres como el que hubo entre David y Jonatán.

El sacerdote Ajimélec en Nob alimenta a David con panes consagrados y le entrega la espada de Goliat. David huye al oeste, a Gat, donde es reconocido por el rey filisteo como el aparente heredero, y tiene que simular que está loco para poder salir vivo.

En Adulán, unos 400 hombres insatisfechos se unen a David. Envía a sus padres a Moab, el hogar de su bisabuela, para que tengan protección, y un profeta le dice que vuelva a Judá.

Mientras está persiguiendo a David en el desierto de Engadi, Saúl entra en una cueva para hacer sus necesidades, sin darse cuenta de que David está adentro, y éste corta el borde del manto del rey. Cuando sale Saúl, lo llama a los gritos. Saúl está tan conmocionado al darse cuenta de que David lo podría haber matado que se arrepiente. Pero no pasa mucho tiempo antes que vuelva a perseguirlo.

En el desierto de Maón conoce a una mujer con la que se casa luego. Nabal rehúsa dar un trato hospitalario a David y sus hombres. Su esposa, Abigaíl, sin embargo, les trae comida y salva a su familia del castigo. Nabal muere poco después y David toma a Abigaíl como esposa.

(c) Soldado exiliado
La parte más extraordinaria de la historia de este hombre es una que se enseña poco. David tiene miedo de que Saúl terminará alcanzándolo, así que se ofrece junto con sus hombres como mercenario a los filisteos, los mayores enemigos de Israel. En poco tiempo se vuelven aliados de confianza.

(IV) FILISTEOS – ENEMIGO AGRESIVO
El final de Saúl llega cuando Israel combate con los filisteos. Si bien David y sus hombres están con ellos como mercenarios, los líderes filisteos los dejan fuera de esta batalla específica, preocupados por la posibilidad de que no permanezcan leales a ellos si eran enviados a la batalla contra su propio pueblo. Igualmente, no son necesarios. Los israelitas tienen una gran derrota, y Saúl y Jonatán son muertos, tal como predijo Samuel. Saúl, herido, cae sobre su propia espada cuando se da cuenta de que su vida se le está yendo. Así termina el libro de 1 Samuel, con la muerte de uno de los personajes más enigmáticos de toda la Biblia.

3. David – mejor rey

(I) ASCENSO TRIUNFANTE

ARRIBA
(a) Tribu única
Vemos el ascenso triunfante de David en los primeros nueve capítulos de 2 Samuel. Comienza con un lamento por la muerte de Saúl y Jonatán, que incluye algunas palabras conmovedoras que recuerdan la calidez de la amistad afectuosa que había conocido con Jonatán.

Sin embargo, se empieza a desarrollar una guerra entre la casa de David y la casa de Saúl, con abundantes historias de asesinatos y venganzas. El jefe principal de Saúl, Abner, cambia de lado y trae a la tribu de Benjamín con él, pero la nación sigue estando desgarrada.

(b) Nación establecida
La tribu de Judá corona a David en Hebrón, en el sur, donde permanece siete años. Finalmente establece la nación como una unidad, ayudado en parte por la captura de Jerusalén de las manos de los jebuseos. Los jebuseos están convencidos de que Jerusalén está a salvo de ataques, pero David toma la ciudad entrando por una escalera que va del interior de la ciudad hacia una fuente afuera de sus muros.

Vale la pena destacar que no solo tenía Jerusalén excelentes fortificaciones para una ciudad capital, con acantilados en tres de sus cuatro lados, sino que también estaba en un territorio "neutral" entre Judá (la tribu que apoyaba a David) y Benjamín (la tribu de Saúl). Era una capital política apropiada, ya que ni Judá ni Benjamín podían decir que era de ellos.

UNA TIERRA Y UN REINO

(c) Imperio grande
El libro pasa a describir las exitosas campañas de David contra los filisteos, los amonitas y los edomitas, cuyas tierras se convirtieron en parte de un vasto imperio. Por primera (y última) vez, la mayor parte de la tierra que Dios había prometido estaba en manos de Israel. Israel se encontraba en el pico de su historia.

Aun en un tiempo de tanto éxito personal, sin embargo, David se acuerda de la casa de Saúl, y honra a Mefiboset, el hijo de Jonatán, tullido de ambos pies.

(II) DESCENSO TRÁGICO

ABAJO
(a) Hombre desgraciado
La declinación de David comienza una tarde funesta. El ejército está lejos, luchando contra Amón, y David, que debería estar liderándolos, está en su casa mirando por una ventana del palacio. Nota a Betsabé, la esposa de su vecino, bañándose en el techo, y le gusta lo que ve. Procede a romper cinco de los Diez Mandamientos. Codicia la mujer de su prójimo, da falso testimonio contra el esposo, roba a su esposa, comete adulterio con ella y finalmente arregla la muerte del esposo. Es una historia terrible, y a partir de esa tarde la nación va cuesta abajo. Durante los próximos 500 años pierden todo lo que Dios les había dado.

Betsabé queda embarazada y David intenta cubrir el hecho haciendo que su esposo Urías muera en batalla. El bebé muere y el rey lleva a Betsabé al palacio para ser su esposa. Vuelve a quedar embarazada, pero este bebé sobrevive y es llamado Salomón (que significa "paz"). Pero David no tiene paz. Un año después Dios le envía al profeta Natán para hablarle de su pecado mediante una parábola, y entonces se da cuenta de la gravedad de lo que ha hecho. El Salmo 51 es una oración de confesión después de esta revelación.

(b) Familia desintegrada

Al parecer, el comportamiento inmoral de David se convirtió en un catalítico para cosas desagradables en toda la familia. Su hijo mayor, Amnón, viola a Tamar, una de sus hermanas. El segundo hijo de David, Absalón, se entera de lo que ocurrió y dos años después logra su propia venganza.

Absalón logra tanta popularidad con el pueblo que David se ve obligado a dejar Jerusalén. Otra vez se encuentra exiliado.

De acuerdo con una profecía hecha por Natán, Absalón hace desfilar a las esposas de David en el techo del palacio y tiene sexo con ellas en público. Una batalla posterior produce la muerte de Absalón, pero David está desconsolado, deseando haber muerto él en vez de su hijo.

(c) Pueblo descontento

El rencor dentro de la familia de David afecta al pueblo como un todo. A pesar del vasto imperio que ahora controlan, no están conformes con su liderazgo. La capital está en el sur, y el pueblo en el norte se siente ignorado. Las preocupaciones son capitalizadas por un benjaminita, Sabá, que se rehúsa a reconocer a David como rey e inicia una revuelta. El levantamiento es sofocado, pero los sentimientos de ira permanecen.

4. Epílogo

Los últimos capítulos están ordenados usando un artilugio literario, con los contenidos del epílogo dispuestos según los temas correspondientes. La estructura puede descomponerse en seis secciones, rotuladas A1, B1, C1, C2, B2, A2, y las secciones A1 y A2, B1 y B2, y C1 y C2 cubren temas similares.

A1 LEGADO DEL PASADO

Todo Israel enfrenta una hambruna durante tres años. Dios dice a David que el hambre es un castigo de Israel por la matanza anterior de Saúl de los gabaonitas, un grupo que los israelitas habían prometido no tocar. Los gabaonitas solicitan la muerte de siete descendientes de Saúl como recompensa por este atropello, y David se los entrega.

B1 LOS HOMBRES DE DAVID
Hay un breve relato de los "matadores de gigantes" de David, los hombres que lucharon a su lado y le dieron la victoria sobre los filisteos en una serie de batallas.

C1 SALMO DE DAVID
Uno de los salmos más importantes de David registra cómo Dios lo libró de todos sus enemigos. Escribe de Dios como su roca, su fortaleza y su libertador, las palabras de un hombre que puede mirar atrás a la extraordinaria provisión divina a lo largo de su vida y dar gracias por esto.

C2 LAS ÚLTIMAS PALABRAS DE DAVID
Estos dichos se leen como un salmo y son una reflexión sobre el Espíritu de Dios, que inspiró la escritura de los salmos que han sido cantados a lo largo de las edades y que son tal vez el mayor legado de David.

B2 MÁS DISTINCIONES POR VALENTÍA
David reconoce, registra y honra a los hombres que lucharon con él, incluyendo a los tres que volvieron a Belén para traerle un poco de agua cuando estaba huyendo.

A2 EL JUICIO DIVINO VUELVE A CAER SOBRE ISRAEL
Al final de su vida, David es tentado por Satanás a realizar un censo de los soldados de Israel. Su motivación es el orgullo, y Dios lo castiga por su acción. El profeta Gad es enviado para transmitir el desagrado divino, y David tiene

tres opciones: siete años de hambre, tres meses de huir de sus enemigos o tres días de plaga. Elige la tercera, y mueren 70.000 personas.

David clama al Señor para que detenga la plaga y se le dice que haga un sacrificio en la parcela de Arauna, el jebuseo, una zona plana arriba de la ciudad de Jerusalén. Ofrece el sacrificio y la plaga se detiene. Considera que la parcela es un lugar ideal para construir un templo para Dios. Se le ofrece el terreno gratis, pero David dice que su ofrenda al Señor sería indigno si no le costara nada, e insiste en comprarlo. Los libros de Reyes describen la construcción del templo en este preciso lugar.

A David no se le permite construir el templo, porque Dios dijo que había "derramado mucha sangre". El templo debía ser construido por un hombre de paz. Así que el templo en Jerusalén, que significa "ciudad de paz", fue edificado por el hijo de David, Salomón (que significa "paz"). Si bien David preparó los planos, organizó a los obreros y recolectó los materiales, fue su hijo, Salomón, quien dirigió el proyecto.

¿Cómo debemos leer Samuel?

Nuestra reseña de Samuel ha omitido hasta ahora toda mención de cómo debemos leer el libro. Todos los lectores se acercan al texto con ciertas expectativas, pero es importante que leamos la Biblia teniendo en cuenta la intención de sus autores, si queremos entenderla e interpretarla correctamente. Samuel no es ninguna excepción. Hay seis niveles diferentes desde los cuales podemos leer cualquier serie de historias bíblicas, y es importante escoger el correcto.

1. Anecdótico (historias interesantes)
(i) Niños
(ii) Adultos

2. Existencial (mensajes personales)
(i) Orientación
(ii) Consuelo

3. Biográfico (estudios de personajes)
(i) Individual
(ii) Social

4. Histórico (desarrollo nacional)
(i) Liderazgo
(ii) Estructura

5. Crítico (posibles errores)
(i) Crítica "menor"
(ii) Crítica "mayor"

6. Teológico (dominio providencial)
(i) Justicia – retribución
(ii) Misericordia – redención

1. Anecdótico
(I) NIÑOS

La forma más sencilla es centrarse en las historias más interesantes. Los maestros de Escuela Dominical seleccionan los sucesos que tienen una mayor comunicación con los niños. La historia de David y Goliat, por ejemplo, es un favorito concreto.

Maria Matilda Penstone lo expresó así:

> Dios nos dio un libro lleno de cuentos
> que fue hecho para su gente de antaño
> Comienza con la historia de un huerto
> termina en la ciudad de caminos dorados.

Hay historias para padres y para hijos
para ancianos cercanos al reposo
pero para el que pueda leerlos u oírlos
lo que dice de Jesús es lo más precioso.

Tiene algún mérito usar las historias así, pero es selectivo. Los maestros pueden distorsionar fácilmente el verdadero significado de un hecho en favor de un comentario que consideran de valor y en el nivel que piensan que los niños podrán entender.

(II) ADULTOS

Las historias en Samuel son contadas de una manera soberbia, con una economía de palabras y un estilo hermoso. Dado que los adultos también disfrutan de una buena historia, muchos leen la Biblia exclusivamente por su valor anecdótico. Los directores de cine han disfrutado de adaptar historias como David y Betsabé para la pantalla.

Si bien es bueno que las historias sean por lo menos leídas, este enfoque pasa por alto un punto fundamental. En el nivel de la anécdota, no importa si las historias son verdaderas o no. Podrían ser verdaderas, ficción o fábulas; sea lo que fueren, las historias igual pueden ser disfrutadas y puede discernirse un mensaje moral. El mayor problema, sin embargo, es que sí importa si las historias son verdaderas o no, porque estas historias más pequeñas forman parte de la gran historia del libro de Samuel, que a su vez tiene un lugar crucial dentro de la historia de redención general de la Biblia. Si dudamos si las personas hicieron las cosas que se les atribuye aquí, ¿cómo podemos estar seguros de que Dios hizo lo que se le atribuye en estas páginas? Los actos humanos y divinos se sostienen o caen juntos.

2. Existencial

(I) ORIENTACIÓN

Me veo tentado a llamar la lectura de estas historias de la Biblia para orientación "el método del horóscopo", ¡porque algunos leen la Biblia cada día esperando que algo pueda saltar de sus páginas que les sirva! Hay raras ocasiones en que alguien ha testificado de que un versículo o un pasaje concreto ha jugado un papel significativo en su vida, pero esto habla más de la capacidad de Dios de usar el método que él escoja para guiarnos que de la legitimidad del método. El sistema pasa por alto completamente el hecho de que la mayoría de los versículos no significarán nada para la situación específica de una persona. Hay una historia clásica de un hombre que estaba pasando las hojas de la Biblia en busca de un versículo y encontró: "Judas salió y se ahorcó". Sin estar satisfecho, ¡buscó otro versículo y encontró: "Ve tú y haz lo mismo"!

Si estamos leyendo la Biblia para tener un mensaje personal, ¿cómo entendemos el versículo en 1 Samuel donde Samuel dice a Elí: "ninguno de tus descendientes llegará a viejo"? Fue apropiado siglos después para uno de los descendientes de Elí, el profeta Jeremías, que inició su ministerio profético cuando tenía 17 años, ya que no llegaría a una edad avanzada. Pero no hay ninguna aplicación para nosotros. O tome otro versículo: "en presencia del Señor, Samuel descuartizó a Agag". ¿Cómo podríamos aplicarlo?

Estoy ridiculizando este método porque estoy seguro de que ésta no debe ser la razón principal para leer estas historias. Los libros de Samuel revelarán relativamente poco si los leemos así. Necesitamos leer el texto en el contexto en el que fue escrito, si queremos extraer el significado correcto. Si solo buscamos textos que tengan que ver con nuestra propia situación, pasaremos por alto muchísimas cosas.

(II) CONSUELO

En otros tiempos las personas devotas usaban "cajas de promesas" con el propósito de encontrar consuelo para enfrentar la vida. Cada "promesa" bíblica estaba impresa en un pedazo de papel enrollado y se levantaba uno al azar con unas pinzas cada día. No hace falta decir que cada uno era levantado también de su contexto bíblico y, por lo tanto, a menudo era separado de las condiciones vinculadas con el texto elegido. Por ejemplo, "estaré con ustedes siempre" está colocado en el contexto de "vayan y hagan discípulos de todas las naciones", y no debemos pedir la promesa si no estamos cumpliendo con el mandamiento. Aun sin una caja de este tipo, podemos leer la Biblia de una forma muy similar, buscando un versículo que podamos "levantar" para nosotros. Encontraremos pocos versículos de este tipo en los libros históricos de la Biblia, como Samuel y Reyes. Entregan sus tesoros a quienes los leen enteros, buscando saber cómo es Dios precisamente, qué siente acerca de nosotros, por encima de cómo podemos sentirnos acerca de nosotros mismos, o aun acerca de él.

3. Biográfico

(I) INDIVIDUAL

El tercer método es muy frecuente entre los predicadores. Una de las grandes características de la Biblia es la forma sincera en que registra los fracasos y los éxitos de los principales personajes. Santiago dice en el Nuevo Testamento que la Biblia es como un espejo que puede mostrarnos cómo somos a través de las personas acerca de las que leemos. Podemos compararnos con los personajes bíblicos y preguntarnos si nos hubiéramos comportado de la misma forma.

Con esto en mente, podemos notar cómo los dos primeros reyes de Israel comenzaron bien y terminaron mal, aunque Saúl fue considerado como el peor rey y David, como el mejor.

UNA TIERRA Y UN REINO

Leemos acerca del carácter de Saúl, un hombre que literalmente estaba del hombro y la cabeza por encima de los demás, con muchas ventajas personales. Leemos cómo el Espíritu del Señor vino sobre él y se convirtió en un hombre diferente. Pero leemos también acerca de las fallas fatales en su carácter, y de cómo sus inseguridades produjeron malas relaciones y los celos de las personas valiosas que lo rodeaban.

Podemos contrastar a Saúl con David, a quien Dios llama "un hombre conforme a mi corazón". Cuando Samuel escoge a David, leemos que Dios le dijo: "La gente se fija en las apariencias, pero yo me fijo en el corazón".

Las escrituras describen a David como un hombre que estaba al aire libre, involucrado en el trabajo manual, apuesto y valiente. Desarrolló su relación con Dios durante los días y noches solitarios como pastor, leyendo la ley, orando y adorando a Dios por la creación además de la redención. Estos años fueron una preparación para que él se convirtiera en la persona más importante del país.

Podemos notar sus habilidades como líder, cuando consultaba la opinión de Dios antes de tomar cualquier decisión. Aun cuando fue ungido como rey, se rehusó a tomar el trono demasiado pronto y esperó los tiempos de Dios. Era un hombre magnánimo, aun en la victoria, y no se alegraba cuando sus enemigos eran muertos. Se puso furioso porque uno de los hijos sobrevivientes de Saúl fue muerto, aun cuando Saúl había sido su enemigo. Era un hombre muy perdonador, y alguien que podía honrar a las personas valientes. En el libro de Samuel tenemos una lista de los hombres a los que honró David.

Por lo tanto, David era lo opuesto a Saúl: tenía un corazón para Dios y le gustaba honrar a las personas. Saúl no tenía un corazón para Dios y no le gustaba tener a nadie más que fuera exitoso cerca de él.

Hay otras comparaciones: Samuel y Elí compartían la incapacidad de disciplinar a sus hijos. Jonatán y Absalón eran ambos hijos de reyes, pero se comportaron de manera muy diferente. Jonatán era un hijo generoso de un rey malo (Saúl), que estaba dispuesto a someterse al liderazgo de David. Absalón era el hijo egoísta de un rey bueno (David) que quería tomar el trono de su padre.

Las mujeres en el libro de Samuel también constituyen un hermoso estudio de caracteres. Tanto Ana como Abigaíl revelan rasgos interesantes. Leemos de la devoción de Ana a Dios y su emoción cuando quedó embarazada. Abigaíl evitó valientemente una crisis al preparar comida para los hombres de David cuando su esposo les había rehusado hospitalidad. Causó tanta impresión en David que se casó con ella poco después de la muerte de su esposo.

(II) SOCIAL

También podemos estudiar las relaciones entre personas. La amistad entre David y Jonatán es una de las páginas más puras y piadosas en las páginas de la Biblia.

La interacción frustrante, hasta amenazante, entre Saúl y David es un clásico ejemplo de cuán difíciles pueden ser las relaciones personales con temperamentos poco confiables, que alternan entre un ánimo acogedor y de rechazo, especialmente cuando existe la complicación adicional de la influencia de malos espíritus.

Toda la epopeya de David y las diferentes mujeres de su vida está llena de perspectivas sobre las relaciones de género. Tampoco es irrelevante para la sociedad contemporánea su capacidad para ganar el afecto y la devoción de varios hombres en su vida.

La elección insistente del pueblo de su primer rey y sus razones para hacerlo dicen algo acerca de la influencia de la imagen en las elecciones políticas contemporáneas.

Así que estas historias tienen implicaciones sociales además de individuales, de todas las cuales podemos aprender lecciones valiosas. Pero esto aún no llega a cubrir la intención detrás del mensaje en el texto.

4. Histórico
(I) LIDERAZGO

Una cuarta manera de considerar el libro de Samuel es verlo como un estudio de la historia de Israel. Israel se desarrolló, desde una familia a una tribu, luego a una nación y finalmente en un imperio. Es este desarrollo en un imperio que se describe en los 150 años cubiertos por los libros de Samuel.

El pedido de un rey vino del pueblo, celoso del liderazgo unificado y visible que las monarquías brindaban en las demás naciones que los rodeaban, y hartos de la relación federal de ese tiempo entre las 12 tribus independientes.

Samuel advirtió al pueblo que habría grandes costos asociados con todo movimiento hacia un gobierno centralizado a través de un rey. El pueblo siguió adelante con su pedido y el curso de la historia quedó fijado. Dios accedió a su pedido, pero insistió en que el rey de Israel no fuera como los reyes de las otras naciones. Debía escribir la ley y leerla diariamente, y brindar liderazgo espiritual al pueblo (esta disposición en Deuteronomio muestra que Dios había previsto este acontecimiento). De ahí en adelante, el carácter de la nación estaría atado al rey.

(II) ESTRUCTURA

El movimiento desde una estructura federal hacia una centralizada no fue indoloro para la nación. Podemos estudiar el libro desde este punto de vista, notando las luchas que David enfrentó y su habilidad para superarlas. Podemos notar cómo su genio de organizador y su habilidad como comandante bajo Dios guio a la nación a alcanzar un pico de paz y prosperidad bajo su gobierno. Su elección de Jerusalén como ciudad capital fue uno de varios golpes maestros brillantes. La ciudad fue capturada de los jebuseos, así que no era considerada como el dominio de ninguna tribu específica.

El imperio creció bajo David, los enemigos anteriores se convirtieron en estados satélite y todo el territorio que se les había prometido fue conquistado por primera y última vez. Los filisteos ya no los hostigaron. Pero el gobierno centralizado demostró ser la caída de los israelitas también, porque cuando el poder está en cada vez menos manos, el carácter de esas personas que son dueñas de las manos determina inevitablemente lo que ocurre.

5. Crítico
(I) CRITICA "MENOR"

La crítica menor es el estudio de la Biblia por eruditos para ver si hay errores en el texto. Estudian y comparan manuscritos en los idiomas originales y notan cualquier discrepancia que pueda haber ocurrido por errores de transmisión de los copistas. Este trabajo nos da una enorme confianza en que los textos que los traductores usan están muy cercanos al original; se considera que el Nuevo Testamento tiene una precisión del 98 por ciento.

El más antiguo de los manuscritos del Antiguo Testamento es el texto masorético, que data de 900 d.C. Hay una copia completa de Isaías, uno de los rollos del mar Muerto de 100 a.C., que es mil años más antiguo que cualquier otra copia disponible. Fue descubierta cuando se estaba traduciendo la versión inglesa *Revised Standard Version*, así que demoraron su publicación hasta que el texto hubiera sido verificado contra este manuscrito más antiguo. El texto en el cual habían estado trabajando originalmente era muy preciso, y solo fue necesario hacer unos pocos cambios.

Si bien el texto del Antiguo Testamento no tiene la misma precisión que el del Nuevo Testamento, igual podemos estar seguros de que hay muy poco que sea diferente del texto original. Además, vale la pena notar que toda discusión relacionada con la traducción tiene que ver con pequeños detalles y no con las verdades centrales de la fe. En Samuel, por ejemplo, hay dos relatos de la muerte de Goliat, pero solo uno hace responsable a David. Si solo se ajusta una letra, la discrepancia queda resuelta. Está claro que un copista cometió un error durante la transmisión.

(II) CRÍTICA "MAYOR"
La crítica menor es una disciplina bienvenida y necesaria, pero la crítica mayor hace mucho daño. Provino de Alemania, en el siglo diecinueve, y se filtró a muchas universidades de teología durante el siglo veinte.

El argumento básico de la crítica mayor es que aun cuando el texto original transmita de manera precisa lo que el escritor quería decir, igual podemos estar errados en lo que deberíamos creer. Los críticos mayores se aproximan al texto con sus propias presuposiciones basadas en lo que consideran como razonable. Quienes sostienen que la ciencia ha refutado los milagros omiten cualquier suceso milagroso del texto, mientras que los que no pueden creer en el conocimiento previo sobrenatural omiten toda profecía que prediga correctamente el futuro.

Estos eruditos trabajan en un nivel puramente académico e intelectual, con poco entendimiento o preocupación por una fe personal. Su enfoque deja inevitablemente el texto de las escrituras en pedazos, irreconocible en comparación con el original.

6. Teológico
Un enfoque teológico de la lectura de los libros de la Biblia

hace que cada página y cada oración tenga valor. Los niveles de lectura que hemos considerado hasta ahora solo se preocupan por el lado humano del estudio de la Biblia, pero la Biblia es principalmente un libro acerca de Dios, con solo un interés secundario en el pueblo de Dios. Este tipo de estudio pregunta cómo podemos leer el texto para llegar a conocer a Dios.

Ya hemos visto que Samuel es un libro profético. La historia registrada es historia desde la perspectiva divina, y registra lo que Dios consideraba como importante.

Por lo tanto, al tomar el enfoque teológico podemos mirar una historia y preguntar cómo este suceso se relacionó con Dios. ¿Cómo se sintió él? ¿Por qué le importó tanto el hecho a Dios que fue incluido para que lo leamos como parte de las Sagradas Escrituras? Comenzamos a leer el libro desde el punto de vista de Dios y sacamos conclusiones acerca de quién y cómo es él. Con la confianza de que Dios no cambia, podemos entonces aplicar estas verdades eternas a nuestro propio día y generación.

JUSTICIA Y MISERICORDIA
Ésta es la mejor y más apasionante forma de leer Samuel. El libro describe la intervención de Dios en la vida de Israel, porque él es el verdadero actor en estas historias, no Saúl, David o Samuel. Dios inicia los sucesos históricos y también responde a ellos. Vemos cómo Ana es estéril, ora y Dios le da un hijo. Vemos cómo David, en el nombre de Dios, mata a Goliat con su primera piedra. Vemos cómo David, con la ayuda de Dios, escapa de las garras de miles de hombres del ejército de Saúl. Dios ayuda a algunos y pone trabas a otros. Es justo cuando castiga el mal y a veces es misericordioso cuando no aplica un castigo merecido.

Da a Israel la tierra, pero cuando lo desobedecen les envía opresores. Cuando se arrepienten, les envía liberadores.

Permite al pueblo elegir a un rey, pero cuando el rey fracasa les da otro, un hombre según su propio corazón.

Podemos estudiar las historias de Samuel, aprender lecciones de la historia y compararnos con Saúl o David, pero la verdadera razón para leer el libro es aprender acerca del carácter de Dios.

La actividad de Dios se ve especialmente en el corazón del libro. Él hace un pacto con David, confirmando su compromiso con Israel que había sido expresado por primera vez en los pactos con Abraham y Moisés siglos atrás. Éste es el momento más crucial de 1 y 2 Samuel. Surge cuando David pregunta a Dios si puede edificar una casa para él. Se siente avergonzado por haber construido un palacio tan grande para sí cuando Dios está viviendo en una carpa al lado.

Cuando David dice a Dios que le edificará una casa, recibe tres mensajes del profeta Natán. El primero es "Hazlo". El segundo, "No lo hagas". Dios explica que una carpa es suficiente para él porque nunca pidió un palacio de piedra. El tercer mensaje es que David no debe edificar el templo porque había "derramado mucha sangre", pero su hijo podrá hacerlo.

En el pacto Dios dice a David que lo tratará como su hijo. Lo disciplinará, pero nunca dejará de amarlo. La casa y el reino de David perdurarán ante él para siempre. Su trono será establecido para siempre; siempre habrá un descendiente de David sobre el trono.

Desde entonces, los descendientes de David siempre guardan registros cuidadosos de su árbol genealógico, preguntándose si su hijo podría ser el "hijo de David" mencionado en el pacto. Esta promesa se convierte en el foco de las esperanzas nacionales durante los próximos 3000 años, durante los cuales los judíos esperarán al Mesías.

Este pacto es un tema crucial a lo largo del resto de la Biblia. Mil años después la promesa fue cumplida cuando

Jesús nació de una pareja humilde que estaba en la línea real. Jesús era el hijo legal de David a través de José, su padre, pero también era un hijo físico de David a través de su madre, María. Era doblemente hijo de David. Durante su vida fue conocido como el "hijo de David". Los discípulos reconocieron su derecho a ser conocido como "Mesías" (el ungido), y este tema continúa en los escritos posteriores acerca de él y su iglesia. Los libros de Hechos, Romanos, 2 Timoteo y Apocalipsis usan todos este título para referirse a Jesús. Proclaman que toda autoridad en el cielo y en la tierra ha sido dada al hijo de David y estará siempre en sus manos. Se regocijan porque Dios ha mantenido su pacto con David en su hijo Jesús.

En el cumplimiento del pacto vemos que la promesa de Dios tiene implicaciones más amplias, ya que el rey sobre el trono de David gobierna sobre los judíos y gentiles que constituyen su iglesia.

Solo cuando leemos Samuel desde un punto de vista teológico podemos apreciar su riqueza en términos de su mensaje y el papel que juega en los temas desarrollados en la Biblia como un todo.

Conclusión

Samuel es un libro histórico con una diferencia. Es historia profética llena de historias interesantes, extrañas, románticas y crueles que, puestas juntas, revelan los propósitos continuos de Dios para su pueblo. Dios quería que fuésemos gobernados por un hombre, no el rey David I sino el rey David II. Los libros de 1 y 2 Samuel forman parte de la historia cristiana. Jesús fue rey de los judíos en el pasado, es el rey de la iglesia hoy y será el rey del mundo en el futuro, cuando reinará en justicia y rectitud y el reino será restaurado finalmente a Israel.

Por lo tanto, la verdadera importancia del libro queda clara cuando entendemos cómo está involucrado Dios, actuando detrás de las escenas, dando forma a la historia y asegurando a su pueblo que el reino de él crecerá y un día su propio hijo, también el hijo de David, será rey.

10.
1 Y 2 REYES

Introducción

Gracias a mi maestro en la escuela, la historia me resultaba muy aburrida. Era todo acerca de fechas, batallas, reyes y reinas, y parecía complicado e irrelevante. Mi interés se avivó cuando leí el libro de historia parodiada *1066 and All That*,[8] que era ciertamente más divertido que mis lecciones de la escuela. Cada hecho histórico era resumido como "bueno" o "malo", sin nada en el medio.

La lectura del libro de Reyes tiene cierto parecido con la esa parodia (aunque sin el humor). Describe a los reyes de Israel o de Judá como buenos o malos, según cómo gobernaron.

Sin embargo, a diferencia de la historia en la escuela que muchos recordamos, la historia bíblica es cautivante. No tiene que ver con fechas o batallas irrelevantes, sino que es un registro del pueblo de Dios contado desde el punto de vista divino. Tampoco tiene un mero interés académico, sino que es absolutamente vital para toda la humanidad.

Contexto

El libro de Reyes se centra en la tercera de las cuatro fases del desarrollo nacional del liderazgo de Israel. Como explica la Reseña del Antiguo Testamento, los primeros líderes nacionales fueron patriarcas, de Abraham a José. Luego vinieron los profetas, de Moisés a Samuel. En tercer lugar vinieron los reyes, de Saúl a Sedequías. Finalmente, vinieron los sacerdotes, de Josué a Caifás.

El período de los reyes está cubierto por cuatro libros en nuestra Biblia inglesa-española:

---
8 En español, *1066 y todo eso.*

1 Samuel: Samuel a Saúl
2 Samuel: David
1 Reyes: Salomón a Acab
2 Reyes: Acab a Sedequías

En las Escrituras hebreas, esta fase de liderazgo está cubierta por solo dos libros, Samuel y Reyes. El corte entre 1 y 2 Reyes ocurre al final del reinado de Acab y separa la vida y la muerte del profeta Elías. Cuando el Antiguo Testamento fue traducido al griego en 200 a.C., los libros se volvieron demasiado largos para un único rollo. Las palabras hebreas solo tienen consonantes, así que el agregado de vocales en el griego hizo que los libros tuvieran el doble de largo. Por lo tanto, los cortes en 1 y 2 Samuel y 1 y 2 Reyes fueron determinados más por la traducción que por el diseño.

Reinos

En hebreo el libro es llamado los "Reinos" de Israel, no "Reyes". La palabra "reino" tiene un significado diferente en hebreo. En inglés-español se refiere a una tierra sobre la que gobierna un soberano. Así, Inglaterra forma parte del Reino Unido bajo el reinado de la reina. En hebreo, sin embargo, la palabra "reino" se refiere al reinado de un monarca, así que está definido en términos de autoridad, no de un área; gobierno más que dominio.

Además, el concepto de "reino" en la Biblia es muy diferente del Reino Unido donde, bajo una monarquía constitucional, la reina reina pero no gobierna, porque el poder reside en el gobierno elegido. La gran ventaja es que las fuerzas armadas y los tribunales de justicia no están bajo el gobierno directamente, sino responden a la reina. La monarquía es valorada no tanto por el poder que ejerce como por el poder que evita que tengan los demás.

Los reyes de Israel, en contraste, tenían poder absoluto.

Hacían las reglas y comandaban las fuerzas armadas. No había parlamento, votaciones o partidos de oposición. El rey gobernaba por decreto y no por debate. Su influencia sobre sus súbditos era total, y por lo tanto su carácter y conducta daban forma a la sociedad durante su gobierno. Ocupaban el lugar de representantes de la nación ante Dios, pero también eran los representantes de Dios ante la nación.

Esto significó un cambio importante en la forma en que era evaluada la nación. Durante el tiempo descrito en Josué, Jueces y Rut, había una federación informal, y el pueblo era juzgado según sus propias acciones. En Samuel y Reyes, sin embargo, el carácter y la conducta del rey decidían el destino de la nación.

Historia seleccionada
Si bien el libro trata de los reyes de Israel, no es equitativo en su asignación de espacio a cada rey. Por ejemplo, Omrí fue un rey en el norte de quien sabemos de otras fuentes históricas que tuvo un reinado sobresaliente, creando un giro económico extraordinario para la nación. Sin embargo, el libro de Reyes lo despacha en ocho versículos, porque era deficiente en el área que importaba: hizo lo malo a los ojos del Señor. De manera similar, Jeroboán II tuvo una mini edad de oro en el norte, pero se le dan solo siete versículos por la misma razón. Por otra parte, Ezequías, que fue mayormente un rey bueno, tiene tres capítulos, una única oración de Salomón cubre 38 versículos y las historias de Elías y Eliseo, que no fueron siquiera reyes, ocupan la tercera parte de los dos libros de Reyes.

Este tratamiento aparentemente desparejo ocurre porque el escritor no está impulsado por un enfoque convencional de la historia. Notamos en nuestro estudio de Josué que todo historiador tiene que seleccionar lo que es importante, tiene que hacer conexiones entre los hechos o las personas que ha

seleccionado, y luego tiene que explicar por qué un suceso condujo al siguiente. El escritor de Reyes no está interesado en focalizarse en la historia política, económica o militar, si bien los podrá mencionar al pasar. Más bien, le preocupan dos aspectos del reinado o reino de cada rey:
1. Sus cualidades **espirituales** – adoración, ya sea del Dios de Israel o de ídolos
2. Sus cualidades **morales** – justicia y moralidad, o sus opuestos

Historia profética
Reyes es la última de una colección de libros conocidos como los "profetas anteriores" en la Biblia hebrea, y viene después de Josué, Jueces y Samuel. Esto es historia desde el punto de vista de Dios. Las personas y los sucesos son mencionados porque Dios los considera importantes y necesarios para las generaciones futuras. Un hombre puede ser un político o economista brillante, pero a Dios le interesa principalmente su creencia y su conducta.

Podríamos denominar legítimamente a estos libros "historia santa", porque son un registro con un mensaje duradero y una historia con una moraleja eterna. Nos ofrecen no solo una lección *desde* la historia, sino la lección *de* la historia. Quienes no la aprenden están condenados a repetirla.

Verdad universal
Hay patrones en la historia de Israel que son de aplicación universal. Tome, por ejemplo, el largo del reinado de cada rey que se menciona en el libro. Un rey bueno reinaba en promedio 33 años, y uno malo, 11. De aquí podemos derivar el principio general de que los buenos gobernantes duran más que los malos, dado que Dios está en el control último de la historia y puede mantener a los buenos reyes en el trono.

Hay excepciones, ya que no todo rey bueno tuvo un reinado largo ni todo rey malo tuvo un reinado corto, pero el principio se cumple en general y puede verse en la duración de los gobiernos de muchos líderes modernos.

El auge y la caída de una nación

Reyes cubre algunos sucesos clave en la historia del pueblo de Dios que necesitamos tomar en cuenta si queremos comprender el mensaje del libro y entender los libros que siguen. El libro de 2 Samuel y la primera parte de 1 Reyes describen la posición poderosa de Israel en el escenario mundial, pero la mayor parte del libro de Reyes se ocupa de la caída de la nación. Bajo David y Salomón, la nación finalmente fue unida, y el imperio se extendió desde Egipto hasta el Éufrates. Por fin, los israelitas habitaban la mayor parte de la tierra prometida a Abraham 1000 años antes, además de controlar un territorio todavía más extenso. Pero desde el tiempo de Salomón en adelante, fueron barranca abajo, mediante una guerra civil y un reino dividido, hasta terminar exiliados en una tierra extranjera.

La división nacional significó que el nombre Israel ya no se refería a toda la nación, sino solo a las 10 tribus del norte. Las tribus del sur, Judá y Benjamín, fueron conocidas por el nombre de la mayor, Judá. Esta distinción continúa a lo largo del resto del Antiguo Testamento.

Las tribus sureñas de Judá y Benjamín fueron conocidas como "los judíos", una expresión derivada del nombre tribal de Judá. Antes de este punto el pueblo era conocido colectivamente como "hebreos" o "israelitas". Ésta es una distinción importante a tener en cuenta. En el Nuevo Testamento, el Evangelio de Juan distingue entre los judíos del sur y los galileos del norte. Fueron los primeros quienes tuvieron la mayor responsabilidad en la crucifixión de Jesús y no todo el pueblo de Israel como tal.

UNA HISTORIA DE DOS NACIONES

Reyes cubre las historias de estas dos "naciones". Los estándares espirituales y morales de las 10 tribus del norte se deterioraron constantemente, hasta que Asiria las envió al exilio. En el sur, la progresión descendente fue menos marcada. Hubo buenos reyes, como Ezequías y Josías, pero finalmente siguieron el mismo camino que el norte y fueron llevados a Babilonia. Su antepasado Abraham había sido llamado de Ur, y ahora ellos terminaban donde él había comenzado, aunque ahora como expatriados.

Es una lección saludable acerca de cuán fácil es perder lo que se ha ganado. A menudo, la duración de la caída es mucho menor que el tiempo que llevó llegar al pináculo.

El reino de Israel

El reino de Israel atravesó tres etapas, resumidas en la tabla de abajo.

1. Reino unido

Saúl	40 años
David	40 años
Salomón	40 años

2. Reino dividido

10 tribus en el norte - "Israel"
2 tribus en el sur - "Judá"

Guerra	80 años	Elías
Paz	80 años	Eliseo
Guerra	50 años	Israel a Asiria, 721 a.C.

3. Reino único

	140 años	Judá a Babilonia, 587 a.C.

UNIDAD

La primera etapa fue el "reino unido", cuando tres reyes reinaron por turno sobre todo Israel. El primer rey fue Saúl, que fue esencialmente malo; el segundo fue David, que fue esencialmente bueno; y el tercero fue Salomón, que fue tanto bueno como malo.

Cada reino duró exactamente 40 años. El número 40 es a menudo indicativo del largo del tiempo en que Dios prueba a la gente. Jesús fue tentado 40 días en el desierto; los hijos de Israel estuvieron en el desierto 40 años. Es un período de prueba a los ojos de Dios, y los tres reyes fallaron el examen. Comenzaron bien, pero terminaron mal. David recibió crédito por ser "un hombre conforme al corazón de Dios", pero aun él tuvo un final decepcionante.

El libro de 1 Samuel cubre los 40 años de Saúl, 2 Samuel cubre los 40 años de David, y los primeros 11 capítulos de 1 Reyes cubren los 40 años de Salomón.

GUERRA

Apenas murió Salomón, el norte y el sur se trabaron en una guerra civil que destrozó el "reino unido". Las semillas del malestar habían sido sembradas cuando Salomón estableció fuertes impuestos a toda la nación y confinó los beneficios al sur, creando disconformidad en el norte. La muerte del rey fue el catalizador para que este malestar estallara en un conflicto armado.

Las dos tribus del sur se quedaron con la capital, Jerusalén, y la línea real de David. Las diez tribus del norte perdieron ambas cosas y establecieron sus propios centros de adoración, en Betel y Dan, que incluían dos becerros de oro como focos de su adoración. Dado que la línea real estaba en el sur, también eligieron a su propio rey, Jeroboán.

Las sucesiones en el norte raramente fueron tranquilas. Hubo asesinatos, golpes de estado y tomas de poder. Los reyes a menudo se elegían ellos mismos.

Durante 80 años después de la división, hubo guerra entre el norte y el sur en medio de una creciente animosidad que culminó cuando las tribus del norte hicieron un tratado con Siria y Damasco para intentar eliminar a las dos tribus del sur. Isaías da los detalles en su profecía.

PAZ

Los 80 años de guerra entre el norte y el sur fueron seguidos por 80 años de paz, durante los cuales Dios envió a dos profetas que juegan un papel sumamente importante en el libro de Reyes. El ministerio de Elías es registrado en 1 Reyes y los primeros dos capítulos de 2 Reyes, y Eliseo, que lo siguió, es una figura clave en la primera parte de 2 Reyes.

Sin embargo, el respiro no detuvo la declinación, y en 721 a.C. los asirios derrotaron a las tribus del norte de Israel y las deportaron. Se convirtieron en las "10 tribus perdidas" que nunca volverían a la tierra como nación.

Luego del exilio del reino de Israel, en el norte, el libro se centra exclusivamente en Judá y Benjamín, en el sur. Era un reino muy pequeño, con Jerusalén como su capital y una pequeña cantidad de territorio que la rodeaba, pero sus reyes descendían de la línea real y sabían de la promesa de Dios a David de que siempre habría uno de sus descendientes sobre el trono.

Cuando las tribus del norte fueron deportadas, Dios envió advertencias proféticas a través de Isaías y Miqueas de que lo mismo ocurriría al sur, pero esto tuvo poco o ningún efecto. El último hecho registrado en el libro de Reyes es que Judá fue llevado al exilio por los babilonios solo 140 años después.

Propósito

Nos centramos ahora en las preguntas básicas que deben informar nuestra lectura de cualquier libro de la Biblia.

¿Quiénes escribieron el libro? ¿Cómo lo escribieron? ¿Cuándo lo escribieron? ¿Por qué lo escribieron?

¿Quiénes escribieron Reyes?
El escritor del libro no puede conocerse con certeza. La mayoría de los judíos cree que fue Jeremías, y hay varias razones a favor de este argumento.
1. Hay partes de Reyes que son idénticas a la profecía de Jeremías, hasta con las mismas palabras.
2. Jeremías no es mencionado en el libro, a pesar de ser un contemporáneo de Josías y estar en el corazón de muchos de los sucesos que se describen. Parecería imposible que alguien cubriera este período sin mencionar a Jeremías, pero si él es el autor coincidiría con otros escritores de la Biblia que no aparecen en sus propios escritos.
3. Sabemos que los profetas frecuentemente escribían acerca de reyes. Isaías escribió acerca de Uzías y Ezequías, y Dios instruyó específicamente a Jeremías en su profecía que escribiera acerca de Israel.
4. Además, hubo un momento en el ministerio de Jeremías cuando el recuerdo de la historia de la nación hubiera sido especialmente pertinente. Su profecía habla del momento en que el pueblo de Dios rechazó sus apasionados recordatorios de que debían ser obedientes al pacto y tuvo que pronunciar maldiciones sobre la nación. Éste hubiera sido el momento apropiado para escribir el libro de Reyes.

El único problema con esta hipótesis es que Jeremías fue llevado a Egipto en 586 a.C. y falleció allí, pero la última parte de 2 Reyes muestra un conocimiento notable de los hechos en Babilonia. Es difícil ver cómo esos detalles podrían aparecer si él escribió todo el libro. Tal vez la mejor solución sea que Jeremías escribió parte de Reyes y otra persona lo terminó. Esto podría explicar su propia ausencia en el relato.

Algunos sugieren a Ezequiel como otro candidato. Se sabe que dependía de Jeremías, y tenía un estilo similar. Sin embargo, la fecha de su última profecía es 571 a.C., que es un argumento en contra de él como escritor del libro. Jeremías es el candidato más fuerte pero, sin pruebas adicionales, debemos dejar la pregunta abierta.

¿Cómo fue escrito Reyes?
El libro de Reyes incluye referencias al hecho de que puede encontrarse información adicional en otras fuentes: las crónicas de Salomón, el libro de las crónicas de los reyes de Israel (mencionado 17 veces) y el libro de las crónicas de los reyes de Judá (mencionado 15 veces). Estos libros no son los libros de Crónicas incluidos en la Biblia. El escritor está usando registros nacionales entrelazados para comunicar una lección acerca de la historia.

Hay partes de Isaías que tiene palabras idénticas a Reyes, lo que sugiere que usaron una fuente común o uno tomó prestado del otro en ciertos puntos.

El escritor cubre sucesos en los reinos de Judá e Israel simultáneamente. Puede resultar confuso leer acerca del rey de Judá, seguido inmediatamente por una sección sobre el rey de Israel, pero el orden es deliberado. El escritor quiere que entendamos cómo cada reino estaba progresando con relación a su contraparte. Esto es vital para la narración durante los momentos en que los dos reinos estaban en guerra, o cuando los matrimonios mixtos conducían a un tiempo de paz.

El escritor, por lo tanto, usó el mismo tipo de métodos históricos empleados hoy, tomando material de otras fuentes, recogiendo información de bibliotecas, etc. La diferencia está en que su selección estaba inspirada divinamente, de modo que lo que tenemos en Reyes no es simplemente historia, sino la Palabra de Dios.

¿Cuándo fue escrito Reyes?

Una pista clave para la fecha del libro está dada por frases que sugieren que el templo en Jerusalén aún estaba en pie, como, por ejemplo, "y ahí han permanecido hasta hoy". Esto sugiere una fecha antes del exilio a Babilonia, en 586 a.C., cuando el templo fue destruido.

Sin embargo, otra parte del libro sugiere una fecha de escritura posterior. Los babilonios mataron a Sedequías, el último rey de Judá, luego de encadenarlo y obligarlo a ver la ejecución de sus hijos antes de quitarle los ojos a él. El rey anterior, Joacim, se había rendido a los babilonios y fue mantenido como prisionero. Lo último que leemos en el libro de Reyes es que Nabucodonosor, rey de Babilonia, liberó a Joacim de la prisión y lo invitó a cenar con él a la mesa. Esto sugiere que el libro fue completado por la mitad del exilio, especialmente al no haber ninguna mención del regreso del pueblo. También significa que alguien de la línea real de David comía a la mesa del rey en Babilonia, con lo que Nabucodonosor ayudó a asegurar la línea real, sin darse cuenta.

Tomando estos dos detalles juntos, por lo tanto, parecería que el libro fue escrito en su mayor parte antes de la caída de Jerusalén, pero fue completado en realidad durante el exilio.

¿Por qué fue escrito Reyes?

La motivación del escritor surge de manera natural de la respuesta a cuándo fue escrito el libro.

Aquí hay una nación que ha perdido su territorio y su capital, y ha sido llevada a otra tierra. Toda una generación no volverá a ver su hogar. Son esclavos nuevamente, su templo está en ruinas, así que es inevitable que tengan preguntas acerca de su relación con Dios. ¿Dónde está? ¿Por qué permitió que ocurriera esto? ¿Y sus promesas?

El libro de Reyes brinda las respuestas a estas preguntas.

Explica que el pueblo tiene toda la culpa del exilio. Dios cumplió sus promesas: él había prometido que si el pueblo se portaba mal perdería su tierra pero, a pesar de sus repetidas advertencias, no lo escucharon. La historia de Reyes es, por lo tanto, una profunda lección para este pueblo exiliado.

Pero aun en este libro oscuro hay esperanza, porque Dios promete nunca romper su parte del pacto. Dios dice que, aunque el pueblo pueda romper el pacto, él nunca lo hará. Él promete traer a sus hijos de vuelta del exilio. El castigo será solo por un tiempo limitado.

De hecho, el pueblo permaneció en la tierra de Babilonia durante 70 años. La cifra no era arbitraria. Dios les había dicho que debían dejar descansar la tierra cada séptimo año, pero ellos habían ignorado esta ley durante 500 años, desde el tiempo de Salomón en adelante. Durante ese tiempo, en consecuencia, la tierra había perdido 70 años de descanso, de modo que, en un sentido, ¡el exilio de 70 años brindó a la tierra la oportunidad de ponerse al día con sus vacaciones!

El libro de Reyes dice que el exilio era un tiempo desastroso, pero no desesperanzado. Dios había prometido conservar la línea real de David, y cumpliría su promesa.

Contenido

Salomón

Al considerar el libro con mayor detalle, comenzamos por el rey que domina los primeros capítulos. El nombre de Salomón significa "paz", que era apropiado, ya que su reino se benefició de la paz que David había obtenido al construir el imperio. Fue un hombre bueno que comenzó bien.

BUENO

Al comienzo de su reinado, Dios se le apareció en un sueño y ofreció darle todo lo que le pidiera. Salomón, sabiendo que carecía de experiencia, pidió sabiduría. Dios prometió darle no solo sabiduría, sino muchas cosas que no había pedido, además: riqueza, fama y poder.

El don de sabiduría de Salomón quedó demostrado en la famosa historia de las dos prostitutas que discutieron por un bebé. Ambas habían tenido un hijo, pero durante la noche uno de los bebés había muerto, así que su madre tomó el de la otra y lo reemplazó por el bebé muerto. El rey tenía que fallar en esta situación tan incómoda. ¿A quién pertenecía el bebé vivo? Salomón pidió sabiduría a Dios y luego dijo a las mujeres que cortaran al bebé vivo en dos y que cada una se quedara con una mitad. Apenas dijo esto, la verdadera madre suplicó que el bebé no fuera muerto y que fuera entregado a la otra mujer. Salomón sabía que ella era la verdadera madre.

Tal vez el acto que más se recuerda de Salomón fue la edificación del templo, con los materiales y los planos provistos por su padre. Dios había prometido a David que permitiría a su hijo construir el primer lugar permanente para la adoración centralizada, predicho en el libro de Deuteronomio siglos atrás. Era un templo magnífico, y fue edificado en siete años (sin embargo, se necesitaron doce años para construir el palacio de Salomón).

Leemos que, aunque el templo fue construido con piedras cortadas, nunca se escuchó el sonido de un martillo o un cincel. Esto fue un misterio durante muchos años, hasta que alguien descubrió una cueva gigantesca del tamaño de un gran teatro en el monte Moria, cerca del Calvario en las afueras de Jerusalén. El piso está cubierto de millones de pequeñas astillas donde la roca había sido cortada. La roca es tan blanda que puede ser cortada con una navaja de bolsillo, pero cuando es sacada al aire libre se oxida y se vuelve bastante dura. Toda la roca para el templo provino de esta cueva, donde cortaban las rocas en las formas exactas que se necesitaban para el templo arriba.

Salomón también estuvo a cargo de la dedicación del templo. Su oración dedicatoria, basada en Levítico 26 y Deuteronomio 28, se registra en detalle en Reyes. Menciona la promesa de Dios de traer a su pueblo de vuelta del exilio si volvían a él, una promesa que se convirtió en especialmente significativa para los que estaban en Babilonia cuando se conoció el libro.

Su reinado trajo gran prosperidad al pueblo de Israel. El imperio se extendía desde Egipto hasta el Éufrates, e incluía la mayor parte del territorio que se les había prometido. La fama de Salomón se difundió por todos lados, llegando hasta la reina de Sabá, que le hizo una visita y quedó impresionada por el esplendor de su palacio.

El tiempo de paz significó una oportunidad para el esparcimiento y el aprendizaje. Salomón coleccionó 3000 proverbios y escribió 1005 canciones. Dios escogió publicar solo seis de esos cantos en la Biblia. Mi teoría es que Salomón escribió una canción para cada una de sus 700 esposas y 300 concubinas, pero Dios escogió solo unas pocas, incluyendo la que aparece en Cantar de Cantares. Dicho sea de paso, es aquí donde debemos cuestionar realmente la sabiduría demostrada por Salomón al tomar tantas esposas. ¡Significó 700 suegras! Como tantas personas, tenía sabiduría para todos los demás, pero no tanta para él mismo.

Cantar de Cantares fue escrito por un joven, tan enamorado que Dios no aparece mencionado directamente. El libro de Proverbios es esencialmente la obra de Salomón, escrito cuando era un hombre de mediana edad. Eclesiastés fue escrito hacia el final de su vida, y allí comparte la filosofía de un anciano con los jóvenes. En ese libro vemos toda la vida de Salomón, con tiempo para la filosofía, la música, la agricultura y la arquitectura. Si bien desarrolló muchos intereses, ninguno de ellos lo satisfizo, y Eclesiastés es uno de los libros más tristes de la Biblia.

MALO

Ya hemos dado indicios de la principal debilidad de Salomón: tenía demasiadas esposas. Esto no era solo para el placer sensual, sino que revelaba también una ambición de poder. Muchos de los matrimonios eran motivados políticamente; por ejemplo, su matrimonio con la hija del faraón. Como egipcia, ella no podía vivir en la ciudad santa de Jerusalén, así que Salomón le construyó un palacio justo al norte del templo, afuera del muro de la ciudad. Excavaciones recientes en ese lugar han descubierto los únicos artefactos egipcios en todo Israel.

Por lo tanto, nos vemos ante una yuxtaposición interesante: por un lado, está el templo magnífico, construido para ayudar a Israel a adorar al único Dios verdadero; por otro lado, está el rey Salomón, con muchas esposas extranjeras, cada una de las cuales trajo sus propios dioses con ellas y alejaron a la gente de la adoración del Dios de Israel. Salomón no fue el único rey en casarse con mujeres extranjeras, pero ningún otro rey tuvo tantas.

La construcción del templo también demandó un costo enorme. Salomón usó trabajo forzado y fuertes impuestos que enfurecieron a las tribus del norte, que resentían tener que financiar un edificio en el sur, tan lejos de sus propios territorios. A pesar del éxito del templo, por lo tanto, Salomón estaba poniendo los cimientos para una catástrofe nacional. Éste fue un rey con un corazón dividido que dejó un reino dividido. Pronto el imperio se descompondría. Aun en el tiempo de Salomón, Hadad el edomita se rebeló, y otros harían lo mismo.

Reino dividido

Los reinados de los reyes de Judá e Israel se registran de manera diferente.

NORTE	**SUR**
Fecha de ascensión	Fecha de ascensión
Duración del reinado	Edad en la ascensión
Condenado formalmente	Duración del reinado
Nombre del padre	Nombre de la madre
	Resumen del carácter
Referencia a fuentes	Referencia a fuentes
Muerte	Muerte y sepultura
Hijo o usurpador	Hijo como sucesor

Los reyes del norte son todos comparados con el primer rey del norte, Jeroboán, que fue un rey malo. Así que leemos repetidamente de los reyes que siguieron: " . . . siguió el mal ejemplo de Jeroboán hijo de Nabat".

En el relato de los reyes de Judá, en el sur, el escritor usa diferentes registros y varía el orden y los detalles. Comienza por la fecha en que empiezan a reinar, pero sigue con la edad del rey; por ejemplo, Josías tenía solo ocho años de edad. La duración del reinado viene a continuación, pero luego viene el nombre de la madre, no el padre, por razones que no están claras. (Hoy una persona califica como judía si su madre es judía, pero en la Biblia era el padre quien determinaba la nacionalidad.) Luego viene el juicio acerca de si fue bueno o malo. Mientras que todos los reyes del norte fueron malos, el sur tuvo una mezcla de buenos y malos, con David como referencia.

Los reyes

El norte tuvo 20 reyes y el sur tuvo el mismo número, pero el sur sobrevivió 140 años más que el norte porque, como hemos notado antes, los reyes buenos gobiernan más tiempo. Algunos de los reyes malos sobrevivieron solo un par de meses antes de ser muertos.

Como se mencionó arriba, todos los reyes del norte fueron malos, si bien algunos no fueron tan malos como otros.

UNA TIERRA Y UN REINO

	NORTE "ISRAEL" (10) (tribus)		SUR "JUDÁ" (2) (tribus)	
Profetas	Reyes	Reyes	Profetas
AHÍAS	**Jeroboán**	**Roboán**	SEMAÍAS
	Nadab	Abías	
JEHÚ	**Basá**	*Asá*	
	Elá		
	Zimri		
	Omrí		
<u>ELÍAS</u>	**Acab**	*Josafat*	ABDÍAS
MICAÍAS	**Ocozías**	Jorán	
	Jorán	Ocozías	
<u>ELISEO</u>	Jehú	ATALÍA	
	Joacaz	Joás	JOEL
	Joás	Amasías	
JONÁS	**Jeroboán II**	*Azarías (Uzías)*	
AMÓS	**Zacarías**		
	Salún	*Jotán*	
	Menajem		ISAÍAS
OSEAS	**Pecajías**		MIQUEAS
	Pekaj	Acaz	
	Oseas	*Ezequías*	
	721 a.C.	**Manasés**	
		Amón	NAHÚM
		Josías	JEREMÍAS
		Joacaz	SOFONÍAS
Muy bueno		Joacim	HABACUC
Bueno			
Malo		Joaquín	DANIEL
Muy malo		Sedequías	
REINA		587 a.C.	EZEQUIEL

El sur tuvo seis reyes buenos y dos muy buenos (Ezequías y Josías), pero también tuvo uno que fue el peor de todos. Ésta es la excepción a la regla acerca de los reyes malos que tienen reinados cortos, porque Manasés reinó 55 años.

El sur tuvo una sola dinastía, mientras que el norte tuvo nueve, y la sucesión cambió de manos por asesinato seis veces.

Hubo una reina. Dios había dicho a David que siempre habría un *hombre* sobre el trono; a las mujeres no se les permitía gobernar como monarcas. Atalía tenía otras ideas. Era la hija de Jezabel y se casó con el rey de Judá, en el sur. Ella quería ser la primera reina de Israel, así que mató sistemáticamente a todos los hijos de la línea real de David, para que el camino le quedara abierto para convertirse en reina. Sin embargo, una tía tomó al niño más joven, Joás, y lo ocultó para que estuviera listo para tomar el trono cuando muriera Atalía, manteniendo así la línea real.

Los dos reyes muy buenos de Judá fueron Ezequías y Josías. Ezequías fue contemporáneo de Isaías, y su historia está incluida en la profecía de Isaías. Fue un buen rey en muchos sentidos. Él fue quien ordenó cavar el túnel para traer agua a Jerusalén y ponerlo a salvo de sus enemigos. Su gran error fue cuando se enfermó y recibió en su palacio hombres de la (entonces) pequeña y desconocida ciudad de Babilonia. Trajeron una "tarjeta de buenos deseos" y Ezequías se sintió halagado porque alguien tan lejos sabía de su enfermedad y se interesaba por él. Les mostró el palacio y el templo. Fue Isaías quien señaló su error. Dijo a Ezequías que los babilonios se llevarían todo lo que les había mostrado. Unos años más tarde hicieron exactamente eso.

El otro rey bueno llegó al trono de Israel cuando tenía solo ocho años de edad. Josías nació el mismo año que el profeta Jeremías. Mientras estaban limpiando el templo, sus hombres encontraron el rollo de Deuteronomio, que no había sido leído por muchos años. Cuando el rey Josías leyó las maldiciones que Dios había prometido si su pueblo se apartaba de sus leyes, se alarmó y comenzó a poner las cosas en orden de inmediato. Ordenó una reforma nacional, destruyendo todos los lugares altos y haciendo que se detuviera la idolatría que había infectado la tierra, con la esperanza de que esto trajera renovación. Pero los corazones de las personas se mantuvieron lejos de Dios. No es posible hacer buenas a las personas aprobando leyes buenas.

Josías también cometió un gran error: fue a la guerra contra Egipto cuando no debía hacerlo y fue muerto en Meguido. Cuando murió, la nación revirtió a las prácticas malvadas que él había erradicado.

Ezequías fue seguido por Manasés, un rey muy malo que llevó la maldad a nuevas profundidades. Adoró al dios Moloc, y esto incluía sacrificar a sus hijos bebés en el valle de Ben Hinón o "Gehena". También ejecutó al profeta Isaías por lo que predicaba, ordenando que fuera atado y colocado en un tronco de árbol hueco, luego de lo cual dos carpinteros cortaron el árbol por la mitad con una gran sierra. Después de ser llevado prisionero a Babilonia, con un gancho en la nariz y grilletes de bronce en sus brazos y piernas, se humilló y se arrepintió de su maldad. Se le permitió volver a Israel, donde destruyó los ídolos y sus templos, que él había erigido. El pueblo dejó de adorar a los ídolos y se volvió al Señor, pero no pudo romper el hábito de adorar en los "lugares altos" que Manasés había establecido. Así que, si bien se arrepintió, su mala influencia no pudo ser eliminada.

Uno de los peores reyes fue Acab, que se casó con una princesa fenicia de Tiro. Su nombre en el idioma fenicio significaba "prímula", pero la misma palabra, Jezabel, en hebreo significaba "basura", y así fue conocida. Está claro que usó a Acab para lograr sus propios fines malvados, y que él no necesitaba que lo convencieran mucho. Fueron sus maquinaciones, por ejemplo, que arreglaron la muerte de su vecino, Nabot, para que Acab pudiera apoderarse de su viñedo.

Elías

Fue este suceso que marcó el inicio del ministerio de Elías. Era un tisbita de Galaad, de la región de Transjordania, y fue considerado uno de los profetas más excelentes de Israel. Si bien no hay ningún libro escrito en su nombre, Reyes cubre más sobre su vida que la mayoría de los reyes mismos.

Es conocido especialmente por su confrontación con los profetas de Baal en el monte Carmelo. Este monte tiene un largo de 19 kilómetros y se proyecta sobre el mar Mediterráneo en el norte de Israel. En el extremo este (terrestre) hay una gran depresión justo debajo de la cumbre, donde podrían reunirse 30.000 personas. Éste debe ser el lugar donde Elías desafió a los profetas de Baal que Jezabel había introducido en el palacio. Hay un manantial allí que nunca se seca, aún en tiempos de sequía. El texto nos dice que Elías empapó el sacrificio con agua, a pesar de que no había llovido durante más de tres años y medio.

La historia es muy conocida. Elías construyó un altar y desafió a los profetas de Baal a construir su propio altar al lado del suyo y a invocar a sus dioses para que el fuego quemara el sacrificio.

Era un desafío muy ingenioso. Sabemos ahora que los altares de Baal tenían un túnel abajo donde un sacerdote se ocultaba para prender fuego a la madera cuando la gente invocaba al dios. Elías les pidió astutamente construir su altar al aire libre y prometió hacer un altar exactamente de la misma forma, solo que él agregaría además agua para que el desafío fuera mayor. Su osadía lo llevó a burlarse de los sacerdotes de tal forma que, si su experimento fallaba, seguramente hubiera sido muerto. Los instó a gritar más fuerte, sugirió que su dios estaba de vacaciones o haciendo sus necesidades. Fue un momento clave en la historia de las tribus del norte. Dios envió el fuego, el sacrificio de Elías fue quemado e Israel supo quién era verdaderamente poderoso. Los profetas de Baal fueron derrotados.

Esta historia asombrosa continúa de una manera que no hubiéramos imaginado. Cuando Jezabel se enteró de la victoria de Elías y la muerte de sus profetas, amenazó al profeta. A pesar de su victoria sobre los 400 profetas de Baal, Elías huyó hacia Horeb para salvar su vida. Estaba agotado emocional y espiritualmente, así que Dios envió un ángel misericordiosamente para cocinarle una comida, y luego le aseguró su presencia y provisión para el futuro de Israel. Dios ya había apartado a un colega de Elías para que continuara su obra.

Eliseo
Eliseo, el arador, sucedió a Elías en el papel profético. Pidió a Elías heredar su espíritu "por partida doble", una frase que se malentiende frecuentemente. No significa que quisiera ser el doble de profeta que había sido Elías. En realidad, era una frase tomada de las costumbres hereditarias. Si un hombre tenía cuatro hijos, su herencia era dividida en cinco cuando moría y la porción doble iba para el hijo mayor, que se convertía en el heredero del negocio familiar, con el dinero adicional para ayudar en la responsabilidad. Al pedir una doble porción del espíritu de Elías, Eliseo estaba pidiendo ser el heredero y sucesor, y "hacerse cargo del negocio".

Elías dijo a Eliseo que si lo veía irse de la tierra podría ser su heredero. Elías fue una de las pocas personas de la Biblia que nunca murieron (Enoc fue otra). El texto nos dice que subió al cielo en medio de un torbellino, y Eliseo lo vio partir. El manto de Elías cayó al suelo, Eliseo lo tomó y caminó hacia el río Jordán. El ministerio de Eliseo tuvo un comienzo excelente, porque Dios dividió el río a su paso, asegurándole que estaría con él tal como había estado con Elías.

La obra de Elías y Eliseo
Los dos profetas eran muy diferentes. Elías era el luchador, el predicador, el hombre que desafiaba al pueblo. El ministerio

de Eliseo fue más pastoral por naturaleza. En una ocasión resucitó al hijo de una viuda, en la aldea de Sunén, solo a un kilómetro de la aldea de Naín donde Jesús haría lo mismo. Eliseo también alimentó a 4000 personas con unos panes de cebada. El ministerio de Elías parece similar al de Juan el Bautista, y el de Eliseo, al de Jesús.

Elías y Eliseo fueron dos entre varios profetas que Dios envió a las tribus del norte: Jonás fue un profeta de Israel antes de ir a Nínive, y aparece en el libro de Reyes. Amós y finalmente Oseas también fueron enviados. La profecía de Oseas contiene algunas de las partes de emoción más profunda de todos los profetas, al representar en su propia vida el amor que Dios tiene por su pueblo.

El espacio asignado a Elías y Eliseo en Reyes nos recuerda que Dios dio al pueblo advertencias frecuentes acerca de lo que ocurriría si no se comportaba según su ley.

Advertencias de Dios

PALABRAS
A lo largo de la caída espiritual de la nación, los sacerdotes tendrían que haber estado recordando al pueblo sus responsabilidades. Pero estaban demasiado involucrados con el sistema como para brindar una voz objetiva, así que Dios envió profetas en su lugar.

Hubo seis profetas enviados al norte: Ahías, Jehú, Elías, Eliseo, Amós y Oseas. Hubo también varios que ministraron en el sur, antes y durante el exilio: Semaías, Abías, Joel, Jonás, Isaías, Miqueas, Nahúm, Jeremías, Sofonías, Habacuc, Daniel y Ezequiel.

Es importante señalar que Dios siempre dio a su pueblo una advertencia de su castigo si continuaban en su pecado. El principio mismo de la Biblia es que Dios juzga a las personas por hacer lo que *saben* que está mal. Las personas que no han oído acerca de Jesús no serán enviadas al infierno porque no han oído acerca de Jesús, sino porque han hecho lo malo contra sus propias conciencias.

Israel y Judá ignoraron los mensajes que recibieron, prefiriendo los falsos profetas que les decían que estaba todo bien y les daban razones falsas para los desastres que les habían ocurrido. No obstante, los verdaderos profetas estaban preparados para decir la verdad y pagar el precio del ridículo, los azotes, el castigo y a veces la muerte.

ACCIONES
Las advertencias que envió Dios no fueron solo verbales, sino también visuales. El pueblo tendría que haber visto que las bendiciones de Dios les estaban siendo quitadas. Note como las advertencias aumentaron en su severidad:
1. Perdieron territorio cuando Hadad condujo a Edom fuera de la "comunidad de naciones".
2. Perdieron independencia cuando las tribus de Transjordania quedaron bajo el control de Siria y una tribu, Neftalí, se perdió completamente y quedó en manos de Asiria.
3. Judá vio a las otras nueve tribus deportadas a Asiria.
4. Finalmente, ellos también enfrentaron la deportación a Babilonia, en tres etapas.

Por lo tanto, aparte de los mensajes proféticos hablados hubo una serie de señales de advertencia a través de sucesos que claramente indicaban un desastre, pero el pueblo los ignoró también y no cambió su conducta.

¿Por qué leer Reyes?

Los cristianos pueden estar seguros de que todas las partes del Antiguo Testamento también son para ellos. Se nos dice en 1 Corintios que los hechos sucedieron "para servirnos de ejemplo, a fin de que no nos apasionemos por lo malo, como lo hicieron ellos". En 2 Timoteo leemos que "toda la Escritura es inspirada por Dios y útil para enseñar, para reprender, para corregir y para instruir en la justicia".

Aplicación individual

EL PRESENTE

Tal vez no *seamos* reyes, pero nosotros también somos ejemplos para otros, en el trabajo, en la familia, en la comunidad. Como los reyes, debemos fijar el tono espiritual de los grupos en los que estamos involucrados, especialmente si tenemos un papel de liderazgo.

Podemos vernos tentados a tener vínculos con personas que tienen dioses "extranjeros". Debemos tener cuidado de los peligros de casarnos fuera de la familia de Dios.

Reyes nos da el ejemplo negativo de la reina Atalía, que buscó asumir el liderazgo en contra de la voluntad de Dios. Todos los cristianos pueden tener la tentación de buscar el liderazgo por motivos que son erróneos o inapropiados para ellos personalmente.

El reinado de Josías nos recuerda que debemos ser lectores habituales de la Biblia. Si descuidamos o ignoramos sus verdades podemos enfrentar consecuencias similares.

El libro brinda también lecciones clave para líderes cristianos, porque el rey tenía un papel pastoral que debía ejercer con su pueblo, un papel del que abusaba a menudo.

EL FUTURO

Nos *convertiremos* en reyes: nosotros también somos parte de la familia real, preparándonos para reinar con Cristo. Podemos mirar adelante a un futuro brillante. Aun cuando nuestras vidas tengan pocas oportunidades de liderazgo ahora, vendrá un día en que será diferente.

Aplicación colectiva

LA IGLESIA

Así como Israel puso ídolos en los lugares altos en la tierra, Gran Bretaña tiene una tradición de santuarios paganos que se encuentran en las colinas. Hay iglesias cristianas que ahora están construidas sobre muchos de estos sitios, pero el peligro de transigir con el paganismo aún existe. El sincretismo, la unión de una religión con otra, sigue estando presente y es aún popular.

Cuando Elías desafió al pueblo de Israel, les preguntó cuánto tiempo dudarían *entre* dos opiniones. La misma pregunta podría hacerse a la iglesia hoy, porque en Gran Bretaña y en otras partes hay cristianos practicantes que no ven nada de malo en mezclar su fe con la religión pagana y las filosofías contemporáneas materialistas y de la nueva era. El príncipe Carlos dice que prefiere ser llamado Defensor de la Fe (en sentido general) y no Defensor de *la* Fe (en sentido particular). Estamos en una era en la que se ha puesto de moda decir que todas las religiones conducen a Dios.

Además, la iglesia ha bendecido festivales paganos, a menudo sin saberlo. Navidad es el ejemplo más obvio: fue originalmente un festival de mitad de invierno completamente pagano que celebraba el "renacimiento" del sol. La gente quemaba troncos de tejo, cantaba villancicos y bebía y comía en exceso. Cuando el primer misionero, Agustín, llegó a Inglaterra, informó a Roma que no podía alejar a la gente de este festival pagano. El papa Gregorio dijo que la mejor política sería convertirlo en un festival cristiano, que fue lo que sucedió, con resultados cuestionables. Hoy la iglesia celebra universalmente este festival pagano, a pesar del hecho de que no es ordenado o siquiera promovido en ninguna parte de la Biblia.

El libro de Reyes demuestra también el principio de que

la división lleva a la declinación. Muchas comunidades de iglesia pueden dar testimonio de esta triste verdad. La nación alcanzó su punto más alto en la unidad que disfrutó bajo David y Salomón, y luego perdió todo en la mitad del tiempo que le había llevado alcanzarlo una vez que esa unidad había sido destruida. Debemos ser vigilantes si no queremos que ocurra lo mismo en la iglesia.

EL MUNDO
El libro tiene un mensaje poderoso para ofrecer acerca de la soberanía de Dios en la historia humana. Israel es el foco específico de sus tratos al intervenir en las vidas de los reyes, dispensando bendición y castigo, abierto a sus clamores de ayuda. Vemos cómo, en general, los reyes buenos duran más que los malos. De igual forma, Dios gobierna sobre *todas* las naciones. Él escoge líderes y gobernadores, y decide cuánto tiempo y espacio tiene cada uno. Puede actuar en justicia, dando al pueblo el soberano que merece, o en misericordia, dándole el soberano que necesita. Aún tiene el "voto de calidad" en las elecciones democráticas.

Su capacidad de dominio no reduce de ninguna forma la responsabilidad humana. Él puede usar aun quienes no tienen ningún conocimiento de él: un soberano malo como Nabucodonosor para llevar a su pueblo al exilio babilónico y uno bueno, como Ciro, el persa, para restaurarlos a su propia tierra nuevamente.

Las agencias de noticias solo ven el lado humano de la historia. Los profetas disciernen la actividad divina por encima de esto. Por eso la Biblia en general y los libros de 1 y 2 Reyes en particular son tan diferentes de otros registros históricos. Nos dan la historia *completa*, diciendo toda la verdad de lo que ocurrió en los hechos de la saga de Israel.

CRISTO

Ante todo, necesitamos leer Reyes por lo que nos dice de Jesús. Varias personas que aparecen en Reyes nos recuerdan a Jesús.

- **Salomón:** Mateo nos dice en su Evangelio que Jesús es mayor que Salomón. Pablo dice que Cristo es nuestra sabiduría. El Evangelio de Juan nos dice que Jesús comparó su cuerpo con el templo. Cuando Jesús murió, la cortina del templo se rasgó de arriba abajo.
- **Jonás:** El profeta es mencionado en Reyes. Así como Jonás estuvo en el vientre del pez durante tres días y tres noches, Jesús sería resucitado luego de tres días y tres noches en el corazón de la tierra.
- **Elías:** Jesús se encontró con él y habló con él en el monte de la Transfiguración. Elías fue asemejado al primo de Jesús, Juan el Bautista, que tenía la misma ropa y comida.
- **Eliseo:** Jesús se vinculó indirectamente con Eliseo a través de los milagros que realizó. Resucitó a un niño en la aldea de Naín, cerca de Sunén, donde Eliseo realizó un milagro similar. Alimentó a 5000 personas con pan y pescado, un reflejo del milagro de Eliseo, que alimentó a 4000 con pan. Cuando Jesús murió, hubo personas que salieron de sus tumbas, así como un muerto fue revivido luego del contacto con el cuerpo muerto de Eliseo.

Hay también formas en que la vida y el ministerio de Jesús cumplen con las expectativas de un reinado. Él es el rey que el pueblo del Antiguo Testamento anhelaba. Está en la línea real de David, y un día restaurará el reino de Israel. Él es el que cumple todas las promesas hechas acerca de los descendientes de David. He aquí un rey que no defraudará, uno aún más grande que David.

Conclusión

El libro de Reyes tiene un mensaje vital para el mundo. Dios es Señor sobre todo, y su pueblo debe aprender el mensaje de este libro si no quiere imitar la declinación que describe, la desintegración del pueblo de Israel, que dejó de escuchar a Dios y seguir sus leyes. Sin embargo, podemos ser estimulados por el poder y la capacidad de Dios de tratar con su pueblo de maneras que son justas y misericordiosas por igual. Nadie puede frustrar sus planes. Su reinó perdurará a lo largo de los años, y el libro de Reyes (o Reinos) lleva a los cristianos a anhelar el día en que Jesús será visto por todos como el rey último.

POESÍAS DE ADORACIÓN Y SABIDURÍA

11. Introducción a la poesía hebrea

12. Salmos

13. Cantar de Cantares

14. Proverbios

15. Eclesiastés

16. Job

11.
INTRODUCCIÓN
A LA POESÍA HEBREA

La poesía es una de varias formas de literatura usadas en el Antiguo Testamento. Se encuentra en los profetas y en los "escritos" o "literatura de sabiduría", especialmente en los libros de Salmos, Job y Cantar de Cantares. Pero, dado que la poesía hebrea es tan diferente de la poesía inglesa-española, tenemos que considerarla con cierto detalle si queremos recibir el beneficio pleno de estas partes de la Palabra de Dios.

Es relativamente fácil detectar la poesía en las Biblias modernas, ya que la impresión está organizada de manera diferente de las secciones en prosa. La prosa tiene oraciones largas y columnas completas, pero la poesía tiene oraciones cortas con espacios más grandes que las separan. Una rápida mirada a la Biblia muestra que hay bastante más poesía en el Antiguo Testamento que en el Nuevo.

La prosa es la forma más natural y espontánea de comunicarnos. Las personas hablan y escriben en prosa usando diversos largos de oración para comunicar lo que quieren decir. La poesía es una forma anormal y artificial de escribir. Necesita ser preparada de antemano, requiere considerable reflexión y las palabras usadas necesitan obedecer las reglas del estilo poético. Podríamos preguntarnos por qué se usa la poesía cuando la prosa es tanto más fácil.

Por ejemplo, imagine que llego a casa y le digo a Enid, mi esposa:

Estoy listo para la cena, esposa.
Qué bueno que haya tarta y guisantes.
Un cuchillo sucio aquí reposa

Te agradecería que me lo cambies
Y ya que no hay segundo plato
Me serviré más salsa de tomate.

Si yo hablara así significaría que había pensado en las palabras de antemano. ¡Pero la artificialidad de hablar en poesía en este tipo de contexto sería un obstáculo para una comunicación clara!

Un efecto más profundo

¿Por qué molestarse en componer poesía?

La poesía tiene un efecto mucho más profundo sobre las personas que la prosa. La poesía puede penetrar partes de la personalidad que la prosa dejaría intactas.

Más profundo en la mente

La poesía es más fácil de recordar que la prosa, especialmente cuando se le agrega música. Toca la parte intuitiva y artística del cerebro, que puede quedar indiferente ante los argumentos ordenados de la prosa.

Hay poesías de nuestros años de escuela que podemos recordar décadas después, mientras que nos olvidamos de la última conferencia a la semana. Por esta razón, generalmente aprendemos nuestra teología de himnos y cantos, una razón por la que es tan importante asegurarse de que las canciones usadas en la adoración tengan contenidos basados en la Biblia.

Más profundo en el corazón

La poesía se usa en las tarjetas de felicitación porque es una forma más eficaz de conmover el corazón del receptor. Puede evocar emociones cálidas, mientras que los mismos sentimientos expresados en prosa dejarían al lector indiferente.

Considere la siguiente poesía:

Caminaron juntos por la senda
El cielo cubierto de estrellas
A la granja los llevaron sus huellas
La traba del portón levantó por ella
Ni una sonrisa o agradecimiento
Pudo darle ni podría haberlo hecho
Pues él era solo el hijo del granjero
Y ella una vaca con su ternero

Cada vez que he leído este texto en una charla, el público se ha reído. Esperan romance pero reciben algo ridículo, que toca su sentido de humor. Si el mismo contenido fuera expresado en prosa, dudo que hubiera producido siquiera una sonrisa.

Más profundo en la voluntad

La poesía afecta también nuestros poderes volitivos. Nos mueve al punto en que estamos determinados a actuar de cierta manera. En las escuelas, las poesías se han usado para inculcar valores en los alumnos. Se han usado cantos de guerra a lo largo de la historia para impulsar a los soldados a la acción.

Considere esta poesía, titulada "Indiferencia", de Studdert Kennedy, un capellán de guerra durante la Primera Guerra Mundial:

Cuando Jesús vino a Gólgota,
    de un árbol lo colgaron,
Manos y pies atravesaron con clavos
    e hicieron un Calvario;
Con corona de espinos lo coronaron,
    rojas fueron sus heridas y hondas,
Pues eran días crudos y crueles,
    y la carne humana poco valiosa.

Cuando Jesús vino a Birmingham,
    simplemente lo ignoraron,

Ni un cabello le tocaron,
   solo a morir lo dejaron
Los hombres, más sensibles,
   no querían causarle heridas,
En la calle a su lado pasaron
   mientras caía la lluvia tupida.

Igual Jesús clamó: "Perdónalos,
   porque no saben lo que hacen".
Pero llovió la lluvia invernal
   que lo empapó implacable.
Las multitudes en sus casas
   dejaron las calles sin un alma,
Sin ver que Jesús, junto a un muro,
   acurrucado, por Calvario clama.

Hay algo en el ritmo y la cuidadosa elección de palabras en esa poesía que nos obliga a examinar nuestra vida.

Belleza

La poesía toca el corazón, la mente y la voluntad porque hace que las palabras tengan *belleza* además de significado. Nos vemos atraídos a las poesías porque las palabras están ordenadas de tal forma que apelan a nuestro sentido de belleza, equilibrio, simetría y proporción.

Así como una persona hermosa tiene rasgos equilibrados, este mismo equilibrio es lo que nos atrae en la poesía.

Hay tres características básicas de la poesía que hacen que las palabras nos parezcan hermosas: *rima, ritmo* y *repetición*.

Rima

La rima es un rasgo frecuente en la poesía inglesa-española, pero no se encuentra por lo general en la poesía hebrea.

POESÍAS DE ADORACIÓN Y SABIDURÍA

Esta clásica canción infantil es un buen ejemplo del equilibrio que da la rima:

Tengo una vaca lechera
No es una vaca cualquiera
Me da leche condensada
Ay que vaca tan salada
tolón tolón, tolón tolón

Tiene una estructura de rima sencilla que es frecuente en las canciones infantiles, y a los niños les resulta muy fácil aprenderlas.

Ritmo

La segunda característica de la poesía que hace que las palabras sean hermosas es el ritmo o la métrica, que hace que el compás basado en las sílabas caiga en las palabras correctas. Por ejemplo:

El niño se paró en la cubierta en llamas
Donde todos menos él escaparon.
Felicia Dorothea Hemans

La poesía tiene un ritmo de 4/3, un favorito tanto de la poesía inglesa como la hebrea, y se usa frecuentemente en los Salmos métricos en Escocia. Tomemos otro ejemplo:

El Se*ñor* es mi pas*tor*, *na*da me falt*ará* (4)
Me h*ará* descan*sar* en lu*ga*res (3)
de *ver*des *pa*stos, *él* me gui*ará* (4)
*jun*to a *a*guas de re*po*so. (3)
Francis Rous

Un buen ritmo depende de que el énfasis caiga en la sílaba correcta. Cuando un himno o una canción falla en este aspecto, el efecto es desagradable. Tome, por ejemplo las dos líneas de un himno:

Por todo lo *bueno* que nuestro *Padre* hace,
Dios y rey *de* todos *nosotros*.

El compás está colocado en las sílabas incorrectas, resaltando las palabras incorrectas, haciendo que se pierda la hermosura del himno.

El ritmo puede ser usado también para impactar al lector:

Treinta días tiene septiembre,
abril, junio y noviembre;
Todos los demás treinta y uno,
¿Es justo?

La última línea sorprende porque rompe el ritmo y sacude al lector para que preste atención.

Repetición
El tercer aspecto de la poesía que hace que las palabras sean hermosas es la repetición. La repetición de una palabra o una línea hace que sean poéticas. Hay un famoso discurso en la obra de Shakespeare *Julio César* que repite la línea "y Bruto es un hombre honrado". O tome esta famosa canción infantil:

La cucaracha, la cucaracha
Ya no puede caminar
Porque le falta
Porque no tiene
La patita principal

La repetición puede ser de líneas, frases o aun letras. Tal vez notó cómo Studdert Kennedy usó palabras con la letra "c" en su poesía "Indiferencia": "crudo", "cruel", "acurrucado" y "clama". Sirven para enfatizar las dos "c" que son la clave de su tema: *cruz* y *crucificar*.

En otros casos, se usa un refrán para resaltar un punto. Por ejemplo, el Salmo 136 repite la frase "su gran amor perdura para siempre" (o "porque para siempre es su misericordia").

Otras poesías usan aliteración. En *The Siege of Belgrade*,[9] la primera línea de cada verso es una letra consecutiva del alfabeto, pero esta misma letra es usada para las principales palabras de cada verso. El Salmo 119 es similar.

Asombro

Debido a que la poesía tiene que ver en parte con comunicar sonidos agradables, el efecto a veces se pierde o se reduce cuando simplemente la leemos en silencio. Las poesías son para ser leídas en voz alta. Hay algo muy satisfactorio en el sonido de una poesía. Ofrece una sensación de asombro que no suele encontrarse en la prosa. Por lo tanto, no es ninguna sorpresa que se usen poesías en la adoración a Dios. Los Salmos (el himnario de los judíos) están todos en forma de poesía. La prosa por lo general es muy difícil de cantar, mientras que las poesías se prestan más fácilmente al acompañamiento musical.

Además, la poesía nos ayuda a apreciar y expresar el sentido de asombro que sentimos al adorar. Indicaré lo que quiero decir usando una canción infantil muy conocida:

Estrellita ¿dónde estás?
Quiero verte cintilar
En el cielo sobre el mar
Un diamante de verdad
Estrellita ¿dónde estás?
Quiero verte cintilar

Jane Taylor

---
[9] En español, *El sitio de Belgrado*, una poesía de A. A. Watts.

ABRAMOS LA BIBLIA

Es posible destruir el asombro infantil de esta poesía reduciéndola a términos científicos:

>Estrellita, ¿dónde estás?
>Bien conozco tu lugar
>Con los gases que se enfrían
>Forman masas que se ligan
>Estrellita, ¿dónde estás?
>Bien conozco tu lugar

Llevémoslo un paso más adelante:

>Cintila, cintila, glóbulo prolífico
>Desentrañar quisiera tu carácter específico
>Situado altanero en el éter espacioso
>Tan semejante a un diamante precioso.

Note el contraste entre el lenguaje de la ciencia y el de la poesía. El primero es exacto y frío, mientras que el segundo es menos preciso, pero evoca asombro y sobrecogimiento. Esto es lo que convierte a la poesía en un medio tan bueno para la adoración. Los himnos, los cantos, los salmos y las canciones nos ayudan a expresar algo del asombro y la gloria de Dios de un modo que las formas de expresión científica no pueden.

La poesía es visual, además de verbal. Pinta cuadros en la mente. La imaginación es muy necesaria para escribir poesía. Usa metáforas, símiles e imágenes. Por ejemplo, "Estrellita, estrellita, ¿dónde estás? . . . Un diamante de verdad" ayuda a evocar la imagen de una estrella brillante.

Tomemos el Salmo 42, como otro ejemplo:

>Cual ciervo jadeante en busca del agua,
>   así te busca, oh Dios, todo mi ser.

Nos imaginamos un animal que jadea, con su lengua colgando, y esto nos lleva a pensar en nuestra propia sed de Dios.

Sonido y sentido

La poesía inglesa-española está basada en la poesía griega y romana, cuyo énfasis está en el sonido. Si bien hay otras formas y estilos, nuestra poesía por lo general rima, mientras que en la poesía hebrea el énfasis está en el sentido.

Esta distinción es especialmente clara en la tradición inglesa de los "versos absurdos", en los que Edward Lear y Lewis Carroll eran maestros. Un gran ejemplo de esta clase de poesía es "The Jabberwocky", de Carroll:

'Twas brillig, and the slithy toves
Did gyre and gimble in the wabe;
All mimsy were the borogroves,
And the mome raths outgrabe.[10]

Leer esta clase de poesía es como disfrutar del tenor Luciano Pavarotti cantando ópera italiana sin conocer el idioma, o disfrutar de música popular cuando las palabras no se pueden oír o no tienen sentido. No tenemos la menor idea de lo que se trata, pero nos gusta igual.

Esta clase de poesías tal vez nos "movilicen", pero no nos llevan a ninguna parte. Leerlas puede ayudarnos a relajarnos y a apreciar la vida, pero no afectan la forma en que vivimos.

La poesía hebrea es muy diferente del estilo inglés-español. Aun en el idioma original, el énfasis está en el

---

10 Era la asarvesperia y los flexilimosos toves / giroscopiaban taledrando en el vade; / debilmiseros estaban los borogoves; / bramatchisilban los verdilechos parde (traducción de Adolfo de Alba)

sentido de las palabras más que en su sonido, que es una razón por la que hay muy poca rima en la poesía hebrea.

Paralelismo

Si bien el ritmo no es desconocido (especialmente los ritmos 4/3 y 3/3), la poesía hebrea está basada mayormente en una forma de repetición llamada paralelismo. La palabra se refiere a la correspondencia que ocurre entre las frases de una línea poética. El paralelismo es el "bloque constructivo" fundamental de la poesía hebrea. Se usa para:

- *Énfasis.* Si algo se dice dos veces, sabemos que es importante.
- *Respuesta.* Los versos pareados permiten un canto "antifonal", en el cual dos coros se cantan el uno al otro. Un coro canta la primera frase y el otro contesta.
- *Equilibrio.* Así como hay equilibrio en el cuerpo humano —dos manos, dos ojos, dos oídos, dos brazos, dos piernas—, también los versos pareados nos ayudan a entender la belleza de un pensamiento.

Por lo general, la repetición está en la forma de versos pareados, pero los Salmos contienen algunos versos en grupos de tres y unos pocos en grupos de cuatro. He aquí un ejemplo de un verso pareado, tomado del Salmo 6:

No me reprendas, Señor, en tu ira;
    no me castigues en tu furor.

"Reprender" a alguien es decirle que está equivocado, mientras que "castigar" es sancionar, así que la segunda línea desarrolla el pensamiento de la primera un poco más. O tome el siguiente versículo del mismo salmo:

> Tenme compasión, Señor, porque desfallezco;
> sáname, Señor, que un frío de muerte recorre mis huesos.

En la primera línea, el salmista se siente desfallecer, pero en la segunda está en agonía y necesita ser sanado. De modo que, otra vez, la segunda línea ha llevado a la primera más lejos. Pero note que lo que se repite es el *sentido*, no el sonido.

Soy consciente de que analizar poesía es como deshacer una flor y mirar sus partes. El análisis destruye la belleza. No obstante, quiero ayudarlo a entender lo que ocurre cuando uno lee poesía bíblica: por qué fue escrita y cómo fue escrita.

Hay tres clases diferentes de paralelismo:

Sinónimo

En el paralelismo sinónimo el mismo pensamiento se expresa dos veces con diferentes palabras. Tomemos el Salmo 2 como ejemplo:

> ¿Por qué *se sublevan las naciones*,
>   y en vano *conspiran los pueblos*?
> Los *reyes* de la tierra se rebelan;
>   los *gobernantes* se confabulan contra el *Señor*
>   y contra su *ungido*.
> Y dicen: "¡Hagamos pedazos sus *cadenas*!
>   ¡Librémonos de su *yugo*!".
> El rey de los cielos se *ríe*;
>   el Señor se *burla* de ellos.
> En su enojo los *reprende*,
>   en su furor los *intimida*.

Note cómo las palabras en itálicas en cada verso pareado tienen el mismo significado, pero por lo general la segunda palabra es "más fuerte" o "más pesada" que la primera.

Antitético

El paralelismo antitético funciona como el paralelismo sinónimo, pero la segunda línea contrasta con la primera. Así, en este ejemplo del Salmo 126:

> El que con lágrimas *siembra*,
>   con regocijo *cosecha*.

Se contrastan dos pares de palabras: "siembra" con "cosecha", y "lágrimas" con "regocijo". En el versículo siguiente tenemos el tema ampliado:

> El que *llorando* esparce la *semilla*,
>   *cantando* recoge sus *gavillas*.

Estas dos líneas agregan más detalles al contraste. Ahora tenemos a alguien que sale con semillas y vuelve con gavillas.

Sintético

En el paralelismo sintético la segunda frase complementa o completa la primera. No dice lo mismo o lo contrario, sino algo que es consecuencia de la primera frase. Por ejemplo:

> Cuando el Señor hizo volver a Sión a los cautivos,
>   nos parecía estar soñando.
>
>   *del Salmo 126*

> El Señor es mi pastor,
> nada me falta
>
>   *del Salmo 23*

En estos ejemplos, la segunda frase es el resultado de la primera. El Salmo 23 está construido sobre el patrón sintético:

en verdes pastos me hace descansar
junto a tranquilas aguas me conduce;

El pastor tiene que saber dónde hay verdes pastos y tranquilas aguas. Pero esas dos cosas en conjunto crean una imagen de un pastor que realmente conoce su trabajo y cuida de sus ovejas.

* * *

Tenemos, entonces, tres formas de poesía hebrea, pero muchas variedades dentro de estas formas. El paralelismo no es solo en el pensamiento y en la palabra, sino también en la gramática. Por ejemplo, en estas líneas del Salmo 2 el orden de las palabras en hebreo es:

los reprende en su enojo,
 en su furor los intimida

El orden del verbo, el objeto y la frase proposicional se modifica en la segunda línea.

Tricolon

Estos tres tipos de paralelismo son interrumpidos a menudo por irregularidades. A veces, el ritmo y el patrón se rompen. En ocasiones, en vez de dos líneas hay tres líneas juntas. Esto se llama tricolon o terceto.

Tome estas líneas del Salmo 29:

Tributen al Señor, seres celestiales,
 tributen al Señor la gloria y el poder.
Tributen al Señor la gloria que merece su nombre;

Aquí las líneas crean un crescendo —"Tributen al Señor"

es el refrán— y luego se agregan palabras diferentes en las tres líneas.

O considere el Salmo 3:

> Muchos son, Señor, mis enemigos;
>   muchos son los que se me oponen,
> y muchos los que de mí aseguran:
>   "Dios no lo salvará"

Aquí tenemos la repetición de "muchos", y cada línea se apoya en la anterior: de quiénes se está quejando, lo que hacen y luego lo que dicen. A veces hay una omisión y no se incluye una palabra o falta una frase.

Otras características de la poesía hebrea

Símil
La poesía hebrea está llena de símiles; es decir, imágenes que nos muestran cómo una cosa se asemeja a otra. Por ejemplo:

> Tan compasivo es el Señor con los que le temen
>   como lo es un padre con sus hijos.
>
> *del Salmo 103*

Aquí, el tierno cuidado de un padre por sus hijos es asemejado al cuidado de Dios por su pueblo.

Quiasmo
Aquí la segunda parte de la primera línea se convierte en la primera parte de la segunda línea. Por ejemplo:

> Porque el Señor cuida el camino de los justos,
>   mas la senda de los malos lleva a la perdición.
>
> *del Salmo 1*

La segunda línea invierte la primera: "el camino/senda" ha intercambiado lugares.

Omisión
En la omisión (elipsis), parte de la segunda línea se omite. Por ejemplo:

> Me has echado en el foso más profundo,
>   en el más tenebroso de los abismos.
> *del Salmo 88*

Se entiende que debemos leerlo como si la frase "me has echado" se repitiera en la segunda línea.

Escalera
A veces las líneas de un salmo se parecen a una escalera:

> La voz del Señor rompe los cedros;
>   sí, el Señor hace pedazos los cedros del Líbano
> *del Salmo 29*

La segunda línea amplía lo que la primera línea ya nos ha dicho. Ya sabemos que "el Señor rompe los cedros", pero ahora se nos dice que los "hace pedazos" y que son cedros "del Líbano".

Acróstico
Aquí la poesía está basada en el alfabeto. En el Salmo 119 —el más largo de los salmos, con 176 versículos—, cada sección (y cada versículo de esa sección) comienza con una nueva letra del alfabeto hebreo.

Refrán
La segunda línea brinda un refrán que se repite. Por ejemplo,

en el Salmo 136 las palabras "su gran amor perdura para siempre" forman la segunda línea de cada versículo.

La poesía en la Palabra de Dios

Nuestro estudio de la poesía hebrea nos muestra cuán apropiado es que sea incluida dentro de la Palabra de Dios.

Los modernos escritores de canciones han encontrado una rica inspiración en los Salmos. Pero cuando se usan de manera textual, raramente se incluye todo el salmo. En consecuencia, no tenemos las palabras en su contexto original. Esto puede significar que el equilibrio del salmo se pierde y, en algunos casos, cambia el significado.

La poesía hebrea es fácil de traducir a otros idiomas porque su énfasis está en el contenido más que en el sonido. Si yo cito poesía inglesa cuando predico a una congregación que no habla inglés a través de un intérprete, el cambio de idioma resulta fatal, porque la poesía inglesa frecuentemente está basada en sonidos que no sobrevivirán el proceso de traducción. Pero la poesía hebrea puede ser traducida a cualquier idioma, de modo que es fácil ver por qué Dios escogió este medio.

La poesía en la adoración

Muchas personas argumentan que debemos ser espontáneos cuando nos acercamos a Dios, y que es artificial que planifiquemos lo que vamos a decir. Hay cierta verdad en esto, pero tiene un valor enorme pensar primero lo que queremos decir. Los Salmos nos dan un modelo de cómo dirigirnos a Dios de modo que no tengamos una actitud demasiado confianzuda, y nos revelan de manera poderosa la grandeza y majestad divinas. Por otro lado, también describen una relación íntima con Dios que muchas personas tal vez aún no han disfrutado, así que pueden animarnos a buscar una mayor experiencia de su bondad.

Las palabras planificadas que encontramos en la poesía bíblica son una parte necesaria de nuestra adoración colectiva. Si simplemente cantáramos lo que nos viniera en gana cuando nos reuniéramos para adorar, sería un caos, ¡aparte de un ruido espantoso! La adoración colectiva es posible porque las canciones y los himnos han sido hechos para que una congregación los cante. Quienes sostienen que solo deberíamos cantar lo que "sentimos" se olvidan de que hay valor en expresar respuestas que tal vez *no* sintamos, como un estímulo a responder de manera auténtica y también para recordar la verdad para el futuro.

Solía haber una tradición familiar en nuestra casa. Nuestros tres hijos acostumbraban venir a despertarme a una hora insólita cierto día del año, y luego se paraban en fila al pie de mi cama para dirigirse a mí de una forma muy artificial con una poesía. Terminaban dándome una bolsa de mis caramelos favoritos. ¡La poesía (o canción) era el "Feliz cumpleaños"!

Por supuesto, en cierto sentido era artificial: tres niños parados en fila, todos diciendo lo mismo. ¿No hubiera sido más agradable si cada uno de ellos hubiera venido en forma separada y me dijera lo que realmente sentía? No, porque no lo hubieran estado haciendo juntos como mi familia. El hecho que vinieran juntos y me cantaran juntos —en una relación entre ellos— hacía que la pequeña tradición fuera mucho más especial para mí.

De una forma similar, le complace al Señor cuando decimos algo juntos, aun cuando tengamos que usar palabras que otra persona ha escrito. A Dios le encanta vernos juntos. Podemos estar parados en fila, cantándole de una manera algo artificial, pero estamos expresando de manera colectiva nuestro amor por Dios. La poesía nos permite hacer esto.

Señalamos antes que los salmos se prestan al canto antifonal, donde un coro canta a otro. Es posible también gritar salmos además de cantarlos. El Salmo 147 es un ejemplo de esto.

Los salmos también pueden ayudar a nuestro sentido de identidad colectiva. Los que usan las palabras "yo" y "mi" son los mejores para la adoración privada, pero los que usan "nosotros" y "nuestro" nos recuerdan que estamos adorando juntos, como la familia completa de Dios.

Así como la poesía toca el corazón del hombre, también toca el corazón de Dios. Hemos notado que la poesía se usa en todos los salmos y también en muchos de los libros proféticos. El Espíritu Santo escogió esta forma como un modo de comunicar la mente divina, y como un medio de responderle nosotros. Quienes son escépticos acerca de la idea de que la poesía toca el corazón de Dios necesitan recordar el lenguaje osado que las escrituras usan para hablar de sus sentimientos.

Por ejemplo, el Salmo 2 dice que Dios "se ríe" cuando ve los esfuerzos vanos de la humanidad por desafiarlo. Sofonías 3 dice que él "se alegrará" por nosotros "con cantos". ¡Así que le gusta la música! La música no es algo que las personas modernas han inventado, sino que forma parte de lo que significa ser hechos a la imagen de Dios.

Por lo tanto, cuando él se dirige a nosotros con poesía, sabemos que está comunicando sus sentimientos, de su corazón al nuestro, de manera que podemos preguntar qué dice ese pasaje acerca de los sentimientos divinos. Entender la poesía hebrea puede ser una clave para entender el corazón mismo de Dios.

12.
SALMOS

Introducción

El libro de Salmos es la parte más amada y conocida de la Biblia. Hay salmos individuales que son populares entre personas que no son lectoras habituales de la Biblia y también entre quienes desean alabar al Dios que conocen y aman. Tienen una atracción universal, y son fácilmente traducibles a la cultura de hoy, a pesar de ser de un tiempo tan remoto. Mientras que la mayor parte del Antiguo Testamento necesita ser entendido a la luz del Nuevo, la mayoría de los Salmos pueden ser usados directamente. Hay una cualidad eterna en estos textos, y pueden ser aplicados fácilmente a la vida cristiana. No es ninguna sorpresa que escritores de himnos en toda la historia hayan tomado su inspiración de ellos.

Los salmos han sido valorados a lo largo de la historia de la iglesia. Martín Lutero dijo: "En los salmos miramos en el corazón de cada santo". Juan Calvino dijo que en los salmos "miramos en un espejo y vemos nuestro propio corazón". Un comentarista moderno lo expresó así: "Cada salmo parece tener mi nombre y mi dirección". Es la parte más humana del Antiguo Testamento, con la que todos pueden sentirse identificados.

El libro de Salmos es el himnario y el libro de oraciones de Israel en el Antiguo Testamento. Es el libro más largo de la Biblia y llevó casi 1000 años escribirlo. Si bien la mayoría de los salmos fueron escritos por David (alrededor de 1000 a.C.), algunos fueron escritos en el tiempo de Moisés (alrededor de 1300 a.C.) y otros en el tiempo del Exilio (500 a.C.).

La palabra "salmo" significa "tañido" o "punteo", y se refiere a los instrumentos de cuerda que eran usados para acompañar el canto de los salmos. Este libro está colocado en la Biblia hebrea al inicio de los Escritos, la tercera sección de la Biblia, que viene después de la Ley y los Profetas. En hebreo, el libro se llama *Tenillim*, que significa "Cantos de alabanza", que es probablemente un nombre mucho mejor (especialmente porque la palabra "judío" viene "Judá", que significa "alabanza"). Lo más habitual es que los salmos sean hablados o cantados, pero pueden ser gritados incluso, ¡una forma que no cae bien en algunas culturas!

Hay varias clases de salmos, como veremos más adelante. La división más sencilla es entre los salmos personales, que usan el pronombre personal "yo", y los salmos colectivos, que usan "nosotros". En consecuencia, algunos salmos se adaptan mejor a la adoración privada, y otros, a la adoración pública. Sin embargo, la división no debe ser demasiado estricta, ya que Jesús alentó a sus discípulos a usar las palabras "nuestro Padre", dando a entender que debían tener una responsabilidad colectiva aun cuando oraran de manera privada.

Emociones

Algunos salmos expresan un profundo dolor. Me conmueve especialmente el Salmo 56, que dice que Dios "pone nuestras lágrimas en su frasco". Cuando los judíos querían expresar sus condolencias por alguien que amaban, no enviaban flores o coronas al funeral, sino que tenían en cambio frascos de vidrio, de unos diez centímetros de alto, que sostenían bajo sus ojos y donde dejaban caer sus lágrimas. Luego enviaban el frasco de lágrimas a los familiares dolientes como una expresión de condolencia. El salmo nos dice que Dios es capaz de hacer lo mismo por nosotros, aun cuando nuestras lágrimas sean por cosas mucho menos serias que la muerte.

Los salmos cubren toda la gama de emociones humanas. Incluyen lo que podríamos denominar las emociones "negativas" de ira, frustración, celos, desesperación, temor y envidia. El salmista expresa cómo piensa y cómo se siente, que incluye maldecir a los hombres y quejarse de Dios. También reflejan las emociones más "positivas" de alegría, entusiasmo, esperanza y paz.

David escribió la mayoría de los salmos personales. Cubren muchas de las cosas que a las personas les gustaría decir a Dios. Más adelante consideraremos tres tipos específicos de salmos, que yo denomino "salmos por favor", "salmos gracias" y "salmos perdón". A pesar de su fuerte foco en la adoración, no era la intención de los salmos que fueran usados solo por sacerdotes. Fueron hechos para que la gente común los usara en su adoración a Dios.

Temas bíblicos

Los salmos no solo cubren todas las emociones humanas; son también integrales en su tratamiento de los temas bíblicos. Lutero dijo que los salmos son "la Biblia dentro de la Biblia", la Biblia en miniatura. Cubren la historia de Israel, la creación, los patriarcas, el Éxodo, la monarquía, el Exilio y el regreso a Jerusalén.

Los Salmos son el libro más citado del Antiguo Testamento en el Nuevo. El versículo que más aparece en el Nuevo Testamento es Salmos 110:1: "Así dijo el Señor a mi Señor: 'Siéntate a mi derecha hasta que ponga a tus enemigos por estrado de tus pies'".

No todos los salmos del Antiguo Testamento están en el libro de Salmos. Moisés y Miriam escribieron uno (ver Éxodo 15). Débora y Ana también compusieron salmos (ver Jueces 5 y 1 Samuel 2). Dado que los autores de la mayoría de los salmos fueron hombres, es interesante notar que hubo autoras mujeres también, tal vez reflejando el lado naturalmente intuitivo de la naturaleza femenina. Job escribió tres salmos, mientras que Isaías y el rey Ezequías escribieron uno cada uno.

Otros personajes del Antiguo Testamento también usaron salmos. La oración de Jonás mientras estaba en el vientre del pez es un ejemplo clásico. Él decía que estaba orando desde el Sheol, el mundo de los espíritus difuntos, y citó cinco salmos diferentes en esa oración. Habacuc los cita tres veces en su profecía.

Todos los salmos usan poesía como su único medio de expresión. Lo mismo ocurre con Cantar de Cantares, Proverbios y Lamentaciones. Otros libros del Antiguo Testamento (ej: Eclesiastés y los Profetas) son una mezcla de poesía y prosa. Partes de los libros históricos están también en forma poética (ej: Génesis 49, Éxodo 15, Jueces 5, 2 Samuel 22).

Cinco libros en uno

El libro de Salmos está formado, en realidad, por cinco himnarios agrupados. Algunos comentaristas han visto paralelos con los cinco libros de la Ley, pero la razón por la que hay cinco libros puede ser algo más prosaico: es posible que los salmos hayan sido escritos en cinco rollos por simples limitaciones de largo.

Hay una enorme variedad de largos entre los salmos. El más corto, el 117, tiene solo tres versículos, mientras que el más largo, el 119, tiene 176 versículos.

Dado que todos fueron escritos en poesía hebrea, es mejor leerlos en voz alta. No pueden ser analizados como uno podría leer una de las epístolas de Pablo, focalizándose en cada versículo. Por cierto, un análisis excesivo de los salmos termina destruyendo su belleza. Es mucho mejor leer el salmo entero, meditar en él, dejar que se absorba y, si es necesario, repetir el proceso.

Cada uno de los cinco libros termina con una doxología (ver Salmos 41, 72, 89 y 106). El último libro finaliza con el Salmo 150, que es una doxología que cierra los cinco libros. El tamaño de los libros varía por los diferentes largos de los salmos mismos, pero el primer y el último libro son los más grandes.

Nombres divinos

Muchos comentaristas han buscado rasgos distintivos en cada libro. Hay un patrón interesante en la forma en que Dios es llamado dentro de los cinco libros. Se usan dos nombres —*Yavé* y *Elohim*—, que son nombres que aparecen a lo largo del Antiguo Testamento.

Elohim significa simplemente "Dios", aunque al ser plural contiene en su interior la idea de la naturaleza trinitaria de Dios. *Yavé* era el nombre personal que Dios dijo a Israel que usara, y está derivado del verbo "ser". La palabra española "siempre" transmite su significado muy bien.

Yavé es el nombre para Dios que se usa principalmente en el Libro 1. Se usa en 272 ocasiones, y *Elohim* se usa solo 15 veces. Pero en el Libro 2 ocurre lo contrario: *Elohim* se usa en 207 ocasiones y *Yavé* solo en 74. El Libro 3 también favorece *Elohim* (36 ocasiones) por encima de *Yavé* (13). Los Libros 4 y 5 vuelven a favorecer a *Yavé*, con 339 referencias y solo 7 para *Elohim*.

No es difícil descubrir el motivo de esto. Los salmos del rey David están mayormente en los Libros 1 y 2, con unos pocos en el Libro 5. Veremos más adelante que sus salmos son más personales, así que usan el nombre personal de Dios.

El nombre *Elohim* nos comunica la trascendencia de Dios. Él está muy apartado y es completamente diferente de nosotros; él es el Dios Altísimo. El nombre *Yavé* transmite un mayor sentido de intimidad con Dios. Dios es a la vez trascendente e inmanente, y debemos mantener estos dos aspectos de su naturaleza en tensión.

Los Salmos reflejan esto en los nombres que atribuyen a Dios. Comienzan y finalizan con el nombre íntimo que él reveló a su pueblo.

Grupos de salmos

Aparte de los nombres divinos, los eruditos han buscado en vano algún sistema de clasificación en el libro de Salmos. Hay grupos de salmos que parecen encajar juntos, pero no hay ningún orden lógico y ninguna razón aparente por la que ciertos salmos están ordenados como lo están en un libro específico.

Los grupos de salmos son los siguientes:
- Salmos 22-24: Salvador, Pastor y Soberano.
- Salmos 42-49: por los hijos de Coré.
- Salmos 73-83: por los hijos de Asaf.
- Salmos 96-99: Dios es rey.
- Salmos 113-118: los salmos "hallel" (cantados en la Pascua).
- Salmos 120-134: los "cantos de la subida" (cuando los peregrinos "subían" a Jerusalén).
- Salmos 146-150: los "salmos de aleluya".

Algunos salmos contienen partes que se repiten en otros salmos (ver, por ejemplo, el Salmo 108 y el Salmo 57:7-11).

¿Quiénes escribieron los salmos?

David escribió alrededor de la mitad de los salmos: 73 lo mencionan por nombre, y el Nuevo Testamento también le atribuye los Salmos 2 y 95. Es probable que otros también hayan sido de su autoría.

Tuvo muchos papeles —pastor, guerrero, rey y músico—, pero el que significó más para él fue el último, porque cuando murió agradeció a Dios que había sido el "dulce cantor" de Israel. La composición y el canto de los salmos eran lo que estaban más cerca de su corazón. Este ministerio de David había sido usado en el inicio de su vida para calmar la mente atribulada de Saúl. El profeta Amós, escribiendo siglos después, selecciona esta imagen de David tañendo la cítara para explicar una idea acerca del falso sentido de seguridad de Israel (ver Amós 6:5).

Salomón también escribió algunos salmos, el 72 y el 127. Compuso el primero cuando estaba construyendo el templo. En el segundo reconoce que, a menos que el Señor edifique la casa, los obreros trabajan en vano. Sin la gloria de Dios, el templo no es nada.

Los hijos de Coré escribieron 10 salmos. Un hombre llamado Coré figura en una historia que registra el libro de Números. Dios lo castigó con la muerte cuando lideró una rebelión contra Moisés y Aarón. Pero, generaciones después, sus descendientes participaban en la adoración en el templo. Sus salmos aparecen en el Libro 2.

Los hijos de Asaf escribieron 12 salmos, que encontramos en el Libro 3. Tanto ellos como los hijos de Coré formaban parte del coro que servía en el templo. Dado que los maestros de coro eran considerados como videntes o profetas, no es de extrañar que compusieran algunos de los salmos.

Muchos de los salmos son anónimos, pero están todos en los Libros 4 y 5. Se cree que Esdras, el sacerdote, podría ser el responsable de los Salmos 49 y 50.

Una experiencia personal

Muchos de los salmos fueron inspirados por una experiencia personal, de manera similar a lo que ocurre con las canciones hoy. David había aprendido a cantar y a tocar instrumentos musicales mientras trabajaba como pastor en la campiña, así que estaba acostumbrado a convertir sus experiencias diarias en canción.

De hecho, las principales partes de la vida de David aparecen descritas en el libro de Salmos. Por ejemplo, el Salmo 3 fue escrito luego de su humillante huida de su hijo

Absalón, que había tomado el trono y había forzado a su padre a huir del palacio. El Salmo 7 fue escrito acerca de un benjaminita llamado Cus. El Salmo 18 fue escrito cuando David fue liberado "de la mano de todos sus enemigos y de la mano de Saúl".

David compuso dos salmos penitenciales luego de cometer pecados específicos. Uno de ellos es el Salmo 51, escrito luego de seducir a Betsabé, la esposa de otro hombre, rompiendo cinco de los Diez Mandamientos en el proceso. El otro fue escrito luego de numerar a las tropas, una actividad ideada puramente para realizar su ego. Cuando se dio cuenta del pecado que había cometido, escribió el muy conmovedor Salmo 30.

Otros salmos están asociados con lugares específicos. Por ejemplo, muchos fueron escritos por David mientras estaba huyendo de Saúl, en Engadi. Describe a Dios frecuentemente como su "roca" y "fortaleza", tal vez porque se estaba ocultando en el enorme afloramiento de roca conocido como Masada.

Hay catorce salmos que tiene títulos históricos que los vinculan con sucesos de la vida de David:

- Salmo 3: Cuando David huía del ejército de su hijo Absalón.
- Salmo 30: El pecado de David antes de la dedicación del área del templo.
- Salmo 51: Luego de que Natán expusiera el pecado de David con Betsabé.
- Salmo 56: El temor de David en Gat.
- Salmo 57: En Engadi, cuando Saúl está atrapado.
- Salmo 59: Los compañeros celosos de David.
- Salmo 60: La peligrosa campaña en Edom.
- Salmo 63: La huida de David hacia el este.
- Salmo 142: David en Adulán.

Además, muchos de los salmos, si bien no incluyen ningún detalle concreto, claramente surgen de las variadas experiencias de David como músico, pastor, luchador, refugiado y rey. Por ejemplo, el Salmo 23 está basado en su vida diaria de pastor. El Salmo 29 estuvo claramente inspirado por una violenta tempestad, que le recordó la voz de Dios.

David escribe con una sinceridad refrescante. Maldice a hombres, se queja de Dios y pide venganza para sus enemigos. Pero cada comentario negativo es hecho a Dios. Le dice exactamente cómo se siente y lo que piensa, no importa cuán inapropiada pueda parecer la emoción. No es ninguna sorpresa que sus salmos hayan tenido tanto atractivo universal, ya que personas de todas las naciones y generaciones se han sentido identificadas con sus palabras.

Para todo el pueblo de Dios

No todos los salmos son personales; algunos son para todo el pueblo de Dios. David escribió el Salmo 2 para la coronación de Salomón. Expresa las esperanzas de David para su hijo, y el cumplimiento de la promesa que Dios había hecho a David: "Tú eres mi hijo. Hoy he llegado a ser tu Padre".

Otros salmos expresan cómo un grupo o una nación puede estar sintiéndose. Los "cantos de la subida" (Salmos 120-134) son apropiados para quienes están en un peregrinaje a Jerusalén.

Muchos de los salmos buscan ayudar a las personas en su caminar personal con Dios. Por ejemplo, el Salmo 119 está escrito para alentarnos a leer la Biblia. En cada versículo hay un sinónimo de las escrituras. Habla de la "ley del Señor", "los mandamientos del Señor", "los preceptos del Señor", "los decretos del Señor" o "los estatutos del Señor".

El Salmo 92 alienta a guardar el día de reposo. Enseña a los adoradores a proclamar el gran amor "por la mañana" y su "fidelidad por la noche" que fue el origen de los cultos de la mañana y la noche del domingo. (Esto ha desaparecido mayormente; ahora es una hora y media a la mañana, ¡y el resto de día en nuestro!)

En realidad, por supuesto, no estamos bajo la ley del día de reposo ahora; es algo que forma parte de la ley de Moisés. Para nosotros, cada día es el día del Señor, si bien tenemos la libertad de hacer que un día sea "especial" si así lo deseamos (ver Romanos 14).

Un "emparedado de salmos"

Los Salmos 22-24 forman un grupo muy importante. Son como un emparedado, ¡si bien la gente tiende a lamer la mermelada y dejar el pan! Permítame explicarlo. Estos salmos en realidad van juntos; los llamo la cruz, el cayado y la corona. Nos presentan un Señor que primero es Salvador, luego Pastor y luego Soberano. Si solo extraemos el muy conocido Salmo 23 del medio del "emparedado" y decimos que Jesús es nuestro pastor, nos perdemos las lecciones de los dos salmos que están a cada lado.

El Salmo 22 comienza con el grito que Jesús citaría luego desde la cruz: "Dios mío, Dios mío, ¿por qué me has abandonado?", mientras que el Salmo 23 comienza diciendo: "El Señor es mi pastor". El orden de los dos salmos da a entender que hasta tanto hayamos acudido a la cruz y encontrado al Señor como nuestro Salvador, no podemos considerarlo como nuestro Pastor.

El Salmo 24 dice, luego: "¿Quién es este Rey de la gloria? El Señor, el fuerte y valiente, el Señor, el valiente guerrero. Eleven, puertas, sus dinteles; levántense, puertas antiguas, que va a entrar el Rey de la gloria" (versículos 8-9). O, parafraseando, "Abran las puertas: el Señor viene como nuestro Soberano, nuestro Rey de Reyes, nuestro Señor de Señores". Solo tenemos a Jesús como el Buen Pastor porque primero fue nuestro Salvador y es nuestro Rey venidero.

Estos tres salmos encajan juntos de manera muy hermosa. En un libro que produje llamado *Loose Leaves from the Bible*[11] los traduje al inglés (español) moderno:

Mi Dios, mi Dios, ¿por qué?
¿Por qué me has dejado completamente solo, justo a mí?
¿Por qué pareces tan distante,
    demasiado lejos como para ayudarme
    o siquiera para oír mis gemidos?
O mi Dios, grito en la luz del día,
    pero no hay respuesta de ti;
Doy alaridos en la oscuridad,
    pero no viene socorro alguno.
No tiene sentido,
    porque eres completamente bueno,
    loado hasta los cielos por esta nación.
Nuestros ancestros confiaron en ti sin reservas;
    y cuando lo hicieron,
    los sacaste de sus problemas.
Suplicaron a ti
    y alcanzaron seguridad;
cuando confiaron en ti
    nunca fueron defraudados.
Pero yo soy tratado más como un gusano que como un ser humano,
    sin ninguna consideración de los hombres
    y solo desprecio de la turba.
Todos los que me miran se burlan de mí;
    sacan sus lenguas,
    alzan sus hombros y se mofan:
"Dijo que el Señor demostraría que tenía razón;
    ¡a ver si lo saca de esto!

---

11 En español, *Hojas sueltas de la Biblia*.

ABRAMOS LA BIBLIA

Si el Señor le tiene tanto aprecio,
   que lo deje salir libre".
Si tan solo supieran;
   tú eres quien me hizo pasar con seguridad por el parto
   y me mantuviste a salvo mientras era alimentado
por el pecho.
   He tenido que depender de ti
   desde que comenzó mi vida;
y tú has sido mi propio Dios
   desde que mi madre me trajo al mundo.
   No me dejes ahora que estoy en tanto peligro,
   porque no hay nadie más que pueda ayudarme.
Estoy en una plaza de toros,
   rodeado por las bestias más feroces de todo el país;
   muestran sus dientes, como un león feroz y famélico.
Mi fortaleza está mermando,
   mis coyunturas se están dislocando,
   mi corazón late como masilla en mi pecho,
   mi cuerpo está tan seco como arcilla cocida,
   mi lengua está pegada al paladar.
Me estás dejando desintegrar en polvo muerto.
Una pandilla de bandidos me rodea como una jauría de galgos;
   ya han arrancado mis manos y mis pies.
Mis huesos sobresalen al punto que pueden ser contados,
   pero ellos solo me contemplan y se regodean conmigo.
Han agarrado mi vestimenta
   y están apostando por mi camisa.
¿Qué piensas que estás haciendo, Señor?
   ¡No te mantengas al margen!
   ¡Eres mi único apoyo!
   ¡Ven pronto a mi lado!
Salva mi apreciada vida de este final violento:
   de los colmillos de los perros,
   de las mandíbulas de estos leones,

de los cuernos de estos toros . . .
¡Me has dado tu respuesta!

Diré a mis hermanos que has hecho honor a tu nombre otra vez;
Estaré entre ellos cuando se reúnan para compartir mi testimonio.
    Cada uno de ustedes que teme a este Dios Yavé,
        dígale cuánto piensa en él.
Todo el que dice que desciende de Jacob,
        dele todo el crédito a él.
Todos los que pertenecen a la nación de Israel,
        ténganlo en profundo respeto.
Porque no ha sido demasiado altivo y ni se ha horrorizado tanto
        como para no involucrarse con el sufrimiento del desvalido;
no le volvió la espalda,
        sino escuchó su grito pidiendo ayuda.
Tú me darás tu alabanza
        en la gran congregación;
y yo guardaré las promesas que te he hecho,
        como verán los ojos reverentes.
Los que han sufrido serán satisfechos;
        los que ha sido buscadores se convertirán en cantores.
Que esta experiencia apasionante dure para siempre.
En cada rincón del mundo,
        la gente volverá a pensar en Dios
        y volverá a él.
Diferentes razas y naciones
        serán realmente unidas
        en la adoración a él.
Porque el Señor controla el mundo
        y está a cargo de todos los asuntos internacionales.
Sí, aun las personas más importantes se inclinarán ante su superioridad,

porque son solo mortales que se dirigen a la tumba
y nadie puede aferrarse a esta vida indefinidamente.
Las generaciones futuras asumirán el trabajo de él,
porque los hombres hablarán de este Dios que realmente existe
a sus hijos que vienen después de ellos.
Su liberación será anunciada
a aquellos cuyas vidas no han comenzado aún;
¡se les dirá que Dios lo ha resuelto todo
y está concluido!

Salmo 22

Este salmo estaba claramente en la mente de Jesús cuando murió en la cruz.

El único Dios que realmente existe,
el Dios de los judíos
me cuida como un individuo,
como un pastor a su oveja;
de modo que nunca me faltará nada
que realmente necesito.
Me obliga a descansar,
donde hay abundante alimento;
luego me hace avanzar,
asegurándose de que tenga un refrigerio constante.
Pone nueva vida en mí
cuando estoy agotado.
Me mantiene en la senda correcta,
para mantener su buena reputación.
Aun cuando viaje a través de una quebrada profunda y oscura,
donde el peligro acecha entre las sombras,
No temo que me pase ningún daño,
porque estás ahí nomás, a mi lado.
Con tu garrote para cuidar y tu cayado para guiar,

me siento muy seguro.
Preparas una mesa para mí,
    a plena vista de mis enemigos impotentes;
me tratas como un invitado de honor
    y tiendes un lujoso mantel.
Por el resto de mis días nada me perseguirá
    excepto tu bondad generosa e inmerecida
y estaré en casa con este Dios
    mientras viva.

Salmo 23

El Dios de los judíos es el dueño de este planeta,
    con todo lo que hay en él
    y todos los que están en él;
porque él construyó esta tierra desde el lecho del océano
    e hizo descender el agua que fluye en sus ríos.
Pero, ¿quién podría escalar su altura santa?
    Y ¿quién podría mantenerse en su perfecta presencia?
Solo uno cuya conducta fuera impecable
    y cuyo carácter fuera sin fallas;
que no ha basado su vida en cosas que no parecen verdad
    y que nunca ha roto su palabra.
Tal hombre recibiría atención y aprobación
    del Dios que lo salvó.
Porque las personas así realmente quieren encontrar a Dios
    y encontrarse con él cara a cara, como hizo Jacob.

(Haga una pausa por un momento y piense en usted.)

¡Abran de par en par las puertas de la ciudad!
    ¡Abran las puertas de la vieja ciudadela!
¡Su magnífica Majestad está por entrar!
¿Quién es este magnífico monarca?
    El poderoso Dios de los judíos,

¡el invicto Dios de Israel!
¡Abran de par en par las puertas de la ciudad!
¡Abran las puertas de la vieja ciudadela!
¡Su magnífica Majestad está por entrar!
¿Quién es este magnífico monarca?
El Dios que comanda todas las fuerzas del universo,
¡ése es este monarca maravilloso!

(Quédese en silencio un momento y piense en él.)

Salmo 24

Dios es Rey

Podemos tratar los otros grupos de salmos más brevemente.

Los Salmos 96-99 tienen un tema común: Dios es Rey. Esto es lo más cerca que llegamos en el Antiguo Testamento al concepto del reino de Dios.

Los Salmos 113-118 son conocidos en hebreo como los "salmos hallel", y son cantados juntos en la Pascua.

El Salmo 118 ha inspirado la conocida canción moderna: "Éste es el día que el Señor ha hecho / Nos gozaremos y alegraremos en él". Sin embargo, "el día" al que se refiere es en realidad el día de la Pascua en el Antiguo Testamento, y no el día de reposo, y mucho menos el domingo.

También en el Salmo 118 está el clamor: "Señor, ¡concédenos la victoria!" o, literalmente, "libéranos". El hebreo para "libéranos" es *ho shanah*, de donde viene la palabra "hosana".

Lamentablemente, ahora pensamos en esta palabra como un "hola" celestial. En realidad, es un pedido de liberación. Cuando Jesús entró en Jerusalén montado en un burrito, la gente que decía "¡Hosana!" en realidad le estaba pidiendo que los liberara de los romanos. La muchedumbre enmudeció porque tomó un látigo y echó a los mercaderes del templo en vez de atacar a los romanos.

Los Salmos 120-134 son llamados los "cantos de la subida" o "cantos de subir". Jerusalén está, como sabemos, arriba de las montañas (en realidad, en un pequeño hueco en la cima), así que todos los peregrinos debían subir a Jerusalén.

El Salmo 121 significa mucho para mi esposa y para mí, porque unos años atrás ella tenía cáncer en un ojo y corría peligro de perder la vida. Los cirujanos luchaban por su vida, y yo me preguntaba qué predicar ese domingo mientras ella estaba en el hospital. El Señor me dirigió a este salmo, y encontré que cada versículo tiene que ver con los ojos. La primera línea dice "A las montañas levanto mis ojos". Cuando uno subía caminando a Jerusalén era muy peligroso no mantener los ojos en los pies, pero el salmista dice: "A la montaña levanto mis ojos". Así que prediqué sobre ese salmo y llevé la cinta con la grabación a mi esposa al hospital. Sin embargo, una joven enfermera, que solo había sido una cristiana dos meses, me había ganado de mano. Había visitado a mi esposa y le había dado una palabra del Señor: "Levantarás tus ojos a las montañas". Unas semanas después estábamos en Canadá, subiendo las Rocallosas juntos. Ella no ha tenido trazas del cáncer desde entonces.

El último grupo son los Salmos 146-150. Son llamados los cantos "¡Aleluya!". *Hallelujah* en hebreo significa "Alaben al Señor" (*hallel* significa "alabanza" y *yah* es una abreviatura de Yavé).

Tipos de salmos

Si bien no es posible clasificar los cinco libros de salmos, hay varios tipos de salmos que podemos identificar.

Salmos de lamento

Primero, están los salmos de lamento o "salmos por favor". Son cantos tristes escritos a partir de la infelicidad personal del salmista. En algunos, se encuentra enfermo; en otros, ha sufrido una injusticia; en unos pocos, siente su propia culpa. Muchas personas se sorprenden al descubrir que, con 42 salmos de lamento, esta categoría es la más grande de todas.

Hay mucha autocompasión en estos salmos, pero los sentimientos son presentados ante Dios, y el salmista encuentra sanidad.

Todos tienen la misma forma, y seguramente eran cantados con una música fúnebre lenta. Cada uno tiene cinco partes:
1. Un clamor a Dios.
2. Una queja por lo que está mal.
3. Una declaración de confianza en que Dios librará.
4. Un pedido a Dios para que intervenga.
5. Una promesa de alabar a Dios cuando llegue la liberación.

Todos los salmos de lamento siguen este quíntuple patrón. Por eso es necesario leer todo el salmo; solo unos pocos versículos de un salmo no brindan la forma completa.

Si uno tomara solo la primera parte, entonces se sumiría en la autocompasión. Pero el salmista siempre termina prometiendo alabar a Dios cuando haya salido de la situación.

Si bien la mayoría de estos son salmos individuales, algunos fueron escritos en nombre de la nación (ver Salmos 44, 74, 79, 80, 83, 85 y 90). Es interesante que ninguno de estos fue escrito por David.

Salmos de gratitud
En segundo lugar, están los salmos de gratitud. Estos "salmos gracias" son el grupo más grande después de los salmos de lamento. Tienen una forma particular y casi todos son anónimos. Se dicen cuatro cosas en cada uno de ellos:
1. Una proclamación: "Alabaré . . ."
2. Una afirmación acerca del motivo de su alabanza a Dios.
3. Un testimonio de liberación.

4. Un voto de alabanza: el salmista continúa alabando a Dios por lo que ha ocurrido.

Estos salmos dicen mucho acerca de los atributos y la actividad de Dios. Contienen agradecimiento por el reinado soberano de Dios, por la creación, por el Éxodo, por Jerusalén, por el templo y por la oportunidad de participar en el peregrinaje. Hay también gratitud por la Palabra de Dios, que se ve de manera excelente en los 176 versículos del Salmo 119.

Salmos de penitencia
En tercer lugar, están los salmos de penitencia, o "salmos perdón". Son pocos en cantidad, pero reflejan la profunda contrición que siente el salmista cuando toma conciencia de su pecado. Note especialmente los Salmos 6, 32, 38, 51, 130 y 143.

Salmos especiales

Hay también algunas otras categorías de salmos.

Salmos reales
Así como David escribió acerca de sus experiencias como pastor, también escribió desde sus experiencias como rey. Los Salmos 2, 18, 20, 21, 45, 72, 89, 101, 110, 132 y 144 encajan en esta categoría.

El himno nacional británico está basado en varios de estos salmos El Salmo 68 se centra en la victoria del rey en la batalla, que es el trasfondo de la frase "Send her victorious" ("envíala victoriosa") en el himno. La gran diferencia, por supuesto, es que un monarca británico no es el soberano del pueblo del Señor, de modo que muchas de estas afirmaciones no son apropiadas. Hay una sola nación que Dios escogió para que fuera suya, y ésa es Israel. Nunca debemos olvidar que toda nación no judía es una nación gentil, así que no puede ser especial de la misma forma que Israel es especial.

Hay, sin embargo, un salmo maravilloso acerca de una reina. El Salmo 45 reflexiona sobre cuán indigna se sentía la reina por ser la esposa del rey. Ésta es una buena imagen de cómo debemos sentirnos como la esposa de Cristo. Vamos a sentarnos sobre tronos con Jesús, y viviremos como la realeza.

Muchas naciones han pensado que eran la nación escogida y usaron los salmos de manera incorrecta. El león y el unicornio en el escudo de armas inglés vienen del Salmo 22. Una de las primeras traducciones de la Biblia incluye el unicornio, aunque la palabra no estaba en el original.

Canadá es la única nación en el mundo con "El Dominio" en su nombre. El nombre "El Dominio de Canadá" está basada en el Salmo 72: "Que tendrá dominio . . . de mar a mar". Canadá se extiende desde el Pacífico hasta el Atlántico, por lo que fue llamado el Dominio de Canadá por sus padres fundadores.

Salmos mesiánicos

Algunos de los salmos reales son también salmos mesiánicos o proféticos. David fue un modelo de rey ideal, y estos salmos reflejan el deseo de tener un rey que sea verdaderamente digno de la honra de Dios.

La palabra "Mesías" significa "ungido". Todo rey de Israel era ungido con aceite en su coronación como un símbolo del Espíritu Santo. Aún hoy los reyes y las reinas de Inglaterra tienen lo que se llama "la unción", el ungimiento con aceite (un aceite mezcla especial hecho de 24 hierbas y aceites diferentes).

La palabra "Mesías" (que significa "el ungido" en hebreo, como "Cristo" en griego) ocurre una sola vez en todo el Antiguo Testamento, en el Salmo 2. Pero si los salmos son examinados por su elemento profético, encontramos que 20 de ellos son citados en el Nuevo Testamento. Es asombroso

notar lo que profetizan estos salmos acerca de Jesús, el Hijo de David:
- Dios declarará que es su Hijo.
- Dios pondrá todas las cosas bajo sus pies.
- Dios no lo dejará ver la corrupción en la tumba.
- Será abandonado por Dios, y sufrirá el rechazo y las burlas de los hombres; sus manos y sus pies serán perforados; harán apuestas por su ropa; pero ninguno de sus huesos será roto.
- Testigos falsos lo acusarán.
- Será odiado sin motivo.
- Un amigo lo traicionará.
- Le darán vinagre y hiel para beber.
- Orará por sus enemigos.
- El puesto del que lo traicione será entregado a otro.
- Sus enemigos serán el estrado de sus pies.
- Será un sacerdote según el orden de Melquisedec.
- Será la piedra angular principal y vendrá en el nombre del Señor.

David se consideraba un profeta porque podía ver a alguien más cuando escribía. Es asombroso cómo David pudo participar en los sufrimientos de Jesús sobre la cruz, sin haberlo experimentado jamás él mismo.

El Salmo 22 comienza diciendo: "Dios mío, Dios mío, ¿por qué me has abandonado?" (las palabras que gritó Jesús desde la cruz).

Habla de manos y pies perforados siglos antes que los romanos usaran la crucifixión como método de ejecución. Uno de los más grandes y más inesperados "Yo soy" de Jesús aparece en este salmo: "Yo soy gusano, y no hombre".

Salmos de sabiduría
Los "salmos de sabiduría" son producto de la reflexión y

meditación silenciosas. Se parecen al libro de Proverbios, y están llenos de sabiduría práctica para la vida.

La sabiduría en la Biblia se preocupa principalmente por dos cosas: la conducta de la vida y las contradicciones de la vida.

El libro de Salmos comienza con un salmo de sabiduría acerca de la conducta de la vida. Hay dos formas en que podemos andar: "el camino de los malos" o "el camino de los justos". Hacia el final del relato de Mateo del Sermón del Monte, Jesús usa palabras similares: "Porque es ancha la puerta y espacioso el camino que conduce a la destrucción, y muchos entran por ella. Pero estrecha es la puerta y angosto el camino que conduce a la vida, y son pocos los que la encuentran". Así que el Salmo 1 da a entender que este libro es para quienes están andando por el camino angosto. No es para quienes se sientan, caminan o se paran con los malvados. Si caminamos con alguien, tomamos algo de esa persona. Si pasamos tiempo parados con ella, la relación se profundiza. Si nos sentamos, nos hacemos amigos. Leemos que no debemos caminar, pararnos o sentarnos en el camino de los pecadores, porque nuestras compañías probablemente sean la mayor influencia en nuestra vida.

Los salmos de sabiduría también se centran en las contradicciones de la vida. La mayor contradicción es que las personas malas a menudo se salen con la suya con su conducta mala mientras que los buenos sufren.

El Salmo 73 encara este problema de frente. El salmista siente que ha purificado su corazón en vano, que es una pérdida de tiempo tratar de vivir una buena vida, porque las personas malas mueren en sus lechos en paz después de haber ganado mucho dinero.

El salmista dice que está afligido todo el día y no puede dormir de noche. Su solución es ir al templo y reflexionar sobre la gloria de Dios y el final que enfrentarán los malvados. Es uno de los pocos salmos que mencionan la vida después de la muerte. Este concepto no se explica con tanto detalle en el Antiguo Testamento como en el Nuevo.

Salmos imprecatorios
En estos salmos el salmista pide a Dios que haga caer su juicio sobre sus enemigos.

Por ejemplo:

Que sobre la cabeza de mis perseguidores
    recaiga el mal que sus labios proclaman.
Que lluevan brasas sobre ellos;
    que sean echados en el fuego,
        en ciénagas profundas, de donde no vuelvan a salir.

del Salmo 140

Uno de los salmos imprecatorios más conocidos es el 137, que fue compuesto en Babilonia:

Junto a los ríos de Babilonia nos sentábamos,
    y llorábamos al acordarnos de Sión.
En los álamos que había en la ciudad
    colgábamos nuestras arpas.
Allí, los que nos tenían cautivos
    nos pedían que entonáramos canciones;
nuestros opresores nos pedían estar alegres;
    nos decían: "¡Cántennos un cántico de Sión!"

¿Cómo cantar las canciones del Señor
    en una tierra extraña?
Ah, Jerusalén, Jerusalén,
    si llegara yo a olvidarte,
        ¡que la mano derecha se me seque!
Si de ti no me acordara,

>   ni te pusiera por encima de mi propia alegría,
>   ¡que la lengua se me pegue al paladar!
> Señor, acuérdate de los edomitas
>   el día en que cayó Jerusalén.
> "¡Arrásenla —gritaban—,
>   arrásenla hasta sus cimientos!"
>
> Hija de Babilonia, que has de ser destruida,
>   ¡dichoso el que te haga pagar
>   por todo lo que nos has hecho!
> ¡Dichoso el que agarre a tus pequeños
>   y los estrelle contra las rocas!

Esto no es agradable. No hay ningún perdón para el enemigo y ciertamente ningún reconocimiento de que lo dicho pueda ser inapropiado. Es comprensible que algunos se pregunten si los cristianos deberían usar estos salmos siquiera.

¿Pueden los cristianos usar salmos imprecatorios?

Primero, debemos recordar que los judíos solo tenían el Antiguo Testamento, y no debemos esperar encontrar rasgos plenamente cristianos en esta parte de la Biblia. No tenían ningún conocimiento de Jesús, que dijo: "Padre, perdónalos, porque no saben lo que hacen".

Segundo, estos salmos son buenos modelos de la sinceridad en la oración. Si nos sentimos de cierta forma, entonces es apropiado decir a Dios cómo nos sentimos. Es tan malo decir lo que dijo el salmista como sentirse así y no decirlo. De hecho, es peor, porque estamos intentando ocultarlo de Dios.

Recuerdo una señora cristiana que había estado en un terrible choque de autos. Durante los siguientes veinte años estuvo con una tremenda discapacidad; solo podía movilizarse a duras penas con muletas y estaba en constante dolor. Una noche, mientras entraba en su dormitorio, maldijo a Dios por su agonía. Pero entonces se enganchó el pie en la alfombra y se cayó, quedando desmayada. Estuvo inconsciente varias horas, y cuando se despertó la mañana siguiente, el sol entraba por la ventana y caía directamente sobre sus ojos. Convencida de que había muerto y ahora estaba frente al Señor, recordó con horror que lo último que había hecho en la vida había sido maldecir a Dios. Supuso que tendría que ir al infierno por esto. Pero entonces se dio cuenta de que la luz brillante era en realidad solo la luz del sol, y que aún estaba en su dormitorio. El alivio fue enorme. De pronto, notó que no sentí ningún dolor. Se levantó y descubrió que estaba completamente sana. ¡Podía mover cada uno de sus miembros! ¡Salió despedida a la calle y dijo a todas las personas con las que se encontró que había maldecido a Dios pero él la había sanado! Por supuesto, éste no es un buen modelo para copiar, pero el hecho es que, como fue sincera con Dios, él la sanó. ¡Qué misericordioso es él!

Tercero, los enemigos de Israel eran también los enemigos de Dios. Los salmos imprecatorios no solo piden venganza para los enemigos personales de los salmistas; también recuerdan a Dios que los enemigos de ellos son también de él. Para los cristianos hoy, los enemigos de Dios no son carne y sangre, sino los principados y poderes. Si realmente amamos a Dios, odiaremos al diablo y a todo el mal. Los santos del Antiguo Testamento no tenían el conocimiento que tenemos hoy acerca del día de juicio, el cielo y el infierno, así que tenían que orar pidiendo que los malvados fueran castigados en este mundo presente. Ellos creían que después de la muerte todos iban a un lugar llamado Sheol, una especie de sala de espera de una estación de ferrocarril donde no llegaba ningún tren. Tenían que orar para que fueran reivindicados en esta vida. Clamaban a un Dios bueno pidiendo justicia.

Cuarto, en cada caso los salmistas se rehúsan a tomar venganza por su cuenta y se la dejan a Dios. Éste es un principio que Pablo enseña en Romanos 12: "No tomen venganza, hermanos míos, sino dejen el castigo en manos de Dios". Él se vengará de los malvados.

Finalmente, es importante notar que, en este asunto, el Nuevo Testamento no es diferente del Antiguo. Hay también oraciones imprecatorias en el Nuevo Testamento. En Apocalipsis 6 las almas de los mártires en el cielo están orando: "¿Hasta cuándo, Soberano Señor, santo y veraz, seguirás sin juzgar a los habitantes de la tierra y sin vengar nuestra muerte?". Estas oraciones no son diferentes de los salmos imprecatorios, aun cuando se hagan "en el cielo". Los mártires cristianos están pidiendo a Dios que él se reivindique y haga justicia.

Así que, si lo hacemos en el espíritu correcto, no tenemos ningún problema en usar estos salmos hoy. Un día, todo pecado será perdonado, los justos serán reivindicados y los mártires se sentarán en los mismos tronos que los condenaron a la muerte.

La visión que tienen los salmos de Dios

Los salmos son notablemente equilibrados en su visión de Dios. Ya hemos visto cómo su trascendencia (*Elohim*) está equilibrada por su inmanencia (*Yavé*).

Nos alientan a magnificar a Dios, no porque podamos hacerlo más grande, sino para que nuestra visión de él pueda ser ampliada.

Nos hablan de los *atributos* de Dios, lo que es. Los Salmos 8, 9, 29, 103, 104, 139, 148 y 150 son buenos ejemplos. El Salmo 139 describe su omnipotencia (es decir, él es todopoderoso), su omnisciencia (todo lo sabe) y su omnipresencia (está en todas partes).

Nos hablan también de las *acciones* de Dios, lo que hace. Los Salmos 33, 36, 105, 111, 113, 117, 136, 146 y 147 son buenos ejemplos. En particular, aprendemos de sus dos

principales actos:
creación (ej: Salmos 8 y 19) y
redención (ej: Salmo 78, que habla de la historia del Éxodo).

Nos dicen que Dios es Pastor, Guerrero, Juez, Padre y, sobre todo, Rey.

En vista de estos atributos y acciones de Dios, no es ninguna sorpresa que la teología de los salmos se convierta muy rápidamente en doxología. La verdad conduce de manera inevitable a la alabanza.

Cómo usar los salmos hoy

Está claro, a partir del uso de los salmos por el Nuevo Testamento, que es legítimo y deseable que los cristianos los usen. Los cantos del Nuevo Testamento están modelados según ellos (ej: Lucas 1 y 2). Los apóstoles recurren a los salmos cuando están bajo presión (ej: Hechos 4) y los usan a menudo cuando están predicando (ej: Hechos 13).

El escritor de la carta a los Hebreos los cita extensamente. Cada uno de los primeros cinco capítulos de Hebreos incluye una referencia a uno o más salmos.

Jesús usó citas de los salmos en su enseñanza pública (ej: el Sermón del Monte), al contestar a los judíos, cuando limpió el templo y en la última cena.

Entonces, ¿cómo deberían usarse los salmos hoy?

Es mejor que sean leídos en voz alta o cantados. ¡Algunos promueven explícitamente los gritos! Su impacto y valor se reducen mucho si son leídos en silencio. Muchos salmos alientan también el movimiento corporal, como alzar las manos, aplaudir, bailar y mirar hacia arriba.

Se nos ordena en el Nuevo Testamento usar los salmos en la adoración colectiva (ej: Efesios 5). Pueden ser cantados o leídos en voz alta a la congregación por cantores o lectores, o toda la congregación puede leerlos, cantarlos o aun gritarlos juntos.

Está claro que los salmos fueron hechos para ser cantados con un acompañamiento musical. Como ya hemos visto, la palabra hebrea que traducimos como "salmo" significa literalmente "tañer", sugiriendo que había instrumentos de cuerda que acompañaban normalmente el canto de los salmos (si bien se mencionan otros instrumentos también en el libro de Salmos). En muchos salmos aparece la palabra *Selah*. Probablemente sea una instrucción musical para el director del coro que significa "pausa", "cambio de clave", "tocar más fuerte" o aun "alzar las voces en este momento".

¿Cómo deberíamos cantar los salmos hoy? Creo que deberían ser cantados "enteros". Demasiados himnos y canciones usan solo partes de un salmo, violando el sentido y el contexto originales.

Algunos salmos pueden ser cantados en un verso métrico (como suele hacerse en iglesias de Escocia). Algunos salmos se prestan para ser cantados por un coro y también para el uso privado. Aquí hay algunas pautas:

- Leer un salmo por día es un buen hábito.
- Algunos salmos son ideales para leer a la hora de acostarse. Pueden ser una ayuda contra las emociones destructivas y los malos sueños.
- Lea salmos aun cuando no parezcan ser pertinentes para sus circunstancias, porque vendrá un momento en que lo serán.
- Intente dar un título al salmo; lo ayudará a concentrarse en su contenido.
- Traduzca el salmo usando sus propias palabras. (Vea mis ejemplos en este capítulo.)
- Algunos salmos son un gran consuelo cuando se encuentre enfermo, o aun cuando esté cerca de la muerte.

Si bien tiene mucho valor estudiar los salmos, obtenemos

el mayor beneficio de ellos cuando los *usamos* en nuestra vida. Descubrimos su verdadera belleza y poder cuando los leemos en voz alta, los cantamos y los gritamos. Los salmos fueron hechos para guiarnos a una alabanza apasionada que glorifique a Dios.

13.
CANTAR DE CANTARES

Introducción

A muchos les sorprende que Cantar de Cantares esté incluido en la Biblia. Es uno de solo dos libros donde Dios no aparece mencionado una sola vez (El otro es Ester). No hay ninguna mención de nada obviamente espiritual desde el principio hasta el final, ¡y su descripción gráfica de la sexualidad humana significa que es uno de los libros de la Biblia que suelen evitarse en la Escuela Dominical!

El título mismo, "Cantar de Cantares" suena extraño. La escritura hebrea no incluye ningún adjetivo, así que frases como "canción fantástica" o "canción brillante" no son posibles. De modo que, en vez de "la canción más grande", se usa la expresión "canción de canciones", así como "el Rey altísimo" es conocido como "el Rey de reyes" y "el Señor supremo", como "el Señor de señores".

Pero aceptar que es una canción hermosa no nos da un entendimiento claro de por qué está en la Biblia, porque no solo no es espiritual sino que es muy sensual también. Toca los cinco sentidos —olfato, vista, tacto, gusto y oído—, y da una descripción erótica de los cuerpos del joven y la joven en el drama. Así que, aunque no se lo enseñe en la Escuela Dominical, ¡pasa a ser una especie de favorito entre los jóvenes!

Durante muchos años no prediqué de este libro porque no sabía cómo manejarlo. Pero encontré que los rabinos judíos lo trataban como un libro muy santo. Lo denominaban el "Santísimo" y hasta se quitaban los zapatos cuando lo leían. Además, me enteré que algunos escritores cristianos lo alababan con entusiasmo. Me propuse abordarlo por mi cuenta, así que compré comentarios y exposiciones devocionales del libro para ayudarme a entenderlo. Pero esto solo aumentó mi sentido de culpa. Se me dijo que el libro estaba escrito en un código secreto y que ninguna de las palabras significaba lo que pensé que significaban. Llegué al fondo cuando leí la explicación de un comentario de un versículo en el capítulo 1 donde la mujer del drama habla de su amante descansando entre sus pechos, ¡y el comentarista dijo que esto quería decir entre el Antiguo y el Nuevo Testamento! Confieso que esto era lo último que tenía en mente cuando lo leí, así que llegué a la conclusión de que Dios había puesto este libro en la Biblia como una especie de trampa para averiguar si uno era espiritual o carnal. Pasaron muchos años antes que pude explorarlo con alguna profundidad.

¿Qué clase de literatura es?

¿Alegoría?

Una alegoría es una historia ficticia que busca comunicar un mensaje oculto. Por ejemplo, *El progreso del peregrino*, el clásico del siglo diecisiete de John Bunyan, es una alegoría, donde cada parte de la historia apunta a describir una verdad espiritual. Muchos han interpretado a Cantar de Cantares como una alegoría, pero cada comentarista parece inventar su propio código, a menudo con poca referencia al texto mismo. Al parecer, los comentaristas ven lo que quieren ver y son renuentes a tomar el significado llano del texto, porque no creen que el libro, con sus gráficas descripciones de la sexualidad, sea aceptable tal como está.

Una razón de esto es que los cristianos han estado más influidos, por lo general, por el pensamiento griego que el hebreo. Los griegos creían que la vida se dividía entre lo que ellos denominaban "lo físico" y "lo espiritual", donde lo último era considerado como más importante. En contraste, los hebreos creían en un Dios que había hecho tanto lo físico como lo espiritual, y no veían ninguna diferencia de valor entre ambos. Si un Dios bueno hizo este mundo material, entonces las cosas materiales son buenas; y si este mismo Dios nos hizo varones y mujeres, con la capacidad de enamorarnos y convertirnos en esposos, esto también era bueno.

Afirmación
Esta forma de pensar hebrea puede ayudarnos en nuestra interpretación del libro, ya que, en vez de verlo como una alegoría, debemos verlo, en cambio, como una afirmación. Aquí, en el medio de la Biblia, Dios está afirmando el amor entre un hombre y una mujer. La inclusión de Cantar de Cantares dentro de la Biblia nos recuerda que la sexualidad es idea de Dios. Él lo pensó. Por cierto, una de las mayores mentiras que el diablo ha difundido por todo el mundo es que Dios está en contra del sexo y él está a favor. La verdad es todo lo contrario. Dios dice que el sexo es una parte limpia y legítima del amor en un matrimonio. De hecho, cuando dirijo una ceremonia nupcial, siempre leo parte de Cantar de Cantares y digo a la pareja que lea el resto en su luna de miel.

Analogía
Pero Cantar de Cantares es más que una afirmación; es, también, una analogía. Esto es claramente distinto de las fantasiosas interpretaciones alegóricas que hemos descartado. Una alegoría es una obra de ficción con un significado oculto, mientras que una analogía es un hecho que es como otro hecho. Jesús usó analogías en su enseñanza. Por ejemplo, describía el reino de los cielos en términos que sus oyentes podrían entender. Cantar de Cantares funciona de una manera similar. El amor entre un hombre y una mujer es como el amor entre Dios y los seres humanos. Ambos son reales, y el primero ayuda a explicar el segundo. Cantar de Cantares

dice que nuestra relación con Dios puede ser así. Deberíamos poder decir: "Mi amado es mío, y yo soy suya (o suyo)", de la misma forma en que los amantes hablan el uno del otro.

El autor del libro

El libro fue escrito por el rey Salomón, que tenía el don de escribir letras de canciones. En 1 Reyes se nos dice que escribió 1005 canciones en total, aunque solo seis fueron incluidas en la Biblia. Mi teoría es que Salomón escribió una canción para cada una de sus 700 esposas y 300 concubinas, pero de todas estas 1000 mujeres una sola era la que Dios había elegido para él, así que la que escribió para ella fue la única canción de amor que fue publicada como parte de la Biblia. Cantar de Cantares nos dice que cuando escribió este canto ya tenía 60 esposas.

¿Tres personas o dos?

Los estudiosos están divididos en cuanto a la trama. Algunos sostienen que involucra a tres personas: un triángulo amoroso entre un pastor, un rey y la muchacha, que se siente tironeada por los dos. Resulta una historia interesante y un buen sermón, porque uno puede terminarlo con un llamado conmovedor: "¡*Usted* es esa muchacha! ¿Escogerá al príncipe de este mundo o al Buen Pastor?". Pero, lamentablemente, esta trama no encaja con el texto: ¿por qué Salomón compondría un canto que describe al rey (él mismo) como el villano? Además, la atmósfera es de inocencia, no de culpa. No se trata de un rey malo que seduce a una chica sencilla. Es un canto de amor puro de punta a punta.

De modo que es más probable que sea una trama que incluye a solo dos personajes, lo cual significa que el rey y el pastor son la misma persona. Esto nos puede parecer improbable hasta que recordamos que algunos reyes de Israel fueron también pastores; David es un ejemplo obvio. Moisés también fue un pastor antes de convertirse en un líder del pueblo de Dios. No es una combinación inusual.

Pero aun suponiendo que el rey y el pastor son la misma persona, sigue siendo difícil de entender las diferentes piezas de la historia. Es un poco como sacar la tapa de la caja de un rompecabezas y ver las diferentes piezas de colores mezcladas adentro. Comenzamos a pensar que nunca lograremos armarlo a menos que tengamos la imagen de la tapa para ayudarnos.

Permítame, entonces, darle la imagen de la tapa para que, cuando lea la historia por su cuenta, todas las partecitas encajen bien.

La historia

Salomón tenía una propiedad en la campiña, en las laderas del monte Hermón. La usaba como un lugar de retiro de las presiones de ser rey en Jerusalén. Podía relajarse, salir de caza y olvidarse por un momento de que era el rey. En ocasiones, guiaba ovejas para que encuentren pastos verdes y agua entre el terreno rocoso. Era habitual que recorriera unos 25 kilómetros en cualquier día dado.

En esa propiedad en la campiña un granjero arrendatario falleció. La granja pasó a sus hijos, aunque no sabemos exactamente cuántos eran. Probablemente eran tres o cuatro hijos y dos hijas. Una de las hijas es una niña; la otra es adulta, y es el tema del canto. Su vida carece de emoción. Su padre dividió la herencia, dando los viñedos a los hijos e hijas, pero los hijos la obligan a hacer todo el trabajo en la casa y mucho trabajo en la granja. Se queja de que tiene que cuidar los viñedos de ellos tanto que ha descuidado los propios. Además, como ha estado trabajando afuera, su piel se ha vuelto oscura. Si bien la piel bronceada es un rasgo atractivo en nuestra cultura, ocurría lo contrario para ella; de hecho, una novia era mantenida alejada del sol 12 meses antes de su boda. Sabía que su piel oscura significaba que era probable que seguiría siendo una esclava de sus hermanos por el resto de su vida.

Un día está trabajando en los campos y se encuentra con un joven. Disfrutan de una conversación y arreglan para encontrarse al día siguiente. Luego de algunos encuentros ocasionales, acuerdan repetirlos todos los días. Los encuentros se convierten en el punto alto del día, y luego de un par de semanas están profundamente enamorados. Lo que preocupa a la mujer es que no sabe quién es el joven. Le pregunta insistentemente de qué granja viene y dónde hace descansar a sus ovejas al mediodía. Pero él elude sus preguntas y no quiere decirle quién es.

Ella está profundamente enamorada de él, y él de ella, y finalmente él le pregunta si quiere casarse con él. ¡Ella ha esperado años por esto! Está alborozada y dice "Sí" de inmediato. Él le dice que tiene que partir al día siguiente para volver al trabajo en el sur, en la gran ciudad. La deja para que se prepare para la boda y promete volver.

Los meses siguientes son los más emocionantes de su vida. Nunca pensó que ocurriría, pero ahora por fin se casará. Pero comienza a tener pesadillas. No se requiere un conocimiento muy profundo de psicología para interpretar sus sueños. Todos están centrados en un tema: "Lo he perdido y lo estoy buscando".

Una noche sueña que está corriendo por las calles, buscando a su amante. Se encuentra con el centinela y le pregunta si lo ha visto. Pero no lo ha visto. Corre por las calles, buscándolo frenéticamente. Cuando lo encuentra, se aferra a él, lo arrastra al dormitorio de su madre y le dice que nunca lo dejará ir. Cuando se despierta, encuentra que está aferrada a la almohada.

En otra oportunidad, sueña que su amante está a la puerta y mete la mano por el agujero de la puerta para levantar la traba del lado de adentro. Pero no puede abrirla porque está cerrada con una traba más abajo. Ella está paralizada, sin poder moverse. No puede salir de la cama, él está intentando abrir la puerta, y ella se queda frustrada. Luego su mano desaparece y ella encuentra que puede moverse. Corre a la puerta y . . . ¡se ha ido!

Las pesadillas tienen una explicación simple: ella teme que él no volverá para casarse con ella. Piensa que es un mero flirteo de vacaciones, y que su amante no guardará su promesa.

Entonces, un día, ella está afuera en el campo y nota caballos y carrozas, y una gran nube de polvo que se acerca. Pregunta a sus hermanos quién es.

Le dicen que es el terrateniente, el rey Salomón, de Jerusalén, que ha venido a visitar sus propiedades. Se aprestan a inclinarse hasta el suelo ante el rey. Ella nunca lo ha visto, así que echa una mirada, ¡solo para descubrir que el rey en la gran carroza es su joven!

Como todos saben que él ya tiene 60 esposas, ¡se da cuenta de que ella debe ser la número 61!

Ella deja la granja y viaja el sur para vivir en el palacio. Se casan y ella aparece en el primer banquete que se realiza en honor a ella. Se sienta en la mesa principal, junto al rey, sintiéndose muy inferior a las 60 reinas hermosas y de piel clara con sus túnicas alrededor de ella.

Cuando un hombre tiene más de una mujer, cada mujer comienza a sentirse insegura y pregunta si él la ama más que las demás. Así que ella pregunta a Salomón si pueden volver al norte. "¿No podemos simplemente acostarnos sobre el pasto y bajo los árboles? ¿No podríamos ir a vivir a tu propiedad allá?". Él le explica que, como es el rey, debe vivir y reinar en Jerusalén. Finalmente ella le pregunta acerca de las mujeres que están alrededor de ella. Dice con un tono de verdadera inferioridad: "Soy solo una rosa de Sarón, soy una azucena de los valles".

Nosotros suponemos que son flores hermosas, pero en Israel son flores minúsculas sobre las que uno puede caminar, como las margaritas en el césped. Las azucenas de los valles crecen en las sombras, y la rosa de Sarón es un pequeño azafrán que crece en la llanura plana junto al mar Mediterráneo.

La respuesta del rey, que ella es una azucena entre las espinas, le encanta, porque las azucenas entre las espinas, por contraste, son las flores más hermosas de Israel. Esta azucena es blanca, con una forma elegante, y es así como su amado la ve. Entonces ella canta una pequeña canción como muestra de su alegría, que dice: "Me llevó a la sala del banquete, y sobre mí enarboló su bandera de amor".

Éste es, entonces, el bosquejo del libro, la imagen en la caja del rompecabezas.

¿Por qué deberíamos leer este libro?

Hay dos razones por las que deberíamos leerlo y estudiarlo. Primero, en el corazón del cristianismo hay una relación muy personal. Ser un cristiano no es ir a la iglesia, leer la Biblia o apoyar a misioneros; ser un cristiano es estar enamorado del Señor. La única razón para cantar himnos es que estamos cantando canciones de amor. Si perdemos de vista esto, perdemos de vista todo.

De modo que, en el corazón de la Biblia está la relación muy íntima y amorosa entre Salomón y una muchacha del campo.

El libro agrega una dimensión más amplia a la descripción de la relación entre Dios y su pueblo. A veces en la Biblia Dios es mencionado como un esposo, e Israel como su esposa. Él la corteja y se casa con ella en Sinaí, cuando se establece el pacto. Cuando Israel va detrás de otros dioses, es descrita como una adúltera.

Este tema subyace la profecía de Oseas. El Señor pide al profeta que encuentre una prostituta en la calle. Él protesta y pregunta por qué. Dios le dice que debe casarse con ella, y ella tendrá tres hijos. Ella amará al primer hijo, pero no el segundo, y el tercero, que ni siquiera será de Oseas, deberá ser llamado "No mío". Dios dice a Oseas que ella volverá a la vida en las calles, a su antigua profesión, dejándole los tres hijos. Él debe buscarla, debe comprarla del rufián que la controla, debe traerla de vuelta a su casa y deberá volver a amarla. Finalmente, Dios le dice que le diga a Israel que ésta es la forma en que Dios se siente con relación a ellos.

De hecho, toda la relación en el Antiguo Testamento entre Dios e Israel es la de un esposo con una esposa que se comporta de manera abominable. Él la seduce, la gana, la pierde, sigue amándola y quiere traerla de vuelta a casa.

Cuando vamos al Nuevo Testamento, este mismo tema continúa. Jesús es descrito como el esposo que busca una esposa. En la última página de la Biblia, la esposa está ansiosa por la boda y dice "¡Ven!". Se ha preparado con lino blanco, que es justicia. Toda la Biblia es una historia de amor de principio a fin.

Cantar de Cantares expresa esta relación. Las palabras del joven a la novia son las palabras que Dios nos dice a nosotros. Las respuestas de ella son la clase de respuestas que podemos dar nosotros. Por lo tanto, no es una alegoría, ni está lleno de significados ocultos. "Granados" significa "granados", y "pechos" significa "pechos". Dios quiere decir lo que dice, pero es una analogía de la relación que podemos tener con Dios.

Debemos tener cuidado con nuestra interpretación. Nuestra relación con el Señor no es erótica, pero es emocional. Aun cuando el canto incluye terminología sexualmente explícita, hay una compostura apropiada. No entra en los detalles físicos como lo haría la literatura moderna.

No obstante, es una relación emocional. La historia nos recuerda la conversación entre Jesús y Pedro en Galilea, luego de la resurrección. Pedro había negado al Señor ante un fuego de carbón en un patio, y el único otro fuego de carbón que se menciona en el Nuevo Testamento es unas semanas después, en Galilea. Pedro mira el fuego y recuerda esos momentos espantosos. Pero Jesús no dice cuán desilusionado está de él, ni lo excluye del servicio futuro. No, le dice que puede seguir con él, siempre que esté seguro de una cosa: que Pedro lo ama.

De igual forma, el Señor no nos pregunta cuántas veces hemos ido a la iglesia o cuántos capítulos de la Biblia hemos leído esta semana. Nos pregunta: "¿Me amas?". Jesús dijo que la ley podía ser resumida como: "Ama al Señor tu Dios con todo tu corazón, con todo tu ser, con todas tus fuerzas y con toda tu mente... y ama a tu prójimo como a ti mismo". El amor es realmente tan importante como esto.

Segundo, nuestra relación con el Señor no solo es muy personal; es, también, una relación muy pública. La mayoría de las personas se enamoran del Señor porque lo ven como su Pastor, el que estará con ellos en el valle de la sombra de muerte, el que los guiará junto a aguas de reposo y a verdes pastos. Pero en algún momento después de habernos enamorado de Jesús como nuestro Pastor, ¡descubrimos que él es también un rey! Él es el Rey de reyes, y nosotros somos su esposa. Reinaremos con él y nos convertiremos en su reina. Estamos a la vista de todo el mundo, que significa una responsabilidad adicional para nosotros. Sería lindo si pudiésemos volver a los bosques de Hermón, manteniendo en secreto nuestra relación con el Señor. Nos ahorraría muchos disgustos, críticas y exposición. Pero él quiere que nos mantengamos en el candelero, siempre señalándolo a él como la fuente de nuestra vida y compartiendo con él la responsabilidad de reinar sobre la tierra.

14.
PROVERBIOS

Introducción[12]

Proverbios parece al principio un libro extraño para ser incluido en la Biblia. Contiene observaciones ocurrentes y epigramas que parecen ser poco más que sentido común.

No parece ser un libro demasiado espiritual. Dice poco acerca de devociones privadas o públicas, y algunos de sus temas son claramente mundanos.

Hay proverbios que dicen cosas que son obvias. Por ejemplo: "La pobreza del pobre es su ruina", "El corazón alegre se refleja en el rostro", "Más vale habitar en un rincón de la azotea que compartir el techo con mujer pendenciera" o "Meterse en pleitos ajenos es como agarrar a un perro por las orejas".

Algunos parecen más divertidos que edificantes, y otros, directamente inmorales. Por ejemplo: "Con regalos se abren todas las puertas y se llega a la presencia de gente importante".

Muchos de los proverbios se han introducido en la conversación diaria:

"Escatima la vara y malcría al hijo"
"La esperanza demorada enferma el corazón"
"El orgullo precede la caída"
"El agua robada es más sabrosa"
"El hierro se afila con el hierro"

El libro describe la vida tal como es; no la vida en la iglesia, sino la vida en las calles, la oficina, el negocio, el hogar. Cubre todos los aspectos de la vida, y no solo lo que

---

[12] Para Proverbios (y Eclesiastés) tengo una gran deuda con los magníficos comentarios de Derek Kidner, en la serie "Tyndale" publicada por IVP. Aliento a los lectores que deseen estudiar estos libros con mayor detalle a que obtengan estos modelos en su tipo.

uno hace los domingos en la iglesia. Considera cómo uno debería vivir durante la semana en cada situación.

Los personajes que aparecen en el libro de Proverbios pueden ser reconocidos fácilmente por todos. Está la mujer que habla demasiado, la esposa que está siempre dando lata, el joven sin objetivos que se pasa el día en la esquina, el vecino que siempre cae de visita y se queda demasiado tiempo, el amigo que es insoportablemente alegre a la primera hora de la mañana.

Los 900 proverbios cubren la mayoría de los temas más importantes de la vida, presentándolos a menudo como contrastes: sabiduría y necedad, orgullo y humildad, amor y lujuria, riqueza y pobreza, trabajo y esparcimiento, amos y siervos, esposos y esposas, amigos y familiares, vida y muerte. Pero hay omisiones significativas y sorprendentes. Hay muy poco que sea "religioso"; no hay ninguna mención de sacerdotes y profetas, y muy poco acerca de reyes, todas personas que aparecen de manera destacada en el resto del Antiguo Testamento.

Es importante que desde el inicio tengamos en claro cómo deberíamos ver los temas cubiertos. Algunas personas cometerían el error de decir que Proverbios se centra en la vida "secular", pero la supuesta división entre "lo secular y lo sagrado" no está apoyada por la Biblia. Por cierto, en lo que a Dios concierne, lo único que puede ser descrito como "secular" es el pecado mismo.

La idea de que solo lo "religioso" es "sagrado" viene de los filósofos griegos y se ha infiltrado en gran parte del pensamiento moderno, aun entre los cristianos. La Biblia desconoce esta división. Cualquier actividad puede ser sagrada si puede ser dedicada a Dios. Él prefiere un buen conductor de taxi que un mal misionero. Todos los trabajos legítimos están en el mismo nivel.

Así que Proverbios está interesado en nuestra vida real,

la de todos los días. Nos dice cómo podemos aprovechar al máximo la vida y nos advierte que muchos la desperdician. Tiene que ver con la "buena vida". Su sabiduría nos permite llegar al final de nuestros días satisfechos con todo lo que hemos logrado.

¿Cómo se relaciona Proverbios con el mensaje del resto de la Biblia? El apóstol Pablo, en su segunda carta a Timoteo, dice que las Sagradas Escrituras pueden darle "la sabiduría necesaria para la salvación mediante la fe en Cristo Jesús". Pero cuando leemos Proverbios podemos quedarnos con la pregunta de dónde aparece la "salvación", ya que los temas de la redención que son frecuentes en otros libros de la Biblia brillan por su ausencia.

Pero el tema está presente. La palabra "salvación" es muy cercana en significado a palabras como "rescate" o "reciclado". Dios está en el negocio de reciclar a las personas para que se vuelvan útiles. Los cristianos son cambiados de pecadores a santos, pero también de *necios* a *sabios*. El mensaje de la Biblia es que la verdadera causa de la contaminación en el planeta son las personas. Jesús mismo comparó el infierno con el basural en el valle de Hinón, en las afueras de Jerusalén, donde se arrojaba toda la basura. Hablaba de personas "arrojadas" al infierno como si no sirvieran para nada. Dios recicla a las personas que están encaminadas hacia el infierno, convirtiendo a los necios en sabios.

Así que, en este sentido Proverbios está lleno de "salvación", ya que nos habla de la clase de vida para la cual somos salvados y nos recuerda la clase de vida de la que hemos sido salvados. Corrige, por lo tanto, el frecuente desequilibrio en la predicación de muchas iglesias. Se presta demasiada atención a las cosas *de* las cuales somos salvados, y no la suficiente a aquellas a las cuales y *para* las cuales somos salvados.

¿Y la sabiduría que está afuera de la Biblia? Muchos

sostendrían que hay mucha sabiduría que no está incluida en la Biblia. ¿Qué de la sabiduría de Sócrates, Platón, Aristóteles y Confucio? No debe sorprendernos que haya sabiduría fuera de la Biblia, porque todos los hombres y mujeres han sido hechos a la imagen de Dios, por lo que tienen la capacidad de encontrarle sentido a la vida. Pero esto no quiere decir que tienen la suficiente capacidad como para encontrar el *máximo* sentido a la vida. Solo cuando Cristo nos redime entendemos el verdadero significado de la vida, y vivimos como Dios quiere. En este sentido, la "sabiduría" del mundo siempre será necedad, porque carece de una perspectiva eterna.

Por lo tanto, Proverbios afirma la verdad de que Dios es "el Dios Todo Sabio", la fuente de toda sabiduría, y que fue en su sabiduría que creó todo el universo, con toda su complejidad.

¿Por qué fue escrito Proverbios?

Proverbios es inusual entre los libros de la Biblia en que nos dice por qué fue escrito. El prólogo dice que aprender de los proverbios nos conducirá a la sabiduría, y nos dice que el primero de todos los pasos para llegar a ser sabios es el "temor del Señor" (es decir, Yavé, el Dios de los judíos). Si llegamos a entender que él odia el mal y que, como el Juez que todo lo ve, nada escapa a su atención, entonces veremos nuestra necedad y nuestra necesidad de ayuda a fin de vivir la vida que él desea. La sabiduría viene de temerle, pidiéndole sabiduría y aprendiendo cómo manejar los asuntos de su mundo de una forma astuta y sana.

El libro nos dice también que la sabiduría viene de Dios a través de otras personas. Dios ha escogido transmitir su sabiduría mediante padres, abuelos y otras personas más experimentadas que nosotros. Por lo tanto, Proverbios contiene muchas referencias a las relaciones familiares que forman el contexto en el cual se comparte la sabiduría.

El autor

El hombre que está más asociado con la sabiduría en la Biblia es el que escribió el libro de Proverbios: el rey Salomón. Cuando asumió el trono, Dios le ofreció todo lo que quisiera pedirle, y él pidió sabiduría para gobernar a los demás. Dios le dio sabiduría, junto con otras cosas que no había pedido, como fama, poder y riqueza. Sus sabias palabras son legendarias, aunque parecía tener más sabiduría para los demás que para sí mismo. Después de todo, coleccionar 700 esposas (¡y supuestamente 700 suegras!) difícilmente fue algo sabio, sin hablar de las 300 concubinas.

Pero había una condición importante unida a la promesa de sabiduría de Dios. Dijo a Salomón en 1 Reyes: "Te daré un corazón sabio y prudente . . . si andas por mis sendas y obedeces mis decretos y mandamientos". Así que debemos concluir que la evidente necedad de sus últimos años fue el resultado de haber ignorado estas condiciones.

En la flor de su vida Salomón se hizo tan famoso por su sabiduría que la reina de Sabá hizo un largo viaje no solo para ver su riqueza sino para escuchar sus palabras. Los filósofos modernos miran atrás a los sabios de Grecia como Sócrates, Platón y Aristóteles, que vivieron unos 400 años antes de Cristo, pero se olvidan que allá atrás, en la era de Bronce, unos 1000 años antes de Cristo, hubo un sabio que fue tan famoso como ellos. Salomón escribió muchos de los proverbios del libro de Proverbios y coleccionó muchos otros. También escribió Cantar de Cantares y Eclesiastés.

Compuso Cantar de Cantares cuando era un joven, tan enamorado que se olvidó por completo de Dios. Es un libro del corazón. Escribió Proverbios cuando era de mediana edad. Es un libro de la voluntad. Su último libro, Eclesiastés, fue escrito a una edad avanzada. Es un libro de la mente, al meditar en su vida y preguntarse si ha logrado algo con ella. Tenemos, entonces, a

Salomón como un amante joven, un padre de edad mediana y un filósofo anciano, escribiendo estos tres libros de sabiduría.

Una de las cosas más intrigantes de este libro es que algunos de los proverbios que contiene vienen de afuera de Israel. Hay algunos proverbios de filósofos árabes, y todo un capítulo de Egipto, tal vez coleccionado a través de una de sus esposas, que era la hija del faraón. Salomón reconocía que Dios había dado sabiduría a pueblos fuera de la tierra de Israel, así que estaba feliz de incluirla en su obra. Estos dichos fueron incorporados al marco de una vida vivida bajo Dios.

Pero esto no quiere decir que el libro de Proverbios no tenga una fuerte reverencia por Dios. Él es mencionado 90 veces en el libro como Yavé, el Dios de Israel, y no algún dios en el que las otras naciones podrían creer. Ciertamente no hay ninguna sugerencia de que los dioses árabes o egipcios tengan algún valor.

Parte de la colección fue completada por el rey Ezequías, que recolectó varios de los proverbios no escritos de Salomón unos 250 años después, y estos también están incluidos en el libro. Proverbios, como lo tenemos hoy, no fue completado hasta alrededor del año 550 a.C.

El estilo del libro

Proverbios, no promesas

Primero, es crucial darse cuenta de que éste es un libro de proverbios, y no un libro de promesas. Nunca deberíamos citar un proverbio como si fuera una promesa divina.

La palabra española "proverbio" viene del latín *proverba*. *Pro* significa "por" y *verba* significa "palabra". La combinación significa "una palabra para una situación". Un proverbio es una palabra apropiada que encaja con la situación. Es, por lo tanto, una verdad eterna que puede ser usada en diferentes situaciones de la vida.

La palabra hebrea que traducimos como "proverbio" es

mahshak, que significa "parecerse o ser como algo". Jesús comenzó varias parábolas con la frase "el reino de los cielos es como . . ."

Así que un proverbio es una observación general sobre la vida, mientras que una promesa es una obligación específica.

Permítame ilustrarlo. Esto es un proverbio: "Pawson es fanático de la puntualidad". ¿Cómo se aplica ese proverbio? Significa que a Pawson le gusta llegar en hora, pero eso no es lo mismo que decir que Pawson promete estar en cierto lugar a cierta hora. No soy culpable moralmente si el proverbio no se cumple, pero soy culpable si no se cumple una promesa. Así que un proverbio es solo *generalmente* verdadero. No deberíamos aplicar un proverbio a cada situación y esperar que funcione. No debemos suponer que Dios nos está prometiendo cosas cuando leemos proverbios.

Pensar que un proverbio es una promesa ha causado problemas a muchos. Por ejemplo, "la honestidad es la mejor política". Esto es generalmente verdadero, pero no siempre verdadero. ¡Conozco personas que han perdido una fortuna siendo honestas!

Además, los proverbios pueden contradecirse; por ejemplo, "más prisa, menos velocidad" y "el que titubea está perdido".

Volviendo al libro de Proverbios, encontramos las mismas características. En el capítulo 26 leemos "no respondas al necio de acuerdo con su necedad", ¡pero el versículo que sigue dice: "responde al necio según su necedad"!

Dos proverbios que han sido usados frecuentemente como promesas han causado gran consternación a los cristianos. Uno de ellos es "Pon en manos del Señor todas tus obras, y tus proyectos se cumplirán". Los cristianos han comenzado toda clase de negocios basándose en este versículo. Si bien es generalmente verdadero, no significa que todo negocio puesto en manos del Señor tiene que tener éxito.

El segundo proverbio que ha causado problemas es éste: "Instruye al niño en el camino correcto, y aun en su vejez no lo abandonará". Muchos padres con hijos que no son creyentes tienen problemas con este versículo. Dicen que instruyeron a sus hijos en el camino correcto, pero están desilusionados porque parecen haberse apartado de él.

De nuevo, el proverbio no es una promesa; es solo generalmente verdadero. Los hijos no son títeres, y no podemos obligarlos a seguir nuestro camino. Llegarán a una edad en la que tomarán su propia decisión, y son libres para hacerlo. Estos dos proverbios son pautas, no garantías. Si los usuarios de los proverbios se hubieran dado cuenta de esto, se hubieran ahorrado muchos dolores de cabeza.

Poesía

Lo segundo que tenemos que tener presente es que los proverbios son poéticos. Son presentados de una manera que es fácil de recordar.

Permítame traducir un proverbio conocido para usted:

Previo a comprometerse a un curso de acción, considere cuidadosamente sus circunstancias y opciones.

O, puesto con otras palabras:

Hay ciertas medidas correctivas para problemas menores que, de haberse tomado en los inicios de un curso de acción, impiden la aparición de problemas mayores.

¡Ambas son traducciones de "Mira antes de saltar"! ¿Cuál es más fácil de recordar?

Notamos en la Parte 1 que la poesía hebrea es una forma única. No está basada en la rima, como la mayor parte de la poesía inglesa-española, sino en el ritmo. El ritmo no es solo una cuestión de compás o de métrica, sino un ritmo de pensamiento también. La poesía hebrea consiste a menudo en pares de líneas (llamados paralelismo) en los cuales una línea se relaciona con la otra de tres maneras diferentes. En el *paralelismo sinónimo*, el pensamiento en la primera línea es repetido en la segunda. Por ejemplo:

Delante de la destrucción va el orgullo,
y delante de la caída, la altivez de espíritu.

En el *paralelismo antitético*, la segunda línea contrasta con la primera:

El que oprime al pobre ofende a su Creador,
pero honra a Dios quien se apiada del necesitado.

En el *paralelismo sintético*, el pensamiento en la primera línea es llevado más lejos por la segunda:

Mantente a distancia del necio,
pues en sus labios no hallarás conocimiento.

En los ejemplos de arriba, las palabras *y, pero* y *pues* dan una pista de qué tipo de paralelismo se está usando.

Todos los proverbios encajan en este tipo de patrón, pero no son tan fáciles de recordar en inglés-español porque el ritmo se pierde en la traducción. Pero los padres judíos transmitían los valores a sus hijos de esta forma, y nosotros aún lo hacemos hoy.

Hay otros artilugios que se usan en Proverbios. El capítulo 31 está ordenado como un acróstico; es decir, cada línea comienza con una nueva letra del alfabeto hebreo. En otras ocasiones, la estructura es numérica: "Tres cosas hay . . . y una cuarta . . ." o "Hay seis cosas que el Señor aborrece . . .", etc. Estas formas permiten al lector/oyente memorizar el proverbio.

Patriarcado
Lo tercero que debemos tener en cuenta es que este libro es

patriarcal. Está presentado como el consejo de un padre a un joven. ¡No ofrece ningún consejo a las mujeres! Esta clase de enfoque es frecuente a lo largo de la Biblia. Por ejemplo, las cartas en el Nuevo Testamento no están dirigidas a "hermanos y hermanas" sino a "hermanos". Este aparente machismo es el resultado de una de las suposiciones más fundamentales de las escrituras: a saber, que si los hombres están en lo correcto, las mujeres y los hijos también lo estarán. La Biblia está dirigida adrede a los hombres, precisamente porque es su responsabilidad guiar a sus familias mediante la enseñanza y el ejemplo.

Sabiduría y necedad

En consecuencia, en Proverbios tenemos a Salomón, un padre de mediana edad, tratando desesperadamente de impedir que un joven cometa los mismos errores que él. Presenta a su hijo, y a sus lectores, con la elección que deben hacer acerca de cómo vivirán sus vidas. ¿Quieren a Sabiduría o Necedad como su compañera en la vida? Describe simbólicamente a ambas opciones como mujeres.

Sabiduría personificada
Los capítulos 8 y 9 describen a Sabiduría como una mujer hermosa. Aconseja a su hijo amarla como una novia, a convertirla es un miembro amado de su familia, a perseguirla, a cortejarla. Ella dice: "A los que me aman, les correspondo; a los que me buscan, me doy a conocer".

Sabiduría personalizada
En el capítulo 31 (el capítulo del acróstico) una madre aconseja a su hijo acerca de lo que tiene que buscar en una buena mujer. Debe ser una buena esposa, vecina y comerciante. Una mujer así es vital para una vida familiar buena y estable. Es "más valiosa que las piedras preciosas".

Necedad personificada

El mismo patrón es usado con Necedad, que aparece personificada en el capítulo 9. Necedad seduce a los hombres con sus palabras persuasivas, que incitan a su presa con ofertas tentadoras. Pero todos los que caen antes sus encantos tienen como su fin la muerte: "Te destruirá, te quitará tu hombría".

Necedad personalizada

En el capítulo 6 la Necedad es descrita como una prostituta que reduce a su víctima a "un pedazo de pan". Para ella, él no es más que un vale de comida.

Un tema bíblico

Este uso de mujeres como símbolos no es exclusivo de Proverbios. En el libro de Apocalipsis hay dos mujeres: una prostituta inmunda y una esposa pura. La prostituta se llama Babilonia y la esposa, Jerusalén. Es un tema que recorre toda la Biblia. ¿Qué mujer será su compañera y su pareja, la necedad o la sabiduría?

La Biblia nos presenta frecuentemente elecciones, y éste es el caso de Proverbios. ¿Elegiremos la vida o la muerte, la luz o la oscuridad, el cielo o el infierno?

¿Moral o mental?

Además, Proverbios describe a la sabiduría y a la necedad de otra forma: nos dice que son elecciones *morales* más que *mentales*. Cuando el mundo habla de necios, significa personas cuyos coeficientes de inteligencia no son muy altos. Pero, en la Biblia, alguien que es muy inteligente puede ser muy necio. Alguien puede ser mentalmente listo y moralmente tonto.

Una vez escuché acerca de un pueblerino de la región de Somerset muchos años atrás que tenía una extraña reputación.

Si uno le ofrecía una moneda de 6 peniques o un billete de 5 libras, siempre tomaba la moneda. Miles de turistas escucharon del hombre e intentaron engañarlo también. El pobre tonto siempre tomaba la moneda, nunca el billete. Pero, en realidad, no era ningún tonto, ¡ya que hizo una fortuna!

La necedad y la sabiduría no tienen nada que ver con las cualificaciones. En el Salmo 14 el salmista dice: "Dice el necio en su corazón: 'No hay Dios'". El diablo dijo a Eva que comer del fruto llevaría a la sabiduría, pero en realidad solo condujo a la independencia de Dios, la fuente de toda sabiduría. La sabiduría del mundo busca la opción más rentable, pero la sabiduría bíblica busca lo que es mejor para el carácter. Está basada, no en la sabiduría del mundo, sino en el conocimiento de Dios.

Esta idea está respaldada por un versículo del capítulo 29 que suele entenderse mal: "Donde no hay visión, el pueblo se extravía". Es usado cuando los líderes de iglesia quieren convencer a la congregación de que su plan específico debe ser seguido. Pero en las traducciones más modernas la palabra hebrea que se traduce como "visión" es traducida más correctamente como "revelación", y la palabra "se extravía" como "pierde el control" o "se vuelve necio". Así que el versículo está diciendo, en realidad: "Si Dios no les está revelando cosas, se volverán necios". Así que la sabiduría es practicar la presencia de Dios en cada área de su vida. Necesitaremos la ayuda de su Espíritu si queremos entender su mente.

La estructura del libro

Pasamos ahora a considerar la estructura de Proverbios. El libro tiene una simetría asombrosa. Por cierto, el único pasaje que no encaja realmente es el prólogo al principio de la sabiduría árabe en el capítulo 30. Éste es un bosquejo de la estructura del libro:

POESÍAS DE ADORACIÓN Y SABIDURÍA

PRÓLOGO **(1:1-7)**
CONSEJOS A LOS JÓVENES **(1:8-9:18)**
PROVERBIOS DE SALOMÓN **(10:1-22:16)**
PALABRAS SABIAS **(22:17-23:14)**
CONSEJOS A LOS JÓVENES **(23:15-24:22)**
PALABRAS SABIAS **(24:23-34)**
PROVERBIOS DE SALOMÓN **(25:1-29:27)**
(AGUR **[30:1-33]**)
CONSEJOS A LOS JÓVENES **(31:1-31)**

Está ordenado como un emparedado de varias capas. "Consejos a los jóvenes" brinda las dos capas exteriores, luego los "Proverbios de Salomón" son las dos capas que siguen, y luego las "Palabras sabias" hacen un sándwich de "Consejo a los jóvenes" en el medio.

Habiendo visto la estructura del libro, completemos algunos detalles:

PRÓLOGO
Por qué se recopilaron los proverbios

CONSEJOS A LOS JÓVENES **(1:8-9:18)**
De un padre acerca de las malas mujeres

1. HAZ:
    Obedece a tus padres
    Busca y obtiene sabiduría
    Guarda tu corazón
    Sé fiel a tu cónyuge

2. NO HAGAS:
    Meterte en malas compañías
    Cometer adulterio
    Sacar préstamos
    Ser perezoso
    Trabar amistad con mujeres necias

PROVERBIOS DE SALOMÓN (10:1-22:16)
Recopilados por él mismo

1. CONTRASTE: vidas piadosas y malvadas
2. CONTENTAMIENTO: vida piadosa

PALABRAS SABIAS (22:17-23:14)
Egipcias (¿princesa?)

CONSEJOS A LOS JÓVENES (23:15-24:22)
Más HAZ ("ser sabio") y NO HAGAS ("emborracharse")

PALABRAS SABIAS (24:23-34)
Árabes (numérico)

PROVERBIOS DE SALOMÓN (25:1-29:27)
Copiados por Ezequías

1. RELACIONES
con reyes
vecinos
enemigos
uno mismo
necios
perezosos
chismosos

2. JUSTICIA **(27:1-29:27)**
humildad propia
justicia para otros
temor del Señor

CONSEJOS A LOS JÓVENES (31:1-31)
De una madre acerca de una buena mujer
1. REY DE UNA NACIÓN
2. REINA DE UN HOGAR **(31:10-31)**

La estructura y el contenido del libro dejan en claro varias cosas:

1. Éste es uno de los pocos libros de la Biblia que indican su propósito claramente; ver el prólogo.
2. Estos proverbios son especialmente pertinentes para la familia real. Hay 10 exhortaciones que dicen "hijo mío". Son aplicables especialmente al propio hijo de Salomón, diciéndole la clase de compañías que debería tener y la clase de mujer con la que debería casarse.
3. La mayoría de los proverbios en los capítulos 10-15 usan paralelismo antitético, mientras que los capítulos 16-22 usan paralelismo sinónimo.
4. Si bien podemos discernir la estructura del libro como un todo, los proverbios mismos no están listados en un ordenamiento temático. Se los puede leer como los consejos que los padres darían a un hijo que se va de la casa. Están desconectados y desordenados, pero cubren las áreas principales. ¡Ningún padre ordenaría previamente sus consejos en secciones con una conclusión prolija!

Para el propósito del análisis reorganizaremos los proverbios y consideraremos temas específicos.

El hombre sabio

En Proverbios se usan varios sinónimos al hablar de una persona sabia: "prudente", "sensata", "juiciosa", "apropiada", "cuidadosa de evitar consecuencias indeseables". Un hombre sabio es contrastado con un necio, que es imprudente, temerario, descuidado y derrochador.

Un hombre sabio puede discernir entre el bien y el mal, y sabe cómo responder ante una situación. Es discreto y realista, con poder para hacer planes. Aprovecha al máximo la vida.

Los sabios están abiertos a la corrección y a la reprimenda, dispuestos a alejarse de su propia independencia y autoconfianza hacia la luz de la verdad de Dios. En vez de temer a los hombres, temen a Dios. El hombre sabio valora la verdad a cualquier costo, sea acerca de él mismo, de los demás o de Dios.

El necio

Hay más de 70 proverbios acerca de cómo es un necio. Un necio (siempre masculino) es descrito como ignorante, obstinado, arrogante, pervertido, aburrido, sin dirección, inexperto, irresponsable, crédulo, descuidado, complaciente, insolente, frívolo, huraño, grosero, discutidor. Quiere todo sobre un plato, no piensa por su cuenta, prefiera la fantasía a la realidad, las ilusiones a la verdad. En el mejor de los casos, es preocupante; en el peor de los casos, peligroso. Es un dolor para sus padres, pero los desprecia por anticuados.

Hay dos personajes específicos en la galería de necios. Uno es el *burlador*, el desacreditador que es cínico y crítico de todos excepto él mismo. El otro es el *haragán*, un hombre perezoso que está abisagrado a su cama. Se lo describe como alguien que arroja su vida por el desagüe.

Palabras

Otro tema clave en Proverbios es la lengua. El capítulo 6 registra siete abominaciones para el Señor: el esnobismo, las mentiras, el asesinato, la conspiración, la malicia, el perjurio y el chisme. La lengua figura en cuatro de estos. Los pecados del habla son un tema importante en todo el libro, porque lo que está en el corazón sale por la boca.

Las palabras son poderosas
Las palabras tienen una influencia profunda. Pueden ser crueles, torpes y descuidadas. La autoestima puede ser

arruinada por palabras, elevándola o bajándola demasiado. Aun la salud corporal puede verse afectada. Nuestras creencias y convicciones están formadas por palabras. Una palabra oportuna puede tener un efecto enorme.

Las palabras pueden extenderse como un incendio de pradera, causando conflicto, discordia y división. Pueden ser indicios, sugerencias e insinuaciones sutiles. Pero las buenas palabras pueden alcanzar a muchas personas al extenderse su beneficio a través de las comunidades.

Las palabras tienen sus límites
Las palabras no son ningún sustituto para las acciones. La lengua no puede alterar los hechos. La negación descarada y las excusas más fuertes no perdurarán.

Las palabras no pueden obligar a las personas a responder. Hasta el mejor maestro no puede cambiar a un alumno apático, y hasta el peor chisme no puede dañar al inocente. Solo los maliciosos prestarán alguna atención.

Habla saludable
Hay cuatro categorías de palabras que deberían estar en nuestros labios:
- Palabras sinceras – el "sí" y "no" sin vueltas.
- Palabras escasas – cuanto menos se diga, mejor. La reticencia a hablar es una virtud.
- Palabras calmadas – las palabras deben ser habladas desde un espíritu tranquilo. Un temperamento irascible raramente es beneficioso.
- Palabras aptas – una palabra que se adecue a la situación, formulada para el beneficio del oyente o el lector, puede traer mucha alegría.

Esta clase de habla necesita tiempo para la reflexión primero. Necesitamos saber de lo que estamos hablando primero y pensar en las consecuencias antes de hablar.

Este tipo de palabras también fluye del carácter de una persona, porque lo que alguien dice sale de lo que es. Las palabras valen lo que vale la persona.

En el Nuevo Testamento, Santiago dice que si alguien no peca con la lengua es un hombre perfecto.

Familia

Proverbios está lleno de consejos acerca de relaciones, tanto con familiares como con amigos. La unidad familiar es el eje de la sociedad. Tres de los diez mandamientos que Dios dio a Moisés están relacionados con la familia, incluyendo el único mandamiento con una promesa: "Honra a tu padre y a tu madre, para que disfrutes de una larga vida en la tierra que te da el Señor tu Dios". Proverbios sostiene frente al lector los siguientes ideales acerca de la familia.

Esposo y esposa: padres felizmente unidos
Proverbios enseña la monogamia, ¡a pesar de que fue escrito por Salomón! Los padres deben compartir la formación de sus hijos y deben hablar con una sola voz. El hombre debe ser leal, pero una mujer puede elevar o derribar a su esposo, trayendo bendición o pudrición a sus huesos.

El libro enseña una visión muy elevada del matrimonio y toma una perspectiva seria de cualquier pecado que podría romperlo, especialmente la infidelidad sexual. Una persona que se aparta del lecho matrimonial pierde el honor y la libertad, arroja por la borda su vida, atrae la desgracia social y el peligro físico. En pocas palabras, comete suicido moral.

Padres e hijos: hijos formados fielmente
Se nos dice que los padres son necios si no disciplinan a sus hijos: "Escatima la vara y malcría al hijo" es uno de los proverbios más conocidos. El libro también dice que la

disciplina es un acto de amor. No hay ninguna sugerencia de que sea una panacea para los padres. También aprendemos que la necedad forma parte del corazón de un niño. Tienen libertad para aceptar o despreciar la instrucción que se le da. Proverbios enseña que los niños son naturalmente necios y necesitan aliento para ser sabios. Esto se opone diametralmente a la filosofía humanista de hoy que dice que el niño es básicamente bueno y saldrá bien si se le da el entorno adecuado. La Biblia es tan terminante como para decir que si uno no castiga a sus hijos rápidamente cuando están haciendo lo malo, no los ama.

Hay enseñanza sobre la necesidad de formar a los hijos en la rectitud desde una edad temprana, buscando fomentar buenos hábitos, para que piensen y actúen de maneras que traigan alegría y orgullo, y no vergüenza y deshonra. Aun la mejor enseñanza no puede forzar la obediencia; solo puede promover elecciones sabias. Hasta los hijos de los mejores padres pueden ser demasiado rebeldes, perezosos, indulgentes u orgullosos como para aceptar consejos. Pueden consumir los ingresos de la fortuna familiar e ignorar a un padre anciano necesitado.

Hermanos (incluyendo primos y otros familiares)
No muchos de los proverbios se ocupan directamente de las relaciones horizontales en la familia. El libro describe la clase de relación en la que el hermano es útil y fiel, y también la clase que trae discordia, daño y amargura.

Amistades

La palabra hebrea que se traduce como "amigo" significa también "vecino". Se refiere a todas las personas que no son familiares y que viven dentro del círculo inmediato de las relaciones de un individuo. El consejo del libro contrasta con el mundo despersonalizado de hoy donde la verdadera amistad es rara.

Buenos vecinos
Los buenos vecinos promueven la paz y la armonía, son reacios a pelearse y siempre tienen una amabilidad encantadora. Son generosos en sus juicios y siempre están dispuestos a dar una mano de ayuda cuando es necesario. Aprecian la importancia del silencio y la privacidad. Dicen "no" a los acuerdos imprudentes.

Buenos amigos
Proverbios enseña que unos pocos buenos amigos son mejor que muchos conocidos. Un buen amigo puede ser más cercano que un familiar.

Un buen amigo tiene cuatro cualidades:
- *Lealtad* – permanece con usted, pase lo que pase.
- *Sinceridad* – será franco con usted y le dirá la verdad.
- *Asesoramiento* – le dará consejos. Un punto de vista contrario podrá ser lo que necesita.
- *Cortesía* – siempre respetará sus sentimientos y se rehusará a negociar sus afectos.

Conclusión

¿Cómo debemos entender el libro de Proverbios? Comencemos por preguntar si logró su objetivo. Israel estaba ahora en una posición de paz y prosperidad. Salomón se dio cuenta de que podría perder todo esto demasiado fácilmente (si bien no percibió que él mismo causaría esa pérdida).

En el capítulo 14 se nos dice que "la justicia enaltece a una nación, pero el pecado deshonra a todos los pueblos". Salomón recopiló los proverbios en un libro porque sabía que sin sabiduría sería imposible que Israel permaneciera en paz y prosperidad. Pero Israel ignoró mayormente la sabiduría que recibió; se alejó más de Dios. Por cierto, ni Salomón vivió de acuerdo con su propia sabiduría.

POESÍAS DE ADORACIÓN Y SABIDURÍA

Hay mucho en el Nuevo Testamento que se apoya en el libro de Proverbios y se centra en el tema de la sabiduría. El libro es citado 14 veces directamente, y hay muchas otras ocasiones donde hay alusiones a él.

En Lucas 1 leemos que Juan el Bautista vino para "guiar a los desobedientes a la sabiduría de los justos". Jesús habló con tanta sabiduría que sus oyentes preguntaban de dónde la había obtenido.

La mayoría de las personas están familiarizadas con los sabios que siguieron una estrella a Belén. Si bien han sido considerados por lo general como gentiles, es más probable que hayan sido descendientes de los judíos que habían quedado en Babilonia luego del Exilio. Habían recordado la profecía de Balán, que una estrella surgiría de Israel para ser el rey de las naciones (Números 24), así que, cuando la vieron, la siguieron. Su presencia en el relato del nacimiento de Mateo dice mucho acerca de la importancia de la encarnación de Cristo.

Se decía de Jesús que "progresaba en sabiduría" de niño (Lucas 2). En su ministerio público dijo que la reina de Sabá había venido de los confines de la tierra para escuchar la sabiduría de Salomón, pero ahora había venido uno más grande que Salomón (Lucas 11). Cuando Jesús fue criticado por comer y beber, contestó que "la sabiduría queda demostrada por los que la siguen" (Lucas 7).

Al reflexionar sobre la vida de Jesús, el apóstol Pablo escribe en 1 Corintios 1: "Cristo Jesús, a quien Dios ha hecho nuestra sabiduría".

La sabiduría de Dios se ve de manera suprema en la cruz. El mundo dice que morir en una cruz es pura necedad. Pero Pablo dice que lo que era necedad para el mundo era la sabiduría de Dios.

Dentro de las epístolas del Nuevo Testamento hay varias citas directas del libro de Proverbios. Pablo escribe en Romanos 12: "Si tu enemigo tiene hambre, dale de comer;

si tiene sed, dale de beber. Actuando así, harás que se avergüence de su conducta".

Pedro cita frecuentemente a Proverbios. Por ejemplo, en 2 Pedro 2 cita de Proverbios 26: "Como vuelve el perro a su vómito, así el necio insiste en su necedad". La exhortación de Pedro, "teman a Dios, respeten al rey", viene directamente de Proverbios 24.

En Hebreos 12 el escritor cita a Proverbios 3 con relación a la disciplina de sus hijos: "Hijo mío, no desprecies la disciplina del Señor, ni te ofendas por sus reprensiones. Porque el Señor disciplina a los que ama, como corrige un padre a su hijo querido".

En Proverbios 30, Agur hace la pregunta: "¿Quién ha subido a los cielos y descendido de ellos?". Jesús contesta esta pregunta en Juan 3, cuando habla de su propio viaje desde el cielo a la tierra.

Pero la carta de Santiago es donde este libro es usado especialmente. Esta epístola ha sido llamada la versión del Nuevo Testamento de Proverbios, ya que tiene un estilo tan similar. Pasa rápidamente de un tema a otro, con poco sentido del orden, igual que su contraparte del Antiguo Testamento. Algunos de los temas de Santiago provienen de Proverbios, en especial el análisis devastador de los males de la lengua y una descripción de los beneficios de la sabiduría.

Proverbios puede parecer un libro extraño para ser incluido en la Biblia, pero una inspección más cercana muestra que su lugar está plenamente justificado. Trata con algunos de los principales temas de las escrituras, es citado y aludido en otras partes de la Biblia y es una parte importante del arsenal cristiano en su lucha contra la vida necia. Pero no es un libro fácil. Hay que tener cuidado al leerlo, y muchas de sus lecciones pondrán en evidencia quiénes somos realmente.

15. ECLESIASTÉS

Introducción

El libro de Eclesiastés incluye algunas afirmaciones que muchos considerarían discutibles. Considere con cuál de las siguientes usted estaría de acuerdo:
- Generación va, generación viene, mas la tierra siempre es la misma.
- Todos tienen un mismo aliento de vida; el hombre no tiene ventaja sobre los animales, porque todo es vanidad.
- Mejor es lo que ven los ojos que lo que el alma desea.
- El trabajador duerme tranquilo, coma mucho o coma poco. Al rico sus muchas riquezas no lo dejan dormir.
- No seas demasiado justo, ni tampoco demasiado sabio. ¿Para qué destruirte a ti mismo? No hay que pasarse de malo, ni portarse como un necio. ¿Para qué morir antes de tiempo?
- ¡Todavía no he encontrado lo que busco! He encontrado un hombre bueno entre mil, pero no he encontrado una sola mujer buena.
- Me fijé que en esta vida la carrera no la ganan los más veloces, ni ganan la batalla los más valientes.
- Comparte lo que tienes entre siete, y aun entre ocho, pues no sabes qué calamidad pueda venir sobre la tierra.

Hay un dicho que es especialmente cierto para nuestro estudio de este libro: "Un texto fuera de contexto se convierte en un pretexto". En otras palabras, debemos ver cómo el texto funciona dentro del libro en el que se encuentra antes de citarlo. Las afirmaciones anteriores fueron parte de las reflexiones del escritor, pero no deben ser sacadas fuera del contexto del libro como un todo.

Eclesiastés probablemente sea el libro más extraño de la Biblia. Si bien es fácil de entender, dice las cosas más extravagantes. En lugares se lee como los papelitos con frases que encontramos en los regalos de Navidad. En otros lugares tiene una calidad poética. Estas líneas del poeta inglés, Alfred Lord Tennyson, bien podrían haber sido escritas por el autor de Eclesiastés:

Es mejor haber amado y perdido
que jamás haber amado.

In Memoriam

Pues los hombres, cuando mucho, difieren como el cielo y la tierra,
Pero las mujeres, peores y mejores, como el cielo y el infierno.

Pelleas y Ettarre

La autoridad olvida a un rey moribundo.

Los idilios del Rey

Nuestros pequeños sistemas tienen su día,
Tienen su día y dejan de ser.

En el valle de Cauteretz

Porque lo correcto es lo correcto, seguir lo correcto
Fuera sabiduría en el desdén de la consecuencia.

La venganza

Pero, a pesar de su carácter extraño, Eclesiastés tiene un sonido muy contemporáneo e incluye muchas de las ideas filosóficas del día de hoy:
- *Fatalismo:* lo que será, será
- *Existencialismo:* vive para el momento presente; ¿quién sabe lo que traerá el futuro?

- *Machismo:* los hombres son mejores que las mujeres
- *Hedonismo:* vivir para el placer
- *Cinismo:* aun las cosas buenas no son lo que parecen
- *Pesimismo:* las cosas irán de mal en peor

El autor del libro

Este libro de especulación filosófica viene del rey Salomón, que ha llegado al final de su vida y está decepcionado, desilusionado y desesperanzado. Cuando leemos los tres libros de Salomón, es fácil darnos cuenta de la edad que tenía cuando escribió cada uno. Cantar de Cantares fue escrito cuando era un joven, profundamente enamorado. Proverbios es el libro de un hombre de mediana edad que intenta evitar que su hijo caiga en los mismos errores que él. Pero en Eclesiastés tenemos los escritos de un hombre mayor. Encontramos confirmación de esto en un versículo cerca del final, en el capítulo 12: "Acuérdate de tu Creador en los días de tu juventud, antes que lleguen los días malos y vengan los años en que digas: 'No encuentro en ellos placer alguno'".

Como anciano, ha reflexionado profundamente sobre la vida. Le gusta usar expresiones como "vi", "me fijé, "observé". Las perspectivas de este libro son producto de sus observaciones.

El estilo del libro

Salomón se da el título hebreo *Qohelet*, una palabra que se traduce de diferentes formas: "predicador", "filósofo" o "conferencista". Pero la mejor traducción es "moderador", ya que se corresponde con la función de la persona que preside los debates en la Cámara de Comunes británica, y transmite bien la forma en que fue escrito el libro. Porque está hecho en el estilo de un hombre anciano que preside un debate, un debate que transcurre en su propia mente. Como todo buen moderador, permite que los pros y los contras tengan la misma oportunidad. Así que la moción de que la vida no vale la pena ser vivida es seguida por una moción que dice lo contrario.

Como tal, el libro es contemporáneo para todos los siglos, ya que las personas siempre han participado en discusiones similares, especialmente cuando pasan los cuarenta años y se preguntan: "¿De qué se trata todo?". Algunos hacen cambios radicales en su estilo de vida porque sienten que se han perdido algo de la vida.

En Eclesiastés, Salomón hace algunas grandes preguntas. ¿De qué se trata la vida? ¿Vale la pena ser vivida? ¿Cómo podemos aprovecharla al máximo? Hace las preguntas correctas, aun cuando no haya encontrado las respuestas correctas. Sus preocupaciones y respuestas alternan a lo largo del libro. Su *mensaje* es a veces optimista, a veces pesimista. Su *ánimo* es en un momento edificante y luego deprimente. El *carácter* del libro alterna entre lo profundo y lo superficial.

Afirmaciones negativas

La afirmación inicial de Salomón es profundamente negativa: "Lo más absurdo de lo absurdo . . .

lo más absurdo de lo absurdo, ¡todo es un absurdo!". La palabra que acá se traduce "absurdo" también podría ser traducida como "vacío". Aquí tenemos a un hombre que llega al final de su vida y dice que todo ha sido sin sentido e inútil.

Es importante recordar que Salomón era un rey, y tenía el poder para hacer todo lo que quisiera y la riqueza para darse todos los gustos. El libro menciona la enorme gama de actividades en las que Salomón participó en un intento por hallar la felicidad que lo eludía.

Intentó con la ciencia y la agricultura, aun criando su

propio ganado. Luego pasó a las artes. Sin duda heredó el amor por la música de su padre. Construyó enormes edificios. Recolectó pinturas de todo el mundo y los colocó en una galería. Luego se volcó al entretenimiento, con comediantes de la corte que lo visitaban en el palacio. Pero nada de esto lo satisfizo. Se involucró en negocios, y amasó una fortuna en el mundo del comercio. Probó el placer: comida, vino y mujeres. Aún insatisfecho, se dedicó a la filosofía y compró muchos libros, incluyendo algunos de Egipto. Lo estimularon, pero no suplieron sus necesidades más profundas.

No tenían nada de malo en sí mismo estos intereses, pero no brindaron lo que estaba buscando. Su vida estaba llena pero no plena, y en ocasiones deseaba haber sido simplemente un hombre común.

Podemos explicar por qué no le encontró sentido a la vida. El meollo del problema era que él había observado mucho pero había percibido poco. Tenía una visión de túnel; miraba a través de un ojo, como en un telescopio, pero carecía de profundidad y perspectiva.

Tenía dos limitaciones concretas:

1. Espacio
En 22 ocasiones usa la frase "en esta vida" ("bajo el sol"), una expresión que no aparece en ningún otro lugar en la Biblia. Si nuestra visión está limitada a esta tierra y a esta vida, nunca entenderemos de qué se trata la vida y lo que hace que valga la pena vivirla. Nuestra satisfacción dependerá de que la encontremos en los placeres pasajeros que puede ofrecer el mundo.

2. Tiempo
Salomón usa también la frase "mientras viva". Supone que la muerte es el final de la existencia significativa y consciente.

No tiene ningún pensamiento acerca de la vida después de la muerte, que puede dar perspectiva y significado a los años de vida que tenemos asignados.

Nuestra era moderna comparte algo de la visión de túnel de Salomón. Frecuentemente observa el mundo en términos científicos que suponen que no existe Dios ni ninguna vida posterior. La ciencia puede decirnos cómo el mundo llegó a existir, pero no por qué. Salomón necesita mirar la vida desde otro ángulo, pero esto solo ocurrirá si la mira desde el punto de vista de Dios.

Afirmaciones positivas

Las cuestiones sin resolver del libro a veces dan lugar al optimismo. Nuestra ignorancia no debe llevarnos a la desesperación necesariamente; podría ser que somos ignorantes porque nadie sabe, o porque Dios sabe pero nosotros mismos aún no lo vemos. Cada vez que Salomón incorpora a Dios a su pensamiento, se vuelve más positivo. Hay dos pasajes en Eclesiastés donde esto se cumple especialmente.

El primero es el capítulo 3. Ésta es la sección más conocida y que se cita con más frecuencia del libro. Sus versículos han sido usados a menudo como títulos para novelas y películas. Es una poesía con un ritmo hermoso, que nos recuerda que hay un momento y un lugar para todo.

> Dios es soberano,
> Fija estaciones:
> Fecha de cumpleaños,
> Día de la muerte.
> Tiempo de plantar,
> Tiempo de cosechar;
> Tiempo de matar,
> Tiempo de sanar.

Tiempo de destruir,
Tiempo de construir;
Tiempo de dolor,
Tiempo de alegría.
Tiempo de duelo,
Tiempo de baile;
Tiempo de besar,
¡Tiempo de parar!

Tiempo de hallar,
Tiempo de perder;
Tiempo de ahorrar,
Tiempo de gastar.
Tiempo de rasgar,
Tiempo de arreglar;
Tiempo de callar,
Tiempo de hablar.

Tiempo de amar,
Tiempo de odiar;
Tiempo de pelear,
Tiempo de calmar.
Diviértete, pues,
Pero recuerda . . .
Dios es soberano;
ÉL decreta.

La mayoría de los lectores pasan por alto un versículo clave cuando finaliza la poesía y el texto vuelve a la prosa. Leemos que Dios mismo "hizo todo hermoso en su momento". El énfasis general no está en la decisión humana sino en el decreto divino. La versión en inglés *The New English Bible* traduce el versículo así: "Todo lo que ocurre en este mundo ocurre en el momento que Dios escoge".

Es esta perspectiva la que trae luz a nuestro pesimismo acerca de la vida. Cuando creemos que nuestra vida está en las manos de Dios y que él sabe el momento correcto para que bailemos y para que lloremos, entonces vemos que las cosas que nos ocurren no son casualidad, sino parte de la elección de Dios para nosotros. Él está bordando un diseño a partir de nuestras vidas.

Hay quienes consideran que este enfoque es fatalista, que sugiere un destino impersonal que nadie puede afectar. Pero esta idea difiere bastante de un Dios que escoge libremente lo que permite que nos pase. Nuestro libre albedrío nunca invalida la voluntad divina. Él estará obrando en todas las cosas para lograr sus propósitos. Él nos llama a elegir su camino, a entregar nuestra voluntad a su control soberano. Respondemos ante él y somos responsables por la vida que vivimos.

Este enfoque de la vida se refleja en otras partes de la Biblia. Se nos alienta a ver todos los planes que hacemos a la luz de la voluntad soberana de Dios. Todos los planes se hacen "Dios mediante". Mi padre tenía un dicho favorito: "La vida es lo suficientemente larga como para vivir el propósito de Dios, pero demasiado corta como para desperdiciar un solo instante". Éste es el mensaje del capítulo 3. Nuestros tiempos están en sus manos, y él decidirá lo mejor para nosotros en el futuro.

El otro pasaje que contiene un fuerte sentido de la presencia de Dios está en los capítulos 11 y 12. Esta es la versión inglesa de *The Living Bible*, traducida:

¡Es hermoso estar vivo! Si una persona vive hasta ser muy vieja, que se regocije cada día de la vida, pero que recuerde también que la eternidad es mucho más larga, y que todo acá abajo es vano en comparación.

Joven, ¡es maravilloso ser joven! ¡Disfruta cada minuto! Haz todo lo que desees; absórbelo todo, pero ten en cuenta que debes dar cuenta a Dios de todo lo que haces.

Así que destierra la pena y el dolor, pero recuerda que la juventud, con toda una vida por delante, puede cometer serios errores. No permitas que la emoción de ser joven te haga olvidar a tu Creador.

Hónralo en tu juventud antes que vengan los años malos, cuando ya no disfrutarás de la vida. Será demasiado tarde entonces para recordarlo, cuando el sol y la luz y la luna y las estrellas aparezcan tenues ante tus ojos viejos, y ya no haya males que por bien no vengan. Porque vendrá un tiempo cuando tus miembros temblarán con la edad, y tus piernas fuertes se debilitarán, y tus dientes serán demasiado pocos para su trabajo, y habrá ceguera también. Entonces que tus labios estén firmemente cerrados cuando comas, ¡cuando hayas perdido tus dientes! Y te despertarás al alba con la primera nota de los pájaros, pero tú mismo estarás sordo y disonante, con una voz trémula. Tendrás temor de las alturas y de las caídas, un hombre de cabellos blancos, marchito, arrastrándose por la vida: sin deseo sexual, parado ante la puerta de la muerte y aproximándose a su hogar eterno mientras los dolientes caminan por las calles.

Sí, recuerda a tu Creador ahora, mientras eres joven, antes que la cuerda de plata de la vida se parta, y el cuenco dorado se quiebre, y el cántaro se rompa en la fuente, y la rueda se rompa en la cisterna; y el polvo vuelva a la tierra como fue, y el espíritu vuelva a Dios que lo dio. Todo es vano, dice el Predicador; completamente vano.

Pero entonces, como el Predicador era sabio, siguió enseñando a las personas todo lo que sabía; y coleccionó proverbios y los clasificó. Porque el Predicador no solo era un hombre sabio, sino un buen maestro; no solo enseñaba lo que sabía a la gente, sino que les enseñaba de una manera interesante.

Las palabras del hombre sabio son como aguijones que impulsan a la acción. Fijan verdades importantes. Son sabios los alumnos que dominan lo que sus maestros les enseñan.

Pero, hijo mío, te advierto: hay innumerables opiniones listas para ser expresadas. ¡Estudiarlas pueden seguir para siempre, y volverse una actividad agotadora!

Ésta es mi conclusión final: teme a Dios y obedece sus mandamientos, porque éste es todo el deber del hombre. Porque Dios nos juzgará por todo lo que hacemos, incluyendo cada cosa oculta, buena o mala.

Hay algunas cosas útiles que podemos notar en este último pasaje del libro:

Recuerda

Salomón insta a sus oyentes, en especial a los que son jóvenes, a recordar a Dios. Este consejo probablemente vino de su propia experiencia; Cantar de Cantares, por ejemplo, no hace ninguna mención de Dios. Está diciendo que no hubiera enfrentado el trauma de preguntarse de qué se trataba la vida si tan solo se hubiera acordado de Dios antes en su vida.

Teme

Insta a sus oyentes a temer a Dios. La literatura de sabiduría de la Biblia nos dice vez tras vez que el temor del Señor es el principio de la sabiduría. Si realmente tememos a Dios, no tememos a nada ni a nadie. Debemos temerle porque él nos pedirá cuentas de la vida que nos ha dado.

Jesús dijo a sus seguidores que no temieran a los que pueden matar el cuerpo, sino más bien "al que, después de dar muerte, tiene poder para echarlos al infierno" (Lucas 12). Si las personas afuera de la iglesia no temen a Dios, se debe a que las que están adentro tampoco lo hacen.

Obedece

Salomón sabía que no había obedecido a Dios como debía. No obstante, dice a sus lectores que se cuiden de obedecer a Dios. Él sabe ahora que las leyes de Dios son dadas para nuestro bien, no para arruinar la vida sino para aprovecharla al máximo. Habla de esto como el "todo para el hombre" (capítulo 12). Nuestras responsabilidades son más importantes que nuestros derechos.

Conclusión

Salomón había recolectado y recopilado proverbios, pero había ahondado en demasiadas filosofías también. Aquí tenemos un hombre que había leído demasiado, y se había vuelto desilusionado en el proceso. Gran parte del vacío de Eclesiastés proviene de estas otras filosofías. El libro muestra los límites de la sabiduría humana, y es un saludable recordatorio de la clase de persona en la que nos convertiremos si no descubrimos la manera de vivir de Dios.

Dios ha incluido este extraño libro en la Biblia porque nos permite examinar las ideas erróneas junto a las buenas y verdaderas. Nos confronta con la visión pesimista y fatalista de la vida, mostrándonos lo mejor que puede brindar el pensamiento humano.

Nos dice que, si no entendemos el significado de la vida desde el ángulo celestial y desde el ángulo de mundo venidero, terminaremos desilusionados, decepcionados y deprimidos.

Por supuesto, la Biblia no nos deja con el pesimismo de este libro. El Nuevo Testamento nos dice que Cristo es nuestra sabiduría. A través de él encontramos tanto *por qué* y *cómo* debemos vivir la vida.

Juan 17 nos dice que la vida verdadera es conocer a Jesús. Él es el Alfa y la Omega, el que garantiza que la vida tenga realmente significado y propósito.

16.
JOB

Introducción

Muchas frases corrientes en inglés-español vienen del libro de Job. Se dice que alguien que muestra fortaleza frente a mucho sufrimiento tiene "la paciencia de Job". Las personas cuyas palabras hacen que el que está sufriendo se sienta peor son llamadas "consoladores de Job".

El servicio funeral anglicano usa una línea de la primera parte del libro: "El Señor ha dado; el Señor ha quitado. ¡Bendito sea el nombre del Señor!". Los amantes de la música reconocerán el refrán "Yo sé que mi redentor vive", que Händel usó en el *Mesías*. Pero, a pesar de la familiaridad de la gente con algunos pocos versículos de Job, el libro como un todo es poco conocido. La mayoría de las personas no llegan a entender el propósito del libro, y por lo tanto son incapaces de colocar las partes que conocen en un contexto adecuado.

El libro de Job tal vez sea uno de los más antiguos que tengamos hoy, si bien no es fácil fecharlo. Sabemos que viene de la era de Abraham, porque muchos de los detalles del libro solo podrían encajar en ese período. El autor usa el nombre "Yavé" para referirse a Dios, tal como hizo Moisés, pero no hay ninguna traza del Éxodo, el pacto de Sinaí o la ley de Moisés, que eran tan fundamentales para el Antiguo Testamento.

Los lectores de Job se confrontan inmediatamente con una pregunta que determina la forma en que leen el libro. ¿Se trata de realidad, ficción o una mezcla de ambos, "realicción"?

¿Realidad?
Quienes creen que es realidad hacen énfasis en que otros

escritores de la Biblia tratan a Job como una persona real. Ezequiel lo lista junto a Noé y Daniel como uno de los tres hombres más justos que hayan vivido jamás. En el Nuevo Testamento, Santiago se refiere a la perseverancia de Job como un ejemplo para sus lectores.

Además, el primer capítulo nos dice que Job vivió "en la región de Uz". Si bien la ubicación de Uz es incierta, es bastante posible que Job haya vivido en la cuenca mesopotámica, alrededor de los ríos Tigris y Éufrates, más allá de Damasco.

La trama de la historia sugiere una persona real. Sus reacciones ante los desastres que enfrenta son realistas, y las descripciones de sus sentimientos personales parecen auténticas. Sus discusiones con su esposa son lo que podríamos esperar normalmente, y los comentarios de sus amigos y los argumentos que siguen parecen verídicos. La cantidad considerable de ganado que posee es normal para un ganadero adinerado.

¿Ficción?

Muchos no se convencen con estos argumentos. A pesar de la verosimilitud de gran parte del libro, el lector tiene la sensación de que hay algo que no suena como la vida misma.

Por ejemplo, tome los sucesos del primer capítulo. Hay cuatro desastres consecutivos, cada uno de los cuales deja un sobreviviente que vuelve a Job para describir lo que pasó. Es forzar la credibilidad pensar que cada uno de los cuatro desastres dejó un único sobreviviente que escoge las mismas palabras: "¡Solo yo pude escapar, y ahora vengo a contárselo!".

Además, el final feliz parece armado. Job pierde todos sus hijos en la primera escena, pero en la última tiene exactamente la misma cantidad de hijos nuevos: siete varones y tres mujeres. Claramente se supone que debemos regocijarnos por el final feliz, casi como si la pérdida de sus hijos anteriores fuera insignificante para él. Nos lleva a preguntar: "¿No es demasiado prolijo como para ser realidad? ¿Se supone que lo tomemos con algo real?".

También se plantean preguntas acerca de la base fáctica del libro cuando consideramos los discursos, porque cada uno está escrito en poesía hebrea. Ya hemos notado en la Introducción que la poesía es una forma artificial del habla. No es algo que se use en la conversación, y ciertamente no para discutir los temas sustanciosos considerados por Job y sus amigos. Sin embargo, todos los "consoladores" de Job hablan usando poesías muy elaboradas, que genera la pregunta: "¿Quién puso la poesía por escrito?". O todos sus amigos eran brillantes poetas con memorias sobresalientes o tendremos que pensar en una explicación alternativa.

¿"Realicción"?

La única solución que tiene sentido es decir que el libro de Job es *realicción*; es decir, está basado en la realidad, pero los hechos han sido ampliados y adornados. Job, por lo tanto, es una persona real que tiene que encontrarle sentido al desastre y al sufrimiento que está pasando, junto con una creencia en el Dios de la Biblia.

Por lo tanto, el libro de Job es similar a algunas obras teatrales de William Shakespeare, que tomó los hechos históricos de personas como Enrique V y produjo obras que subrayaban las motivaciones interiores de los personajes. Un ejemplo más moderno sería la obra teatral de Robert Bolt, *A Man for All Seasons*,[13] basada en la vida de Tomás Moro. Bolt captura la esencia de los temas que el hombre enfrentaba, pero el público sabe que el producto final no es el mismo que los sucesos reales.

---

13 En español, *Un hombre para todas las estaciones*.

Literatura

El libro de Job está escrito en poesía hebrea, que depende para su belleza del sentido y la repetición, y no del sonido. Es una gran obra de literatura y desafía una clasificación estricta. Combina la poesía épica, el drama y el debate con una trama intrigante y un diálogo profundo. No es de sorprender que el libro haya sido admirado por algunas de las más grandes mentes. Thomas Carlyle dijo: "Es un libro noble". Alfred Lord Tennyson lo describió como "el más grande poema de los tiempos antiguos o modernos" y Martín Lutero dijo: "Es magnífico, sublime, como ningún otro libro de las Escrituras". Ha sido colocado a la par de las obras de Homero, Virgilio, Dante, Milton y Shakespeare como una de las más grandes piezas de literatura de todos los tiempos.

Filosofía

Pero Job es más que una gran obra de literatura; es, también, una obra de filosofía. Hace las preguntas que los filósofos han ponderado a lo largo de la historia de la humanidad. ¿Por qué estamos aquí? ¿De qué se trata la vida? ¿De dónde vino el mal? ¿Por qué sufren los buenos? ¿Cuál es la participación de Dios en el mundo? ¿Está interesado, le importa?

El libro cubre todos estos temas, pero especialmente la pregunta: ¿Por qué sufren las personas buenas? Job era claramente un hombre bueno, pero experimentó la tragedia más espantosa. El libro aborda el tema de por qué ocurre esto.

Teología

Job es también un libro de teología. La filosofía puede tratar con las grandes preguntas de una manera abstracta, pero la teología relaciona estas preguntas con Dios. Es importante destacar de entrada que solo quienes tienen una visión particular de Dios tienen dificultades con el hecho del sufrimiento. Si usted cree que él es malo, entonces no hay ningún problema con el sufrimiento, porque esperaría que un Dios malo lo hiciera sufrir. Solo si usted cree que él es bueno tiene un problema. Además, usted puede creer que él es bueno pero débil, así que es incapaz de hacer nada para ayudarlo. De nuevo, basado en la lógica, usted no tendría ningún problema entonces con el sufrimiento, ya que un Dios débil puede sentir compasión, pero no puede ayudar. Solo cuando creemos que Dios es a la vez *capaz* de ayudar y *bueno* en su naturaleza tenemos un problema con el sufrimiento.

Muchos "teólogos modernos" intentan evitar el problema del sufrimiento negando una u otra de estas dos cosas: razonan que Dios es malo y está jugando con nosotros, o es demasiado débil como para afectar nada. Pero está claro que el autor del libro de Job cree:

1. que existe un Dios.
2. que se relaciona con sus criaturas.
3. que es el Creador todopoderoso y omnipotente
4. que es bueno, cariñoso y compasivo

Pero, al mismo tiempo, el libro describe la situación de Job, que parece desmentir estas creencias. Al lector le queda ver cómo este hombre trata con su conflicto y cómo Dios se hace conocer en medio de su situación.

Literatura de sabiduría

Es importante que entendamos también que el libro de Job forma parte de la "literatura de sabiduría" en nuestras Biblias inglesas-españolas, junto con Proverbios, Salmos, Eclesiastés y Cantar de Cantares. En la Biblia hebrea, estos libros son llamados los "Escritos", una colección miscelánea de textos que surgieron del período profético pero que no son considerados como profecía. Entender el libro de Job de esta forma debería ayudarnos a interpretarlo correctamente, porque algunas afirmaciones en la literatura de sabiduría pueden ser engañosas. Permítame explicarlo con mayor detalle.

Primero, no todo en la literatura de sabiduría dice lo correcto. Incluye pasajes donde los hombres luchan con preguntas. Sus afirmaciones no siempre reflejan la mente de Dios, pero se incluyen para mostrar el argumento que se está haciendo y, siempre que veamos su propósito, podemos interpretarlas sin ningún problema. Los amigos de Job hacen muchas declaraciones basadas en una comprensión limitada. Están escritas para mostrarnos ejemplos de cómo las personas enfrentan el sufrimiento, pero tomar cualquiera de sus afirmaciones fuera de contexto, como si expresaran la mente de Dios sobre el tema, sería el colmo de la necedad. Cada afirmación en la Biblia debe ser vista en el contexto del libro en el que aparece. El mensaje del libro como un todo determina el significado de cualquier afirmación que incluye.

Segundo, es importante notar que la literatura de sabiduría es general, y no particular. Esto significa que las palabras de sabiduría no siempre son verdaderas en cada situación. El libro de Proverbios, por ejemplo, no es una lista de promesas, pero incluye dichos que son verdaderos de manera general y la mayor parte de las veces.

Si uno intenta decir que son verdaderas en cada situación, se desilusionará. Esto nos da la clave del problema que enfrentaron Job y sus amigos. Eran conscientes de proverbios que indicaban que si uno vive una mala vida, sufre debido a esto. Es algo que se cumple a menudo, pero no siempre, y Job forma parte del "pero no siempre". El libro de Job intenta encarar las excepciones a la regla.

Una perspectiva judía

Debemos tener en cuenta una marcada diferencia entre una comprensión judía del libro y una comprensión cristiana. El judío de los tiempos del Antiguo Testamento era incapaz de ver los problemas de la vida temporal a la luz de la eternidad. Sentía que la justicia de Dios debía ser vista en esta vida, ya que tanto las personas buenas como las malas iban al mismo destino, el Sheol, un lugar de existencia sombría donde dormían los espíritus difuntos.

Los cristianos, por supuesto, tienen una perspectiva completamente diferente del sufrimiento actual. A la luz de la obra de Cristo, ven el cuadro celestial más amplio. El sufrimiento en este mundo es pequeño comparado con la vida que será disfrutada en el cielo.

Por lo tanto, a lo largo del libro hay solo indicios de la vida después de la muerte. Job declara en un momento que verá a Dios cuando esté muerto, pero no es un tema frecuente, y sin duda él no entiende cómo podría ocurrir.

La estructura del libro

La introducción crea una maravillosa tensión que sostiene todo el marco del libro. Dios hace una apuesta con Satanás, y esa apuesta se dirime en el cuerpo de Job. Pero en ningún momento Job se entera de la apuesta. Este secreto, conocido por el lector, ayuda a mantenernos atentos a lo que pasa mientras Job enfrenta los dilemas de su situación.

Una trama de este tipo es sumamente riesgosa, ya que hace sugerencias acerca del carácter y la actividad de Dios y, en particular, su relación con Satanás, que serían el colmo de la blasfemia si no fueran ciertos: que Dios mismo era responsable del ataque de Satanás sobre este buen hombre.

Consideremos ahora cómo está estructurado el libro:

EL PRÓLOGO **(capítulos 1-2)** (prosa)
Dos rondas: Dios versus Satanás.

EL DIÁLOGO **(3:1-42:6)** (poesía)
1. *Humano* **(3-37)**
(a) Elifaz, Bildad, Zofar **(3-31)**
    (i) Primera ronda **(3-14)**
    (ii) Segunda ronda **(15-21)**
    (iii) Tercera ronda **(22-31)**
(b) Eliú **(32-37)** – un monólogo

2. *Divino* **(38:1-42:6)**
    (i) Primera ronda **(38-39)**
    (ii) Segunda ronda **(40:1-42:6)**

EL EPÍLOGO **(42:7-17)** (prosa)
Rondas finales: Dios versus Job

El libro está organizado como un emparedado. La prosa es el "pan", que brinda la historia y el trasfondo, al principio y al final, mientras que la poesía es el "relleno" en el medio, que consiste en el debate que Job tiene con sus tres amigos y un joven que aparece cuando los amigos se han ido.

El epílogo brinda la resolución de lo que ha ocurrido antes. Es un final feliz, y muy particular.

Dos tramas

Hay dos tramas hábilmente entrelazadas: una trama celestial y una trama terrenal. Los sucesos que ocurren en la tierra son producto de algo que ya ha ocurrido en el cielo, así como en Apocalipsis hay guerra en la tierra inmediatamente después de una guerra en el cielo.

La trama divina

El libro comienza con la trama divina, el encuentro de Dios en el cielo con Satanás, un ángel cuya tarea era informar pecados. Era el fiscal de Dios que viajaba por toda la tierra para informarle cómo eran los seres humanos. Para el tiempo de Job, Satanás había alcanzado tal grado de cinismo que no podía creer que nadie amara a Dios por Dios mismo. Él pensaba que la gente lo amaba por lo que podía obtener de él.

Se produce una discusión entre Dios y Satanás, donde éste argumenta justamente esto. Dios le pregunta si se había encontrado con Job cuando visitó la tierra. Le dice que Job lo ama porque Dios lo ama a él, y no por ninguna bendición que haya recibido.

Satanás mantiene una actitud cínica, y le dice que si Dios le quitara sus bendiciones, Job lo maldeciría igual que los demás. De aquí surge la apuesta celestial.

La clave para todo buen drama es la tensión. Si bien el lector es consciente de esta apuesta celestial, Job no sabe nada. Si lo supiera, la prueba perdería toda validez.

Esta interacción nos enseña lecciones importantes acerca de Satanás. Primero, da a entender que no puede estar en más de un lugar a la vez. Él no tiene la omnipresencia de Dios. Así que cuando la gente dice que Satanás la está afligiendo porque algo trivial ha salido mal, está equivocada. ¡Por lo general tiene trabajo más importante que hacer con otras personas! Lo que algunos denominan "ataque satánico" debería llamarse más correctamente "ataque demoníaco". Las fuerzas de Satanás están obrando en todo el mundo, pero eso no significa que Satanás mismo esté involucrado personalmente.

Este pensamiento erróneo acerca de Satanás ha surgido en parte porque seguimos el error de los antiguos griegos y dividimos al mundo en lo "natural" y lo "sobrenatural". Suponemos que Satanás debe ser sobrenatural, así que lo colocamos junto a Dios, como si fuera su igual en poder y autoridad. En cambio, deberíamos dividir al mundo como lo hace la Biblia, con el Creador de un lado y sus criaturas (incluyendo Satanás) del otro. Satanás no es omnipotente, omnisciente u omnipresente; es una mera criatura.

Segundo, Satanás necesita el permiso divino para atacar a Job. Él no puede tocar a una persona que pertenece a Dios a menos que él le dé permiso. En el Nuevo Testamento, Dios promete a todos los creyentes que nunca serán tentados por encima de lo que puedan soportar, porque él controla al tentador.

La trama humana
La mayor parte del libro describe la discusión entre Job y sus amigos. La pregunta clave que tratan es: "¿Por qué está sufriendo Job más que otras personas?".

Hay dos puntos de vista:

a. los amigos están seguros de que el sufrimiento ha venido porque Job está pecando;

b. Job está muy seguro de que no está pecando y alega su inocencia.

Dado que el lector sabe que Job tiene razón, el diálogo está cargado de tensión.

La estructura de dos tramas del libro nos recuerda que nadie conoce todo el cuadro cuando se trata de entender la razón del sufrimiento. Más allá de buscar explicaciones, todos se encuentran con una pregunta mayor: ¿Puedo seguir creyendo en un Dios bueno cuando todo sale mal? El libro de Job da una respuesta a esta pregunta.

La importancia de este tema se aclara si preguntamos: "¿Cuál era el mayor dolor de Job?". ¿Era

- físico? Estaba aquejado por llagas desde la cabeza a los pies, cansado y agotado, y con un considerable dolor físico.

- social? Su aspecto físico y el conocimiento de la comunidad local de su reciente tragedia lo habían convertido en un paria social. Se sentó en un montón de cenizas en el extremo de la aldea, y la gente cruzaba al otro lado de la calle para evitar hablar con él. Hasta los adolescentes se reían de él.
- mental? Enfrentaba el dolor mental de no saber por qué le estaban ocurriendo estas cosas angustiantes, en especial porque no parecía haber nada en su pasado que las justificara.
- espiritual? Su dolor espiritual era mayor que cualquier otro, porque sentía que había perdido contacto con Dios. Pedía a gritos poder encontrarlo, hablar con él, ¡aun discutir con él! Éste era el dolor real, el más profundo. La agonía de sufrir se incrementa si sentimos que Dios está lejos y ya no le importamos. (Sin embargo, cuando Job finalmente logra hablar con Dios, no resultó como lo había imaginado.)

El prólogo

El prólogo nos presenta los personajes de la historia:

Dios
Dios (que es llamado *Yavé*) inicia toda la serie de sucesos al desafiar a Satanás.

Satanás
Satanás es el fiscal. En el texto hebreo es llamado "el satanás", que significa "el acusador"; "satanás" aún no es un nombre propio.

Job
Job es descrito como "un hombre recto e intachable, que

temía a Dios y vivía apartado del mal". Ambas cosas van de la mano: el temor de Dios y el apartamiento del mal. Si uno no teme a Dios, entonces no se preocupa tanto por el pecado. Dios está claramente complacido con la piedad de Job y lo ha bendecido con hijos, propiedades y buena salud.

La esposa de Job
¡Es difícil escribir acerca de la esposa de Job sin parecer negativo! El texto la describe como una "necia", indicando que era insensible a la difícil situación de Job. Le dice: "¡Maldice a Dios y muérete!". Justo cuando necesita apoyo y ayuda, ella es la primera en traerle dolor. Le dice que Dios lo ha abandonado y entonces ella también lo abandona.

Los amigos de Job
Los tres amigos de Job son mayores que él. Comienzan sentándose con él, sin decir una palabra durante siete días.

El diálogo humano

Job finalmente rompe el silencio maldiciendo el día que nació. Desea haber nacido muerto y haber ido al Sheol, que era la vida inconsciente y sombría después de la muerte en la que creía las personas del Antiguo Testamento. Por lo menos entonces habría estado en paz, en vez de estar en constante dolor. Son palabras pesimistas y de autocompasión, si bien en ningún momento piensa en quitarse la vida.

Cada uno de sus tres amigos habla tres veces, pero para el propósito del análisis uniremos sus discursos.

Elifaz
Los discursos de Elifaz sugieren que es el estadista anciano, un hombre pío y místico. A diferencia de los demás amigos de Job, tiene un enfoque amable. Cree que Job está siendo

castigado porque ha pecado. Basa su punto de vista en la doctrina ortodoxa de la recompensa y el castigo, en la historia misma y en la sabiduría acumulada de la edad. Resumiendo, si Job no ha pecado, entonces ¿por qué está siendo castigado?

Además, hace referencia a una visión que ha tenido, que le confirmó que el castigo de Job es completamente merecido por su comportamiento. Explica que, debido a que la naturaleza humana es intrínsecamente mala, nadie puede decir que es inocente ante Dios. Como todos somos pecadores, Job debería simplemente reconocer el pecado que es la razón de su dolor. Cuando Job pregunta por qué sufre más que los demás, Elifaz le dice que el sufrimiento es la forma que tiene Dios para hacerlo una mejor persona.

Si bien el consejo es muy amable, Job no lo acepta, de modo que Elifaz se vuelve más apasionado en su discusión, afirmando que Job es terco al insistir en su inocencia, y también que es irreverente y quiere socavar la creencia religiosa. Elifaz claramente se siente agraviado porque Job se opone a sus ideas, y finalmente su compasión se convierte en sarcasmo. Argumenta que, dado que todos somos completamente depravados, no podemos quejarnos por el sufrimiento. Los malos no prosperan y, aunque lo hicieran, no serán felices; solo parecerán estarlo.

Finalmente, cuando Job sigue sin responder, Elifaz habla de la trascendencia de Dios. Dice que es demasiado grande como para preocuparse, así que Job no debería esperar la atención de él. Un Dios trascendente no puede molestarse por cada vida individual.

Bildad
El nombre Bildad significa, en realidad, "el querido de Dios", pero sus palabras no coinciden con su nombre. Tradicionalmente la persona mayor hablaba primero en una

situación así, y Bildad es claramente algo más joven que Elifaz; tal vez tendría unos 50 años de edad.

Bildad es el "teólogo" de los tres, y un tradicionalista por excelencia. Está lleno de frases hechas, lenguaje técnico y fórmulas, y tiene muy poca paciencia o compasión con Job. Le dice que ha perdido a sus hijos porque eran pecadores que merecían la ira de Dios. Él cree en un universo moral, donde la ley de causa y afecto se aplica a nuestra vida moral además de nuestra vida material.

En lo que concierne a Bildad, si uno peca, sufre, así que Job debe ser un pecador bastante malo. No es ninguna sorpresa que en el curso del diálogo su relación con Job se vuelve cada vez más tirante.

Finalmente dice a Job que está hablando sin sentido. Se refugia en la omnipotencia de Dios y pregunta a Job si se olvidado de que Dios es omnipotente. Dado que Dios es más grande que nosotros, no podemos discutir con él, así que ¿por qué no aceptar las cosas simplemente?

Su conclusión es similar al argumento que hizo Elifaz: la omnipotencia de Dios es la respuesta.

Zofar

El siguiente hombre en hablar con Job es el más dogmático de los tres. Es más joven que los primeros dos, pero sigue siendo de mediana edad. Podríamos llamar a Zofar "José Cortante", porque acusa a Job de hablar para cubrir su culpabilidad. Dice que aun cuando Job no esté pecando de manera consciente, debe estar haciéndolo de manera inconsciente. Lo insulta y le dice que escoja entre el camino ancho y el camino angosto; es decir, el camino malo y el camino recto. Reconoce estar perplejo por la prosperidad de los malos, pero dice que es algo que dura poco. Dado que la prosperidad de Job ha desaparecido, debe ser una persona mala. Zofar recuerda a Job que Dios es omnisciente, así que conoce los pecados de los que Job no tiene conciencia.

* * *

Los argumentos de los tres "amigos" de Job tienen mucho en común. Todos dan por sentado que vivimos en un universo moral de causa y efecto, e intentan forzar los hechos para que encajen en sus creencias. Se refugian en la doctrina y tratan de aplicársela a Job por la fuerza y de manera insensible. Por cierto, ¡sus argumentos son ejemplos de cómo no aplicar la doctrina bíblica! Debemos sostener firmemente doctrinas claras, pero también debemos ser cuidadosos en cómo las aplicamos a casos individuales. Por ejemplo, a veces es cierto decir que alguien no es sanado porque no tiene fe, pero uno tendría que tener una sabiduría considerable para saber cuándo esta máxima debe ser aplicada a una persona concreta. Podemos causar mucho daño si no somos prudentes.

Habiendo notado todo esto, los discursos de los tres amigos no son todos malos, y contienen indicios de la respuesta última que traerá Dios.

Job

Job hace nueve discursos: tres dirigidos a Elifaz, tres a Bildad y tres a Zofar. En estos discursos Job dice básicamente que Dios es el responsable de su sufrimiento. Explica que no puede arrepentirse porque no es consciente de ningún pecado. Ha buscado vivir correctamente a los ojos de Dios.

Parece haber una clara *progresión* o desarrollo en sus discursos. Podemos detectar una osadía creciente, tanto en lo que dice a sus amigos como en lo que le gustaría decir a Dios.

Hay una definida *alternación* entre la desesperación y la desesperanza, por un lado, y la confianza y la esperanza, por otro. Esta clase de cambios de ánimo son a menudo característicos de personas que están enfermas. A veces espera que las cosas mejoren, y otras veces teme que empeoren. Pide a Dios que lo deje solo, y sin embargo habla de manera franca y sincera con él. Quiere poner a Dios en el banquillo y dice que puede ganar un juicio contra él. Sugiere una creencia en la vida después de la muerte, pero es difícil saber si esto forma parte de un cambio de ánimo optimista o una creencia sólida.

Hay dos capítulos notables en los discursos de Job. El primero es el capítulo 28, un canto sobre la *sabiduría*. La sabiduría se describe como una mujer a ser deseada, algo así como Salomón describe a la sabiduría en el libro de Proverbios. Job habla con nostalgia acera de los días en que él era respetado y sus palabras eran valoradas.

El otro pasaje destacado es el capítulo 31, una protesta por la *inocencia* de Job. Describe las áreas donde su comportamiento es irreprochable. Está de acuerdo en que, si hubiera violado estas normas, el castigo sería justo; pero protesta que no lo ha hecho. Dice que no hay motivo para su castigo.

Este discurso final produce un punto muerto. Elifaz, Bildad y Zofar lo dejan, y son reemplazados por un joven llamado Eliú, que ha estado escuchando los argumentos de Job.

Eliú

Eliú tiene la arrogancia de la juventud. Dice que duda en hablar, pero parece incapaz de detenerse. Da a Job lo que dice son las últimas ideas, pero al final no tiene nada nuevo que decir. Refuta los argumentos de Job, pero su enfoque es el mismo que los que hablaron antes: trata de convencerlo de su pecado.

Dice que Dios usa diferentes formas de salvar a las personas de sí mismas: visiones, sueños nocturnos y a veces enfermedad. El sufrimiento que Job está soportando es el método que Dios ha escogido para él. Lo está ayudando a enmendar sus pasos antes que muera. Job no dignifica sus palabras con una respuesta, así que finalmente Eliú se va también.

Notamos anteriormente que la literatura de sabiduría debe ser interpretada con cuidado. Algunas de las afirmaciones hechas por los cuatro "consoladores" claramente no son ciertas, porque están hablando acerca de cosas que no entienden plenamente. Pero en otros aspectos lo que dicen es correcto; su error es la forma en que aplican su sabiduría. Toman el proverbio "cada uno cosecha lo que siembra" y suponen que debe aplicarse a la situación de Job.

Además, su apelación al carácter de Dios es inapropiado. Leen mal cómo podría aplicarse a Job. Elifaz apela a la trascendencia de Dios, diciendo que es más grande que nosotros y está demasiado lejos como para estar preocupado por nosotros. Bildad apela al poder de Dios y Zofar, al conocimiento que tiene Dios de todo.

Por lo tanto, los amigos tenían razón a medias, algo que averiguaría Job, pero tomadas en su totalidad, las respuestas que le ofrecieron fueron inadecuadas.

El diálogo divino

Primera ronda: el Creador

Durante sus discursos, 36 veces Job pide a Dios hablar con él. Ahora se cumple su deseo. En ambas ocasiones en las que Dios le habla, es desde una tormenta. Hay mucho humor en la forma en que Dios se dirige a él. Le recuerda que él es el creador de todas las cosas. Hace un repaso de su tremenda actividad de creación y sustentación del mundo, preguntándole a Job si podía equiparar esta obra. Termina preguntándole si está en una posición de juzgar, diciéndole que es impertinente que Job crea que Dios tiene que explicarle lo que hace. Job se siente muy pequeño.

Finalmente, Job responde: "¿Qué puedo responderte, si soy tan indigno? ¡Me tapo la boca con la mano! Hablé una vez, y no voy a responder; hablé otra vez, y no voy a insistir".

Segunda ronda: criaturas
En la segunda ronda Dios no habla de sí mismo como creador, sino acerca de dos de sus criaturas. Otra vez el diálogo está lleno de humor. Pregunta a Job lo que piensa acerca del hipopótamo ("Behemot") y el cocodrilo ("Leviatán"), ¡como si la respuesta a las grandes preguntas acerca de la vida pudiera encontrarse en estas criaturas extraordinarias!

A Job se le está recordando que no puede entender a Dios. No puede entender el mundo animal, mucho menos el mundo moral. Así que lo que Dios quiere decir es: "¿Por qué intentas discutir conmigo?".

Job responde diciendo que Dios sabe todas las cosas, que ningún plan suyo puede ser frustrado. Se da cuenta ahora que su cuestionamiento de Dios era totalmente inapropiado, se retracta de lo que ha dicho y se arrepiente en polvo y ceniza.

Si bien el encuentro con Dios es humillante para Job, el corazón del problema es tratado, porque vuelve a estar en contacto con él. El diálogo brinda un clímax magnífico, aunque inesperado, para el libro.

El epílogo

Cuando Job ha aceptado que no debería reprochar a Dios por sus tratos con él, el texto cambia de poesía a prosa. Dios le devuelve sus hijos (siete hijos y tres hijas), sus propiedades y sus ganados de camellos y ovejas, de modo que Job se vuelve mucho más rico y feliz que antes. Es reivindicado como un siervo de Dios.

Sin embargo, Dios critica fuertemente a los tres amigos de Job. Dice que no han hablado con precisión acerca de

Job, lo cual nos dice que no deberíamos citar los discursos de ellos como si fueran la verdad.

Lo fascinante acerca de las dos "rondas" con Dios es que Dios aún no da a Job respuestas a sus preguntas, y tampoco le cuenta acerca de su apuesta con Satanás. Dios tenía sus razones para permitir sufrir a Job, y no era bueno que éste supiera lo que había ocurrido en el cielo.

Conclusiones

Es útil que notemos las diferentes conclusiones que pueden sacarse del libro de Job.

Conclusiones judías
Un lector judío sacaría las siguientes conclusiones del libro:
1. No hay ninguna correlación estricta entre el pecado y el sufrimiento en la vida.
2. Dios permite todo sufrimiento.
3. Tal vez nunca sepamos la razón. Podemos recibir algunos sufrimientos como castigo. Pero aun cuando no sea por esto, puede tener un propósito aunque la razón nos permanezca oculta.
4. Si el pecado y el sufrimiento estuvieran relacionados directamente, nos veríamos forzados a ser piadosos por razones puramente egoístas. El amor por Dios y por las personas no sería voluntario.

Conclusiones cristianas
Para los cristianos, el libro de Job puede ser visto en el contexto del Nuevo Testamento:
1. Job conocía al Dios de la naturaleza, no el Dios de la gracia. La cruz de Jesús asigna un valor diferente al sufrimiento humano. Job es un "tipo" de Cristo, anticipando a Aquel que sufrió inocentemente siglos

después. Jesús fue un hombre justo, pero sufrió como si hubiera sido un hombre culpable. A través de la cruz comenzamos a ver que Dios puede usar cualquier situación para el bien. Todo el sufrimiento humano debe ser visto contra el trasfondo del dolor de la cruz.
2. Dios permitió a Satanás producir la muerte de Jesús en la cruz, donde su propio hijo preguntó: "¿Por qué, mi Dios?". Como con Job, Dios no explicó por qué. Esto sugiere que, bajo la presión del dolor de la crucifixión, aun el Hijo de Dios perdió contacto con la razón de su sufrimiento.
3. El cristiano sabe que hay una vida después de la muerte. Los problemas del sufrimiento no tienen que ser resueltos en esta vida. Es interesante señalar que, en la versión griega del libro de Job, se ha agregado un versículo adicional: "escrito está que de nuevo resucitará [Job] con aquellos que el Señor resucitará".
4. Esta esperanza de resurrección nos recuerda que habrá una reivindicación final de Job. Los cristianos creen que Jesús viene nuevamente para juzgar a los vivos y a los muertos. Un día habrá una escena de tribunal donde Jesús será el juez y todas las personas malas y justas que hayan vivido jamás comparecerán ante su trono para recibir de acuerdo con lo que han hecho en el cuerpo. Por lo tanto, lo que Job anhelaba se cumplirá. Habrá una reivindicación pública de la justicia, cuando la justicia de Dios se aplicará a toda la raza humana.

DECLINACIÓN Y CAÍDA DE UN IMPERIO

17. Introducción a la profecía

18. Jonás

19. Joel

20. Amós y Oseas

21. Isaías

22. Miqueas

23. Nahúm

24. Sofonías

25. Habacuc

26. Jeremías y Lamentaciones

27. Abdías

17. INTRODUCCIÓN A LA PROFECÍA

Esta sección se centra en los profetas preexílicos; es decir, profetas cuyo ministerio ocurrió antes de los dos exilios del pueblo de Dios. El pueblo del reino del norte (Israel) fue deportado a Asiria en 722 a.C., y el pueblo del reino del sur (Judá) fue llevado a Babilonia en 587 a.C. La mayoría de los profetas de esta sección están preocupados por advertir al pueblo que Dios los enviaría al exilio si no volvían al pacto. Un desastre tal parecía inconcebible, porque el pueblo no podía imaginar que Dios permitiría que su templo fuera destruido y su pueblo fuera removido de la tierra que les había prometido.

Éste no era el único foco del mensaje de los profetas. Algunos también tenían cosas que decir a las naciones que rodeaban a Israel y Judá, y algunos recibieron mensajes dirigidos exclusivamente a otra nación.

Hay mucha confusión con relación a la naturaleza de la profecía, tanto en la Biblia como en el día de hoy, así que son necesarias algunas palabras explicativas antes que analicemos los libros mismos.

La profecía ha formado parte de la vida del pueblo de Dios desde su inicio como nación. Moisés fue descrito como un profeta, y los libros del Antiguo Testamento que consideramos como históricos en nuestras Biblias son llamados libros proféticos en las Escrituras judías. Los profetas preexílicos dan inicio a los que se conocen como los "profetas de libros" (es decir, libros completos de la Biblia que consisten exclusivamente en el mensaje de un profeta, en contraste con los "profetas anteriores", que estaban incorporados a narraciones históricas, a menudo con más de uno en cada narración). Su orden en la Biblia no refleja el orden en el cual fueron escritos los libros.

Eran hombres muy comunes, pero tenían la función extraordinaria de hablar en nombre de Dios. Recibían sus mensajes de Dios tanto en palabras como en imágenes. Las palabras se volvían "pesadas en su interior", de modo que sentían una carga que solo se aliviaba cuando era transmitida.

Las "imágenes" eran llamadas visiones cuando venían mientras el profeta estaba despierto, y sueños si ocurrían mientras estaba dormido. Es importante darse cuenta, al leer las profecías, que cuando los profetas describen visiones generalmente lo hacen en tiempo pasado, como si las cosas ya hubieran ocurrido. Nosotros lo pondríamos en tiempo futuro, y diríamos: "He visto lo que ocurrirá", pero el profeta lo pone en tiempo presente —"Veo que está ocurriendo"— o en tiempo pasado —"He visto que ocurrió". En ambos casos, la profecía predice el futuro. Las descripciones son muy detalladas. Nahúm, por ejemplo, llegó a ver los uniformes rojos de los soldados que destruirían Babilonia. Ningún enemigo conocido en el tiempo de este profeta vestía de ese color, pero los persas, recién llegados al escenario, destruyeron Babilonia usando chaquetas rojas.

Los dones proféticos tienen dos aspectos. La capacidad de hablar por Dios dependía de la capacidad de oír de Dios. El mensaje debía ser recibido antes que pudiera ser dado. Llegaba al profeta a través de distintos canales: físicos, mentales o espirituales.

Dios puede hablar con una voz audible, aunque la Biblia no registra que lo haga frecuentemente. Cuando lo hacía, muchos pensaban que era un trueno, como, por ejemplo, cuando dijo a Jesús en su bautismo: "Tú eres mi Hijo amado".

DECLINACIÓN Y CAÍDA DE UN IMPERIO

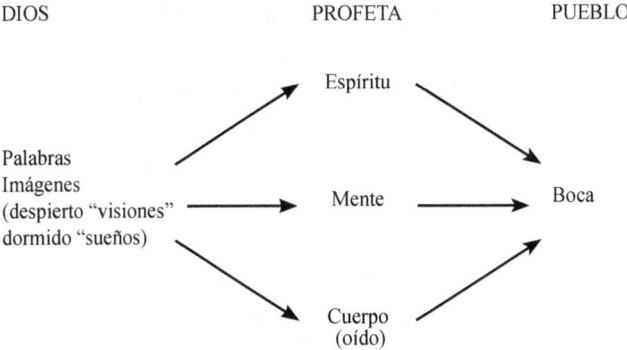

Dios también puede poner palabras en la mente, de modo que el profeta sabe que está escuchando la voz de Dios. Con el tiempo, el profeta aprenderá a distinguir los pensamientos implantados por Dios de los que son de su propia mente.

Además, Dios puede hablar al espíritu del profeta e implantar palabras o impresiones que su mente no comprende. Por ejemplo, cuando alguien ora en lenguas, Dios habla al espíritu de la persona y pone palabras en su boca, si bien su mente no entiende lo que ha ocurrido.

Por supuesto, Dios puede hablar también al cuerpo y directamente a la boca, sobrepasando la mente y el espíritu por completo, como hizo con la burra de Balán en el libro de Números. Pero esto ocurre muy raramente.

Independientemente del medio de recepción, las palabras de Dios deben salir en última instancia de la boca del profeta y ser entregadas al pueblo.

Había dos categorías de mensajes habituales: mensajes de represión, cuando el pueblo estaba pecando, y mensajes de consuelo, cuando estaba haciendo lo correcto. Si los mensajes parecen más negativos por lo general, es porque Dios habitualmente necesitaba hablar cuando había problemas. Muchos de los mensajes proféticos son de represión más que de consuelo. En el libro de Isaías, la primera mitad es reprensión y la segunda mitad, consuelo.

Un falso profeta solo daba consuelo, porque le interesaba complacer al pueblo y no transmitir la palabra de Dios. Jeremías se convirtió en un sinónimo de condenación y pesimismo porque habló en un momento en que el pueblo se había alejado de Dios (pero hubo algunas palabras de consuelo aún de él).

Entonces, ¿por qué debemos estudiar a los profetas? Si no somos judíos ¿por qué deberíamos estudiar su historia?

La repuesta es muy sencilla. Debemos estudiar a los profetas para que podamos conocer a Dios mejor, porque él no ha cambiado. Los profetas revelan a Dios, el Dios que se reveló como el gran "Yo soy" o "Siempre".

Hay tres cosas importantes en los que los profetas parecen focalizarse:

1. La actividad de Dios – poderoso
Naturaleza: milagros
Historia: movimientos

2. La integridad de Dios – predecible
Justicia: pena
Misericordia: perdón

3. La flexibilidad de Dios – personal
Hombre: se arrepiente
Dios: se arrepiente

1. Los profetas se centran en la actividad de Dios: lo que ha hecho, lo que está haciendo, lo que hará. Cuando recitamos el Credo de los Apóstoles en la iglesia, comenzamos por las palabras: "Creo en Dios Padre Todopoderoso, creador del cielo y la tierra". Es así como lo presentan los profetas, como un Dios que es

tan poderoso que está en control completo, tanto de la naturaleza como de la historia. Por lo tanto, puede hacer que ocurran milagros en la naturaleza y puede hacer que ocurran movimientos en la historia. Éste es un concepto de Dios que debemos mantener en nuestra era moderna y científica, en la que la mayoría de las personas consideran que la naturaleza es un sistema cerrado y la historia es el resultado de fuerzas económicas. No es fácil recordar que Dios está en control total, tanto de la naturaleza como de la historia. Leer los profetas con regularidad mantiene en nuestra mente esta imagen de un Dios poderoso que puede hacer que ocurra cualquier cosa en la naturaleza y en la historia.

2. Los profetas se centran en la integridad de Dios: nos muestran que Dios es coherente. Es siempre igual; no cambia en su carácter. Es una combinación única de justicia y misericordia. Si uno hace énfasis en una más que en la otra, obtiene una visión desequilibrada de Dios. Si solo piensa en su justicia, tiene una visión demasiado dura de Dios. Si solo piensa en su misericordia, tiene una visión demasiado blanda de él. En un caso habrá temor pero no amor, y en el otro, amor sin temor. Los profetas brindan un equilibrio maravilloso. La justicia de Dios significa que él debe castigar el pecado, y su misericordia, que anhela perdonarlo y exonerarlo. Esta tensión para Dios solo se resuelve en la cruz, porque solo en la cruz confluyen la justicia y la misericordia. Los pecados son castigados y perdonados a la vez en el mismo lugar y en el mismo instante; Jesús recibe el castigo y nosotros obtenemos el perdón. La integridad del carácter de Dios significa que uno puede predecir cómo se comportará él. Ejercerá la misericordia el mayor tiempo que pueda, pero cuando es rechazada de manera persistente, él debe ejercer justicia. Ése es

el mensaje de Jonás y Nahúm, por ejemplo.
3. Los profetas resaltan la flexibilidad de Dios. Creo que ésta es la perspectiva más importante del carácter de Dios. Él puede cambiar sus planes; no están fijados para toda la eternidad, sino que cambian de acuerdo a cómo las personas le responden. Esto se ve especialmente en una sección de Jeremías, donde el profeta va a la casa del alfarero y ve al alfarero intentando convertir al barro en una vasija hermosa. Pero el barro no responde bien a las manos del alfarero como para hacer una vasija, así que vuelve a ponerlo en el montón de barro y forma una olla tosca y gruesa con ella. Dios dice a Jeremías: "¿Has aprendido la lección del alfarero y el barro?". La mayoría de los predicadores que he oído hablar sobre este pasaje lo malentienden. Dicen que el alfarero decide la forma que tendrá el barro, y que esto implica la predestinación: si Dios decide su destino, usted está condenado a ese destino. En realidad, el barro decide si quiere ser una vasija hermosa o una olla tosca, porque decide si responderá a las manos del alfarero. Dios dijo que quería convertir a Israel en un recipiente de su misericordia pero, como no quiso ser ese recipiente, lo convirtió en una olla llena de su justicia.

Así que los profetas hablan de un Dios que es personal, que está vivo y que nos llama a una relación viva con él. Las cosas no están fijas; eso es fatalismo. Dios es flexible; se ajusta a su pueblo. Cuando respondemos correctamente, nos convierte en una vasija hermosa. Pero cuando respondemos de la manera incorrecta, igual hará un recipiente con nosotros, pero será un recipiente lleno de su justicia, y será una demostración de la justicia de Dios para el resto del mundo. La elección es nuestra. ¿Qué clase de barro queremos ser? ¿Queremos demostrar su misericordia al mundo, o su justicia?

La flexibilidad divina es una verdad muy preciosa para mí, pero lamentablemente es una imagen de Dios que la mayoría de los cristianos no ha comprendido. El futuro no está fijo; no está predeterminado. Está abierto, porque Dios es personal. Lo único que Dios no puede cambiar es el pasado, pero puede cambiar el futuro, y lo cambiará. La Biblia hasta se atreve a decir que Dios se arrepiente cuando nosotros nos arrepentimos. Esto no tiene que alarmarnos. La palabra "arrepentirse" significa simplemente "cambiar de opinión". Cuando nosotros cambiamos de opinión, ¡Dios cambia su opinión! Pero él no cambia su carácter, de modo que siempre podemos confiar en él. Es bueno leer a los profetas para conocer mejor a Dios. Él es un Dios poderoso y puede hacer cualquier cosa en la naturaleza y en la historia. Es un Dios predecible —actuará de acuerdo con su integridad y su carácter— y, por lo tanto, podemos saber cómo responderá. Pero es también un Dios personal que desea una relación viva con nosotros donde él pueda responder a nosotros y nosotros a él. Ése es el Dios que adoramos.

Los profetas preexílicos incluyen algunos de los profetas más y menos conocidos, pero en conjunto nos dan una buena gama del estilo y el enfoque del ministerio profético.

18.
JONÁS

Introducción

La introducción a Jonás incluye a Nahúm también, ya que hubo similitudes significativas entre estos dos profetas. Tanto Jonás como Nahúm fueron al mismo lugar, y ambos tenían el mismo tipo de mensaje.

Jonás nació cerca de Nazaret. Era un héroe local para ese pueblo, y Jesús tiene que haber oído acerca de él cuando era un niño pequeño. Entre todos los profetas, Jesús se comparó con Jonás.

Nahúm vino de Capernaúm. *Caper* significa "aldea", de modo que *Caper-Nahúm* toma su nombre del profeta. Esta aldea fue la base principal de Jesús sobre el mar de Galilea. Así que él tenía una conexión muy estrecha con estos dos profetas.

Es especialmente significativo que ambos provenían del norte, porque ésta era la parte internacional de Israel. Era llamada "Galilea de las naciones", porque la encrucijada del mundo se encontraba en Galilea. Un camino desde Europa recorría la costa y cruzaba la región antes de dirigirse al este hacia Arabia. El camino desde África subía desde Egipto y cruzaba por Galilea hacia el norte, a Damasco. En consecuencia, todos los que iban desde Asia a África o desde Europa a Arabia pasaban por este cruce de caminos. En esa encrucijada había una colina llamada Meguido. La "colina de Meguido" en hebreo es "Armagedón", donde se librará la última batalla de la historia. Nazaret estaba en una colina que dominaba el cruce. De niño, Jesús tiene que haber visto a muchas personas yendo y viniendo, como los pasajeros de una sala de espera de un aeropuerto.

Galilea era muy internacional, mientras que en los montes

de Judea al sur la gente era nacionalista, y estaba aislada y alejada de las principales rutas.

Hubo dos lugares dentro de la nación que afectaron el ministerio de Jesús. Era muy popular en la región internacional del norte, pero muy impopular en el centro nacionalista del sur, donde terminó siendo crucificado.

Jonás y Nahúm eran norteños, de modo que estaban muy al tanto de los asuntos internacionales. Ambos fueron enviados por Dios a Asiria.

Las amenazas a la Tierra Santa vinieron de las grandes potencias de occidente y oriente. Israel se encontraba apretujada continuamente entre estos dos bloques de poder, mientras cada uno intentaba vencer al otro. Alguien ha dicho de Israel que si uno vive en medio de una encrucijada en algún momento será atropellado, y eso es exactamente lo que ocurrió. En los días de Jonás y Nahúm, Asiria, con su capital en Nínive, era el problema.

Jonás fue a reprender a Asiria en 770 a.C. y Nahúm, en 620 a.C., así que estuvieron separados por 150 años. Ambos fueron enviados ante la gran maldad del pueblo asirio. El imperio asirio duró unos 750 años y en un momento llegó a apoderarse de Egipto. Comenzó como una pequeña potencia, alrededor de 1354 a.C., y se expandió gradualmente. Pero lo hizo con mucha crueldad. Por cierto, los asirios fueron una de las naciones más crueles y brutales que la historia ha conocido. Ellos inventaron la espantosa práctica de empalar a sus enemigos con puntas de madera hasta que murieran. Acostumbraban ejecutar a miles de personas a la vez de esta forma. Gobernaban su imperio mediante el terror.

Nahúm llamó a la capital, Nínive, una "ciudad sedienta de sangre", y el nombre está bien ganado. Si una nación creía que los asirios habían puestos sus ojos sobre ella, entraba en pánico por lo que le podría ocurrir.

Sofonías también habló acerca de los asirios, pero Nahúm

finalmente fue a ellos y dijo: "¡Están acabados! Dios los eliminará". Y, tal cual, Nínive cayó en 612 a.C. y todo el imperio desapareció cinco años después, inmediatamente después de la advertencia de Nahúm.

¿Realidad o ficción?

Volviendo a la historia de Jonás mismo, debemos responder primero a la enorme discusión acerca de si es realidad o ficción. La mayoría de las personas conocen el libro por la historia de "Jonás y la ballena", y la mayoría de las impresiones del libro de las personas dependen de si creen que la historia es verdad o no.

Algunos dicen que el incidente en el cual la ballena (o gran pez) traga a Jonás es como la historia de Pinocho, que también vivió dentro de una ballena. Sostienen que no debe esperarse que nadie tome en serio una historia tan fantástica. Por lo tanto, la toman como una parábola con una moraleja, y ofrecen varias opciones con relación al significado.

Otros dicen que fue contada para desafiar a los creyentes a un mayor esfuerzo misionero; era un recordatorio a Israel de que tenían una responsabilidad misionera hacia el resto del mundo. La huida de Jonás de su misión es una moraleja de la que tiene que aprender Israel.

Pero cuando hay una parábola en la Biblia por lo general está claramente indicado. Jonás, sin embargo, es tratado como historia. Además, cuando Jesús contaba parábolas nunca contenían milagros, pero hay ocho milagros en este relato.

Otros estudiosos creen que el libro de Jonás es una alegoría, en la cual cada incidente se corresponde con la vida real. Jonás, entonces, es la personificación de Israel, algo así como John Bull lo es para Gran Bretaña o el Tío Sam para Estados Unidos. Dicen que el hecho de que Jonás fuera tragado por la ballena es una imagen metafórica de Israel tragado en el exilio.

Pero hay serias objeciones a tratar este libro como ficción.
1. El estilo de este libro es exactamente igual al de todos los libros históricos. Las palabras, el estilo y la gramática son idénticos a los de 1 y 2 Reyes.
2. El libro trata con lugares reales y personas reales que aparecen mencionados en otras partes de la Biblia. Jonás aparece en 2 Reyes, así que sabemos que era un profeta durante el reinado de Jeroboán II. Su padre fue Amitay y es tratado como una persona real en los libros históricos de la Biblia.
3. Lo más importante es que Jesús trató a Jonás como una persona real. Él creía en Jonás y el gran pez. Jesús mismo dijo, hablando de sí mismo, que tenían entre ellos "uno más grande que Jonás", y comparó su propio período de muerte con el tiempo de Jonás en el pez.
4. Pero, por sobre todo, las teorías que dicen que Jonás es una parábola o una alegoría no hacen justicia al capítulo 4. La pregunta principal que devela el mensaje del libro es: "¿Por qué huyó Jonás?". ¡Muchas personas ni siquiera se toman el trabajo de hacer la pregunta! Entonces, ¿por qué están tan dispuestas a tratar a Jonás como el hombre que nunca fue? ¿Por qué se resisten tanto a aceptar este libro como realidad?

La primera objeción es que lo que le ocurrió es físicamente imposible. La segunda, que era psicológicamente improbable que un predicador judío pudiera convertir a una enorme ciudad pagana. ¿Podemos imaginar a un judío que llegue a Londres, predique en Trafalgar Square y haga volver a toda la ciudad a Dios? Parece muy improbable que todo Londres se arrepienta.

En cuanto a la imposibilidad física, debemos preguntar primero: "¿Podría ocurrir?". Segundo: "¿Podría Dios hacer que ocurra?".

¿Es posible que un hombre sea tragado por un gran pez o una ballena?

Cuando era pastor en el pueblo de Chalfont St. Peter, Buckinghamshire, el herrero del lugar tenía un hijo que trabajaba con mamíferos marinos en California. Entrenaba a una ballena y un delfín que eran amigos y jugaban juntos en un gran tanque. Cuando el delfín murió, la ballena no permitió que los cuidadores tocaran el cuerpo de su amigo muerto, y mantuvo el cuerpo del delfín en su boca tres días. Cada tanto, llevaba al delfín arriba del agua para intentar hacerlo respirar. El hijo del herrero nos mostró una película que había sacado de esos tres días, y el delfín tenía el tamaño aproximado de un hombre.

¿MUERTO O VIVO?

Para mí, la pregunta clave es si Jonás estaba muerto o vivo.

Nunca me había hecho esa pregunta hasta que vi la película de la ballena con el delfín en su boca tratando que respire. Pero cuando volví a leer el libro de Jonás, encontré, para mi asombro, que toda la evidencia apunta al hecho de que la ballena levantó un cuerpo muerto.

Si uno lee el capítulo 2, descubrirá que Jonás en realidad se ahogó. Dice que, cuando los marineros lo arrojaron al mar, se hundió al fondo del mar y quedó tendido en los cimientos de las montañas, con su cabeza entre las algas. ¡Se requiere solo alrededor de un minuto y medio para ahogarse, y se tarda mucho más para llegar al fondo del mar! Los materiales de Escuela Dominical muestran erróneamente a la ballena flotando en la superficie con su boca abierta cuando los marineros arrojan a Jonás por la borda. Ninguno lo muestra, como dice la Biblia, acostado entre las algas en el fondo del Mediterráneo.

Además, la oración que hace nos dice que está en el Sheol, la morada de los muertos. Describe su último momento de conciencia, cuando su vida está menguando y las aguas lo están envolviendo. Dice que en ese momento se acordó del Señor.

Toda la evidencia apunta a que Jonás murió. Parece que la ballena no ayudó a la supervivencia de Jonás sino a su resurrección. Cuando la ballena lo vomitó, Dios reunió a su espíritu con su cuerpo. Esto encaja con la afirmación de Jesús de que, así como Jonás estuvo en el vientre de la ballena, él estaría en el corazón de la tierra.

¡A los escépticos de este mundo les resultaría más fácil creer que Jonás fue tragado y permaneció en la ballena que pensar que murió y fue resucitado! Yo creo que Jonás es el ejemplo más notable de resurrección en el Antiguo Testamento.

MILAGROS

La interpretación del libro de Jonás nos lleva a enfrentar preguntas más grandes acerca de nuestra creencia en Dios. En este libro, no solo tenemos que enfrentar la deglución de Jonás por un gran pez, sino un total de ocho milagros físicos, incluyendo un milagro muchísimo mayor que el que la mayoría de las personas asocia con el libro.

Porque en el último capítulo Dios dice a un gusano que haga algo. El hijo del herrero en California podía entrenar ballenas bastante fácilmente —son animales muy inteligentes— ¡pero nunca he visto a alguien entrenar a un gusano! Pero Dios dice a un gusano lo que tiene que hacer. Si alguien me dice a mí: "¿No creerás la historia de Jonás y la ballena, no?", le digo: "Eso no es nada; ¡creo en la historia del gusano también!". Por lo general recibo una mirada en blanco, porque no tienen la menor idea de lo que estoy hablando.

Consideremos brevemente los milagros de este libro:
1. Dios envía un viento que causa una tormenta, haciendo que el barco corra peligro.

2. Cuando los marineros echan suertes para averiguar quién es la causa de la ira divina, identifican a Jonás. Dios ha controlado el resultado de una selección aparentemente al azar.
3. Cuando los marineros arrojan a Jonás por la borda, Dios calma el mar.
4. Dios envía al gran pez para tragar el cuerpo de Jonás.
5. Dios hace que el gran pez vomite el cuerpo de Jonás en tierra seca.
6. Dios hace que una vid (una planta de ricino de donde obtenemos el aceite de ricino) crezca durante la noche.
7. Dios envía un gusano para que coma las raíces de la planta, haciendo que se muera.
8. Finalmente, Dios envía un viento del desierto caliente y abrasador.

En ocho ocasiones Dios controla la naturaleza.

La forma en que reaccionamos a estos sucesos dice mucho. Hay tres filosofías ampliamente sostenidas en el Reino Unido:

1. El *ateísmo* dice que Dios no creó el mundo y por lo tanto no lo controla.
2. El *deísmo* es una filosofía más habitual que sostiene que Dios creó el mundo pero no puede controlarlo ahora. Yo diría que muchas personas en iglesias británicas son deístas, lo cual significa que no pueden creer en los milagros. Van a la iglesia y agradecen a Dios porque es el Creador del cielo y la tierra, ¡pero no quieren orar por el clima!
3. El *teísmo* es la filosofía bíblica que dice que Dios no solo creó el mundo en el pasado sino que también lo controla ahora.

Por supuesto, hay algunos cristianos que combinan dos de

estas filosofías. Creen en los milagros en la Biblia, pero no creen que ocurran hoy. Son deístas prácticos y teístas teóricos.

Conversión de Nínive
Vayamos ahora a la improbabilidad psicológica de que una enorme ciudad como Nínive se convierta. Estos son algunos argumentos a favor de que sea un hecho histórico:
1. Primero, eran religiosos y aun supersticiosos. Realmente creían en Dios.
2. Segundo, eran culpables. La culpa nos convierte en cobardes a todos, así que cuando fueron acusados por lo que habían hecho, lo sabían y estaban dispuestos a reconocerlo.
3. Tercero, el avivamiento comenzó abajo, entre las personas comunes, y fue subiendo hasta el palacio.
4. Cuarto, tenían la señal de Jonás. Si la piel de Jonás estaba blanca por su tiempo en la ballena, tiene que haber sido todo un espectáculo. Sin duda su explicación de lo que le había ocurrido causó una gran impresión en ellos.
5. Quinto y sobre todo, cuando el Espíritu Santo obra, ocurren cosas.

No tengo ninguna dificultad en creer que toda la ciudad se arrepintió. Jesús ciertamente lo creía cuando dijo que la gente de Nínive se levantaría en el día del juicio, porque se arrepintieron cuando escucharon acerca de Dios, mientras que sus propios oyentes no lo habían hecho.

¿Por qué huyó Jonás?
Sin embargo, hay una gran pregunta que aún no hemos considerado con detalle. ¿Por qué huyó Jonás de su tarea? Éste es el tema del capítulo 4, que raramente se enseña, predica o aun lee. Pero es el corazón mismo de esta pequeña

historia. ¿Por qué se resistió tanto Jonás? ¿En quién o en quiénes estaba pensando?

Hay quienes piensan que estaba pensando ante todo en él mismo. Simplemente tenía miedo de ir a Nínive; temía ser empalado como un enemigo de Asiria. Pero esto no explica por qué sugirió a los marineros que lo arrojaran al mar. No tenía miedo de la muerte en sí.

En segundo lugar, hay personas que dicen que él creía que los gentiles no tenían ningún derecho a escuchar acerca del Dios de Israel. Era una especie de antisemitismo al revés; podríamos llamarlo "antigentilismo". Pero esto no explica por qué huyó hacia los gentiles en Tarso.

Otros dicen que estaba pensando en los asirios, el pueblo más malvado de la tierra. Y aun así, más que eso, en realidad estaba pensando en Israel, porque Asiria era la mayor amenaza para la pequeña Israel, y no quería tener nada que ver con este potencial invasor.

Ninguna de estas soluciones toma en cuenta las palabras de Jonás en el último capítulo. Él había dicho a la gente de Nínive que en 40 días Dios eliminaría su ciudad. El resultado de su predicación fue que todos se arrepintieron. El desastre fue evitado.

Un evangelista estaría emocionado si toda una ciudad se arrepintiera, pero Jonás estaba desilusionado. Se sentó en una colina afuera de la ciudad y dijo a Dios: "¡Te dije que ocurriría esto! Sé cómo eres. Sabía que los perdonarías. ¡Sabía que solo los amenazarías con la destrucción pero luego no cumplirías con tu amenaza!". ¿No quiere Jonás que la gente se salve? ¿Tiene una mente tan estrecha y tiene tantos prejuicios que no quiere que la gente se arrepienta?

La clave es su referencia a lo que ha dicho a Dios en su propio país: "¡Oh Señor! ¿No era esto lo que yo decía cuando todavía estaba en mi tierra? Por eso me anticipé a huir a Tarsis, pues bien sabía que tú eres un Dios bondadoso y compasivo, lento para la ira y lleno de amor, que cambias de parecer y no destruyes" (4:2).

Debemos ir a 2 Reyes 14:23-25 para averiguar lo que le pasó a Jonás en su propia tierra.

Cuando fue llamado a ser un profeta, fue enviado a Jeroboán II de Israel, un rey notoriamente malvado que hizo lo malo a los ojos del Señor. Cuando Dios le dijo que fuera, Jonás respondió positivamente al principio, esperando poder tratar con la maldad del rey. Pero el mensaje que Jonás que recibió no era lo que esperaba. El Señor dijo: "Ve y dile al rey que quiero bendecirlo, que voy a ampliar sus fronteras y lo haré grande". Jonás protestó diciendo que era un rey malo y que éste era el enfoque erróneo.

Estaba diciendo al Señor en su corazón: "Nunca funcionará, Señor. Si bendices a los malos simplemente se vuelven peores".

Por cierto, el rey empeoró. Cuanto más lo bendecía el Señor, peor se volvía. Por lo tanto, Jonás llegó a la conclusión de que la misericordia no cambia a las personas malas. Jonás le está diciendo que él conoce el negocio de Dios mejor que Dios mismo.

La compasión de Dios

De modo que este episodio pasado coloreó la actitud de Jonás cuando fue a Nínive. Dijo: "Veamos lo que ocurre, Señor. Voy a observar a esta ciudad para ver si tu perdón hará que se recuperen o no, si se volverán mejores o peores".

Por debajo de todo esto están los celos de Jonás por el carácter y la reputación del Señor. Él no podía manejar el hecho de que alguien se aprovechara de la misericordia divina. Él creía que el arrepentimiento de ellos era superficial y que no duraría. Pensaba que, si Dios se mostraba demasiado blando con ellos, llegarían a la conclusión de que él nunca cumple con sus amenazas de juicio. La advertencia de Jonás podría ser puesta en duda, aun ridiculizada, y finalmente olvidada.

Cuando la planta creció a su lado, se sintió muy agradecido, ya que le dio sombra del sol. Pero cuando el gusano comió sus raíces se murió, y Jonás se enojó mucho. Preguntó a Dios por qué había hecho que se muriera. Dios le dijo que era legítimo que se enojara por la planta, ¿pero tenía derecho a enojarse por Nínive? Había más de 120.000 niños en la ciudad y mucho ganado también. ¿No tenía acaso Dios derecho a sentir compasión por ellos?

Aunque Jonás tenía celos por el Señor al no querer ver a los asirios escapar del juicio, no entendía la compasión de Dios, su deseo de postergar el castigo lo más posible. Por eso huyó al mar y ésta fue la razón por la que, para él, el éxito de su predicación era tan vano. Nosotros también nos olvidamos a veces cuán paciente es Dios y cuánta misericordia tiene, y cuántas oportunidades quiere dar a las personas.

Hay un momento, por supuesto, en que la paciencia de Dios se agota. Éste es, en última instancia, el mensaje de los profetas; Jonás simplemente tenía los tiempos mal. Era aún el tiempo de la misericordia y paciencia de Dios con Nínive. Pero esa paciencia no duraría para siempre, como veremos cuando estudiemos la profecía de Nahúm.

19.
JOEL

Introducción

No sabemos nada acerca de Joel excepto su nombre y el de su padre, Petuel. Como ambos nombres contienen la palabra hebrea *el* ("Dios"), podemos suponer que eran de una familia piadosa, pero hay poco que podamos decir acerca de ellos con alguna certeza.

La profecía de Joel fue dada 10 años después de la de Abdías. Esta última profecía estaba dirigida casi con exclusividad a otras naciones y ofrecía una perspectiva de cosas buenas para Israel. Joel, sin embargo, tomó el concepto del "día del Señor", que Abdías había usado, pero dijo que el juicio caería, no solo sobre "las naciones", sino también sobre Israel. Esto produjo una conmoción considerable en el pueblo de Israel, que suponía que estaba haciendo lo correcto a los ojos del Señor.

De manera similar, muchos cristianos hoy suponen, con una actitud complaciente, que llegarán sanos y salvos al cielo, no importa cómo vivan. En realidad, el pecado entre el pueblo de Dios es más serio que el pecado fuera del pueblo de Dios. En Romanos 2 Pablo recuerda a sus lectores que si ellos hacen las mismas cosas por las que critican a los incrédulos, no escaparán de la ira divina. Dios no tiene favoritos. La idea de que una vez que uno pertenece a Dios puede pecar libremente es completamente antibíblica. Él no nos hado una chequera en blanco para que usemos cada vez que pecamos. Sería totalmente injusto que Dios condenara a un incrédulo al infierno por adulterio pero, en el caso de un creyente culpable de la misma conducta, le dijera: "Aquí tienes tu boleto para el cielo".

Los profetas tenían que corregir esa idea en Israel primero, porque ellos pensaban que estaban haciendo lo correcto.

Elías los había desafiado enérgicamente, pero Joel fue el primero en decir que el día del Señor podría traer oscuridad y no luz.

Me resulta útil analizar todo el libro de Joel antes de interpretarlo. Los tres capítulos coinciden con las tres secciones de la profecía, aunque no se nos dice si fueron entregadas por separado o simultáneamente.

Un bosquejo de Joel

La plaga de langostas (capítulo 1)
La ruina de la tierra (1:1-12)
El arrepentimiento del pueblo (1:13-20)

El día del Señor (capítulo 2)
Una terrible repetición (2:1-11)
Un verdadero arrepentimiento (2:12-17)
Una eterna recuperación (2:18-27)
Una total restauración (2:28-32)
(a) Espíritu, hombres y mujeres (2:28-29)
(b) Señales, sol y luna (2:30-31)
(c) Salvación, llamado y llamados (2:32)

El valle de la Decisión (capítulo 3)
Venganza sobre las naciones (3:1-16a)
Reivindicación de Israel (3:16b-21)

La plaga de langostas (capítulo 1)

La ruina de la tierra (1:1-12)
La profecía de Joel tuvo su origen en un desastre natural. Una plaga de langostas había caído sobre la tierra. Tiene que haber sido un espectáculo extraordinario. En una nube

de langostas puede haber hasta 600 millones de insectos que cubren1000 kilómetros cuadrados. Pueden comer hasta 80.000 toneladas de alimentos por día, así que cuando desciende sobre una zona desaparece toda la vegetación. Viajan 300 kilómetros al mes a una velocidad de entre 3 y 15 kilómetros diarios durante 6 meses y ponen 500 huevos por metro cuadrado. Tienen un apetito voraz y sus cabezas se parecen a las cabezas de los caballos.

Mi única experiencia con langostas fue en Kano, en el norte de Nigeria. Aunque era mediodía, de pronto se volvió oscuro. Pensé que era un eclipse solar, hasta que vi una enorme nube negra aproximándose que había tapado el sol, y pronto estábamos en tinieblas, como si fuera la medianoche. Estimé que las langostas se estaban desplazando a unos 20 kilómetros por hora, y les llevó una hora y media pasar. Luego que pasaron vimos que los árboles habían perdido sus cortezas además de sus hojas. Cada pieza viva de vegetación estaba destruida. Nunca lo olvidaré. Fue una experiencia espantosa.

Si bien son comunes en África, las nubes de langostas son comparativamente raras en Israel. Así que, cuando llegaron, Joel dijo al pueblo que Dios estaba detrás de ellas. Les dijo que era la primera de las advertencias de Dios de que, si continuaban viviendo como lo estaban haciendo, algo aún peor ocurriría.

Como resultado de las langostas, la gente no tenía suficiente grano para hacer una ofrenda de cereal en el templo. La adoración pública cesó. Los viñedos, las huertas y los olivares habían sido todos destruidos. La nación enfrentaba una sequía, incendios forestales y hambre, y la economía estaba completamente parada. Algunos han especulado que el mensaje de Joel fue dado en el festival de la cosecha denominado fiesta de Tabernáculos, en el momento mismo en que estaban celebrando la recolección de sus cosechas.

Había un antecedente bíblico para entender la plaga como el juicio de Dios. En Éxodo 10 la octava plaga (de langostas) en Egipto fue enviada por Dios, y en Deuteronomio 28 Dios dijo que enviaría plagas si el pueblo era desobediente.

Esto plantea una pregunta interesante para nosotros hoy: ¿Cómo sabemos cuándo un desastre viene de Dios?

Debemos buscar tres cosas:

1. está dirigido contra su pueblo;
2. ha sido profetizado previamente;
3. es inusual en su escala o en su detalle.

Usando un ejemplo algo reciente,[14] creo que el incendio en la catedral de York fue un ejemplo de Dios en acción. En particular, lo que me convence es su carácter inusual. El relámpago que cayó sobre la catedral provino de una pequeña nube que circundó el edificio durante 20 minutos en medio de un cielo azul. La nube no era lo suficientemente grande como para la lluvia, pero descargó un relámpago (sin ningún trueno) que quemó la catedral por completo, justo después que lo habían renovado y habían instalado los últimos equipos de detección de humo y combate de incendios. Los niños del coro que atravesaban la catedral vieron lo que ocurrió pero no escucharon nada, porque no hubo un solo trueno. Obtuve un mapa de la nube de la oficina meteorológica, y 16 meteorólogos no cristianos dijeron que había venido de Dios. Fue la cosa más inusual que hubieran visto en mucho tiempo.

La gente me preguntó si era el juicio de Dios. Dije que creía que había sido la misericordia de Dios. Él esperó que todos hubieran salido de la catedral luego de aquella degradante consagración de un obispo que negaba la fe. Lo podría haber hecho mientras estaban todos adentro todavía. Así que creo que el incidente expresó

---

14 El incidente relatado ocurrió el 9 de julio de 1984.

su misericordia más que su juicio, pero también creo que fue una advertencia.

De modo que una de las señales de que un suceso es de Dios es su naturaleza inusual. Lo antinatural a menudo demuestra lo sobrenatural. Otra señal es el discernimiento del pueblo de Dios, y había muchas personas con dones proféticos que vieron la mano de Dios en el desastre de la catedral de York. Si bien nadie lo había profetizado previamente, muchos se preguntaron qué haría Dios si un obispo era consagrado con creencias tan desviadas.

Pero los desastres, sean directamente de Dios o no, siempre son un recordatorio del juicio de Dios. Es importante darse cuenta de esto, para evitar hacer evaluaciones inadecuadas acerca de todo lo que ocurre. En Lucas 13 a Jesús se le pide que haga un comentario sobre las trágicas muertes de algunos trabajadores cuando la torre de Siloé se derrumbó. Le preguntaron si eran mayores pecadores que cualquier otra persona. Jesús responde que no, pero a menos que los que habían visto el desastre se arrepintieran de su pecado, ellos también perecerían. Cada terremoto, huracán e inundación es un recordatorio para nosotros de la fragilidad de la vida y de la necesidad de arreglarnos con Dios.

El arrepentimiento del pueblo (1:13-20)
En la segunda mitad del capítulo 1, Joel dice a los ancianos que convoquen a un acto de arrepentimiento nacional, y les advierte que si no se arrepienten habrá una terrible repetición del juicio de Dios, si bien no es específico acerca de las cosas de las que tienen que arrepentirse. Nos queda investigar el trasfondo histórico en 1 y 2 Reyes para averiguar lo que estaba ocurriendo en ese tiempo que justificara esta advertencia para la nación.

No podemos estar seguros del período en que profetizó Joel, pero probablemente fue en el noveno siglo a.C., que puede coincidir con ciertos sucesos en 1 y 2 Reyes. Un indicio puede ser el hecho de que hay una referencia a los sacerdotes en Joel, pero ninguna referencia a un rey. En los libros de Reyes hay un período en que hay una reina en el trono (841-835 a.C.), el único momento de la historia del pueblo de Dios en que ocurrió esto. Dios había prometido al rey David que mientras los reyes guardaran sus estatutos y mandamientos, nunca dejarían de tener un hijo que se sentara en el trono de Israel. Les permitió que tuvieran un rey, pero no una reina.

Además, el monarca en cuestión era la reina Atalía, que se había comportado de una manera traicionera. Había sido la reina madre, y cuando murió el rey tomó el trono y asesinó a todos los hijos del rey para que ella pudiera ser reina. Su madre fue la infame Jezabel, que había causado estragos en el reino del norte. Pero un hijo del rey fue salvado por el sumo sacerdote y fue ocultado en el templo. Si ella hubiera logrado matar a todos los niños, la línea real de David hubiera finalizado. Pero, a pesar de su conducta despreciable, el pueblo la aceptó como su gobernante. Ni siquiera el sumo sacerdote objetó, si bien tuvo al menos la valentía de ocultar al niño. El nombre del niño era Joás, y poco después de la predicación de Joel, el pueblo se armó de coraje para destronar a Atalía y poner a Joás en el trono, aun cuando solo tenía siete años de edad.

La profecía de Joel probablemente fue entregada contra este trasfondo. Se había cometido un pecado nacional y, por lo tanto, era necesario un arrepentimiento nacional.

El día del Señor (capítulo 2)

Una terrible repetición (2:1-11)
Pero el pueblo no se arrepintió, sino que siguió pecando. Al principio del capítulo 2 Joel describe lo que a primera

vista es una repetición de la plaga de langostas. Pero cuando miramos el texto más de cerca queda en claro que esta vez la plaga de langostas es en realidad solo una imagen de miles de soldados que entran marchando en la tierra y destruyen todo, como lo harían las langostas. Es un cuadro mucho más alarmante que el primero aún. Por cierto, dada la destrucción total, es muy probable que Joel estuviera describiendo a los babilonios, que eran los únicos entre todos los antiguos pueblos conquistadores que tenían una terrible política de tierra arrasada. No solo mataban a todas las personas y sus hijos, sino también destruían todas las cosas vivas, incluyendo árboles, ovejas y ganado. El ejército babilonio no dejaba nada vivo, y esto es un cuadro muy similar a una plaga de langostas. Hay paralelos aquí con Apocalipsis 9 donde, otra vez, se describe una plaga de langostas seguida por un ejército del este de 200 millones de soldados. Sea que Joel esté describiendo a soldados o a otra plaga de langostas, está claro que Dios era capaz de enviar a ambos, y que su juicio todavía era necesario.

Un verdadero arrepentimiento (2:12-17)
Joel repite el mensaje de que lo que Dios está buscando es el verdadero arrepentimiento. Luego de su primer llamado a arrepentirse, la mayoría del pueblo simplemente salió a emborracharse. Las personas tienen dos reacciones ante el desastre próximo. Algunas se preparan y se arrepienten; otras se emborrachan.

Joel hace un segundo llamado a un auténtico arrepentimiento. Una de las frases memorables en este segundo llamado es "rásguense el corazón y no las vestiduras". Ver a una persona rasgarse la ropa puede ser impresionante, pero es algo que no alcanza para Dios. Es nuestro corazón lo que importa, no lo que hacemos con nuestra ropa. Es interesante notar que Joel no hace una lista de los pecados. Solo podemos suponer que el pueblo sabía demasiado bien lo que le preocupaba a Dios.

Hacemos bien en recordar que Dios dice que está dispuesto a cambiar de opinión con relación al castigo de su pueblo. Ellos están en una relación dinámica con Dios, y él responderá a ellos. Dios les dice cómo orar: deben pedir misericordia y clamar pidiéndole que les demuestre su amor y fidelidad como su pueblo en la tierra que les ha dado.

Una eterna recuperación (2:18-27)
Hay quienes especulan que esta parte de la profecía no fue dada al mismo tiempo que las partes anteriores. Aquí, Joel insta al pueblo a estar contento más que temeroso. Promete a Israel que si se arrepiente realmente en su corazón, Dios restaurará los años que las langostas han devorado. Éste es un principio que se aplica hoy. Muchos lamentan los años malgastados en sus vidas, pero Dios dice que les restaurará esos años. Pero solo restaurará los años que las langostas han devorado si hay un verdadero arrepentimiento.

La raíz del arrepentimiento es que "cambiemos de opinión". Así que es apropiado decir que, si ellos se arrepienten, Dios cambiará de opinión. Dios les asegura tres veces que nunca más volverá a actuar de esta forma, y que entonces ellos lo conocerán.

Una total restauración (2:28-32)
Joel entonces da unas promesas maravillosas. Dios dice que si ellos se arrepienten de verdad, nunca más los castigará con una acción semejante. En cambio, habrá una total restauración; no solo una restauración física de los cultivos que las langostas devoraron, sino también una restauración espiritual.

(A) ESPÍRITU, HOMBRES Y MUJERES (2:28-29)
Una de las más grandes promesas dadas en el libro de

Joel es que Dios derramará su Espíritu sobre toda clase de personas, independientemente del sexo, clase o edad. Los jóvenes verán visiones y los viejos soñarán sueños. Además, las siervas y los siervos profetizarán. Dios promete poner su Espíritu profético en toda clase de personas. Esta promesa fue tomada por el apóstol Pedro el día de Pentecostés, ocho siglos después. Ahí explicó que la profecía de Joel se estaba cumpliendo cuando el Espíritu cayó sobre los 120 discípulos.

(B) SEÑALES, SOL Y LUNA (2:30-31)

La segunda parte de la promesa es que el sol se oscurecerá y la luna se convertirá en sangre. Algunos dicen que esto se cumplió cuando Jesús murió y el sol se oscureció durante tres horas, pero esta señal en realidad deberá cumplirse al final de la era, porque Jesús mismo la menciona como una señal de su segunda venida, en Mateo 24:29.

Es interesante que habrá señales en el cielo, porque el cielo responde a los sucesos significativos en la tierra. Las personas me dicen neciamente que el hecho de que los sabios siguieron la estrella demuestra que la astrología es correcta. Pero yo les digo que lo han malentendido por completo. La astrología cree que la posición de las estrellas influye en un bebé en el momento que nace, ¡pero en Belén fue la posición del bebé que influyó en las estrellas! Cuando Jesús murió, el sol se apagó. El universo responde a los sucesos significativos aquí abajo. Es asombroso, ¿no es cierto? No estamos regidos por el cielo; el cielo está gobernado por Dios.

(C) SALVACIÓN, LLAMADO Y LLAMADOS (2:32)

Joel también prometió la salvación para todos los que el Señor llamara y respondieran a él. La salvación no era automática, como si la nación como un todo fuera "salvada" mediante algún proceso místico. Hay un doble llamado en la salvación.

Dios llama a las personas a ser salvadas mediante predicadores humanos, y las personas a su vez se vuelven a Dios.

No me gusta decir a las personas que repitan la oración del pecador; simplemente les digo que invoquen al Señor por su cuenta. Se nos dice que "todo el que invoque el nombre del Señor será salvo". Es muy importante que las personas mismas invoquen su nombre. La que lo haga será salva. Pedro tomó esto en Pentecostés y 3000 hombres y mujeres invocaron el nombre del Señor y fueron salvos ese día.

Así que la promesa de Joel de restauración total no tiene que ver solo con los cultivos, el vino y el maíz, sino con los corazones humanos.

Joel dijo que todo esto ocurriría en el día del Señor. No tenemos que creer que se trata literalmente de un día de 24 horas; la palabra "día" es flexible en las escrituras. La palabra hebrea *yom* puede significar toda una era. Si digo "el día del caballo y la carreta ha pasado", no me refiero a un período de 24 horas. Quiero decir que una era histórica ha concluido y estamos en la era del automóvil. Ése es el significado de la palabra "día" en "el día del Señor". El concepto es el siguiente: el hombre ha tenido su día, y el diablo ha tenido su día, pero un día Dios tendrá su día. Hay un día del Señor próximo cuando él dirá lo que piensa, cuando pondrá al mundo bajo su gobierno.

Joel menciona el día del Señor cinco veces en su profecía, siempre como un tiempo de juicio. La frase es retomada por profetas posteriores como Isaías, Jeremías, Ezequiel, Amós, Sofonías y Malaquías. El día del Señor es también una parte destacada del Nuevo Testamento (ver 1 Corintios, 1 Tesalonicenses, 2 Tesalonicenses y 2 Pedro). Viene un día cuando el Señor tendrá su día, y ése será el último día.

En consecuencia, el orden del juicio es: primero, el pueblo de Dios, y los enemigos de él después. Tenemos una elección: ¿queremos el juicio ahora o después?

Estamos ahora en los "últimos días", que comenzaron cuando la profecía de Joel se cumplió y el Espíritu fue derramado el día de Pentecostés. Desde aquel día hemos estado viviendo en los últimos días. El próximo gran suceso es el regreso de Jesucristo al planeta tierra.

El valle de la Decisión (capítulo 3)

Venganza sobre las naciones (3:1-16a)

¿Dónde? El capítulo final tiene una visión del valle de la Decisión. Es el valle de Cedrón, del lado este de Jerusalén, y al día de hoy es llamado el valle del Juicio. Está lleno de tumbas judías, porque se creía que sería el lugar de la resurrección, cuando Dios tomaría la decisión acerca de nuestro destino eterno. Es llamado también el valle de la Decisión, pero he escuchado a predicadores usar este nombre incorrectamente. Joel dice que hay multitudes en el valle de la Decisión, así que los predicadores usan el pasaje para alentar a los incrédulos a decidirse acerca de Dios. En realidad, es el valle en el que Dios decide quién va al cielo y quién va al infierno. Es el valle de la decisión de él, cuando tendrá la última palabra. Es su decisión la que determina nuestro destino eterno.

¿Por qué? La decisión de Dios dependerá de cómo las personas han tratado a su pueblo, el propósito de él y lo que él ha hecho en el mundo. Las naciones de Tiro, Sidón y Filistea son identificadas especialmente como maduras para el juicio. La última palabra es que Dios reivindicará a su pueblo y los restaurará a su tierra.

¿Cómo? Las naciones son llamadas a venir a luchar, si bien hay cierto sarcasmo en el llamado, porque ¿quién puede "luchar" contra Dios? Se les dice que forjen espadas con sus azadones y hagan lanzas con sus

hoces (note la idea completamente opuesta en Isaías 2:4 y Miqueas 4:3). Sofonías habla de la reunión de las naciones en su profecía.

Reivindicación de Israel (3:16b-21)

La sección final se centra en la restauración de Judá. Será habitada y fértil pero, en contraste, Egipto estará desolada y Edom será un desierto, por la violencia que han cometido contra Judá.

Esto plantea la enorme pregunta acerca de la cual hay opiniones divididas en la iglesia hoy. Abdías, Joel y muchos otros profetas finalizan sus profecías con promesas para el futuro de Israel. Dado que muchas de éstas permanecen sin cumplir, debemos preguntar cuándo se cumplirán.

Hay cuatro opiniones diferentes en la iglesia hoy, y si bien la mía no es la mayoritaria, creo que es la más fiel a las escrituras.

Las opiniones se dividen con relación a si las promesas deben ser tomadas de manera literal o espiritual. ¿Debemos suponer que Israel recuperará literalmente la tierra que Dios prometió, o consideramos que la tierra simboliza las bendiciones espirituales, que ahora se aplican a la iglesia, la nueva Israel? Esta última visión es denominada "teología del reemplazo" y probablemente sea la de la mayoría de los predicadores en el Reino Unido.

Mi problema con este punto de vista es que, mientras reclaman las viejas bendiciones para la iglesia, no aplican las maldiciones también; ¡éstas permanecen con Israel! Dios dijo a Israel que sería bendecida si obedecía, y maldecida si desobedecía.

Las bendiciones incluían vida, salud, prosperidad, fertilidad, respeto y seguridad. Las maldiciones eran enfermedad, sequía, muerte, peligro, destrucción, derrota, deportación, miseria y desgracia.

Con la teología del reemplazo, la vieja Israel ha perdido

la tierra porque no fue obediente. Pero las bendiciones se aplican a la iglesia, la nueva Israel, sin mención alguna de las maldiciones si la iglesia desobedece.

Quienes creen que las promesas se aplican a Israel literalmente están divididos también en dos grupos. Un grupo dice que las promesas eran todas condicionales y han sido perdidas por Israel, así que no hay ningún futuro para Israel como el pueblo de Dios. Podemos evangelizar a Israel, pero solo como lo haríamos con cualquier otra nación. Ahora son solo una nación; ya no son el pueblo de Dios.

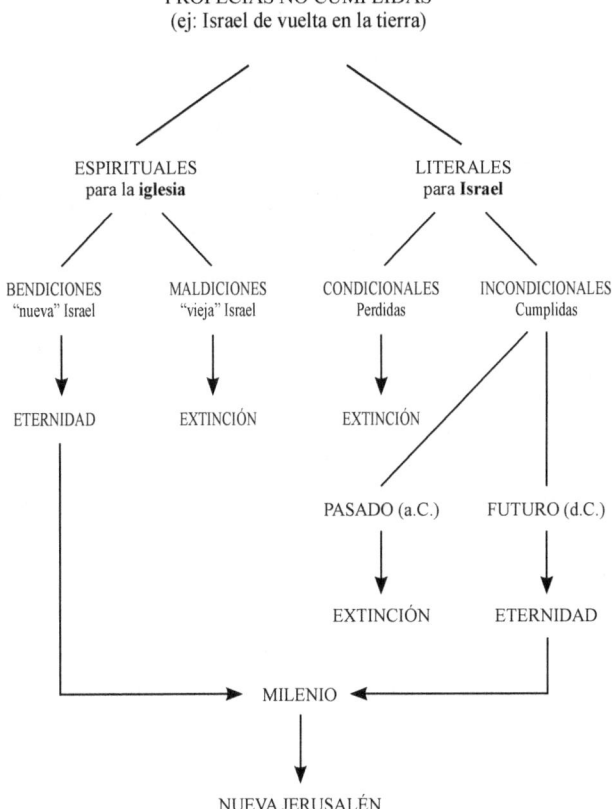

Pero este argumento no encaja con el Nuevo Testamento. De las 74 referencias del Nuevo Testamento a "Israel", ninguna se refiere a la iglesia. Además, hay referencias a la continuación del trono de David, la casa de Jacob y las 12 tribus de Israel. Cuando se trata de las promesas de Dios, se da por supuesto que Israel está plenamente vivo, aun cuando su rechazo del Mesías haya significado castigo.

Las promesas que Dios hizo a Israel fueron incondicionales. Les prometió la tierra para siempre. Les dijo que, aun cuando la perdieran, siempre los traería de vuelta, porque era algo que él había jurado hacer. En consecuencia, hay un futuro para Israel. Creo que Pablo sostenía este punto de vista cuando dijo en Romanos 9-11 que ellos pueden haber rechazado a su Dios, pero Dios no los ha rechazado a ellos. Después que todos los gentiles hayan sido salvados, entonces "todo Israel" será salvo. Dios no se divorcia de las personas, sino que se aferra a ellas. Además, yo creo que Jesús vuelve a reinar sobre esta tierra, y entonces judíos y cristianos serán reunidos en un único rebaño bajo un Pastor, y el reino será restaurado finalmente a Israel.

La última pregunta que hicieron los discípulos a Jesús está registrada en Hechos 1: "¿Cuándo será restaurado el reino a Israel? ¿Será ahora?". Jesús no dijo que era una pregunta ridícula; dijo que nos les correspondía a ellos conocer la fecha que el Padre había fijado. Simplemente no tenían los tiempos correctos. El reino sería restaurado, pero todavía no. Luego les dijo que fueran a predicar el evangelio a todas las naciones.

Usted tiene que enfrentar el hecho de que existen todos estos diferentes puntos de vista, y todos finalizan con la vieja Israel extinta, aparte del que yo acepto. Creo que las promesas de Dios no se pueden romper. Por cierto, si Dios no puede permanecer con Israel, no puede permanecer con nosotros tampoco.

Conclusión

El libro de Joel nos enseña cosas importantes acerca del carácter de Dios y la naturaleza de su actividad con su pueblo y en el mundo que nos rodea. Las profecías de Joel se han cumplido parcialmente, pero esperamos su cumplimiento final, cuando Dios pondrá fin a esta fase de la historia y traerá a su pueblo hacia sí, como lo ha prometido.

20.
AMÓS Y OSEAS

Introducción

Amós y Oseas profetizaron durante el octavo siglo a.C., y los dos libros que llevan sus nombres están entre los primeros que se incluyeron en la Biblia. Si bien su foco estuvo sobre el reino del norte (es decir, Israel más que Judá), es útil colocar su predicación dentro del contexto de lo que estaba ocurriendo en otras partes del mundo, especialmente porque hay aspectos de la sociedad moderna cuyos orígenes pueden ser rastreados a esta era. Consideraremos luego la situación en Israel antes de analizar el trabajo de los profetas por separado.

Lo que el hombre estaba haciendo

La historia registra que Roma y Cartago fueron fundados en el octavo siglo a.C. La gran rivalidad entre ambas ciudades generó las Guerras Púnicas, de las que Roma salió triunfante. De esta victoria surgieron los fundamentos del imperio romano. La ley romana fue establecida gradualmente, seguida en poco tiempo por los gigantescos proyectos de construcción de caminos que caracterizarían el reinado de los romanos y permitiría que el evangelio se difundiera unos 700 años después.

Además, durante este siglo comenzaron los Juegos Olímpicos en Grecia; ¡la obsesión del hombre con el deporte tiene raíces antiguas! Pero más significativo fue la difusión del idioma griego por todo el Mediterráneo, con Homero como uno de los escritores griegos más conocidos. Los griegos establecieron muchas ciudades-estado y desarrollaron una nueva forma de gobierno conocida como democracia (si bien su enfoque estaba bastante lejos de la emancipación que asociamos con la palabra hoy).

En Oriente, las civilizaciones china e india también estaban emergiendo, de modo que en cierto sentido Israel y Judá estaban ubicados en el centro del crecimiento de la civilización, con culturas en desarrollo al este y al oeste, y muchos viajeros que pasaban por su tierra.

Lo que Dios estaba haciendo

La relación de Dios con su pueblo había alcanzado una fase difícil. Él quería que fueran un modelo para el mundo de cómo era una relación con él. Por esto los había puesto en la "encrucijada" del mundo. Su pacto con ellos, hecho en Sinaí en el tiempo de Moisés, decía que, si lo obedecían los bendeciría más que cualquier otro pueblo, y si lo desobedecían serían maldecidos más que cualquier otro pueblo. Se encontraban, por lo tanto, frente a un privilegio y a una responsabilidad. Pero para el octavo siglo Dios se encontró con el dilema de qué hacer con un pueblo que estaba lejos de él.

Dos reinos

Una breve reseña de su historia reciente ayudará a explicar las preocupaciones de Dios. Para el octavo siglo a.C. su pueblo había quedado partido en dos. Se habían convertido en un reino con un rey visible, como habían querido unos 200 años antes, pero tenían que soportar todo lo que acompañaba el hecho de tener un rey: impuestos para financiar el estilo de vida lujoso y la conscripción para defender el país.

Pero este reino tuvo solo tres reyes antes de dividirse. El primero, Saúl, fue la "elección del pueblo": bien parecido, apuesto y alto, pero con algunas serias debilidades de carácter.

Cuando este rey no logró vivir en obediencia a la palabra de Dios, él le dio al pueblo un hombre de acuerdo con su propia elección, David, que es descrito en 1 Samuel como "un hombre conforme al corazón de Dios". A pesar de un excelente comienzo, él también terminó en pecado. Una mirada lujuriosa lo llevó a quebrantar cinco de los Diez Mandamientos, y nunca fue el mismo después. La declinación del poder de Israel comenzó esa tarde.

El tercer rey fue Salomón, un hijo de David. Trajo mucha gloria al reino —durante su reinado Israel alcanzó su punto máximo—, pero lo hizo con fuertes impuestos y trabajo forzado. Dejó como legado un templo magnífico pero un pueblo dividido. Las tribus del norte estaban disconformes, porque los recursos del reino se habían concentrado en el sur, en Jerusalén.

Apenas murió Salomón, se produjo una guerra civil. El norte se rebeló contra el sur, y finalmente el reino se dividió. Las diez tribus del norte tomaron el nombre de Israel y las dos tribus del sur, que se mantuvieron leales a Jerusalén y a la línea real, el nombre de Judá.

Esto significó, por supuesto, que el norte se quedó sin templo y sin una línea real. Así que establecieron sus propios santuarios en Betel y Samaria, y su propia línea real, independiente del linaje de David que Dios había prometido bendecir.

1 y 2 Reyes cuentan la triste historia de los reinos de estos reyes del norte. La duración media de sus reinados fue tres años. Muchos de ellos fueron asesinados, y hubo varios golpes de estado. Fueron gobiernos inestables, pero esto no es sorprendente, porque no eran gobiernos basados en la línea real escogida por Dios.

Al sur le fue mejor, ya que sus reyes duraron 33 años en promedio. (Es interesante que ésta es la edad que se cree que tenía Jesús cuando murió.)

Condiciones sociales

Paz

Es importante que entendamos las condiciones sociales

del norte para poder comprender los mensajes que dieron Amós y Oseas. Era un período de paz y prosperidad. Asiria era la superpotencia del momento, pero la visita de Jonás a Nínive había postergado en la práctica su amenaza para Israel durante un tiempo. Esa generación de asirios se había arrepentido de su belicismo perverso, de modo que el temor a una invasión asiria había pasado momentáneamente.

Prosperidad
Como resultado, Israel disfrutaba ahora de un tiempo de gran prosperidad, especialmente bajo el rey Jeroboán II, cuyo reinado estabilizó a la nación. Su economía se benefició por estar en las rutas comerciales entre Europa y Arabia, y varios mercaderes y banqueros se habían enriquecido mucho.

"Los que tienen" y "los que no tienen"
Si bien el nivel de vida había subido, la sociedad se dividió entre "los que tienen" y "los que no tienen". Muchos disfrutaban de la sociedad de consumo, con sus artículos de lujo. La última moda era tener una segunda casa —lo que llamaban una "casa de campo"—, a la que iban durante el calor del verano, generalmente arriba en las montañas. Se había desarrollado una nueva aristocracia: los "nuevos ricos". Pero la vivienda se convirtió en un problema, porque al volverse más ricos los ricos, los pobres se volvían más pobres. Los ricos tenían una segunda casa pero muchos no tenían ni siquiera una.

Efectos morales
Moralmente, los efectos de toda esta abundancia eran muy claros. Había escándalos financieros, sobornos y corrupción, y aun el sistema judicial estaba corrupto. No había justicia en los tribunales sin sobornar a los jueces. Pronto comenzaron a usar los siete días de la semana para comerciar, porque podían ganar más dinero así. La avaricia llevó a la injusticia,

y la abundancia a la permisividad. El relajo sexual estaba a la orden del día, y el consumo de alcohol creció fuertemente. Si bien esto fue 2700 atrás, los paralelos con nuestra moderna cultura occidental son demasiado fáciles de ver.

Vida religiosa
La vida religiosa también estaba en auge, pero no era la religión de Israel. Más bien, la gente se había vuelto interesada en las creencias de las otras naciones, y en particular se había volcado a las de los pueblos autóctonos de Canaán. Esto incluía las creencias de Oriente y Occidente que llegaban con los mercaderes viajeros y el culto de la "madre naturaleza" de los pueblos cananeos. Por cierto, en los templos de Betel y Samaria, los adoradores tenían sexo con prostitutos masculinos y femeninos, creyendo que esto persuadiría a Dios para que bendijera sus cosechas. Hasta erigieron un becerro de oro en Betel, en abierta contradicción con las leyes de Dios contra las imágenes labradas. El pueblo de Dios, que se suponía que era un sacerdocio real y una nación santa, había pasado a ser igual que todos los demás.

Dios hubiera tenido todo el derecho de lavarse las manos con relación a ellos e intentar comenzar de nuevo con otro pueblo. Pero Dios no es así. Él estaba casado con el pueblo de Israel, y él aborrece el divorcio. Habiendo hecho un pacto con ellos, estaba decidido a respetarlo. Sin embargo, no podía hacer la vista gorda en cuanto a su comportamiento. Cuando dio la ley, en el tiempo de Moisés, prometió que se vería forzado a maldecirlos si eran desobedientes, y los libros de Amós y Oseas cuentan las formas en que trajo disciplina a su pueblo.

La disciplina de Dios

Escasez de alimentos
Dado que el pueblo estaba abrazando cultos de fertilidad, era

apropiado que Dios demostrara que su promiscuidad sexual no tenía un efecto positivo sobre la cosecha. En cambio, varias cosechas fracasaron. Dios estaba diciendo: "¡Despiértense! Ustedes dependen de mí, y no de las diosas de la fertilidad". Pero, luego de este desastre, como ocurrió con los anteriores, viene el refrán "con todo, ustedes no se volvieron a mí". A pesar de la escasez de alimentos, siguieron con sus ritos paganos.

Escasez de agua
A continuación, Dios envió una escasez de agua potable, por cierto una gran calamidad en una tierra que dependía de las lluvias periódicas.

Cultivos enfermos y devastados
Un ataque de moho y langostas destruyó los cultivos, que produjo una escasez de alimentos para los animales. Podría parecer obvio que un pueblo que estaba en una relación de pacto con Dios se volviera a él para preguntar por qué estaban tan mal las cosas, pero Israel se rehusó a hacerlo.

Plagas y ataques
Los cultivos y los animales ya habían sufrido. Ahora Dios envió plagas sobre el pueblo, y perdieron sus ganados por ataques de enemigos. Podemos ver que cada disciplina era más severa que la anterior. Ahora las personas estaban afectadas directamente. Pero aun así no se volvieron a Dios.

Tormentas traen fuego
Dios también permitió que relámpagos cayeran sobre sus ciudades, produciendo la destrucción de enormes zonas de viviendas. Pero nada de esto tuvo efecto alguno. Mientras pudieran mantener su dinero y disfrutar de sus casas de veraneo, no les importaba. Encima de las advertencias de Dios llegaron dos desastres adicionales. Era como si Dios

estuviera desesperado por captar su atención.

Un terremoto
Esto fue mucho más que un pequeño temblor de tierra. Unos 250 años después, aparece mencionado en Zacarías como el terremoto. Demostró el poder de Dios sobre el mundo natural y recordó al pueblo la fragilidad de la vida humana. Sin embargo, el pueblo no quiso volver a Dios.

Exilio
Finalmente, la sanción final de Dios para ellos fue ser invadidos y deportados por los asirios, para nunca más volver a su tierra. Esto ocurrió en 721 a.C., 30 años después de Amós y 10 años después de Oseas. Parece un precio elevado a pagar por la desobediencia, pero Dios había advertido a Israel sobre esto vez tras vez, no solo a través de la disciplina y los desastres, sino también mediante los ministerios de estos dos profetas, que subrayaron y explicaron lo que Dios estaba haciendo y lo que podría verse forzado a hacer.

Por cierto, Amós 3:7 dice: "En verdad, nada hace el Señor omnipotente sin antes revelar sus designios a sus siervos los profetas". Dios es tan asombrosamente misericordioso que nunca castiga sin enviar un profeta primero para explicar al pueblo lo que ocurrirá si continúa su conducta. En el Nuevo Testamento, el libro de Apocalipsis es una advertencia de lo que Dios hará con todo el mundo, pero la gente igual no se vuelve a él. ¿Cuánto más puede hacer él?

Los profetas de la "última oportunidad"

Amós y Oseas, los profetas de la "última oportunidad", fueron enviados a Israel para advertirles acerca de lo que Dios se vería forzado a hacer si no volvían a él. Eran dos profetas muy diferentes. Amós era duro; Oseas era tierno.

Amós vino con fuertes acusaciones de lo que estaban haciendo mal; Oseas vino con un fuerte llamado a volver al Señor. Si Amós hablaba a sus mentes, Oseas hablaba a sus corazones. Amós se centraba en la justicia de Dios; Oseas, en su misericordia. Amós comunicaba los pensamientos de Dios a la nación, pero Oseas transmitía sus sentimientos. Hay alguna superposición entre ambos profetas, pero estas características generales brillan a través de sus mensajes. Es interesante que las últimas palabras de Dios en Oseas son muy tiernas, un llamado emocional, esperando que Israel se arrepintiera y le permitiera abstenerse del juicio que tendría que ejecutar.

AMÓS	OSEAS
Sureño rural	Norteño urbano
Advertencia	Convencimiento
Dura acusación	Tierno llamado
Justicia de Dios	Misericordia de Dios
Ira divina	Amor divino
Su pureza	Su pena
Pecado social	Pecado espiritual
Injusticia	Idolatría
Internacional	Nacional
"Busquen a Dios"	"Conozcan a Dios"

El libro de Amós

En el año 750 a.C. apareció un hombre en Betel, se paró en las escaleras del templo y predicó. Su acento lo delataba como un sureño, así que estaba garantizado que recibiría una reacción hostil por quién era y por lo que decía.

Por oficio, Amós pertenecía a la clase más pobre de ganaderos. Era un pastor que también cuidaba árboles de sicómoro, que era considerado como el trabajo más bajo porque los higos de los sicómoros generalmente eran la comida de los pobres. No tenía ninguna formación religiosa, y no era un candidato obvio para dedicarse a la predicación, pero bajo la mano y la gracia de Dios fue el hombre exactamente adecuado para el trabajo.

Su pueblo de origen era Tecoa, a unos 20 kilómetros al sur de Jerusalén, en el corazón del reino del sur, bordeando el desierto. Dios habló a este hombre del escalón inferior de la escala social, diciéndole: "Tú eres el hombre para ir y decirle a los norteños lo que les ocurrirá".

El capítulo 7 del libro de Amós nos da una perspectiva excepcional de su vida personal y su reacción ante lo que encontró. Este capítulo nos muestra dos cosas notables:

1. Su oración afectó a Dios;
2. Su predicación enfureció a los hombres.

Su oración afectó a Dios

En una oportunidad Dios le mostró dos imágenes: la primera era de langostas que devoraban todo en la campiña, y la segunda era de un incendio que destruía todo en las ciudades. Se conmovió profundamente por la visión, así que le dijo: "¡Detente, Señor mi Dios, te lo ruego!". Le preguntó cómo Jacob (es decir, el pueblo de Dios) podría sobrevivir un ataque tan violento. Le imploró que no lo hiciera, así que Dios se retrajo de lo que dijo que haría.

Hay dos cosas notables en esta conversación. La primera es que la oración puede afectar a Dios de esta forma. Él parece cambiar el curso de su acción por el ruego de Amós. Moisés tuvo la misma experiencia y, por supuesto, Jesús en la cruz oró: "Padre, perdónalos. No saben lo que hacen". La lección de la conversación entre Amós y Dios es clara. Nuestra oración nunca cambiará su carácter, pero puede cambiar sus planes. Éste no es un Dios impersonal que graba las cosas en piedra, sino uno que nos escucha, que está dispuesto a ser persuadido.

La segunda cosa es que Amós habla de la nación como "Jacob" en vez de "Israel". Al hacerlo, se refiere a ese maquinador corrupto, el hombre que engañó a su propio padre para obtener una bendición, y que fue renombrado como Israel. Es como si Amós estuviera recordando a Dios deliberadamente el pasado ambiguo del hombre que dio su nombre a la nación. Es una manera perfecta de decir, en una palabra, que Israel ha vuelto a ser lo que había sido Jacob antes de encontrarse con Dios y luchar con el ángel.

Además, en el capítulo 7, Amós tiene una visión del Señor parado junto a un muro con una plomada en su mano. Dios estaba mostrando a Amós que estaba midiendo a Israel contra sus propias normas, no las de ellos, y que el juicio era inevitable.

Su predicación enfureció a los hombres

Como era de prever, la predicación de Amós enfureció a los líderes religiosos. Los profetas no son populares entre los sacerdotes o los pastores. Los profetas están típicamente contra el statu quo y, por lo tanto, son una amenaza. Amasías, el sacerdote, se preocupa especialmente por el efecto que está teniendo Amós y termina oponiéndosele. Pero, impertérrito, Amós siguió predicando y anunciando la caída de Jeroboán, su esposa y su familia.

Dios dio a Amós su mensaje de dos formas. Tuvo visiones mientras estaba despierto y sueños mientras estaba dormido. Un profeta del Antiguo Testamento era conocido como un "vidente" porque veía cosas que otros no veían. Podía ver lo que realmente ocurría, y podía ver el futuro.

El texto bíblico nos habla frecuentemente acerca de lo que Amós vio. Una de las imágenes más reveladoras, que forma un clímax a su profecía, es un canasto de fruta tan madura que está a punto de pudrirse. El mensaje era claro: Israel estaba listo para la pudrición.

También tuvo imágenes de Dios mismo, siempre como un león. En esos tiempos aún había leones en la tierra de Israel. Vivían en la jungla junto al río Jordán, y subían a los montes en busca de corderos. Así que el pueblo los conocía.

Amós dice: "Ruge el león; ¿quién no temblará de miedo?". Da una imagen gráfica de lo que ocurrirá a Israel. Dice que será como un cordero atrapado por un león. El pastor podrá rescatar una oreja y un par de patas de la boca del león. Esto es todo lo que quedará de Israel: una oreja y un par de patas. Es un vívido lenguaje visual que capta el interés y la atención de la gente. Dios era conocido como el pastor de Israel, de modo que tiene que haber sido una conmoción para ellos escucharlo descrito como un león.

Temas en Amós

La profecía de Amós es una colección de sermones, sin ninguna estructura. Por esta razón, es difícil analizar el libro como un todo. Es como si el libro plantara bombas de tiempo en el corazón de las personas, listas para explotar en un momento apropiado en el futuro.

Podemos identificar varios temas:

Ocho veredictos (capítulos 1:1-2:16)
1. Damasco
2. Gaza
3. Tiro
4. Edom
5. Amón
6. Moab
7. Judá
8. Israel

Tres sermones (capítulos 3-6)
1. "Con todo . . . no se volvieron"
2. "Búsquenme y vivirán"
3. "¡Ay...!"

Cinco símbolos (capítulos 7-8)
1. Una plaga de langostas
2. Un incendio devora el abismo
3. Una plomada
4. Un canasto de fruta fresca
5. La destrucción de la fruta madura

Tres sorpresas (capítulo 9)
1. La reconstrucción de la casa de David
2. El retorno del pueblo
3. La fertilidad de la tierra

Un libro poético

Si bien hay poca estructura, la elección del género es deliberada. A lo largo de la Biblia puede hacerse una distinción entre poesía y prosa. La primera nos da los sentimientos de Dios acerca de una situación; la segunda, sus pensamientos. Muchos no son conscientes de que la Biblia está llena de las emociones de Dios. Él tiene muchos sentimientos. Tenemos que entender lo que lo hace enojar, lo que lo entristece, lo que lo hace sentirse mal, lo que lo alegra. Las personas se obsesionan con sus propios sentimientos acerca de Dios, pero en realidad nuestro futuro depende de los sentimientos de él hacia nosotros.

Hay poesías que son muy ligeras y nos levantan, pero hay otras que son muy pesadas, y se denominan endechas. La poesía en Amós cae en esta última categoría.

Repetición

Amós usa también la repetición, que es especialmente eficaz cuando uno habla. Él quiere que sus oyentes recuerden el mensaje de que, si bien Dios ha enviado problemas, ellos no han vuelto a él. En consecuencia, repite el refrán "ustedes no se volvieron a mí".

Pero echemos una mirada al capítulo 1 para ver con qué destreza estructura sus palabras. Su refrán en esta sección es "por tres pecados . . . y por el cuarto".

La inhumanidad de los vecinos de Israel

Comienza por condenar a los vecinos de Israel. Se centra en Damasco y en cómo merece el castigo de Dios. Damasco no formaba parte del pueblo de Dios, así que era tratado por su inhumanidad y crueldad en particular. Luego despotrica contra Gaza, que era conocida por su brutalidad, y después contra Tiro, por su traición. Sin duda la audiencia de Amós estaba de acuerdo con su mensaje hasta acá.

La infamia de los primos de Israel

Luego pasa a los primos étnicos de Israel: Edom, Amón y Moab. Dice que Dios tratará con Edom por su crueldad, con Amón por su barbarie y con Moab por tratar de manera profana las cosas sagradas. Su público sigue con él a esta altura de su discurso.

La infidelidad de la hermana de Israel

Después se acerca más a casa, condenando a la hermana de Israel, Judá. Dios tratará con Judá por rechazar las leyes de Dios y aceptar las mentiras de los hombres.

La insensibilidad de los hijos de Israel

Luego llega la conmoción. Justo cuando tiene a su público

atento, les dice que Dios tratará con ellos también. Les dice que se han acostumbrado tanto al pecado que ya no se avergüenzan. Aún peor, no parecen darse cuenta de esto. El mensaje principal para Israel es que la redención pasada significa retribución futura. Dado que Dios los escogió de entre las familias de la tierra, debe castigarlos más severamente. Los términos del pacto de Sinaí eran bendiciones divinas sobre la obediencia y maldiciones divinas sobre la desobediencia, algo que el pueblo había aceptado de manera voluntaria, aun entusiasta. Israel podría ser bendecida más que las demás naciones, o maldecida más. Es un principio divino que, de quienes mucho reciben, mucho se espera. Los privilegios adicionales conllevan una mayor responsabilidad.

Éste es un principio que recorre toda la Biblia aun hasta el Nuevo Testamento. Los cristianos se encuentran entre las personas que han oído el evangelio y conocen los mandamientos; por lo tanto, Dios tratará con ellos más severamente.

Otro sermón que usa la repetición contiene la palabra "Ay". Es una serie de maldiciones sobre quienes han sido desobedientes. Amós les dice que muchos que anhelan el día del Señor están equivocados acerca del significado de ese día. Suponen que todo estará bien. Son complacientes en sus estilos de vida decadentes. Pero deben darse cuenta de que los ritos no son ningún sustituto para la justicia, y los sacrificios no reemplazan la santificación.

El tema "búsquenme y vivirán" es la base para otro sermón. Se les dice que dejen de buscar comodidad en la tierra y que busque en cambio al Señor. Deben buscar la justicia. Si lo hacen, él los escuchará y los perdonará.

El mensaje final de Amós
El último mensaje parece especialmente virulento. La visión de la fruta sugiere que Israel está "maduro para el juicio".

Dios dice que nunca se olvidará de ellos; él registra todo. Solo se olvida de lo que ha perdonado, pero del resto nunca se olvida. Amós les dice que las 10 tribus de Israel serán dispersadas entre las naciones, para nunca volver a surgir. Pero en medio de esta terrible sentencia permanente, es como si el sol irrumpiera entre las nubes, porque Dios dice: "Pero no todos ustedes. Solo los pecadores en Israel desaparecerán. Habrá un remanente. Reconstruiré el tabernáculo de David y traeré gentiles para que tomen su lugar en el pueblo de Dios". Un remanente que permanecerá fiel a Dios sobrevivirá y formará parte de un pueblo ampliado de Dios que incluirá a los gentiles.

Por cierto, estas palabras de profecía fueron citadas 800 años después, en Hechos 15, cuando el concilio de Jerusalén se reunió para considerar los fundamentos para admitir a los gentiles en la iglesia. El líder de la iglesia en Jerusalén recordó al concilio la profecía de Amós, en la que Dios prometía que restauraría el tabernáculo de David e incorporaría a los gentiles.

El libro de Oseas

Diez años después que Amós predicara en Betel, otro profeta apareció en escena. Sería el último profeta de Dios a las 10 tribus norteñas de Israel. Ya hemos señalado que el ministerio de Oseas era un verdadero contraste con el de Amós. En esta oportunidad, se trata de afecto más que acusación, convencimiento más que advertencia, tierno más que duro, misericordia más que justicia. Es el llamado final de Dios antes que desaparezcan las 10 tribus.

Hay una palabra clave que abre toda la profecía. Es la palabra hebrea *jésed*. No tiene ningún equivalente en inglés-español. Es, esencialmente, una palabra de pacto, usada para describir a las personas con las que uno tiene una relación de pacto. Significa "amor", pero tiene muchísimo de la palabra "lealtad" en ella también. El verdadero amor no es verdadero si no es leal.

Jésed se traduce frecuentemente como "bondad amorosa" o "fidelidad". Se usa "fidelidad" 60 veces para esta palabra en nuestras Biblias, y "bondad" 9 o 10 veces. Significa amor inmutable o amor eterno; quiere decir que estamos tan comprometidos con alguien que seguimos amándola, pase lo que pase. El amor se conoce con demasiada frecuencia sin lealtad. Las personas disfrutan del amor con alguien durante un tiempo, pero luego la descartan por otra persona.

Un amor de pacto

Toda la relación entre Dios e Israel es un amor de pacto y, por lo tanto, un amor jésed, que continúa pase lo que pase. Por cierto, el libro de Oseas describe el amor de pacto de Dios por su esposa, Israel.

Del lado de Dios
Dios hizo un pacto de cuidarlos, protegerlos y mantenerlos. Él los había rescatado de Egipto, y en Sinaí les había ofrecido la oportunidad de ser su pueblo, que ellos habían aceptado. Él buscaba una obediencia alegre y entusiasta, una esposa que quisiera vivir como él quería que viviera.

Del lado de Israel
Israel debía responder gozosamente a las exigencias de Dios, sabiendo que, como eran para su bien, sería un deleite obedecerlas. Los salmos de David expresan su deleite en la Ley de Dios. El salmo más largo de la Biblia (el 119) habla exclusivamente de los beneficios de la Ley. Pero, como un todo, el pueblo de Dios no obedeció y, para el tiempo de Oseas, su fracaso era muy pronunciado.

Dios tenía que decir, a través de los mensajes de Oseas: "¿Qué pasó con nuestro matrimonio?". Él les había asegurado su amor leal, pero estaba seguro de estar recibiendo muy poco a cambio.

Para que Oseas entendiera los sentimientos de Dios, lo llevó por una experiencia extraordinaria. Dios a menudo preparaba a un profeta a través de sus relaciones o su falta de estas relaciones. Le dijo a Jeremías que no debía casarse, porque debía decir a Judá que Dios también ahora estaba soltero. Desde la soledad de no tener una esposa, Jeremías aprendió cómo Dios se sentía sin Israel. A Ezequiel le dijo que su esposa moriría, pero no debía llorar por ella, a fin de mostrar a Judá que Dios también había perdido a su esposa. De la misma forma, Oseas aprendió como se sentía Dios al obedecer algunas instrucciones inusuales con relación a su situación matrimonial.

El trasfondo (capítulos 1-3)

Los capítulos 1-3 dan el trasfondo de la historia. Son autobiográficos y, por cierto, tan fantásticos que los eruditos discuten si se trata de realidad o ficción, o si el orden de los capítulos difiere del orden de los sucesos. Pero yo creo que podemos tomarlo en su sentido más llano y simple.

Los primeros tres capítulos nos dan el argumento de la profecía.

Capítulo 1: los hijos

A Oseas se le dice que se case con una prostituta, algo tan chocante entonces como lo sería hoy, en especial para alguien que Dios quería que fuese su vocero. Tuvieron tres hijos, uno de los cuales por lo menos no era de Oseas. Luego su esposa volvió a su oficio anterior. Oseas la encuentra, la trae a la casa y la hace pasar por un período de disciplina durante el cual no tiene relaciones con ella. Luego la corteja y comienza de nuevo con ella como su esposa. Los nombres de los hijos tienen su propio mensaje. El primer hijo fue llamado Jezrel, que significa "Dios lo siembra". Fue un niño muy rebelde y revoltoso que tenía que ser disciplinado.

Luego vino una niña, llamada Lorrujama, que significa "indigna de compasión". Fue una hija necesitada, que no tenía el amor de su madre.

El tercer hijo fue un varón, llamado Loamí, que significa "pueblo ajeno". Fue el hijo que no era de Oseas, así que el niño fue repudiado. Entonces tenemos: disciplinado, necesitada y repudiado. Los hijos resumen cómo Dios estaba tratando con su pueblo, Israel. Los nombres de los hijos eran importantes para el mensaje, ¡aunque no he encontrado a ningún padre cristiano que haya usado algunos de estos tres!

Capítulo 2: la esposa
El segundo capítulo no dice tres cosas acerca de la esposa de Oseas. Primero, es reprochada por sus propios hijos por lo que está haciendo. Ellos sabían que estaba haciendo lo malo. Segundo, Oseas la castiga por su conducta, y finalmente es restaurada como su esposa. La aliteración es clara: reprochada, reprendida y restaurada.

Capítulo 3: el esposo
El patrón con el número tres continúa con Oseas mismo. Se nos dice tres cosas de él en este capítulo.

Primero, fue fiel a su esposa aun cuando ella le fue infiel.

Segundo, fue firme con ella, y durante un tiempo no la trató como su esposa. La trajo a su casa pero no compartió la cama con ella, representando el período de disciplina en el exilio por el que Dios iba a hacer pasar a los judíos.

Tercero, fue temido. Su esposa tenía un temor saludable de él, y temblaba cuando estaba con él. Significaba que el respeto y la lealtad lentamente volvían a formar parte de su vida.

El mensaje (capítulos 4-14)

Los capítulos 4-14 nos dan el mensaje que surgió de esta relación. Como el libro de Amós, Oseas es una colección de sermones del profeta, presentados sin ningún orden en particular. No obstante, podemos organizarlo bajo varios títulos, que nos dan los temas principales y nos permiten leerlo con entendimiento.

Debemos darnos cuenta de que todo lo que dice Oseas se centra en estos dos títulos: *La infidelidad de Israel* y *La fidelidad de Dios*. El contraste entre el *jésed* que viene de Dios y la falta de respuesta del pueblo constituye el tema de toda su profecía.

Esto resume la discusión de Dios con Israel, y su compasión por ellos aparece en este dilema: ¿Qué hacer con un pueblo que uno ama pero que le es infiel?

La infidelidad de Israel

Oseas identifica siete pecados, que llamaremos los "siete pecados mortales de Israel". Su registro muestra el conocimiento detallado de Dios de lo que estaba ocurriendo.

1. **Infidelidad** El pueblo se había vuelto infiel, tanto en sus matrimonios como en su relación con Dios.
2. **Independencia** El gobierno escogido por Dios estaba en Jerusalén, pero ellos habían creado su propia línea real con su propio reino independiente. Y la independencia, por supuesto, es la esencia del pecado. Dijeron, en la práctica, que no querían que Dios los gobernara. Preferían su propio reino y estaban en una rebelión activa contra el rey escogido por Dios en el sur.
3. **Intriga** La falta de lealtad hacia Dios se veía reflejada en la deslealtad de las personas entre sí. Esto se veía en personas que hablaban a las espaldas de otras, acuerdos secretos y mucho malestar.

4. **Idolatría** El becerro de oro de Samaria aparece de manera destacada en la profecía de Oseas. El pueblo estaba aceptando abiertamente los dioses cananeos y participaba en cultos paganos. Los lugares altos de la religión cananea eran venerados.
5. **Inmoralidad** El toro era un símbolo de fertilidad, y la inmoralidad sexual se volvió común. Las leyes relacionadas con las prácticas sexuales en los libros de Moisés habían sido descartadas en favor de la moralidad laxa de las naciones vecinas. Ya hemos señalado que esta clase de moralidad llegaba a considerarse hasta "religiosa", a pesar de estar opuesta a la Ley de Dios.
6. **Ignorancia** La respuesta a la profecía de Oseas dejó en claro que Israel desconocía en gran parte las formas en que la santa Ley de Dios estaba siendo ignorada. Pero no era solo que no sabían acerca de Dios; no querían saber de él.
7. **Ingratitud** Dios subraya la ingratitud de su comportamiento al dar a Oseas una serie de imágenes que quedarían grabadas en sus mentes.

En el capítulo 7 Oseas usa varias imágenes para describir el carácter de Israel, y ninguna es halagüeña. Dice que sus pasiones malvadas eran como un horno caliente listo para cocer la masa. También los comparó con una torta que no ha sido dada vuelta y se quema de un lado pero queda cruda del otro. Una torta así es completamente incomible, una imagen de la transigencia de la nación. Su tibieza de corazón hace que sea, en la práctica, inútil.

Oseas continúa con la imagen de una paloma que está aleteando y queda atrapada en una red. Israel no se ha mantenido fiel a nadie, y mucho menos a Dios. Se vuelve a Egipto en un momento, y a Asiria en otro, pero nunca a Dios. Así que él debe capturarla y disciplinarla.

Las partes culpables

Oseas sigue su lista de pecados mortales identificando a cuatro grupos de personas que considera responsables de esta condición.

1. **Los sacerdotes** Ellos tendrían que haber conocido a Dios y deberían haber estado recordando al pueblo la Ley de Dios, de manera que, si pecaban, había un sacrificio disponible. Pero ellos habían renunciado a su responsabilidad. Los que debían haber sido un ejemplo eran tan malos como el resto.
2. **Los profetas** Israel no carecía de una gran cantidad de profetas. Pero eran todos falsos profetas. Decían al pueblo que no se preocuparan por su comportamiento, porque Dios no haría las cosas terribles que había prometido, lo cual, por supuesto, era exactamente lo que ellos querían oír. Pero Dios necesita hombres que digan al pueblo lo que no quiere oír, aun cuando sea costoso.
3. **Los reyes** Si bien Dios no había escogido la línea real del norte, seguían siendo responsables por el pueblo. En algunos aspectos, los reyes eran como pastores para el pueblo, responsables de asegurarse de que fueran obedientes a la Ley de Dios. Sin embargo, pocos reyes tenían alguna preocupación por cómo respondía la nación. Muchas personas tomaban el ejemplo de los reyes. Cuando veían inmoralidad en la cabeza de la nación, suponían que estaba bien que ellos hicieran lo mismo.
4. **Los especuladores** Muchos estaban ganando mucho dinero en el mercado inmobiliario, y los pobres perdían siempre. La Ley de Dios era claro sobre los males de cobrar intereses y explotar a los pobres. Oseas señala a los usureros como los corruptores de la sociedad.

Los juicios

Oseas les dice que el sufrimiento vendrá en tres áreas.

1. **Esterilidad** Dice que habrá abortos espontáneos y

algunas mujeres ni siquiera podrán concebir. Otras perderán sus bebés al nacer.
2. **Derramamiento de sangre** Luego Dios predice que un enemigo atacará y matará a muchos de ellos. Él no los defenderá.
3. **Destierro** Finalmente este enemigo será victorioso y los desalojará de la tierra.

La fidelidad de Dios
Estos castigos son el lado severo de la profecía de Oseas. Si bien es más tierno que Amós, no le falta un fuerte desafío. El tema principal es que, a pesar de su desobediencia generalizada, Dios sigue siendo fiel.

Hay una afirmación en 2 Timoteo acerca de nuestra relación con Jesús. Dice que, si lo negamos o lo desconocemos, él nos desconocerá, pero si somos infieles con él, él seguirá siendo fiel. Esto puede haber sido tomado directamente de Oseas.

Porque la buena noticia es que Dios tiene compasión del pueblo de Israel. Éste es el verdadero corazón de la palabra de Oseas.

Dios no los puede absolver, no los puede abandonar y no los puede defraudar.

DIOS NO LOS PUEDE ABSOLVER (5:10-6:6)
Este pasaje describe el odio de Dios hacia las manifestaciones de arrepentimiento del pueblo. Dice: "Yo haré pedazos a Efraín y Judá, como un león destroza a su presa. Me los llevaré y echaré a todos los que vengan a rescatarlos. Los abandonaré y volveré a mi morada hasta que reconozcan su culpa y vuelvan a buscarme". Dice que apenas aparecen los problemas ellos acostumbran hablar de volver al Señor que los ayudará, sin ninguna intención verdadera de cambiar sus corazones. Así que Dios tiene que decir: "¿Qué voy a hacer con ustedes? El amor de ustedes se desvanece como

las nubes de la mañana. Desaparece como el rocío. Les envié mis profetas para advertirles sobre su ruina. Los he herido de muerte con las palabras de mi boca, amenazándolos con la muerte. No quiero sus sacrificios. Quiero su amor. No quiero sus ofrendas. Quiero que me conozcan a mí".

DIOS NO LOS PUEDE ABANDONAR (11:1-11)
Dios los exhorta, recordándoles el tiempo en que Israel era un niño. Dios lo amó como un hijo y lo sacó de Egipto. Pero, cuanto más Dios los llamaba, más se rebelaron, haciendo sacrificios a Baal y quemando incienso a los ídolos. Aunque él los había entrenado desde la infancia, les había enseñado a caminar y los había sostenido en sus brazos, Israel trató a Dios con mucho desprecio.

Pero Dios grita: "¿Cómo podría yo entregarte, Efraín? ¿Cómo podría abandonarte? ¡Mi corazón clama en mi interior! ¡Cuánto anhelo ayudarte! No, no te castigaré tanto como mi ira feroz me indica. Porque soy Dios y no hombre. Soy el Santo que vive en medio de ustedes, y no he venido a destruir".

Vemos aquí una poderosa expresión de los sentimientos de Dios. Pase lo que pase, no puede abandonarlos.

DIOS NO LOS PUEDE DEFRAUDAR (14:1-9)
Este pasaje es un clamor apasionado de Dios para que el pueblo vuelva a él y le permita curarlo de su comportamiento idólatra. No se trata de que Israel haya pecado por error, sino que ha sido desafiante en su búsqueda del mal. Pero Dios les dice que, si se arrepienten, los perdonará. Nunca los defraudará.

El pasaje finaliza con una afirmación: "El que es sabio entiende estas cosas; el que es inteligente las comprende. Ciertamente son rectos los caminos del Señor: en ellos caminan los justos, mientras que allí tropiezan los rebeldes". Es uno de los llamados más fuertes de toda la Biblia a un pueblo que no quiere saber acerca del amor de Dios, y finaliza la profecía. Israel recibe una elección final: seguir los caminos del Señor o continuar en la rebeldía.

¿Cómo aplicamos Amós y Oseas hoy?

Primero, debemos reconocer que ni Amós ni Oseas tuvieron éxito en hacer volver a Israel a Dios. Sus mensajes no fueron escuchados, y Dios se vio forzado a juzgar al pueblo de la forma que había prometido. En 721 a.C. Asiria los derrotó y los llevó al exilio, de donde nunca volvieron.

Segundo, debemos notar que hay una gran diferencia entre nuestra situación y la situación a la que hablaron y profetizaron Amós y Oseas. En Israel había un gobierno teocrático; la iglesia y el estado eran una sola cosa. Pero esto no se aplica en el Nuevo Testamento, donde la iglesia y el estado están claramente separados. La situación del Nuevo Testamento queda resumida por las palabras de Jesús: "Denle al césar lo que es del césar y a Dios lo que es de Dios". Los cristianos hoy viven en dos reinos. Yo soy un ciudadano del Reino Unido, según mi pasaporte. Soy también un ciudadano del reino de Dios. Por lo tanto, tenemos que tener cuidado cuando aplicamos las profecías del Antiguo Testamento a nuestra situación moderna.

Sufrimos de una complicación producida por el emperador Constantino en el cuarto siglo d.C. Europa ha tratado de combinar la iglesia y el estado. Constantino intentó crear una cristiandad en la que el reino de Dios y los reinos del hombre son una sola cosa, y este legado permanece en muchas naciones europeas. Como consecuencia, nacer en Inglaterra es nacer a la iglesia, y tenemos siglos de un cristianismo establecido detrás de nosotros. Pero en cuanto a Dios concierne, la iglesia y el estado están separados. Podemos hacer aplicaciones de las profecías del Antiguo

Testamento, pero tenemos que tener en cuenta que las dos situaciones no son directamente comparables.

No podemos tomar un mensaje de Amós o de Oseas y decir que la nación debe obedecer de la manera que Dios esperaba que obedeciera Israel. Pero donde la profecía está dirigida a los pueblos fuera de Israel, puede hacerse una aplicación legítima. Las acusaciones de Dios a las demás naciones están basadas en la conciencia, no en la Ley de Dios. De la misma forma, una nación secular será juzgada en base a si vivió de acuerdo con lo que sabía intrínsecamente que era lo correcto.

Algunos de los pecados que Amós y Oseas condenan en naciones no israelitas sí se aplican. Esto incluye la inhumanidad, pisotear los derechos humanos y la legislación que hace más ricos a los ricos y más pobres a los pobres. Éstas son áreas que podemos aplicar válidamente.

Sin embargo, esto no significa que el resto de las profecías a Israel no son pertinentes. Llevan un mensaje poderoso para la iglesia hoy. Porque la iglesia se comporta con demasiada frecuencia de una manera similar al pueblo de Israel. Hay bastantes pasajes en el Nuevo Testamento que refuerzan el mensaje de Oseas y de Amós. Nosotros también debemos volver a Dios, para no caer bajo su juicio. Cuando leemos estas profecías, debemos aplicarlas al pueblo de Dios primero, y luego estaremos en condiciones de decir a la sociedad lo que Dios le dice acerca de su forma de vida.

21.
ISAÍAS

Introducción

Isaías es un libro fascinante para estudiar. Para empezar, los documentos de la profecía de Isaías se encuentran entre los que tienen mayor respaldo entre todos los libros del Antiguo Testamento. Los rollos del Mar Muerto, encontrados en 1948, incluían una copia del libro fechada en 100 a.C., unos mil años antes que la siguiente copia más antigua, fechada alrededor de 900 d.C. En ese momento se estaba completando la traducción inglesa de la Biblia denominada *Revised Standard Version*, y el trabajo se detuvo mientras se verificaban estos documentos, pero fue necesario cambiar muy poco.

Isaías es fascinante también por la forma en que el libro ha sido organizado en nuestras Biblias. Los títulos de los capítulos no son inspirados. (Desearía que tuviésemos una Biblia sin números de capítulos y versículos, porque entonces la conoceríamos según el hilo del pensamiento y no de una manera artificial, a través de "textos", como la conocemos hoy. Durante por lo menos 1100 años la iglesia cristiana tuvo Biblias sin capítulos y versículos numerados.)

Pero sea quienes hayan sido las personas que dividieron a Isaías en capítulos, hicieron algo bastante interesante, aunque dudo que haya sido deliberado. Dividieron el libro en 66 capítulos, la misma cantidad que los libros de la Biblia. Además, dividieron a Isaías en dos partes distintas de 39 capítulos y 27 capítulos. Casualmente, el Antiguo Testamento tiene 39 libros y el Nuevo, 27.

Además, ¡el mensaje de los primeros 39 capítulos resume el mensaje del Antiguo Testamento, y el mensaje de los últimos 27 capítulos resume exactamente el mensaje del Nuevo Testamento! La segunda parte de Isaías comienza (capítulo 40) con una voz que clama en el desierto: "Preparen en el desierto un camino para el Señor", palabras usadas más adelante por Juan el Bautista. Sigue hablando de un siervo del Señor que es ungido por el Espíritu Santo, muere por los pecados de su pueblo y es resucitado y exaltado después de su muerte. Luego viene la declaración: "Ustedes serán mis testigos (hasta los confines de la tierra)" y termina con Dios diciendo: "¡Voy a hacer algo nuevo! (Estoy por crear un cielo nuevo y una tierra nueva)". Podemos correlacionar perfectamente el mensaje de Isaías con el mensaje del Nuevo Testamento.

En otras palabras, si alguien tomara toda la Biblia y la comprimiera en un libro, terminaría con la profecía de Isaías. Es la Biblia en miniatura. Aún más notable es que los capítulos 40-66 se dividen claramente en tres secciones, cada una de nueve capítulos. En los capítulos 40-48 el tema es consolar al pueblo de Dios, en los capítulos 49-57 el tema es el Siervo del Señor, que muere y resucita, y los capítulos 58-66 son acerca de la gloria futura.

Además, cada una de estas secciones de nueve capítulos se divide en tres secciones de tres capítulos. Si uno toma los tres del medio, hay tres secciones muy claras: 49-51, 52-54 y 55-57. Si escoge la sección del medio (capítulos 52-54), y el versículo del medio del capítulo del medio de esa sección del medio, se encuentra con el versículo clave del libro: "Él fue traspasado por nuestras rebeliones, y molido por nuestras iniquidades; sobre él recayó el castigo, precio de nuestra paz, y gracias a sus heridas fuimos sanados" (53:5). Nada de esto es inspirado en sí mismo, pero es notable que aun el versículo central de la segunda sección resuma el tema central del Nuevo Testamento.

El libro de Isaías es muy conocido en partes. Recuerdo el comentario de una persona luego de leer una de las obras de Shakespeare. Dijo que no le gustaba porque estaba demasiado lleno de citas y estaba seguro de que el autor había tomado mucho de su material de otras partes, ¡sin darse cuenta de que Shakespeare había originado esas citas! Lo mismo ocurre con el libro de Isaías. Hay muchos textos en él que son muy conocidos por quienes se han criado en círculos eclesiásticos.

Por ejemplo:

Si vuestros pecados fueren como la grana, como la nieve serán emblanquecidos.

(1:18)

Volverán sus espadas en rejas de arado, y sus lanzas en hoces.

(2:4)

Este texto está en un bloque de granito afuera de la oficina central de las Naciones Unidas. Es una lástima que no hayan citado el versículo completo, porque comienza diciendo: "Y juzgará entre las naciones . . ." Sin Dios juzgando entre las naciones, no hay forma en que alguien llegue a completar la segunda mitad del versículo.

Otras citas muy conocidas incluyen:

He aquí que la virgen concebirá, y dará a luz un hijo, y llamará su nombre Emanuel.

(7:14)

Porque un niño nos es nacido, hijo nos es dado, y el principado sobre su hombro; y se llamará su nombre Admirable, Consejero, Dios Fuerte, Padre Eterno, Príncipe de Paz.

(9:6)

Y reposará sobre él el Espíritu de Jehová; espíritu de sabiduría y de inteligencia, espíritu de consejo y de poder, espíritu de conocimiento y de temor de Jehová.

(11:2)

Tú guardarás en completa paz a aquel cuyo pensamiento en ti persevera; porque en ti ha confiado.

(26:3)

Los que esperan a Jehová tendrán nuevas fuerzas; levantarán alas como las águilas; correrán, y no se cansarán; caminarán, y no se fatigarán.

(40:31)

¡Cuán hermosos son sobre los montes los pies del que trae alegres nuevas, del que anuncia la paz, del que trae nuevas del bien, del que publica salvación, del que dice a Sion: Tu Dios reina!

(52:7)

He aquí que no se ha acortado la mano de Jehová para salvar, ni se ha agravado su oído para oír.

(59:1)

¡Oh, si rompieses los cielos, y descendieras, y a tu presencia se escurriesen los montes!

(64:1)

Otra sección muy conocida es el llamado de Isaías, en el capítulo 6, cuando tiene una visión de Dios en el templo, si bien su difícil misión, descrita en los siguientes versículos del mismo capítulo, es menos conocida. El capítulo 35 describe al desierto que florece como una rosa. El capítulo 40 comienza con las conocidas palabras: "'¡Consuelen,

consuelen a mi pueblo!', dice su Dios". Ya hemos mencionado 53:5, "Él fue traspasado por nuestras rebeliones, y molido por nuestras iniquidades". La mayoría de los cristianos reconocen 55:1, "¡Vengan a las aguas todos los que tengan sed! ¡Vengan a comprar y a comer los que no tengan dinero! Vengan, compren vino y leche sin pago alguno". El capítulo 61 incluye el texto del primer sermón de Cristo en Nazaret: "El Espíritu del Señor omnipotente está sobre mí, por cuanto me ha ungido para anunciar buenas nuevas a los pobres".

Habiendo dicho que las personas conocen ciertas partes del libro de Isaías, está claro también que el libro como un todo es muy poco conocido. Es una lástima, porque es el libro que tanto Jesús como Pablo citan más que cualquier otra parte del Antiguo Testamento. El Nuevo Testamento está lleno de citas de él, especialmente de la segunda parte.

Pocos cristianos parecen ser conscientes de que frases como "agraviar al Espíritu Santo", "Dios limpiará todas las lágrimas", "una voz que clama en el desierto", "ustedes serán mis testigos hasta lo último de la tierra" y "toda rodilla se doblará y toda lengua confesará" salen todas directamente de la segunda sección de Isaías.

Así que está claro que, si usted realmente quiere conocer la Biblia, necesita conocer Isaías. Le brindará perspectivas del Nuevo Testamento así como del Antiguo Testamento.

El hombre

Como la mayoría de los escritores de la Biblia, Isaías era un hombre modesto y centrado en Dios, que no le gustaba hablar de sí mismo. Lo que sabemos acerca de él viene de sus escritos y de otros libros históricos judíos, en particular del historiador Josefo, que dice bastante acerca de Isaías. Así que podemos armar un cuadro. Tiene que haber tenido padres piadosos, porque su nombre hebreo, *Yesa-Yahu* ("Isaías" es el nombre castellanizado) significa "Dios salva". Esto tiene una raíz similar a los nombres de Jesús y Josué. Era un nombre completamente apropiado, porque ha sido llamado el evangelista del Antiguo Testamento. Es el que trae el evangelio, las buenas nuevas, especialmente en la segunda parte del libro. La palabra "nuevo" aparece raramente en el Antiguo Testamento, pero surge con frecuencia en esta segunda parte del libro de Isaías. Se convirtió en el mayor profeta de todos los tiempos, clasificado por los judíos en la misma categoría que Moisés y Elías.

Desde un punto de vista humano, tenía una ventaja inicial, al haber nacido en un palacio y haber sido criado en la corte. Era el nieto del rey Joás y, por lo tanto, primo del rey Uzías, que es una razón por la que estaba tan devastado por su muerte. Isaías tenía riqueza, rango y educación. Esto le daba algunas ventajas, pero también hacía que le resultara difícil ser un profeta. Sin embargo, tuvo un encuentro tan tremendo con el Señor en el templo que el camino a seguir le quedó completamente claro.

Se movía libremente en los círculos cortesanos y aconsejaba a reyes, así que muchas de sus profecías tratan sobre temas políticos, especialmente la falsa seguridad de hacer alianzas con potencias como Asiria o Egipto.

Con relación a su vida familiar, su esposa era una profetisa, pero no tenemos una sola profecía de ella. Es muy probable que él verificara sus profecías con ella antes de darlas.

Tuvo por lo menos dos hijos. Uno de ellos se llamaba *Maher Salal Jasbaz*, que significa "apura el saqueo, acelera el botín", ¡no la clase de nombre que la mayoría de los padres escogerían para sus hijos! Pero era un nombre profético que apuntaba al día en que Jerusalén misma sería saqueada por un enemigo y todos los tesoros serían llevados. El otro hijo se llamaba *Sear Yasub*, que significa "un remanente volverá". De modo que los nombres de los dos hijos resumen los dos mensajes focales de Isaías. La mala noticia (principalmente en la primera mitad de su libro) es que Jerusalén será saqueada, desvalijada y arruinada. La buena noticia es que un remanente volverá; Israel todavía tiene un futuro, aun después de perderlo todo.

Hay cierta especulación de que tuvo un tercer hijo llamado Emanuel. Por cierto, nació un niñito por ese tiempo que fue el tema de la profecía. No obstante, creo que era el hijo de otro hombre, no suyo. El niño Emanuel —cuyo nombre significaba "Dios con nosotros"— era una señal para el rey. Era, en realidad, una señal doble, que se cumplió también siglos después en Jesús.

Su llamado

El llamado de Isaías vino durante una visita al templo. Tuvo una visión y se encontró sobrecogido por la santidad del Señor. Su edad no aparece en el texto, pero tendría unos veinte años. De aquí en adelante, Isaías usó un nombre para Dios que no fue usado por nadie más: "el Santo de Israel". Este nombre aparece casi 50 veces en todo su libro, y en sus dos partes. Tan pronto vio la santidad de Dios, se sintió impuro y quiso dejar el templo. Es interesante que sintió que sus labios eran impuros. Tuvo la notable experiencia de un ángel que vino volando con una brasa encendida para cauterizar sus labios. Algunos piensan que fue una visión imaginaria, pero realmente sucedió. A lo largo de su vida Isaías diría a la gente que su boca marcada por una cicatriz se debía a que Dios había quemado sus labios.

El llamado de Isaías nos da una referencia inesperada a la Trinidad. Dios le pregunta: "¿A quién enviaré? ¿Quién irá por nosotros?". El plural "nosotros" indica que toda la Deidad lo estaría enviando. Luego viene la noticia devastadora de que, si bien está siendo comisionado para predicar al pueblo, ellos no escucharán su predicación. Dios los hará duros de oír y no recibirán la palabra ni darán ninguna respuesta. Dios está diciendo a Isaías, al inicio de su ministerio: "No creas que serás un predicador exitoso. ¡Cuanto más prediques, más duros se volverán! Por cierto, usaré tu predicación para ensordecerlos y cegarlos, para que no se conviertan y se sanen".

Es una afirmación extraordinaria, que subraya una verdad que aparece en otras partes de la Biblia: que la palabra de Dios no solo abre los corazones de las personas, sino que también los puede cerrar. Puede alejar a las personas. Luego de escuchar la palabra de Dios, estamos más endurecidos contra ella o más ablandados. Pero no podemos seguir siendo neutrales.

Los versículos que describen la experiencia de Isaías de predicación se citan en el Nuevo Testamento más frecuentemente que ningún otro versículo de este libro. Jesús los usó con relación a su propio ministerio. ¡Dijo que él hablaba para que "por mucho que vean, no perciban; y por mucho que oigan, no entiendan; no sea que se conviertan y sean perdonados"! (Marcos 4:12). En otras palabras, hablaba en parábolas para ocultar la verdad y endurecer a quienes no estaban realmente interesados. Pablo citó el mismo versículo cuando predicó a los judíos y ellos no querían escuchar.

El impacto endurecedor de la palabra de Dios es un tema clave, y no es ninguna sorpresa que Isaías haya preguntado: "¿Cuánto tiempo debo seguir predicando y endureciéndolos sin ninguna respuesta?". La respuesta del Señor fue: "Hasta que el país quede en total abandono". Isaías tuvo una de las tareas más duras de todos los profetas. Pero, por supuesto, si no la hubiera realizado no tendríamos este texto asombroso. No sabía que, siglos después, este libro sería una inspiración. Pero, durante su vida, fue un fracaso. Nadie escuchó; simplemente se volvieron cada vez más duros durante 40 años.

La ubicación de Judá

Nos ayuda a entender el libro tener en cuenta que Judá estaba rodeada por varias naciones; las más pequeñas cerca de sus fronteras, y las mayores, las superpotencias, más lejos. En Isaías vemos que Dios primero usó a las naciones pequeñas para disciplinar a su pueblo pero, cuando no quisieron escuchar, usó a las más grandes. Las pequeñas incluían a los sirios, en el norte, y a los amonitas, moabitas y edomitas, en el este y el sur. Luego, al oeste, estaban los filisteos, que Dios había traído desde Creta, y en el desierto del sur estaban los árabes. Las potencias más grandes eran, en el este, Asiria y luego Babilonia, si bien estos últimos no llegaron a todo su poder hasta que Isaías murió. Sus referencias a Babilonia hablan proféticamente del poder y la prominencia que tendría un día. En el sudoeste estaba Egipto.

Hubo varias alianzas contra la "pequeña" Judá en el tiempo de Isaías. Tal vez la más sorprendente fue la que hicieron las 10 tribus de Israel (es decir, el reino del norte) y los sirios. Ésta fue una seria situación en la historia del pueblo de Dios. Fue en este momento que Isaías aseguró al rey de Judá que vencerían, a pesar de ser solo dos tribus pequeñas. Isaías dijo: "La joven concebirá y dará a luz un hijo, y lo llamará Emanuel". Esto sería una señal de que Dios daría la victoria.

Emanuel significa "Dios está con nosotros", pero hay cuatro formas diferentes de leer esta frase, según cuál de las cuatro palabras enfatizamos. En realidad, el énfasis debe ser en la palabra "nosotros". Dios está con "nosotros", ¡y no con ellos! En otras palabras, significa que Dios está de nuestro lado. Así que, cuando el niño fue concebido y se le dio el nombre, el rey supo que la alianza entre las 10 tribus del norte y Siria no triunfaría.

En otra ocasión, los filisteos se unieron a los árabes. De nuevo, esto significaba una seria amenaza contra la pequeña Judá. Pero, nuevamente, Dios estuvo de su lado.

En el tiempo de Isaías, Asiria, con su capital Nínive, en la ribera del Tigris, era la gran potencia al este, y Egipto era la gran potencia al sudoeste. Pero había también una nueva potencia que estaba surgiendo, llamada Babilonia (en la región hoy conocida como Iraq), que se volvería aún más poderosa en el futuro.

Isaías profetizó durante cuatro reinados. Comenzó en el año en que el rey Uzías murió y Jotán llegó al trono. Acaz, Ezequías y finalmente Manasés estuvieron también en el trono durante su ministerio.

Los reyes de Judá

Cuando vemos cómo debía predicar Isaías, es útil ver el patrón que se desarrolla al analizar los éxitos de los reyes de Judá. El libro de Reyes nos dice si el rey en cuestión era bueno o malo a los ojos de Dios. Los reyes buenos ganaban las batallas y los malos, las perdían. Si eran buenos, Dios estaba con ellos, y nadie podía derrotarlos.

Uzías (792-740 a.C.) es un caso concreto. Fue un buen rey al principio, y tuvo un largo reinado de 52 años. Pero en los últimos años se convirtió en un rey malo; hizo lo malo a los ojos del Señor y murió de lepra. Esto fue un castigo por pasar de ser un rey bueno a uno malo.

Durante los primeros años de Isaías, el primer ataque enemigo vino de los filisteos y los árabes, en una alianza formidable. Pero Judá ganó porque el rey seguía los caminos de Dios. Pero cuando el rey se volvió desobediente, los asirios derrotaron a Judá.

Jotán (750-740) fue un rey bueno que reinó durante 19 años (10 de estos como regente). Todo el que venía a atacar a Judá durante este tiempo fue derrotado. Los amonitas y también una alianza entre Israel y Siria fueron derrotados.

Acaz (735-715) fue un rey malo, que fue derrotado por los edomitas, los filisteos y los asirios.

DECLINACIÓN Y CAÍDA DE UN IMPERIO

Ezequías (715-686) fue un rey bueno que reinó 29 años y derrotó a los filisteos. Fue durante su reinado que los asirios sitiaron a Jerusalén con 185.000 soldados, pero Dios envió a un ángel para eliminarlos por completo. Hasta pocos años atrás, muchos pensaban que era una leyenda, pero un arqueólogo británico encontró esqueletos humanos junto al muro de la ciudad, y se cree que eran los restos de un ejército muy grande.

El sitio de Jerusalén fue la razón de un trabajo de ingeniería en la ciudad que perdura hasta el día de hoy. Preocupado por la necesidad de agua durante el sitio, Ezequías cavó un túnel para traer agua de un manantial fuera de la ciudad. Todavía es posible caminar por este mismo túnel.

Pero no fueron todas buenas noticias. Ezequías cometió un tremendo error al final de su vida, cuando cayó enfermo. Clamó al Señor y recibió 15 años más de vida, pero no hizo buen uso de todo ese tiempo. En una oportunidad llegaron mensajeros con una "tarjeta de buenos deseos" del hijo del rey de Babilonia, en ese tiempo un pequeño pero creciente estado. Ezequías estaba complacido porque alguien de tan lejos estaba pensando en él, así que mostró a los visitantes el palacio, para que pudieran decir a su rey qué rey maravilloso era Ezequías. Pero cuando Isaías se enteró, estaba horrorizado. Dijo a Ezequías que un día el rey de Babilonia se llevaría todo lo que había mostrado a sus visitas. Es un pequeño y muy dramático relato justo en el medio del libro de Isaías, y se cumplió tal como lo había dicho Isaías.

Manasés (697-642) fue uno de los peores reyes de Judá. Estuvo involucrado en el culto al diablo y hasta sacrificó a su propio hijo al dios demoníaco Moloc, que era el centro del culto satánico en Judá. La mayoría de los reyes malos duraban solo un tiempo corto, pero su reinado de 55 años fue uno de los más largos que conoció Judá.

Manasés odiaba tanto a Isaías que le prohibió hablar siquiera. Ésta es una razón por la que tenemos la profecía de Isaías por escrito. Pero finalmente Manasés ya no lo podía soportar y se propuso matar al profeta. Fue una muerte especialmente desagradable. Según la historia judía, Manasés ordenó traer un tronco de árbol hueco. Isaías fue atado, metido en su interior y aserrado por la mitad. Es mencionado en Hebreos 11 como uno de los "héroes de la fe". Las palabras "aserrados por la mitad" se refieren a él.

La tabla a continuación es un bosquejo de los diferentes reinados en el tiempo de Isaías:

REY	REINADO	CARÁCTER	VICTORIAS	DERROTAS
UZÍAS	52 años	BUENO luego MALO	{ ÁRABES FILISTEOS	ASIRIOS
JOTÁN	19 años	BUENO	AMONITAS { SIRIOS ISRAELITAS	
ACAZ	20 años	MALO		EDOMITAS FILISTEOS ASIRIOS
EZEQUÍAS	29 años	BUENO	FILISTEOS ASIRIOS	
MANASÉS	53 años	MALO		ASIRIOS

El libro

Lo primero que llama la atención al lector del libro de Isaías es el contraste entre sus dos partes. Como los demás libros proféticos, es una colección de mensajes dados en diferentes momentos. No está ordenado cronológicamente; a veces sigue un orden temático y a veces no tiene ningún orden. Es un poco una mezcla, pero por lo general hay un tipo de profecía que predomina en la primera parte del libro y otro en la segunda parte.

Los primeros 39 capítulos son bastante diferentes de los últimos 27, al punto que muchos eruditos creen que la segunda parte fue escrita por otra persona, denominada "Déutero Isaías" ("Déutero" significa "segundo"). Las diferencias entre ambas partes se resumen en la lista que sigue.

PRIMERA PARTE	SEGUNDA PARTE
Más noticias malas que buenas	Más noticias buenas que malas
Actividad humana	Actividad divina
Pecado y retribución	Salvación y redención
Justicia	Misericordia
Confrontando	Consolando
Dios de Israel	Creador del universo
Nacional	Internacional
Dios = fuego	Dios = padre
Mano de Dios levantada para golpear	Brazo de Dios extendido para salvar
Maldiciones (ay)	Bendiciones
"Extraña obra"	Buenas nuevas
Judíos	Gentiles
Asiria	Babilonia
Antes del exilio	Después del exilio
Presente	Futuro

Dado que la segunda mitad está focalizada mayormente en el período posexílico, los escépticos consideran que los hechos se dan con tanto detalle que alguna otra persona tiene que haberlos escrito. Dicen que Isaías no podría haber predicho que Babilonia sería derrotada por un hombre llamado Ciro, porque ocurrió 100 años después que murió Isaías.

Los eruditos sugieren que "Proto Isaías" escribió los capítulos 1-39, luego "Déutero Isaías" escribió los capítulos 40-56, y "Trito Isaías" escribió los últimos 10 capítulos. ¡Así que ahora tenemos tres Isaías! La razón que se da es que hay tanta diferencia de estilo, contenido y vocabulario, que tiene que haber habido un autor diferente responsable por cada sección.

La unidad del libro

Se sostiene que no importa en realidad si hubo tres Isaías o uno. Pero estos estudiosos se olvidan de que Isaías dio muchos mensajes a lo largo de un período de muchos años, y con diferentes objetivos: para confrontar o para consolar. De modo que naturalmente usaría un estilo diferente y un vocabulario diferente. No hace falta serruchar el libro en dos o tres partes.

Además, hay varias razones para pensar que el mismo escritor escribió todo el libro de Isaías.

Primero, ambas partes tienen mucho en común. La descripción que hace Isaías de Dios como "el Santo de Israel" ocurre 50 veces: 25 en la primera parte y 25 en la segunda. Si bien hay algunos temas que son cubiertos en una parte y no en la otra, los principales temas se extienden a través de las dos partes.

Segundo, sería asombroso si el escritor de la segunda parte de este libro, que incluye lo que muchos consideran la mayor sección profética de toda la Biblia, fue olvidado. Si los nombres de los demás profetas bíblicos —incluyendo los profetas menores— son conocidos, parece muy improbable que el nombre del autor de la segunda parte de Isaías se haya perdido.

Tercero, tanto Jesús como Pablo citan la segunda parte y se lo acreditan al profeta Isaías. Esto es suficiente para mí. No puedo creer que Jesús o Pablo hayan mentido acerca de la autoría de Isaías si fuera incierta.

En último lugar, el argumento clave tiene que ver con el hecho de si Dios conoce el futuro. Si lo hace, entonces no tiene ninguna dificultad en comunicar el futuro a Isaías. Una vez que definimos este tema central, muchos de nuestros problemas quedan resueltos.

Primera Parte (capítulos 1-39)

El libro de Isaías es una colección de diferentes profecías a lo largo de más de 40 años, así que no está demasiado ordenado. Pero tiene una forma general que nos ayudará a entenderlo. Daremos una breve reseña de la primera parte antes de considerar algunos de los temas con mayor detalle.

Los capítulos 1-10 son una reprimenda para Judá, y especialmente para Jerusalén. La nación era rica, pero así como Amós predica contra el uso inapropiado de la riqueza en el reino de Israel en el norte, Isaías hace lo mismo en Judá. Critica a las mujeres de Jerusalén por el dinero que gastan en joyas y ropa, mientras descuidan a los pobres y necesitados.

Luego, en los capítulos 13-23, hay una sección acerca del juicio sobre otras naciones. Dios las usó para disciplinar a su pueblo, pero en sus acciones se excedieron en el permiso que les había dado. Fueron maliciosos y crueles, haciendo más a Israel que lo que Dios había querido que hicieran.

En los capítulos 24-34 hay una mezcla de buenas y malas noticias. Hay juicio para las tribus del norte y Judá, pero la gloria venidera es descrita dos veces. Hay reproche, pero el pueblo tiene también un atisbo de un futuro más brillante.

Los capítulos 36-39 cuentan la historia de la enfermedad del rey Ezequías, que vimos antes. Es, en realidad, una historia de transición para mostrar cómo Asiria dio lugar a Babilonia como la principal amenaza para Judá, gracias a la necedad de Ezequías al recibir a los enviados de Babilonia.

Judá (capítulos 1-12 y 24-35)

MALAS NOTICIAS

Desobediencia
Las profecías de Isaías fueron dadas contra un trasfondo de paz y prosperidad. Por cierto, la nación no había conocido tanta riqueza desde los días de Salomón, cuando el país alcanzó su punto más alto. Pero, junto con la prosperidad vinieron el orgullo y la indulgencia. Había una actitud de "cada uno para sí". Los pobres eran oprimidos y la injusticia era frecuente.

La vida religiosa de la nación se había vuelto ritualista. La gente seguía las rutinas de la adoración, pero sus corazones permanecían fríos hacia Dios. Como resultado, disminuyeron su lealtad a Dios y toleraron a los ídolos paganos, adorando a los dioses cananeos Baal y Aserá, en la creencia supersticiosa de que así crecerían sus cultivos y florecerían sus vidas.

Disciplina
Se desarrolla un patrón similar al que vimos en el libro de Jueces. Dios permite ataques del extranjero para enseñar a Judá que debería confiar en él. Como hemos visto, estos atacantes incluyeron a Siria y a Israel, los árabes y los filisteos, Edom, Amón y Moab, y la superpotencia de la primera parte del ministerio de Isaías, Asiria (derrotada después por Babilonia). Pero, en vez de confiar en Dios,

hicieron alianzas con cualquier potencia que parecía capaz de brindar la mayor protección en el momento. Dios no tenía arte ni parte.

Desastre

Dios había prometido, en el tiempo de Moisés, que si el pueblo no guardaba sus mandamientos ni prestaba atención a sus advertencias, perdería la tierra que les había dado. De modo que, cuando las advertencias de Isaías cayeron en oídos sordos, en 587 a.C. el pueblo finalmente siguió a sus vecinos del norte al exilio, si bien en esta oportunidad en manos de Babilonia.

Decaimiento

Isaías predijo que el viaje del pueblo y su estadía en Babilonia no serían agradables. Pero dijo que sería en el exilio que muchos volverían a Dios. Como nación, nunca volvieron a seguir a dioses extraños. El sincretismo y la idolatría fueron desterrados de su vida nacional.

BUENAS NOTICIAS

Remanente

Las buenas noticias de la primera parte son que volverá un remanente del exilio, y que habrá un rey que traerá paz a las naciones. Desde el remanente del pueblo vendrá un rey como David que será un Padre eterno, un Consejero, un Príncipe de paz con la soberanía reposando sobre sus hombros.

Retorno

Está claro también que, a pesar de la desobediencia de Judá, Dios nunca quebrantará su pacto. La promesa en todo momento es que un día volverían a la tierra que habían perdido. Volvieron 70 años después, tal como lo anunciaría Jeremías.

Reinado

Isaías profetizó que vendría un rey que reinaría como ningún otro. Se dan detalles de su reinado: su nacimiento, su ministerio en "Galilea de los gentiles", su linaje de la línea de Isaí, su ungimiento para hacer la obra de Dios. Todo el que dude del derecho de Cristo a su reino solo tiene que mirar atrás hacia las predicciones en Isaías.

Regocijo

A lo largo de los capítulos hay momentos de regocijo por la bondad de Dios en medio de las malas noticias (ver 2:1-5; 12; 14:1-3; 26; 27; 30:19-33; 32:15-20; 34:16-35). Entre todos los libros proféticos, Isaías es el que más rebosa de alegría.

LAS NACIONES (CAPÍTULOS 13-23)

Isaías menciona varias naciones que tenían tratos con Judá: Asiria, Babilonia, Filistea, Moab, Siria (Damasco), Cus, Egipto, Edom, Arabia y Tiro. Hay tres cosas que debemos notar:
1. Dios las había usado para disciplinar a su pueblo.
2. Excedieron los límites que él les había impuesto. Fueron inhumanos e injustos, y se burlaron del pueblo de Israel.
3. Dios los castigó con fuego y, finalmente, con la extinción.

Pero, a pesar de su castigo de las naciones, Isaías predice que toda la tierra compartirá las bendiciones de Judá (ver capítulos 23-25).

Segunda Parte (capítulos 40-66)

Una imagen de Dios

La segunda mitad de Isaías nos da una imagen increíble de Dios de punta a punta.

ÉL ES EL ÚNICO DIOS QUE EXISTE
Dios dice: "No hay dioses aparte de mí". Se nos dice que los supuestos dioses no existen. Dios es el único Dios. Los demás dioses han sido inventados por los pueblos. Dios dice también: "No hay dioses como yo". Israel se mofa de los demás dioses, señalando que tienen oídos pero no pueden oír, tienen ojos pero no pueden ver, tienen pies pero no pueden caminar.

Este punto de vista, por supuesto, es una afirmación profundamente ofensiva en nuestro mundo moderno, cuando se nos pide que aceptemos todas las religiones. Pero no hay otro Dios fuera del Dios de Israel.

EL CREADOR TODOPODEROSO
Las naciones son como una gota en un balde o una brizna de polvo en una balanza. Es Dios quien nombra las estrellas, y somos sabios si permanecemos ignorantes del signo astral bajo el cual nacimos. Las encuestas de opinión indican que seis de cada diez hombres y siete de cada diez mujeres leen su horóscopo cada día. El hombre debería mirar en cambio al Creador Todopoderoso en busca de sabiduría para el futuro.

DIOS ES EL SANTO DE ISRAEL
Este título para Dios ocurre 25 veces en la segunda parte del libro de Isaías. Amós se centra en la justicia de Dios; Oseas, en su fidelidad; Isaías, en su santidad. Está claro que nunca olvidó su visión inicial de Dios en su esplendor, de modo que esta descripción se convierte en el lema clave del libro.

EL REDENTOR DE SU PUEBLO
Dios es descrito como el "pariente redentor". Así como un pariente redentor tomaba la decisión de ayudar a una familia, Dios también tiene el poder y está dispuesto a ayudar por su compromiso de pacto con su pueblo.

EL SALVADOR DE LAS NACIONES
Este título fue aplicado a Dios en el libro de Isaías antes que fuera aplicado a Jesús en el Nuevo Testamento. Es Isaías quien enfatiza la preocupación de Dios por todos los pueblos y su deseo de que haya un encuentro internacional en el nuevo cielo y la nueva tierra.

EL SEÑOR DE LA HISTORIA
Isaías dice que las naciones son solo una gota en un balde. Dios comienza, controla y finaliza la historia. Él predice y controla el futuro. (Ver 41:1-6, 21-29; 42:8-9, 10-17; 44:6-8, 24-27; 46:9-11; 48:3)

TODA PARA SU GLORIA
Este foco en Dios a lo largo del libro es con el objetivo de que su gloria pudiera hacerse conocer. La palabra "gloria" es una palabra clave en el libro. Dios quiere que su esplendor sea exhibido para que el mundo lo vea.

El siervo de Dios
Hay una serie de cantos que son especialmente significativos en la segunda parte del libro y se encuentran entre los capítulos más conocidos. Son llamados cantos porque son muy poéticos. Mencionan al "siervo" o "siervo del Señor" (unas 20 veces), y al día de hoy los judíos no saben quién es.

El significado del "siervo" parece cambiar. En nueve oportunidades el siervo parece ser todo el pueblo de Israel (ej: 49:3), pero luego, en otras oportunidades, queda claro que es un individuo. Además, el título es dado también a personas específicas en otras partes del Antiguo Testamento: Uzías, Josías, Jeremías, Ezequiel, Job, Moisés y Zorobabel son todos llamados por este nombre varias veces.

Pero hay cuatro cosas que podemos decir de este siervo del Señor:

1. Su carácter intachable. Este siervo es perfecto; no tiene fallas. Esta afirmación no puede ser aplicada a ninguna otra persona.
2. Es una persona profundamente infeliz, un hombre de dolores, que está familiarizado con la aflicción.
3. Es ejecutado —muerto como un criminal— y, sin embargo, no tiene pecado. Es muerto por los pecados de otros, no los propios. Es acusado falsamente y su sepultura es con los ricos.
4. Luego de haber sido muerto por los pecados de otros, es levantado de los muertos y exaltado a una posición muy elevada.

No hay ninguna indicación de que Isaías o ningún otro profeta hayan hecho la conexión entre el siervo de Dios y el tema del rey venidero que aparece antes en el libro. Obviamente, éste no es ningún misterio para el cristiano, pero sí para un judío. No puede integrar este siervo de la segunda parte de Isaías con el rey prometido en la primera parte. Simplemente no tiene sentido para él.

El primer judío en hacer la conexión entre ambos fue Jesús, y la conexión vino durante su bautismo, cuando Dios dijo: "Tú eres mi Hijo amado; estoy muy complacido contigo". Dios estaba uniendo algo que había sido dicho acerca del rey —"Tú eres mi hijo"— con algo que había sido dicho acerca del siervo —"Estoy muy complacido contigo". Jesús sabía que él combinaría esas dos figuras en una.

No solo Jesús hizo la conexión, sino que Pedro la hizo a menudo en su predicación. En el libro de Hechos, Pedro hace el vínculo entre el rey y el siervo. Muchos sacerdotes se convirtieron en cristianos en los primeros días porque conocían el libro de Isaías y vieron la conexión entre el rey y el siervo.

El libro de Hechos cuenta que Felipe también hizo la conexión cuando se encontró con el eunuco etíope que leía Isaías 53.

Pablo la hizo de manera soberbia. En Filipenses habla de aquel que era igual a Dios pero asumió la forma de un siervo. Los judíos no consideran que un rey pudiera sufrir así y ser muerto como un criminal común. La cruz es una ofensa para los judíos; un rey clavado en una cruz no es la clase de rey que quieren. Jesús no se parece al rey que tiene la soberanía reposando sobre sus hombros. Están buscando un rey victorioso que venga y reine, no que muera.

El Espíritu de Dios

Tal vez nos sorprenda que el Espíritu Santo ocupe un lugar muy destacado también en Isaías. La frase "agraviar el Espíritu Santo" viene de Isaías 63:10-11. Leemos que el Espíritu unge a este siervo para una tarea (61:1-3). "Derramaré mi Espíritu sobre tu descendencia", por supuesto, es una referencia a Pentecostés. Ya hemos notado la referencia a "nosotros" en Isaías 6, donde dice: "¿Quién irá por nosotros?".

Así que la Trinidad está en el Antiguo Testamento para los que tengan ojos para ver. Aquí está el Dios poderoso que creó el mundo, aquí está el Siervo doliente y aquí está el Espíritu Santo; las tres Personas están presentes en la segunda parte de Isaías.

Profecía

Es importante comprender un principio acerca de la comprensión de la profecía, en particular si consideramos que la profecía ocupa la tercera parte de la Biblia, incluyendo 17 libros desde Isaías hasta Malaquías. Esto tiene una importancia especial cuando se trata de una profecía relativamente complicada como Isaías.

Todos los profetas hablaron a su propio tiempo y también al futuro.

1. **A su propio tiempo** Era como si tuvieran un microscopio para el día presente. Veían su propio día claramente a través de los ojos de Dios y hablaban de acuerdo con esto. Pero la aplicación de la palabra no estaba limitada a su propio día. Los principios morales duraderos pueden hablar a cualquier cultura en cualquier tiempo. Porque el carácter de Dios no cambia, y sus normas morales siguen siendo las mismas para todos los tiempos.
2. **Al futuro** También tenían un telescopio para el futuro. Hablaban de lo que ocurriría un día. Pero aquí es donde se complica, porque era imposible para el profeta medir la distancia en tiempo entre los sucesos que veía, así como alguien que contempla los picos de montañas desde muy lejos no podría comprender cuánta distancia había entre ellos. Lo que muchos de los lectores del Antiguo Testamento (y nosotros, como lectores) pensaban que era una montaña con dos picos era en realidad dos montañas muy distantes. De modo que dos hechos futuros son descritos como si estuvieran próximos entre sí, cuando en realidad hay miles de años que los separan.

Los cristianos viven hoy entre los dos picos. Un pico es el pasado y el otro pico es el futuro, porque sabemos algo que los profetas no sabían. Ellos buscaban la llegada del Rey, pero nosotros sabemos que el Rey viene dos veces. No solo esto, sino a veces el cumplimiento de las profecías no ocurre en el orden que son dadas. Sabemos, por ejemplo, que el siervo doliente de la segunda parte de Isaías se cumple antes que el rey reinante de la primera parte. Cristo ha venido como el siervo que va a la cruz, pero no aún como el rey que reina sobre todo.

Así que no es una sorpresa que los judíos que tienen un

buen conocimiento de Isaías aún estén esperando la primera venida. La expectativa de los judíos de que el Mesías vendría una sola vez como rey hizo que se desilusionaran con Jesús y lo descalificaran como su Mesías. Cuando Jesús entró en Jerusalén el Domingo de Ramos, parecía que finalmente venía como rey, de la manera que la muchedumbre quería que lo hiciera. Se pusieron locos de contentos, pensando que estaba por echar a los romanos. Pero estaba montado sobre un burro, como un símbolo de que no había venido para luchar.

Apocalipsis nos dice que, cuando Jesús venga por segunda vez, será para luchar, porque entonces será como un hombre de guerra sobre un caballo blanco. Pero en el Domingo de Ramos su misión era de paz, y no para cumplir la profecía de Isaías de un rey reinante. Para el asombro de todos, cuando pasó la puerta, giró a la izquierda, en vez de la derecha. A la derecha estaba la fortaleza romana donde estaba basada la fuerza de ocupación. Pero Jesús se dirigió al templo y sacó a los judíos de ahí a los latigazos. Sus prioridades eran diferentes de las de los judíos.

De modo que tal vez podamos imaginarnos por qué, unos pocos días después, la misma multitud dijo: "¡Crucifícale!" y escogió salvar a Barrabás, el guerrillero, en cambio. Ellos pensaban que venía a tomar el trono, pero todo lo que hizo fue limpiar el templo; ¡qué desilusión! Cuando Pilato colocó un letrero sobre su cabeza que decía: "Éste es el rey de los judíos", no podían creerlo. El único hombre en toda esa nación que lo creía dijo: "Señor, recuérdame cuando obtengas tu reino". Porque el ladrón moribundo vio en el hombre doliente y moribundo a Aquel que era el rey venidero.

El futuro último

INTERNACIONAL
Ya hemos notado que el mensaje de Isaías, especialmente la segunda parte, es que toda la tierra conocería las bendiciones

de Dios, y no solo los judíos. Él menciona que "costas lejanas" conocerán a Dios. Es probable que esto sea una referencia a Gran Bretaña, dado que esta tierra era conocida como una "isla lejana" por los fenicios, que traían estaño en sus barcos desde las minas de la región de Cornwall.

NACIONAL
Sin embargo, este enfoque mundial no significa que Judá está olvidado. Jerusalén, Sión y las montañas del Señor serán los lugares de la actividad de Dios también. Sabemos que un día él vendrá sobre un caballo y tomará los gobiernos del mundo. Los reinos de este mundo se convertirán en el Reino de nuestro Dios y de su Cristo. Así que la iglesia hoy está preparando a las personas para que el rey venga y reine. Estamos preparando súbditos en todas las naciones ahora para que él pueda volver. Cuando las buenas nuevas sean predicadas a todas las naciones, entonces vendrá el fin, porque Dios quiere que todos los grupos étnicos estén representados.

En la segunda parte de Isaías parece estar pasando constantemente del futuro de Jerusalén al futuro de las naciones. Pero también encontramos en Isaías 2 que la casa del Señor será establecida en las montañas, y todas las naciones vendrán a ella. Es un futuro para unas "naciones unidas", pero está centrado en Jerusalén. Así como el elemento del siervo doliente ha ocurrido, también ocurrirá el elemento del rey reinante.

Entonces, ¿por qué leemos Isaías?

1. Forma parte de la palabra de Dios. El estudio de cualquier parte de las escrituras puede "darnos la sabiduría necesaria para la salvación". En Isaías las palabras clave son "salvar" y "salvación" (el nombre Isaías mismo significa "Dios salva").

2. El libro es una buena introducción para toda la Biblia. Es un resumen de todos los temas de ambos Testamentos, reunidos en un libro por la inspiración del Espíritu. Así que si usted cree que la Biblia es un libro demasiado grande como para leer completo, lea Isaías para comenzar, y lo introducirá a todos los temas de las escrituras.
3. Es una muy buena introducción a la profecía. Es uno de los tres Profetas Mayores, colocado primero en la sección de los profetas de nuestra Biblia. Es típica de la mayoría de las profecías en cuanto a que es una combinación de protesta acerca del presente y predicción acerca del futuro. Es fácil de ver las formas en que ciertas partes se cumplen mediante la venida de Cristo en el Nuevo Testamento.
4. Isaías nos ayuda a conectar los dos Testamentos al mostrarnos cómo se iluminan mutuamente. Podemos entender el Nuevo Testamento mucho mejor si conocemos Isaías.
5. Lo leemos para conocer a Jesús. Jesús dijo: "Ustedes estudian con diligencia las Escrituras porque piensan que en ellas hallan la vida eterna. ¡Y son ellas las que dan testimonio en mi favor!". Está hablando del Antiguo Testamento. Isaías ayuda al lector a entender al Señor mejor que cualquier otro libro del Antiguo Testamento. Si usted lee Isaías 53, está al pie de la cruz. "Gracias a sus heridas fuimos sanados".
6. Obtenemos una visión más grande de Dios. "Engrandezcan al Señor conmigo" significa "Agranden su entendimiento de Dios mismo". La segunda parte de Isaías nos da una visión más grande de Dios, el Santo de Israel, el Creador de los confines de la tierra.

Por lo tanto, aunque Isaías es el libro profético más grande, y requerirá tiempo y esfuerzo entenderlo, hay muchas razones por las que los cristianos deberían convertirlo en el libro profético que definitivamente deben leer.

Es la Biblia en miniatura. Ayudará a su comprensión del Antiguo Testamento, iluminará su entendimiento del Nuevo y, lo más importante, agrandará su visión de Dios.

22.
MIQUEAS

Introducción

Los libros proféticos desde Oseas hasta Malaquías son llamados los "Profetas Menores" en nuestras Biblias. Pero éste es un nombre poco apropiado, porque sugiere que un grupo es inferior al otro. De hecho, fueron llamados así para distinguir a los libros más pequeños de los tres más grandes, es decir Isaías, Jeremías y Ezequiel. Esta denominación es especialmente inexacta en el caso de Miqueas, porque tiene un mensaje memorable que aún reverbera en todo el mundo hoy.

Miqueas fue un contemporáneo de Isaías, y hay una sección de Miqueas que es idéntica a una sección de Isaías. Tiene que ver con convertir las espadas en azadones, las lanzas en hoces, y el reino de paz que vendrá cuando regrese Cristo. Quién copió a quién, o si el Espíritu Santo les dio un mensaje idéntico no está claro, pero ambos estaban hablando a la misma situación, así que queda claro que Dios quería que el mismo mensaje fuera dado nuevamente.

Hay un pasaje de Miqueas que es leído frecuentemente en cultos de Navidad: "Pero de ti, Belén Efrata, pequeña entre los clanes de Judá, saldrá el que gobernará a Israel" (5:2). La predicción fue hecha 700 antes que Jesús naciera.

Hay un versículo clásico: "¡Ya se te ha declarado lo que es bueno! Ya se te ha dicho lo que de ti espera el Señor: practicar la justicia, amar la misericordia, y humillarte ante tu Dios" (6:8), y hay una afirmación justo al final del libro que ha formado parte de varios himnos: "¿Qué Dios hay como tú, que perdone la maldad?" (7:18).

Todos estos pasajes son fáciles de recordar, pero generalmente son sacados de contexto y usados solo como pretextos. Debemos poner todo el libro en contexto, en tiempo y lugar. Dios siempre expresó su palabra en un momento particular y en un lugar particular. Por eso la Biblia, a diferencia de todos los demás libros sagrados, está llena de historia y geografía. Si usted lee el Corán o los Vedas hindúes, encontrará que son esencialmente libros que están llenos de pensamientos y palabras. Pero la Biblia es un libro de historia y geografía, porque Dios hizo conocer su revelación total en tiempos específicos y en lugares específicos, y esto es muy importante en el caso de Miqueas.

¿Dónde?

La Tierra Prometida era una franja muy delgada entre el mar Mediterráneo por un lado y el desierto de Arabia del otro. Era un corredor por el cual debía pasar todo el tráfico de Europa, Asia y África. Generalmente pasaba a lo largo de la costa por el camino llamado la Vía del Mar. La encrucijada del mundo estaba en el monte de Meguido (en hebreo, Armagedón). Todo el tráfico del mundo pasaba por aquí, y había una pequeña aldea llamaba Nazaret en una colina que dominaba la encrucijada. Por esta razón, Galilea, la parte norte de Israel, era llamada "Galilea de las naciones", porque el tráfico internacional pasaba por ella. El sur era más culturalmente judío. Estaba arriba en las montañas, con muchísimos menos visitantes internacionales.

Si hacemos un corte transversal del sur en dirección este-oeste, tenemos el mar Mediterráneo de un lado y el mar Muerto del otro. El mar Muerto es mucho más bajo que el Mediterráneo. Miqueas venía de la Sefelá, una zona entre colinas a unos 30 kilómetros del mar sobre una planicie de 1000 metros de altura. Vivía entre los filisteos y los judíos. Como tal, podía mirar hacia arriba, a la ciudad corrupta de Jerusalén, y hacia abajo, a la franja de Gaza.

Un detalle clave para apreciar es que Isaías y Miqueas fueron contemporáneos. Estuvieron predicando al mismo tiempo, pero Isaías nació en el palacio real. Era primo del rey, de modo que se sentía cómodo conversando con el gobierno. Miqueas, en contraste, vivía en la Sefelá, una región pobre. Así que Isaías venía de un trasfondo de clase alta y rica, pero Miqueas era un simple hombre del campo con un corazón por la gente común y corriente que estaba siendo explotada. Debido a su trasfondo, Isaías no está tan consciente de esto, así que ambos se complementan mutuamente.

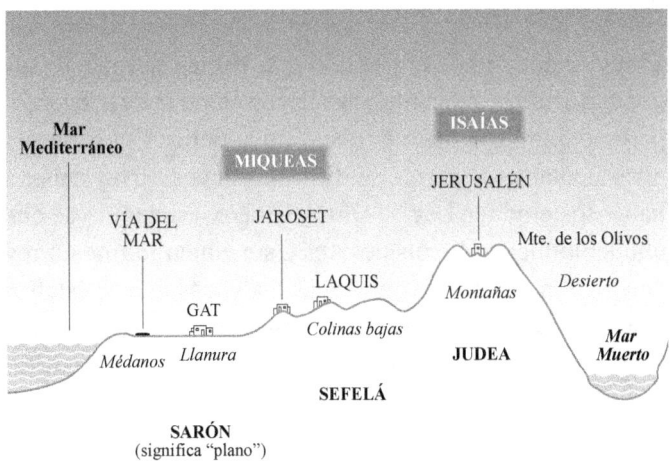

¿Cuándo?

Es probable que Miqueas haya profetizado alrededor de 735 a.C., cuando el rey malo Acaz estaba en el trono (735-715), si bien es posible también que su trabajo se superpuso con un rey anterior, Jotán.

Para este tiempo, por supuesto, Israel estaba dividido, luego de la guerra civil que estalló después de la muerte de Salomón. Las 10 tribus del norte se habían separado, denominándose Israel, y las dos tribus del sur eran conocidas como Judá. Así que Isaías y Miqueas estaban hablando a las dos tribus del sur mientras un hombre llamado Oseas estaba hablando a las tribus del norte, justo antes de que fueran llevados al exilio por los asirios.

Tanto Oseas como Isaías eran esencialmente hombres de ciudad, con trasfondos bastante buenos. Por lo tanto, Miqueas contrasta tanto con Oseas en el norte como con Isaías en el sur.

¿Por qué?

El rey Jotán (750-731) y el rey Acaz habían llevado al país por mal camino. Jotán fue considerado como un rey "bueno", pero no quitó los "lugares altos" de la tierra. Estos lugares altos alentaban el culto a los dioses cananeos. El rey debería haber sostenido la Ley de Dios y haberse asegurado de que el pueblo hiciera lo mismo. Acaz, sin embargo, fue un rey "malo" y no detuvo las prácticas malvadas que se estaban diseminando desde las diez tribus norteñas hacia las dos tribus del sur, y desde las ciudades hacia la campiña. En la Biblia, las ciudades siempre son vistas como entornos peligrosos. La concentración de pecadores acentúa la difusión del pecado. Los vicios y los crímenes generalmente son peores en la ciudad que en la campiña que la rodea.

En el caso de Judá, la corrupción en Jerusalén estaba comenzando a tocar los pueblos de la campiña en la Sefelá. Miqueas podía ver el efecto que estaba teniendo la mala influencia, y le dolía. Observaba sobornos entre los jueces, los profetas y los sacerdotes. Justo las personas que deberían haber sostenido la Ley de Dios estaban siendo pagadas para decir las cosas que la gente quería escuchar. Había explotación de los desamparados. La codicia, la ambición, el engaño, la violencia y la crueldad se habían vuelto demasiado comunes. El crimen estaba en aumento, los terratenientes estaban robando a los pobres, desalojando a viudas y huérfanos y dejándolos en la calle, los mercaderes y los comerciantes estaban usando balanzas y pesos inexactos, de modo que el comercio era corrupto. El pecado estaba infiltrando todos los niveles de la sociedad. Sobre todo, los ricos y poderosos estaban abusando de los pobres. El poder social y político estaba siendo usado para forrar bolsillos. Es una imagen triste, una descomposición completa del respeto y la confianza. Las relaciones familiares, el soporte de toda nación, se estaban desintegrando. Pero Miqueas tenía pasión por la justicia social y estaba horrorizado de que esta clase de cosas estuviera ocurriendo entre el pueblo de Dios, un pueblo que debía ser una luz para las naciones.

En medio de su preocupación por la situación, Miqueas tuvo una visión de Dios que tenía que ver con Judá, el norte y las naciones vecinas. Su visión pareció salir en ondas. Su primera visión fue realmente para la tribu de Judá, y luego su visión fue más lejos y tuvo una visión de toda la nación, aun esas diez tribus del norte, aunque ahora no tendrían nada que ver con el sur. Su corazón fue agrandado para llevar la carga del mundo perdido, si bien comenzó con una carga por su propio pueblo.

Vio a Dios que venía para tratar con Judá. Los juzgaría y les quitaría aun su pequeño pedazo de tierra en el sur. Era algo doloroso de ver, y lo afectó profundamente.

Había dos factores que lo hicieron sentir todo esto: uno era el Espíritu Santo y el otro era su propio espíritu. Todo profeta tenía un encuentro dinámico con el Espíritu Santo que lo llevaba a predicar. Pero a menudo su espíritu humano también sentía el dolor. Miqueas dijo que aulló como chacal, gimió como un avestruz y se arrancó la ropa, de tan grande que era su angustia. Se dio cuenta de que la situación era desesperada.

Estaba preocupado especialmente por tres problemas: idolatría, inmoralidad e injusticia. Lo que realmente lo afectaba era la injusticia. No podía soportar ver lo que el pueblo de Dios se estaba haciendo a sí mismo. La idolatría es cuando la gente insulta a Dios y adora otra cosa. Inmoralidad es cuando la gente se deja llevar por el placer. Pero la injusticia es cuando la gente se lastima entre sí, y ésta era la mayor carga en su corazón. Como "uno de entre el pueblo", su corazón estaba con las viudas y los huérfanos que estaban en la calle porque no podían pagar el alquiler. Hay un fuerte clamor por justicia social en toda la profecía.

Siempre me resulta útil ver la estructura y la forma de un libro, especialmente si está tan bien organizado como el libro de Miqueas. Está en tres partes distintas. Les he dado diferentes títulos para indicar el énfasis principal de cada una.

Los capítulos 1-3 simplemente hablan de crímenes y castigos, las cosas malas que están ocurriendo y que Dios castigará. Los capítulos 4-5 se centran en la paz y la seguridad. La justicia y la misericordia son los temas de los capítulos 6-7.

Crimen y castigo (capítulos 1-3)

En estos capítulos, Miqueas insta al pueblo a comprender cómo el pecado se ha extendido ahora desde las ciudades hasta los pueblos y aldeas mismos de la campiña en la Sefelá, de donde viene él. El contenido de su mensaje atrapa la atención de ellos astutamente. Pronuncia juicio sobre ellos usando el nombre de cada aldea de una forma que significa que nunca se olvidarán de su mensaje.

Los lugares

Si Miqueas estuviera predicando en Buenos Aires, diría algo por el estilo: "La Boca dejará de alimentarlos, Flores se convertirá en un desierto, Caballito solo tendrá fieras salvajes, Villa Luro estará siempre oscuro, Mataderos hará honor a su nombre, Recoleta será un lugar para recolectar enfermos y muertos, Villa Devoto les hará recordar lo que no hicieron, Colegiales no se acordará de lo que es un colegio, Nueva Pompeya les hará recordar la erupción del volcán".

Podría parecer algo extraño escribir de esta forma, pero es así exactamente como Miqueas habla de los sitios locales. Toma cada nombre de aldeas de la Sefelá y da vueltas sobre el nombre para transformarlo en un mensaje de juicio. Es una pieza de predicación brillante para mostrarles que Dios no los dejará salirse con la suya. Tarde o temprano él hará algo al respecto.

El pueblo

Está claro que Dios responsabilizaba a los líderes influyentes por la situación. Señaló con el dedo al rey, los sacerdotes y los falsos profetas que habían permitido que la descomposición espiritual se desarrollara sin obstáculos. Pero estaba especialmente preocupado por los especuladores, cuya despiadada explotación de los débiles significaba que los ricos se volvían más ricos y los pobres, más pobres.

Paz y seguridad (capítulos 4-5)

Los capítulos 4-5 son una sorpresa, porque contienen mayormente buenas noticias. El capítulo 3 finaliza con Jerusalén en ruinas. Miqueas dice que la instigadora del pecado —la gran ciudad— será asolada. Pero en estos capítulos tenemos una imagen diferente. Dice que el presente estado corrupto no es el fin de la historia.

El reino

Viene un reino en el que habrá un desarme multilateral: todas las disputas serán arregladas por un rey en Sión. La sede central de las Naciones Unidas no debería estar en Nueva York, sino en Jerusalén, porque es ahí donde se arreglarán las disputas un día. Cuando "el Señor reine en Sión", arreglará todas las disputas del mundo. El reino será establecido en la tierra. Cuando oramos el Padrenuestro, pedimos que ocurra esto: "Venga tu reino, hágase tu voluntad en la tierra como en el cielo". Por supuesto, no puede venir hasta que venga el Rey, porque uno no puede tener un reino sin un rey. Miqueas sigue diciendo que el rey vendrá de la pequeña aldea de Belén. Bet significa "casa" y lehem significa "pan", así que el nombre significa literalmente "casa de pan". Era esta pequeña aldea que proveía maíz a Jerusalén, además de corderos para los sacrificios.

El rey
Miqueas mira hacia adelante, no solo a la primera venida de Jesús, sino a su segunda venida. La descripción es de este último suceso, cuando venga a reinar en la tierra sobre las naciones. Las palabras son idénticas a Isaías 2:1-4, lo que nos lleva a preguntar cuál vino primero. ¿Copió uno al otro, ambos copiaron a un tercero o recibieron mensajes idénticos de Dios? Es imposible saber con certeza.

Toda la segunda parte de Miqueas son buenas noticias. La ciudad de David brindará el rey que vendrá para gobernar al mundo y traer paz y prosperidad.

Justicia y misericordia (capítulos 6-7)

La última sección de Miqueas está en la forma de una escena de tribunal. Dios es el fiscal y Miqueas es el abogado defensor. El pueblo de Judá, ahora corrompido por el pecado, está sentado en el banquillo y Dios se está reivindicando.

Dios habla con el pronombre personal "yo", y lo mismo hace Miqueas. Tienen una discusión acerca de quién está en el banquillo. Dios explica que lo que realmente quería de ellos no era sacrificios (la sangre de miles de carneros), sino justicia. Dice que lo que quería de ellos era "practicar la justicia, amar la misericordia, y humillarse ante Dios".

Justicia es dar a la gente lo que se merece, pero misericordia es darles lo que no merece. Un hombre estaba haciéndose un retrato y le dijo al artista: "Espero que esto me hará justicia". El artista le respondió: "¡No necesita justicia, sino misericordia!".

La justicia y la misericordia no son contradictorias, sino que viajan por el mismo camino juntas. La diferencia es que la justicia solo puede llegar hasta un punto, pero la misericordia toma el control y sigue más lejos, y Dios es el amo supremo de ambas. Dios siempre actuará de manera justa. Nadie podrá decir jamás que él es injusto.

Todo lo que recibió Dios fue la sangre de miles de carneros. Judá mantuvo el costado ritual y religioso, pero Dios estaba buscando más que eso. Lo más importante es la posición de los hombres ante Dios, y la principal prueba de esto es cuál es su posición antes los demás hombres. Si usted está en una relación con Dios, entonces se encontrará actuando de manera justa y mostrando misericordia, porque es así exactamente cómo él actúa con usted.

Miqueas está abatido en la escena del tribunal, y luego su abatimiento se transforma en regocijo cuando se da cuenta de que el juez en la sala de tribunal mostrará misericordia también. De modo que obtenemos este hermoso equilibrio al final del libro, con el pacto de misericordia que establece Dios.

Cuando un niño se porta mal, un padre o una madre tiene un problema. ¿Le mostrará justicia y le dará lo que se merece, o lo perdonará? Es muy difícil ser justo y misericordioso, excepto bajo una circunstancia: cuando un inocente está dispuesto a sufrir la justicia en nombre del culpable. Entonces el pecado puede ser castigado y perdonado al mismo tiempo. Por eso fue necesaria la cruz. Como lo expresa el himno "Beneath the Cross of Jesus" (Bajo la cruz de Jesús):

O seguro y feliz albergue,
O refugio probado y dulce,

O lugar de encuentro
Donde el amor del cielo y
La justicia del cielo se unen.
Elizabeth Cecilia Clephane (1830-1865)

En la cruz vemos la justicia perfecta de Dios (la pena de muerte exigida por el pecado) y también la misericordia perfecta de Dios (el culpable pueda quedar libre), porque el inocente ha pagado el precio. Si Dios nos perdonara sin la cruz, entonces sería misericordioso pero no justo. Si se rehusara a perdonar el pecado y lo castigara, entonces sería justo pero no misericordioso. Por esta razón es tan importante el trasfondo del Antiguo Testamento. Aprendemos que los israelitas conocían el perdón del pecado a través del sacrificio de una vida inocente. Sin el derramamiento de sangre no puede haber perdón de pecado, porque sin este derramamiento Dios no puede ser justo y misericordioso a la vez.

Miqueas también escribe que tenemos que "humillarnos". Este tercer requisito es tan importante como los otros dos. Es posible cumplir con los dos primeros y sentirse orgulloso, pero usted solo lo ha podido cumplir porque Dios primero hizo algo por usted, y porque se humilla ante él.

En el Nuevo Testamento, Mateo toma la predicción de que un gobernante vendrá de Belén. Una decisión tomada por el emperador romano en su palacio de Roma, a miles de kilómetros de distancia, llevó a José y María a Belén a pagar el impuesto personal. Fue una sincronización asombrosa.

Pero el Nuevo Testamento también nos dice que, cuando venga ese rey, asumirá el gobierno del mundo y traerá paz a toda la tierra. Esto tiene que cumplirse aún, y ocurrirá cuando Cristo venga de nuevo.

Es importante señalar que hay muchas profecías que explican lo que ocurrirá cuando venga el Mesías que no se cumplieron cuando Jesús vino la primera vez. Ésta es una gran ofensa para los judíos. Ellos creen que el Mesías traerá la paz mundial y, como Jesús no lo hizo, no puede ser el Mesías. Pero un secreto oculto a todos los profetas del Antiguo Testamento y solo revelado en el Nuevo fue que el Mesías vendría dos veces: primero para morir por nuestros pecados y después para gobernar el mundo.

Temas teológicos

Antes de dejar Miqueas haríamos bien en destacar algunos de los temas teológicos que aparecen en el libro.

Dos lados del carácter de Dios

Describe dos lados del carácter de Dios: es justo, así que debe castigar, pero es misericordioso, así que puede perdonar. Odia el pecado, pero ama a los pecadores. Este tema permea el libro. Cada sección comienza con condena y finaliza con consuelo. La justicia viene antes que la misericordia. El pecado debe ser castigado antes que sea perdonado.

Miqueas nos recuerda que debemos dejar el trabajo a Dios. Debemos reflejar a Dios, pero no reemplazarlo. Nuestro trabajo hoy sigue siendo "practicar la justicia, amar la misericordia, y humillarnos ante nuestro Dios".

Dónde vendrá Cristo

La profecía nos dice claramente que el rey vendrá a Belén, un lugar altamente improbable. Era pequeño e insignificante, aparte de su provisión de pan para el mercado de Jerusalén y corderos para los sacrificios del templo. Pero la profecía se cumplió, y todo a través de un impuesto personal de César Augusto.

Por qué vendrá Cristo

La profecía también apunta hacia adelante a la segunda venida de Jesús, cuando gobernará sobre todo el mundo.

Las profecías que no se cumplieron en su primera venida se cumplirán cuando venga por segunda vez.

Acción social
La profecía también da a los cristianos un estatuto para nuestra vida en la sociedad. La iglesia debería tener una voz profética, alertando a la gente acerca de los males de la explotación donde ocurran y brindando una voz para los pobres y desfavorecidos. Al hacerlo, nos estamos preparando para el tiempo en que reinaremos con Cristo, cuando vuelva.

Rechazo social
En vista de esto, los cristianos no deberían sorprenderse cuando los que los rodean, aun los que están cerca de ellos, no estén de acuerdo con lo que respaldan. Miqueas mismo dijo que "los enemigos de cada cual están en su propia casa". Jesús dijo a sus discípulos que, así como algunos lo odiaban a él, también los odiarían a ellos. Los cristianos hoy deben estar preparados para andar como él anduvo y enfrentar las consecuencias.

23.
NAHÚM

Introducción

El profeta Nahúm está estrechamente vinculado con su colega más famoso, Jonás, así que cuando vimos ese libro notamos las similitudes entre ellos. Ambos venían de las 10 tribus del norte, y ambos fueron enviados a Nínive, la capital de Asiria, la principal potencia mundial de su tiempo. Sin embargo, el mensaje de destrucción de Nahúm vino 150 años después del tiempo de Jonás, cuando las circunstancias eran muy diferentes.

La historia reciente era ésta. Luego que Jonás fue a Nínive, el imperio asirio se expandió. Intentaron invadir las 10 tribus del norte durante el reinado de Acab, pero fracasaron. Volvieron durante el reinado del rey asirio Asurbanipal y se llevaron a toda la tribu de Benjamín, y volvieron bajo Salmanasar para deportar al resto de las tribus al exilio. De ahí en adelante, todo lo que quedó del territorio fue la pequeña Judá en el sur. Fue un tiempo catastrófico para el pueblo de Dios.

Durante el reinado de Ezequías, Senaquerib vino y sitió a Jerusalén, pero fue repelido cuando un ángel mató a 185.000 asirios. Pero no se amedrentaron y continuaron su expansión. Conquistaron Tebas, en el Alto Egipto, y se convirtieron en un imperio poderoso.

Luego de Jonás, dos profetas recibieron mensajes para Asiria. Primero Sofonías, como parte de su mensaje a Judá, predijo que Dios destruiría a Asiria y convertiría a su gran capital, Nínive, en una tierra desolada y arrasada. La otrora orgullosa ciudad pasaría a ser una tierra de pastoreo para ovejas, y muchos animales salvajes harían su hogar ahí. Los grandes palacios quedarían en ruinas, a la merced de los elementos.

Pero Sofonías habló de esta destrucción sin especificar cuándo ocurriría. Fue Nahúm quien dijo finalmente a los asirios que estaban terminados. En su profecía tenemos el registro de su advertencia final. La gran diferencia entre Jonás y Nahúm es que, en esta ocasión, Dios no los perdonó. Es interesante que ambos describen a Dios como lento en ira, pero la diferencia con Nahúm era que el tiempo se había agotado. Una vez que se enciende la ira de Dios, uno no puede apartarla. Mientras su ira está hirviendo a fuego lento, puede ser alejada, pero cuando estalla el hervor, nada puede detenerla. Hay, por supuesto, un día en que todo el mundo enfrentará la ira de Dios. Leemos en Apocalipsis acerca de un día cuando la gente preferirá ser tragada por un terremoto antes que contemplar la ira en el rostro de Dios.

El rey de Nínive oró y ayunó nuevamente, como en el tiempo de Jonás, pero Dios no quiso aceptarlo. Era demasiado tarde como para cambiar. El último versículo de Nahúm tiene las duras palabras: "Tu herida no tiene remedio; tu llaga es incurable".

Sorprendentemente, esto se describe como una buena noticia, aunque por supuesto no para los asirios. Es una buena noticia para Israel y para Nahúm, que nació bajo el gobierno asirio en Tierra Santa. Nahúm está diciendo a los asirios que todo el que escuche la noticia de su caída celebrará, "pues, ¿quién no fue víctima de tu constante maldad?". Es una vívida profecía.

Como ocurre con la profecía de Jonás, hay una pregunta que subyace el libro de Nahúm y que ha preocupado a los cristianos a lo largo de las generaciones. La profecía de Jonás pregunta: "¿Controla Dios la naturaleza?". Nahúm pregunta: "¿Controla Dios la historia?". La Biblia dice que es Dios quien dibuja el atlas de la historia. Cuando el apóstol Pablo predicó a los griegos en la colina de Marte, en Atenas, dijo que Dios asigna a cada nación su lugar en el tiempo y el espacio. Él permite que una nación surja y se convierta en un imperio, y es él quien le pone fin. Yo creo que Dios puso fin al imperio británico cuando se lavó las manos con relación al pueblo judío en 1947 y dijo que no quería tener nada más que ver con los judíos. En cinco años el imperio había desaparecido. Dios no solo controla toda la naturaleza, sino que también controla toda la historia. Es él quien levanta a príncipes y reyes, y quien los derriba. Dios está a cargo de la historia y, por lo tanto, la historia es predecible. Parte de la tarea de los profetas era predecir la historia: escribirla antes que ocurriera. Nahúm está diciendo que Nínive está terminada, algo que parece imposible de creer cuando uno ve su poder y su fuerza.

Un bosquejo de Nahúm

Éste es un bosquejo de la profecía de Nahúm. Tiene solo tres capítulos y se divide fácilmente entre ellos. Su foco es la caída de Nínive.

Proclamación - ¿Quiénes? - Intervención (capítulo 1)
Desastre para sus enemigos
Liberación para sus amigos

Descripción - ¿Cómo? - Invasión (capítulo 2)
Un día de saqueo
Un día de leones

Explicación - ¿Por qué? - Inhumanidad (capítulo 3)
Conquista por la fuerza
Corrupción por las finanzas

Proclamación (capítulo 1)

Ante todo, tenemos la proclamación de que los enemigos de Dios serán castigados por él. La intervención divina significa el desastre para los enemigos de Dios, y liberación para sus amigos. La intervención de Dios siempre tiene un carácter doble. Cuando interviene en la historia y actúa, significa desastre para todos los que lo desafían y que confían en ellos mismos. Dios es un Dios celoso. No es envidioso —no envidia nada de nadie, porque todo es de él de todos modos—, pero es celoso. Envidia es querer algo que tiene otra persona; celos es querer lo que le corresponde legítimamente a uno. Usted puede ser envidioso de la esposa de otra persona, pero sería celoso de la propia. Dios es celoso de su nombre, su reputación, su pueblo y su mundo. Dios dice: "Es mi nombre, es mi reputación, es mi mundo, y no permitiré que las personas se comporten de esta forma en mi mundo".

Junto con los celos de Dios está su venganza. Estos no son atributos populares de Dios, pero tenemos que entenderlos si queremos obtener una apreciación correcta de quién es. Nahúm se concentra casi exclusivamente en los celos y la venganza de Dios contra quienes lo desafían y confían en ellos mismos.

El primer capítulo es un poema acróstico, en el cual cada verso comienza con una letra del alfabeto hebreo, de modo que es fácil de recordar por el pueblo de Israel. Era una buena noticia para ellos, algo para guardar en sus corazones.

El capítulo alterna entre una declaración a Nínive y una declaración a Israel: malas noticias para uno y buenas noticias para el otro. Es una maravillosa obra literaria. Nahúm podía armar palabras de una manera fácil de recordar, por la inspiración del Espíritu Santo.

Descripción (capítulo 2)

Si el primer capítulo es una proclamación de que Nínive caerá, el segundo es una descripción de cómo ocurrirá. Es absolutamente asombroso en sus detalles, casi como si Nahúm estuviera observando los sucesos desarrollándose en un televisor.

Lo fascinante es que el pueblo que vino a destruir Nínive usaba uniformes escarlata, tal como Nahúm profetizó, aun cuando esta clase de uniformes eran desconocidos en el tiempo de Nahúm. Él vio también cómo entraron por las compuertas del río y describió la ciudad de sangre:

Se oye el chasquido de los látigos, el estrépito de las ruedas, el galopar de los caballos, el chirrido de los carros, la carga de la caballería, el fulgor de las espadas, el centellear de las lanzas, la multitud de muertos, los cuerpos amontonados, los cadáveres por doquier, en los que todos tropiezan.

Todo esto porque Nínive se había vendido a los enemigos de Dios.

Es un estilo vívido, y podemos imaginarnos al profeta predicando el mensaje. Nahúm estaba llamando a Nínive un león sin dientes, una imagen bien elegida, porque el león era el emblema de Asiria. Pero ya no son una amenaza para nadie y ellos mismos están aterrorizados. Por lo tanto, hay una especie de justicia poética en esto.

Explicación (capítulo 3)

En el capítulo 3, Nahúm pasa de la descripción a la explicación. La razón del juicio es la pura inhumanidad de Asiria. Vemos aquí la justicia de Dios. Él no juzga a los asirios por quebrar los Diez Mandamientos, porque no los conocían. Cuando Dios envía a un profeta a pronunciarse contra pueblos que no son el pueblo de Dios, los acusa de crímenes contra la humanidad que ellos saben instintivamente que están mal. Los que nunca han escuchado los Diez Mandamientos igual saben que está mal ser bárbaros y crueles.

Dios juzga a los pueblos por lo que saben. Éste es un principio que recorre toda la Biblia. Si una persona no conoce los Diez Mandamientos, no será juzgada por quebrantarlos. Si una persona nunca escuchó hablar de Cristo, no será juzgada por no haber escuchado de él. Pero todos tienen algún conocimiento de Dios a través de la creación que los rodea y la conciencia en su interior. Dios juzgará a todos por lo que saben instintivamente que está mal. El documento U144 de las Naciones Unidas, la Declaración de Derechos Humanos, no fue escrito por cristianos, pero incluye la clase de cosas que todos reconocen como justas y correctas.

Dios estaba juzgando las prácticas malvadas de los asirios. Con sus carrozas recorrían todo un país, asesinando a todos los habitantes y tomándolo por la fuerza. Estaban corrompidos también por el dinero, y el soborno era frecuente entre ellos. Nahúm dijo que ellos sabían que estas dos cosas estaban mal, y por causa de ellos Dios destruiría su ciudad.

Es algo que me llama la atención, porque nuestro mundo no es ajeno a ninguno de estos pecados, y la gente sabe que ambos son malos.

¿Qué ocurrió con Nínive?

Hoy Nínive es un desierto. El gran palacio de otros tiempos ha desaparecido por completo. En su lugar, viven lechuzas y puercoespines y toda clase de animales salvajes, tal como lo predijo Sofonías. Estuvo perdido por siglos, pero fue encontrado por un inglés llamado Layard en 1820, en la ribera oeste del Tigris.

¿Qué ocurrió con Nahúm?

Sabemos que el profeta nunca regresó de Nínive. Su tumba puede ser encontrada en la ribera occidental del Tigris hoy. Es venerada por los árabes, que lo reconocen como uno de los hombres santos de Dios.

Capernaúm, un pueblo de Galilea, tomó su nombre de él (*Caper* = "aldea", *naum* = "Nahúm"). Fue esta aldea, entre otras, que recibió la condena de Jesús. Como Nínive, ellos también se rehusaron a escuchar la palabra del Señor. Como la otrora gran ciudad, Nínive, Capernaúm también yace entre escombros hoy.

24.
SOFONÍAS

El mensajero (1:1)

Los libros proféticos se centran más en el mensaje que en el mensajero, y esto nunca es más cierto que en el caso de Sofonías. Sabemos muy poco de él. Los únicos detalles biográficos están en el versículo 1 del capítulo 1, donde se nos dice su nombre y su genealogía. El nombre Sofonías en hebreo es *Sephenjah*, que significa "Dios oculto". No es claro si esto significa que Dios se ha ocultado o si Sofonías había sido ocultado por Dios. Su genealogía nos da una pista, porque es el único profeta que traza su genealogía cuatro generaciones atrás. Ezequías, el último "buen" rey de Judá (ver Isaías 36-39) fue su bisabuelo. De modo que Sofonías tenía sangre real. Durante el reinado de Manasés, la descendencia real estaba siendo sacrificada al dios Moloc bajo la dirección del rey, así que mi teoría es que Sofonías fue oculto por su madre para evitar la matanza. De ahí que su nombre mismo es un reflejo de la preservación de Dios de él para ser un profeta para su pueblo.

La genealogía nos da la era en la que vivió y predicó. Desde el tiempo de Ezequías, la nación se había apartado de Dios. Además del sacrificio de niños y el culto a Moloc, Manasés restituyó los símbolos fálicos y de Aserá en los lugares altos y alentó al pueblo a volver a los cultos de fertilidad, con sus connotaciones sexuales. El sitio para los sacrificios de niños era Gehena, un valle justo al sur de Jerusalén, maldito por Jeremías y usado como una imagen del infierno por Jesús. A lo largo de los primeros años del reinado de Manasés Isaías intentó detener la declinación de la moralidad nacional y advirtió al rey acerca de las terribles consecuencias de sus caminos malvados. Pero el rey no quiso escuchar y prohibió a Isaías predicar, de modo que tuvo que escribir sus profecías y circularlas en forma escrita. Finalmente, Manasés ordenó la ejecución de Isaías.

Eso no fue todo, porque este rey estuvo involucrado también en la astrología y con los médiums espiritistas, en un desafío adicional de la Ley de Dios. Esta confusión espiritual produjo un caos moral, porque la idolatría siempre conduce a la inmoralidad. El veredicto de Dios sobre Manasés en 2 Crónicas fue que era más malvado que los cananeos originales, una afirmación pasmosa, ya que Dios había instruido a su pueblo que expulsara a los cananeos por sus vidas corruptas. Podemos imaginarnos cómo se sentía Dios en este punto. Había removido a los cananeos para hacer lugar para su pueblo santo, y ahora ellos eran peores que el pueblo que habían reemplazado.

Manasés murió luego de reinar 55 años y fue sucedido por Amón, un personaje muy débil que no hizo nada para arreglar las cosas, y Judá siguió deslizándose. Amón fue asesinado luego de solo dos años en el trono. Toda la nación estaba en un caos moral.

Luego un niño de ocho años, llamado Josías, se convirtió en rey, si bien el verdadero gobernador en los primeros años fue Jilquías, el sumo sacerdote. Con reyes buenos y malos en su árbol familiar, no estaba claro a quién seguiría este rey niño: a Ezequías, su bisabuelo, o a Manasés, su abuelo. Así que Dios envió a Sofonías el profeta para impedir que la nación fuera exiliada por su pecado, como había ocurrido con sus hermanos del norte.

El mensaje (1:2-3)

La voz de la profecía había permanecido en silencio por 70 años. Desde la muerte de Ezequías y el asesinato de Isaías, no había habido palabra de Dios. Sofonías habló a un vacío con un mensaje muy fuerte.

Esta profecía ha sido llamada un compendio de todas las profecías, porque incluye varios elementos que se encuentran en la obra de otros profetas. Todos su mensaje giraba alrededor de "el día del Señor", que aparece mencionado 23 veces. Este "día" no es un período de 24 horas, sino significa un período de tiempo, como en "el día del caballo y la carreta". Era el día del juicio de Dios, de arreglar las cosas, el día de la reivindicación de la justicia, cuando los agravios son corregidos y la maldad es castigada.

Hay un paralelo en el calendario inglés. Históricamente, hay cuatro días trimestrales para ajustar cuentas: Lady Day (25 de marzo), Midsummer Day (24 de junio), Michaelmas Day (29 de septiembre) y Navidad (25 de diciembre). Todas las cuentas eran analizadas, auditadas y arregladas, y el fraude era castigado. Nos dan un cuadro del día del Señor.

Sofonías usa una palabra interesante para describir las emociones de Dios. Dice que Dios está "irritado", aunque sin la petulancia egoísta que exhiben los humanos. El día del Señor es el día en que Dios dice basta, y su ira rompe el hervor.

Hay dos clases de ira en la Biblia. Una es la ira interior que una persona mantiene adentro y no deja salir. Está hirviendo a fuego lento y no es obvio para los demás. La otra es la ira que estalla repentinamente, de modo que todos se dan cuenta. Es esta ira interior la que aparece en el libro de Sofonías. El profeta está diciendo que la ira de Dios está hirviendo a fuego lento ahora, y vendrá el día de la cólera, cuando Dios no podrá contenerla más.

Si bien la ira que hierve a fuego lento a menudo pasa desapercibida, las señales de que Dios está enojado pueden verse. Los síntomas de la ira a fuego lento están ahí para que todos vean en una sociedad que va barranca abajo (compare Romanos 1). Pero un día la ira de Dios romperá el hervor. Debemos postergar este día arrepintiéndonos y arreglando las cosas. Éste es uno de los temas de la profecía.

Un bosquejo de Sofonías

Religión foránea (1:4-2:3)
Debido (1:4-6)
Declarado (1:7-9)
Descrito (1:10-16)
Desviado (2:1-3)

Regiones condenadas (2:4-15)
El oeste – Filistea (2:4-7)
El este – Moab y Amón (2:8-11)
El sur – Egipto y Etiopía (2:12)
El norte – Asiria (2:13-15)

Redención futura (3:1-20)
Maldiciones – justicia divina (3:1-8))
  (a) Obstinación nacional (3:1-7)
    (i) Rebelión (3:1-4)
    (ii) Resistencia (3:5-7)
  (b) Erradicación internacional (3:8)
Bendiciones – misericordia divina (3:9-20)
  (a) Piedad internacional (3:9)
  (b) Alegría nacional (3:10-20)
    (i) Alegría (3:10-17)
    (ii) Retorno (3:18-20)

Estas tres secciones son muy claras pero, como suele suceder, los encabezados de los capítulos no dividen el libro correctamente.

Religión foránea (1:4-2:3)

En la primera sección el profeta está preocupado por las religiones foráneas que se han convertido en parte de la vida nacional de Judá. Anuncia juicio y hace cuatro afirmaciones básicas acerca del día del Señor que viene.

Debido (1:4-6)
Ha habido un desvío considerable de una relación correcta con Dios. Muchos habían abandonado su lealtad para con el Dios de Israel en favor de otros dioses. Los sacerdotes, que tendrían que haber estado asegurándose de que el pacto era guardado, estaban llevando al pueblo por mal camino ellos mismos. La superstición era frecuente y muchos seguían el culto malvado de Moloc de Manasés.

Declarado (1:6-9)
Sofonías describe lo que les ocurrirá cuando Dios los juzgue. Cuando leemos los libros proféticos podemos sentir que estamos leyendo exactamente el mismo mensaje. Pero Dios necesita repetirse, especialmente porque ha habido 70 años entre estas palabras y sus últimas palabras. Sofonías está advirtiendo al pueblo que el día cuando el Señor juzgará se está acercando mucho.

Descrito (1:10-17)
El juicio será catastrófico para el pueblo. En general, ellos muestran una actitud complaciente con relación a su conducta y a cómo se siente Dios al respecto. Sofonías les advierte que, cuando venga el juicio, todos lo sabrán.

Desviado (2:1-3)
Luego les ofrece la posibilidad de que, aun en esta etapa, el juicio pueda ser desviado de Israel por su arrepentimiento. Es el mismo mensaje que tienen todos los profetas. Si se humillan, Dios escuchará y perdonará, y les mostrará misericordia a cambio. Por cierto, la necesidad de mansedumbre es un requisito clave en el mensaje de los profetas (ver Isaías 2:9 y Miqueas 6:8).

Regiones condenadas (2:4-15)

Sofonías se dirige a las naciones que amenazan a Judá desde los cuatro puntos cardinales. Al oeste de Judá estaba la tierra de Filistea, de donde dice descender la moderna "Palestina". Al este estaban Moab y Amón, y al sur, Egipto y Etiopía. Al noreste estaba Asiria, la potencia mundial de ese tiempo, sobre los ríos Tigris y Éufrates. Pocas naciones no estaban afectadas por los asirios. Se habían llevado las 10 tribus del norte. Babilonia, a esta altura, era aún una potencia pequeña e insignificante.

Sofonías recibe un mensaje de que estas naciones serán juzgadas por Dios. Él es el juez de todo el mundo, y ellas serán juzgadas por su actitud hacia Judá. Pero esta interacción es de dos vías. No solo Dios juzga a naciones del extranjero por su actitud hacia Judá, sino que también las usa para disciplinar a Judá. Se nos dice en el libro de Amós que Dios trajo a los filisteos de Creta para habitar la tierra al oeste de Canaán al mismo tiempo que los hijos de Israel invadieron el territorio. Es Dios quien reacomoda las naciones y dibuja el mapa para dictar dónde estarán los pueblos.

De modo que los filisteos se convirtieron en un verdadero aguijón en el costado de Israel, hasta el tiempo del rey David (unos 700 años después). Por cierto, el nombre "filisteo" se ha convertido en un término proverbial en el idioma inglés para describir a alguien que es hostil a otras culturas. En Deuteronomio Dios explica la situación: "Los he traído para probarlos. Si guardan mi palabra, los mantendrán a raya y no serán ningún problema para ustedes. Pero si me desobedecen, los he traído para ser un instrumento de disciplina para ustedes, y cuando estén haciendo lo incorrecto los vencerán".

Esta acción demuestra la preocupación de Dios. Dios es un Padre para su pueblo, y un buen padre disciplina a sus hijos cuando yerran. De hecho, Hebreos 12 dice: "Si el Señor no te disciplina, entonces no eres un verdadero hijo de Dios". Este principio no es comprendido siempre por los lectores de la Biblia. Si uno se convierte en un hijo de Dios, entonces él lo disciplinará cuando peca. Pero Dios hace esto para que no necesite ser castigado después de la muerte. Así que los cristianos pueden esperar que la vida en este mundo sea dura. Me resulta imposible creer los testimonios en los que las personas dicen que después que llegaron a Jesús todos sus problemas desaparecieron. Los creía en un tiempo, pero me deprimía, porque mi testimonio era tan diferente. Cuando llegué a Jesús, ¡mis problemas comenzaron! Cuando fui bautizado en el Espíritu, mis problemas se volvieron aún peores. ¡He estado en más problemas en los últimos 5 años que en los 40 anteriores! Pero estoy contento, porque encaja con las promesas de Jesús. Él dijo: "En el mundo tendrán grandes problemas. Pero, alégrense: ¡yo estoy por encima de ellos!".

Redención futura (3:1-20)

En la última sección hay una extraña tensión entre las maldiciones y las bendiciones. Es casi como si Sofonías estuviera diciendo: "Escojan lo que realmente quieren tener. ¿Realmente quieren la justicia de Dios?". Él está lleno de misericordia y quiere tener misericordia para con nosotros, pero no la puede dar sin nuestra cooperación, porque solo se la da a quien se la pide.

Escucho oraciones por toda clase de cosas, pero me entusiasma escuchar a personas pedir misericordia, porque han entendido una ley clave del reino. Solo pedimos misericordia si pensamos que somos malos. Si pensamos que somos excelentes, pedimos salud, fortaleza, guía, toda clase de cosas; pero nunca pedimos misericordia.

Maldiciones – justicia divina (3:1-8)

(A) OBSTINACIÓN NACIONAL (3:1-7)

(i) Rebelión (3:1-4)
En la primera parte del capítulo 3 Sofonías confronta al pueblo con la posibilidad de un día de justicia divina, cuando les dice lo obstinados que son. Se han rebelado contra Dios deliberadamente y se resisten al llamado de Dios.

(ii) Resistencia (3:5-7)
También los acusa de resistencia. Los gobernantes, oficiales, sacerdotes y profetas están todos involucrados. Son un pueblo obstinado. Después de leer el versículo en Sofonías, "cada mañana imparte su justicia", escribí una canción, con la melodía del himno "O tu fidelidad":

>O tu justicia,
>Dios todo santo,
>No hay error de justicia en ti.
>No cambias nunca, ni tus mandamientos
>Como has sido, por siempre serás.
>O tu justicia,
>O tu justicia,
>Cada mañana la veo en mí.
>Lo merecido
>Tú has retribuido
>O tu justicia
>Escucha el clamor.

Nos encanta cantar canciones agradables acerca de los atributos positivos de Dios, como la fidelidad, pero debemos aceptar que Dios tiene otro lado, y debemos estar agradecidos por ese lado también. Pablo dice en su carta a los Romanos que debemos considerar "la bondad y la severidad de Dios: severidad hacia los que cayeron y bondad hacia ti. Pero si no te mantienes en su bondad, tú también serás desgajado".

Sofonías está diciendo al pueblo que, si continúan rebelándose y resistiéndose, habrá un desastre nacional. La ira de Dios romperá el hervor y vendrá el día del Señor.

(B) ERRADICACIÓN INTERNACIONAL (3:8)
Lo que es cierto de la ira de Dios hacia Judá es cierto para todo el mundo. Él dice que esta misma ira se desbordará sobre las naciones y las eliminará. Comparecerán todas ante él y los malvados serán consumidos por su ira celosa.

Bendiciones – misericordia divina (3:9-20)
El libro concluye con una nota de esperanza, en común con muchos de los profetas. Por ejemplo, Amós predicó un mensaje de la justicia de Dios, como el penúltimo profeta a las 10 tribus en el norte antes que desaparecieran, pero la última palabra para el norte fue la profecía de Oseas, un mensaje de la misericordia y el amor de Dios. Casi es como si la última palabra de Dios para nosotros fuera: "¿No quieren tener mi misericordia?". Sofonías finaliza de la misma forma. Dios no quiere castigar, no se complace en la muerte de los malos. Él quiere mostrar misericordia, así que finaliza con una nota de esperanza para el futuro.

(A) PIEDAD INTERNACIONAL (3:9)
Su nota de misericordia para las naciones es que de cada nación sacará personas que lo amarán. Se nos dice que vendrán personas de todo linaje, tribu, lengua y nación. Dios no quiere omitir un solo grupo étnico en la tierra. Por esto nos dijo que predicáramos el evangelio a todos los grupos étnicos y que hiciéramos discípulos de ellos.

(B) ALEGRÍA NACIONAL (3:10-20)

Pero luego finaliza con las posibilidades de bendición para Israel mismo. Nueve veces en esta última sección pequeña Dios dice que hará algo. Judá podrá romper su pacto, pero él nunca lo hará.

(i) Alegría (3:10-17)

En ese día nadie será orgulloso o altivo; no harán mal a nadie y no dirán mentiras. Nadie podrá hacer que teman. Habla de un futuro maravilloso cuando él los calmará con su amor. Hasta dice que Dios cantará acerca de su pueblo: "se alegrará por ti con cantos".

(ii) Retorno (3:18-20)

Dios reunirá a los que han sido dispersados y traerá de vuelta a casa a un remanente que venerará su nombre. Si bien ellos han sido despreciados, serán exaltados a los ojos del mundo. Dios les dará "fama y renombre entre todos los pueblos de la tierra". Al final del libro hay una nota de esperanza extraordinaria. El pueblo de Dios tiene la oportunidad de ser juzgado ahora y arreglarse con Dios ahora.

Conclusión

Nos queda una pregunta con relación a Sofonías. ¿Fue efectiva su profecía? ¿Prestó alguna atención Josías?

Josías llegó al trono a los ocho años de edad en 640 a.C. y reinó 31 años. Al principio estuvo fuertemente influenciado por el sumo sacerdote Jilquías, que tendía a mantener el statu quo, pero luego empezó a ser influido por Sofonías. Cuando tenía 16 años destruyó los altares en Jerusalén. A los 20 años de edad ordenó que todos los altares paganos fueran destruidos en todo el país. Cuando tenía 28 años notó que el templo de Dios estaba en malas condiciones, así que ordenó que fuera reparado. Mientras hacían esto, alguien encontró una copia de la Ley de Dios en un viejo y polvoriento armario. Se dieron cuenta de que no lo habían estado estudiando o leyendo durante años. Cuando Josías lo leyó, quedó horrorizado. A los 28 años de edad ordenó que la Ley volviera a ser leída y cumplida en toda la nación.

Las señales hasta este punto eran buenas. Pero Josías no se dio cuenta de que uno no puede hacer buenas a las personas por una ley del Parlamento. Muchos piensan hoy que si tan solo nuestro gobierno aprobara buenas leyes, la gente se comportaría de una manera cristiana. Pero la justicia no puede imponerse desde arriba, sino que debe ser expresada desde adentro, al obrar Dios en el corazón humano.

La vida de Josías finalizó luego de un ataque imprudente al ejército egipcio, que estaba pasando por Tierra Santa para atacar Asiria. Fue muerto en la batalla que se produjo, a pesar de estar disfrazado.

De modo que, aunque tuvo alguna influencia, Sofonías no logró dar vuelta a la nación. El pueblo no escuchó. Pero su obra no cayó en saco roto. Había un joven de la misma edad de Josías que Dios escogió para tomar la carga profética. Jeremías recibió el encargo de decir al pueblo que la reforma no estaba funcionando y que necesitaban volver a Dios.

Cómo usar Sofonías

La aplicación clave para el creyente hoy tiene que ver con el juicio.

(a) El día del juicio para todo el mundo vendrá luego de la muerte. La condenación de Judá es un anticipo y un presagio de lo que ocurrirá con el mundo. Jesús alude en dos oportunidades a Sofonías con relación a la segunda venida (ver Mateo 13:41 y Sofonías 1:3; Mateo 24:29 y Sofonías 1:15). La mayoría de las personas enfrentarán la ira de Dios luego que vuelva Jesús.

(b) El día del juicio para el pueblo de Dios vendrá antes que ocurra para otros pueblos. 1 Pedro 4:17 dice: "Porque es tiempo de que el juicio comience por la familia de Dios; y si comienza por nosotros, ¡cuál no será el fin de los que se rebelan contra el evangelio de Dios!".

Sofonías es un poderoso recordatorio para los cristianos de que deben esperar la disciplina de Dios, pero que no deben desanimarse. La disciplina en esta vida es una señal del cuidado de Dios y nos asegura de que no seremos juzgados junto con el mundo.

Sofonías y Apocalipsis

Para cerrar, debemos notar también la notable correlación entre el profeta Sofonías y el bosquejo del libro de Apocalipsis.

Tanto Sofonías como Apocalipsis comienzan por el juicio al pueblo de Dios: Israel y la iglesia, respectivamente. Ambos pasan luego a los juicios a las naciones (ver Sofonías 2 y Apocalipsis 4-15). Finalmente, pasan al día del juicio (Sofonías 3:1-8 y Apocalipsis 20).

Pero la última palabra es la dicha final de que Dios dé un lugar a su pueblo donde pueda vivir para siempre (Sofonías 3:9-20 y Apocalipsis 21-22). En Sofonías, el lugar es la vieja Jerusalén, pero en Apocalipsis es la nueva Jerusalén. En Sofonías, Dios viene como un rey, pero en Apocalipsis Jesús viene de nuevo como rey.

En total hay más de 400 alusiones al Antiguo Testamento en Apocalipsis, pero la conexión más estrecha es con Sofonías. Un libro aparentemente oscuro del Antiguo Testamento es, en realidad, un libro clave para nuestro entendimiento del futuro.

25.
HABACUC

Introducción

La profecía de Habacuc es inusual entre los libros proféticos. En primer lugar, en la mayoría de las profecías Dios se dirige al pueblo a través del profeta, pero en Habacuc el profeta se dirige a Dios directamente y el pueblo no tiene ninguna participación en la conversación. Hay elementos de esto en otras profecías, especialmente en Jonás y Jeremías, pero ningún otro libro profético comienza de esta manera llamativa.

En segundo lugar, en el capítulo 2 al profeta se le dice que escriba su mensaje con letras grandes sobre una pared.

Luego, en tercer lugar, el capítulo 3 es una profecía musicalizada, que era bastante raro. Fueron los primeros líderes, como Moisés, Débora, Samuel, Saúl, Eliseo y David, quienes encontraron que la música era una inspiración para la palabra profética, si bien más adelante Ezequiel también hizo uso de la música.

Conocemos muy poco acerca de Habacuc. Sabemos que profetizó 20 años después de Sofonías, alrededor de 600 a.C., y que su nombre significa literalmente "alguien que abraza". Era un término de lucha deportiva puesto en lenguaje coloquial. Lo podríamos llamar "Aferrador", ¡un nombre poco halagüeño!

Pero si bien su nombre no es particularmente agradable, describe con precisión la relación que desarrolla con Dios en el libro. Habacuc era un hombre que se aferró a Dios, que se animó a discutir con Dios y que insistió en obtener respuestas de Dios, aun cuando no le gustaran cuando llegaron. Así que, si bien no sabemos mucho acerca del trasfondo del profeta, aprendemos algo acerca de su mente, corazón y voluntad a través de sus conversaciones con Dios registradas en el libro. También obtenemos perspectivas de las dimensiones clave de su ministerio profético: su oración (capítulo 1), su predicación (capítulo 2) y su adoración (capítulo 3).

El libro es muy pertinente para nosotros hoy, porque trata con algunas preguntas muy básicas que se hacen todos los creyentes pensantes. Si Dios es bueno y todopoderoso, ¿por qué sufren los inocentes y los culpables salen indemnes? ¿Por qué Dios no hace nada acerca del desastre en que se encuentra el mundo? La mayoría de las personas lucha con estos temas por su cuenta o con otras personas. Pero la mejor forma de tratar con preguntas tan grandes es luchar con Dios y aferrarse a él hasta que le dé una respuesta. Habacuc nos da un ejemplo maravilloso de un hombre que hizo justamente eso. Su osadía y pura sinceridad aparecen en la profecía, produciendo un libro estimulante y encantador como resultado.

En contraste con Sofonías, Habacuc está lleno de "citas citables". Por ejemplo, "son tan puros tus ojos que no puedes ver el mal" (1:13) es un versículo popular, si bien, como veremos más adelante, debemos tener cuidado al interpretarlo. He aquí otros versículos muy conocidos:

Porque así como las aguas cubren los mares, así también se llenará la tierra del conocimiento de la gloria del Señor.
(2:14)

El Señor está en su santo templo; ¡guarde toda la tierra silencio en su presencia!
(2:20)

En tu ira, ten presente tu misericordia.
(3:2)

Aunque la higuera no dé renuevos, ni haya frutos en las vides . . . aun así, yo me regocijaré en el Señor, ¡me alegraré en Dios, mi libertador!

(3:17-18)

El versículo más famoso de Habacuc, que se ha convertido en la "Carta Magna" del protestantismo, es "el justo vivirá por su fe" (2:4). Martín Lutero hizo que este único versículo resonara por todo el norte de Europa en el tiempo de la Reforma aunque, como veremos más adelante, no fue comprendido correctamente.

Un bosquejo de Habacuc

El profeta (1:1)

Oración de queja (1:2-2:20)
Queja: Dios hace demasiado poco
Pregunta: ¿Por qué no sufren los malos?
Respuesta: Los malos sufrirán (los babilonios vendrán)
Queja: Dios hace demasiado
Preguntas: ¿Por qué usar a los malos para castigar a los malos? ¿Por qué sufren los buenos?
Respuestas: ¡Los buenos sobrevivirán!
¡Los malos sufrirán!

Alabanza compuesta (3:1-19)
Tiembla ante la acción pasada de Dios (3:1-16)
Confía en la protección futura de Dios (3:17-19)

El libro de Habacuc se divide claramente en dos partes. Los capítulos 1 y 2 forman la primera parte, y el capítulo 3, la segunda. El contraste entre la primera y la segunda parte es enorme, como podemos ver en la tabla que sigue:

Capítulos 1-2	Capítulo 3
Luchando con Dios	Descansando en Dios
Miserable	Alegre
Gritando	Cantando
Oración	Alabanza
Impaciente	Paciente
Pide justicia	Pide misericordia
Por el suelo	Por las nubes
Dios está inactivo (en el presente)	Dios está activo (en el pasado y el futuro)

La tabla demuestra el enorme cambio entre la primera y la segunda parte, lo cual conduce a la pregunta inevitable: ¿Qué ha ocurrido a Habacuc para que sea tan aparente este contraste? Tenemos que meternos en la profecía detalladamente para averiguar lo que lo ha cambiado.

Oración de queja (1:2-2:20)

Dios hace demasiado poco (1:2-11)

Habacuc dijo a Dios exactamente lo que estaba pensando. Al principio se quejó porque Dios estaba haciendo demasiado poco y luego porque hacía demasiado; ¡Dios no podía ganar!

Creía en la oración interrogativa. La oración intercesora es cuando uno pide cosas a Dios, pero la oración interrogativa es cuando uno le hace preguntas. Es un tipo de oración muy importante, que encuentro muy útil. Simplemente le hago una pregunta, y si algo viene a la mente —especialmente si es algo muy inesperado— lo acepto como de Dios. Nueve veces de diez resulta ser así.

Por ejemplo, cuando murió nuestra hija, nos asombró enterarnos de lo mucho que había estado haciendo para el Señor. Ella nunca hablaba de esto, pero había estado en contacto frecuente con misioneros en China, África y Haití, para nombrar solo algunos. Además, era una líder de adoración en la iglesia, y era tan amada que toda la iglesia la lloró. Cuando estaba hablando con el Señor acerca de ella, le dije: "Señor, estoy muy orgulloso de nuestra hija, ¿pero cómo te sientes tú acerca de ella? ¿Cuál es tu opinión?". De inmediato, me vinieron las palabras: "Ella es uno de mis éxitos". Así que en su funeral prediqué sobre el tema: "¿Eres tú uno de los éxitos del Señor, o uno de sus fracasos?". Si usted nunca ha oído acerca del Señor en su vida, entonces intente hacer esta pregunta: "Señor, ¿hay algo en mi vida que no te gusta?". Si realmente quiere oír del Señor, simplemente hágale esa pregunta.

El entorno social de Habacuc nos ayuda a entender sus preguntas. No había habido ninguna palabra de Dios en los 20 años desde el tiempo de Sofonías. La nación había continuado su caída barranca abajo, desafiando el mensaje de Sofonías. El rey Josías no había logrado lo que había esperado con sus reformas, y se encontró con una muerte prematura en Meguido, en 608 a.C. Habacuc profetizó durante el tiempo de su sucesor, Joacim, que se convirtió en un rey muy mundano y egoísta. Su palacio fue ampliado, pero los pobres se volvieron más pobres bajo su reinado. Los sobornos, la corrupción, la ilegalidad y la opresión llenaban las calles de Jerusalén. Se volvió tan terrible que no era seguro caminar por las calles a la noche solo. Los asirios, que se habían llevado las 10 tribus, estaban ahora en declinación, así que no había una fuerte potencia mundial como tal.

¿Por qué no sufren los malos?

Esta sensación de que no pasaba nada mientras Jerusalén se deterioraba estaba en el corazón de la preocupación de Habacuc. Cuando se dirigió a Dios, armó su argumento cuidadosamente. Sabía que la naturaleza de Dios debía ser reflejada en su actitud y sus acciones, y que no eliminaría a su pueblo, pero también sabía que Dios debía ejecutar castigo y ordenar juicio sobre el pecado. Por lo tanto, se quejó a Dios diciéndole que no estaba haciendo nada acerca de la violencia y la corrupción en su ciudad santa. Quería que Dios revirtiera las tendencias, que cambiara a la sociedad y que restableciera la ley y el orden.

Dios hace demasiado (1:12-2:20)
Dios fue amable al responder a la ira de Habacuc, pero éste se sorprendió y se consternó por las cinco respuestas de Dios:

1   Abre tus ojos un poco más – observa.
2. Estás por tener una gran sorpresa.
3. He planeado algo que ocurrirá durante tu vida.
4. No te he dicho lo que estoy haciendo porque no lo creerías.
5. Ya he empezado a hacer algo y te lo has perdido.

En resumen, Dios dice a Habacuc que ha notado el mal en Jerusalén y ya ha actuado levantando a los babilonios para castigar al pueblo de Judá. En este tiempo Babilonia era solo una ciudad en crecimiento sobre el río Tigris. Pocos habían oído acerca de ella, y casi no había sido mencionada en la Biblia hasta ahora. Pero cuando dos mensajeros de Babilonia visitaron al rey Ezequías e hicieron una recorrida por el palacio, Isaías se dio cuenta del peligro y predijo que un día Babilonia se llevaría todo lo que el rey había mostrado del palacio y del templo a los dos hombres.

En ese momento Babilonia era demasiado pequeña como para que la profecía pudiera parecer probable, pero en el tiempo de Habacuc esta profecía se estaba acercando a su cumplimiento, y el profeta estaba comprensiblemente consternado. Era como si Dios hubiera dicho que iba a traer a la Alemania nazi para castigar a Inglaterra. Pero podemos ver a lo largo de la historia cómo Dios trata habitualmente con las naciones. Él levanta una nación para tratar con otra, de modo que esta clase de actividad no debe sorprendernos.

ELLOS SON PEORES QUE NOSOTROS
Pero Habacuc está sorprendido y consternado. Se queja ahora de que Dios está haciendo "demasiado", porque sabe que los babilonios tienen una peor reputación que los asirios, que habían terminado dominando a Israel (las 10 tribus) y lo había llevado al exilio del cual nunca volvió. Pero los babilonios serían aún peores. Fueron la primera nación en introducir una política de tierra arrasada mediante la cual removían toda traza de vida del territorio de los pueblos que conquistaban. Habacuc se dio cuenta de que, si los babilonios venían a Jerusalén, no quedaría nada. Esto explica el significado de las conocidas palabras al final del libro: "Aunque la higuera no dé renuevos, ni haya frutos en las vides; aunque falle la cosecha del olivo, y los campos no produzcan alimentos; aunque en el aprisco no haya ovejas, ni ganado alguno en los establos . . ." Así quedaría la tierra luego de la visita del ejército babilonio.

NO DISCRIMINARÁN ENTRE BUENOS Y MALOS
Habacuc recuerda también a Dios que hay algunos justos en la ciudad de Jerusalén que morirían junto con los malvados. Si bien no lo dice directamente, da a entender que él se encuentra entre ellos. Está enojado porque Dios está usando un pueblo que es más malvado que Judá para ejecutar el castigo. En el razonamiento de Habacuc esto es inmoral, así que pronuncia las palabras muy citadas: "Son tan puros tus ojos que no puedes ver el mal" (1:13). Habacuc intentaba sugerir que el carácter mismo de Dios quedaba puesto en duda por lo que había prometido hacer. Pero al hacerlo dice algo acerca de Dios que no es cierto. Dios es puro y santo,

pero eso no significa que no puede mirar el mal, porque tiene que ver cómo es cometido cada día. Observa cada violación, cada atraco, cada acto de crueldad. Habacuc tiene su propia visión de lo que Dios mira o no mira, pero está equivocado.

Cuando Habacuc termina de discutir con Dios, sube a la torre de observación de Jerusalén y se para sobre el muro. Dice que va a ver si Dios realmente hará lo que dijo. Casi está diciendo: "Voy a subir la apuesta. Te desafío a que los traigas, Señor".

LUGAR EQUIVOCADO

En respuesta, Dios dice a Habacuc que no está logrando nada parándose en la torre. Debería bajar a la calle y escribir lo que Dios le ha dicho en el muro para que los transeúntes lo vean: ¡el primer cartel de publicidad en la Biblia! Habacuc debería estar advirtiendo a la gente y no sentándose a la distancia para ver si Dios hará lo que prometió. Cuando Dios nos revela lo que hará, lo hace para que podamos decir a la gente que se prepare, y no para que nos quedemos esperando para ver si lo hará.

TIEMPO EQUIVOCADO

Dios también dice a Habacuc que si se queda en la torre no verá nada por un tiempo bastante largo. Podría llegar a la conclusión errónea acerca de lo que Dios está haciendo. "La visión se realizará en el tiempo señalado". Necesita tener una visión de largo plazo y advertir a la gente lo que ocurrirá.

Los buenos sobrevivirán

Es durante este intercambio que Dios dice a Habacuc que "el justo vivirá por su fe" (2:4b), que pasó a ser el versículo más famoso del libro, gracias a su uso por Lutero durante la Reforma. Pero, como sugerimos anteriormente, si bien se logró mucho mediante este movimiento, el versículo mismo ha sido malentendido.

Si vemos el versículo en contexto, Habacuc dice que los babilonios matarán a los justos junto con los malos. Dios está diciendo en el versículo que él protegerá a los justos (o "los rectos"); ellos sobrevivirán, siempre que se mantengan fieles a él. Cuando lleguen los babilonios habrá muchos que dejarán de creer en Dios, creyendo que los ha defraudado. Pero Dios dice que quienes continúen creyendo en él sobrevivirán el juicio venidero.

Por lo tanto, éste es el significado verdadero del versículo. La palabra "fe", tanto en hebreo como en griego, incluye la idea de fidelidad. Es la fidelidad la que salva; deben *continuar* creyendo y *mantener* la fe.

Esta interpretación encaja con la forma en que la fe se usa a veces como un sustantivo en el Antiguo Testamento. Se la usa para la fidelidad en el matrimonio. La fe en el matrimonio significa seguir juntos hasta que la muerte divida a la pareja. Fue usada también para Moisés, cuando mantuvo sus brazos extendidos mientras los hijos de Israel ganaban la batalla contra los amalecitas. Fue fiel en orar por el pueblo.

El principio es el mismo en el Nuevo Testamento. Creer en Jesús en una oportunidad no constituye fe. La verdadera fe es continuar creyendo en él, pase lo que pase. Por eso leemos en los Evangelios: "el que se mantenga firme hasta el fin será salvo".

El resto del Nuevo Testamento también usa el versículo de esta forma. Tres pasajes diferentes citan Habacuc 2:4 e interpretan "el justo vivirá por la fe" como una referencia a que las personas *continúen* creyendo.

En Romanos 1:16-17 Pablo escribe: "A la verdad, no me avergüenzo del evangelio, pues es poder de Dios para la salvación de todos los que creen: de los judíos primeramente, pero también de los gentiles. De hecho, en el evangelio se revela la justicia que proviene de Dios, la cual es por fe de principio a fin, tal como está escrito: 'El justo vivirá por la fe'". En otras palabras, comienza con fe y finaliza con fe. La salvación se disfruta al *continuar* creyendo.

En Gálatas 3:11 Pablo contrasta la fe con guardar la ley para autojustificarse. Dice que nadie es justificado por la ley, y cita Habacuc 2:4 como la razón, porque "el justo vivirá por la fe". Vivir por fe no es un único acto, sino una actitud continua durante toda la vida. Solo la *confianza continua* en Cristo salva.

El escritor de Hebreos también usa el versículo para respaldar un argumento sobre la necesidad de la *confianza continua*. En 10:39, luego de citar Habacuc 2:4, agrega: "Pero nosotros no somos de los que se vuelven atrás y acaban por perderse, sino de los que tienen fe [es decir, siguen teniendo fe] y preservan su vida".

Está claro, entonces, que estos pasajes subrayan una corrección muy importante a la forma en que el texto fue usado durante la Reforma y desde entonces. La interpretación correcta del versículo no es que si una persona creyó durante un solo minuto —es decir, ha hecho una "decisión por Cristo"— su vida está segura. Éste es un craso uso incorrecto del texto. El justo vivirá "manteniendo la fe" en el Señor. Hay autocomplacencia entre algunos cristianos, que usan una frase no escritural —"Una vez salvo, siempre salvo"— como si un instante o un breve período durante el cual confiaron garantizará que eludirán la ira de Dios. Pero son los que mantienen la fe en el Señor quienes sobrevivirán lo peor que pueda ocurrir.

Los malos sufrirán

Pero, habiendo usado a los babilonios para juzgar, Dios no los deja salirse con la suya con relación a su maldad. En la segunda parte del capítulo 2 hay una serie de ayes dirigidos a Babilonia. La palabra "ay" en las escrituras es una maldición y nunca debería ser usada por un cristiano a menos que esté seguro de lo que está haciendo. Cuando

Jesús dijo "ay", pasaron cosas espantosas, y dijo "ay" tan a menudo como dijo "bendito". Por ejemplo, había 250.000 personas viviendo en las orillas del mar de Galilea en el tiempo de Jesús en cuatro pueblos importantes. Jesús pronunció una maldición sobre tres de los pueblos. Dijo: "Ay de ti, Capernaúm", "Ay de ti, Betsaida", "Ay de ti, Corazín", pero no dijo "ay" a Tiberias. Si usted va al mar de Galilea hoy, tendrá que quedarse en Tiberias, porque es el único pueblo que hay. Los pueblos sobre los que Jesús dijo "ay" han desaparecido todos.

Habacuc indica cinco razones por las que los babilonios atraerán la ira de Dios:

1. **Injusticia** Saquearon las naciones que invadieron, con poca consideración por sus pueblos.
2. **Imperialismo** Dictaron cómo las naciones que conquistaron debían vivir, con poca preocupación por la justicia y poca compasión por la difícil situación del pueblo.
3. **Inhumanidad** Dios condenó su derramamiento de sangre, el uso de trabajo esclavo para construir Babilonia y su tratamiento desalmado de sus enemigos. Hasta tomaban bebés de sus piernas y estrellaban sus cabezas contra las rocas.
4. **Ebriedad** Eran un pueblo indisciplinado con relación al alcohol, y hacían cosas terribles cuando estaban ebrios. Esto incluía la destrucción de animales y aun árboles. Cuando Israel iba a la guerra Dios les prohibía cortar un solo árbol a menos que lo necesitaran para la guerra.
5. **Idolatría** Adoraban ídolos inertes de madera, piedra y metal, ignorando al verdadero Dios de Judá. A esta altura, por supuesto, Babilonia no había alcanzado su máximo poder, pero aun así se le instruyó a Habacuc que anunciara su destrucción.

La reprimenda es por acciones que violan la conciencia. En ningún momento los babilonios son juzgados por no guardar la Ley de Dios. Ellos no tienen un pacto con Dios. Pero son juzgados por hacer cosas que saben en sus corazones que están mal. El juicio divino sobre ellos es un recordatorio para el pueblo de Dios de que está preocupado por la conducta de ellos en estas áreas también.

Dios entonces contesta el argumento de Habacuc diciendo que los buenos sobrevivirán y los malos sufrirán. Dios no está ciego a lo que ha estado sucediendo, ni es impotente o injusto. Él es el Dios vivo, en contraste con los ídolos muertos, inertes, fabricados por los hombres.

Luego de dar a Habacuc la respuesta que buscaba, Dios agrega: "¡Guarde toda la tierra silencio!". Dios está diciendo, en realidad: "Tienes tu respuesta. ¡Ahora cállate!".

Alabanza compuesta (3:1-19)

Fue mientras estuvo en silencio que Habacuc vio la luz. Dejó de discutir con Dios y pensó en lo que había dicho, y cambió su ánimo por completo. Entendió que Dios tenía un cuadro mucho más grande que él, y también una mirada de mucho más largo plazo. Si bien no podía verlo obrando ahora, Dios actuaría cuando el tiempo fuera el correcto.

El último capítulo está musicalizado, compuesto en su propia mente con su propia mano, reflejando un cambio de corazón. Las instrucciones musicales sobre cómo debería acompañarse el canto —"sobre instrumentos de cuerda"— están incluidas al final del capítulo. Así que, cuando llegamos al capítulo 3, se expresa una perspectiva completamente diferente. Por cierto, el texto es tan diferente aquí que los eruditos dicen que el capítulo 3 fue un agregado.

DECLINACIÓN Y CAÍDA DE UN IMPERIO

Tiembla ante la acción pasada de Dios (3:1-16)
En el capítulo 3, Habacuc cambia de foco en tres ocasiones. Comienza por "él", pasa a "ustedes" y luego finaliza con "yo", como si se involucrara cada vez más personalmente con el avance del capítulo.

ÉL (3:2-7)
Habacuc se centra ahora en el poder de Dios en el período que cubre el éxodo, el desierto y la conquista de Canaán. Pide a Dios que vuelva a hacerlo. Quiere ver lo que ha escuchado. Esta vez no hay ningún pedido de un cambio de plan, ningún cuestionamiento de las actividades de Dios. Solo pide que, en su ira, Dios recuerde ser misericordioso.

Si en el capítulo 1 se centró en la violencia de Israel y en el capítulo 2 en la violencia de los babilonios, en el capítulo 3 pide la violencia de Dios.

USTEDES (3:8-16)
En estos versículos Habacuc está involucrado en la visión. Sigue haciendo preguntas, pero esta vez son las correctas. Reflexiona sobre la majestad y el poder de Dios en la creación. Sabe que Dios tiene el poder para hacer lo que le plazca. Está ahora contento con "esperar con paciencia el día de la calamidad".

Confía en la protección futura de Dios (3:17-19)

YO (3:16-19)
El cambio de "ustedes" a "yo" da una importante perspectiva al reflexionar Habacuc sobre su propia reacción ante la noticia de la invasión babilonia. Está "caminando por fe", aun cuando no haya ninguna evidencia visible de que la palabra de Dios se cumpla. Habla de las presiones desde adentro, de

cómo sus emociones son levantadas artificialmente por su visión del futuro. Pero al mismo tiempo enfrenta presiones desde afuera que lo están deprimiendo. No desea el desastre que está por venir sobre el pueblo pero, no obstante, dice "me regocijaré en el Señor". En el capítulo 1 su argumento viene de una mente que está concentrada en el presente. Pero ahora mira atrás hacia el pasado y ve que Dios siempre ha intervenido. Mira hacia el futuro y ve que Dios volverá a intervenir, así que está dispuesto a esperar. En nuestro tiempo nos focalizamos tanto en el presente que tenemos poco y ningún tiempo para el pasado o el futuro. Pero es ésta la perspectiva que nos ayudará cuando la injusticia nos agobie.

He puesto el capítulo 3 en forma de verso, con la melodía de la "Oda a la alegría" de Beethoven. Parece una buena forma de concluir nuestro estudio.

Dios, tu fama te precede con tu brazo salvador
Hechos tan gloriosos que escucharlos da temor
Hoy, Señor, repítelas, prueba que nunca cambia tu poder
Pero en ira por tu nombre misericordioso sé

Nuestro Santo Dios extiende el cielo con sus rayos
La tierra lo alaba por la fuerza de su mano
Las naciones tiemblan culpables, plagas y pestilencia atroz
Aun antiguos montes caen ante el infinito Dios

¿Es tu ira con los ríos, con arroyos tu furor?
¿Al océano arrojas el caballo destructor?
Montes tiemblan, valles inundas, luna y sol temblando están
Ante el brillo de las flechas y tu lanza en majestad

La tierra recorres por venganza a las naciones
A tu pueblo y a tu ungido a su lugar repones
Aplastaste al líder maligno, lo desnudaste en su maldad

DECLINACIÓN Y CAÍDA DE UN IMPERIO

Sus guerreros presumidos dispersaste sin piedad
El final hemos oído, todo lo sabemos hoy
Se estremece todo el cuerpo, late fuerte el corazón
Piernas tiemblan, pierden sus fuerzas, paciente espero el final
Cuando invaden enemigos su destino escrito está

Aunque sin flores la higuera y la vid vacía esté
No produzcan olivares ni los campos fruto den
Sin ovejas en el aprisco y sin ganado en su lugar
De mi Salvador disfrutaré, él está en autoridad

Con gozo el futuro enfrento y mi fuerza vuelve a mí
Mis preguntas respondidas mi Señor me hace oír
Como un siervo en las alturas, corazón, pies saltando van
Pongo santa música, instrumento y voz para cantar

26. JEREMÍAS Y LAMENTACIONES

Introducción

Jeremías es una figura clave del Antiguo Testamento, y uno de los profetas más conocidos. Pero su libro no es uno de los más populares. Hay tres razones por las que no es del agrado de muchos. Es desalentador, difícil y depresivo.

Desalentador

Tiene 52 capítulos de largo, superado solo por los 66 capítulos de Isaías. ¡La leyenda dice que Jeremías visitó el sur de Irlanda y besó la Piedra de la Elocuencia (Blarney Stone) y recibió ese don! El largo refleja tanto la cantidad de profecías en su carrera de 40 años como la dedicación de su secretario en ponerlas por escrito. Pero, para muchos lectores, es un libro demasiado largo como para encarar con algún entusiasmo.

Difícil

El libro no sigue un orden cronológico ni temático, por lo que es difícil de seguir. Los escritos han sido agrupados en lo que parece ser un orden arbitrario. Podríamos llamarlo una colección de colecciones. Esto se complica por el hecho de que Jeremías parece cambiar de punto de vista. Los críticos disfrutan especialmente de las contradicciones que encuentran en su predicación. Está completamente en contra de Babilonia en los primeros años, pero luego aconseja al pueblo someterse a esta nación. Ésta es una de las razones por las que fue llamado un traidor político. Lo cierto es que a lo largo de 40 años su mensaje cambió según las circunstancias y el curso que Dios había querido que siguiera.

Deprimente

La razón más popular por la aversión a Jeremías es que es una de las partes más deprimentes de la Biblia. No parece haber nada más que malas noticias para Judá, y Jeremías comparte el dolor que siente por lo que ocurría a la nación y en su propio ministerio. El nombre "Jeremías" mismo en inglés (y español) ha pasado a significar un aguafiestas. En la literatura, una "jeremiada" es un poema o endecha lastimera. Jeremías ha tenido una mala prensa. De nuevo, éste no es el cuadro completo. Hay buenas noticias en la profecía, pero están ocultas entre tantas malas noticias que son pasadas por alto fácilmente.

Pero, a pesar de estas dificultades, es un libro maravilloso. De todos los personajes de la Biblia, me identifico más con Jeremías. Una vez hice una serie de prédicas recorriendo todo el libro, y tuve que detenerme en dos oportunidades de tanto que me estaba involucrando emocionalmente. Era casi demasiado como para compartir. Fue como resultado de esa serie de sermones que vino la profecía de que debía dejar la iglesia y viajar, de modo que el libro significa mucho para mí personalmente.

Es fascinante porque hay mucho interés humano en el libro, que atrae al lector a entender a Jeremías y a identificarse con su situación. El autor revela su corazón y sus luchas internas más que cualquier otro profeta. Pero hay también un interés divino, porque está repleto de información acerca de Dios. Si uno estudia Jeremías seriamente, entenderá a Dios mucho mejor.

El momento

Jeremías comenzó a predicar en el séptimo siglo a.C., casi al final de la vida de las dos tribus del sur, que fueron llevadas al exilio en 586 a.C. (si bien algunos fueron deportados aún antes). Vivió durante los reinados de siete reyes diferentes: Manasés, Amón, Josías, Joacaz, Joacim, Joaquín y Sedequías. Su carrera profética de 40 años transcurrió durante los reinados de los últimos cinco.

Habló durante un tiempo dramático para el pueblo de Dios. Las 10 tribus del norte habían sido llevadas al exilio por Asiria, dejando a las dos tribus que vivían en y alrededor de Jerusalén. Isaías y Miqueas ya no estaban, y sus mensajes habían sido mayormente ignorados. Jeremías es el último profeta en hablar al pueblo y advertirles que es casi demasiado tarde como para impedir que venga el desastre.

Nació durante el reinado de Manasés, el rey malvado que había aserrado al profeta Isaías por la mitad dentro de un árbol hueco por profetizar contra él. Como si esta maldad no fuera suficiente, también sacrificó a sus propios bebés al diablo y llenó las calles de Jerusalén con la sangre de inocentes. Dos niños importantes nacieron durante su reinado: Josías, que se convirtió en rey, y Jeremías. Manasés fue reemplazado por otro rey malo, Amón, que duró pocos años, antes que Josías se encontrara en el trono cuando solo tenía ocho años de edad. Fue durante su reinado que fue encontrado el libro de Deuteronomio es un viejo y polvoriento armario en el templo. Josías se horrorizó al leer que las maldiciones de Dios estaban sobre la tierra y el pueblo. Intentó reformar al pueblo, pero fracasó.

Es interesante que, aunque Jeremías fue uno de los contemporáneos de Josías, mantiene silencio acerca de las reformas. Él no menciona a Josías, y los libros de Reyes no lo mencionan a él. Es casi como si Jeremías se diera cuenta de que la reforma ordenada por el rey no cambiaría el corazón del pueblo. Si bien parecía buena, externamente la situación no había cambiado. La mal aconsejada batalla de Josías contra los egipcios, en la que resultó muerto en Meguido, demostró en parte que el problema aún permanecía.

La muerte de Josías llevó a una sucesión de reyes malos y débiles. Fue durante los reinados de los últimos cuatro reyes que Jeremías realizó el grueso de su trabajo, que es una razón por la que es considerado como tan negativo. En momentos expresa su sentimiento desesperanzado —"¡Es demasiado tarde!"—, pero tiene también esta minúscula esperanza de que, si se arrepienten, Dios todavía cambiará la situación.

Esta tensión vino de una ilustración que Jeremías recibió de Dios. En el capítulo 18 Dios le dice que visite la casa del alfarero y lo observe mientras fabrica recipientes según el barro que tiene a su disposición. Muchos suponen que el mensaje tiene que ver con la capacidad de Dios de escoger hacer lo que se le ocurra con nosotros. Se han escrito canciones en este sentido, con frases como "Tú eres el alfarero, yo soy el barro". Pero ésta no es la lección que Jeremías recibió. Vio la intención del alfarero de hacer una vasija hermosa pero, como el barro no respondía a sus manos, lo volvió a poner en el montón, lo arrojó nuevamente sobre la rueda y decidió hacer una olla gruesa y tosca. Dios preguntó a Jeremías si había aprendido la lección. ¿Quién decidía en qué se convertiría el barro? La respuesta es que el barro decidía, porque no seguía la intención original del alfarero. El mensaje era que Dios quería convertir al barro en una forma hermosa, pero si el barro no respondía, lo convertiría en una forma desagradable. Así que, en el contexto de los tiempos de Jeremías, Dios estaba diciendo que, aun en esta etapa tardía, su pueblo podría arrepentirse y cambiar, y convertirse en la vasija hermosa que él quería hacer. Dios no está tratando con títeres y decretando lo que ocurrirá. Más bien, él desea una respuesta de nosotros y nos convertirá en lo que él quiere que seamos, si cooperamos.

Pero la parábola del alfarero tenía una lección más. La olla de barro desagradable fue cocida y se volvió dura, de modo que no podía ser cambiada, y entonces Jeremías debía llevar esa olla dura, romperla y arrojar los pedazos al valle de Hinón, donde se arrojaba la basura. Dios está diciendo que, si endurecemos nuestros corazones llegaremos a un punto en que no podremos ser cambiados a un estado hermoso. En ese punto, Dios nos romperá. Él prefiere que nuestras vidas sean hermosas, y si respondemos a él nos hará así.

En este momento Jeremías demuestra que no es todo miseria y desolación. Les dice que hay una pequeña esperanza. El libro termina con Sedequías, el último de los reyes de Judá, que fue llevado por los babilonios. Lo forzaron a ver cómo mataron a sus hijos y luego le quitaron los ojos, y fue deportado ciego. Es un episodio trágico en la vida del pueblo de Dios. Parecía ser el final, pero había más por delante.

El hombre

Jeremías es un nombre muy inusual. En hebreo puede significar "edificar" o "derribar". El nombre describe perfectamente su ministerio. Su mensaje básico durante 40 años fue que Dios derriba a los que desobedecen y edifica a los que obedecen.

Nació en Anatot (actual Anata), cinco kilómetros al noreste de Jerusalén, mirando abajo al mar Muerto. Fue designado profeta por Dios antes de nacer. Como Juan el Bautista, fue separado cuando aún estaba en el vientre de su madre. Se convirtió en un joven muy reservado, sensible y callado. Nació en una familia sacerdotal, pero la línea familiar estaba bajo el juicio divino. Había una maldición sobre la casa de Elí: ninguno de sus descendientes llegarían a una edad avanzada por los pecados de él. Por lo tanto, ¡Dios tenía que hacer que este hombre comenzara temprano si quería sacarle 40 años! Un amante de la naturaleza, especialmente de los pájaros, la usaba frecuentemente para ilustrar los mensajes de Dios.

Probablemente tenía 17 años cuando comenzó a predicar, y estaba sumamente nervioso. Dios le aseguró que haría su frente como el bronce, para que ninguna de las miradas o comentarios hostiles de las personas lo intimidaran. Todo el que haya hablado en público sabe lo que significa.

Su vida como profeta fue tremendamente dura. Tuvo que mudarse a Jerusalén, a cinco kilómetros de distancia, porque su familia lo iba a asesinar. Su carrera de 40 años se desarrolló junto a Habacuc, Sofonías, Ezequiel y Daniel, y estuvo metido en el centro del mundo político. Aconsejó a su pueblo rendirse a los babilonios, y el pueblo lo odió. A nadie le gusta una política de apaciguamiento. Los babilonios dieron a Jeremías la opción de ir a Babilonia con su pueblo o quedarse en Judá, que en realidad no era ninguna elección, porque él no quería a los babilonios y el pueblo no lo quería a él.

Al final terminó en Egipto. Unos judíos lo secuestraron y lo llevaron un buen trecho por el río Nilo a la isla Elefantina, donde el arca del pacto ya había sido llevada. (Probablemente esté ahora en Etiopía). Aquí fue donde murió, solo. Es una historia triste.

El método

Hablar

Si bien era un orador, la mayor parte de lo que habló está en forma de poesía, que se distingue en muchas Biblias por tener líneas más cortas, en contraste con la prosa, que se parece más a una columna de un periódico. Como regla, cuando Dios habla en prosa está comunicando pensamientos de su mente, pero cuando habla en poesía está comunicando su corazón al corazón del lector. La poesía, por supuesto, es el lenguaje del corazón, y la mayor parte de la profecía de Jeremías está en forma de poesía. Lamentablemente, también, la mayoría de las personas tratan la Biblia exclusivamente como una fuente para entender los pensamientos de Dios y no notan que es un libro muy emocional. Creo que la mejor traducción del hebreo al inglés, que comunica las emociones del idioma hebreo, es la versión *The Living Bible*. Es la traducción más precisa de los sentimientos de Dios, si bien no es una traducción tan exacta de sus pensamientos.

Actuar
A veces el mensaje de Jeremías era dado a través de representaciones dramáticas, con el objetivo de provocar comentarios. En una ocasión enterró ropa interior sucia. Cuando le preguntaron por qué lo había hecho, contestó que la ropa interior describía la vida interior del pueblo. Ya hemos notado la importante lección aprendida de observar al alfarero. En otra oportunidad usó un yugo para ganado como una carga, para demostrar la necesidad de someterse a los babilonios. Cuando todos en Jerusalén estaban intentando vender sus propiedades porque sabían que cuando vinieran los babilonios no valdrían nada, Dios dijo a Jeremías que comprara una propiedad. Compró un campo de su pariente que estaba desesperado por vender. Jeremías sabía que un día el pueblo volvería de Babilonia, y su inversión le permitió "poner su dinero donde estaba su boca".

Otras ilustraciones dramáticas incluyeron ocultar piedras, arrojar libros al río Éufrates y llevar una vasija sobre su cabeza por la ciudad como una mujer. Parecen estrafalarios, pero transmitían el mensaje.

Escribir
Las profecías de Jeremías fueron preservadas por Baruc, uno de los "héroes anónimos" de Dios, que fue como un secretario para Jeremías. En un momento las profecías hicieron enfurecer tanto al rey Joacim que las cortó con un cuchillo y las quemó. Luego de 23 años de ministerio, a

Jeremías se le prohibió hablar en público, así que fue Baruc el que se aseguró de que su voz se oyera. Aquí tenemos un hombre que, en un sentido, nunca haría grandes cosas él mismo, pero que posibilitó que otros escucharan la palabra divina. De hecho, Dios recompensa a los que obran en secreto más que a los que trabajan en público. Sin ese trabajo, se habrían perdido las palabras de Jeremías.

El mensaje

Hemos notado que el libro de Jeremías no está en un orden cronológico o temático, así que puede ser difícil de leer, pero hay un patrón general que nos ayudará a entenderlo:

Prólogo – El llamado personal de Jeremías (1:1-19)

La nación pecadora (2-45)
627-605 a.C. Retribución inmediata (2-20)
(mayormente poesía)
Babilonia destruye a Asiria (612 a.C.)
Babilonia derrota a Egipto (605 a.C.)
605-585 a.C.: Restauración última (21-45)
(mayormente prosa)
Babilonia deporta a Judá

Las naciones vecinas (46-51)

Epílogo – catástrofe nacional (52)

El prólogo, en el capítulo 1, trata de cómo Jeremías fue llamado por Dios cuando era un joven, y de cómo era sumamente tímido y temeroso de hablar en público.

Los capítulos 2-45, "la nación pecadora", incluyen la predicción de Jeremías de que el castigo de Judá viene muy pronto. Cubre los años 627-605 a.C. Es mayormente poesía, lo cual significa que Jeremías está comunicándoles los sentimientos de Dios, en particular su pena y su ira. Dios tiene un conflicto de emociones. Los ama, pero no puede dejar que sigan así. La predicción de que Babilonia destruirá a Asiria y derrotará a Egipto llega aquí. Los reyes de Judá habían supuesto erróneamente que, si hacían un tratado con Egipto, estarían protegidos.

Los capítulos 21-45 contienen buenas noticias, ya que Jeremías mira más allá de la desesperación del exilio a la restauración última. Luego que supo que la situación era desesperada, les dio una visión de más largo plazo de la restauración última del pueblo. Esta sección es mayormente prosa, porque transmite principalmente pensamientos más que sentimientos de Dios. En el largo plazo, luego que Babilonia haya deportado a Judá y Jerusalén esté devastada, algunos del pueblo volverán y reconstruirán a Jerusalén, por lo que la situación no está completamente perdida.

Los capítulos 46-51 cubren el juicio de Dios sobre las naciones que rodean a Judá. La restauración será acompañada por el juicio de quienes han causado sus problemas. Es así como opera la justicia de Dios en la historia.

El capítulo 52 es una especie de epílogo acerca de la espantosa catástrofe nacional que estaba cayendo sobre el pueblo. Describe cómo Jeremías fue llevado a Egipto y Jerusalén fue dejada vacía y devastada. No es un final feliz.

Igual que los otros profetas

Mucho del mensaje de Jeremías es igual al de los otros profetas. De hecho, si usted lee los profetas, uno detrás de otro, se podría aburrir fácilmente. Porque es la misma vieja historia de idolatría, inmoralidad e injusticia. Los profetas estaban observando la misma declinación. Jerusalén estaba llena de violencia, de modo que los niños no podían jugar en las calles y los ancianos no se animaban a salir.

Hay cuatro enfoques principales de su mensaje que encontramos en todos los demás profetas. Por cierto, cuando Jeremías casi es muerto, alguien recordó que Miqueas había dicho exactamente lo mismo años antes, y esto le salvó la vida.

1. PUEBLO APÓSTATA

El pueblo era completamente corrupto. La idolatría y la inmoralidad eran los dos principales problemas. Algunas de las prácticas espantosas de las naciones vecinas estaban siendo realizadas por el pueblo de Dios, incluyendo el sacrificio de niños en el valle de Hinón, y estaban llevando ídolos dentro del templo de Dios, en contravención directa del segundo mandamiento. Había también pudrición moral y matrimonios rotos.

Dios llama a Jeremías a predicar que ciertas personas eran responsables de la situación.

Los profetas

El ministerio de Jeremías fue hostigado por personas que lo rodeaban y decían que también eran profetas, pero daban un mensaje opuesto al de Jeremías. En el capítulo 23 Jeremías ataca a estos falsos profetas, acusándolos de nunca haber estado en el consejo de Dios y haber escuchado lo que él les decía. En cambio, se copiaban los mensajes unos a otros, o los inventaban, diciendo a las personas lo que querían escuchar. En particular, estaban diciendo "Paz, paz", cuando no había paz. Decían que no había necesidad de preocuparse. Después de todo, Jerusalén era la ciudad de Dios y él cuidaría el templo. Pero Jeremías es cáustico con los que ponían su seguridad en el templo. Les dice que lo han convertido en una cueva de ladrones, y les advierte que no pueden suponer que solo porque son el pueblo de Dios no serán juzgados.

Hay una lección similar en el Nuevo Testamento. ¡La mayoría de las advertencias de Jesús acerca del infierno fueron dadas a creyentes que habían nacido de nuevo! Sin embargo, me encuentro con muchos creyentes que no tienen ningún temor del infierno porque suponen que nunca podrá ocurrir a quienes se consideran cristianos.

Pero Jesús enseña que debemos continuar en nuestra fe si queremos huir de la ira venidera. El apóstol recuerda a los creyentes nacidos de nuevo que todos comparecerán ante el tribunal de Cristo. Somos justificados por fe, pero seremos juzgados por las obras.

Los sacerdotes

Jeremías culpó a los sacerdotes por el pecado de la nación, porque estaban apoyando lo que hoy denominaríamos "festivales interreligiosos". Estaban celebrando cultos religiosos paganos en el nombre de la tolerancia, así como hoy en el Reino Unido hay cultos que incluyen grupos religiosos no cristianos, en la creencia errónea de que estamos todos en caminos diferentes que conducen al mismo Dios.

Los reyes

Los reyes fueron condenados por no sostener las leyes de Dios. Jeremías profetizó que Joacim moriría sin luto y sería enterrado como un asno, y su muerte tuvo lugar tal como lo dijo. Sedequías, el último rey, fue débil y vacilante, un mero títere de los políticos.

Las imágenes de Jeremías que describen a este pueblo apóstata están llenas de metáforas sexuales, algunas bastante obscenas. Comparó al pueblo, que estaba yendo detrás de dioses extraños, con una esposa infiel y adúltera que va detrás de otros hombres. Oseas había sido el primer profeta en usar esta metáfora. Jeremías pidió al pueblo que se imaginara cómo Dios se sentía con una esposa infiel. La integridad de ellos en otras relaciones era también pobre. Jeremías decía que no había "una sola persona honesta en Jerusalén".

Una de las cosas más terribles que les dijo era que eran incapaces de ruborizarse. No tenían vergüenza. Su apostasía ni siquiera les preocupaba. Dios ya se había divorciado de diez tribus. ¿Querían que se divorciara también de las dos tribus que quedaban?

2. DESASTRE INMINENTE

El segundo énfasis importante en su mensaje, que también es compartido con otros profetas, es el tema del desastre inminente. Cuando Dios hizo promesas a Israel en el tiempo de Moisés, fueron de dos clases: "los bendeciré si son obedientes" y "los maldeciré si son desobedientes". Éstas fueron confirmadas en el pacto de Sinaí. Así que, cuando Dios castiga, está manteniendo su promesa. La mayoría de las personas piensan que su fidelidad significa que él sigue haciendo cosas buenas para nosotros, pero su fidelidad se manifiesta tanto en el castigo como en el perdón.

Jeremías fue específico acerca de lo que ocurriría. Recibió una visión de una olla hirviendo que se inclinaba desde el norte, y dijo al pueblo que el peligro vendría de esa dirección; no de Asiria, que se había llevado las 10 tribus, sino de Babilonia, cuyos ejércitos también invadirían desde el norte. Les advirtió que el peligro vendría pronto. Tuvo una visión de un ramo de almendro que florecía, que es la señal de la primavera y ocurre tan rápidamente con un almendro. De igual forma, Judá vería llegar a los babilonios repentinamente.

3. RESTAURACIÓN ÚLTIMA

Pero más allá de este pesimismo y desolación llega un rayo de esperanza. Algunas de las profecías más positivas acerca del futuro del pueblo de Dios se encuentran en Jeremías. Él profetizó una nación restaurada con un nuevo pacto con Dios. El antiguo pacto de Moisés no estaba funcionando, porque los mandamientos estaban escritos afuera de las personas y no adentro. Estaban escritos sobre piedra, pero necesitaban ser escritos sobre el corazón. En consecuencia, en el capítulo 31 tenemos una de las predicciones más hermosas del Antiguo Testamento. Se nos dice que Dios hará un nuevo pacto con la casa de Israel y la casa de Judá, basado en el hecho de que Dios escribirá sus leyes en los corazones de las personas. Ya no tendrán que ser enseñadas acerca de Dios, porque todos lo conocerán, y Dios las perdonará y ya no recordará sus pecados.

Muchos lectores en las iglesias se detienen aquí, pero yo quiero seguir leyendo. Dios también dice:

Así dice el Señor, cuyo nombre es el Señor Todopoderoso, quien estableció el sol para alumbrar el día, y la luna y las estrellas para alumbrar la noche, y agita el mar para que rujan sus olas: 'Si alguna vez fallaran estas leyes —afirma el Señor—, entonces la descendencia de Israel ya nunca más sería mi nación especial'". (31:35-36)

El Señor dice que solo si los cielos en lo alto pueden ser medidos y los cimientos de la tierra en lo bajo pueden ser hallados rechazará a todos los descendientes de Israel por todo lo que han hecho. Dios garantiza que mantendrá su lado del pacto. Siempre existirá un Israel, y aún existe. El hecho de que el nombre "Israel" esté de nuevo en el mapa hoy demuestra que Dios cumple sus promesas.

Aquí Jeremías promete la restauración última de su pueblo. Dice que Dios los traerá de vuelta con regocijo, cantos y bailes, y dice que será en 70 años. (Esta cifra luego alentó a Daniel cuando leyó la profecía en el exilio y se dio cuenta de que ese plazo casi se había cumplido. La cifra puede parecer arbitraria, pero fue calculada cuidadosamente como el tiempo requerido para que la tierra tuviera su reposo, ya que no había tenido el descanso que le correspondía cada siete años en los últimos 500 años, 2 Crónicas 36:21).

Jeremías también prometió a Judá un nuevo líder. Le dio los títulos de "el buen pastor", "el vástago justo", "el príncipe mesiánico", "el brote del árbol de David", "la fuente de vida". Prometió que este hombre vendría y les restauraría el trono, y los gentiles compartirían la bendición de Judá.

4. ENEMIGOS CASTIGADOS
Si bien Dios permitiría a los babilonios llevar a Judá al exilio, se aseguraría de que fueran castigados por su crueldad. Habacuc se había centrado en este tema en su profecía. Babilonia luego sería conquistada por los persas, en cumplimiento de esta profecía (que, a su vez, llevó al retorno de los judíos mediante un decreto de Ciro, el rey persa). Otros enemigos también tendrán sus ajustes de cuentas: Egipto, Filistea, Moab, Amón, Edom, Damasco (Siria), Cedar, Jazor y Elam. Hay una sección al final del libro de Jeremías que predice lo que ocurrirá a todas las naciones que han atacado a Israel o lo han tratado mal, y es Dios quien exigirá venganza, no Israel. Solo Egipto y Babilonia reciben comentarios positivos.

Diferente de los otros profetas
Habiendo considerado las cosas que Jeremías dice que comparte con los demás profetas, veremos ahora las tres cosas que dice que son exclusivas de él.

1. ESPIRITUAL
Jeremías ha sido llamado el profeta "espiritual", porque es el principal profeta que dice que el ritual religioso es peor que inútil si uno no pone el corazón. De hecho, su condena de la hipocresía en la adoración ha llevado a algunos a suponer erróneamente que Jeremías consideraba que todo el

sistema de ofrendas de sacrificios a Dios era una pérdida de tiempo. Lo que realmente estaba diciendo era que el ritual de adoración externo no era tan importante, porque Dios estaba mirando en realidad la motivación del interior. ¿Participaba el adorador realmente en la actividad espiritual? El cuerpo podrá estar circuncidado, ¿pero el corazón lo está también? Los sacerdotes estaban alentando falsamente la idea de que la observancia religiosa era, de alguna manera, un sustituto para la piedad. Jeremías necesitaba poner un énfasis tremendo en el aspecto espiritual de la vida religiosa.

Al mismo tiempo, Jeremías estaba preparando al pueblo para el día en que perdería el templo y no podría ofrecer sacrificios. En Babilonia se reunirían en lo que se llegó a conocer como "sinagogas". La palabra "sinagoga" es una palabra griega que significa "reunirse". El pueblo de Dios se reuniría para tres cosas: alabar a Dios, orar y leer las Escrituras. De hecho, esto se parecía a la situación de la iglesia del Nuevo Testamento, donde el sacerdocio se había vuelto redundante por el sacrificio de una vez por todas de Cristo. La iglesia no tenía templo, altares, incienso, sacerdotes o sacrificios. La iglesia del Nuevo Testamento simplemente se reunía para celebrar la comunión, para orar, para alabar y para leer y estudiar las escrituras. Las primeras iglesias eran en realidad sinagogas cristianas. La tentación de la iglesia cristiana desde el inicio era volver al ritual del templo y tener sacerdotes, altares, incienso y vestiduras. Pero es una reversión al patrón del Antiguo Testamento, y no lo que Dios quería en absoluto.

Jeremías fue uno de los hombres que liberó a los judíos de la dependencia de la ceremonia, de modo que pudieran sobrevivir sin ella y seguir reuniéndose en Babilonia. Fue el único profeta que pudo predecir que tendrían que encontrar una forma de religión sin el templo y toda su parafernalia.

2. INDIVIDUAL

La siguiente cosa exclusiva en la profecía de Jeremías es que predice que en el nuevo pacto Dios tratará con individuos. El pacto de Sinaí era colectivo más que individual, con todo el pueblo y no con cada persona. Una de las características llamativas del nuevo pacto, según aparece en el Nuevo Testamento, es que el énfasis está en cada individuo. Jesús hablaba constantemente de seguidores individuales. Jeremías describe el contraste: "En aquellos días no volverá a decirse: 'Los padres comieron uvas agrias, y a los hijos se les destemplaron los dientes'. Al contrario, al que coma uvas agrias se le destemplarán los dientes, es decir, que cada uno morirá por su propia iniquidad" (Jeremías 31:29-30).

En el Nuevo Testamento, el nuevo pacto es un pacto individual con cada persona por separado. Es imposible heredar un lugar en el reino. Dios trata con cada uno como individuos que necesitan tomar sus propias decisiones. Las personas eran bautizadas de acuerdo con su confesión personal de Cristo.

En el Nuevo Testamento leemos que en el día del juicio cada persona comparecerá sola y deberá responder por sus propios pecados, y no por los de nadie más. Este gran cambio, de un Dios que trata con el pueblo a un Dios que trata con el individuo, es proclamado por primera vez en Jeremías y es luego tomado por Ezequiel, y todo el Nuevo Testamento está basado en esa idea.

En muchos aspectos, la vida de Jeremías encarna este principio. Fue excluido del templo y rechazado por su congregación local, así que tuvo que sobrevivir por su cuenta con Dios.

3. POLÍTICO

Jeremías da más consejos políticos a los gobernantes de Israel que ningún otro profeta. Cuando Judá se estaba reduciendo en tamaño, trató de poner a una superpotencia contra otra. Pero Jeremías les advirtió que no fueran a Egipto, porque Babilonia lo derrotaría también. Su consejo político fue entregarse a Babilonia, cooperar y buscar lograr las mejores condiciones posibles para la rendición. Hasta describe a Nabucodonosor, el rey de Babilonia, como el siervo de Dios, que sería algo así como si alguien de la iglesia en 1939 dijera al gobierno británico que negociara con Adolf Hitler porque Dios lo había enviado. Sonaba a traición sugerir ceder ante un tirano sin siquiera intentar defender a Jerusalén.

Pero los reyes de Judá rechazaron su consejo político. Fue llamado traidor. Cuando propició la rendición ante los babilonios se puso un yugo sobre las espaldas y caminó por Jerusalén como una ayuda visual de lo que el pueblo debería hacer. Cuando el rey de Babilonia entró en Jerusalén, llegó a ofrecer a Jeremías ponerlo en su lista de honor (ver capítulo 39). Podemos imaginarnos cómo se sentirían los demás judíos al respecto. Pero esto fue meramente el último episodio en una larga historia de maltratos y malentendidos.

El maltrato

Jeremías había sido perseguido desde el inicio mismo de su ministerio. Por cierto, los primeros intentos de matar a Jeremías vinieron de sus propios familiares en Anatot, su pueblo de origen. Hicieron un complot para asesinarlo porque era una vergüenza para el orgullo familiar que este adolescente anduviera por ahí trastornando todo Jerusalén. Dios tenía una pequeña palabra para él en ese momento: "Solo te estoy entrenando para cosas peores". ¡Qué consuelo!

De ahí en adelante, fue rotulado como traidor. Fue rechazado por los demás profetas, porque eran falsos profetas. Los sacerdotes lo evitaban porque hablaba contra el trabajo de ellos, el templo y los sacrificios. Los reyes lo consideraban un traidor político, y la gente lo odiaba e ideó varios planes para poner fin a su vida.

No solo fue amenazado de muerte, sino que estuvo cerca de morir en varias ocasiones. Fue azotado y encarcelado por el sacerdote Pasur, y fue arrojado en un oscuro calabozo. En otras ocasiones fue colocado en el cepo, con sus manos y pies trabados, y fue puesto en la picota con un collar de hierro. Finalmente fue introducido en una cisterna (una especie de pozo profundo con forma de frasco, con un cuello estrecho para que el agua no se evaporara). Cuando estaba sin agua, por lo general tenía un metro y medio de barro blando en el fondo. Jeremías estaba hasta el cuello en el cieno, con solo un poco de luz de día que entraba por un pequeño agujero arriba de su cabeza. Por supuesto, debía permanecer de pie, para evitar ahogarse en el barro. Al final, fue liberado por un extranjero que se compadeció de él, bajó una soga a la cisterna y lo sacó.

A menudo permanecía oculto por los ataques a su vida. Quedaban pocos en Jerusalén que buscaran sus consejos, y finalmente fue removido por la fuerza por los judíos que huyeron a Egipto. Fue ahí donde murió. Su muerte no está registrada en las escrituras. Una tradición dice que fue apedreado hasta morir (ver Mateo 21:35 y 23:37). Sea lo que haya ocurrido, está claro que murió en la oscuridad, sin soñar que se volvería famoso en todo el mundo y que estaríamos hablando de él 2500 años después.

La desdicha

Jeremías es conocido como "el profeta llorón". El libro de Lamentaciones muestra el dolor en su corazón por su pueblo, por la tierra perdida y por la ciudad de Jerusalén destruida. Pero aun en el libro de Jeremías mismo aparece su desdicha, porque él no teme hacernos saber cómo oraba en esas situaciones.

Sufrimientos físicos

Ya hemos visto algo del dolor físico que Jeremías sintió en manos de los que despreciaban su mensaje. Ciertamente no tenía miedo de abrir su alma y revelar sus sentimientos. Aquí tenemos un hombre profundamente dolido por lo que su pueblo le decía y le hacía, especialmente cuando era considerado como un traidor por su propia familia. Odiaba la fama que acompañaba la proclamación del mensaje de Dios, y también encontró que su ministerio era extremadamente solitario.

Sufrimientos mentales

Sus sufrimientos físicos eran suficientemente malos, pero también se sentía atrapado por Dios. El dolor particular era que Dios no le había dado ninguna opción. Dios lo había llamado al ministerio profético y lo había atrapado de tal forma que no podía hacer nada más. Su profecía incluye su resentimiento y el sufrimiento mental y emocional producido por esta soledad y rechazo.

Una de las peores cosas era que el matrimonio no podía aliviar la carga de su soledad. Dios le prohibió casarse. De esta manera Jeremías no tendría que ver a sus propios hijos pasar hambre cuando vinieran los babilonios. Su propia vida se convirtió, por lo tanto, en un mensaje poderoso, así como el matrimonio de Oseas con una prostituta y la orden de Dios a Ezequiel de no hacer luto por la muerte de su esposa fueron mensajes al pueblo al que hablaban.

Ya hemos compartido que el libro da una verdadera perspectiva del dolor de Jeremías, y al mismo tiempo brinda ayuda para los que están atravesando situaciones traumáticas.

En una ocasión dijo: "Señor, yo sé que el hombre no es dueño de su destino, que no le es dado al caminante dirigir sus propios pasos". Una cita bien conocida es: "Si digo: 'No me acordaré más de él, ni hablaré más en su nombre', entonces su palabra en mi interior se vuelve un fuego ardiente que me cala hasta los huesos. He hecho todo lo posible por contenerla, pero ya no puedo más". El pobre hombre está diciendo, en realidad: "Nunca volveré a predicar otro sermón". Y luego dice: "Pero no puedo parar. Está quemando mis huesos. Tengo que dejarlo salir".

No tenía opciones en cuanto a su tarea de predicar, porque su corazón estaba ardiendo por Dios. Aun cuando tomó la decisión de no volver a hacerlo, se encontró de nuevo en las calles predicando. En realidad, Dios no lo había forzado a continuar; Dios nunca obliga a las personas. Pero podemos entender su sensación de estar atrapado.

Jeremías sabía que el pueblo nunca escucharía, y en varios momentos llega a la conclusión de que está dedicado a una tarea inútil. Dios llega a prohibirle orar por el pueblo (7:16).

Sin embargo, a pesar de esto las oraciones de Jeremías son una parte importante de la profecía e incluyen algunos de los pasajes más conmovedores (ej: 1:6; 4:10; 10:23-25; 11:20; 12:1-4; 15:15-18; 17:14-18; 18:19-23; 20:7-18). Estas nueve oraciones de Jeremías se encuentran entre las más sinceras de toda la Biblia. Dice a Dios exactamente cómo se siente y, como tales, son un buen ejemplo para nuestras oraciones.

Lamentaciones

El libro de Lamentaciones fue escrito por el profeta Jeremías, así que es apropiado que lo consideremos junto con el libro homónimo. Es uno de los libros más tristes de toda la Biblia. Muchos lo compararían con Job, pero Job es triste por una tragedia personal, mientras que, en Lamentaciones, Jeremías llora por una catástrofe nacional. Al leer Lamentaciones, uno casi puede ver las lágrimas cayendo sobre la hoja y borroneando la tinta. Aquí hay un hombre que está llorando desconsoladamente.

DECLINACIÓN Y CAÍDA DE UN IMPERIO

En la traducción griega del Antiguo Testamento, este libro es llamado simplemente "Lágrimas". En la versión hebrea es llamado "Cómo", porque esa era la primera palabra que se leía al abrir el rollo del libro. El título en inglés-español, "Lamentaciones", viene de la palabra latina para lágrimas.

Fue escrito cuando Jeremías vio la ciudad de Jerusalén desolada. Él también conocía el dolor de su pueblo; antes de la destrucción del templo y la ciudad, el pueblo había estado bajo un sitio terrible. Había madres que se comían la placenta de las mujeres que daban a luz, y hasta se comían a sus propios bebés. Estaban desesperados. Todo es tan tremendamente triste, que llora. Tiene que haber sido como Hiroshima luego de la bomba atómica, o el territorio de Kosovo arrasado por la guerra en años recientes.

El hecho de que el libro esté escrito como una serie de lamentos no debe sorprendernos. Sabemos que Jeremías era un poeta, porque la mayoría de sus profecías están en forma de poesía. También sabemos que era un músico y escribió canciones, por lo que encontramos en su libro. Esto subraya la asombrosa relación entre la profecía y la música. El espíritu de la profecía inspira tanto la poesía como la música, y viceversa. Varios santos del Antiguo Testamento que fueron bendecidos con el don de la profecía pedían que se tocara música ante ellos antes de profetizar. Zacarías, Ezequiel y, por supuesto, David son excelentes ejemplos.

Estos no son los únicos lamentos compuestos por Jeremías. También compuso un lamento (mencionado en Crónicas) para el rey niño Josías, que pensó erróneamente que podría derrotar a los egipcios y fue muerto en Meguido. Así como David lamentó por Saúl y Jonatán cuando fueron muertos en batalla contra los filisteos, Jeremías también compuso un lamento para que toda la nación cantara cuando murió el rey Josías y la promesa de su reino llegó a un final prematuro.

Estructura
A pesar de la pasión que siente Jeremías por la ciudad arruinada y el pueblo exiliado, ha compuesto el lamento usando pautas estrictas. Por una vez, las divisiones de los capítulos están en el lugar correcto, y cada capítulo abarca uno de los cinco cantos que están reunidos de manera hermosa y cuidadosa.

El artilugio que usa es un acróstico mediante el cual las letras del alfabeto forman un marco para el canto o poema. Como el alfabeto tiene 22 letras, cada sección tiene 22 versículos.

Cuatro de los lamentos usan este patrón. El tercer lamento es ligeramente diferente, ya que tiene 66 versículos, pero nuevamente se usa el método del acróstico.

El primer poema tiene 22 versículos, uno para cada letra y tres líneas para cada versículo. El segundo poema vuelve a comenzar con la primera línea del alfabeto. Luego viene el tercer poema, de nuevo con tres versículos para cada letra. El cuarto poema vuelve a los 22 versículos, con dos líneas para cada versículo. El único poema que no sigue las letras del alfabeto es el último, aunque también tiene 22 versículos.

¿POR QUÉ USAR ESTE ARTILUGIO?

- Es más fácil de recordar. A Jeremías le interesaba que el pueblo que quedara en el territorio y el pueblo que fuera llevado al exilio escuchara sus lamentos y los recordara. Un acróstico ayuda a lograrlo.
- Este método ayuda a expresar el dolor completo de Jeremías, su "dolor de la A a la Z". Tiene un significado simbólico. Está contando una historia de dolor del alfa a la omega, desde el inicio hasta el fin.
- Pero creo que la tercera razón es la más importante. Hice un pequeño experimento. Tomé un pedazo de papel y escribí las 26 letras del alfabeto inglés y me pregunté si me ayudaría a expresar las enseñanzas de

DECLINACIÓN Y CAÍDA DE UN IMPERIO

Lamentaciones. Encontré que es exactamente eso lo que hace. Me llevó menos de dos minutos escribir las Lamentaciones de Jeremías. No digo que sea una gran pieza de escritura, pero creo que resume todo el libro:

Aterradora es la visión de la ciudad arruinada,
Baja por las calles la sangre fluyendo.
Catástrofe ha llegado a mi pueblo,
Destino terrible le corresponde.
En cada casa hay destrucción,
Familias rotas para siempre.
Garantizado estaba por Dios,
Hay alabanza a su nombre.
Inundado estoy de lágrimas,
Jirones queda de mi espíritu,
Kosovo, Hiroshima se parecen
La muerte me parece atractiva
Mi vida no tiene sentido.
Nunca más volveré a reír
O a bailar de alegría
Por favor consuélame, Señor
Quieto necesito mi espíritu,
Recuérdame tus planes futuros.
Salva a tu pueblo de la desesperación,
Tu amor necesita sentir.
Únicamente entiende sus sentimientos
Visita con tu ira a sus destructores
Whisky, vino y licor no me calman
Xilofones y guitarras no me alegran
Yo solo entrego mi voluntad
Zamarreados estamos por tu acción.

Vemos que el alfabeto puede ser una herramienta muy útil para expresar sentimientos.

¿Por qué escribió un lamento en primer lugar?
Aun cuando tiene sentido usar un lamento, no es inmediatamente obvio por qué escogería escribir de esta manera, especialmente considerando el tamaño de su otra obra.

Yo creo que es porque quería que otros lloraran con él y cantaran las canciones. Tal vez quería enviarlas al pueblo exiliado, para que pudieran expresar sus sentimientos también. Tiene muchísimo sentido, porque cuando las personas pasan por una tragedia es vital que expresen sus sentimientos. Si hay dolor, debemos permitir que se exprese. Es cruel decir a las personas que están de duelo que sean valientes y no lloren. Los judíos y los católicos son dos de los mejores grupos en este sentido, porque tienen una tradición de velatorios, donde alientan activamente las lágrimas, al igual que en toda la Biblia. Nuestra tendencia occidental a admirar a las personas que no lloran viene del pensamiento griego más que del hebreo. En el Israel moderno un hombre no puede llegar a ser Primer Ministro a menos que pueda llorar sobre la tumba de un soldado israelí. En el pensamiento hebreo hace falta ser hombre para llorar; no es una señal de debilidad.

Ella, él, yo, ellos, nosotros
Lo siguiente que debemos señalar acerca de los poemas es que el pronombre personal cambia con cada capítulo.

En el primer poema, el pronombre personal es "ella", refiriéndose a la ciudad y al pueblo de la ciudad, llamado "hijas de Jerusalén". En el Antiguo Testamento las ciudades y sus habitantes son considerados como femeninos, una tradición que también es seguida por los textos en inglés.

Luego, en el segundo poema, el pronombre personal es "él". Es un poema acerca de la persona que ha causado el desastre. Se trata de Dios.

El tercer poema es el más largo y se vuelve muy personal,

porque trata de Jeremías mismo. El capítulo se centra en "Yo, mí, mi".

El cuarto poema y capítulo, en contraste, es casi impersonal, con una descripción distante de "aquellos, ellos, suyos".

El quinto poema vuelve a "nosotros, nuestro", al volver a identificarse Jeremías con su pueblo. Dios ya no es "él", sino que el profeta se dirige a él como "tú".

Cuando estudiamos la Biblia con cuidado hacemos bien en notar estas pequeñas palabras como indicios de su significado. Los cinco temas muy diferentes requieren títulos muy diferentes, reflejando la forma en que Jeremías ha escogido ver la situación.

Los cinco poemas

1. LA CATÁSTROFE - "ELLA"
El primer poema considera la ciudad arruinada y sus hijas.

No era solo que toda la ciudad había sido sitiada y luego destruida, ni simplemente que el templo ya no estaba. Lo que realmente molestaba a Jeremías era el hecho de que ésta era la ciudad de Dios. Él sabía que el motivo era el pecado, y esto le dolía aún más. Está claro que Jeremías fue un testigo ocular de los sucesos que describe. Ve los edificios destrozados, las calles desiertas luego del exilio a Babilonia. Es fácil imaginarlo protestando ante las pocas personas que quedaban: "¿Acaso no les importa, todos ustedes que pasan por aquí? ¿No los conmueve un espectáculo tan terrible?". La descripción de la ciudad vacía y desolada es vívida, demostrando la angustia que sentía Jeremías al contemplar la escena.

2. LA CAUSA - "ÉL"
El segundo poema se centra en el hecho de que el desastre no hubiera ocurrido si Judá se hubiera rendido ante los

babilonios, como había sugerido Jeremías. Era doloroso saber que él los podría haber ayudado a evitarlo todo. Jeremías sabía que Dios tenía que permitir el exilio porque había prometido que los trataría así si eran desobedientes, pero su frustración ante las posibilidades que habían desperdiciado no era menos real. Esto surge especialmente en el segundo poema, donde la ira de Dios se menciona cinco veces. Jeremías sabía que viene un momento en que la ira de Dios rompe el hervor. Hay dos clases de ira en la Biblia: una ira lenta, que hierve a fuego lento, y la irascibilidad que estalla y desaparece. Ambas causan problemas en un nivel humano. En un nivel divino, Dios es a la vez lento y rápido en su ira, aunque, por supuesto, sin el elemento egoísta que caracteriza la ira humana.

Todo el énfasis en la Biblia con relación a la ira divina es que si no observamos a Dios con cuidado y no vemos su ira hirviendo a fuego lento, tal vez no la notemos hasta que rompa el hervor. En Romanos 1 se nos dice que la ira de Dios ya está hirviendo a fuego lento. Se nos dan señales para buscar, que incluyen el intercambio de las relaciones naturales por las antinaturales. Otra señal es el comportamiento antisocial y la descomposición de la vida familiar. Tristemente, en el mundo occidental estas cosas son demasiado frecuentes.

3. LA CURA - "YO"

El tercer poema es el poema personal. Jeremías se dio cuenta de que Dios podría haber eliminado al pueblo en su ira, pero en cambio lo había enviado a Babilonia. De modo que seguía vivo; el pueblo no se había extinguido y la nación seguía siendo una nación. Jeremías creía que era gracias a la misericordia de Dios que no habían sido consumidos por completo. Dice: "cada mañana se renuevan sus bondades".

Es bueno tener una actitud así, no importa cuáles sean

nuestros problemas. Siempre podemos mirar a la misericordia de Dios. Hay una diferencia fundamental entre la forma que vive el mundo y la forma que debería vivir el pueblo de Dios. El mundo vive por *mérito*; vivimos en una meritocracia. Uno obtiene aquello por lo que trabaja. Pero en el reino de los cielos la base de la vida es la *misericordia*. El mundo exige derechos, pero los cristianos saben que no tienen derechos.

4. LAS CONSECUENCIAS - "ELLOS"

Jeremías pasa a recordar las consecuencias de no arrepentirse. Vuelve incluso a Edén y al castigo justo de Adán y Eva por Dios. Él quiere que todos sepan que esta desolación tiene un propósito. El pueblo necesita saber que Dios está involucrado en tratar con el pecado, pero también se involucrará en la liberación.

5. EL CLAMOR - "NOSOTROS"

El último poema es simplemente una oración, un clamor por la misericordia de Dios. Jeremías sabe que él es su única esperanza, así que transforma su desesperación en una oración pidiendo que Dios realmente restaure a su pueblo a la tierra.

Algo que aparece en los cinco poemas es la palabra "pecado". Casi todas las páginas del Antiguo Testamento contienen pecado; a veces solo la palabra, a veces acciones pecaminosas. En contraste, hay salvación en casi todas las palabras del Nuevo Testamento.

Jeremías reconoce sinceramente que el pecado del pueblo merece este juicio, pero al mismo tiempo clama a Dios pidiendo misericordia para restaurarlo. Por eso llamamos a este libro "Lamentaciones", en plural. En realidad son cinco cantos de lamento y dolor diferentes.

Al día de hoy todo Lamentaciones es cantado una vez al año en cada sinagoga el noveno día de Abib (julio), porque ésa es la fecha exacta en que los babilonios destruyeron el templo.

Cada año hasta el día de hoy los judíos recuerdan el éxodo en la Pascua, y la pérdida del templo el noveno día de Abib. Cada julio uno puede ir a la sinagoga y escuchar su lamento. Lo asombroso es que el noveno de Abib no es solo el día en que perdieron el primer templo; ese mismo día en 70 d.C. Tito vino y destruyó el segundo templo.

El día exacto en que estaban lamentando la pérdida del primer templo, perdieron el segundo templo, y Jesús, por supuesto, lo predijo. Así como Jeremías vino para advertirles acerca de la pérdida del primer templo, Jesús vino para anunciarles la pérdida del segundo templo. Por esta razón Jesús y Jeremías han sido agrupados tan frecuentemente.

Cuando Jesús dijo a los discípulos: "¿Quién dice la gente que soy?", contestaron que había sido comparado con Jeremías. Este profeta no parece ser una elección obvia, pero su vida es un paralelo perfecto de la vida de Jesús. Así como Jesús podía decir: "los enemigos de cada cual serán los de su propia familia", Jeremías también tenía problemas en el área de su propio hogar. La gente intentó arrojar a Jesús desde un peñasco en su propio pueblo de origen, Nazaret. De hecho, Jesús eludió cinco intentos de asesinato en total. Además, algunos de los actos de Jesús estaban en el mismo espíritu de los de Jeremías. Cuando Jesús limpió el templo y usó un látigo contra los judíos que estaban convirtiendo el templo en un centro para usureros codiciosos, citó a Jeremías: "¿Creen acaso que esta casa que lleva mi nombre es una cueva de ladrones?".

Jesús era un "Jeremías" en la mente popular. Jeremías mismo dijo, en un momento: "Yo era como un manso cordero que es llevado al matadero". Jesús, por su parte, recordó al pueblo que sus ancestros habían apedreado y rechazado a los profetas que se les había enviado.

Vínculos con Jesús

En el lado norte de Jerusalén hay una cueva que es conocida, en la tradición judía, como la Gruta de Jeremías, porque creen que era el lugar adonde iba Jeremías para orar cuando estaba solo, dolido y dolorido. La gruta es una cueva en una colina llamada Gólgota, donde creemos que Jesús murió en la cruz.

Una de las cosas que dijo Jesús camino a la cruz fue: "Si esto se hace cuando el árbol está verde, ¿qué no sucederá cuando esté seco?". Estaba diciendo a la gente de Jerusalén que no lloraran por él sino por ellos, porque vendrían días cuando las cosas se pondrían mucho peor. Se refería al año 70 d.C, solo 40 años después. Cuarenta años era el período para las pruebas. Dios dio a los judíos 40 años para responder a su Hijo crucificado y resucitado. Pero, como el pueblo permaneció endurecido de corazón, 40 años después el templo fue derribado nuevamente.

Destinos

Los creyentes en el Nuevo Testamento tienen dos destinos por delante: uno, es llorar, gemir y rechinar los dientes. Cada vez que Jesús usó estas palabras, estaba hablando a sus propios discípulos, si bien muchos suponen que tendrían que haber sido dirigidas a incrédulos. El otro destino posible para nosotros como pueblo de Dios es que él limpiará todas las lágrimas de nuestros ojos. Así que, en un sentido, los dos destinos que enfrentamos involucran lágrimas: o lloramos para siempre o Dios nos limpia las lágrimas.

No solo eso, sino que el mundo enfrenta la misma perspectiva. El libro que cita a Jeremías y Lamentaciones más que cualquier otro es Apocalipsis, que se centra en los últimos tiempos. La mitad de las citas de Jeremías en el Nuevo Testamento están en Apocalipsis, y se aplican a la ciudad de Babilonia. Babilonia en Apocalipsis es el centro financiero mundial, la ciudad que será destruida. Cuando esta ciudad sea destruida, el mundo llorará por ella pero, según Apocalipsis, los cristianos cantarán el "coro del Aleluya". ¡Muy pocas personas que escuchan el Mesías de Händel, con sus magníficos "aleluyas", se dan cuenta de que es una celebración de la bolsa de comercio mundial yendo a la bancarrota! Los bancos mundiales quebrarán y todo el sistema financiero que el hombre ha construido colapsará.

Apocalipsis 18 finaliza con cita tras cita de Jeremías. Lamentaciones habla de la ruina de Jerusalén. Pero Dios hará descender una nueva ciudad del cielo a la tierra, la nueva Jerusalén, como una esposa engalanada para su esposo. Es aquí donde vivirán los creyentes, en una nueva tierra y en una nueva Jerusalén para siempre.

27.
ABDÍAS

Introducción

Abdías fue el primero de los profetas preexílicos, y su libro es el más corto del Antiguo Testamento, con solo 21 versículos. Habló en 845 a.C., y abrió un período de 300 años durante el cual profeta tras profeta tras profeta advirtió al pueblo de Dios que no continuara en el curso de acción que llevaba.

Sabemos que Joel vino poco tiempo después de Abdías porque lo cita, recordando al pueblo de lo que Dios ya les había dicho. En particular, tomó una frase que Abdías introdujo —"el día del Señor"—, una expresión usada en otras profecías del Antiguo Testamento y en el Nuevo Testamento. Es el día en que Dios viene a arreglar las cosas, y lo hemos considerado en detalle al final de Joel.

El libro de Abdías se incluye al final de esta sección porque su foco está en los últimos sucesos del período preexílico, cuando el pueblo de Judá fue llevado al exilio a Babilonia.

Algunos profetas tenían dos mensajes: uno para el pueblo de Dios, Israel, y uno para las naciones vecinas. Abdías habló a Edom, uno de los vecinos de Israel, una región al sudeste del mar Muerto. Es la única profecía de Abdías que tenemos hoy, y puede haber sido la única que dio.

Sabemos muy poco acerca de este profeta, excepto que su nombre significa "el adorador o siervo de Yavé". La mayor parte de su mensaje es una predicción acerca del futuro que vino en una visión. Es un mensaje visual más que verbal. El estado de Edom estaba ubicado en los que llamamos la Transjordania, el territorio al este del valle del Jordán. Era parte de la tierra que había sido prometida al pueblo de Israel, pero que nunca había llegado a ser ocupada por ellos. Bajo el rey David, Edom pasó a ser un estado satélite, de una forma similar a cómo Polonia y Letonia se convirtieron en estados satélite de Rusia el siglo pasado. Apenas el imperio de David comenzó a descomponerse, Edom buscó su propia libertad y se rebeló contra Israel. Tenían dos ciudades, Bosra y Selá (hoy conocida como Petra), situadas en uno de los caminos más importantes de Oriente Medio que va de Europa a Asia.

Petra es un lugar muy inusual. Incluye lo que se parece a una catedral esculpida de arenisca roja y cientos de templos esculpidos en la roca, alrededor de un enorme círculo vacío en medio de las montañas. Alzándose encima de Petra está el monte de Seir, de unos 600 metros de altura. La profecía de Abdías tiene que ver con ese monte.

La arquitectura de los templos es magnífica, y la visión desde arriba de la montaña incluye el mar Rojo y el mar Muerto. Brindaba una fortaleza inexpugnable a los edomitas que vivían en las cuevas. Pero era un pueblo impío. Los arqueólogos han encontrado altares donde ofrecían humanos vivos a sus dioses.

Abdías dice que estaban llenos de orgullo. Creían que nada podría derrotarlos, ni siquiera Dios. Así que fue Dios mismo el que hizo justamente eso, y ésa es la esencia del mensaje de Abdías.

Es significativo que el Dios de Israel es visto aquí como el Dios de otras naciones. Este tema es constante a lo largo de la Biblia, pero tiene que haber sonado como algo radical en un tiempo en que cada nación tenía su propio dios, y hoy también, cuando muchos creen que se debe dejar a cada persona que adore al dios que prefiera, sin tener que preocupar a nadie más.

Pero los cristianos creen que hay solo un Dios, que juzgará a las personas de cada una de las otras religiones también. El Dios de Israel es el Dios con quien cada nación tendrá que tratar y ante quien tendrá que rendir cuentas.

DECLINACIÓN Y CAÍDA DE UN IMPERIO

Éste es también el mensaje del Nuevo Testamento. Cuando Pablo habló en Atenas, en la colina de Marte, les dijo que Dios asigna a cada nación su tiempo y espacio. Él dibuja el mapa. Por ejemplo, yo creo que fue Dios quien puso fin al imperio británico. Cuando estaba en la escuela el atlas era mayormente rojo. Era posible viajar por todo el mundo sin dejar tierra británica en ningún momento. ¿Qué ocurrió con este gran imperio? La respuesta es que Gran Bretaña se lavó las manos con relación al pueblo de Dios, Israel. Por lo tanto, Dios dijo: "Si Gran Bretaña no puede cuidar a Israel no puede cuidar a nadie", y en cinco años el imperio desapareció. Creo que éste fue uno de los ejemplos más claros de la mano de Dios.

Queda claro, a través de la lectura de los profetas, que Dios juzga a las demás naciones según la actitud que tienen hacia su pueblo. Creo que se aplica el mismo principio hoy a la iglesia. Dios juzga a la gente por la forma en que trata a la iglesia. Lo que hacemos al pueblo de Dios lo hacemos a Dios. Jesús tomó el mismo principio, indicando que en el juicio final Dios dirá a las naciones: "Les aseguro que todo lo que hicieron por uno de mis hermanos, aun por el más pequeño, lo hicieron por mí" (Mateo 25:40). Cuando dice "hermanos" se refiere a "mi pueblo". De igual forma, cuando Saulo de Tarso se encontró con Jesús camino a Damasco, aprendió cómo el Señor veía a su pueblo. Dijo: "Saulo, Saulo, ¿por qué me persigues?", cuando, en realidad, había estado persiguiendo a los cristianos. Estaba horrorizado cuando supo que, al perseguirlos, estaba persiguiendo a Cristo. Pero en cuanto a Cristo concierne, perseguir a cristianos significaba perseguirlo a él. El pueblo de Dios es la niña de sus ojos. Así como el iris de su ojo es la parte más sensible de su cuerpo, Dios es especialmente sensible cuando su pueblo es perseguido.

Ahora que el pueblo de Dios está en cada nación del mundo, cada nación tendrá que decidir su actitud con relación a ese pueblo. En el día del juicio será un factor importante. Este principio aparece en profeta tras profeta, cuando hablan a otras naciones, y es ésta la razón por la que la mayoría de sus profecías están dirigidas a las naciones que vivían alrededor de Israel y habían asumido una actitud hacia Israel.

De modo que, aunque Abdías pueda parecer un libro pequeño y oscuro, en realidad trata algunos temas fundamentales acerca del juicio que afectarán a las naciones del mundo.

Un bosquejo de Abdías

El libro puede ser dividido en dos partes. En la primera (versículos 1-14), Abdías dice que una nación será juzgada; a saber, Edom. En la segunda (versículos 15-21), el profeta ve que todas las naciones serán juzgadas.

Una nación será juzgada (1-14)
Las naciones destruyen a Edom (1-9)
Edom desprecia a Israel (10-14)

Todas las naciones serán juzgadas (15-21)
Yavé castiga a las naciones (15-16)
Israel posee a Edom (17-21)

Una nación será juzgada (1-14)

Las naciones destruyen a Edom (1-9)
Edom significa, literalmente, "rojo". La ciudad está formada por arenisca roja, pero ésa no es la razón por la que se llama "rojo" (los edomitas descienden del pelirrojo Esaú). Está

ubicado en el lado este del valle tectónico de Arabá. Sus dos ciudades principales son Petra y Bosra, ambos monumentos a la capacidad constructiva del hombre.

Pero Abdías dice a los edomitas que las naciones los destruirán y que, a diferencia de los ladrones, que solo se llevan cosas en las que están interesados, ellas se llevarán todo, incluyendo su territorio. Les dice que Dios odia el orgullo en los hombres. El orgullo es prácticamente una invitación a Dios a rebajar al hombre, porque ser orgulloso es tener una visión muy elevada de uno mismo y una visión baja de todos los demás. Si usted se levanta, tiene que bajar a los demás; aun a Dios mismo.

Edom desprecia a Israel (10-14)
La ubicación de Edom arriba del monte de Seir era simbólica de su actitud hacia las naciones que la rodeaban, y hacia Israel en particular. Los edomitas son descendientes directos de Esaú, que había vendido su primogenitura a Jacob y estuvo en conflicto con su hermano mellizo la mayor parte de su vida. Los descendientes de Esaú se habían establecido en el lado este del valle tectónico, y los descendientes de Jacob, del lado oeste. En Deuteronomio Dios prohibió a Israel tener una mala actitud hacia Edom, porque Esaú fue el hermano de Jacob. Por eso Abdías dice a Edom que no tendría que haber tratado a su hermano como lo hizo. Pero la actitud de Edom hacia Israel fue agresiva. Leemos en Números y Deuteronomio que no quisieron dar un salvoconducto a Moisés y a los israelitas a través de su territorio.

Esta antipatía se vio también cuando el imperio de Israel comenzó a derrumbarse en el tiempo del rey David. Los edomitas se levantaron y se unieron a cualquiera que atacara a Jerusalén o Israel, ya sea los filisteos, los árabes o, más tarde, los babilonios. Los babilonios eran un pueblo muy bárbaro. Pero los edomitas se unieron a ellos y los alentaron.

Cuando los árabes atacaron Jerusalén, los edomitas se unieron a ellos. El odio, los celos y el resentimiento de siglos salió a la superficie. Cuando los filisteos vinieron contra Jerusalén, los edomitas se unieron a ellos. Usaron cada oportunidad para apoyar a otros, tal vez porque no eran lo suficientemente fuertes ellos mismos.

En tres oportunidades Dios dice que no hagan algo (versículos 12, 13, 14), y les dice que su desobediencia será castigada.

Surge una pregunta obvia. ¿Escucharon los edomitas lo que dijo Abdías? Y, si escucharon, ¿le hicieron caso?

La primera parte de la profecía tiene que ver con Edom, pero por la mitad Abdías cambia de la tercera persona a la segunda. Al parecer, tuvo la valentía de ir a Petra a dar el mensaje en persona. Pero no hay ningún registro de que hubieran prestado atención a sus palabras; de hecho, ocurrió todo lo contrario. Cuando los babilonios atacaron Jerusalén en 587 a.C., fueron alentados por los edomitas (Salmos 137:7).

Además, otros profetas también hablaron contra Edom. Isaías 21, Jeremías 49 y Ezequiel 25 condenan todos a Edom, e Isaías usa terminología similar a Abdías para subrayar la determinación de juzgar de Dios. Como el mensaje de Abdías y los demás profetas fue ignorado, el juicio de Dios cayó.

La historia registra que, en el sexto siglo a.C., los árabes los atacaron y tuvieron que huir de sus ciudades y atravesar el valle tectónico hacia el desierto del Néguev, para vivir como beduinos. Para 450 a.C. ya no quedaban edomitas en su tierra original, y para 312 a.C. Petra estaba en manos de los nabateos. El Néguev fue renombrado como Idumea luego de la llegada de los edomitas. Los edomitas fueron judaizados a la fuerza por Hircano, de modo que el judaísmo se convirtió en su religión oficial, si bien mantuvieron sus características raciales distintivas.

DECLINACIÓN Y CAÍDA DE UN IMPERIO

Los edomitas reaparecen en el Nuevo Testamento. Herodes el Grande (el del relato de la infancia en el Evangelio de Mateo) era de Idumea. Pidió a Julio César que le vendiera el trono de Israel en 37 a.C., ¡de modo que el rey de Israel era un edomita! La herencia de su pueblo con relación a los grandes edificios se convirtió en la inspiración para los proyectos edilicios por los cuales fue famoso. Por eso construyó tantos palacios, incluyendo uno en Masada, tan inexpugnable como los grandes templos de Petra.

Cuando los sabios vinieron preguntando dónde podrían encontrar al rey de los judíos que acababa de nacer, Herodes se enojó. No quería un judío en el trono, ¡porque Edom había prevalecido! Fue esto lo que estuvo detrás del asesinato de todos los niños varones de menos de dos años en Belén.

Fue su hijo quien mató a Juan el Bautista y ante quien Jesús no tuvo nada que decir en su juicio. Su nieto fue el Herodes responsable de la muerte de Santiago, y que fue comido por gusanos (ver Hechos 12). Su bisnieto fue un hombre llamado Agripa que murió en 100 d.C. sin hijos.

Los edomitas, entonces, desaparecieron. No hay un solo edomita en el mundo hoy, un cumplimiento de la profecía de Abdías. Dios se toma su tiempo para juzgar a la gente. Pasaron más de 600 años desde el tiempo de Abdías hasta su desaparición final. De aquí podemos aprender dos lecciones claras con relación al juicio de Dios.

REQUIERE TIEMPO

Los molinos de Dios muelen lento,
Pero muelen en extremo pequeño;
Aunque paciente de pie permanece,
Con precisión a todos muele.

Friedrich von Logau (1604-1655)

Dios se toma su tiempo. Es lento para la ira, pero cuando dice que lo hará, lo hará. Tal vez mil años después, pero lo hará. ¿Dónde está Edom hoy? Desapareció. ¿Dónde está Israel hoy? De nuevo en su tierra.

DIOS JUZGA A QUIENES DAÑAN A SU PUEBLO

Dios había dicho a Abraham: "Bendeciré a los que te bendigan, y maldeciré a los que te maldigan" (Génesis 12:3). Dios tiene dos pueblos en el mundo hoy: Israel y la iglesia. Atacar a cualquiera de ellos es dañarlo a él.

Todas las naciones serán juzgadas (15-21)

Edom es un ejemplo del tipo de nación impía que siempre ha sido hostil hacia el pueblo de Dios.

Yavé castiga a las naciones (15-16)

El razonamiento detrás del castigo es claro: "Como has hecho, se te hará". El castigo se ajusta al crimen. Los filisteos son mencionados también como merecedores de la ira de Dios.

Abdías vio que un día todas las naciones serían juzgadas. El Dios de Israel pedirá cuentas a todas las naciones, especialmente por la actitud que han tenido hacia su pueblo.

Israel posee a Edom (17-21)

Un día, Israel poseerá a Edom. Edom está incluido específicamente como una parte de la tierra que Dios prometió a su pueblo, así que un día deberá tenerlo, y Abdías lo vio. Dijo que no habría sobrevivientes de la casa de Edom, y que su tierra sería poseída por sus verdaderos dueños. Vio a Israel expandiéndose hacia el norte, hacia Efraín y Samaria, hacia el sur, en el Néguev, hacia el este, hacia las montañas de Edom, y llegando hasta la costa del Mediterráneo al oeste.

¿Qué tiene que ver todo esto con nosotros?

Primero, debemos notar que hay un "Jacob" y un "Esaú" en cada uno de nosotros. En la epístola a los Hebreos, se les dice a los cristianos que no sean como Esaú, que vendió su primogenitura por un plato de comida, y lloró después. Quedó lleno de remordimiento y pena, pero nunca pudo arrepentirse.

En cambio, debemos ser como Jacob. Él luchó con Dios hasta que Dios lo dejó cojo. Pero obtuvo la bendición, y es de Jacob que vino el pueblo de Dios. Esaú vivía para el presente, para una satisfacción inmediata de los deseos físicos, y perdió su futuro. Los "Esaúes" de este mundo viven solo para este mundo. No se preocupan por el futuro; solo se preocupan por la satisfacción de sus deseos en el presente. El libro de Abdías nos alienta a ser como Jacob, el hombre que fue quebrantado por Dios y se convirtió en un príncipe, y cuyo nombre, Israel, vuelve a estar en el mapa, después de 2000 años.

Segundo, aprendemos de este libro que, cuando Dios habla, cumple con su palabra. Cuando dice que hará algo, tal vez no lo haga la semana próxima, y tal vez tengamos que esperar mil años, pero si él dice que lo hará, lo hará, y por esta razón podemos confiar en su palabra. El pequeño Abdías podrá ser llamado un profeta menor, y ciertamente escribió un libro pequeño, pero todo lo que dijo se cumplirá.

LA LUCHA POR SOBREVIVIR

28. Ezequiel

29. Daniel

30. Ester

31. Esdras y Nehemías

32. 1 y 2 Crónicas

33. Hageo

34. Zacarías

35. Malaquías

28.
EZEQUIEL

Introducción

El libro de Ezequiel es la parte más ignorada y menos preferida del Antiguo Testamento. Su primera mitad (capítulos 1-24) es de un pesimismo y desolación casi incesante. Este texto deprimente lleva a muchos lectores a abandonar y pasar a otro libro de la Biblia. Es largo y repetitivo, y comprime 20 años de predicación. Mucho de lo que contiene tiene poco que ver con nuestra situación; se trata de otro mundo y otro tiempo, y simplemente no estamos familiarizados con él. El lenguaje, que es a veces crudo y aun ofensivo, no da más razones para que no nos guste. Pocos dirían que es su libro favorito.

Además, Ezequiel muestra un lado del carácter de Dios que pocos encuentran atractivo. El profeta habla de la severidad del juicio de Dios. La típica religión de radio o televisión se centra en la bondad de Dios, pero raramente en su juicio; es lo primero lo que le gusta a la gente.

Por lo tanto, a primera vista, ¡parece haber poco que nos aliente a leerlo! Pero libros como Ezequiel nos desafían a hacer dos preguntas: "¿Por qué leemos la Biblia?" y "¿Cómo la leemos?". Ambas preguntas están relacionadas, porque la razón por la que uno lee la Biblia determinará, en realidad, cómo la lee. El método fluirá del motivo.

Cómo leer Ezequiel

En general hay tres enfoques para leer un libro como Ezequiel:

El enfoque centrado en los versículos (uno)
Está el enfoque centrado en los versículos, en el que las personas buscan una palabra para ellas. Me veo tentado a

llamarlo el "método del horóscopo para leer la Biblia", en el que leemos hasta que un versículo encaja con nuestra situación. Pero ésta no fue la forma en que Dios quiso que fuera leída. Por cierto, ¡uno tendría que recorrer un largo trecho de Ezequiel hasta encontrar un versículo que salte de la hoja porque tiene que ver con la situación del lector! La lectura devocional de la Biblia puede ser útil y es mejor que nada, pero no es la forma correcta de leerla. Es, en esencia, un método egocéntrico.

El enfoque centrado en pasajes (otros)
Luego está el enfoque centrado en pasajes. Algunos cristianos leen la Biblia principalmente para el bien de otros. Esto ocurre en particular con predicadores y maestros, que se ponen a pensar de qué tema tendrían que predicar. Hay cuatro pasajes en Ezequiel que son grandes favoritos de los predicadores.

Tal vez el más popular es el capítulo 37, hecho famoso por el "espiritual negro" que dice *"Dem bones, dem bones, dem dry bones . . . hear the word of the Lord"* (Esos huesos, esos huesos, esos huesos secos . . . oyen la palabra del Señor). Los temas de la muerte y la vida son imposibles de resistir, y la imagen extraordinaria de huesos que se unen, cubiertos de carne, tiene un efecto dramático.

Otro favorito es el capítulo 34, usado especialmente en la iniciación de un nuevo ministro pastoral. El tema en cuestión son los buenos y los malos pastores. Los buenos buscan las ovejas perdidas mientras que los malos se alimentan ellos mismos. Es fácil usar este pasaje como una base para predicar acerca de la responsabilidad del pastor.

El capítulo 47 es otro favorito de la predicación, si bien tiende a ser sacado fuera de contexto y usado de manera alegórica. En el texto, un hombre encuentra un río que fluye desde el templo. Se mete hasta los tobillos, luego hasta las rodillas, luego hasta la cintura y luego hasta una profundidad suficiente como para nadar. Los predicadores usan el agua como una imagen del Espíritu Santo. Preguntan: "¿Cuán profundo están ustedes en el Espíritu? ¿Están nadando en el Espíritu ya, o simplemente están chapaleando?". Pero los detalles geográficos del contexto (pescadores en Engadi, al lado del mar Muerto, en el valle de Arabá) sin duda apuntan a que la profecía sea tomada literalmente. El mar Muerto llenándose de vida al influjo de agua desalinizante es un milagro de la naturaleza, pero a los predicadores les resulta fácil "espiritualizar" estos sucesos y aplicarlos a la naturaleza humana, especialmente si tienen problemas con la intervención sobrenatural en el mundo físico. El tratamiento alegórico del Antiguo Testamento tiene una larga historia en los púlpitos de las iglesias, que surge del desprecio griego por lo literal y lo físico en la enseñanza de Clemente y Orígenes de Alejandría, en el tercer siglo d.C.

Finalmente, el capítulo 18 se centra en la responsabilidad personal de cada individuo por su propio pecado. Había un dicho en Israel que decía que "los padres comieron uvas agrias, y a los hijos se les destemplaron los dientes", porque Dios había dicho que él castigaba el pecado hasta la tercer y cuarta generación. Pero Ezequiel introduce el principio muy importante de que, en el día del juicio, cada persona será responsable por su propio pecado. Esta idea de que cada uno tiene que rendir cuentas ante Dios es un tema favorito de los predicadores. Pero la popularidad de estos capítulos significa, por supuesto, que la mayoría de los predicadores deja el resto del libro sin tocar.

El enfoque centrado en el libro (Dios)
Éste es el mejor enfoque de Ezequiel, y apunta a comprender todo el libro en vez de partes solamente. Solo haciendo esto podemos entender realmente lo que Dios está diciéndonos a través de él. En última instancia, la principal razón para

leer la Biblia es que podamos conocer a Dios. La lectura de la Biblia nos enseña qué clase de Dios es: cómo responde a nosotros, qué siente acerca de nosotros y qué hará con nosotros. Así que, si evitamos Ezequiel, dejamos de lado una parte crucial de la revelación de Dios acerca de sí mismo y nos perdemos lo que nos enseña.

Cuando los cristianos leen la Biblia libro por libro por primera vez, siempre recomiendo usar una versión como *The Living Bible*. Como mencioné antes, unos años atrás la iglesia donde servía en Guildford leyó la Biblia sin parar en esta versión. Es la traducción más precisa de los sentimientos expresados pero, como es una paráfrasis, no es la traducción más exacta de los pensamientos y las palabras del texto bíblico.

La Biblia, por supuesto, es la palabra de Dios y la palabra del hombre. Podemos considerarla tanto para inspiración como para interés. Hay mucho interés humano en ella. Dios escogió comunicar su palabra a través de personas, con toda su complejidad, en tiempos y situaciones específicos. No son especulaciones desde una "torre de marfil", sino palabras que hicieron una diferencia para el mundo y para la percepción de la gente de él.

Al entender las situaciones de la vida real descritas en la Biblia, podemos apreciar la forma en que la palabra de Dios llegó a personas reales en la historia real. Cuando los oradores sacan la palabra divina de su contexto humano, el resultado es una predicación y una enseñanza aburridas.

El trasfondo de Ezequiel

Es vital que comprendamos el trasfondo histórico antes de considerar los principales temas de la profecía de Ezequiel. Un siglo antes, las 10 tribus de Israel habían sido llevadas a Asiria. Habían desestimado las advertencias de los profetas Amós y Oseas, así que habían sido deportadas de su propio país.

Ezequiel estaba preocupado por las dos tribus del sur, que resultaron ser todavía peores. A pesar del aviso de sus hermanos del norte, habían caído en una conducta impía y habían ignorado a profetas como Isaías y Miqueas, que les había advertido acerca del juicio venidero. Cuando Jeremías llegó un poco después, lo ignoraron también. La pequeña profecía de Habacuc les advirtió acerca de su ruina inminente en manos de los babilonios, pero este mensaje también cayó en oídos sordos. Finalmente, ocurrió lo peor y fueron deportados a Babilonia.

Había tenido algunos puntos brillantes en su historia reciente, pero no habían sido suficientes como para dar vuelta a la nación, y la situación espiritual era por lo general sombría. Cuando el rey Josías descubrió el libro de la Ley durante una limpieza general del templo, se horrorizó al ver cuánto se había desviado el pueblo de la Ley de Dios. Estaban sacrificando incluso bebés al dios pagano Moloc, en el valle de Hinón. (En su enseñanza, Jesús usó este lugar como una imagen del infierno.) Josías intentó reformar a la nación, pero fue en vano. Los corazones de las personas se habían alejado mucho de Dios.

Luego vino una sucesión de reyes "malos". Joacaz reinó solo tres meses, después de ser elegido por el pueblo. No pudo hacer frente a Egipto, y el faraón lo llevó a Riblá, donde lo encadenó. Luego vino Joacim. Si bien era hijo del virtuoso rey Josías, no le preocupaba el estado espiritual de la nación. De hecho, Joacim fue simplemente un rey títere escogido por los egipcios para reemplazar a Joacaz.

En consecuencia, en esta etapa de su historia, Judá estaba a la merced de las grandes superpotencias: Egipto, al sudoeste, y Babilonia, al noreste. Dios podría haber mantenido a raya esas grandes potencias, como en el pasado, pero él había prometido que, si el pueblo se alejaba de él, dejarían de contar con su protección.

De modo que Nabucodonosor de Babilonia invadió y controló el país durante tres años antes de partir finalmente. Judá sufrió una serie de ataques de varias naciones: los arameos, los moabitas y los amonitas. El resultado fue que, para el tiempo de Ezequiel, todo lo que quedaba de Judá era la ciudad de Jerusalén, ahora completamente bajo dominio extranjero.

El golpe final vino cuando los babilonios volvieron y sitiaron a Jerusalén durante dos años y medio. Finalmente, la ciudad fue tomada y todos los tesoros fueron quitados, tal como había profetizado Isaías.

Todas las personas más importantes fueron sacadas del país. Éste era un ardid favorito para reducir a un pueblo conquistado a la indefensión. La primera deportación llevó a 7.000 oficiales y soldados del ejército, unos 1.000 artesanos y unos 10.000 trabajadores con oficios, dejando atrás solo a los más pobres. (Dicho sea de paso, el profeta Daniel estuvo entre los deportados en ese tiempo.) Parecía como si todo el propósito de Dios terminaba en la nada.

Sedequías fue el último de los reyes títeres de Judá. Se le permitió reinar en Jerusalén solo con un pequeño ejército. Otra vez la ciudad fue sitiada y Sedequías fue capturado por el ejército de Nabucodonosor. Mataron a cada uno de sus hijos ante sus propios ojos para que pudiera ver que la línea real había llegado a su fin. Luego le quitaron los ojos, para que lo último que viera fuera la muerte de sus hijos. Después Nabucodonosor ordenó que Jerusalén fuera completamente destruida. Encontramos esta triste historia en 2 Reyes 22-25.

La predicación de Ezequiel

Fue alrededor de este tiempo que Ezequiel fue llamado a predicar, si bien estaba a cientos de kilómetros de Jerusalén, en la tierra de Babilonia.

Desde el inicio, Dios dijo a Ezequiel que haría su frente

como un pedernal: nada podría desalentarlo. Cuando el pueblo se volviera cada vez más duro y no quisiera oír, debería tener mucha determinación para seguir adelante con la comisión de Dios.

Su mensaje vino, en parte, a través de lo que se conoce como "lenguaje apocalíptico" (la palabra significa literalmente "quitar el velo" de lo que ha estado previamente oculto, especialmente el futuro, que debe ser descrito necesariamente en términos figurativos y aun altamente simbólicos). Es una forma de profecía, pero es más visual que verbal, muy simbólica y muy dramática. Ezequiel y Daniel son los mejores ejemplos de esta clase de profecía en el Antiguo Testamento, y Apocalipsis es el único ejemplo en el Nuevo.

Como todos los profetas, Ezequiel tenía una visión sobrenatural. Esto involucra percepción, premonición y supervisión. Podía mirar al mundo abajo desde la perspectiva de Dios y ver el desarrollo de sus propósitos.

Espacio
Ezequiel vio cosas que ocurrían en Jerusalén cuando estaba a cientos de kilómetros de distancia, en Babilonia. Los eruditos modernos imaginan que tiene que haber vuelto varias veces a Jerusalén para ver lo que estaba ocurriendo. Pero, a través del Espíritu Santo, Ezequiel realmente podía ver los sucesos en su patria. En una ocasión, mientras estaba predicando en Babilonia, tuvo una visión de un hombre que caía muerto en Jerusalén, y semanas después escuchó que el hombre efectivamente había muerto allí en el momento exacto que él lo había visto morir en su visión.

Tiempo
Ezequiel podía ver también el futuro. La Biblia es un libro que está lleno de predicciones acerca del futuro. Alrededor

de 27 por ciento de los versículos de la Biblia contienen predicciones, y Ezequiel tiene un porcentaje más alto que la mayoría de los otros libros de la Biblia. Ezequiel y Daniel tienen el mayor porcentaje de predicciones acerca del futuro en todo el Antiguo Testamento. Alrededor de las tres cuartas partes de las predicciones en Ezequiel se han cumplido al pie de la letra. Las probabilidades estadísticas de que ocurra algo así es de 1 en 75 millones. Hay 735 sucesos diferentes predichos en la Biblia. Algunas predicciones ocurren una o dos veces, y hay una que aparece más de 300 veces.[15] De esos 735 sucesos, 593 (81 por ciento) ya han ocurrido. La Biblia ha tenido una precisión del 100 por ciento hasta ahora. El 19 por ciento restante de sus predicciones aún no se han cumplido, pero podemos estar seguros de que se cumplirán.

Tres períodos
Las profecías de Ezequiel fueron dadas en tres fases separadas, y en cada período trata con un tema diferente. En el primero, (capítulos 4-24), el más deprimente de los tres, tenía entre 30 y 33 años de edad. Hace un anuncio terrible de que Jerusalén sería destruida completamente. Es comprensible que ésta es la sección del libro que nadie cita (por cierto, muy pocas personas podrían citar cualquier parte del libro). Este primer período de profecía fue antes del primer sitio de Jerusalén, luego del cual la ciudad quedó bajo el control de Babilonia, pero sin ser destruida.

La segunda vez que profetiza Ezequiel es en el año once o doce de su exilio, cuando tenía 36 o 37 años de edad. Este período de profecía puede encontrarse en los capítulos 25-32. Esta vez, Ezequiel profetiza no acerca de Jerusalén sino acerca de las naciones que la rodeaban, que se habían aprovechado del hecho de que ahora estaba bajo el control de Babilonia, y que estaban contentas de ver a Israel acabado.

15 La Segunda Venida.

Aun hoy, Israel está rodeado completamente por pueblos a los que les encantaría verlo destruido.

El siguiente suceso importante ocurrió en 587 a.C., cuando Jerusalén fue destruida por completo y, en exactamente el mismo momento, Ezequiel perdió su esposa en Babilonia. Pero el profeta recibe instrucciones de no llorar, porque en el minuto mismo en que muriera ella, Jerusalén también caería. Su negativa a llorar era simbólico de cómo debería sentirse Israel acerca de lo que había ocurrido a Jerusalén; es decir, completamente insensible. Se le dijo que registrara la fecha de la muerte de su esposa en su diario, para que pudiera compararla con las noticias de su patria. Por supuesto, las fechas coincidieron exactamente.

Tres años después de la muerte de su esposa y trece años después de su última profecía, Ezequiel comienza a profetizar de nuevo, cuando tenía 50 años de edad. Durante el período de silencio intermedio, Dios le había dicho que su lengua se pegaría al paladar, impidiéndole hablar a menos que Dios la liberara.

Esta vez profetiza durante un año, pero ahora todo su mensaje se centra en volver a casa. Por ejemplo, dice que un día los huesos secos del valle se unirían para convertirse en un poderoso ejército. Es todo optimismo positivo, esperando un buen futuro (capítulos 33-39).

Los capítulos 40-48 hablan de la restauración del templo en Jerusalén. Sin embargo, Ezequiel murió sin volver a ver el templo o Jerusalén. Fue enterrado en una tumba en Babilonia, en un lugar llamado Kifi, en la actual Iraq.

Un refrán

Hay una frase que aparece 74 veces en la profecía de Ezequiel: *"Entonces sabrás que yo soy el Señor"*. Es un refrán que se repite con ligeras variaciones en las secciones B, C y D del libro (ver el bosquejo a continuación).

En la sección B (capítulos 4-24), las palabras son "entonces ustedes reconocerán que yo soy el Señor". Pero en la sección C, que trata con la venganza de Dios sobre los vecinos de Judá, el refrán es: "entonces ellos sabrán que yo soy el Señor". Cuando, en la sección D, Ezequiel pasa a las buenas noticias acerca del retorno del exilio en Babilonia, las palabras son: "entonces *las naciones* sabrán que yo soy el Señor". En otras palabras, cuando Dios traiga a los judíos de vuelta a la tierra, todo el mundo sabrá que Dios es Señor porque, en términos humanos, es absolutamente imposible restablecer el estado de Israel.

Las tres variaciones del refrán nos dicen, primero, que el pueblo de Israel no está muy seguro de Dios; de ahí la frase "entonces ustedes sabrán . . ." Además, que los vecinos de Judá no estaban demasiado seguros de que existiera el Dios de Israel; de ahí la frase "entonces ellos sabrán . . ." Y, finalmente, que todo el mundo no estaba demasiado seguro de que existía Dios; de ahí la frase "entonces las naciones sabrán . . ."

Un bosquejo de Ezequiel

A. Reubicación del sacerdote (1-3)

B. Retribución para Jerusalén (4-24) – primera fase
El sitio de Jerusalén

C. Venganza sobre los vecinos de Judá (25-32) – segunda fase
La caída de Jerusalén

D. Retorno del exilio en Babilonia (33-39) ⎫
                                              ⎬ tercera fase
E. Restauración del templo en Jerusalén (40-48) ⎭

Reubicación del sacerdote (capítulos 1-3)

Ezequiel nació en la familia sacerdotal de Sadoc, en 622 a.C., así que habría alcanzado la edad de su Bar Mitzvah cuando el rey Josías fue muerto. Fue llevado de su país natal cuando tenía 25 años, como parte de la primera deportación, junto con Daniel y la crema de la sociedad judía. Una vez que fueron deportados, se les permitió vivir en sus propios asentamientos con relativa libertad. Ezequiel se estableció con su familia en un lugar llamado Tel Aviv (hoy es el nombre de la mayor ciudad de Israel), junto a uno de los canales que unían los ríos Tigris y Éufrates.

El nombre Ezequiel significa "Dios fortalece", pero en la profecía es mencionado más frecuentemente (83 veces, de hecho) como "Hijo de hombre", un título que Jesús usó para sí. Ningún otro profeta es conocido por este título.

Me fascina notar que, a los 30 años de edad, cuando tendría que haber comenzado su sacerdocio, fue llamado a ser un profeta. Estaba lejos de su país natal, y sabía que nunca podría llegar a ser un sacerdote en Babilonia, porque no había ningún templo allí. El llamado profético vino a través de una visión asombrosa del Señor. Así que, entre los 30 y los 33 años de edad, este profeta, que era llamado "Hijo de hombre", realizó milagros y predicó. Claramente, Ezequiel era un precursor de Cristo que fue, por supuesto, profeta, sacerdote y rey. Jesús comenzó su ministerio cuando tenía 30 años de edad, porque era la edad a la que un hombre judío podía comenzar a servir como sacerdote.

Pero, si bien Ezequiel no podía oficiar en el templo, igual podía ser parte de la adoración. Ante la ausencia del templo, la sinagoga judía (la palabra significa "lugar de reunión"; literalmente; "juntarse") se convirtió en un lugar de alabanza, oración y lectura de las Escrituras. Por cierto, fue el modelo que los primeros cristianos adoptaron al alejarse la iglesia del foco en el templo en los primeros días de superposición entre el Antiguo y el Nuevo Pacto.

El llamado de Ezequiel fue muy inusual (ver capítulo 1). Vino como parte de una extraña visión, ¡una visión tan rara que algunos eruditos modernos han especulado que tuvo un ataque, entró en un trance o tomó drogas! Se necesitaría un artista surrealista para hacerle justicia. De hecho, la interpretación favorita hoy es que vio un OVNI (objeto volador no identificado).

Primero, vio cuatro criaturas que eran una combinación de animales, humanos y ángeles. Tenían las alas de los ángeles, partes que eran humanas y partes que eran animales. Estas cuatro criaturas son claramente simbólicas de todos los seres vivos que Dios ha creado en su universo, sean animales, humanos o ángeles. Estos son los tres órdenes principales, recordándonos que los seres humanos no son la cumbre de la creación.

Encima de las cuatro criaturas ve al Creador en su trono: majestuoso, misterioso, cubierto de gloria. Dondequiera se encuentra Dios, hay gloria. De hecho, la frase "la gloria del Señor" se repite a lo largo del libro. "Gloria" significa el brillo o el resplandor de Dios.

Claramente, el trono puede viajar en cualquier dirección. Simboliza la omnipresencia de Dios, que puede estar en cualquier lugar y en todo lugar. Es un Dios móvil. Esto es significativo porque, hasta ahora, cada visión del trono de Dios en la Biblia lo ha descrito como estático, fijo en Jerusalén. Por lo tanto, era un consuelo para Ezequiel saber que el trono de Dios era móvil, porque significaba que podía trasladarse a Babilonia. Era una verdad importante para comunicar a los exiliados, que podrían haber creído que Dios vivía en un lugar, a cientos de kilómetros de distancia, en Jerusalén.

Además, los "ojos" en los bordes de las ruedas nos dicen que Dios puede ver todo y en todas partes. Es un cuadro muy significativo. Con razón Ezequiel quedó abrumado por la visión y cayó al suelo.

Es interesante que cayó con el rostro hacia el suelo. En la Biblia, la reacción ante la presencia divina es caer hacia adelante. El apóstol Pablo, en su conversión, y Juan, en la isla de Patmos, cayeron sobre sus rostros.

Dios luego da a Ezequiel un rollo sobre el cual debía escribir las profecías que daría, y le dice que se lo coma. Las palabras del rollo eran palabras de lamento, duelo y condena; palabras de maldición. Pero él las encontró dulces.

Retribución para Jerusalén (capítulos 4-24)

Profeta tras profeta había predicho dos desastres: (1) Jerusalén sería destruida por los babilonios y (2) el pueblo sería deportado a Babilonia. Isaías, Jeremías y Habacuc habían dicho todos lo mismo.

Cuando Jerusalén fue tomada por los babilonios y las principales personas de la sociedad fueron deportadas, la ciudad misma quedó en pie. Algunos que quedaron en Judá decían que el juicio no era tan malo como Jeremías había interpretado. Dios aparentemente había dicho que destruiría la ciudad, pero en realidad todavía existía y aún había judíos viviendo en ella. Reconocieron que estaban ahora bajo un poder extranjero, ¡pero todavía tenían la ciudad! La inferencia era que tal vez Ezequiel había exagerado el problema del pecado. Si estaba equivocado en cuanto a la medida del desastre, tal vez estaba equivocado en las demás cosas también. En consecuencia, la palabra de Dios estaba siendo diluida, de manera similar a lo que había hecho Satanás en el Jardín del Edén, cuando había cuestionado cómo había entendido Eva la prohibición divina.

Pero era importante que el pueblo de Judá entendiera lo que estaba haciendo Dios. El exilio no era meramente un castigo, sino también buscaba reformar al pueblo. Alguien tenía que persuadirlos de que Dios hablaba en serio. Ezequiel tenía que señalar la destrucción de Jerusalén como el momento en que sabrían que Dios era el Señor. Su pecado era tan malo como habían dicho los profetas y, por lo tanto, el juicio también sería tan malo como habían anunciado.

Jerusalén caerá
Ezequiel tenía que comunicar este mensaje no solo de manera verbal, sino visualmente también. Tenía que enseñarles de seis formas diferentes que Jerusalén estaba acabada:
1. Se le dijo que tomara un trozo de arcilla, que hiciera un dibujo de Jerusalén en él y lo sitiara con torres de asalto y otros elementos. Lo hizo en completo silencio, observado por las multitudes que, sin duda, se preguntaban: "¿Qué está haciendo el viejo profeta ahora?".
2. Como si esto no fuera suficientemente extraño, Dios dijo a Ezequiel que se acostara sobre su lado izquierdo 390 días y luego sobre su lado derecho otros 40 días. Debía hacerlo para simbolizar cuánto tiempo habían estado desobedeciendo a Dios la casa de Israel y la casa de Judá (390 años y 40 años respectivamente). Dios dijo que, para asegurarse de que Ezequiel lo hiciera correctamente, ¡sería atado con sogas!
3. Ezequiel también tuvo que seguir una dieta magra, para simbolizar la escasez de alimentos durante el sitio de Jerusalén. Se le permitió 0,2 kilogramos de pan y 0,6 litros de agua diarios, y tuvo que vivir con esta dieta un largo tiempo. Debía cocinar su pan sobre un fuego alimentado por su propio excremento disecado. (En realidad, protestó a Dios y se le permitió usar estiércol de vaca en cambio, ¡un hermoso ejemplo de la flexibilidad de Dios!). Todo esto buscaba mostrar que las cosas serían desesperadas en Jerusalén durante el sitio.

4. Dios dijo a Ezequiel que se afeitara la cabeza y su barba con una espada afilada y que luego pusiera el cabello en tres montones. Debía quemar el primer montón cuando el sitio de Jerusalén terminara. El segundo montón debía ser golpeado con una espada alrededor del modelo de la ciudad, indicando matanza. Luego el tercer montón debía ser arrojado al aire para que fuera dispersado, que sería el destino del pueblo de Jerusalén.
5. Para la quinta representación dramática, Ezequiel debía poner toda su ropa en una bolsa, cavar un agujero en una muralla y atravesarla de noche. Al hacer esto, estaba prediciendo lo que ocurriría cuando cayera Jerusalén y, por cierto, el rey Sedequías tuvo que salir de la ciudad justamente de esta forma.
6. Tal vez la representación dramática más difícil de todas estuvo relacionada con la esposa de Ezequiel. No se le permitió siquiera hacer duelo, porque cuando Jerusalén cayera finalmente el pueblo estaría tan aturdido que no podría creerlo, y ni siquiera podría llorar.

Una de las visiones más llamativas del libro es una que describe la gloria del Señor en su templo. La gloria sube a la cima del monte de los Olivos y luego desaparece. Esto fue exactamente lo que ocurrió con Jesús cuando lo rechazaron.

¿Cómo caerá Jerusalén?
Ezequiel dice que la ciudad caerá ante Nabucodonosor, que es descrito como alguien que tiene "la espada del Señor". Hay una descripción escalofriante de Nabucodonosor, parado en una encrucijada, echando suertes. ¿Será aplastada Jerusalén, o Rabá o Amón primero? La destrucción sería completamente brutal e involucraría cortar las orejas y las narices de los habitantes. Ezequiel escribe de la espada, el hambre, los animales salvajes y las plagas como cuatro

juicios terribles sobre el pueblo. Leemos que, en este momento, la gloria del Señor dejará el templo.

¿Por qué caerá Jerusalén?
Hay tres razones principales para el juicio contra el pueblo: idolatría, inmoralidad e ingratitud.

IDOLATRÍA
El pueblo de Dios estaba adorando a la diosa Aserá en el templo. Habían pintado imágenes de animales en las paredes de las ruinas del templo. Las mujeres habían empezado a adorar a la diosa Tamuz en la puerta misma del templo. Ezequiel llegó a ver a 25 hombres en el templo, adorando al sol. Era un tiempo extraordinario y espantoso. En síntesis, el pueblo de Dios se estaba comportando aún peor que las naciones que lo rodeaban.

INMORALIDAD
Ezequiel llama a Jerusalén "ciudad sanguinaria", por su explotación despiadada de las viudas, los huérfanos y los extranjeros, y por los asesinatos que estaban ocurriendo en la ciudad. Este título también había sido dado por Nahúm a la malvada ciudad de Nínive, la capital del imperio asirio. En Jerusalén había mentiras, inmoralidad sexual y desprecio por los padres, todo en desobediencia de los Diez Mandamientos. ¡Cuán bajo había caído Jerusalén!

INGRATITUD
Dios critica al pueblo por su ingratitud y usa cinco parábolas para explicar lo que quiere decir:
    1. Una vid salvaje. Judá es descrito como una vid inútil y sin valor. La madera no tenía ningún valor más que como leña. En Juan 15 Jesús usa una parábola similar.
    2. Una niña. En el capítulo 16 Ezequiel cuenta la historia

de una bebé abandonada que se convierte en reina y luego en prostituta.

3. *Dos hermanas.* Sus nombres son Aholá y Aholibá, que representan a Samaria (es decir, las diez tribus del norte) y Jerusalén (las dos tribus del sur). Ambas son prostitutas, describiendo cómo ambos reinos se habían desviado de Dios. El lenguaje acá es extremo, con la intención de sacudir al pueblo para que se diera cuenta de lo que había llegado a ser.

4. *Una leona y sus dos cachorros.* Los cachorros son llevados al cautiverio, describiendo al rey Joacaz, llevado a Egipto, y el rey Joacim, llevado a Babilonia.

5. *Dos águilas.* Una representa al faraón y la otra, a Nabucodonosor.

Las parábolas eran una forma de comunicar la verdad a los que querían saber, así como otro "Hijo de hombre" también usó parábolas como una forma de hablar a los que realmente querían escuchar. En esta parábolas Ezequiel estaba diciendo al pueblo que su verdadera situación era mucho peor que lo que pensaban.

En primer lugar, dice que cada persona es responsable por su estado personal. No sirve culpar a los predecesores. Cada uno debe comparecer solo en el día del juicio para rendir cuentas. En segundo lugar, dice que cada persona es responsable por su estado presente. No es lo que la persona fue lo que importa, sino lo que es. Los justos pueden volverse malos, y los malos, justos. Es importante morir en estado de gracia.

Pero también culpa a tres grupos de personas por permitir que la situación nacional se volviera tan mala: los profetas, los sacerdotes y los reyes. Dice que todos son responsables, en parte, por la condición de Jerusalén. Las cosas estaban tan mal que Dios no podría salvar a Jerusalén aun cuando Noé, Job y Daniel (tres de los mejores hombres de la historia) estuvieran viviendo en ella, lo que significó un enorme impacto para el pueblo.

Esta sección del libro es en gran parte sombría. Los únicos atisbos de esperanza aparecen en 16:60-62, 20:40-44 y 21:24-27, donde el profeta sugiere un pacto eterno que Dios hará con su pueblo. Su bondad los avergonzará al punto en que sentirán desprecio por ellos mismos.

Venganza sobre los vecinos de Judá (capítulos 25-32)

La sección media del libro contiene el mensaje profético que Ezequiel dio cuando tenía 36 o 37 años de edad. El trasfondo es importante. Cuando Jerusalén cayó, todos los países vecinos estaban entusiasmados. (La expresión "¡Hip, hip, hurra!" viene del clamor entusiasta "¡Hip, hip!", que está formado por las tres letras iniciales de la frase "¡Jerusalén ha caído!" en latín, de modo que la frase era originalmente una celebración antisemita). Muchos pueblos estaban contentos y trataron de sacar provecho de la invasión babilonia. Los edomitas y los amonitas hicieron cosas espantosas a los judíos que quedaron, y esto explica la amargura expresada en algunos de los salmos de este período.

Por ejemplo, el Salmo 137 comienza de manera triste, reflejando la dificultad de cantar acerca de Dios en una tierra extraña, pero finaliza con un clamor amargo: "¡Dichoso el que agarre a tus pequeños y los estrelle contra las rocas!". Los edomitas tomaban bebés de los tobillos y aplastaban sus cerebros contra los muros de Jerusalén. El salmo es un clamor desde el corazón: "Queremos que ustedes sufran de la misma forma que hemos sufrido nosotros".

La sección media de Ezequiel no es una diatriba arbitraria contra pueblos no judíos, sino más bien una descripción de Dios cuando devuelve el pago a estas naciones vecinas por explotar la caída de Jerusalén.

Algunas de las predicciones son asombrosamente detalladas. Tomemos una, donde Ezequiel predice la caída del puerto pesquero de Tiro, ubicado en la costa este del mar Mediterráneo. Ezequiel predice que un día Tiro será totalmente arrasada, toda la ciudad será arrojada al mar y los pescadores colgarían sus redes en el lugar donde antes se encontraba. Es una profecía extraordinaria, porque ninguna otra ciudad ha sido arrojada al mar jamás, ni antes ni después.

Pero se cumplió. Cuando Alejandro Magno vino marchando hacia Egipto con su gran ejército, los habitantes de Tiro simplemente se metieron en sus barcos pesqueros y fueron a una isla que estaba a unos 800 metros de la costa, sabiendo que el invasor tenía un ejército, pero no una marina. Pero Alejandro no fue llamado "el Grande" por nada. Cuando vio a la gente en la isla, que pensaba que estaba a salvo, ordenó que cada ladrillo, cada piedra y cada pedazo de madera de la ciudad fueran usados para construir una calzada hasta la isla. Una vez hecho esto, su ejército fue y derrotó al pueblo de Tiro. Su ciudad había sido literalmente arrojada al mar.

Si uno mira el mapa de la zona hoy, verá que la moderna ciudad de Tiro está en la isla afuera, y la arena se ha acumulado contra la calzada de Alejandro. Si visita el sitio de la antigua Tiro, en tierra firme, verá que es una mera roca, con redes de pescadores tendidas encima, tal como había profetizado Ezequiel.

El capítulo 25 incluye predicciones acerca de Amón, Moab y Edom, al este de Judá, y otras acerca de Filistea, al oeste. Los capítulos 26-28 se centran en Tiro y Sidón, al norte, y los capítulos 29-32 tratan con Egipto, al sur.

Esta sección media del libro es bastante fácil de entender, excepto que un hombre es señalado como ejemplo de orgullo supremo: el rey de Tiro. Muchos ven una imagen del orgullo de Satanás en la descripción del rey de Tiro, porque llegó a decir:

"Soy un dios". El faraón egipcio hizo prácticamente lo mismo, al punto de hacer la afirmación absurda: "Yo hice el Nilo". Tal vez haya cavado algunos de los canales de irrigación, pero no hizo el río mismo. Dios no soporta el orgullo humano. Es el pecado último ponerse en el lugar de Dios. Fue lo que hicieron Adán y Eva en el Jardín del Edén, cuando quisieron ser como Dios. Habían sido hechos a la imagen de Dios, con lo cual ya eran similares a él en carácter, pero ellos querían ser iguales a él también en poder y autoridad.

Es significativo que Babilonia no es mencionada una sola vez. Tal vez se debe a que era considerado una traición escribir literatura antibabilónica o porque, ahora que el pueblo está en Babilonia, comentar sobre esa nación no era apropiado. Lo que está claro es que, después del exilio, el pueblo de Dios nunca volvió a adorar dioses extranjeros. El juicio de Dios había logrado su propósito.

Retorno del exilio en Babilonia (capítulos 33-39)

Luego que Jerusalén fue destruida en 587 a.C., hubo un cambio completo en la predicación de Ezequiel, pasando del pesimismo al optimismo. En los capítulos 33 a 39, la parte más agradable del libro, predice y anticipa el retorno del pueblo del exilio.

El capítulo 33 habla de centinelas que se paran en las murallas de la ciudad, día y noche, para advertir a los habitantes del peligro. Si un vigía no detectaba a un enemigo que venía, perdía su vida; era un crimen capital. Dios dice a Ezequiel que él ha sido designado como un centinela. Dios le estaba diciendo: "Si no adviertes a mi pueblo, lo pagarás con tu sangre. Pero si les adviertes, ya no tienes más responsabilidad; ellos pagarán con su propia sangre".

Uno de los pasajes más conocidos de Ezequiel es cuando Dios lamenta el hecho de que ha buscado un hombre siquiera que "se ponga en la brecha" entre él y el pueblo, pero no ha podido encontrar ninguno. Pero Ezequiel era esta clase de hombre. Ahora bien, Ezequiel no estaba en Jerusalén, sino muy lejos, en Babilonia, pero seguía siendo un centinela, y cuando viera problemas era su responsabilidad advertir al pueblo. Si no lo hacía, lo pagaría personalmente. En cierto sentido, no tenía opción más que seguir adelante con su costoso ministerio; sería responsabilizado si no lo hacía.

El capítulo 34 trata de los "buenos pastores" y los "malos pastores" dentro de Israel. Los malos pastores eran los profetas, sacerdotes y reyes que tendrían que haber estado cuidando a Israel pero no lo estaban haciendo. Al final del capítulo, Dios promete que él mismo será su buen pastor. Por supuesto, Jesús tenía este capítulo en mente cuando dijo que era el buen pastor de ellos, en contraste con los malos que no cuidaban a las ovejas.

Es interesante que la Biblia nunca culpa a las ovejas por el estado del rebaño. Éste es un principio que se aplica a las iglesias también. Los pastores son responsables por el estado del rebaño, no las ovejas.

En el capítulo 35 Edom recibe una mención especial, en parte por la antigua rivalidad entre las dos naciones producto de la fricción entre Esaú y Jacob.

Como dije antes, el capítulo 37 es muy conocido por la canción que habla de los huesos secos. Pero muy pocas personas siguen adelante para leer la parábola de las dos varas, que es tan importante como lo anterior. Se le dice a Ezequiel que tome dos varas y las sostenga en una mano, lado a lado. Dios le dice que escriba "Efraín" en una vara (el nombre popular de las diez tribus del norte) y "Judá" en la otra (el nombre de las dos tribus del sur). Luego le dijo que las sostuviera juntas en su mano para que se convirtieran en una única vara. Algunos piensan que esto fue una visión, pero yo creo que fue un simple milagro, algo así como la vara de Moisés en Egipto. Dios estaba diciendo: "Voy a convertir a estos dos reinos en un solo pueblo de nuevo, y yo seré su pastor". Esto es replicado por las palabras de Jesús: "Tengo otras ovejas que no son de este redil, y también a ellas debo traerlas. Así ellas escucharán mi voz, y habrá un solo rebaño y un solo pastor".

En el capítulo 38 hay una extraña profecía relacionada con el futuro. Trata de "Gog" y "Magog", aunque no estamos completamente seguros lo que quieren decir estos nombres. Son retomados al final del libro de Apocalipsis, dejando en claro que esta profecía aún no se ha cumplido. Surgirá un gran conflicto desde el norte, aunque no sabemos precisamente de dónde vendrá ni quién lo causará. Ezequiel estaba mirando a través de un telescopio hacia el futuro distante. Nunca vio cumplida su profecía y tampoco nosotros. Pero un día ocurrirá, en el conflicto final antes que termine la historia.

Estos capítulos incluyen una repetición muy interesante. Dios dice que hará cosas en 77 ocasiones. Aparecen estas palabras de pacto en frases como "Yo los haré regresar a su propia tierra", "Yo seré su Dios", "Yo les daré buenos pastores". Aquí está Dios, el esposo, hablando a su esposa descarriada y diciéndole: "Seguimos casados y yo mantendré mi parte del pacto: haré, seré, daré".

Cuando Dios hizo su pacto con Israel les dijo que aun cuando ellos quebrantaran el pacto, él nunca lo haría. En Deuteronomio leemos que habrá veces cuando tendrá que arrojarlos de la tierra, pero siempre los traerá de vuelta. Cuando Dios los traiga de vuelta a casa luego de haberlos echado, las naciones sabrán que él es Señor, porque habrá ocurrido de manera tan pública y todos sabrán que han vuelto. A las naciones vecinas tal vez no les guste, pero tendrán que reconocer que Dios ha traído a su pueblo de vuelta. Siguen siendo su pueblo. Romanos 9-11 dice que ellos pueden haber rechazado a Dios, pero él no los ha rechazado a ellos.

Restauración del templo en Israel (capítulos 40-48)

La pérdida más seria para el pueblo y Ezequiel fue el templo. Siempre habían dado por sentado que, no importa qué otra cosa se pudiera perder, Dios nunca dejaría que su propia morada en la tierra fuera destruida. Esta sección, que se centra en el templo, es la parte más difícil de entender del libro.

Según el texto, la profecía fue dada en el año veinticinco del exilio de Ezequiel, cuando tenía 50 años. Como regla, si la Biblia da fechas para una profecía, significa que uno debe hacer encajar el texto en su contexto histórico para poder entenderlo.

A Ezequiel no se le permitió terminar de predicar a los exiliados sin llenarlos de la esperanza de algo por delante. Tal vez hayan sido disciplinados, pero no habían sido destruidos. Dios nunca permitirá que su pueblo Israel desaparezca. Jesús dijo que la "raza" (Mateo 24:35, nota al pie para "generación" en la versión NIV) judía no pasaría hasta el fin de los tiempos. Su existencia continua es una de las evidencias de que el Dios de Israel es real. Dios comunica su eternidad a todo lo que toca, de modo que uno no puede destruir lo que le pertenece.

El plan para la edificación del templo se da en los capítulos 40-42. La construcción se describe con gran detalle, como en un plano arquitectónico. ¡Sus dimensiones serían suficientes como para contener 13 catedrales inglesas! Pero es bastante diferente del templo de Salomón. Es más grande, y no tiene un lugar santísimo, un arca del pacto o una mesa con el pan de la Presencia.

En el capítulo 43, Ezequiel tiene una visión de la gloria del Señor que vuelve al templo y lo ilumina, tal como hizo luego de la oración de dedicación de Salomón, 600 años antes. La gloria era tan brillante que fue necesario cubrirla con un velo para que no encegueciera a la gente. Ezequiel había visto antes cómo la gloria partía, y ahora la ve volver.

Hay un altar, y hay sacrificios, pero el capítulo 44 dice que no hay ningún sumo sacerdote. Esto es significativo para nuestra interpretación, porque cuando los judíos volvieron del exilio tuvieron sumos sacerdotes, hasta el tiempo de Jesús inclusive. En este capítulo el lugar del sumo sacerdote es tomado por un "príncipe de sacerdotes". Es interesante que los únicos sacerdotes de la visión son los hijos de Sadoc: la familia de Ezequiel.

La descripción del templo es especialmente intrigante porque *nunca se construyó*. Cuando el pueblo de Judá volvió del exilio edificaron un templo que parecía tan pobre que Zacarías tuvo que decirles que no despreciaran los días de los modestos comienzos. Además, no tuvieron un rey cuando volvieron. Un hombre llamado Josué era el sumo sacerdote y Zorobabel era el gobernador.

En el tiempo de Jesús, el rey Herodes, un edomita (un descendiente de Esaú), estaba reconstruyendo el templo con un estilo más grandioso a fin de impresionar a los judíos. Incorporó algunas de las ideas de Salomón, pero era bastante diferente de la visión de Ezequiel. Este templo tenía un tamaño enorme, y estaba en construcción cuando Jesús comenzó su ministerio. Algunas de las piedras tenían 12 metros de largo, 1 metro de alto y 1 metro de profundidad, y pesaban 100 toneladas. Era un espectáculo magnífico, pero Jesús dijo que ni una piedra quedaría sobre otra. Apenas se había terminado cuando los romanos lo destruyeron completamente, en 70 d.C.; la predicción de Jesús se cumplió en su totalidad.

Pero, ¿alguna vez se construirá el templo de Ezequiel?

No literal

Algunos dicen que no era la intención que fuera construido literalmente. Era una visión profética que fue dada para dar

LA LUCHA POR SOBREVIVIR

esperanza a los judíos. El detalle en la visión lo hace parecer realista, pero es una parábola que debe ser leída por su valor espiritual. ¡Pero esto no explica por qué se le dice a Ezequiel que dé tantos detalles al pueblo!

Otros sostienen que era una descripción de un templo celestial. Apuntan a algunos pasajes bíblicos (ej: Éxodo 25:40; Hebreos 8:2, 5; 9:11f., 24; Apocalipsis 9:11) como evidencia.

Literal

PASADO
Otra posibilidad es que Dios quería que construyeran este templo, pero el pueblo ignoró los planes de Ezequiel y edificaron su propia versión, más acorde con sus posibilidades. Esto explicaría por qué la gloria no volvió, por qué no volvió el príncipe y por qué el río no fluyó. Los que apoyan este punto de vista señalan el hecho de que aquí, en el capítulo 43, el refrán que se repite en todo el libro, "entonces sabrán", no aparece.

FUTURO
Otra posibilidad es que el templo será construido en el futuro. Muchos cristianos están convencidos de que formará parte de la Nueva Jerusalén. Las 12 puertas serán nombradas según las 12 tribus. La Nueva Jerusalén será llamada "Aquí Habita el Señor".

Otros especulan que el templo será reconstruido por los judíos antes que Jesús vuelva, o que será reconstruido en el milenio. El problema aquí es que otros profetas mencionan sacrificios, altares y sacerdotes, todos los cuales están ausentes de esta visión (ver Isaías 56:6-8; 66:21; Jeremías 33:15-18; Zacarías 14:16).

Algunos cristianos señalan que el Nuevo Testamento deja en claro que Dios no mora en templos (Hechos 7:48; 17:24). Jesús se refirió a sí mismo como "este templo" (Juan 2:19, 21) y los cristianos son descritos también como templos (1 Corintios 3:16; 6:19; 2 Corintios 6:16; Apocalipsis 3:12). Por lo tanto (según este argumento), que el templo se construya o no en realidad no importa.

Es difícil tener una posición definida acerca de si el templo será reconstruido. ¡Ésta es una de esas áreas en las que tendremos que esperar para ver! La buena noticia es que el plan de Dios era que él mismo vendría a morar en la tierra, en la persona de Jesucristo. Todos los creyentes son el templo de Dios ahora; él mora en nosotros. Así que, no importa cuán inciertos estemos con relación a la visión de Ezequiel del templo, podemos regocijarnos en esto.

Los capítulos finales
En el capítulo 45 toda la tierra es dividida entre las tribus, pero de una manera muy diferente a la indicada en el libro de Josué. Es asignada en tiras horizontales de este a oeste. También tenemos la restauración de las ofrendas y las fiestas y días sagrados, con la excepción de Pentecostés.

Entonces el capítulo 47 incluye la visión de un nuevo río en Oriente Medio. La mayoría de los ríos que atraviesan la Tierra Prometida fluyen hacia el Mediterráneo desde los montes de Judea. Pero hay un río asombroso, llamado Jordán, que recorre la grieta más larga en la superficie de la tierra, de Siria a África. El punto más profundo de la grieta y el punto más bajo de la tierra es Jericó.

En la visión de Ezequiel, la fuente del nuevo río está justo debajo del templo, arriba en Jerusalén. Todo río que empiece ahí tiene que fluir hacia el mar Muerto. Jerusalén está rodeada por montes, pero hay una abertura en esos montes, hacia el sudoeste de la ciudad, que conduce directamente hacia el mar Muerto. Ezequiel ve al río bajando por ese valle, con más y más afluentes uniéndose al río, de modo que se vuelve cada vez más profundo, y un hombre vadeando el río pronto se encontrará en una profundidad tal que tendrá que ponerse a nadar.

Ezequiel ve al nuevo río ingresando al mar Muerto en la región de Engadi, que está a mitad de camino por la Ribera Occidental. Éste es el lugar donde David se ocultó de Saúl en las cuevas. Ve al río refrescando el mar y a los pescadores de Galilea bajando al mar para pescar. Ya no es el mar Muerto; es un mar fresco y vivo. Toda la visión es un sueño para llenar al pueblo de esperanza de que el futuro será mejor.

Finalmente, en el último capítulo del libro, Ezequiel ve que las puertas de la ciudad vuelven a ser erigidas y la tierra disfruta de paz y prosperidad. Todo es maravilloso. Lo que comenzó como un libro sombrío finaliza con una gran esperanza.

¿Por qué deberían leer Ezequiel los cristianos?

Primero, el libro nos dice que Dios juzga a su propio pueblo; el juicio comienza por la familia de Dios. Dios es santo, así que debe juzgar. Un juez tiene dos funciones: castigar a los malos y reivindicar a los justos. Dios es el juez perfecto, porque lo sabe todo, lo puede hacer todo y puede estar en todas partes. Su nombre estaba atado a la nación judía, así que tenía que castigarlos por su pecado, pero debido a su misericordia también los rescató de sus enemigos. Demasiados cristianos piensan que tan pronto uno ha creído en Jesús, el juicio ha finalizado. Pero esto está muy lejos de ser cierto. Todos debemos comparecer ante el tribunal de Cristo. Dios juzga a su propio pueblo, y los juzga de acuerdo con normas superiores a los demás.

Segundo, debemos recordar que Dios toma venganza. Si

la gente nos maltrata, no es necesario que les devolvamos el maltrato; podemos dejarlo de manera segura a Dios. De modo que, cuando alguien lo esté tratando mal, sienta pena más que ira, porque Dios hará justicia.

Tercero, Dios siempre restaurará a su pueblo. Así como Israel nunca desaparecerá de la historia, la iglesia tampoco desaparecerá jamás. Nosotros pertenecemos al pueblo de la eternidad, y siempre habrá un Israel y una iglesia, y un día habrá un rebaño bajo un pastor. Dios es el Dios que restaura a su pueblo.

Cuarto, debemos notar que mucho de lo que hemos visto en Ezequiel es retomado en Apocalipsis. Una de las razones por la que los cristianos no entienden el último libro de la Biblia es que no saben suficiente acerca del Antiguo Testamento, y de Ezequiel en particular. Apocalipsis alude al Antiguo Testamento 300 veces. Toma los símbolos de Ezequiel y usa tantos elementos de este libro que, si uno no conoce Ezequiel, estará desconcertado por Apocalipsis.

Sobre todo, Ezequiel nos da una visión de Dios: de su omnipotencia, su poder y su omnipresencia. Hay un tremendo sentido de su santidad en el libro, una sensación de que él ha atado su nombre a una nación, que el nombre de Dios descansa en las manos de su pueblo. Si hay una cosa a la que podemos apelar es al nombre y a la reputación de Dios, porque sabemos que su nombre está vinculado a nosotros. Nosotros le damos un buen nombre o un mal nombre a Dios. Dios siempre se reivindicará en el largo plazo.

El libro nos recuerda que la reputación de Dios está en juego en su pueblo. Por esta razón los restaurará, porque tiene que reivindicar su nombre. Nunca dejará que la tierra y las naciones piensen que está acabado como Dios porque su pueblo está acabado. Muchos de ellos podrán perecer, pero su pueblo continuará, porque ellos son el pueblo de Dios.

29.
DANIEL

Introducción

El libro de Daniel es una mezcla de las partes más conocidas y menos conocidas de las escrituras. Todos saben acerca de Daniel en la jaula de los leones; muchos saben acerca de Sadrac, Mesac y Abednego; y la historia de la fiesta de Belsasar es conocida por algunos, en parte por el origen de la frase "la escritura en la pared", que significa que el juicio se aproxima.

Los capítulos más conocidos de este libro son fáciles de entender, pero hay otros capítulos que se encuentran entre los más difíciles de toda la Biblia. El lenguaje es inusual y los símbolos y figuras, oscuros.

El libro presenta, también, un panorama variado cuando se trata de la interpretación. Hay mucho en él que puede ser explicado en el nivel humano. El hecho de que Daniel estuvo saludable cuando evitó la carne roja y se limitó a los vegetales y las frutas no sería ninguna sorpresa para cualquiera que sepa de nutrición. Pero hay también sucesos que claramente tienen una interpretación sobrenatural, y a los que son escépticos acerca de lo milagroso les cuesta aceptarlos. Por ejemplo, tres hombres arrojados a un horno de fuego que había sido calentado siete veces más de lo normal. No solo sobreviven, ¡sino que su cabello ni siquiera es chamuscado! Las explicaciones naturales no funcionan aquí.

Parte del libro tiene sentido para nuestra moderna cultura occidental. Podemos entender relatos de las experiencias de un pueblo desplazado lejos de su hogar. Pero también hay mucho en este libro que es claramente desconocido para nosotros. El foco en sueños y seres celestiales parece extraño, y aun cuando esta clase de mirada se está volviendo más popular, por lo general no es considerado como creíble.

¿Humano o divino?

La lectura de Daniel plantea preguntas acerca de la naturaleza de la Biblia. ¿Qué es la Biblia? ¿Es un libro humano o es un libro divino? En un nivel, está escrito por humanos acerca de humanos, así que muchas personas tratan la Biblia como tratarían cualquier otro libro: lo leen como un libro de historia, literatura o religión. Pero este enfoque pasa por alto lo obvio. Porque la Biblia —y el libro de Daniel en particular— incluye hechos que son imposibles sin la intervención sobrenatural, con patrones de predicción y cumplimiento que apuntan a una mano divina detrás de todo.

La Biblia tiene que haber sido inspirada por Dios, y trata definitivamente *acerca* de Dios. Solo Dios puede hacer milagros, suspender leyes naturales, interferir en procesos naturales e intervenir en las leyes de causa y efecto que rigen la mayoría de los sucesos en nuestra tierra. En el libro de Daniel, Dios realiza señales y maravillas en muchas ocasiones. Y solo Dios conoce el futuro.

Esta dimensión sobrenatural queda en evidencia cuando analizamos el contenido del libro. Cubre 75 años de la vida de Daniel, pero 490 años de historia. Lo asombroso es que Daniel predijo sucesos futuros con una precisión asombrosa. Además, hay partes del libro que aún aguardan su cumplimiento. La Biblia, como un todo, predice 735 sucesos (27 por ciento de sus versículos se centran en el futuro), y 593 (es decir, el 81 por ciento) de estas predicciones ya se han cumplido. El libro de Daniel contiene 166 predicciones, muchas de ellas simbólicas.

Mientras que en un tiempo las profecías y los milagros eran percibidos como evidencias de la inspiración divina de la Biblia, hoy son considerados como una desventaja. Las personas quieren quitar los milagros y las profecías para hacerla más "creíble". Son considerados como ficción más que realidad, como sagas de la literatura antigua más que verdades históricas. Por ejemplo, se dan explicaciones humanas del hecho de Daniel en la jaula de los leones. ¡O los leones acababan de ser alimentados o no lo comieron a Daniel porque era tan flaco!

Quienes tratan a la Biblia de esta forma dicen que su falta de contenido histórico no significa también que carezca de un auténtico valor espiritual y moral. Así como las fábulas de Esopo transmiten significado a los lectores sin que sea necesario una base fáctica, muchos comentarios de la Biblia de estudiosos liberales modernos toman los milagros como fábulas, y suponen que las predicciones acerca del futuro fueron agregadas después, una vez ocurridos los sucesos "predichos".

Como veremos, el capítulo 11 del libro es un relato asombroso de una serie de hechos que tuvieron lugar siglos después de la vida de Daniel. Hay 27 predicciones específicas en este capítulo, cada uno de los cuales se cumplió siglos después. O las personas escribieron estas "predicciones" luego que ocurrieron los sucesos, o el libro fue inspirado por Dios de antemano.

Me resulta extraordinario que las muchas personas que quieren tratar a los milagros y las profecías de manera humanista aún quieran mantener la Biblia. Creen que la pueden mantener por sus valores morales y espirituales. En otras palabras, buscan vivir de acuerdo con los Diez Mandamientos o el Sermón del Monte, pero ignoran los milagros y las profecías. Sin embargo, esto significa que queda muy poco de la Biblia. Deja de ser un libro de salvación y se vuelve un mero conjunto de pautas de lo que el hombre debe hacer por sí mismo, en vez de lo que Dios puede hacer por nosotros.

Esta actitud acerca de la Biblia en realidad expone los sentimientos de las personas acerca de Dios. No quieren el costado sobrenatural de las escrituras porque, si lo creyeran, entonces tendrían que vivir de manera diferente. Dios es simplemente demasiado real en lo sobrenatural, de modo que creer en esto significaría tener que aceptarlo por quien es.

Por ejemplo, la evidencia a favor de la resurrección es tan fuerte que cualquier jurado en cualquier tribunal estaría completamente convencido de que el suceso ocurrió. El testimonio de testigos oculares, además de la evidencia circunstancial, es mucho más fuerte que la evidencia de que Julio César invadió Inglaterra en 55 a.C. Pero el problema es que, si Jesús resucitó de los muertos, entonces las personas saben que tienen que cambiar sus vidas. Si la resurrección de Jesús realmente sucedió, entonces las afirmaciones de Jesús acerca de sí deben ser verdaderas y, por lo tanto, sus derechos sobre nosotros también deben ser válidos.

Uno puede ignorar a Julio César, pero no puede ignorar a Jesús. Uno puede creer en Julio César sin hacer nada, pero no puede creer en Jesucristo sin cambiar toda su forma de vida. En consecuencia, el escepticismo acerca de la Biblia está vinculado por lo general con una renuencia a aceptar la dimensión sobrenatural de las escrituras, porque si aceptamos esa dimensión hay repercusiones prácticas.

Un libro de contrastes

El libro de Daniel puede dividirse en dos partes. La primera mitad (capítulos 1-6) contiene mayormente milagros, y la segunda mitad (capítulos 7-12), mayormente profecía. ¡Así que los que tienen problemas con las partes sobrenaturales de la Biblia no sabrán qué hacer con el libro! Los capítulos 1-6 son fáciles de entender y son los textos favoritos en las Escuelas Dominicales. Pero los capítulos 7-12 son tan difíciles que aun los adultos raramente los estudian.

CAPÍTULOS 1-6	CAPÍTULOS 7-12
Principalmente milagros	Principalmente profecías
Tercera persona: "él"	Primera persona: "yo"
escritos acerca de Daniel	escritos por Daniel
durante la vida de Daniel	luego de la vida de Daniel
el presente	el futuro

Hay, también, un contraste en el lenguaje entre las dos partes del libro, si bien la división no es tan sencilla como se indica arriba. En la primera parte, el primer capítulo está escrito en hebreo y los cinco siguientes, en arameo, la *lingua franca* oficial de ese tiempo. En la segunda parte, el primer capítulo está en arameo y los otros cinco, en hebreo. Por lo tanto, parecería que los capítulos estaban dirigidos hacia lectores específicos. Los capítulos en arameo fueron escritos para un público mundial, y los que están en hebreo estaban dirigidos especialmente a los judíos.

Trasfondo histórico

El libro está situado en Babilonia, la nación gobernada por Nabucodonosor, un tirano cruel y arrogante que disfrutaba de torturar a sus víctimas. Fue el Hitler del mundo antiguo. Conquistó Asiria y luego quiso derrotar a su principal rival, Egipto. Judá se encontraba en el camino, de modo que debía ser removido si quería cumplir con su ambición de gobernar un gran imperio.

Es importante darse cuenta de que los hijos de Israel fueron llevados al exilio en Babilonia en tres etapas, y también volvieron en tres etapas, si bien los que volvieron fueron muchísimos menos que los que fueron. De hecho, toda una comunidad judía permaneció en Babilonia (hoy Iraq) hasta la década de 1940. Es probable que los "sabios" que siguieron la estrella hasta Belén vinieran de esta comunidad judía, y no fueron los gentiles que muchos predicadores dicen. Habrían conocido la profecía de Balán de una "estrella" que saldría de Judá para ser el rey del pueblo de Dios.

Tres deportaciones
La primera deportación ocurrió en 606 a.C. Los babilonios tomaron el estrato superior de la sociedad judía —es decir, la familia real y los funcionarios de la corte— junto con los artículos del templo. Esto era, en parte, para asegurarse de que los judíos no pudieran rebelarse contra el dominio babilonio. Joacim fue dejado como un rey títere. Los que fueron exiliados en este momento incluyeron cuatro hombres llamados Daniel, Ananías, Misael y Azarías (los babilonios los renombraron Beltsasar, Sadrac, Mesac y Abednego). Eran hombres apuestos e inteligentes tomados de la nobleza judía, escogidos para servir al rey babilonio. Son los héroes de la primera parte del libro. Sabemos que Daniel nunca volvió a su patria.

La segunda deportación ocurrió en 597 a.C. Esta vez, fueron removidas las clases superiores, incluyendo los políticos, y también los trabajadores con oficios. Ezequiel estuvo entre los que fueron deportados. El rey Joacim quedó a cargo.

El resto del pueblo fue llevado en 586 a.C., cuando la ciudad y el templo fueron destruidos. Los babilonios se llevaron al rey Sedequías, pero dejaron al profeta Jeremías.

Tres retornos
El primer retorno fue en 538 a.C., cuando los persas derrocaron a los babilonios y Ciro permitió a los pueblos exiliados, incluyendo a los judíos, volver a sus patrias. Unos 50.000 judíos volvieron en la primera ola, liderados por Zorobabel. Luego, un segundo grupo volvió bajo Esdras, en 458 a.C., cuando las murallas de la ciudad fueron

reconstruidas y la ciudad de Dios fue asegurada contra los enemigos que la rodeaban.

La historia de Daniel se enlaza con el libro de Ester. Ella vivió en Susa, la capital del imperio medo-persa, mientras que Daniel cumplió un papel importante tanto en el imperio babilonio como el medo-persa. Él fue popular bajo sucesivos conquistadores. Tuvo una carrera asombrosa, aparte de la forma significativa en que representó a Dios.

Primera Parte (capítulos 1-6): La historia de Daniel

Capítulo 1

El primer capítulo se centra en la deportación de Daniel, en 605/606 a.C. y su selección para la corte real en Babilonia. Se le dio el nombre de un dios babilonio, Beltsasar, igual que sus tres compañeros. Ellos no objetaron los nombres, pero se mantuvieron fieles a su Dios cuando se trató de la dieta. Recibían comida para aumentar de peso, porque la obesidad era una señal de prosperidad. Estaban siendo engordados para puestos importantes. Pero Daniel y sus tres amigos no deseaban violar las leyes dietéticas de Dios, así que pidieron al hombre a cargo de su formación en la universidad de Babilonia poder seguir una dieta judía durante 10 días y ser comparados luego con los que seguían la dieta babilonia.

Daniel comenzó a defender sus principios en el asunto relativamente pequeño de la dieta, pero esto le dio la determinación para enfrentar los leones más adelante. Hay una profunda lección aquí. Si usted puede mantenerse firme en un tema menor, probablemente podrá hacerlo en un tema mayor. Su carácter se forma en las pequeñas decisiones sobre asuntos pequeños, lo que le permite plantarse cuando llega el momento de la gran decisión.

En este caso, Daniel y sus amigos no solo tuvieron una mejor salud sino que rindieron mucho mejor en sus estudios que los otros estudiantes, de modo que se les permitió seguir con su dieta kosher.

Este incidente inicial nos introduce a jóvenes con verdadero carácter que estaban poniendo el fundamento para una vida de servicio a Dios. A pesar de hacer lo que muchos llamarían un trabajo "secular", Daniel y sus amigos estaban en "servicio de tiempo completo" para Dios. Por cierto, cualquier trabajo puede ser una vocación sagrada si es santificado para Dios. Todos los creyentes deberían estar en servicio de tiempo completo.

Capítulo 2
El segundo capítulo da comienzo a la parte más misteriosa del libro, con un sueño de un monstruo. Es la única parte de los primeros seis capítulos que desconcierta a los lectores. Esta clase de escritura simbólica es conocida como "apocalíptica", un género que se usa en otros libros bíblicos, como Apocalipsis.

En 606 a.C. Nabucodonosor tuvo un sueño, y llamó a todos sus sabios para que le dijeran el significado del sueño o perderían la vida. Pero se había olvidado el sueño mismo, ¡así que pedía una descripción del sueño también! Era mucho pedir, y más allá de las capacidades de los sabios de Nabucodonosor. Pero Daniel no solo pudo interpretar el sueño, sino que pudo contarlo también.

El sueño era acerca de un gigante formado por diferentes materiales desde la cabeza a los pies, comenzando con una cabeza de oro, pasando por plata y hierro, hasta llegar a pies hechos de una mezcla de barro y hierro que nos da la conocida frase "pies de barro". La interpretación del sueño era que la cabeza de oro era Nabucodonosor, pero el resto del cuerpo era una revelación de imperios futuros que seguirían a Babilonia. Los medos y persas bajo Ciro reemplazarían a Babilonia, pero no con su misma grandeza o gloria. Serían seguidos por el imperio griego, bajo Alejandro Magno, que eliminaría a los medos y persas. Los griegos serían reemplazados por los romanos, simbolizados por las piernas de hierro, una imagen adecuada de lo que Roma llegó a ser. Fueron sus ejércitos los que establecieron la ley romana. Roma sería reemplazada por pies de barro y hierro, una mezcla inestable y quebradiza de debilidad y fortaleza. Una "piedra" pondría fin a todo.

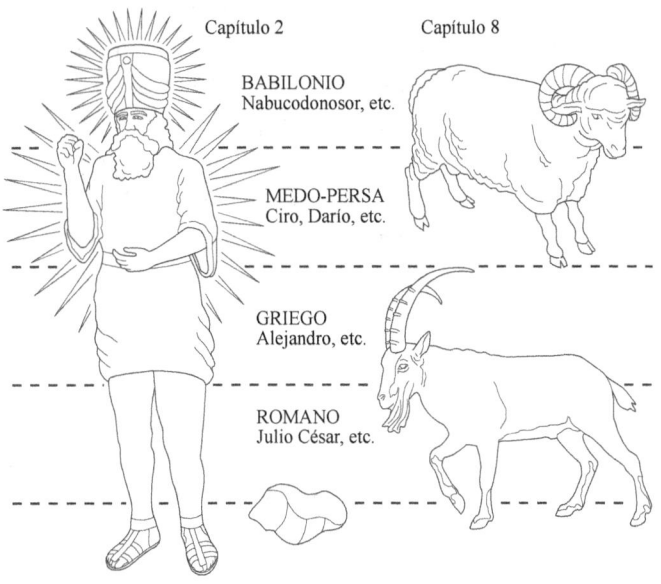

Este sueño fue la primera advertencia de Dios a Nabucodonosor. Dios estaba diciendo, en realidad: "Yo estoy a cargo de los reinos. Yo hago que los reinos se levanten o caigan, y yo traeré estos otros imperios después de ti".

Capítulo 3
El tercer capítulo es la famosa historia del horno de fuego. Nabucodonosor, tal vez como resultado de su sueño, ordenó

erigir una gigantesca estatua recubierta de oro. Tenía 27 metros de alto y 3 metros de ancho. Esta estatua dominaba el paisaje llano de Mesopotamia. Hizo un decreto que decía que, cada vez que tocaba la banda estatal, todos tenían que inclinarse ante este ídolo. Era una especie de religión de estado establecida y una forma rápida de unir al imperio detrás de una creencia. Pero Sadrac, Mesac y Abednego se rehusaron a obedecer (es interesante que no se nos dice qué hacía Daniel).

Llegaron informes de esta rebelión a los oídos de Nabucodonosor, así que los tres jóvenes fueron arrojados al horno de fuego, que había sido calentado siete veces más que lo habitual. Aun los que los arrojaron fueron quemados. Leemos que Nabucodonosor miró dentro del horno y vio cuatro personas allí, uno de los cuales parecía un hijo de los dioses. Algunos especulan que fue una aparición temprana del Hijo de Dios.

Capítulo 4
El relato de la locura de Nabucodonosor, en el capítulo 4, es mi historia favorita del Antiguo Testamento, ¡lo cual probablemente diga algo acerca de mí! Fue una señal y una maravilla, y a través de ella se convirtió al Dios de Israel. Un poco del trasfondo explicará mi fascinación.

Nabucodonosor se había casado con una hermosa princesa de las montañas de Persia, donde está ubicada hoy Teherán, la capital de Irán. Ella llegó al palacio de Nabucodonosor pero pronto comenzó a extrañar su casa. En especial, echaba de menos las montañas, los árboles y los animales salvajes. Cuando Nabucodonosor escuchó el origen de su queja prometió ocuparse del tema. Construyó una enorme montaña de ladrillos y la cubrió de árboles, arbustos y plantas. Era tan notable que se convirtió en una de las siete maravillas del mundo. Los turistas acudían en masa para ver los "jardines colgantes de Babilonia". Luego, arriba de los jardines, colocó un zoológico privado de animales salvajes, todo para complacer a su esposa, desacostumbrada a las llanuras de la región.

Un día, estaba en el techo de su magnífico palacio y se sintió impactado por lo que había logrado. Dijo: "¿No es ésta la gran Babilonia que he construido con mi poder y mi gloria?". Se quedó dormido y tuvo un sueño de un árbol enorme que llegaba hasta el cielo. Los animales encontraban refugio bajo él y había pájaros en las ramas. El árbol fue cortado y sujetado con hierro, y luego empezó a crecer nuevamente.

Nuevamente pidió a Daniel una interpretación, y se le dijo que él era el árbol, y que sería echado de entre los hombres durante siete años, hasta que reconociera que el Altísimo gobernaba los reinos de los hombres y los daba a todo el que quisiera. Un año después, Dios dijo a Nabucodonosor que la predicción se cumpliría. Efectivamente, se volvió loco siete años, de modo que su propia gente tuvo que encerrarlo en su zoológico. Comió pasto durante siete años. Su cabello creció como las plumas de un águila y sus uñas se volvieron como las garras de un pájaro; igual que el multimillonario Howard Hughes, recluido durante sus últimos años.

Al final de los siete años, levantó sus ojos al cielo y dijo: "Dios, tú eres Dios", y Dios lo restauró a su trono y lo hizo aún más grande que antes. Es una gran historia, si bien el final tiene elementos mezclados. Cometió el error de obligar a todos a inclinarse ante el Dios de Israel; la adoración debería ser un acto de libre albedrío. Pero, sea como fuere, el rey se convirtió.

Capítulo 5
Este capítulo es la historia del final de Babilonia. Belsasar había sucedido a Nabucodonosor, a esta altura. En una gran

fiesta cometió un error que le costaría la vida. Tomó los elementos sagrados que habían sido robados del templo en Jerusalén y los usó para una orgía. Pero Dios estaba mirando y, durante la fiesta, Belsasar vio un dedo que escribía estas palabras sobre una pared: "MENE, MENE, TÉQUEL, PARSIN". Cuando vio el dedo incorpóreo escribiendo el mensaje, quedó comprensiblemente paralizado de miedo. Una vez más, Daniel fue el intérprete. Explicó que la escritura quería decir: "Tu reino está acabado, no das la medida y tu reino será dividido". Esa misma noche los persas atacaron Babilonia, el imperio terminó y Belsasar fue muerto.

Capítulo 6
Este capítulo cubre la muy conocida historia de Daniel en la jaula de los leones. Lo que se conoce menos es que ahora hay un rey y un imperio diferentes, y Daniel tiene unos 90 años de edad. Darío el medo era el rey, y otra vez el antisemitismo estaba extendido. El pueblo del imperio fue forzado a adorar al rey mismo y se le prohibió orar a ninguna otra deidad durante un mes. La estratagema fue ideada por los colegas celosos de Daniel para atraparlo, y funcionó. Él continuó su hábito de abrir su ventana para orar hacia Jerusalén. Los que buscaban una falla en él ahora tenían las municiones que necesitaban, y obligaron a Darío a aplicar la pena por la desobediencia. El rey arrojó a Daniel a la jaula de los leones como castigo, pero el ángel cerró la boca de los leones y él fue librado. Una vez más, Daniel demostró ser un hombre de integridad y Dios demostró su capacidad para guardar a su siervo.

Segunda Parte (capítulos 7-12): El legado de Daniel

Cuando llegamos a la segunda parte del libro de Daniel, nos encontramos en una atmósfera completamente diferente.

LA LUCHA POR SOBREVIVIR

Pasamos de la tercera persona a la primera; de aquí en adelante Daniel mismo escribe el libro. También pasamos del arameo al hebreo, en su mayor parte, de modo que estamos pasando a una sección que es principalmente para el pueblo de Dios. Por cierto, uno no aconsejaría a un no creyente leer Daniel 7-12.

En esta sección, Daniel hace predicciones únicas que son tan detalladas, tan fechadas en su secuencia y tan precisas a la luz de los sucesos históricos, que es simplemente historia puesta por escrito antes que ocurriera. Cada lector se ve enfrentado a la pregunta de si el futuro es conocido por Dios.

La Biblia deja en claro que Dios no solo conoce el futuro sino que también le da forma. Sin embargo, esto no significa que todo está predeterminado y planificado. Hay un equilibrio muy delicado entre la soberanía humana y la responsabilidad humana. No debemos decir que todo está predeterminado, como si fuésemos robots. Pero sí significa que Dios puede dar forma a los hechos. Si yo estuviera jugando contra un maestro de ajedrez, él ganaría, pero yo tendría la libertad de hacer las movidas que quisiera. Él puede confrontar cada movida que hago y terminar ganando. Dios tiene más libre albedrío que nosotros, así que nuestra libertad está limitada por la suya. Hay una flexibilidad en la soberanía de Dios que debemos considerar como muy preciosa, para evitar caer en la idea de que Dios ha predeterminado todo, y que nosotros no contamos.

Hay varias cosas que podemos decir con relación a las visiones del futuro en los capítulos 7-12.

Por un lado, no son continuas; no son una serie de sucesos que se siguen uno al otro. Tampoco son consecutivas, en el sentido de estar en el orden correcto. Y tampoco son contiguas, es decir que comienzan o finalizan al mismo tiempo.

ABRAMOS LA BIBLIA

LAS VISIONES DE DANIEL DEL FUTURO

1. NO CONTINUAS

   7 ———————————————————— 12

2. NO CONSECUTIVAS

   7   8   9   10   11   12

3. NO CONTIGUAS

   COMIENZO (mismo año) FINAL

4. VARÍAN EN DURACIÓN

5. SE SUPERPONEN

6. CUBREN DOS PERÍODOS

   — a C
   dC
   BRECHA

Efecto "telescópico" de la profecía

visto
oculto

Premonición   Escorzo

Por otro lado, las visiones varían en duración. Algunas son breves y otras cubren un período más largo. Se superponen entre sí, y algunas son simultáneas. Sobre todo, cubren dos períodos: uno, que llega hasta la primera venida del Mesías y otro, que llega hasta la segunda venida. Es como si Daniel mirara por un telescopio profético y viera dos "picos" en la historia: uno menor, en frente del mayor, sin darse cuenta del largo del valle que los separa.

Daniel puede ver hasta la primera venida de Cristo, pero después no puede ver nada más hasta los sucesos que conducen a la segunda venida. Como la mayoría de los profetas del Antiguo Testamento, no se dio cuenta de cuánto tiempo habría entre esos dos picos. Lo vio todo como una sola cosa que venía, y lo llamó "el reino". No se dio cuenta de que el reino vendría en dos etapas, porque el Rey vendría dos veces.

Estos capítulos predicen los sucesos que conducen a la primera venida del Rey, y también los sucesos que conducen a su segunda venida, y lo asombroso es que las dos series de hechos son casi idénticos. En el primer período hay un hombre llamado Antíoco Epífanes. En el segundo período, hay una persona denominada anticristo, y las descripciones de estas dos figuras son asombrosamente similares. En otras palabras, al estudiar los hechos que conducen a la primera venida de Cristo, tenemos una perspectiva de los sucesos que conducen a su segunda venida.

Predicciones ya cumplidas
Cuando consideramos el primer sueño de Nabucodonosor, en el capítulo 2, notamos las series de reinos humanos de calidad decreciente, desde el rey de oro en la cabeza, pasando por la plata, el hierro y los pies de barro. Esta serie de reinos humanos llevarán a la inauguración del reino divino. Tenemos, entonces, los reinos de Babilonia, de Media-Persia

y de Grecia, seguidos por el de Roma, durante el cual Jesús, el rey divino, vino al mundo. Daniel esperaba que el reino divino reemplazara completamente los reinos humanos, pero no se dio cuenta de que el reino divino pasaría por un tiempo en que estaría en la tierra junto con los reinos humanos. Estaba viendo el segundo pico como casi parte del primero, y no se dio cuenta de que habría una brecha de por lo menos 2000 años, en la cual vivimos nosotros. Vivimos en el reino divino, y sin embargo aún hay reinos humanos en el mundo, como Rusia, China y Estados Unidos.

La roca de una montaña que no había sido tocada por el hombre golpeó al coloso en los pies y todo se vino abajo. Esta roca era el reino de Dios irrumpiendo sobre los reinos humanos, reemplazándolos a todos, haciéndolos caer y estableciendo el reino de Dios en su lugar. Daniel supuso a partir de la visión que esto ocurriría de pronto, pero nosotros sabemos que está ocurriendo en dos etapas, porque los reinos de este mundo han continuado al lado del reino divino.

Otra profecía que se ha cumplido es el capítulo 8, donde el foco está en un carnero y un macho cabrío con un solo cuerno. Estas dos bestias se corresponden con las dos partes del gigante en el capítulo 2: el imperio medo-persa y el imperio griego. El carnero significa el imperio persa, que se extendió desde India hasta Egipto, incluyendo toda Turquía. Todo lo que dice el capítulo 8 acerca del imperio persa se cumplió.

El macho cabrío simboliza el imperio griego que siguió al imperio medo-persa. Alejandro Magno recibió el apodo "la Cabra", porque siempre estaba embistiendo lo que tenía por delante. Tenía solo 32 años cuando murió, pero había conquistado todo el mundo "civilizado", y es venerado como uno de los grandes conquistadores de la historia. Pero fue un hombre que se permitía excesos, y su estilo de vida pecaminoso contribuyó a su caída. Cuando murió, su imperio se dividió entre sus cuatro generales. Lisímaco recibió Turquía, Casandro recibió Grecia, Ptolomeo recibió Egipto y Seleuco recibió Siria. Israel quedó atrapada entre Seleuco y Ptolomeo, y enfrentó considerables dificultades como consecuencia de esta situación.

El capítulo 9 contiene una predicción acerca de cuánto tiempo pasaría antes que llegara el rey divino. Los eruditos llaman a este pasaje "las siete semanas de Daniel", y se ha usado mucha tinta para hacer conjeturas acerca de su significado. Abundan las teorías predilectas. A Daniel se le dice que hay "setenta sietes" decretados para Israel. Pero es importante darse cuenta de que la palabra "siete" significa no una semana sino siete años. No se trata de setenta "semanas" en absoluto, sino setenta sietes; es decir, 490 años. En consecuencia, desde el tiempo del decreto de volver de Babilonia a Jerusalén hasta la llegada del rey pasarían 483 años (es decir, 69 sietes).

No está claro a qué decreto se refiere Daniel, ni tampoco si está usando el calendario babilonio (basado en el año solar de 365 ¼ días) o el calendario judío (basado en el año lunar de 360 días). Hubo en realidad cuatro decretos. El decreto de Ciro dio inicio al retorno de los exiliados en 536 a.C. Luego Darío hizo otro decreto, permitiendo que volvieran más judíos. Artajerjes hizo dos decretos, que permitió a Nehemías volver para la reconstrucción. Pero, sea cual sea el decreto desde el cual uno cuente, ¡los años asignados finalizan en el nacimiento o el bautismo de Jesús! De una forma u otra, casi 500 años después vino Jesús, que es suficientemente cerca para mí, porque es verdaderamente asombroso que Daniel predijera la llegada de Cristo cinco siglos antes que ocurriera.

Hay detalles del capítulo 9 que tenemos que analizar. Si bien él predice el tiempo exacto de la llegada de Cristo, a Daniel se le dijo que sería un tiempo largo hasta el final de "siete" número 69, cuando vendría el rey. Pero, de manera crucial, dejó la "semana" número 70 afuera de estos sucesos. Yo creo que en la semana 70 estaba mirando a través de la primera venida hasta la segunda venida, de modo que había una enorme brecha de tiempo entre el "siete" número 69 y el "siete" número 70. Por lo tanto, esta "semana" equivale a un período de siete años que aún no ha ocurrido, cuando aparecerá el anticristo. Según el texto, se impondrá un pacto y un tratado de Israel estará en riesgo. Durante este tiempo, la persecución será especialmente feroz. Los sacrificios cesarán y el templo será profanado de la misma forma que en el tiempo de Antíoco Epífanes, lo cual sugiere que tiene que haber sido reconstruido en algún momento.

El capítulo 10 cubre una revelación adicional que le causó una gran consternación a Daniel. Muestra que todos los conflictos terrenos son equiparados por un conflicto celestial entre fuerzas angélicas y demoníacas. Es una perspectiva notable, aunque muchos cristianos exageran su importancia. El capítulo nos dice que detrás de cada potencia terrena y cada reino que surge hay un príncipe demoníaco. Hay una influencia demoníaca detrás de los pueblos que quieren tomar o devastar otros países. Este capítulo menciona al "príncipe de Persia" y el "príncipe de Grecia". Dios envía a su ángel Miguel para vencerlos.

Es interesante notar que Daniel no participa en la batalla, que queda completamente en manos de los ángeles. Algunos cristianos han construido toda una estrategia de oración y evangelización sobre Daniel 10. Creen que en una campaña evangelística deben identificar el demonio maligno que está sobre la ciudad y atarlo antes que puedan comenzar a predicar el evangelio. Pero Jesús no dijo: "Vayan a todas las naciones, encuentren el demonio y átenlo", sino más bien: "Vayan y hagan discípulos de todas las naciones". Debemos dejar la guerra espiritual a los ángeles hasta que los demonios se manifiesten. Noto que Jesús y los apóstoles

LA LUCHA POR SOBREVIVIR

nunca fueron en busca de demonios, pero cuando venía un demonio y los atacaba, lo encaraban. Creo que ése es nuestro modelo. No debemos ir en busca de demonios e intentar atarlos, sino seguir adelante con la tarea de hacer discípulos para el reino. En una ocasión Pablo esperó tres días antes de echar el demonio de una muchacha que estaba perturbando sus reuniones.

El capítulo 11 es la predicción más asombrosa del futuro de toda la Biblia. En 35 versículos, se predicen 135 sucesos importantes que cubren un total de 166 años (ver la tabla al final del capítulo). Los eruditos liberales no saben qué hacer con este capítulo. Dicen que es imposible que Daniel lo pudiera haber escrito; tiene que haber sido escrito 400 años después. Pero Dios conoce el principio y el fin, y permitió a Daniel ponerlo todo por escrito.

En el capítulo 11 hay una mención también de Antíoco Epífanes IV, el mayor flagelo del pueblo judío antes que venga el Rey divino. Se convirtió en el regente del imperio griego justo al norte de Israel, y fue el tutor de un muchacho que era en realidad el rey. Pero mató al joven y tomó el trono para sí. Fue un tirano terrible y se propuso eliminar la religión judía. Profanó el templo al sacrificar un cerdo en el altar y llenó las habitaciones del templo con prostitutas. Hasta erigió una imagen de Júpiter en el templo. Masacró a 40.000 judíos y vendió otro tanto como esclavos. Fue tan espantoso que los judíos no pudieron soportarlo, y el resultado fue la revuelta macabea. Es, en un sentido, el paralelo del anticristo al final de la historia. Van de la mano; uno anticipa al otro. Si quiere saber acerca del anticristo, lea acerca de este hombre.

La división entre los capítulos 11 y 12 es muy poco útil, ya que el capítulo 12 continúa enfocándose en el anticristo y se ocupa de los sucesos asociados con la segunda venida de Cristo, incluyendo la resurrección de los buenos y los malos.

Predicciones aún no cumplidas
Si bien podemos identificar muchas formas en las que las profecías de Daniel se han cumplido, hay muchos aspectos que aún esperan su cumplimiento.

Aun cuando el Rey ha venido una vez, todavía no se ha apoderado de los reinos del mundo. Para eso esperamos su regreso.

El capítulo 7 contiene algunas imágenes extraordinarias. Algunos intentan alinear el capítulo 7 con el capítulo 2, y dicen que las cuatro bestias extrañas del capítulo 7 son lo mismo que los cuatro imperios en el gigante del capítulo 2, sugiriendo, por lo tanto, que la mayoría de los sucesos descritos por la visión ya han tenido lugar. Hay cinco razones por la que esto es improbable.

1. La historia no encaja con los detalles. Grecia no comenzó con cuatro cabezas, ni Roma tuvo cuatro cuernos. Cuesta ver el paralelo.
2. En el capítulo 8, Persia y Grecia son un carnero y un macho cabrío. Parece improbable que ahora sea descritos de otra forma.
3. A Daniel se le dice que las cuatro bestias "surgirán" en el futuro, así que la primera no puede ser Babilonia, que ha desaparecido.
4. Las cuatro bestias no pueden ser los babilonios, los persas, los griegos y los romanos, porque se nos dice que las primeras tres bestias estarán vivas cuando aparezca la cuarta. Cuando surgió Roma, los otros tres imperios habían desaparecido, si bien las naciones todavía existían.
5. En el capítulo 7, las bestias van creciendo en fortaleza, pero el coloso describe imperios cada vez menores: Roma no es tan fuerte como Babilonia, por ejemplo.

LA LUCHA POR SOBREVIVIR

¿Cómo debemos interpretar entonces a las bestias: el león con alas, seguido por un gran oso, seguido por un leopardo con alas y cuatro cabezas, seguido por lo que solo puedo describir como un grifo o un dragón, seguido por un reino? El reino es, claramente, el reino de Dios, que es establecido en la tierra por una figura "como un hijo de hombre que venía entre las nubes del cielo" para reinar con los santos del Altísimo. La segunda venida de Jesús está claramente a la vista aquí. Mi especulación es que el león con alas es Estados Unidos y el Reino Unido, el oso es Rusia y el leopardo es el mundo árabe. Ellos aún estarán al final, pero serán reemplazados por el reino de Dios. Pero no podría ser dogmático acerca de esta identificación.

En el capítulo 7, las últimas potencias mundiales dan lugar al anticristo. La llegada final del reino es cuando el Hijo del Hombre viene en las nubes de gloria para tratar con el anticristo y apoderarse de los reinos del mundo, para que puedan llegar a ser el reino de nuestro Dios y de su Cristo.

Es evidente también que hay sucesos que se describen en el capítulo 12 que aún no han ocurrido. Daniel habla de la resurrección de los justos y de los malos, cuando los justos brillarán como estrellas por toda la eternidad. Ésta es la primera mención en las escrituras de que los malos serán "levantados", un tema que desarrolla el Nuevo Testamento (ver Juan 5:29; Hechos 24:15). Es el clímax final de toda la historia.

ABRAMOS LA BIBLIA

¿Por qué se le reveló todo esto a Daniel?

Dado que Daniel a menudo no estaba consciente de lo que estaba viendo, está claro que no era para su propio bien sino para generaciones posteriores. Pronto habría un período de 400 años en el cual no habría profetas, así que este libro era en parte para ayudar al pueblo de Dios durante la brecha. El hecho de que Dios había predicho algunos de los sucesos que tuvieron lugar durante esos cuatro siglos ayudó a que su silencio fuera más soportable. Hay otros textos de las escrituras que explican la importancia de las advertencias: "En verdad, nada hace el Señor omnipotente sin antes revelar sus designios a sus siervos los profetas"; "Procuren no alarmarse ... Fíjense que se lo he dicho a ustedes de antemano" (Mateo 24:6, 25); "Les digo esto ahora, antes de que suceda, para que cuando suceda crean que yo soy" (Juan 13:19).

Las profecías en Daniel fueron dadas principalmente como aliento para el pueblo de Dios. A lo largo de estos capítulos son estimulados a hacer varias cosas porque conocen el futuro: a permanecer firmes, a hacer proezas, a brindar entendimiento, a soportar el sufrimiento, a ser refinados, a resistir el mal y a encontrar reposo.

La otra razón por la que Dios nos ha revelado el futuro es para advertir a los incrédulos, especialmente los que quieren ser personas poderosas y construir imperios humanos. Al final, el Hijo del Hombre los reemplazará a todos. Nosotros pertenecemos al futuro Rey de todo el mundo. El Hijo del Hombre vendrá en las nubes de gloria y establecerá el reino de los cielos aquí en la tierra, y nosotros reinaremos con él. Por lo tanto, nos conviene estar preparados para ser gobernantes buenos y responsables del mundo junto con él.

Consideraremos los beneficios del libro de Daniel para los cristianos cuando lo volvamos a ver junto al libro de Ester, al final del próximo capítulo.

Sucesos históricos predichos en Daniel 11:2-35

v. 2 Persia
Los tres gobernantes luego de Ciro fueron:
- Cambises (529-522 a.C.), que conquistó Egipto
- Pseudo-Esmerdis (522-521 a.C.), que obtuvo el trono haciéndose pasar por el hermano asesinado del rey y fue asesinado por
- Darío I Histapes (521-486 a.C.), mencionado en Esdras 5-6

El cuarto gobernante fue **Jerjes I** (486-465 a.C.), el Asuero de Ester 1. Fue el apogeo de la riqueza y el poder persas. Invadió Grecia en 480 a.C., pero tuvo una derrota desastrosa en Salamina.

vv. 3-4 Grecia
v. 3 Alejandro Magno (356-323 a.C.) vengó a Grecia derrotando a Persia, y en 12 años estableció un vasto imperio de cultura griega, poniendo a Asia bajo Europa. Él es el "macho cabrío" de Daniel 8. Murió en Babilonia a los 32 años.

v. 4 El hijo que Alejandro tuvo con Barsina fue asesinado, y el hijo que tuvo con Roxana, nacido luego de su muerte, también fue asesinado, así que el imperio se dividió entre cuatro generales:

- Lisímaco (Tracia, Bitinia y Asia Menor)
- Casandro (Macedonia y Grecia)
- Ptolomeo (Egipto)
- Seleuco (Siria a Babilonia)

Los dos últimos se convierten en el "sur" y el "norte" en el resto de Daniel 11 (es decir, con relación al pueblo de Dios, Israel, ahora de vuelta en Palestina).

LA LUCHA POR SOBREVIVIR

vv. 5-35 Egipto y Siria
Este pasaje cubre 162 años, con Israel "atrapada entre la puerta y las bisagras" (Lutero) de dos dinastías interrelacionadas. El nombre "Siria" no había aparecido en el tiempo de Daniel, así que esta región es mencionada solo como el "norte".

v. 5 Ptolomeo I Sóter (significa "Salvador") (323-246 a.C.) gobernó Egipto, y un familiar cercano, **Seleuco I Nicátor** (312-281 a.C.), gobernó Siria. Ambos tomaron el título de "rey" en 306 a.C. El último se volvió más fuerte, gobernando la región desde Asia Menor hasta India, de modo que se convirtió en un rival y una amenaza.

v. 6 Ptolomeo II Philadelphus ("amor fraternal") (285-246 a.C.) de Egipto persuadió a Antíoco II Theos ("Dios") a divorciarse de su esposa Laodice y a casarse con su hija, Berenice. La unión no fue exitosa, ni como matrimonio ni como intento de unir las dos familias reales. Cuando murió Ptolomeo, Antíoco tomó a Laodice de vuelta como su esposa, pero ella lo asesinó a él, a Berenice y al hijo de ambos.

vv. 7-9
Un período de "sube y baja" entre las dos naciones.

v. 7 El hermano de Berenice, **Ptolomeo III Evergetes** ("benefactor") (246-221 a.C.) atacó a **Seleuco Calinico** (247-226 a.C.) y mató a Laodice en venganza. Fue victorioso en todo el reino del norte hasta llegar a Persia y Media.

v. 8 Ptolomeo III volvió con ídolos egipcios que había sido llevados 280 años antes y el populacho lo llamó "benefactor" de ahí en adelante.

v. 9 Seleuco devolvió el ataque, perdió su flota en una tormenta, fue derrotado ignominiosamente y murió luego de caer de un caballo.

vv. 10-20

v. 10 Dos hermanos en el norte: **Seleuco III** (226-223 a.C.), que fue asesinado por tropas amotinadas durante una batalla en Asia Menor, y **Antíoco III** "el Grande" (223-187 a.C.), que llegó al poder a los 18 años de edad y pasó su vida luchando para vengar la humillación de su padre. Barrió como una inundación hasta llegar a Gaza, la línea fortificada de Egipto.

v. 11 Ptolomeo V Filopátor ("que ama al padre") (221-203 a.C.) enfrentó a Antíoco el Grande con un ejército de 70.000 soldados a pie y 5.000 a caballo, y 73 elefantes en Rafia, en 217. Antíoco fue derrotado por completo, hubo 10.000 muertos y 4.000 prisioneros, y por poco evitó ser capturado él mismo.

v. 12 Ptolomeo V, gracias a su indolencia e indulgencia, no aprovechó su ventaja. Antíoco se recuperó y fue al este, a India y el mar Caspio, obteniendo riqueza y fortaleza.

v. 13 Cuando Ptolomeo y su reina murieron misteriosamente, Antíoco volvió a atacar a Egipto y derrotó a su ejército (bajo el general Escopas) en Panio, cerca de la fuente del Jordán, más tarde Cesarea de Filipos. Escopas huyó a Sidón.

v. 14 Otros ahora formaron alianzas con Antíoco (ej: Felipe de Macedonia), incluyendo algunos judíos que creyeron que estaban ayudando a cumplir la profecía al ver a los egipcios derrotados, y esperaban que fuera seguido por la independencia nacional. Muchos murieron en batalla.

v. 15 Sidón fue sitiada y tomada, a pesar de un intento infructuoso de tres generales egipcios de romper el sitio.

v. 16 Antíoco cometió el error de ocupar Israel como una base militar y asoló al país para apoyar a sus tropas.

v. 17 Amenazado por el creciente poderío de Roma, Antíoco buscó unirse con Egipto entregando a su hermosa y joven hija, Cleopatra, como esposa a **Ptolomeo V Epífanes** ("glorioso") que tenía siete años de edad (204-181 a.C.). Su esperanza de que ella pondría a Egipto bajo su control fue frustrada cuando ella tomó el lado de su esposo contra su padre.

v. 18 Antíoco comenzó a despreciar el creciente poder romano: "Asia no les concierne [a los romanos] y yo no estoy sujeto a sus órdenes". Rechazó a sus embajadores, decidió conquistar a Grecia por su cuenta y fue derrotado de manera humillante por el cónsul romano Lucio Escipión Asiático en Termópilas, en 191 a.C., y en Magnesia, sobre el río Meandro, en 189 a.C.

v. 19 Las duras condiciones de la paz con Roma enviaron a Antíoco a casa quebrado y fue muerto mientras intentaba saquear un templo en Ecbatana. Había abierto Asia para Roma.

v. 20 Seleuco IV Filopátor ("que ama a su padre") (187-175 a.C.) solo quería paz y quietud, pero tuvo que crear enormes impuestos para pagar tributos a Roma. Su ministro de finanzas, Heliodoro, quiso sacar tesoros del templo en Jerusalén, fue impedido por una aparición sobrenatural y volvió para envenenar al rey.

vv. 21-30
Antíoco Epífanes ("glorioso") (175-164 a.C.). El "cuerno

más pequeño" de Daniel 7. El peor tirano del período del Antiguo Testamento. El poder de Siria estaba declinando y pronto sería reemplazado por Roma. Su frustración produciría una implacable persecución de Israel y un intento de eliminar la religión, profanando el templo e imponiendo la cultura griega.

v. 21 Su vileza incluyó la asociación con prostitutas y relaciones sexuales en público, una indulgencia llena de avaricia, malicia e intrigas. Su título, "Epífanes", que significa "glorioso", fue convertido en el apodo "Epímanes", que significa "loco" a sus espaldas. El heredero directo al trono sirio, Demetrio, estaba siendo mantenido como rehén en Roma, así que Antíoco tomó el poder en Siria haciéndose pasar por el tutor del segundo en línea del trono, el hijo bebé de Seleuco IV, Antíoco, a quien mató luego. Obtuvo popularidad con sus promesas de impuestos menores y leyes más livianas, que luego no cumplió.

v. 22 Al principio su actividad militar fue muy exitosa. Obtuvo la paz con Roma pagando tributos atrasados y con sobornos, y luego invadió Egipto en 170 a.C. y derrotó a Ptolomeo V Epífanes entre Gaza y el delta del Nilo. Camino al sur, pasó por Jerusalén y asesinó a Onías, el sumo sacerdote, el virtual gobernante de Israel.

v. 23 Si bien Siria no era una gran nación, Antíoco ahora podía controlar Egipto usando dos sobrinos, **Ptolomeo VI Filométor** (181-145 a.C.) y **Ptolomeo VIII Evergetes II**, como peones.

v. 24 Se dedicó a robar sistemáticamente las zonas más ricas en su poder (ej: Galilea), usando la riqueza no para sí (como habían hecho gobernantes anteriores) sino como sobornos para favores y con una asombrosa prodigalidad (arrojando dinero en las calles, organizando espectáculos fastuosos, etc.). También estaba haciendo planes para capturar ciudades egipcias, como Alejandría.

v. 25 Hizo otra expedición a Egipto con carrozas, caballería y elefantes. Corrompió la corte de Egipto, haciendo que conspiraran contra su rey.

v. 26 Esto produjo la derrota de Egipto.

v. 27 Antíoco y Ptolomeo VI Filométor se sentaron alrededor de una mesa, cada uno queriendo aventajar al otro en un tratado, pero fracasaron.

v. 28 Cuando Antíoco volvió al norte, se dirigió a Israel, codició la riqueza del templo, masacró a 40.000 judíos y vendió otro tanto como esclavos. Jasón, el sumo sacerdote, huyó a Amón.

v. 29 Durante otra expedición a Egipto, capturó a su sobrino Ptolomeo VI Filométor, pero se vio forzado a retirarse de Alejandría.

v. 30 Durante su expedición final a Egipto, Egipto envió una embajada a Roma, que mandó barcos desde Chipre. El cónsul Cayo Popilio Laenas exigió la retirada de Antíoco de Egipto y éste partió airado, dándose cuenta de que era el final de sus esperanzas.

vv. 31-35
Antíoco ahora dirigió su ira frustrada contra el pueblo de Dios.

v. 31 Los judíos se convirtieron en el chivo expiatorio y comenzó una persecución feroz (registrada en 1 y 2 Macabeos), usando simpatizantes dentro de Israel. Prohibió la adoración y el sacrificio, erigió una imagen de Júpiter en el templo y sacrificó un cerdo en el altar el 25 de diciembre de 168 a.C. (esta "abominación de la desolación" se menciona en Mateo 24:15).

v. 32 Esto precipitó la revuelta de la familia sacerdotal de Matatías, los macabeos ("martilleros"). Bajo el liderazgo de Judas, hubo muchas hazañas heroicas (mencionadas en Hebreos 11). Israel fue liberada y el templo fue rededicado el 25 de diciembre de 165 a.C.

vv. 33-35 El efecto sorprendente de la persecución fue un avivamiento espiritual, debido al purgamiento y la separación de los creyentes verdaderos de los falsos.

30.
ESTER

Introducción

El libro de Ester es inusual por dos razones: junto con Rut, es uno de los únicos dos libros de la Biblia que llevan nombres de mujeres y, junto con Cantar de Cantares, uno de los únicos dos libros de la Biblia que nunca mencionan el nombre de Dios directamente. Por estas razones muchos se han sentido perplejos ante Ester. Es una historia interesante y romántica, pero ¿por qué está en la Biblia? ¿Por qué tenemos que leerla? ¿Qué podríamos aprender de ella?

Ester, junto con Ezequiel y Daniel, fue escrito durante el exilio judío, de modo que es uno de los pocos libros de la Biblia cuya acción transcurre completamente fuera de la Tierra Prometida (si bien Ester fue escrito mucho después de los otros dos libros). Estos libros nos cuentan cómo se comportaron los judíos cuando estaban en una sociedad gentil, y pueden darnos una buena guía sobre cómo conducirnos nosotros en una sociedad no cristiana.

Trasfondo histórico

Babilonia fue derrotada por una coalición de medos y persas. Darío el medo fue el primer gobernante del nuevo imperio, seguido por el persa Jerjes I (conocido también como Asuero). Daniel ascendió hasta llegar a ser primer ministro y fue conocido por su nombre babilonio, Beltsasar. Hadasa llegó a ser reina y fue llamada Ester (un nombre pagano, abreviatura de Ishtar, una diosa babilonia). Así que tanto Daniel como Ester fueron promovidos a posiciones desde las cuales pudieron ayudar a su pueblo.

Dios no obligó a los judíos a volver a la Tierra Prometida.

Por cierto, si hubieran vuelto todos, este libro nunca se habría escrito. Muchos miles escogieron volver, pero aún más escogieron no hacerlo.

El libro de Ester es probablemente el que cuenta con más respaldo histórico del Antiguo Testamento. Registros fuera de la Biblia, como la *Historia* de Herodoto (un historiador griego contemporáneo, nacido en 480 a.C.), confirman que Ester es un libro tardío. Hay muchos otros registros externos que confirman lo que leemos en Ester. En 1930, arqueólogos que excavaban en Persépolis, la capital del imperio persa, encontraron una piedra que tenía escrito el nombre "Marducha". El primer ministro en el libro es Mardoqueo, y es muy probable que se trate de la misma persona.

Una historia romántica

Es una historia muy romántica. Ester era joven y hermosa, la reina de un imperio. Solo un hombre conocía su secreto, ¡un secreto que podría significar la muerte de ella! Esto es material para revistas de mujeres.

Éste es un bosquejo de la historia. Jerjes gobernaba un reino que se extendía desde India, al este, hasta Egipto, en el oeste. Pero había problemas por delante, así que organizó una conferencia de 180 días para decidir cómo trataría con la amenaza planteada por los griegos. Al final de la conferencia, organizó una fiesta de siete días en el jardín del palacio. Cuando todos habían tomado demasiado, el rey llamó a su esposa, Vasti, para que viniera a bailar para ellos, porque era joven y hermosa, y quería entretener a sus generales. Pero la reina Vasti se rehusó, y esto da comienzo a toda la historia. Este rechazo puso al rey en una situación realmente embarazosa. Si él no trataba con su esposa, uno puede imaginar lo que harían todas las esposas de sus generales. Si él no podía controlar su hogar, ellos estarían en problemas también, así que algo debía hacerse. ¡Le dijo que nunca debería volver a entrar en su presencia!

Pero encontró su cama algo fría, y se volvió cada vez más solitario. Entonces alguien sugirió que realizara un concurso de belleza, y que la ganadora pasara a ser su esposa.

Era un asunto serio. Ester tuvo 12 meses completos de tratamiento de belleza antes de entrar en el concurso. Lo ganó legítimamente, convirtiéndose en la nueva reina de Jerjes.

Ella era de la tribu de Benjamín, que es sorprendente, considerando la difícil historia de esa tribu. Mardoqueo era su primo, pero ella había quedado huérfana, así que él la había adoptado como su hija. A pedido de Mardoqueo, ella mantuvo su relación en secreto; debido a actitudes antisemitas, las comunidades judías en el imperio estaban en una posición precaria. A pesar de ser nueva en el harén, se convirtió en la esposa preferida del rey.

Al fijar la escena, notamos también la posición de otro hombre que había sido exaltado en la corte en ese tiempo. Se llamaba Amán, y es el "malo" de la historia. Descendía de Agag. El profeta Samuel había dicho a Saúl, el primer rey de Israel, que derrotara a Agag. Pero Saúl no quiso matarlo, por lo que Samuel se encargó de la situación y lo descuartizó frente al altar del Señor, generando odio entre el pueblo de Agag y los judíos. Amán odiaba a los judíos por lo que había ocurrido, y esto le agrega intensidad a la historia. Tenemos una situación intrigante: una mujer que no ha revelado que es judía es la reina de un reino persa, y Amán es un cortesano de alto rango que odia a todos los judíos.

El detonante se produce cuando Amán dijo al rey que tendrían que aniquilar a los judíos que vivían en el imperio. Eran diferentes, con sus propias leyes, sus propias costumbres y su propia religión. Eran inadaptados, y debían desaparecer. También ofreció un gran soborno al tesoro si el rey accedía a aniquilar a los judíos. Llegaron a echar suertes para decidir el día en que los judíos serían muertos en secreto. Es interesante que la suerte indicó el día trece del mes para la aniquilación del pueblo judío. Ésta es una de las razones del carácter supersticioso de ese día desde entonces.

Cuando los judíos se enteraron de lo que ocurriría, hicieron lamento, ayunaron y se vistieron con silicio y cenizas. Mardoqueo envió un mensaje a Ester pidiéndole que implorara al rey su misericordia. Él sugirió que Dios la había llevado al puesto que ocupaba para un momento como éste. Ella era la reina, a través de una secuencia de sucesos bastante improbable, con lo cual estaba en una posición para poder ayudar a su pueblo.

Ester enfrentaba una verdadera lucha. ¿Debía revelar que era judía? Si lo hacía, su vida estaría en juego también. Decidió que, si debía perecer, perecería.

Pero ¿cómo haría para hacer su pedido? A la reina no se le permitía entrar en la presencia del rey a menos que fuera llamada, pero ella sabía que debía verlo. Así que entró osadamente en su presencia y sugirió que se hiciera un banquete, con Amán con el invitado de honor. El rey accedió al pedido y el banquete fue debidamente organizado.

Entretanto, Amán se había enojado tanto con Mardoqueo que construyó una horca de 25 metros de alto para colgarlo de ahí. Pero no dijo a nadie para quién era.

La noche antes del banquete, el rey tenía insomnio, y se levantó para leer. Fue a sus viejos diarios y leyó el relato de cómo Mardoqueo había salvado su vida unos años antes de un intento de asesinato que involucraba a dos de sus funcionarios. Recordó que nunca lo había recompensado. Así que, apenas se despertó, hizo arreglos para recompensar a Mardoqueo. Fue una extraordinaria coincidencia; claramente, era la mano de Dios.

Durante el banquete, el rey dijo a Amán: "Estoy tratando de pensar en una recompensa para dar a alguien que me agrada mucho. ¿Qué sugerirías?". Como pensó que se refería a él, Amán contestó: "Organice una procesión en su honor y hágalo primer ministro". El rey estuvo de acuerdo con la sugerencia, pero fue Mardoqueo a quien llamó y recompensó, un giro increíble.

Ester se armó de valentía en el banquete como para hablar al rey acerca de su pueblo. Cuando el rey escuchó que Amán estaba detrás de un complot tan malvado, ordenó que fuera colgado de su propia horca, y los judíos fueron salvados. Fue emitido un nuevo edicto anulando los despachos de Amán y dando a los judíos el derecho de defenderse, de reunirse y de aniquilar a toda fuerza armada que pudiera atacarlos. Fue una intervención impresionante, porque había asesinos en todo el imperio listos para matar a todos los judíos.

Cuando llegó el día para el edicto de Amán para exterminar a los judíos, estos estaban listos, derrotaron a sus adversarios y ejecutaron a la familia de Amán. Tal fue el peligro para los judíos que, si no hubiera ocurrido esto, habría desaparecido el pueblo judío, porque el imperio persa se extendía desde India hasta Egipto. Si se hubiera mantenido el edicto original, Jesús nunca hubiera nacido. Ester salvó la situación. ¡Con razón los judíos celebran cada año la fiesta de Purim en recuerdo de estos días!

A todos les encanta una buena historia como ésta, y está contada de manera magnífica. Como estructura literaria, es excelente. Un buen cuentista irá preparando un punto de verdadera tensión, para luego aliviarla. Todos viven felices para siempre y los malos llegan a un final desagradable. La historia de Ester es una obra maestra, en este sentido.

Un bosquejo de Ester

Peligro (1-5)
1: El prólogo
2-3: El primer decreto del rey

4-5: La exasperación de Amán con Mardoqueo
El insomnio del rey (6)
Liberación (6-9)
6-7: La exaltación de Mardoqueo sobre Amán
8-9: El segundo decreto del rey
El epílogo (10)

El libro tiene una simetría hermosa. Tenemos el primer decreto del rey, por el cual todos tienen que adorarlo, y el segundo decreto del rey, por el que los judíos nunca deben volver a ser tocados. Tenemos la exasperación de Amán con Mardoqueo, y luego la exaltación de Mardoqueo sobre Amán. Y toda la historia gira sobre un hombre que no puede dormir; ¡la verdad es realmente más extraña que la ficción!

¿Por qué está este libro en la Biblia?

Pero seguramente tiene que ser algo más que una buena historia. ¿Por qué está este libro en la Biblia? ¿Es solo para darnos un ejemplo de cómo tener valentía cuando nos encontramos en un puesto público?

Por cierto, la fiesta anual de Purim es una fiesta más secular que espiritual. No hay ninguna ceremonia religiosa. Martín Lutero dijo de los libros de Ester y 2 Macabeos: "Desearía que no existieran siquiera, porque judaízan demasiado, y tienen demasiada perversidad pagana".

¿Qué valor tiene, entonces, este libro para el cristiano? ¿Debemos ver en Ester un ejemplo de obediencia, humildad, modestia y lealtad? ¿Cómo debemos considerar los aspectos menos agradables del libro, como el asesinato vengativo de los persas?

Debemos notar el espíritu de antisemitismo en estas hojas. Primero, los judíos eran *diferentes*. Seguían sus propias leyes y sus propias costumbres; su práctica de la circuncisión, su

LA LUCHA POR SOBREVIVIR

observancia del día de reposo y su dieta eran especialmente distintivas. Segundo, los judíos eran *independientes*. Se rehusaban a estar bajo control, por lo que eran considerados como una amenaza para la autoridad totalitaria.

Satanás se ha propuesto destruir al pueblo judío, porque la salvación proviene de los judíos. Él estuvo detrás de la matanza de los niños en Egipto, pero Moisés fue salvado por un canastito de juncos.

Él estuvo intentando destruir a los judíos antes que pudiera nacer el Mesías. Fue el diablo que estuvo detrás de la matanza de 200 bebés en Belén, pero Jesús huyó a Egipto.

El antisemitismo tiene algo demoníaco. El faraón trató de destruir a los judíos, Amán lo intentó, Herodes lo intentó y Hitler lo intentó. Sigue apareciendo en la historia, porque la salvación proviene de los judíos. Deberíamos estar muy agradecidos al pueblo judío. Todo lo que sabemos acerca de Dios vino a través de ellos, y el Salvador fue y es judío.

Cuarenta autores diferentes escribieron la Biblia durante un período de 1400 años, en tres idiomas distintos. Solo uno de esos escritores era gentil —el Dr. Lucas—, y aun él obtuvo todo su material de judíos. Sin los judíos no tendríamos la Biblia siquiera. No es de extrañar que sean más odiados que cualquier otro pueblo.

Pero hay otro actor invisible en este drama. Dios tiene que estar detrás de todo. Porque cuando tanto depende de un detalle o circunstancia tan minúsculos, está claro que estamos observando a Dios en acción.

Yo veo a Dios obrando en esta historia, en la preservación del pueblo del cual nacería su Hijo. Lo veo en la oración y el ayuno del pueblo cuando se enteró del espantoso complot de Amán contra ellos. Lo veo en la creencia de Mardoqueo de que Dios preservaría a su pueblo. Incluso dijo a Ester que si ella no estaba preparada para ser el canal de Dios, otra persona lo sería. No usó el nombre de Dios como tal, pero estaba implícito. Era una fe increíble en el dominio de Dios. Lo veo en los sucesos fortuitos que encajaron: que Mardoqueo hubiera salvado la vida al rey años atrás, que Artajerjes no pudiera dormir y leyera justo la página de su diario donde aparece mencionado Mardoqueo. Si el nombre de Dios no está en el libro de Ester, su dedo sin duda está. Un estudioso llamó a Ester "el romance de la providencia", y tenía toda la razón.

¿Por qué, entonces, Dios no es mencionado nunca? Bueno, aquí aparece la mayor sorpresa. Se lo menciona cinco veces, ¡pero pocos pueden detectarlo! En realidad, aparece en forma de acróstico, usando las letras iniciales de su nombre o de su título. A veces es hacia adelante, a veces es hacia atrás. He tratado de ponerlo en inglés-español para que usted pueda verlo, pero tenga en cuenta que está en hebreo, en realidad.

Los judíos, a los que les encantaban los juegos de palabras, eran amantes de los acrósticos (el uso de letras iniciales de palabras o frases como un mensaje "oculto"; por ejemplo, AMOR significa A Mi Otro Respeto). Los encontrará mucho en los Salmos, especialmente en el más largo, el 119. La descripción de la esposa ideal en Proverbios 31 es otro acróstico. En el libro de Lamentaciones, cuatro de los cinco capítulos son acrósticos alfabéticos, donde cada línea comienza por la siguiente letra del alfabeto. Es un hábil artificio literario, y puede ser usado para transmitir mensajes secretos o en código.

En el libro de Ester hay cinco acrósticos, y los primeros cuatro siguen un patrón asombroso (ver 1:20; 5:4; 5:13; 7:7).

LA LUCHA POR SOBREVIVIR

Acrósticos en Ester

1:20	5:4	5:13	7:7	7:5
Serán	Deseo	Pero	Porque	¿DóndE
Obedecidos	Invitar	De	Vio	Habita
Invariablemente	Oportunamente	Nada	Que	Y
Debidamente	Su	ES	Había	Hace
Por	Majestad	TodO	Sido	Alarde
Las	Y	MI	Decidida	El
Esposas	Amán	FelicidaD	MaldaD	Enemigo
Los	A	No	SI	En
Esposos	Nuestra	Me	NO	Corazón
Tanto	Cena	Sirve	ES	Para
Grandes	Real		Perdonado	Hacer
Como			Por	Esta
Pequeños			El	Cosa?
			Rey	
HVJH	JHVH	HVHJ	JHVH	EHYH
Hacia atrás	Hacia adelante	Hacia atrás	Hacia adelante	= "YO SOY"
Gentil habla	Judío habla	Gentil habla	Judío habla	(Éxodo 3:15)
Acerca de la reina	Por la reina	Por Amán	Acerca de Amán	
Dominio de Dios	Gobierno de Dios	Dominio de Dios	Gobierno de Dios	

Los dos primeros acrósticos usan las primeras letras de cuatro palabras consecutivas, mientras que los dos segundos usan las últimas letras. El primer acróstico es hacia atrás, el segundo hacia adelante, el tercero hacia atrás y el cuarto hacia adelante.

Recordemos que los acrósticos están en realidad en el texto original hebreo y, por lo tanto, en el idioma hebreo. En inglés-español, las cuatro letras son en realidad "J-H-V-H", las cuatro letras del nombre de Dios, que se pronuncia "Jehová" en español y "Yavé" en hebreo. Para entender cómo funciona, tomemos un equivalente en español en el que usamos la palabra "Dios" como sustituto para "Jehová" o "Yavé". La traducción ha tenido que ser retocada un poco para mostrar cómo funciona.

Tomemos el primero, 1:20: "Serán obedecidos invariablemente debidamente por las esposas los esposos tanto grandes como pequeños". Las letras iniciales de las palabras "Serán obedecidos invariablemente debidamente" son S-O-I-D, que es nuestra palabra "Dios" escrita de atrás para adelante. Luego, en 5:4, vemos lo mismo, pero hacia adelante: "Deseo invitar oportunamente su . . ." también deletrea la palabra D-I-O-S.

¿Por qué a veces está hacia adelante y a veces hacia atrás? Cuando está hacia atrás, las palabras son dichas por un gentil, pero cuando está hacia adelante, el que habla es un judío. Podría ser que los judíos están diciendo que los gentiles nunca pueden decir la palabra bien, o tal vez no quieren poner el nombre sagrado en labios gentiles.

Hay un acróstico en Ester que está aparte. Las letras son ligeramente diferentes, y dicen "YO SOY", si bien está deletreado de atrás para adelante de nuevo. El escritor lo ha ideado cuidadosamente y luego lo ha introducido en el texto para que ningún gentil lo pueda notar.

Existen varias explicaciones de por qué se usó este método, pero el que mejor encaja es muy sencillo. Fue escrito en un tiempo en que era peligroso mencionar al Dios judío (Jerjes murió en 465 a.C.) y, por lo tanto, supuestamente fue escrito algo después de los hechos, cuando un documento de este tipo sería considerado subversivo.

Al principio, la gente habría transmitido la historia de Ester verbalmente, así que sería recordada como una historia popular. Pero llegó un momento en que era imperativo ponerla por escrito, porque el pueblo celebraba la liberación anualmente y necesitaba escuchar la verdadera historia de lo que estaba detrás de la fiesta. Además, el antisemitismo estaba extendido, y se consideraba peligroso ser encontrado con un documento acerca del Dios judío. Por lo tanto, Ester fue escrito sin mencionar a Dios, pero usando un acróstico que era una respuesta característicamente judía para el problema.

¿Qué pueden aprender los cristianos de Ester y Daniel?

Ambos vivieron durante el mismo período y enfrentaron el mismo exilio. Eran dos personas lejos de su hogar y, sin embargo, fueron usadas por Dios en posiciones de influencia en una sociedad pagana, sin transigir sus principios. Por lo tanto, pudieron lograr grandes avances para el reino de Dios. Las historias nos alientan a ir lo más lejos que podamos para lograr una buena posición en el mundo, siempre que nos mantengamos fieles a nuestra fe. Dios puede usarnos para el reino en lugares altos, así que podemos dejar que nos ponga donde podamos lograr esos avances.

Dios usa a personas
Una persona puede hacer toda la diferencia. Dios usa a hombres y mujeres, y todos estamos exiliados. Los cristianos no pertenecemos a este mundo. Somos inadaptados, porque nuestra ciudadanía está realmente en el cielo. Estamos siendo separados lentamente de nuestro apego al mundo para sentirnos cómodos en el cielo.

Pero Dios puede usar a personas en los reinos de este mundo que mantienen sus principios y recuerdan quiénes son. Puede usar personas que están dispuestas a ser promovidas pero no están dispuestas a ser asimiladas. Los judíos siempre tienen la tentación de dejarse asimilar a fin de evitar la persecución, y los cristianos enfrentan la misma tentación.

En Alemania, a principios del siglo pasado, los judíos

estaban tan asimilados a la cultura y el idioma alemanes que, cuando Teodoro Herzl convocó el primer Congreso Sionista, en 1897, para discutir la idea de que los judíos volvieran a tener un país propio, los judíos alemanes no querían saber nada. Herzl quería tener una conferencia en Munich, pero los judíos alemanes dijeron: "No lo hagas en Munich. Ahora somos alemanes; ya no somos judíos. No nos avergüences". Herzl entonces realizó la conferencia en Basilea, Suiza.

Los cristianos tienen la tentación de comportarse como todos los demás, para no ser señalados y considerados como extraños. Pero Dios usa a las personas que están dispuestas a ser diferentes. Solíamos cantar en la Escuela Dominical: "Atrévete a ser un Daniel, atrévete a tomar partido". Daniel y Ester estuvieron ambos dispuestos a morir antes que transigir en su fe en Dios.

Dios preserva a su pueblo
Dios preservó a Daniel en la jaula de leones y a Sadrac, Mesac y Abednego en el horno de fuego. También preservó a los judíos en Susa, a través de Ester. Si usted quiere eliminar al pueblo de Dios, ¡tendrá que eliminarlo a él primero! Dios preserva a su pueblo. Podremos morir por él, pero seguimos siendo preservados. Podemos tener confianza en que siempre habrá un Israel y siempre habrá una iglesia.

Dios gobierna el mundo
Hay una palabra que es común a estos dos libros: "reino". El evangelio cristiano es el evangelio del reino. Tanto para Daniel como para Ester, el reino de Dios venía primero.

De estos dos libros aprendemos que los reinos humanos del presente están en las manos de Dios. Dios levanta a gobernantes y los abate. Nabucodonosor tuvo que aprender que el Altísimo gobierna los reinos del hombre y los entrega a quien él quiere. Es Dios quien redefine las fronteras del atlas y decide quién tiene poder y quién no. Es él quien decide cada elección —él tiene el voto decisivo—, a veces en justicia y a veces en misericordia. Si él vota en justicia, nos da el gobierno que merecemos; si vota en misericordia, nos da el gobierno que necesitamos. Durante mi vida Dios ha removido del poder a seis primeros ministros a poco tiempo de haber roto una promesa a Israel, desde Neville Chamberlain a James Callaghan. Cuando George Bush (padre), el presidente de Estados Unidos, se volvió contra Israel y retiró dinero que era para ellos, perdió poder poco después. Dios es el Dios de Israel. Gobierna los reinos humanos de este mundo; ellos solo gobiernan con su permiso. Él está a cargo.

Hay otro uso de la palabra "reino". Hay reinos humanos del presente, pero también hay un reino divino del futuro, cuando Dios se hará cargo del gobierno mundial. Los reinos de este mundo serán reemplazados por el reino de Dios. Debemos darnos cuenta de que los trabajos de Daniel y Ester aún no han terminado. Fueron fieles en el gobierno en un imperio pagano, y serán resucitados para gobernar en el reino que Dios inaugurará. Cuando Jesús vuelva a la tierra, Daniel y Ester estarán ambos con él.

Significa que no debemos leer la Biblia meramente como historia, sino como una presentación de personas que conoceremos un día. Tendremos toda la eternidad para conocer a estos grandes santos de Dios. Estaremos reinando con los santos del Altísimo, con el Hijo del hombre en el trono. Todas aquellas personas que han demostrado ser fieles serán usadas de nuevo en esta tierra para compartir el gobierno en el reino de Cristo.

31.
ESDRAS Y NEHEMÍAS

Introducción

Cuando estudiamos la historia de Israel, vemos cómo Dios fue aumentando los castigos por sus pecados. Cada castigo parece un poco más duro que el anterior. Comenzó por enviar agresores de las naciones vecinas, como los filisteos, para atacarlos. Su primer castigo fue la pérdida de propiedades. Pero no hicieron caso, así que el castigo se volvió un poco más serio: sequía, hambre y escasez de comida. Cuando siguieron sin escuchar, Dios envió dolencias y enfermedades. Pero el castigo último para ellos fue la pérdida de la Tierra Prometida y ser llevados a otro país. Habían sido sacados de Egipto para ir a esta tierra, pero Dios prometió excluirlos del lugar si continuaban en el pecado.

Dos exilios
Hubo dos exilios. El primero involucró a las diez tribus del norte, conocidas ahora como Israel, cuando Asiria las conquistó y deportó en 721 a.C. El segundo exilio involucró a las dos tribus del sur, conocidas como Judá, según el nombre de la mayor de las dos. Esta vez el conquistador fue Babilonia, en 586 a.C. Es el segundo exilio que nos interesa cuando consideramos Esdras y Nehemías.

Tres deportaciones
Cuando los babilonios derrotaron a Judá, no eliminaron todo, como el profeta Habacuc había esperado que hicieran. En realidad, fueron mucho más amables. Deportaron al pueblo en tres grupos, en tres ocasiones separadas, cada una mientras Nabucodonosor estaba en el trono.

El primer grupo partió en 606 a.C. Incluía la corte real, en la creencia de que, si se iban los gobernantes, sería más fácil sojuzgar a la nación de Judá y mantenerla bajo el control babilonio. Incluido en el estrato superior estaba Daniel, que fue llevado cuando era un adolescente con la corte real a Babilonia, y sería una figura importante en el exilio.

Pero los que quedaron igual intentaron obtener su libertad de Babilonia, de modo que los agresores vinieron por segunda vez en 597 a.C. y se llevaron todos las personas con oficios y los comerciantes, pensando que, si removían a las personas que generaban dinero, podrían empobrecer al pueblo y ponerlo finalmente bajo su control. Entre los que tenían oficios había un sacerdote llamado Ezequiel que, como Daniel, ocupa un lugar importante en el exilio.

No obstante, el pueblo que quedó se rebeló, así que finalmente vinieron ejércitos de Babilonia en 587 a.C. y demolieron el templo por completo y destruyeron todo. Jerusalén quedó como una ruina abandonada, Judá permaneció prácticamente vacía y las tribus de Judá y Benjamín fueron llevadas a Babilonia.

El exilio de Judá duró 70 años, un tiempo que el profeta Jeremías había anticipado con precisión hasta el año mismo. Sus palabras fueron un aliento para que Daniel orara a Dios pidiéndole que cumpliera su promesa.

Tres retornos

El exilio finalizó tal como Dios había prometido, si bien hubo en realidad tres retornos, coincidiendo con las tres deportaciones. El primero fue de 50.000 personas, en 537 a.C., cuando Ciro era el rey persa y Zorobabel, el líder de los judíos. Éste pertenecía a la línea real, que se extendía atrás hasta el rey David y, como tal, formaba parte del cumplimiento de la promesa de Dios de que siempre habría un descendiente de David en el trono. Por cierto, es uno de los ancestros en el árbol genealógico de Jesús que aparece en Mateo 1, que ayudó a legitimar la pretensión de Jesús de ser el Mesías.

Apenas algo más de 90 años después, en 458 a.C., hubo un segundo retorno, cuando Artajerjes I estaba en el trono persa. Esta vez, solo 1.800 volvieron bajo Esdras. Éste era un sacerdote que, por primera vez, trajo de vuelta a los levitas para restaurar la estructura de culto para el pueblo de Israel. No fue fácil persuadirlos para que volvieran. Fue solo después de repetidos pedidos de Esdras que pudo encontrar a esta cantidad de personas para unirse a él en la larga travesía para restaurar la vida religiosa.

Luego, unos 14 años después, en 444 a.C., Nehemías volvió con unas pocas personas con oficios. Su principal preocupación era reconstruir las murallas de Jerusalén, que habían sido destruidas por Babilonia y sin las cuales la ciudad era vulnerable a los ataques.

En los tres retornos se produce la reconstrucción de la vida social, de la vida religiosa y de la vida física. Es importante notar que el segundo éxodo fue muy distinto del más famoso, en el tiempo de Moisés. Parece haber sido hecho en trazos y trozos. Es muy evidente que muy pocos hicieron el viaje de vuelta de 1500 kilómetros y 4 meses. Tenían una vida mucho mejor en Babilonia que sus antepasados habían tenido en Egipto. En esta ocasión no eran esclavos, sino que se habían involucrado en los negocios, y cuando los judíos se meten en negocios les cuesta dejarlos atrás. Escuché una hermosa historia de un judío en Nueva York que compró una pequeña tienda que estaba apretujada entre dos enormes tiendas por departamentos. Se preguntaba cómo llamaría su pequeño negocio. ¡Después de mucha deliberación, decidió llamarlo "Entrada"!

¿Dos libros, un autor?

Los libros de Esdras y Nehemías toman sus nombres del segundo y el tercer retorno, si bien en realidad los dos libros cubren los tres retornos: el libro de Esdras, los dos primeros, y el libro de Nehemías, el tercero. El pueblo ya no era conocido como hebreos o israelitas, sino que ahora se llamaban judíos, por la palabra "Judá", que significa "alabanza". En ciertos sentidos, el nombre simbolizaba la clase de pueblo que aspiraba ser cuando volvió.

Lo primero que llama la atención acerca de estos dos libros es que se parecen tanto. Cada uno sigue exactamente el mismo patrón. Además, el estilo es muy similar al de 1 y 2 Crónicas. En las Escrituras hebreas, Esdras y Nehemías están unidos en un solo libro. Más adelante fueron llamados "1 y 2 Esdras", y fueron agrupados con 1 y 2 Crónicas. Una sugerencia, que creo que tiene mucho sentido, es que Esdras escribió todos estos libros. Era un hombre cuidadoso que podía mantener registros, y al parecer escribió Esdras, Nehemías y 1 y 2 Crónicas.

Esdras y Nehemías están escritos en dos idiomas distintos, parte en hebreo y parte en arameo. El arameo era el idioma común que todos podían hablar, así como el griego era el idioma común en el tiempo del Nuevo Testamento. El arameo es un idioma semita usado en todo el Creciente Fértil, en Oriente Medio. Los judíos habían sido expuestos a este idioma y lo usaron en su exilio en Babilonia, y cuando hacían negocios con personas de otras naciones. Por lo tanto, muchos de los registros que trajeron de vuelta del exilio estaban escritos en arameo. El único otro libro del Antiguo Testamento que está escrito en dos idiomas es Daniel.

La estructura de los libros

Esdras y Nehemías están escrito ambos en cuatro secciones, y sus segundas y cuartas secciones tratan temas idénticos. Están centrados en la reconstrucción del estado y en la reforma del pueblo:

LA LUCHA POR SOBREVIVIR

ESDRAS	NEHEMÍAS
Retorno I (1-2)	Retorno III (1-2)
a, b	a, b
Reconstrucción (3-6)	Reconstrucción (3-7)
a, b, c	a, b, c
Retorno II (7-8)	Renovación (8-10)
a, b, c	a, b, c
Reforma (9-10)	Reforma (11-13)
a, b	a, b

El retorno I, bajo Zorobabel, se centra en la reconstrucción del templo, si bien fue una actividad esporádica. Fueron necesarios los profetas Hageo y Zacarías para volver a ponerla en marcha. El retorno II se centra en la reforma del pueblo. El retorno III llevó a la reconstrucción de las murallas, la renovación del pacto y, de nuevo, la reforma del pueblo. Cada vez parece como si el pueblo se olvidaba de los pecados que les había hecho perder la tierra.

Es aún más notable considerar la estructura de los dos libros. La primera sección en cada libro tiene dos subsecciones, la segunda tres, la tercera tres y la cuarta dos (indicados como "a", "b" y "c" en la tabla anterior. Es una estructura notable. Ha sido planeada muy cuidadosamente y está compuesta y balanceada de manera hermosa, sugiriendo fuertemente que un hombre, probablemente Esdras, fue el autor de ambos libros.

Hay otro paralelo llamativo. En ambos casos, el capítulo 9 es una oración asombrosa, en la cual tanto Esdras como Nehemías confiesan pecados nacionales. Los dos capítulos son especialmente importantes en ambos libros.

Esdras – el libro

Un bosquejo del libro
Retorno I (capítulos 1-2)
Ciro: El decreto para construir el templo (1)
Zorobabel y compañía "suben" (2)
Reconstrucción (3-6)
Jesúa: El altar y los fundamentos del templo (3)
Artajerjes: Carta recibida (4)
Darío: Cartas recibidas y enviadas (5-6)
Retorno II (7-8)
Esdras y compañía "suben" (7)
Artajerjes: Carta recibida (7)
Los levitas "suben" (8)
Reforma (9-10)
Intercesión privada (9)
Confesión pública (10)

Trasfondo histórico
El trasfondo histórico de Esdras es el siguiente. Ciro era el gobernante persa que había conquistado Babilonia. Gobernaba la mayor potencia mundial en el extremo este del Creciente Fértil. Pero era un hombre muy benévolo, y tenía una política de amabilidad hacia los pueblos conquistados. Es interesante que, tan atrás como Isaías, Dios había dicho que su siervo ungido, Ciro, traería a su pueblo de vuelta del exilio. Muchos estudiosos no pueden creer que Isaías pudiera haber conocido el nombre e insisten en que el texto fue escrito luego del suceso. Pero Dios conocía el nombre del hombre. A partir de registros arqueológicos, sabemos que Ciro dijo a todos los pueblos cautivos en Babilonia que podían volver a sus tierras y reconstruir sus religiones, siempre que oraran a sus dioses por él. Así que vemos la mano de Dios en la sincronización, porque los 70 años se han cumplido ahora.

LA LUCHA POR SOBREVIVIR

Retorno I (capítulos 1-2)
En el libro de Esdras tenemos el primer retorno, bajo Zorobabel, y una reconstrucción del templo. Luego viene el retorno bajo Esdras y la reforma del pueblo. Una de las características más tristes de ambos libros es que, cuando el pueblo volvió, regresó rápidamente a sus prácticas pecaminosas. ¡Vaya tragedia! Les había costado la tierra, habían estado afuera del hogar 70 años y, sin embargo, cuando volvieron comenzaron a ignorar los mandamientos de Dios. ¡Con qué rapidez la gente se olvida!

Como hemos notado, Zorobabel era el nieto de Joaquín y, por lo tanto, estaba en la línea real de David. Si bien era reconocido como gobernador y no como rey, fue elegido para guiar al pueblo de regreso. Llevó con él a un sumo sacerdote llamado Jesúa.

Reconstrucción (capítulos 3-6)

JESÚA
Bajo Jesúa, el pueblo erigió un altar y ofreció sacrificios cuando llegaron de vuelta a su patria. Durante todo el exilio no habían podido ofrecer sacrificios, porque no tenían un templo o un altar, de modo que ésta era su máxima prioridad cuando regresaron. Dicho sea de paso, esto fue también lo primero que hacía su ancestro Abraham cuando armaba su carpa. Siempre levantaba un altar para adorar.

ARTAJERJES
Luego de llegar de vuelta y comenzar los sacrificios, inmediatamente enfrentaron problemas. Artajerjes reemplazó a Ciro y recibió una carta de los samaritanos que habitaban Judá antes del retorno de los exiliados. Los samaritanos eran mitad judíos y mitad gentiles, producto de matrimonios entre los pocos judíos que habían logrado no ser deportados y

pueblos de otras naciones. Como "mestizos", sus relaciones con los judíos puros raramente eran cordiales; aparte de todo lo demás, habían escapado de la deportación. Desde este tiempo en adelante, los judíos y los samaritanos no lograron convivir. La carta sugería que la reconstrucción del templo ocultaba malas intenciones, y logró detener la obra. Pero habían cometido un gran error, porque Artajerjes era el hijastro de Ester y, por lo tanto, sentía mucha simpatía por el pueblo judío.

DARÍO

Más adelante, otra carta fue enviada desde Babilonia por otro emperador, Darío I, que los alentó a seguir adelante con la reconstrucción. Fue bajo este rey que Daniel fue arrojado a la jaula de los leones, llevando a Darío a reconocer cuán grande era Dios. De modo que la reconstrucción fue bastante inconstante. Había momentos en que la oposición de los samaritanos detenía la reconstrucción y otros momentos en que simplemente se cansaban de trabajar en el templo y se concentraban en edificar sus propias casas. El profeta Hageo preguntó: "¿Acaso es el momento apropiado para que ustedes residan en casas techadas mientras que esta casa está en ruinas?", y las palabras los acicatearon a volver a la acción. Era un verdadero problema mantener la moral, porque eran solo un pequeño grupo de personas en una tierra desértica, haciendo un poco de reconstrucción cuando podían.

Retorno II (capítulos 7-8)

Luego de 50 años, un grupo bajo el liderazgo de Esdras volvió. Para entonces, la ley y el orden eran un problema, así que Esdras regresó con un encargo de un magistrado de hacer cumplir el estado de derecho. Artajerjes envió otra carta en ese momento y alentó a los levitas a volver, que es el momento cuando Esdras encontró a otros 38 que estaban dispuestos a ir con él. El texto del libro de Esdras está ahora en primera persona, y cuenta su propia experiencia en este tiempo.

Reforma (capítulos 9-10)

INTERCESIÓN PRIVADA

La reforma es una de las partes más tristes de la historia. Esdras oró en forma privada, pidiendo a Dios que tuviera misericordia con el pueblo, cuando vio con qué rapidez estaban volviendo a sus viejos caminos. Esdras insistió en que el pueblo hiciera una confesión pública de lo que estaban haciendo. Hizo una lista negra de todas las personas que se estaban desviándose y rompiendo los mandamientos. Uno de los pecados más comunes era casarse fuera del pueblo de Dios, una práctica prohibida para Israel y también para los cristianos en el Nuevo Testamento. Alguien ha dicho correctamente que, si uno se casa con un hijo del diablo, ¡va a tener problemas con su suegro!

CONFESIÓN PÚBLICA

Esdras insistió en romper esos matrimonios, porque eran ilegítimos a los ojos de Dios. El Nuevo Testamento no nos dice que hagamos esto, pero Esdras tomó el asunto con mucha seriedad, así que las esposas y los hijos fueron separados, para que el pueblo de Dios pudiera ser el pueblo puro de Dios. Hasta se metió en los linajes de algunas personas que habían vuelto de Babilonia pero no eran verdaderos judíos.

Esdras – el hombre

Esdras era un personaje fascinante. Su nombre significa, literalmente, "ayuda" (Nehemías significa "consuelo"). Este pequeño grupo de exiliados que volvieron ciertamente necesitaban ayuda y consuelo. Esdras era un descendiente directo de Aarón a través del hijo de Aarón, Eleazar, y luego Finés y Sadoc el sacerdote, de modo que tenía una herencia sacerdotal.

El libro de Esdras nos dice que trajo las Escrituras con él, probablemente los libros de la Ley (es decir, de Génesis a Deuteronomio). Es descrito como un "hombre de las Escrituras" porque hizo tres cosas con la Biblia: la estudió, la vivió y la enseñó. Es comparativamente fácil hacer lo primero y lo tercero, pero se dio cuenta de que era muy importante también que tanto su vida como sus labios hablaran la palabra de Dios. La devoción de Esdras por las Escrituras produjo un corazón tierno que lloró por los pecados de otras personas. No cuesta mucho llorar por los propios pecados cuando uno queda expuesto, pero llorar por los pecados de otros indica un nivel de espiritualidad que pocos comparten.

La tradición dice que Esdras presidió un concejo de 120 judíos que compilaron los libros y formaron el Antiguo Testamento. No podemos asegurar que esto sea cierto, pero sin duda su foco en las Escrituras puso el fundamento para los siguientes 400 años, ya que durante ese período no habría ningún profeta, y la única palabra de Dios sería la palabra que había sido dada en el pasado, incluyendo, por supuesto, Esdras y Nehemías.

Pocos se dan cuenta de que Esdras puso el fundamento de la sinagoga centrada en la Biblia. De ahí en adelante, el orden del culto en la sinagoga seguiría las instrucciones de Esdras, aun al día de hoy. De hecho, el culto en la sinagoga es el opuesto exacto del orden de casi todos los cultos cristianos. El orden era la palabra primero, la adoración después. Uno escucha a Dios antes de hablarle, y luego su adoración es una respuesta a lo que él le dice. De esta forma, la adoración se vuelve más significativa y mucho más variada. A veces uno tiene ganas de cantar y bailar, y otras veces uno está serio y con un espíritu penitente. En vez de tener que entusiasmar a la gente para que adore, uno permite que la palabra fije el curso. Las personas que están llenas de la palabra de Dios están listas para la adoración. Si uno va a una sinagoga, pasan una hora leyendo y explicando la palabra de Dios, y luego responden a ella en adoración.

Esdras estableció ese orden. Puso un púlpito de madera en el mercado y leyó y explicó las Escrituras al pueblo, y la adoración de ellos surgió como respuesta. Éste era el orden del culto en la iglesia primitiva, según un documento llamado la "Didajé". Cuando servía en una iglesia en Guildford teníamos una hora dedicada a la palabra y luego media hora de adoración, y funcionaba bastante bien.

Nehemías – el libro

Un bosquejo del libro

Nuestro bosquejo de Nehemías confirma la similitud con el bosquejo y la estructura de Esdras, lo cual demuestra que ambos provinieron de la misma pluma. Tiene la misma división en cuatro partes, con dos subdivisiones, luego tres, luego tres, luego dos.

Retorno III (1-2)
Información triste (1)
Inspección secreta (2)
Reconstrucción (3-7)
Erigiendo defensas (3)
Encontrando dificultades (4-6)
   Oposición externa
   Explotación interna
Alistando descendientes (7)
Renovación (8-10)
Escrituras comunicadas (8)

Pecados confesados (9)
Sumisión pactada (10)
Reforma (11-13)
Cantidad suficiente (11-12)
Calidad espiritual (13)
   Matrimonios mixtos
   Fondos malversados
   Días de reposo profanados
   Deberes descuidados

Retorno III (capítulos 1-2)

MALAS NOTICIAS DESDE JERUSALÉN
El tercer retorno desde el exilio comenzó cuando Nehemías, aún en Babilonia, recibió malas noticias desde Jerusalén. Era el copero del rey Artajerjes. No me extrañaría que obtuvo este trabajo a través de la reina Ester, porque Artajerjes era su hijastro. La tarea de probar el vino no era demasiado agradable, literalmente preguntándose si su próximo sorbo sería el último, pero era de mucha responsabilidad. Lo convertía en el confidente del rey, quien compartía cosas en el clima relajado de esa relación. Cuando Nehemías escuchó las noticias de que las murallas reconstruidas de Jerusalén habían sido derribadas nuevamente y que la gente del lugar estaba enojada por la reconstrucción de la ciudad, su rostro demostró tanta tristeza que el rey le preguntó lo que le pasaba. Nehemías le contó lo que le preocupaba, temeroso de ser castigado. Se sorprendió ante la respuesta. Artajerjes no solo le dio autoridad para volver y reconstruir las murallas, sino que también escribió cartas de presentación para las personas que tenían los materiales necesarios, para facilitar el proyecto de Nehemías.

UNA INSPECCIÓN NOCTURNA DE LAS PUERTAS

En la segunda parte de la primera sección Nehemías vuelve a Jerusalén, y realiza una inspección secreta de las murallas por la noche para evaluar el daño. Aquí tenemos un líder sabio que evalúa el costo del trabajo antes de hacer nada, un hombre que no se apresura de una manera necia. Es un hombre de fe, pero observa exactamente cuál es la tarea antes de comenzar.

Reconstrucción (capítulos 3-7)

LAS MURALLAS SON ERIGIDAS

Nehemías encontró que las murallas y las puertas necesitaban reparación; la mayoría de las murallas habían sido completamente destruidas, y otras requerían reparaciones considerables. Los visitantes de Jerusalén hoy a menudo miran las viejas murallas de la actual ciudad antigua y se imaginan que tiene que ser la ciudad del Antiguo Testamento. En realidad, las murallas actuales tienen solo unos pocos cientos de años y fueron construidas por Suleimán el Magnífico después de las Cruzadas. La ciudad antigua estaba ubicada afuera de la muralla actual, sobre una lengua de tierra al sur del área del templo. El área del templo actual, con la mezquita de Omar y la mezquita de Al-Aqsa, tiene unos 13 acres, y es una gran plataforma de piedra arriba del monte. Sin embargo, excavaciones de la ciudad del Antiguo Testamento han revelado la muralla del tiempo de Nehemías.

Nehemías demostró grandes cualidades de liderazgo en su construcción. Astutamente pidió a la gente que construyera una sección de la muralla frente a su propia casa. El hecho asombroso es que logró construir toda la muralla de la ciudad en 52 días. Cuando se agregaron las puertas, por primera vez la ciudad estaba segura.

ENFRENTANDO PROBLEMAS

Pero enfrentaron muchos problemas durante ese tiempo.

Oposición externa. Lo primero fue el ridículo. Los samaritanos se burlaron del trabajo, diciendo que un zorro podría derribar la muralla. Pero cuando estas burlas cayeron en oídos sordos, intentaron amenazas que se volvieron algo más serias. Llegaron a hacer una conspiración para tratar de alejar a Nehemías del trabajo con engaños. Ofrecieron ser amigos, para hacer que Nehemías se alejara para realizar negociaciones. Pero él se rehusó, sabiamente; nada lo alejaría de su tarea.

Explotación interna. También tenían dificultades internas. Dentro de las murallas, los ricos se estaban volviendo más ricos y los pobres, más pobres, principalmente por la forma en que las transacciones financieras contravenían la ley mosaica. Se estaban cobrando intereses sobre préstamos de forma tal que la gente quedaba paralizada por las deudas. Nehemías abordó los temas valientemente y buscó igualar los niveles económicos entre el pueblo.

LA CIUDAD ESTÁ VACÍA

Además, muy pocos querían vivir en la ciudad. Temían los ataques, y preferían vivir en la campiña, donde era más fácil ocultarse. Así que Nehemías tuvo que obligar a la gente a ir a vivir a la ciudad. Tenía listas de los descendientes de los habitantes de Jerusalén antes del exilio, y persuadió a las personas a vivir donde habían vivido sus familias. También realizó un censo para poder saber dónde estaba cada uno. Había 42.360 judíos, 7.337 sirvientes y, lo que es interesante, 245 cantores. El hecho que haya listado a los cantores demuestra su interés en la restauración del culto a Dios en el templo.

LA LUCHA POR SOBREVIVIR

Renovación (capítulos 8-10)

ESDRAS LEE LA LEY

A continuación vemos a Esdras leyendo la ley en público desde su púlpito de madera, desde el alba hasta el mediodía. Dice que no solo la leía, sino que le daba sentido, para que pudieran entender. La lectura se realizó en la fiesta de Tabernáculos, que es el festival de la cosecha judía. Debía ser una ocasión alegre; de hecho, los rabinos dicen que si alguien no está lleno de alegría en el tiempo de Tabernáculos, ¡está pecando!

UN ACTO DE CONFESIÓN

El pueblo se conmovió tanto que prorrumpió en llanto, confesando sus propios pecados y los pecados de sus antepasados a Dios. Esto representa una diferencia crucial entre Esdras y Nehemías. Esdras vio la situación como un tiempo para llorar, pero Nehemías les estaba diciendo que tuvieran una fiesta. Esdras lloró por los pecados que la palabra de Dios estaba revelando, pero Nehemías se centró en la reconstrucción de las murallas y dijo que era una ocasión maravillosa. Nehemías dijo que debían divertirse, cocinar comidas muy buenas y tener una celebración. Hay un tiempo para llorar y un tiempo para regocijarse, y somos sabios si sabemos cuál es el tiempo correcto.

SE REALIZA UN PACTO

Al final de la oración de confesión, Esdras hizo arreglos para que el pueblo renovara su pacto con Dios. Los líderes, los levitas y los sacerdotes hicieron un acuerdo vinculante. El capítulo 10 tiene una lista con las personas que lo firmaron.

Reforma (capítulos 11-13)

HABITANDO LA CIUDAD
Parte del trabajo de Nehemías fue alentar al pueblo a mudarse a la ciudad, ahora que las murallas habían sido reconstruidas. Los capítulos 11 y 12 listan las personas que fueron elogiadas por vivir en la ciudad.

CORRECCIÓN

Matrimonios mixtos
En el último capítulo, Nehemías se pone a trabajar en serio. Primero tuvo que romper los matrimonios mixtos que estaban contaminando a la nación. Pronunció maldiciones sobre los que se habían casado fuera de Israel. A menudo digo que la diferencia entre Esdras y Nehemías es que Esdras se arrancó su propio pelo, ¡pero Nehemías arrancó el de otros! Literalmente arrancó el pelo de los israelitas que habían pecado.

Fondos malversados
También tuvo que tratar con fondos malversados. Algunos habían estado usando mal el dinero que se les había encargado. Nehemías trató de aportar justicia y equidad a los tratos financieros.

Días de reposo profanados
Los días de reposo no se estaban guardando como correspondía. Los comerciantes que volvieron de Babilonia de pronto encontraron que no tenían el mismo mercado lucrativo, así que para reforzar sus negocios abrieron sus tiendas los días de reposo. Nehemías insistió, incluso, en cerrar las puertas de la ciudad los días de reposo para impedir el comercio.

Deberes descuidados

El mundo religioso no era mucho mejor. Los sacerdotes estaban descuidando sus deberes en el templo, algo que Nehemías también tuvo que arreglar. Los levitas y los cantores no habían sido pagados por sus funciones en el templo, y habían vuelto al campo para ganarse la vida.

Tanto Esdras como Nehemías no solo debían ser reconstructores de cosas, sino que debían ser reformadores de personas. Ejercieron su autoridad con valentía y hasta de manera despiadada a fin de cambiar el curso de la nación.

Nehemías – el hombre

Por lo general, la mayoría de las personas se ven más atraídas a Nehemías que a Esdras, y es fácil ver por qué. Hay algo un poco más agradable en Nehemías, en especial porque era un hombre alegre que alentaba a los demás a ser alegres. Fue Nehemías quien dijo: "el gozo del Señor es nuestra fortaleza". No creo que Esdras lo hubiera dicho jamás; estaba demasiado ocupado llorando por otras personas. En muchos sentidos, hacen una pareja perfecta. La "ayuda" y el "consuelo" van juntos.

Pero hay características singulares de Nehemías que me impresionan profundamente. Sentimos que lo conocemos. Es mucho más cándido acerca de sus sentimientos que Esdras. Habla más acerca de sí; es más autobiográfico. En particular, hay más pasajes en primera persona, y esto nos dice cuatro cosas acerca de él.

Oración

Si Esdras es el hombre de la Biblia, Nehemías es el hombre de la oración. Antes de hacer nada, oraba. Tenemos ejemplos tanto de oraciones largas como cortas, públicas y privadas. No es el largo de las oraciones lo que importa, sino su profundidad. Aquí tenemos un hombre que hablaba con el Señor de manera natural acerca de todo; un hombre de oración. Pedía a Dios que castigara a los que estaban involucrados en el mal, y pedía osadamente que Dios lo recordara y lo recompensara a él por sus buenas obras.

Práctico
Era muy organizado. Algunas personas están tan en el cielo que no sirven para la tierra, pero no este hombre. No le importaba dedicarse a preparar cemento. Era bueno organizando, estudió las puertas y las murallas y evaluó las necesidades de la gente. No estaba colgado de las nubes; era un hombre práctico. ¿No es maravilloso que uno pueda conseguir una combinación de un hombre práctico y de oración?

Emotivo
Era un hombre emotivo, con sentimientos profundos, que demostraba tanto una pena profunda como una gran felicidad. Alentó a otros a disfrutar del Señor, a regocijarse y a tener la fortaleza de la alegría, ¡pero también podía enojarse y arrancar los pelos de las personas! ¡Raramente era aburrido!

Social
Pero, sobre todo, era un hombre social. No creo que Esdras pudiera haber hecho lo que hizo Nehemías, porque Nehemías se llevaba bien con la gente. Era brillante en el manejo de personal. Podía ponerse al lado de la gente y exhortarla a completar la tarea. Podía levantar la moral y ayudarlos a recuperar su energía cuando flaqueaban. Hay siempre algo atractivo en un hombre así, y es interesante que cuando habla del trabajo siempre dice "nosotros". En una ocasión se rehusó a recibir la comida asignada al gobernador a fin de identificarse con la gente. Tenía momentos privados cuando inspeccionaba las murallas pero, con relación a la construcción, dijo: "y levantamos la muralla". Daba crédito

a todos: "Seguimos con la tarea, nos dedicamos al trabajo y lo completamos en 52 días". No dijo: "Fue mi logro". Leemos: "reconocieron que ese trabajo se había hecho con la ayuda de nuestro Dios".

Hay mucho equilibrio en su carácter: un hombre de oración y práctico, alegre y triste, duro y tierno, sensible a Dios y sensible a la gente. Tenemos aquí un buen ejemplo de un personaje que podemos emular.

Dios y su pueblo

Dios
Una pregunta frecuente al estudiar historia bíblica es: "¿Por qué estudiar historia de tanto tiempo atrás? ¿Qué tiene que ver todo eso con nosotros, a miles de kilómetros y de años de distancia?

Por un lado, estamos mirando sucesos interesantes y personalidades inspiradoras. La Biblia describe a las personas con todos sus defectos, y nunca es aburrida. Pero en realidad estamos leyendo la historia de Dios y su pueblo, un Dios que se ató mediante un pacto a un pueblo y a una nación, y ahora se ata a nosotros con un nuevo pacto. Note cómo Nehemías habla de "mi Dios". Tenemos un cuadro de un Dios que cumple con sus promesas.

Promete a su pueblo dos cosas: bendecir su obediencia y maldecir su desobediencia. El mismo Dios que cumple con una promesa cumplirá con la otra, y el hecho de que los envió al exilio significa que estaba cumpliendo la promesa que les había hecho.

LOS ENVIÓ AL EXILIO
En Levítico 26:44 Dios prometió sacar al pueblo de la Tierra Prometida si se comportaban mal, y cumplió con su promesa. La razón por la que el exilio duró 70 años raramente se toma en cuenta. Se explica al final de 2 Crónicas.

Las leyes de Dios decían que la tierra necesitaba su año de reposo, así como el pueblo necesitaba su día de reposo. Dios había ordenado que cada séptimo año no debían cultivar la tierra, sino que debían darle un tiempo de barbecho. Pero la tierra había estado sin su descanso durante 500 años que corresponde a 70 años sin descansos (cada 7 años durante 500 años). Al final de 2 Crónicas Dios dijo: "Si no le dan sus vacaciones a la tierra, yo lo haré. La tierra tiene 70 años atrasados en su descanso, así que ustedes saldrán por 70 años".

Dios cumple su palabra. Ha prometido recompensar a los justos y castigar a los malos. Hará ambas cosas, porque ha hecho un pacto de hacer ambas, y eso se aplicará a su pueblo tanto como a cualquier otro. Pablo, escribiendo a cristianos, dice: "Es necesario que todos comparezcamos ante el tribunal de Cristo, para que cada uno reciba lo que le corresponda, según lo bueno o malo que haya hecho mientras vivió en el cuerpo".

LOS SACÓ DEL EXILIO

Así como Dios había prometido castigar, también estaba dispuesto a bendecir (ver Jeremías 29:10). De modo que, luego del tiempo asignado, los trajo de vuelta: un segundo éxodo, si bien esta vez no había ningún mar que cruzar ni ningún ejército que los perseguía.

EL TRABAJO SECRETO DE DIOS

Tanto en Esdras como en Nehemías, noto que Dios trabaja en secreto. No hay palabras proféticas en estos libros y, sin embargo, lo vemos trabajando de una forma asombrosa y silenciosa.

Líderes adentro de su pueblo. Vemos cómo levantó personas desde el interior del pueblo de Dios para realizar su trabajo. Zorobabel se convirtió en líder. Esdras y Nehemías tuvieron cada uno una tarea específica y fueron levantados en el momento preciso.

Líderes afuera de su pueblo. Dios no está limitado a su pueblo. Él también trabaja en líderes que no lo conocen, hombres como Ciro, Artajerjes y Darío. Algunos sentían simpatía por el pueblo de Dios; otros, como Nabucodonosor, no; por lo menos, al principio.

El pueblo de Dios
Dios está detrás de las escenas, protegiendo a su pueblo, pero también espera que el pueblo cumpla su papel para efectuar los cambios. Él se ha demostrado como un Dios que cumple pactos, pero a cambio ellos estaban llamados a guardar su lado del pacto y ser el pueblo santo que Dios exigía. Pero la mayoría del pueblo falló en su tarea. La lección que obtenemos de estos libros es que el pueblo volvió rápidamente a los pecados que había cometido antes. El único pecado al que no volvió fue la idolatría. Al día de hoy, los judíos tienen tal horror a la idolatría que nunca más han vuelto a adorar ídolos, y nunca lo harán.

Winston Churchill escribió una historia magnífica de la Segunda Guerra Mundial en seis volúmenes. Los he leído, y son una lectura fascinante, pero el sexto tiene un título muy significativo. Cubre el final mismo de la guerra, y lo llamó Triunfo y tragedia. El subtítulo es: "Cómo las grandes democracias triunfaron y así pudieron volver a las necedades que casi les había costado sus vidas". Ese fue el veredicto último del gran líder en tiempo de guerra: la gente vuelve a su necedad.

SOLO ALGUNOS VOLVIERON A CASA
A pesar de la oportunidad de volver a su patria, solo 50.000 de 2 millones realmente lo hicieron (un 2,5 por ciento). La principal razón era que la vida era próspera y cómoda en Babilonia, mientras que sería dura e incierta en Judá. Los que volvían enfrentaban el difícil viaje de 1500 kilómetros

y la perspectiva de pobreza una vez que volvieran a la tierra.

LOS QUE VOLVIERON PRONTO CAYERON EN PECADO

Ya hemos notado que, a pesar del exilio, el pueblo igual cayó en pecado. No tuvieron temor de Dios como deberían haber tenido, y pronto estaban violando la Ley tanto como lo habían hecho antes de su estadía en Babilonia. Esto queda en evidencia porque no guardaron el matrimonio dentro de su fe, y por su disposición a explotar a sus conciudadanos cada vez que podían.

Por lo tanto, no es ninguna sorpresa que en el capítulo 9 de ambos libros, Esdras y Nehemías están compungidos por lo que ha ocurrido. Tenían que reconstruir al pueblo, para que fueran salvados de sus pecados y de ellos mismos.

El resultado

Dios dejó de hablarles durante 400 años; no habría milagros o mensajes durante cuatro siglos completos. En consecuencia, Esdras, Nehemías y los dos profetas Hageo y Zacarías se preocupan por la reconstrucción.

Daniel hizo una predicción asombrosa que es especialmente pertinente para un estudio de Esdras y Nehemías. Dijo: "Entiende bien lo siguiente: Habrá siete 'sietes' desde la promulgación del decreto que ordena la reconstrucción de Jerusalén hasta la llegada del Ungido, el gobernante. Después de eso, habrá sesenta y dos 'sietes' más . . . después de los sesenta y dos 'sietes', se le quitará la vida al Ungido. Éste se quedará sin nada". Cuando estudiamos Daniel, vimos que los 62 "sietes", o 490 años, nos llevaba hasta el ministerio público de Jesús, sea que consideremos que el "decreto" es el de Ciro o el de Artajerjes.

De modo que desde el exilio hasta Jesús hay una línea directa de profecía. Yo creo que Dios se lo mostró a Daniel para que pudiésemos saber que, aun cuando los hijos de Israel al volver del exilio pecaran nuevamente, todo no estaba perdido. Dios sabía qué hacer al respecto. No se sorprendió; ya había planeado qué haría para arreglar las cosas. Enviaría al Salvador para sacarlos de su pecado, y por eso vino Jesús.

32.
1 y 2
CRÓNICAS

Introducción

Cuando las personas tratan de leer toda la Biblia tienden a quedarse atascadas en Levítico o en Crónicas. Levítico es difícil de leer porque no hay ninguna línea narrativa y los ritos religiosos que se describen no parecen tener conexión alguna con la vida moderna. Crónicas es difícil porque los nueve primeros capítulos son solo genealogías, con nombres por lo general imposibles de pronunciar. Además, luego de haber completado el libro de Reyes, la gente se desconcierta al ver que muchas de las historias se repiten en Crónicas, y deciden que no vale la pena leerlo. Por lo tanto, debemos comenzar nuestro estudio de Crónicas preguntándonos por qué estos dos libros parecen cubrir el mismo terreno que 1 y 2 Reyes.

Nuestra primera pista a la respuesta se encuentra cuando notamos el orden de los libros en la Biblia hebrea, que es bastante diferente del orden de los libros en la Biblia inglesa-española. La posición de Crónicas dentro del canon judío sugiere, como veremos, que su conexión con Reyes no es tan grande como podemos pensar, aun cuando cubra aproximadamente el mismo período. El gráfico a continuación mostrará la situación claramente.

ABRAMOS LA BIBLIA

ANTIGUO TESTAMENTO			
HEBREO		INGLÉS-ESPAÑOL	
LEY (TORA, PENTATEUCO)	Jonás	**HISTORIA (PASADO)**	**PROFECÍA (FUTURO)**
* En el principio	Miqueas	* Génesis	**Mayores (4):**
(Génesis)	Nahúm	* Éxodo	Isaías
* Estos son los nombres	Habacuc	* Levítico	Jeremías
(Éxodo)	Sofonías	* Números	* Lamentaciones
*Y llamó	Hageo	* Deuteronomio	Ezequiel
(Levítico)	Zacarías	* Josué	* Daniel
* El Señor le habló a Moisés	Malaquías	* Jueces	**Menores (12):**
(Números)	**ESCRITOS**	* Rut	Oseas
* Éstas son las palabras	* Alabanzas (Salmos)	* 1, 2 Samuel	Joel
(Deuteronomio)	* Job	* 1, 2 Reyes	Amós
PROFETAS	* Proverbios	* 1, 2 Crónicas	Abdías
Anteriores:	* Rut	* Esdras	Jonás
* Josué	* Cantar de Cantares	* Nehemías	Miqueas
* Jueces	* El Predicador (Eclesiastés)	* Ester	Nahúm
* Samuel	* ¿Cómo? (Lamentaciones)	**POESÍA (PRESENTE)**	Habacuc
* Reyes	* Ester	* Job	Sofonías
Posteriores:	* Daniel	* Salmos	Hageo
Isaías	* Esdras	* Proverbios	Zacarías
Jeremías	* Nehemías	* Eclesiastés	Malaquías
Ezequiel	* 1, 2 Las palabras de los días	* Cantar de Cantares	"maldición" (última palabra)
Oseas	(Crónicas)		
Joel	"sube" (aliya) (últimas palabras)		
Amós			
Abdías	[Lucas 24:27, 44]		
(Los asteriscos indican libros que aparecen en diferentes secciones en la Biblia hebrea y la inglesa-española)			

LA LUCHA POR SOBREVIVIR

Primero, notamos que los libros están agrupados de manera diferente. En la Biblia hebrea hay tres grupos de libros: la Ley, los Profetas y los Escritos. Por cierto, cuando Jesús habló con los dos hombres en el camino a Emaús, luego de su resurrección, Lucas registra que los hizo recorrer la Ley, los Profetas y los Escritos, y les explicó cómo se relacionaban con él. Después de todo, ésta era la Biblia que manejaba (Lucas 24: 27, 44).

En la Biblia hebrea, los primeros cinco libros son la Ley (también conocida como la Tora o el Pentateuco), lo que nosotros llamamos Génesis, Éxodo, Levítico, Números y Deuteronomio. Pero en la Biblia hebrea son conocidos por las primeras palabras del rollo. Génesis se llama "En el principio", Éxodo se llama "Estos son los nombres", Levítico se llama "Y llamó", Números se llama "El Señor le habló a Moisés" y Deuteronomio se llama "Éstas son las palabras".

La Biblia hebrea luego lista lo que son considerados como libros proféticos. Hay dos subgrupos de Profetas. El primero está formado por Josué, Jueces, Samuel y Reyes. Tanto Samuel como Reyes son un solo volumen en el Antiguo Testamento hebreo. La principal razón es que el idioma hebreo usa consonantes y no vocales, así que estos libros ocupaban la mitad de espacio. Cuando fueron traducidos al griego y luego al inglés-español, ocupaban más espacio, por lo que fueron divididos en dos libros, ya que las vocales duplicaban el largo de las palabras.

Pero estos cuatro libros están clasificados, no como historia sino como profecía, porque son perspectivas proféticas de la historia. Samuel fue un profeta que dominó ese período temprano, y durante el período de los reyes hubo docenas de profetas. Fueron los profetas quienes escribieron la historia y la interpretaron, y mostraron al pueblo lo que Dios estaba haciendo. Los profetas posteriores fueron colocados en un segundo subgrupo, muy parecido a la Biblia inglesa-española.

Los Escritos son una especie de caja miscelánea donde va

todo lo demás. Incluye Salmos (la palabra significa literalmente "alabanzas"), Job y Proverbios. Rut no es considerado un libro profético, así que va en los Escritos, lo que no ocurre en la Biblia inglesa-española. Cantar de Cantares, Eclesiastés, Lamentaciones, Esdras, Nehemías, Ester y Daniel también están incluidos. Es especialmente sorprendente que Daniel no sea colocado entre los profetas, pero él habla de otras naciones.

Como muestra el gráfico, el último libro de Antiguo Testamento es Crónicas, solo que se lo llama "Las palabras de los días". De modo que está claro que el libro es considerado bajo una luz completamente diferente que Reyes. Un libro es profético y el otro, no.

Esta organización es mucho mejor que la inglesa-española, en especial porque la última palabra en nuestro Antiguo Testamento (al final de Malaquías) es "maldición". En la Biblia hebrea, la última palabra es "sube", en la frase "subamos a Jerusalén" (en hebreo, "aliya").

En la organización inglesa-española, tenemos tres agrupamientos bastante diferentes. Tratamos a Génesis, Éxodo, Levítico, Números y Deuteronomio como historia, y los juntamos con Josué y Jueces, como si fueran una simple continuidad. Incluimos Rut porque pensamos que también forma parte de la historia. Luego Samuel, Reyes y Crónicas siguen en orden. Por eso tendemos a tener la impresión de que Crónicas simplemente dice lo mismo por segunda vez.

El resultado de esto es que 1 y 2 Crónicas son muy poco conocidos en los círculos eclesiásticos. Hay solo dos versículos que son citados con frecuencia. El primero es 2 Crónicas 7:14: "Si mi pueblo, que lleva mi nombre, se humilla y ora, y me busca y abandona su mala conducta, yo lo escucharé desde el cielo, perdonaré su pecado y restauraré su tierra". Hubo un musical llamado If My People (Si mi pueblo) basado en ese único versículo, pero el versículo fue sacado completamente fuera de contexto. Fue usado como si "restauraré su tierra" se aplicaba a Inglaterra o Estados Unidos, pero la tierra en cuestión era, por supuesto, la tierra de Israel. Y no hay nada allí que nos permita aplicarlo a ninguna otra tierra.

El otro versículo muy conocido es del reinado de Josafat, cuando fue atacado por tres naciones diferentes que se aliaron contra Judá. Marcharon contra Josafat quien, en respuesta, oró y buscó al Señor. Los profetas le dijeron: "Ganarás la batalla", pero se le dijo que enviara cantores delante del ejército. El coro lideró al ejército a la batalla y cantó alabanzas a Dios, y el enemigo huyó. Esto solo ocurrió en una ocasión y difícilmente brinde un antecedente para cantar en las calles para echar demonios de una ciudad, como han pensado algunos cristianos. Estos dos versículos han sido descontextualizados enteramente. Pero, por desgracia, aparte de estos dos versículos, las personas desconocen Crónicas por completo.

¿Duplicación?

Los libros de Crónicas y Reyes no son, por supuesto, las únicas partes de la Biblia en las que el mismo período se cubre dos veces. Hay dos relatos de la creación, en Génesis 1 y 2: uno, desde el punto de vista de Dios y el otro, desde la visión del hombre. Hay cuatro relatos de la vida de Jesús en el Nuevo Testamento. Aun cuando los libros parecen iguales, cada uno viene desde un ángulo diferente, porque cada Evangelio fue escrito para un tipo de persona diferente.

La escritura de Crónicas y Reyes nos recuerda que toda historia tiene un ángulo. Uno no puede escribir historia sin dejar traslucir su interés personal porque, de todo lo que ocurre, uno selecciona las cosas en las que está interesado y que considera que son importantes. Habiendo hecho esa selección, uno entonces las conecta para mostrar cómo una cosa llevó a la otra, y finalmente uno evalúa lo que ha escrito.

Un historiador pasa por los pasos de selección, conexión

y evaluación, haciendo juicios morales acerca de lo que debe incluirse. Aun en el libro de historia parodiada *1066 And All That*,[16] se hacen juicios morales a lo largo de todo el libro, en cuanto a si algo era bueno o malo. De igual modo, uno encuentra que el juicio moral en Reyes es bastante diferente del de Crónicas.

Comparación entre Samuel, Reyes y Crónicas

Samuel y Reyes eran solo dos libros en el Antiguo Testamento hebreo (son cuatro en el nuestro), y cubren un período de solo 500 años. Pero cuando leemos Crónicas encontramos que el libro comienza mucho antes y termina después. Menciona a Adán, volviendo a través de los siglos al comienzo mismo de la raza humana. Samuel y Reyes finalizan en el exilio, pero en Crónicas tenemos el regreso, 70 años después. "Subamos a Jerusalén" son las últimas palabras de Crónicas. Y, por lo tanto, estos dos escritores tenían una tarea bastante diferente por delante, y cubrieron esa necesidad de manera bastante diferente.

SAMUEL / REYES	CRÓNICAS
500 años	Comienza antes, finaliza después
Escrito pocos después de los hechos	Escrito mucho después de los hechos
Historia política	Historia religiosa
Punto de vista profético	Punto de vista sacerdotal
Reyes del norte y del sur	Reyes del sur
Fracasos humanos	Fidelidad divina
Vicios reales	Virtudes reales
Negativo	Positivo
Moral – justicia	Espiritual – ritual
PROFETA	SACERDOTE

---

16 En español, *1066 y todo eso.*

LA LUCHA POR SOBREVIVIR

En Reyes, el pueblo necesitaba una explicación de por qué habían sido enviados al exilio, pero en Crónicas conocían el motivo; solo necesitaban ser alentados y enviados de vuelta a la tierra para restablecer las murallas de la ciudad y reconstruir el templo. Reyes fue escrito muy poco tiempo después de los sucesos; Crónicas, mucho después. La historia política domina Reyes, mientras Crónicas es mayormente historia religiosa. Reyes está escrito desde un punto de vista profético, y Crónicas, desde un punto de vista sacerdotal. Reyes cubre tanto el norte como el sur; Crónicas, cuando cubre el mismo período, nunca menciona un rey del norte. El escritor no tiene ningún interés en el norte. Ésta es una enorme diferencia. Reyes se centra en los fracasos humanos de los reyes que llevaron al desastre. Pero el cronista quiere concentrarse en la fidelidad divina. Por lo tanto, en Crónicas los vicios reales son minimizados en favor de las virtudes reales, y tiene una visión más positiva de los reyes.

No se trata de que el cronista esté intentando cambiar la historia; más bien, selecciona mayormente las buenas cosas que hicieron los reyes. El énfasis es moral, y la palabra clave es justicia. Reyes contesta la pregunta de si los reyes eran justos o no. Pero en Crónicas el interés está más en el ritual, el templo y los sacrificios, con el énfasis en los temas espirituales más que los morales. En Reyes tenemos un profeta que escribe; en Crónicas, un sacerdote. La diferencia de punto de vista es enorme.

Ya ha quedado claro que una de las mejores formas de evaluar el enfoque de Crónicas es preguntar qué material es omitido y cual es incluido en Reyes y Samuel. Una simple mirada al contenido nos da una pista. En Samuel, Saúl tiene alrededor de una sexta parte del libro, y la vida de David da cuenta de dos tercios. La vida de Salomón cubre aproximadamente la mitad de 1 Reyes y el reino dividido también tiene alrededor de una mitad. Entonces, ¿qué es lo que ocurre? ¿Qué cosas omite el cronista?

Omisiones

1. No hay ninguna mención de la participación de Samuel en la elección de los reyes.
2. Saúl apenas recibe una mención. Tenemos la muerte de Saúl, pero solo se menciona para presentar a David. No hay nada acerca del resto de su vida. El escritor quiere que los lectores vean a los reyes de manera positiva, así que la mayor parte del reino de Saúl es ignorada.
3. David es mencionado bastante, pero aun aquí es interesante notar lo que se omite. Sus luchas con Saúl se ignoran, y no hay ninguna mención de su reinado de siete años en Hebrón o sus muchas esposas. La rebelión de Absalón es omitida, y todo el episodio con Betsabé —el punto de inflexión en el reinado de David— no recibe una sola línea.

La selección del material es muy significativa. El cronista incluye historias positivas y deja afuera todo lo que sea desagradable. Por lo tanto, con la ausencia del episodio con Betsabé, David aparece bajo una luz maravillosa, igual que Salomón. No hay una sola palabra acerca de la gran cantidad de esposas que tuvo, los ídolos que fueron introducidos en el palacio, su relación defectuosa con Dios, o el hecho de que no hizo nada con los lugares altos y la presencia de templos paganos.

Este foco positivo continúa a lo largo del libro. Luego de la división del reino, el cronista omite los reyes del norte en favor de los reyes del sur. Asigna mucho espacio a los reyes buenos, como el niño rey Josías y Ezequías, pero los reyes malos casi no reciben cobertura.

A menos que el cronista este prejuiciado, es bastante deliberado en sus decisiones de edición. Tiene ciertos intereses; hay temas comunes que no se destacaron en el reinado de Saúl pero sí en los de David y Salomón, y en los reinados de algunos de los reyes de Judá.

Un bosquejo de 1 y 2 Crónicas

Libro 1:	**El rey piadoso**
1-9:	Adán a Saúl
	Primer rey de Israel
10-29:	David y el arca
	Mejor rey de Israel
Libro 2:	**Los reyes piadosos**
1-9:	Salomón y el templo
	Último rey de Israel
10-36:	Jeroboán a Sedequías
	Mejores reyes de Judá
	Último rey de Judá
	Trono y templo

Inclusiones

Ante todo, al cronista solo le interesa la línea real de David. Ninguno de los reyes del norte estaba en la línea real, por lo que no reciben ninguna mención. Crónicas es específicamente una historia de la casa real de David, y nada más. Saúl no se incluye porque no estaba en la línea real de David, sino era de la tribu de Benjamín. Hay un hombre que aparece bastante y que recibe poca mención en Reyes: Zorobabel. Él era de la línea real de David y volvió del exilio babilonio. Fue en él donde estaban depositadas las esperanzas del pueblo de un Mesías, porque fue el único en volver de la línea de David. Por lo tanto, cuando el cronista llega a la genealogía, hay mitad de un capítulo dedicado al árbol genealógico de Zorobabel. Está pintando la línea real con una luz muy favorable.

Enfoque religioso

Crónicas se ocupa especialmente de la actitud del rey hacia el arca y el templo. Se concentra en todos los registros acerca de cómo el pueblo trató el arca del pacto y el templo donde estaba colocado, como el lugar donde Dios viviría entre su pueblo. Así que se nos dice cómo David trajo el arca a Jerusalén, de su deseo de construir el templo, su preparación para hacerlo, la recolección de los materiales, el diseño de los planos y cómo organizó los servicios de adoración, los coros y los directores de coro. El gran detalle de Crónicas es casi pasado por alto en Samuel y Reyes.

Además, seis de los nueve capítulos centrados en Salomón se ocupan casi exclusivamente de su participación en la construcción del templo que su padre David no pudo edificar. El cronista registra la oración de Salomón cuando fue dedicado el templo, y cómo vino la gloria del Señor. Es Crónicas el que contiene el relato de la cantera subterránea de donde se trajeron los materiales para el templo.

Este enfoque sugiere una visión de la historia propia de un sacerdote. Un profeta se concentraría en las cosas malas que hicieron los reyes que trajeron juicio sobre la tierra. Pero el sacerdote está contento con registrar la construcción del templo, la organización de los coros y el establecimiento del culto. Conocía a David como el hombre que era un director del culto, el escritor de salmos y el hombre que quería que se construyera el templo. David y Salomón son vistos entonces bajo una luz diferente que en Reyes.

Luego del tiempo de Salomón, cuando el reino se dividió, al cronista solo le interesa el sur, porque es ahí donde está el templo y los sacerdotes, y donde se mantiene la línea real. Escoge ocho reyes —cinco de ellos buenos— y, de acuerdo con este principio, ignora a los doce muy malos reyes en el sur. Ya hemos notado su foco sobre David y Salomón. Consideremos brevemente los otros seis reyes.

Seis reyes

Asá
Selecciona a Asá, que sacó los ídolos de Judá y Benjamín, y removió a su madre del palacio porque estaba adorando en secreto un ídolo en su dormitorio. Fue Asá quien hizo un pacto con el Señor y enriqueció el templo con plata y oro, así que, a los ojos de un sacerdote, fue un hombre bueno.

Josafat
Luego tenemos el relato de Josafat, el hijo de Asá, que envió a los levitas a enseñar la Ley de Dios en cada ciudad. Fue victorioso sobre Amón y Moab. Vimos antes que envió cantores a la batalla adelante del ejército, y fue instrumental en restaurar un foco más fuerte sobre Dios.

Jorán
Un rey malo que se menciona es Jorán, pero su mención es crucial para la trama. Su gran error fue casarse con la hija de Acab, Atalía, cuyos padres habían estado inmersos en la adoración de dioses extranjeros. Ella vino al sur e intentó tomar el trono matando a la mayoría de los príncipes reales. Pero un sacerdote llamado Joyadá secuestró al príncipe más joven, Joás, lo ocultó durante seis años y luego lo presentó como el rey legítimo. Otra vez, un sacerdote cumple un papel crucial en la preservación de la línea real de David.

Joás

Joás tenía también un carácter mixto. Restauró el templo alentando al pueblo a dar dinero para su mantenimiento. Pero asesinó al piadoso Zacarías, hijo de Joyadá, a pesar de la bondad que este último le había mostrado.

Ezequías

Ezequías reabrió y reparó el templo. El pueblo celebró la Pascua con gran alegría. Sus reformas están cubiertas solo en unos pocos versículos en Reyes, pero reciben tres capítulos en Crónicas. Reformó el culto y restableció el templo en el pensamiento del pueblo.

Josías

El cronista también dedica mucho tiempo a Josías, el rey niño que, durante una limpieza general del templo, encontró el libro de la Ley. Hizo que volvieran los cultos y fiestas adecuados al templo e intentó reformar a la nación en un tiempo de culto pagano.

Todos estos reyes se opusieron a la idolatría, que es el motivo por el cual fueron buenos reyes a los ojos de los sacerdotes. Lo interesante es que, si bien la idolatría prevaleció antes del exilio, cuando los judíos volvieron del exilio nunca fueron tentados como nación a volver a esta práctica, y no lo han hecho al día de hoy.

Es crucial para nuestro entendimiento de Crónicas notar que finaliza con Ciro el persa venciendo a los babilonios y enviando a los judíos de vuelta a su tierra para reconstruir el templo. De modo que los lectores son las personas que volvían del exilio. Nunca han visto un templo judío y no están gobernados por un rey en la línea de David. El cronista les dice tres cosas; las llamo las tres "R". Quiere darles *raíces, realeza* y *religión*. Por lo tanto, Crónicas tiene un claro propósito. Es predicación, y no solo enseñanza de historia.

LA LUCHA POR SOBREVIVIR

LOS EXILIADOS QUE VUELVEN

Quiénes eran   un pueblo con *raíces*
Qué eran   un pueblo *real*
Por qué eran   un pueblo *religioso*

Identidad

Los exiliados que volvían necesitaban saber quiénes eran. Tenían raíces que es extendían atrás hasta Adán, porque Dios mismo había estado controlando su historia. Ellos pertenecían a Dios, y él los había seleccionado de toda la raza humana, había escogido a Abraham y los había preservado como pueblo. Por lo tanto, no eran meros habitantes de una tierra, sino un pueblo cuya identidad estaba atada a los propósitos de Dios. De ahí las largas genealogías.

Liderazgo

Lo segundo que necesitaban saber era que eran un pueblo real, con su propio rey. El cronista quería que comenzaran a pensar en el rey nuevamente y en restaurar el reino de Israel. Les estaba diciendo: "No son solo un grupo de personas; son un sacerdocio real, un pueblo real. Tienen un rey y la línea real ha sido preservada, y van a volver a ser un reino". Cuando el pueblo enfrentaba la tentación de sumergirse en una mentalidad de esclavos, el libro debía ser una gran inspiración.

Propósito

La tercera cosa que quería transmitir el cronista era el propósito por el cual existían como pueblo. Su esencia fundamental estaba en el hecho de ser el pueblo escogido de Dios. Su adoración a Dios era absolutamente central para su identidad como pueblo. Por lo tanto, cuando volvieron, su prioridad era hacer que el templo fuera reconstruido y que el culto fuera restablecido según el patrón de Moisés.

Ya hemos notado que más del 10 por ciento de los que volvieron eran sacerdotes, una proporción mucho más alta que la que había en todo el pueblo. Estaban comprometidos con el restablecimiento de Israel como una nación religiosa, por lo que reconstruir el templo era la máxima prioridad. El nombre "judío" significa literalmente "adora a Dios". Estaban ansiosos por vivir de acuerdo con su nombre.

Crónicas era un sermón para un remanente que volvía, para alentarlos a perseverar en medio de tiempos difíciles. No era una tarea emocionante, y debían luchar para ganarse la vida. Eran muy pobres, y construir el templo era un trabajo lento. Fueron necesarios dos profetas —Hageo y Zacarías— para instarlos a seguir adelante. Pero el cronista tenía que inculcarles la verdad de que Dios debía ocupar el primer lugar en su vida como pueblo.

Israel existe hoy en gran parte porque su pueblo quería un hogar propio donde pudiera estar a salvo, si bien debo decir con tristeza que no volvieron realmente para establecerse como el pueblo de Dios.

Nunca olvidaré los 45 minutos que pasé con un presidente de Israel en su residencia. Al final de la charla dijo: "Bueno, soy un agnóstico. No creo realmente en Dios".

Contesté: "Pero ésta es la tierra donde Dios hizo su mayores milagros".

Él dijo: "Bueno, no puedo creerlo".

Me dio mucha tristeza. Era tan importante que volvieran como el pueblo de Dios y que el templo fuera el verdadero centro de su retorno y sus esperanzas. Han vuelto a su tierra, pero no a su Señor.

Aplicación cristiana

Cristo
Los temas de Crónicas fueron retomados en la vida de Cristo.

RAÍCES
Mateo comienza con la genealogía de Cristo, y Lucas lleva la genealogía atrás, hasta Adán mismo. Era importante que el lector estuviera convencido de la veracidad de las raíces de Cristo. Cristo fue y es un judío, no una persona sin raíces que cayó en la historia de manera arbitraria, sino que fue enviado para cumplir las expectativas de un pueblo específico.

REALEZA
Además, Cristo nació en la línea real, así que podía decir que era el Hijo de David. Por cierto, podía heredar el trono por partida doble. A través de su padre tenía un derecho legal al trono, y a través de su madre, un derecho físico, porque ambos podían trazar su árbol genealógico hasta David. Y si bien aún no es abiertamente rey, es Aquel que está en el trono de David para siempre.

RELIGIÓN
Fue, también, el cumplimiento de las esperanzas religiosas de Israel, porque se convirtió de hecho en el templo. Se nos dice al principio del Evangelio de Juan que "el Verbo se hizo hombre y 'tabernaculó' entre nosotros". Refiriéndose a su cuerpo, Jesús dijo: "Destruyan este templo, y lo levantaré de nuevo en tres días". Se vio a sí mismo como el foco de la adoración de ellos, como uno que cumplía el símbolo del templo. Él convertiría en obsoletas muchas prácticas judías, porque muchas de ellas habían sido puestas como indicadores de él.

Cristianos

RAÍCES

El apóstol Pablo explica que los cristianos han sido "injertados" en el pueblo de Dios, de modo que aun como gentiles podemos decir que tenemos raíces judías. La genealogía de ellos es la nuestra. Cuando leo 1 Crónicas 1-9, estoy leyendo mi árbol genealógico, porque ahora soy un hijo de Abraham. Estas raíces son aún más significativas para nosotros que nuestra propia genealogía. Nuestro árbol genealógico desaparecerá con la muerte, pero el árbol genealógico judío es nuestra genealogía ahora. En Cristo heredamos las bendiciones de Abraham.

REALEZA

Pedro nos recuerda, en su primera carta, que ahora somos un pueblo real y un sacerdocio real. Somos príncipes y princesas que deberíamos caminar por la calle como si fuéramos de la realeza, porque reinaremos sobre este mundo con Cristo. Apocalipsis nos dice que Dios redimió a personas de todo linaje y tribu para reinar sobre la tierra. Por lo tanto, como los antiguos judíos, podemos vivir con dignidad, sabiendo quiénes somos y cuál es nuestra posición.

RELIGIÓN

Además, nos hemos convertido en el templo. Pablo pregunta: "¿No saben que ustedes son templo de Dios y que el Espíritu de Dios habita en ustedes?". Debemos reflejar esta realidad por la manera en que vivimos.

Las tres cosas que el pueblo que volvía del exilio necesitaba que le enseñaran, también debemos reclamar nosotros. La gran diferencia para nosotros es que aún estamos en el exilio. No hemos llegado a casa todavía; somos extranjeros y peregrinos en una tierra extranjera. Yo vivo en

LA LUCHA POR SOBREVIVIR

Inglaterra pero no pertenezco ahí. Nuestra ciudadanía está en el cielo, y esto puede causar tensión con las personas con las que interactuamos. Después de todo, Jesús dijo a sus discípulos: "Me odiaron a mí, así que es de esperar que los odien a ustedes también".

En consecuencia, tenemos que hacer un esfuerzo para mantener nuestras relaciones con nuestros familiares y amigos incrédulos, porque ahora pertenecemos a una nueva familia. Debemos recordar que lo que hacemos a nuestro cuerpo estamos haciendo al templo de Dios. Ésta es una razón por la que tantas personas dejan de fumar cuando se convierten en cristianas. No hay nada en la Biblia contra el fumar. Como digo frecuentemente, no lo llevará al infierno; ¡solo hace que huela como si ya ha estado ahí! Pero muchos cristianos llegan a darse cuenta de que al fumar están maltratando el templo de Dios, haciendo que tenga olor, que se ensucie y que se acorte su vida.

Crónicas no es solo una parte aburrida de historia que duplica lo que ya se ha dicho. Es un mensaje de esperanza para el futuro, mostrándonos para qué estamos aquí y cómo encontrar nuestra verdadera identidad como el pueblo de Dios en una tierra extraña. Es un libro vital con un mensaje vital, tanto para el pueblo de entonces como para nosotros hoy.

33.
HAGEO

Introducción

Hageo es el primero de los últimos tres Profetas Menores de nuestro Antiguo Testamento. Después de estos tres, Dios no trajo más revelaciones durante 400 años. Así que durante cuatro siglos los judíos tuvieron que decir a sus hijos: "Algún día Dios volverá a hablarnos". Recién cuando vino Juan el Bautista volvió a oírse esa voz.

Estos tres son libros muy cortos, porque los profetas hablaron durante un tiempo muy corto. Hageo habló solo durante tres meses, y luego terminó. Solo Abdías es más corto que Hageo dentro del Antiguo Testamento. Zacarías habló solo durante dos años y se superpuso apenas con Hageo. Estas breves profecías contrastan con Isaías y Jeremías, que predicaron durante 40 a 50 años, y cuyos libros son, por lo tanto, mucho más largos.

Hageo y Zacarías son conocidos como profetas posexílicos, porque vinieron después del exilio. Antes del exilio, los profetas estaban llenos de advertencias acerca de desastres próximos, pero después el espíritu fue bastante diferente. Están llenos de aliento y consolación, mientras el pueblo intenta reparar el daño a la nación.

Hay muchas similitudes entre Hageo y Zacarías:
1. Hablaron en el mismo tiempo. Ambos fecharon cuidadosamente sus profecías, algo que pocos de los primeros profetas habían hecho. Por lo general, dan el día, el mes y el año en que la palabra fue dada. Cada una de las cinco profecías de Hageo tiene una fecha exacta, de modo que podemos ver cuántos días o semanas había entre cada una. Lo mismo ocurre con Zacarías. Se superponen en un solo mes, en 520 a.C.

2. Hablaron en el mismo lugar: la ciudad reconstruida de Jerusalén, en Judá.
3. Hablaron a exactamente la misma situación. El trasfondo histórico es clave para entender el mensaje.

Trasfondo histórico

El rey persa Ciro conquistó Babilonia en 538 a.C. Fue un dictador benévolo y dijo a los pueblos que habían sido desplazados que podían volver a sus patrias, siempre que construyeran un templo en el que pudieran orar a sus dioses a favor de él. Cuando se produjo el suceso, solo 50.000 judíos decidieron volver. El resto, que había nacido en su mayor parte en el exilio y se había establecido como comerciantes en Babilonia, decidió quedarse. Babilonia estaba sobre una importante ruta comercial, y muchos de los judíos se habían vuelto bastante ricos. Jerusalén no tenía las mismas ventajas, y parecía una perspectiva gris.

Los que volvieron fueron liderados por dos hombres: un príncipe, llamado Zorobabel (el nombre significa "semilla de Babilonia"), y Josué, el sumo sacerdote. Zorobabel había nacido en el exilio y nunca había visto la Tierra Prometida, pero era el único miembro sobreviviente de la línea real de David, ya que era el nieto del último rey legítimo, Joaquín. En consecuencia, tenía que volver para que las promesas de Dios de que siempre habría un hijo de David en el trono de Israel se cumplieran. El nombre Josué significa "Dios salva" o "Dios nuestro Salvador", y es una forma del nombre Jesús. Era un descendiente de Idó y restableció el sacerdocio, si bien esto no fue difícil, porque dos de cada quince que volvieron eran sacerdotes, por lo que había muchas personas entre las cuales elegir. La principal motivación de los que volvieron fue espiritual, porque sabían que no se volverían ricos. Sería una dura lucha en una tierra que no había sido cultivada durante 70 años, y en una ciudad sin murallas.

LA LUCHA POR SOBREVIVIR

Al volver a la tierra, la primera preocupación de Zorobabel y Josué fue construir un altar, y su segunda, construir un templo alrededor del altar y restablecerse como el pueblo de Dios. Había claras similitudes con su antepasado Abraham, porque al volver recorrieron exactamente la misma ruta. El pueblo natal de Abraham, Ur, estaba río abajo de Babilonia, así que tendrían que repetir toda la historia de Abraham y dejar su hogar, sus parientes y sus negocios para ir a un país que nunca habían visto. Lo primero que hizo Abraham cuando llegó a la Tierra Prometida fue armar su carpa y levantar un altar para hacer un sacrificio de agradecimiento a Dios porque había llegado sano y salvo. Los exiliados que volvieron hicieron exactamente lo mismo. Juntaron unas piedras y construyeron un altar para agradecer a Dios por traerlos de vuelta.

No debemos subestimar el gran sacrificio que habían hecho. Dejaron amigos, parientes y casas hechas de ladrillos. Intercambiaron prosperidad por pobreza, negocios fructíferos por una tierra que no había sido cultivada por 70 años. Pero tenían su sueño, tomado del libro de Crónicas, de restablecer un reino, con su propio rey, y ser el pueblo de Dios en la tierra que Dios había prometido a sus ancestros.

Pero la tarea de construir el templo era intimidante. Eran muy pocos, y no tenían recursos. Por lo tanto, decidieron construir un templo mucho más pequeño que el de Salomón, pero aun esto parecía exceder sus capacidades. Enfrentaron oposición de los samaritanos y, cuando Darío reemplazó a Ciro, perdieron el subsidio que este rey les había dado para reconstruir el templo. Darío cortó los subsidios que habían sido dados a los pueblos que volvían para construir templos, a fin de financiar campañas militares.

La fantasía dio lugar a la realidad. El tamaño de la tarea desalentó al pueblo y se desanimaron. Dejaron de construir luego de solo dos años, y durante 14 años no pusieron una piedra más en el templo, dejando solo los fundamentos y las murallas bajas. Además de ganarse la vida a duras penas, construir templos era un lujo que no podían permitirse. Su preocupación ahora era simplemente subsistir.

Entonces la economía entró en una severa recesión. Los alimentos se volvieron escasos y muy caros, la inflación se disparó y las sequías y las enfermedades redujeron la provisión de alimentos. No tenían ahorros, habiendo gastado todo el dinero que habían ahorrado en Babilonia en alimentos y ropa. Fue un enorme anticlímax. Habían vuelto con esperanzas de reconstruir una nación, y encontraron, en cambio, que apenas podían mantenerse vivos.

Era inevitable que se preguntaran: "¿Por qué?". Llegaron a la conclusión de que habían estado en lo correcto al volver, pero habían escogido el momento incorrecto. Comenzaron a preguntarse si deberían haberse quedado más tiempo en Babilonia, acumulando más dinero para ellos y esperando hasta que estuvieran en condiciones de volver más fuertes y ricos. Abraham podría haber estado conforme con una carpa y un altar, pero ellos querían reconstruir. Habían estado de vuelta durante 18 años y tenían muy poco para mostrar.

Fue a esta situación deprimente que habló Hageo. Había vuelto con ellos desde el exilio, probablemente como un sacerdote, aunque no estamos seguros. Su padre no es mencionado, así que es probable que su familia no era destacada. Su profecía está escrita en prosa, que es muy significativo, porque en las escrituras los pensamientos de Dios son comunicados más frecuentemente en prosa, y sus sentimientos, en poesía. Hay poco de los sentimientos de Dios en este libro. Es como si Dios está harto; ya no siente.

Es significativo también notar cómo la palabra de Dios es descrita en Hageo. Se nos dice que no vino "a" Hageo, como a otros profetas, sino "por medio de" Hageo. Ésta es una palabra de percepción más que una revelación que vio.

Se le dio percepción acerca de lo que estaba mal, y en 26 oportunidades, en solo 38 versículos, dice "afirma el Señor".

Un bosquejo de Hageo

Un pueblo deprimido: 1:1-11
Sus casas decoradas
Mi casa devastada
Un pueblo decidido: 1:12-15
Temieron al Señor
Obedecieron al Señor
Un pueblo desalentado: 2:1-9
Casa anterior – gloriosa
Casa posterior – mayor
Un pueblo contaminado: 2:10-19
Lo limpio no limpia lo sucio
Lo sucio ensucia lo limpio
Un príncipe designado: 2:20-23
Otros tronos derribados
Este trono ocupado

En total, Hageo trajo 26 palabras del Señor a lo largo de 5 días. Trajo preguntas del Señor que buscaban hacer que el pueblo pensara. Consideremos los principales temas de su mensaje.

Un pueblo deprimido (1:1-11)

La verdadera razón por la que el pueblo estaba deprimido era que estaban pensando de una manera errónea. Tenían que revisar sus pensamientos, y sus sentimientos vendrían después. Es sorprendente que al pueblo de Dios no le guste pensar. El comentario más frecuente que recibo luego de predicar es: "Bueno, nos ha dado algo en que pensar", siempre dicho en un tono de leve reprimenda, ¡dando a entender que no vinieron a la iglesia a pensar! A veces los predicadores y los profetas tienen que hacer que la gente piense, para provocarlos a volver a pensar y a hacer preguntas.

El pueblo no se dio cuenta de que Dios había causado el desastre que estaban sufriendo. Ellos mismos habían dado los primeros pasos hacia esta depresión. Hageo explicó que no habían evaluado la situación correctamente. Ellos pensaban que era un mal momento para construir el templo porque no contaban con la energía y el dinero. Pero él les dijo que los malos cultivos y la inflación acelerada vinieron porque dejaron de construir el templo. Tan pronto dejaron de poner a Dios y su casa en primer lugar, las cosas empezaron a andar mal, pero ellos no se dieron cuenta. La causa y el efecto estaban invertidos en su pensamiento.

La solución de Hageo fue desafiarlos acerca de la calidad de sus casas en comparación con el templo. Sus casas estaban techadas con madera en un tiempo en que la madera era muy escasa (luego de que los árboles hubieran sido cortados por los babilonios) y tenían que importar madera de cedro de lugares como Líbano. Una persona con una casa techada con madera estaba gastando cantidades innecesarias en su propia casa, en vez de usar simplemente las abundantes provisiones de piedra. Es un mensaje muy simple: "Simplemente comparen sus propias casas con la casa de Dios, y esto les dirá dónde han estados sus prioridades".

Un pueblo decidido (1:12-15)

El pueblo tuvo una respuesta positiva, y volvió a la tarea de la reconstrucción. El exilio les había enseñado a escuchar a los profetas, así que se movieron rápido. Hizo falta solo tres semanas y media para organizar a los constructores y encontrar más materiales para el templo.

Un pueblo desalentado (2:1-9)

El segundo mensaje vino solo 27 días después que hubieran comenzado la construcción. La moral estaba declinando, principalmente porque las personas mayores estaban haciendo comparaciones odiosas con el templo de Salomón: "¿Llaman a esto un templo? Tendrían que haber visto el templo que teníamos nosotros". Era una crítica devastadora y golpeó duro a los trabajadores.

Presente
Hageo tenía una palabra del Señor para hacer que sigan construyendo. Les dijo que no se deprimieran por el tamaño pequeño del templo reconstruido. Era mejor comenzar pequeño que no comenzar para nada. A Dios no le preocupa el tamaño de su casa. Solo desea tener una casa donde vivir para poder morar entre su pueblo.

En esta sección Dios les da preceptos y promesas. Los preceptos (mandamientos) eran dobles: "Sean fuertes" (tres veces) y "No teman" (una vez). La promesa era: "Yo estoy con ustedes; mi Espíritu permanece en medio de ustedes".

Futuro
Pero Hageo se centra también en el futuro. Predice que Dios sacudirá los cielos, la tierra y todas las naciones. Aquí Dios está confirmando que está en control de la naturaleza y la historia.

Luego viene la enigmática frase: "vendrá el Deseado de todas las naciones". Las palabras en hebreo son difíciles de traducir, pero creo que es improbable que se refiera al Mesías. La palabra "deseado" generalmente se traduce en el Antiguo Testamento como "objetos de valor o tesoros que uno desea" (ver Crónicas 32:27; 36:10; Daniel 11:18, 43). Ésta es una promesa de que vendrían más plata y oro para ayudar a restaurar al templo a su condición original. Está diciendo que Dios sacudirá a las naciones y ellas enviarán sus tesoros. Esto fue exactamente lo que ocurrió, porque poco después de la profecía vino toda una oleada de plata y oro de Persia para ayudar con la reconstrucción (Esdras 6:4). De modo que leemos demasiado en el versículo si pensamos que se refiere al Mesías.

Dios también dijo que llenaría este templo con su gloria, y que ésta sería mayor que la gloria de la casa anterior. Claramente, esto no puede significar que la gloria de Dios sería mayor, porque sería sugerir que su gloria *shekinah* había sido atenuada cuando llenó el templo de Salomón. En cambio, se refiere al esplendor del edificio mismo. Esto está vinculado con la promesa de que llegarían las riquezas de las naciones. Además, Dios prometió que el templo conocería gran paz y armonía.

Un pueblo contaminado (2:10-19)

La siguiente crisis llegó dos meses después. Había llegado diciembre, y no había lluvia. Hageo había dicho que el pueblo había causado la sequía y el hambre al detener la construcción del templo. Pero, después de haber recomenzado la construcción durante dos meses, la lluvia esperada en octubre aún no había llegado en diciembre. Parecía que habría otra mala cosecha.

Hageo tenía un problema teológico. Si bien Dios no había prometido responder de inmediato, el pueblo esperaba que lo hiciera. Así que preguntó a Dios cuál era el problema. El remedio de Dios para él fue que volviera al pueblo con otra serie de preguntas. En tres ocasiones les pidió que pensaran con cuidado.

Primero preguntó: "Si ponen cosas sucias y limpias juntas, ¿las cosas sucias ensucian las cosas limpias o las cosas limpias limpian las sucias?". Los sacerdotes contestaron que lo sucio contamina lo limpio.

Luego preguntó a los sacerdotes: "Si algo está consagrado al Señor y lo ponen con algo que no está consagrado, ¿pasa la consagración de lo consagrado a lo no consagrado?". La respuesta fue "no".

Hageo explicó que Dios había demorado la lluvia porque estaban construyendo un templo consagrado pero ellos no estaban consagrados mientras lo hacían. Personas sucias construyendo un templo limpio hacían que el nuevo templo estuviera sucio a los ojos de Dios. Ellos pensaban que eran piadosos porque estaban construyendo un templo, pero en realidad estaban contaminando el templo a los ojos de Dios porque no estaban poniendo en orden sus vidas.

Hageo no especificó los pecados, pero a partir de la reacción que tuvieron podemos ver que sabían a lo que se refería. Arreglaron las cosas y la lluvia comenzó al día siguiente. La palabra del Señor fue: "A partir de este día los bendeciré", porque habían entendido el mensaje.

Un príncipe designado (2:20-23)

El mensaje siguiente fue para Zorobabel. Era sencillo: "Tú eres el anillo de sellar de Dios". La realeza siempre usaba un anillo de sellar, y Dios estaba diciendo que la línea real sería restablecida a partir de Zorobabel. Él era el príncipe en la línea de David; pero, por supuesto, nunca podría ser rey, porque Darío el persa era el rey. En cambio, Zorobabel fue hecho gobernador de Judá.

Se le hizo otra promesa a Zorobabel: "Pero vendrá un día en que sacudiré el universo y las naciones. Cuando los sacuda, derribaré sus tronos y estableceré el trono de Israel, y tu línea estará sobre él". Dios estaba prometiendo a Zorobabel que sacudiría a Persia, Egipto, Siria, Grecia y Roma, y restablecería el reino de Israel a partir de la línea de Zorobabel.

Esto ocurriría en "aquel día", que probablemente encaja con las profecías relacionadas con Jerusalén en Zacarías 12-14.

Aplicación cristiana

Cristo

La profecía nunca se cumplió realmente para Zorobabel mismo, pero la genealogía de Jesús sugiere una manera en la que se cumplió. Zorobabel tiene un lugar muy importante y tal vez sorprendente en la historia de nuestra salvación. Dios cumplió su promesa a ese hombre poniéndolo a ambos lados de la genealogía de su Hijo. Jesús podía haber trazado su línea legal atrás hasta David a través de su padre, o padrastro, José (en Mateo), y trazaba su línea física atrás hasta David a través de María (en Lucas), así que tenía este doble derecho a ser el Hijo de David. Zorobabel aparece en ambas líneas.

Cristianos

El mensaje central de Hageo fue la importancia de poner primero lo primero. Jesús retoma este tema repetidamente en su enseñanza. En Mateo 6 Jesús dice a sus oyentes que buscaran primero el reino de Dios y la justicia de Dios, y las cuestiones como el alimento y la comida serán resueltas. El mejor de todos los estados benefactores es el reino de los cielos, porque Jesús dijo que, si ponemos a Dios en primer lugar, todas estas otras cosas se irán resolviendo. Dios no nos promete lujos, sino que todo lo que necesitemos será provisto. Demasiado a menudo tendemos a poner primero ganarnos la vida o mantenernos vivos, y damos a Dios lo que queda. Pero no es así como funciona, y el mensaje de Hageo nos llega muy claramente.

Hay un aspecto más importante también. A Dios no le interesa tanto lo que hacemos por él, sino si estamos limpios como para hacerlo. Por esta razón Jesús dijo en el Sermón del Monte que, cuando traemos una ofrenda al Señor y nos damos cuenta de que hay alguien con quien tenemos que reconciliarnos, es mejor que vayamos y arreglemos ese asunto primero. De nuevo, se trasluce el mensaje de Hageo. Las personas sucias pueden ensuciar las cosas limpias. Arreglen las cosas, pongan a Dios primero y entonces Dios podrá recibir con agrado lo que hagan por él, y bendecirlos y cuidarlos.

Es un mensaje bastante sencillo, en realidad, pero es un mensaje que tal vez todavía necesite ser traído. La vida no es una cuestión de mantenerse vivos o ganarse la vida, sino de vivir bien y vivir para Dios.

34.
ZACARÍAS

Introducción

El libro de Zacarías tiene varias similitudes con Hageo. Por cierto, Zacarías 8 bien podría haber venido de la boca del profeta anterior. Esto no es sorprendente, porque Hageo y Zacarías se superpusieron durante un mes: Zacarías comenzó exactamente donde dejó Hageo. Desde el inicio debemos señalar que si Hageo es uno de los Profetas Menores más fáciles de entender, entonces Zacarías es uno de los más difíciles. Hay tres diferencias importantes:
1. Zacarías fue posterior a Hageo, y continuó su profecía durante mucho más tiempo. Era como una carrera de postas, como si Hageo hubiera pasado el bastón a Zacarías, que luego corrió con él, pero mucho más lejos.
2. El libro de Zacarías es mucho más largo que Hageo. En nuestra Biblia, tienes 14 capítulos en vez de solo un par.
3. Zacarías miró hacia el futuro lejano, mientras que Hageo trató con el presente y sus problemas inmediatos. Zacarías parecía poder mirar hasta el final del tiempo. Algunas de sus predicciones futuras más inmediatas están mezcladas con algunas de sus predicciones del futuro muy distante, que nos deja confundidos en cuánto al período que está bajo consideración.

Además, hay mucha más poesía en Zacarías que en Hageo. Su estilo es muy diferente en algunos lugares. Es lo que llamamos un libro "apocalíptico". Las profecías apocalípticas son una forma de comunicación fuertemente visual, llena de símbolos e imágenes extrañas. Los animales y los ángeles tienden a destacarse en especial, con los últimos involucrados en explicar las imágenes a las personas. Esto trae reminiscencias del libro de Apocalipsis, la segunda mitad de Daniel y algunas partes de Ezequiel. La razón por la que la profecía está en esta forma extraña es muy sencilla: es muy difícil imaginar el futuro distante. Uno puede imaginar el futuro cercano de manera bastante fácil, porque es simplemente una continuación de las tendencias presentes. Pero el futuro distante es mucho más difícil. Después de todo, ¿cómo describiría la vida hoy a alguien que vive miles de años atrás? Una descripción de un televisor sonaría extraordinario. Entenderían poco o nada. La única forma en que uno puede describir el futuro distante a las personas es intentar darlo en forma de una imagen o un símbolo, y luego explicarles el símbolo.

Zacarías, entonces, es un tipo muy diferente de profecía. Entendemos el mensaje de Hageo muy fácilmente. Dice al pueblo que termine el templo, y Dios los bendecirá. ¿Quién necesita una explicación de eso? Pero Zacarías es una propuesta muy diferente.

El profeta

Su nombre significa "Dios recuerda". Es un nombre muy común en el Antiguo Testamento, ya que pertenece a 29 personas. Era un sacerdote, de modo que aquí tenemos un sacerdote que también era profeta. Esto no es demasiado sorprendente, porque alrededor de dos de cada quince de las personas que volvieron de Babilonia eran sacerdotes. Fue un regreso religioso, porque la gente volvió para restablecer el nombre de Dios en Jerusalén. Ciertamente no volvieron porque la tierra sería más fértil o porque los negocios serían mejores; la vida en Babilonia era mucho mejor. Regresaron por motivos espirituales, y por eso volvieron muchos sacerdotes.

Hubo dos acontecimientos extraordinarios que destaca Zacarías. El primero es que los sacerdotes reemplazarían a los profetas como los líderes espirituales de la comunidad. Durante los próximos 400 años no habría profetas, sino solo sacerdotes. En consecuencia, Zacarías, al ser un sacerdote y un profeta, marca una especie de transición. Por cierto, predice que vendrá un día en que nadie querrá decir que es un profeta.

El segundo acontecimiento sorprendente es que los sacerdotes reemplazarán a los reyes como líderes. Zacarías hizo una corona de plata y oro para poner sobre la cabeza, no de Zorobabel, sino de Josué, el sacerdote. Por primera vez en la historia de Israel, el oficio de sacerdote y rey estarían unidos. Esto había ocurrido solo una vez antes en el Antiguo Testamento, en el libro de Génesis, cuando un hombre llamado Melquisedec, que era el rey de Jerusalén, era sacerdote también; pero esto fue mucho antes del nacimiento de Israel como nación. El Nuevo Testamento nos dice que ésta es la línea de la que viene Jesús. Él es de la orden de Melquisedec, no de la orden de Elí. Él es un sacerdote, un rey y un profeta. Zacarías marca una especie de fusión de estos tres puestos de liderazgo. El sacerdote reemplaza al profeta, y el sacerdote reemplaza al rey. Para cuando vino Jesús, había solo sacerdotes. Juan el Bautista fue el primer profeta que tuvieron después de 400 años. Pero los gobernantes eran dos sumos sacerdotes, Anás y Caifás. Zacarías, por lo tanto, es un libro muy significativo, porque marca esta transición.

Hay una forma fácil de dividir los diferentes períodos de liderazgo en la historia de Israel. Si uno toma los 2000 años de la historia de Israel desde Abraham hasta Jesús, puede dividirlos elegantemente en cuatro períodos de 500 años. Durante los primeros 500 años, de 2000 a 1500 a.C., fueron liderados por patriarcas: Abraham, Isaac, Jacob y José. Durante los siguientes 500 años, de 1500 a 1000 a.C., fueron liderados por profetas: de Moisés a Samuel. De 1000 a 500 a.C., fueron liderados por reyes. Pero desde 500 a.C.

hasta la llegada de Jesús, los sacerdotes los lideraron. Dios les había dado una muestra de cada clase de liderazgo. Cada liderazgo había decepcionado a Israel. Lo que realmente necesitaban era un líder que combinara todas estas funciones en una; esto es, por supuesto, lo que consiguieron con Jesús.

Un bosquejo de Zacarías

Problemas presentes (capítulos 1-8)
(Cuidadosamente fechado. Todo prosa.)
Reprensión y rebelión (capítulo 1)
Aliento y entronización (capítulos 1-6)
    Cuatro jinetes entre arrayanes
    Cuatro cuernos y cuatro herreros
    Un hombre con un cordel de medir
    La purificación de Josué
    Un candelabro de oro y dos olivos
    Un rollo volador
    Una mujer en un recipiente
    Cuatro carros
Ayunos y fiestas (capítulos 7-8)
Predicciones futuras (capítulos 9-14)
(Sin fechar. En parte poesía.)
Nacionales (capítulos 9-11)
    Enemigos derrotados
    Un rey pacífico
    Un Dios poderoso
    Un pueblo reunido
    Vecinos desforestados
    Pastores inútiles
Internacionales (capítulos 12-14)
    Un ejército invasor
    Habitantes de luto
    Profetas desterrados

LA LUCHA POR SOBREVIVIR

Población reducida
Atacantes acosados
Adoración universal

El libro se divide en dos partes. Zacarías recibió la palabra de Dios en imágenes, y la transmite de la misma forma. La totalidad de los capítulos 1-8 se ocupan de la situación como está ahora, y por eso, como Hageo, fechó sus tres profecías.

La primera profecía no incluye el día, pero nos da el mes y el año. La siguiente, fue tres meses después, y la tercera, dos años después. No está claro por qué Hageo dejó de profetizar, o por qué Dios envió a otra persona para continuar. Tal vez Hageo falleció o se enfermó, y no pudo continuar. Zacarías simplemente lo reemplazó solo un mes antes que finalizara Hageo.

Problemas presentes (capítulos 1-8)

Represión y rebelión

La profecía es dada mientras todavía están construyendo el templo. Si bien aún no está terminado, por lo menos han escuchado a Hageo. Lo que llama la atención de los profetas que vinieron después del exilio es que el pueblo los escuchó e hizo lo que le dijeron. Estoy seguro de que esto se debe, en parte, a haber estado fuera de casa durante 70 años. Por cierto, Zacarías comenzó con un sermón bastante incisivo. Les recordó que era precisamente porque sus antepasados no quisieron escuchar a los profetas que ocurrió el exilio. Era un recordatorio muy oportuno.

Se trata de un sermón muy sencillo. Sus antepasados no solo sabían que no estaban haciendo lo correcto, sino que se les había dicho que estaban actuando mal. No tenían ninguna excusa. "Por lo tanto", dice Zacarías, "no cometan el mismo error. Si no hacen lo que les dijo Hageo, ustedes también se encontrarán en problemas".

Aliento y entronización
Entonces Zacarías deja de predicar durante tres meses, y comienza a usar un tipo de enfoque muy inusual. Les da ocho imágenes, todos las cuales había recibido en visiones durante la noche. La diferencia sencilla entre una visión y un sueño es que uno está despierto cuando ve una visión, y dormido cuando sueña un sueño. Estas visiones vinieron durante la noche, y se nos dice que Dios tuvo que seguir despertándolo para darle la visión siguiente. En esta oportunidad, Dios prefirió usar visiones antes que sueños, aun cuando ocurrieron durante la noche.

Las ocho visiones parecen bastante desconectadas entre sí, pero están relacionadas en general con la reconstrucción del templo, especialmente las dos primeras. Al considerar estas imágenes crípticas, hay un refrán específico que aparece cuatro veces: "Así sabrán que me ha enviado el Señor Todopoderoso". Zacarías está diciendo que la prueba de un profeta es si ocurre lo que anuncia. Una de las leyes de Moisés decía que si un profeta decía que algo iba a ocurrir y no ocurría, se lo debía apedrear, porque era falso. Esto debería hacer que las personas piensen dos veces antes de hacer predicciones acerca del futuro. Afortunadamente, no estamos bajo la ley de Moisés, pero sí tenemos profetas falsos a nuestro alrededor, y es muy importante que sean probados. Si sus predicciones no se cumplen, deben ser reprendidos por engañar a la gente y hacer mal uso del nombre de Dios.

CUATRO JINETES ENTRE ARRAYANES (1:7-17)
Había dos caballos alazanes, uno bayo y uno blanco, cada uno con sus jinetes. Según el ángel, son los periodistas de Dios; mensajeros que cabalgan por la tierra y le informan lo que sucede. Si hubiera sido una visión hoy, sin duda habrían estado sobre motocicletas. Ellos informan que hay paz en cada parte del mundo, que era precisamente la situación

LA LUCHA POR SOBREVIVIR

luego que Ciro derrotó a Babilonia. Porque Ciro era un hombre pacífico, y toda la tierra conoció la paz durante su reinado. Zacarías está diciendo al pueblo que aproveche la oportunidad de paz para reconstruir Jerusalén y completar el templo. Por cierto, poco tiempo después fueron invadidos por los egipcios, los sirios, los griegos y los romanos. Dios también agrega que está enojado con los que se llevaron a su pueblo y lo maltrataron. Estuvo enojado con su propio pueblo durante 70 años, pero ahora está enojado con los que lo trataron de manera tan vergonzosa.

CUATRO CUERNOS Y CUATRO HERREROS (1:18-21)

Zacarías tiene que haber tenido algún antecedente como granjero, porque aparecen muchas imágenes del campo. Aquí ve cuatro herreros que descuernan. A lo largo de la profecía apocalíptica, un cuerno es un símbolo de la fortaleza de un ejército. Un cuerno es un arma agresiva, y él ve una imagen donde hay cuernos removidos en los cuatro rincones de la tierra. Dios está quitando los cuernos de los agresores. Babilonia ya no es una amenaza, y pronto Dios descornará a otras naciones que han amenazado a Judá, si bien no está claro cuáles son. Ellos pueden seguir adelante con la construcción del templo y dedicar todos sus recursos a esto, en vez de preocuparse por un ataque inminente.

UN HOMBRE CON UN CORDEL DE MEDIR (2:1-13)

La atención se desplaza a la ciudad de Jerusalén, donde ve un hombre midiendo las murallas. Zacarías se da cuenta de que la ciudad será demasiado pequeña, y que terminarán creciendo más allá de sus muros. Jeremías lo había predicho, y es una profecía fascinante. Tengo varios mapas de Jerusalén a lo largo de los siglos, desde cuando era la pequeña ciudad de David, que muestran cómo se expandió y se estiró. Jeremías había predicho con precisión la extensión de la ciudad, tanto la dirección cómo dónde estarían los suburbios. Ahora, por supuesto, el problema con una ciudad que se expande rápidamente es, ¿cómo se la defiende? Tan pronto uno construye las murallas, el espacio dentro de ellas se vuelve cada vez más apretado. El hombre con el cordel de medir dice: "Se volverá demasiado pequeña para todas las personas que vendrán a vivir aquí". Luego hay una promesa hermosa. Dios dice: "Yo seré la muralla. No necesitarán una muralla cuando se expanda la ciudad. Yo la defenderé".

En parte, esta visión busca ser un aliento para que otros judíos vuelvan de Babilonia, especialmente si su resistencia a mudarse se debe a que creen que Jerusalén no es segura.

Hay dos predicciones acerca de naciones gentiles aquí:
1 *Los que ataquen a Israel tendrán que enfrentar a Dios*. Hay una frase hermosa: "La nación que toca a mi pueblo, me toca la niña de los ojos". La "niña" del ojo es el iris, la parte del medio del ojo. Es la parte más sensible del cuerpo, ya que apenas la toca una pizca de polvo, el párpado cae encima. Jesús mismo usó el dicho: "Les aseguro que todo lo que hicieron por uno de mis hermanos, aun por el más pequeño, lo hicieron por mí". Es el mismo principio. El pueblo de Dios es la parte más sensible de él.
2. *Muchos de los gentiles pasarán a ser parte de Israel* (ver capítulos 12-14). La historia ha demostrado que el Dios de Israel existe; la historia del pueblo judío es evidencia de esto. Todo el que se ha animado a atacar a Israel lo paga después, y sin embargo personas de otras naciones se han unido a Israel y han sido injertadas en su olivo. Tanto el juicio de las naciones que dañan a Israel como la incorporación de naciones a Israel muestran que el Dios de Israel es el Dios universal de todos los pueblos.

LA PURIFICACIÓN DE JOSUÉ (3:1-10)

La visión siguiente tiene que ver con el cambio de vestimenta de Josué. Zacarías está mirando ahora el liderazgo de Zorobabel y al sacerdote Josué. ¿Qué ocurrirá ahora? Lo primero es que Satanás aparece en escena. Es interesante que el diablo casi nunca aparece en el Antiguo Testamento. Aparece en Génesis 3, en el Jardín del Edén, al final de Crónicas, cuando tentó a David a numerar a Israel, y en los primeros capítulos de Job. Por supuesto, él está detrás de muchas cosas, pero toma un lugar mucho más destacado cuando llega Jesús. Pero sí aparece aquí.

Cada vez que algo realmente significativo está por ocurrir, el diablo intenta detenerlo. Trató de matar a todos los varones judíos en Egipto, para que Moisés no sobreviviera y el pueblo nunca saliera de Egipto. Mató a todos los bebés de Belén cuando nació Jesús, porque no quería que ese bebé creciera y rescatara al pueblo de Dios. En esta ocasión, dice que Judá no puede tener a Josué para liderarlos, porque es un hombre sucio, por haber compartido los pecados anteriores de Judá. Zacarías vio a Josué parado con ropas sucias y se dio cuenta de que el diablo tenía razón. El diablo parece tener la función de fiscal en el cielo. En Job, está ahí en el cielo, en el concejo de Dios, acusando a las personas.

En la visión, Zacarías escucha que Josué es como un tizón rescatado del fuego, como un palo a medio quemar sacado del fuego. Así que le quitan la ropa sucia a Josué y lo visten con ropa limpia, con un turbante limpio sobre su cabeza. Es una imagen hermosa, porque Zacarías vio que, por la gracia de Dios, Josué, a pesar de haber compartido los pecados de su pueblo antes, estaba ahora limpio a los ojos de Dios y podía ser el sacerdote, si bien necesitaría mantenerse limpio. Dios promete que lo que ha hecho por este individuo judío, hará por toda la nación. Dice que removería el pecado de esta tierra en un único día. Dios puede limpiar a una persona y hacerla sacerdote. También promete que, en ese día, cada persona invitará a su vecino a sentarse bajo su vid. Estas palabras anticipan el momento en que Jesús encontró a Natanael y le dijo que lo había visto bajo su higuera.

UN CANDELABRO DE ORO Y DOS OLIVOS (4:1-14)

A continuación, Zacarías es despertado para ver un candelabro de oro de siete brazos en el templo. También ve un recipiente más alto que el candelabro con un tubo que desciende hacia el candelabro, y se da cuenta de que el recipiente está lleno de aceite, y que nadie necesitará reponer el aceite en el candelabro jamás, porque hay un depósito de aceite que fluye hacia el candelabro. Esto simboliza a Zorobabel como alguien que tiene un depósito del Espíritu Santo que fluye a través de él. El aceite es siempre un símbolo del Espíritu Santo de Dios en la Biblia. Por eso se usa la palabra "unción" cuando el Espíritu Santo viene sobre alguien; unción con aceite. La reina de Gran Bretaña fue ungida con aceite cuando fue coronada en 1952. Zorobabel es el ungido de Dios, y la palabra para "ungido" en hebreo es "Mesías", el Ungido de Dios ("Cristo", en griego).

Pero luego viene un texto que ha sido muy citado: "'No será por la fuerza ni por ningún poder, sino por mi Espíritu', dice el Señor". En contexto, esto significa no por poder militar, ni por poder político. En otras palabras, la línea real de David deberá lograr lo que logre no teniendo un ejército, ni consiguiendo autoridad política, sino mediante el Espíritu. ¡Qué tragedia que la iglesia lo ha malentendido tan frecuentemente, con episodios tan espantosos como las Cruzadas! Uno no puede establecer el reino de Dios mediante poder militar o político, sino solo por el Espíritu de Dios. Pero la prueba de que el poder fue dado a Zorobabel es sumamente inusual. Cuando los que estaban construyendo el templo llegaron a la parte superior, los constructores realizaron al ceremonia de la piedra principal; es decir

LA LUCHA POR SOBREVIVIR

la última piedra que va sobre un gablete que une los dos lados que se han construido. El texto dice que Zorobabel llegaría a levantar esa piedra principal para colocarla en su lugar con sus manos. Por lo general, es una piedra bastante pesada, pero la profecía dice que lo llevaría y lo colocaría en su lugar, él solo, sin ninguna ayuda, sogas o poleas. Se nos dice: "¡Así sabrán que me ha enviado a ustedes el Señor Todopoderoso!". Sansón se llevó las puertas de la ciudad filistea, y ahora el mismo Espíritu Santo está dando a Zorobabel la fuerza para levantar esa gran piedra y ponerla en su lugar. Es una pequeña y fascinante imagen.

En su siguiente visión, Zacarías ve dos olivos que representan a Zorobabel y a Josué. Habrá un liderazgo doble; el candelabro habla del Espíritu que descansa sobre ambos. Zorobabel es necesario para el futuro, si bien no como un rey. Mi sensación es que, como no se les permitió tener un rey en Persia, decidieron coronar al sacerdote, pensando que los persas no podrían objetar a un sacerdote, aunque no era realmente el rey. Al hacerlo, evitaron problemas con el imperio persa. Sea éste el caso o no, el templo sería completado durante sus vidas, y entonces sabrían que el Señor Todopoderoso les había enviado a Zacarías. No había necesidad de menospreciar los días de los modestos comienzos al mirar el templo, comparado con el de Salomón.

UN ROLLO VOLADOR (5:1-4)

El rollo tiene un tamaño de cinco por diez metros, y vuela por el aire, sobre la tierra. Las palabras en el rollo dicen: "Maldiciones sobre todos los que roban y mienten". Al viajar por encima de las casas del pueblo, se detiene cuando llega a la casa de alguien que está robando o mintiendo. Una maldición cae del rollo sobre la casa, y la casa es destruida. Zacarías está diciendo simplemente que Dios maldecirá a todo el que ha estado robando o diciendo mentiras.

UNA MUJER EN UN RECIPIENTE (5:5-11)

Zacarías ve a una mujer que se parece a una prostituta en un cesto para medir de 22 litros. Dos mujeres con alas de cigüeña bajan volando, levantan el cesto con sus picos, con la mujer adentro, y vuelan hacia el este. Es una imagen de Dios, que lleva sus pecados hacia Babilonia. Dios está diciendo: "Llevé a pecadores ahí; ahora quiero llevar el pecado de ustedes ahí, porque es donde tiene que estar". Babilonia, como ocurre frecuentemente en las escrituras, es el lugar del pecado.

CUATRO CARROS (6:1-8)

Finalmente, tenemos la imagen de cuatro carros con caballos alazanes, negros, blancos y pintos, que recorren toda la tierra para hacer la voluntad de Dios. Ya han concluido su trabajo en el norte de Babilonia, así que un carro está descansando. Pero los otros tres van por todo el mundo para hacer su voluntad. Dios tiene un control de la historia en todo el mundo. Sus agentes pueden ser enviados rápidamente a cualquier parte.

Es en este momento que llegan tres sabios desde Babilonia. Son mercaderes que traen plata y oro como un regalo para el templo. Pero se le dice a Zacarías que tome parte de esto y haga una corona, y luego realice una coronación para Josué en el templo. El refrán reaparece: "Así sabrán que el Señor Todopoderoso me ha enviado a ustedes". Pero éste es un punto crucial. Como dije antes, el sacerdote y el rey nunca estuvieron unidos en Israel. Habían sido unidos en Jerusalén, mucho antes que la tomaran los judíos, en los días de Melquisedec. Ahora los dos vuelven a estar combinados. Pero hay una condición incluida: "si ustedes se esmeran en obedecer al Señor su Dios". Dios está diciendo que va a volver a darles un rey, pero no de la línea real de David esta vez. Josué fue elegido porque era un sacerdote, para que Persia no pensara que el líder sería un problema para ellos.

Es un artilugio astuto para alentarlos a volver a ser el reino de Israel, y sin embargo no es el verdadero cumplimiento de las promesas del Mesías.

Ayunos y fiestas

Dos años después, dos hombres vinieron a Zacarías de Betel, en el norte. (Esto sugiere, dicho sea de paso, que en dos años habían comenzado a diseminarse por el viejo país y estaban restableciendo otros pueblos aparte de Jerusalén.) Los hombres representaban a un grupo de Betel que estaba buscando orientación acerca de su vida religiosa. Vinieron a ver a un sacerdote, pero encontraron a un profeta. Sus preguntas tenían que ver con dos prácticas, los ayunos y las fiestas, porque éstas eran las dos prácticas que guardaban como parte de su religión. Querían preguntar primero acerca de los ayunos que estaban guardando de manera regular. Tenían dos por año, en el mes quinto y séptimo, para recordar cómo había sido destruida Jerusalén, para hacer duelo por la pérdida de la ciudad. Estaban preguntando cuánto más tiempo se suponía que debían continuar haciendo esto, especialmente ahora que habían recuperado la ciudad.

La respuesta de Zacarías es interesante. Les dice que el ayuno era, en realidad, un rito egoísta. Ayunaban porque sentían pena por ellos mismos, pero no dejaban de lado sus pecados. Cita Isaías 58 para indicarles el tipo de ayuno que a Dios le gusta. Debían hacer ayuno de la deshonestidad y la crueldad, y en cambio ser generosos y amables, ayudar a los desvalidos y socorrer a los necesitados. El ayuno que Dios realmente quiere no tiene que ver con privarse de comida sino con privarse de pecar. Ésta es una palabra pertinente para quienes practican la Cuaresma, pero nunca tratan el pecado en sus vidas. Además, dice que había sido precisamente por estas razones que llegó el exilio. Se habían vuelto egoístas y avaros, en vez de generosos y amables.

En cuanto a las preguntas acerca de las fiestas, algunos festivales se habían mantenido en el exilio, pero eran días más feriados que sagrados. Los celebraban en el cuarto, quinto, séptimo y décimo mes, así que en total había dos ayunos y cuatro fiestas por año durante su tiempo en el exilio. Pero, una vez más, Zacarías les dice que sus fiestas están demasiado centradas en ellos mismos. Estaban disfrutando de la comida, las amistades y la diversión, pero Dios no recibía el lugar central de la celebración. Debían convertirlos en verdaderos días sagrados en vez de feriados, y ser agradecidos porque Dios los había traído de vuelta a la tierra para adorarlo. "No tengan solo un feriado o un asueto; tengan una celebración por el hecho de que Dios ha sido fiel a ustedes, que están de vuelta en el monte santo y que las calles están de nuevo llenas de jóvenes y ancianos. Regocíjense porque Dios traerá a más personas y volverá a poblar todo el territorio. Es esto lo que deberían estar haciendo en sus fiestas".

Zacarías también les dice que tienen que estar listos para el hecho de que muchas personas vendrán a ellos porque, como judíos, conocen a Dios. Dice que habrá un tiempo en que las personas vendrán y tomarán la túnica de un judío y le pedirán que les explique quién es Dios.

Predicciones futuras (capítulos 9-14)

La segunda mitad del libro es más complicada, porque ahora Zacarías se aleja de la situación actual y mira hacia el futuro distante. Lo que dice podría encajar en cualquier momento siglos adelante, y en ningún orden particular; algo así como un rompecabezas con piezas de diferentes formas y tamaños. Uno no sabe dónde van y, sin la imagen en la tapa, está realmente perdido. Me recuerda el principio de la carta a los Hebreos, donde dice: "Dios, que muchas veces y de varias maneras habló a nuestros antepasados en otras épocas por medio de los profetas, en estos días finales nos ha hablado por medio de su Hijo". Jesús es la imagen en la tapa. A través de él podemos comenzar a encajar todas las piezas y saber cómo resultará todo. Por esto el libro de Apocalipsis alude tanto a Zacarías, porque puede hacer que encajen estas piezas en el cuadro de un futuro distante, o los "tiempos finales", el tiempo cuando la historia alcanza su cuenta regresiva final. Es Jesús quien romperá los siete sellos del rollo en la cuenta regresiva de la historia, por lo que nosotros tenemos una gran ventaja sobre los judíos que leen este libro pero no pueden ver cómo encaja cada parte.

Hay un claro cambio de estilo y contenido en la segunda mitad del libro. Y, por primera vez en la profecía, parte está escrita en forma de poesía. No hay ninguna mención de la situación contemporánea, del templo, de Josué o de Zorobabel. No hay ninguna visión y hasta cambia el nombre de Dios, de "Señor Todopoderoso" ("Yavé de los ejércitos del cielo") a simplemente "Yavé". La sensación que uno tiene al leerlo es muy diferente, a punto tal que algunos eruditos dicen que tiene que haber sido otra persona la que lo escribió. Algunos estudiosos son muy rígidos en sus ideas. Pero, en realidad, la segunda parte es diferente porque Dios se la dio a Zacarías de una forma diferente. Estos pasajes no están fechados, así que no sabemos cuándo los recibió; podría haber sido años después.

En cuanto al contenido, las profecías son llamadas "oráculos". La palabra hebrea es, literalmente, "pesado" o "cargado", pero se lo traduce habitualmente como "oráculo", si bien no creo que transmita bien el verdadero significado. Es una "carga pesada". Si el Señor le ha dado una carga pesada, sabrá de lo que estoy hablando. Algo pesa en su corazón hasta que lo comparte, y una vez que lo ha compartido, se vuelve más liviano. Usted sabe que la carga ha sido entregada.

La segunda mitad del libro incluye dos de estas cargas. Una está cubierta por los capítulos 9-11 y la otra, por los capítulos 12-14, y son muy diferentes.

Nacional (capítulos 9-11)
En los capítulos 9-11 el foco está en el pueblo de Israel. No hay ninguna indicación en cuanto al momento en que ocurrirán estas cosas o si están en el orden correcto. Es interesante que Efraín se menciona también. Éste fue el nombre dado a las 10 tribus del norte, y sugiere que no han sido olvidadas por Dios, aun cuando nunca volvieron de su exilio en Asiria.

Hay seis imágenes que forman parte de este futuro, aunque es imposible relacionarlas entre sí.

ENEMIGOS DERROTADOS (9:1-8)
La primera imagen es que los enemigos de Israel serán derrotados. Siria, Tiro, Sidón y los filisteos reciben todos menciones específicas. Dios tratará con todos los que han venido contra Jerusalén. No permitirá que Jerusalén sea barrida del mapa. Es su ciudad, y es donde ha puesto su nombre. Por lo tanto, puedo garantizar que aun cuando Nueva York, Pekín, Washington D.C. y Nueva Delhi sean borrados del mapa, Jerusalén seguirá estando. Siempre habrá sobrevivientes judíos para ser integrados al territorio. Zacarías dice incluso que algunos filisteos se unirán a ellos. Dado que los palestinos de hoy se consideran descendientes de los filisteos, es una promesa intrigante, y vendrá un día en que nunca más habrá un opresor que atropelle al pueblo de Dios. Es solo una pieza del cuadro, y no sabemos en qué fecha se cumplirá, pero Dios cumple con sus promesas, aun cuando espere siglos para hacerlo.

UN REY PACÍFICO (9:9-10)
La segunda imagen es de un rey de paz que entra en Jerusalén montado en un asno. Sabemos cómo encaja esto en el cuadro, porque Jesús hizo exactamente esto, si bien la tragedia es que, cuando cumplió esta profecía, ellos no

se fijaron en el asno. Pensaron que estaba montado en un asno porque no podía conseguir un caballo, y se perdieron el mensaje simbólico. Cuando Jesús entró montado en un asno, la gente agitó sus hojas de palmeras y arrojó su ropa al piso gritando: "¡Hosana, Hosana!". Esta palabra no es una especie de "Hola" celestial, como parecen pensar algunos, sino más bien significa "¡Libéranos ahora!". Es un clamor de personas que han sido oprimidas durante siglos, pero ven que la autonomía política se acerca. Incluso lo llaman "Hijo de David", con la expectativa de que él los liberaría.

Pero él no venía para luchar por ellos. Si hubiera querido venir a luchar por su liberación, habría entrado montado en un caballo, como lo hará en su segunda venida. Recibieron, por lo tanto, el mayor golpe de sus vidas cuando atravesó la puerta de Jerusalén y giró a la izquierda, en vez de la derecha. En vez de dirigirse hacia la Fortaleza Antonia, donde tenían su cuartel las tropas romanas, tomó un látigo y, doblando a la izquierda, entró en el templo, donde sacó a los judíos a latigazos. No me sorprende que unos pocos días después dijeron: "Puedes crucificar a ese hombre; ¡preferimos al luchador por la libertad!". La gran ironía es que el luchador que eligieron tenía un nombre muy inusual: Jesús Bar-abbas, que significa "Jesús, Hijo del Padre". Ese día había dos hombres que se llamaban igual. Pilato dijo: "¿A cuál Jesús, Hijo del Padre, quieren? ¿El hombre que no quiere luchar por ustedes o el que quiere luchar?". Prefirieron al luchador. Pero Malaquías dice que un día el Príncipe de Paz vendrá en juicio. Él traerá justicia y paz, y tendrá dominio de mar a mar.

UN DIOS PODEROSO (9:11-10:7)

Aquí tenemos una imagen del Señor que aparece de manera visible para luchar por Israel. Es un cambio de la imagen anterior, que describe la paz. Tenemos a un Señor que vendrá por su rebaño para ser un buen pastor para ellos, a diferencia de los malos pastores que han tenido. El cuadro incluye la gloriosa descripción de un pueblo redimido que brillará como joyas en su corona.

El siguiente oráculo se centra en Grecia. Pasarían siglos antes que los griegos vinieran a conquistar la tierra, liderados por el malvado Antíoco Epífanes IV. Él erigió la estatua de Zeus en el templo de Jerusalén, mató un cerdo en el altar y llenó las sacristías de prostitutas. Fue uno de los peores períodos de la historia, y duró exactamente tres años y medio; es decir, 42 meses o 1260 días, que es precisamente el período predicho con relación al anticristo en el Nuevo Testamento. Bajo Antíoco Epífanes, los judíos sufrieron lo que los cristianos sufrirán bajo el anticristo. Es intrigante que el surgimiento de Grecia fuera predicho por esta tercera pequeña pieza del cuadro. Nosotros podemos entender lo que está ocurriendo ahora, pero es difícil saber cómo lo habrían interpretado en ese tiempo.

UN PUEBLO REUNIDO (10:8-12)
La siguiente imagen es de un pueblo reunido; una inversión de la Diáspora, con judíos traídos de cada nación a su tierra. Por cierto, el pueblo de Israel de hoy ha venido de más de 80 naciones, así que ha traído la música y las danzas de todas estas naciones. Ésta es una imagen de un pueblo reunido que vuelve a casa, y Zacarías dice que no habrá suficiente lugar para ellos. Las escrituras (Isaías 19:23) llegan a decir que se construirá una autopista entre Egipto y Asiria.

VECINOS DESFORESTADOS (11:1-3)
La siguiente imagen es desconcertante. Los vecinos de Judá están siendo desforestados: los cedros del Líbano, los robles de Transjordania o Basán, y aun la jungla del Jordán. Hoy, la jungla del Jordán ha desaparecido en su mayor parte, y solo hay una pequeña zona de cedros en el Líbano. Los robles

LA LUCHA POR SOBREVIVIR

de Basán también han desaparecido. No está claro por qué se da este oráculo.

PASTORES INÚTILES (11:4-17)

La imagen de los pastores inútiles es aún más desconcertante. Es transmitida mediante una parábola actuada, donde Zacarías toma un trabajo como un pastor capataz. Tiene que despedir a tres pastores por no cuidar a las ovejas. Ellos le arrojan sus salarios: 30 piezas de plata. El texto dice: "Hiere al pastor para que se dispersen las ovejas". De nuevo, tenemos partes de un cuadro, y sin embargo podemos ver dónde encajan cuando leemos los Evangelios. Judas arrojó sus 30 piezas de plata de vuelta en el templo porque era un mal pastor, si bien había sido tanto un predicador como un sanador. Jesús usó la cita del pastor herido y las ovejas dispersadas para referirse a él cuando sus discípulos huyeron al ser arrestado en el huerto de Getsemaní.

Las varas de los pastores son quebradas. La primera, Gracia, revocando el pacto que Dios había hecho con las naciones, y la segunda, Unión, rompiendo la hermandad entre Judá e Israel.

Internacional (capítulos 12-14)

La segunda serie de imágenes es internacional. Nos muestran lo que ocurrirá a nivel internacional, con Jerusalén en el corazón de la acción. En 21 ocasiones encontramos el nombre Jerusalén en esta sección. Es como si esta ciudad fuera a ser el foco en el futuro. Será aquí donde tendrá que mudarse la sede de las Naciones Unidas; ésta es una imagen de Sión como el centro del gobierno mundial.

Una frase que se usa frecuentemente en esta sección, "en aquel día", ocurre 18 veces, y "día" solo dos veces más, si bien no ha sido usada antes en la profecía. La palabra aparece también con frecuencia en el Nuevo Testamento, especialmente de labios de Jesús. Este "día" no es un día de 24 horas. La palabra hebrea yom puede significar desde un período de 24 horas a toda una era. Usamos la palabra "día" de la misma forma en inglés-español. Si digo: "El día del caballo y la carreta ha desaparecido y ha venido el día del tractor", no estoy hablando de días de 24 horas en absoluto, sino de una era. Vendrá un día del Señor, cuando todo el mundo verá que es el día de Dios, que el día del orgullo y la avaricia del hombre ha pasado, que ha llegado el día de la santidad de Dios.

Solo una sección en el capítulo 13 es poesía, y la palabra "día" no aparece en esa parte, lo cual es interesante. De nuevo, el orden de las profecías no sigue una secuencia, y es probable que 12:3 y 14:2 se refieran al mismo suceso.

UN EJÉRCITO INVASOR (12:1-9)

La primera imagen muestra unas naciones unidas internacionales atacando a Jerusalén. Un ejército reunido de todas las naciones del mundo es enviado a Oriente Medio. Esto no ha ocurrido aún, pero es una pieza del rompecabezas. Jerusalén aún no ha sido atacada de esta forma, así que está claro que las dificultades que está enfrentando Israel en la escena internacional continuarán. Tal vez vivamos para ver a esta fuerza enviada para atacar a los judíos. Les quedan muy pocos amigos en las Naciones Unidas, y Estados Unidos, su principal amigo, está comenzando a darse vuelta.

HABITANTES DE LUTO (12:10-14)

La siguiente imagen muestra a habitantes de luto. Vendrá un día en que el pueblo de Jerusalén esté tan desesperado que no intentarán hacer tratados de paz con los palestinos o nadie más, sino que clamarán a Dios. La respuesta de Dios será enviar "al que traspasaron", Jesucristo. ¿Puede imaginarse cómo se sentirán los judíos cuando se den cuenta de que

Jesús era su Mesías y lo mataron? Harán duelo como si su hijo mayor hubiera sido asesinado.

Es Zacarías quien dijo por primera vez que los judíos llegarán a ver "al que traspasaron". De hecho, esta misma frase es retomada en el primer capítulo de Apocalipsis, donde se nos dice que, cuando vuelva Jesús, los que lo traspasaron lo verán. Lo único que se necesita para convertir a un judío es saber que Jesús de Nazaret está vivo. Fue todo lo que necesitó Saulo de Tarso, y es todo lo que se requiere hoy.

Será doloroso para ellos mirar atrás a 2000 años malgastados, cuando podrían haber estado liderando al mundo y, sin embargo, han sido perseguidos de un país a otro, como el libro de Deuteronomio dijo que ocurriría. No es de extrañar que lloren.

PROFETAS DESTERRADOS (13:1-6)

Zacarías tiene una vívida visión de profetas falsos. Han estado entre los mayores peligros que Jerusalén ha enfrentado jamás. Jerusalén será purificada de toda esta clase de personas, junto con la idolatría y los dioses falsos. Dice que será limpiada de pecado y purificada de toda impureza mediante una fuente de agua. Sigue hablando de que Sión será limpiada de pecado, y los falsos profetas entonces estarán tan avergonzados y tan desacreditados que repudiarán su profesión. Los profetas que tienen heridas visibles, que antes eran consideradas como una insignia de honor, ¡dirán que ocurrieron en una pelea pública! Es una vívida historia de personas avergonzadas por dar falsa enseñanza.

POBLACIÓN REDUCIDA (13:7-9)

La imagen que sigue es de una población reducida. Pero este pasaje claramente no está en orden, porque aquí se dice que Jerusalén está reducida a una tercera parte de su población, ¡mientras que en la sección siguiente (14:2) está reducida a la mitad! Parece ser una vuelta atrás al texto acerca del pastor herido y las ovejas dispersadas. No estoy seguro dónde encaja esto; podría ser futuro o pasado. Tendremos que esperar para ver. Lo que está claro es que el tercio que queda será un remanente refinado por Dios.

ATACANTES ACOSADOS (14:1-15)

En el capítulo 14 volvemos al ataque internacional contra Jerusalén. No está claro si éste es el mismo ataque que en 12:1-8, pero creo que está definitivamente en el futuro. Dios reunirá a esta enorme fuerza militar, y sin embargo él también luchará por los judíos. Está claramente vinculado con la segunda venida, y probablemente con la batalla de Armagedón, porque tenemos la afirmación: "en aquel día pondrá el Señor sus pies en el monte de los Olivos". Dios no tiene pies, pero Jesús sí, y esto es interpretado por todos los judíos como la venida del Mesías.

Se nos dice aquí que habrá una gran erupción, que causará cambios geológicos asombrosos en toda la región. Supongo que tenemos que entenderlo literalmente, aunque supera la imaginación. Jerusalén se encuentra en un hueco rodeado por montañas; hay ocho picos que rodean a Jerusalén. Es un paisaje geométrico asombroso: la cara este de la Cúpula de la Roca mira hacia el monte de los Olivos, la cara noreste mira hacia el monte Scopus, el sur mira hacia el monte de la Condenación. Leemos que, cuando sus pies se paren sobre el monte de los Olivos, los picos serán sacudidos y bajarán, ¡y Jerusalén quedará en la cima! Por fin, Jerusalén será el lugar alto.

Todo esto forma parte del cuadro. A nuestra imaginación le resulta bastante difícil hacer que todo encaje, pero el punto principal es que la fuerza de las naciones unidas alrededor de la ciudad será confrontada. Los que han venido a atacar a Jerusalén en la batalla final serán frenados: "se les pudrirán los ojos en las cuencas, y se les pudrirá la lengua en la boca . . . cada uno levantará la mano contra el otro, y se atacarán entre sí". No es una sorpresa que el pueblo de Dios diga, entonces: "El Señor es nuestro Dios".

ADORACIÓN UNIVERSAL (14:16-21)
Finalmente, hay una imagen donde todas las naciones ven a Jerusalén como el lugar del nombre de Dios, y todas las naciones guardan la fiesta de Tabernáculos. Es la fiesta que los cristianos ignoran. Guardamos la Pascua, en un sentido, con nuestra Semana Santa. Guardamos Pentecostés, con el Domingo de Pentecostés, pero ¿y Tabernáculos? Para el judío, es su fiesta más importante, que se celebra en septiembre/octubre. Es su festival de la cosecha. Viven en pequeñas casetas abiertas arriba, para que puedan ver el cielo y recordar cómo Dios los llevó a través del desierto. Es una fiesta de ocho días, y el día final es un día de bodas. En este día "se casan con la Ley". Hay un palio nupcial y un rabino con un rollo de la Ley de Moisés se para debajo. Todos bailan alrededor y se casan con la Ley de Moisés durante otro año. Comienzan leyendo Génesis 1 la mañana siguiente, y siguen leyendo hasta que llegan al último versículo de Deuteronomio, doce meses después. Luego se vuelven a casar con la Ley. Pero tienen el novio equivocado, porque el octavo día de la fiesta de Tabernáculos mira adelante hacia la cena de las bodas del Mesías, la cena de las bodas del Cordero.

Esto nos recuerda que toda la Biblia es un romance. Dice cómo un padre encontró una esposa para su hijo, y termina cuando se casan y viven felices para siempre. Todos los buenos romances terminan con una boda, ¡y la Biblia no es ninguna excepción! Esta boda es en el octavo día de esta fiesta, mencionada en Apocalipsis como la cena de las bodas del Cordero. Jesús nació durante la fiesta de Tabernáculos; los indicios están todos ahí, en el Evangelio de Lucas.

Nació en septiembre, o a principios de octubre, en el mes séptimo, el mes de la fiesta de Tabernáculos. Leemos en el primer capítulo de Juan que "el Verbo se hizo hombre y tabernáculo entre nosotros". En Juan 7, los hermanos de Jesús le preguntan sarcásticamente si iba a asistir a la fiesta de Tabernáculos, porque era entonces que esperaban al Mesías. No creían en él, y se estaban burlando de él, pero él dijo: "Mi tiempo aún no ha llegado".

Hay una cosa de la que estoy bastante seguro: sé el mes en que Jesús volverá. No sé el año, pero debe volver en el momento correcto. Será durante la fiesta de Tabernáculos. Por cierto, muchos judíos creen que el Mesías vendrá durante esta fiesta, basándose en Zacarías 14. De ahí en adelante, las naciones celebrarán la fiesta anualmente y enviarán representantes a Jerusalén. Se nos dice que, si no asisten, su país no recibirá lluvia. Así que la fiesta de Tabernáculos se ha convertido, para los judíos y ahora para una cantidad cada vez mayor de cristianos, en un punto focal de la esperanza de un reinado universal del Mesías sobre todo el mundo.

Cumplimiento cristiano

Habiendo visto las piezas del rompecabezas, debemos ahora construir la imagen. Tenemos que recordar que lo que los profetas vieron puede no tener ninguna relación con los tiempos de los sucesos. Cosas que parecían estar cercanas entre sí pueden estar separadas perfectamente por cientos o miles de años. Está claro que muchos de los hechos descritos se refieren a las dos venidas de Jesucristo.

La primera venida
Jesús nació en la fiesta de Tabernáculos. Llegó a Jerusalén por última vez montado sobre un asno. Fue traicionado por

LA LUCHA POR SOBREVIVIR

30 piezas de plata, y cuando los discípulos huyeron, en el juicio de Jesús, los escritores de los Evangelios citaron el versículo "hiere al pastor y se dispersarán las ovejas".

La segunda venida

Hay un vínculo estrecho con el libro de Apocalipsis. Se nos dice que los pies de Jesús se apoyarán sobre el monte de los Olivos. Hay fuertes indicaciones de que este retorno será en la fiesta de Tabernáculos. Apocalipsis nos recuerda que, cuando Jesús vuelva, la nación mirará "al que traspasaron".

Profecías no cumplidas

Zacarías, junto con otras profecías del Antiguo Testamento, contiene predicciones que aún no se han cumplido. El gráfico a continuación da las tres explicaciones generales para esto.

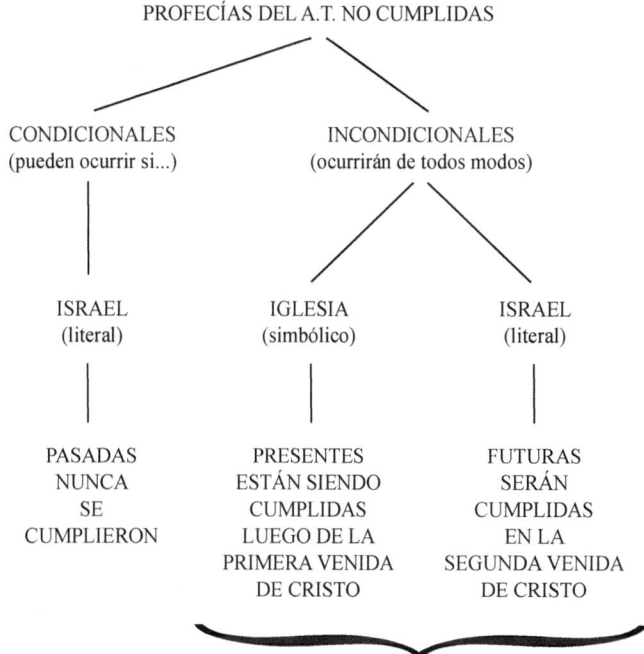

CONDICIONALES

Algunos dicen que el cumplimiento dependía de la obediencia de Israel. La palabra clave era "si". Como Israel fue desobediente, las profecías son obsoletas y nunca se cumplirán. Por lo tanto, no tiene sentido estudiarlas, porque no tienen ninguna pertinencia para hoy.

INCONDICIONALES

Otros consideran que las profecías se han cumplido en la iglesia. Las ven cumplidas "espiritualmente", de modo que la iglesia es la nueva Israel, victoriosa ahora y participando de las victorias predichas para Israel. El problema con esta visión es que, mientras que las bendiciones se aplican a la iglesia, las maldiciones, no. Hay una falla en la lógica. O se aplican tanto las bendiciones como las maldiciones a la iglesia, o no se aplica ninguna.

Otros tienen la expectativa de que las profecías se cumplirán en el futuro. Romanos 11 habla de un avivamiento entre los judíos antes de la segunda venida. En este punto de vista, los sobrevivientes de la tribulación celebrarán la fiesta de Tabernáculos en el reino milenario, cuando Jesús reine sobre todas las naciones desde Jerusalén. Más allá de ese tiempo, habrá una Nueva Jerusalén, donde se destacarán las 12 tribus y los 12 apóstoles.

Mi opinión es que las profecías que aún no se cumplieron se cumplirán literalmente. Tal vez no esté claro exactamente cómo encajará todo, pero sabemos lo suficiente como para tener en claro los aspectos básicos, y podemos estar seguros de que Dios tiene un propósito para todo el mundo, y este propósito se cumplirá. Jesús vuelve para reinar y nosotros reinaremos con él. En ese sentido, el libro de Zacarías no finaliza con una nota de tristeza, con la falta de respuesta de los judíos, como algunos suponen, sino con una nota de esperanza de que un día Dios hará todo lo que ha prometido.

35.
MALAQUÍAS

Introducción

El trasfondo del libro de Malaquías es muy similar al de Hageo y Zacarías. Fue escrito 100 años después del retorno de Judá del exilio en Babilonia. Las cosas no estaban bien: Jerusalén todavía estaba relativamente desierta y la tierra de labranza era mayormente estéril y estaba sin cultivar. Las cosechas recientes habían sido pobres, y las mangas de langostas y la falta de comida hacían que la vida fuera dura y precaria. El templo había sido terminado en 520 a.C., pero era tan pequeño en comparación con el de Salomón que no había hecho mucho para levantar la moral. Si bien Nehemías había reparado las murallas, la gente todavía prefería vivir en la campiña, donde podría ocultarse más fácilmente de un ataque. No habían construido un palacio porque no tenían un rey, aunque Zorobabel, su gobernador, era un heredero legítimo en la línea real de David. Judá ahora comprendía una pequeña ciudad en las montañas y algunas aldeas alrededor, un pálido reflejo del reino de David en su apogeo. El pueblo estaba decepcionado, desilusionado, y aun desesperanzado. Estaba comenzando a preguntarse si había valido la pena volver a Judá. Dijeron: "Hemos estado de vuelta 100 años, ¿y dónde está el reino que construiremos?".

Había una sola buena noticia: habían aprendido su lección acerca de la idolatría en el exilio. Nunca más fueron tras otros dioses ni intentaron cambiar su religión. Pero, dicho esto, la práctica de esta religión se había convertido en una formalidad. La gente asistía al templo, pero era mayormente por tradición: un ritual sin realidad, y ciertamente ya no era una prioridad. Ahora estaban preguntando cuál era la cantidad mínima de tiempo que debían dedicar a la actividad religiosa, y cuál era la cantidad mínima de dinero que tenían que dar. Además, los sacerdotes eran como el pueblo. No se preocupaban por cuántas personas asistían a los cultos, siempre que se llevaran a cabo y ellos se ganaran la vida. Los cultos eran conducidos de una manera informal y descuidada, como si cualquier cosa sirviera para Dios.

Con esta actitud en la vida religiosa, no era ninguna sorpresa que afectara también su vida moral. Cuando la gente se pregunta el propósito de preocuparse por Dios, no pasa mucho antes que dejen de preocuparse por ser piadosa. O, en palabras más sencillas, cuando una generación está preguntando: "¿Por qué preocuparse por Dios?", la siguiente generación preguntará: "¿Por qué ser buenos?". Por ejemplo, aun cuando sabían que hacer negocios el día de reposo estaba mal, construyeron el equivalente de supermercados fuera de la ciudad justo afuera de las puertas, para poder abrirlos el día de reposo. El consumismo tomó el control, con un efecto devastador sobre la vida familiar. La pregunta: "¿Por qué ser fiel a Dios?" pronto se convirtió en: "¿Por qué ser fiel a mi esposa?", especialmente cuando la esposa envejece y pierde su atractivo sexual. ¿Por qué no cambiarla por un modelo más nuevo?

Además, en la nación escaseaban las mujeres luego del retorno de Babilonia, así que se estaban casando fuera del pueblo de Dios. No solo se estaban divorciando y casando de nuevo, sino que se estaban casando de nuevo con mujeres que no eran judías, en contravención con la Ley de Dios. La ciudad de Jerusalén estaba siendo llenada de esposas abandonadas y, como no había un estado de bienestar, las viudas, los huérfanos y las esposas abandonadas estaban pasando por un tiempo especialmente duro.

No tenían un gobierno que culpar, pero podían culpar a Dios, que fue precisamente lo que hicieron. Dijeron: "Dios no está interesado en nosotros, así que nosotros no nos interesamos en Dios". Parecía un argumento impresionante.

"Dios ha dejado de amarnos, así que simplemente hemos dejado de amarlo. No podemos creer en un Dios de amor; tan solo vean la situación en la que estamos. Tenemos que ocuparnos de nosotros mismos. Él nos ha abandonado, así que lo mejor que podemos hacer es ocuparnos de nosotros".

Su crítica de Dios tenía dos lados. Por un lado, decían: "Dios no recompensa la vida recta" y, por otro: "No castiga a los que viven de manera incorrecta. Entonces, ¿para qué preocuparse?".

Ésta era la situación con la que tenía que lidiar Malaquías. Toda su profecía está en prosa, no en poesía, una indicación de que Dios había perdido sus sentimientos por su pueblo, ¡al punto que no volvería a hablarles por otros 400 años! Ésta era su última palabra, y una palabra muy fresca además.

Características únicas

El libro de Malaquías tiene cinco características únicas:

1. En proporción, hay más palabras de Dios en Malaquías que en cualquier otro libro profético. De sus 55 versículos, 47 (es decir, el 85 por ciento) son palabras directas de Dios.
2. Esta profecía es anónima. La mayoría de las personas piensan que "Malaquías" es el nombre del autor, pero en realidad no es un nombre. Simplemente significa "mensajero". La palabra "Malaquías" nunca es usada como nombre en ninguna otra parte del Antiguo Testamento, pero es usada frecuentemente con el significado de "mensajero". Es un mensajero anónimo, un "don nadie" que trae la última palabra de Dios a su pueblo en Israel. Los judíos sospechaban que el autor era Esdras, pero no tenemos ninguna evidencia para decidirnos en un sentido u otro.

3. Malaquías es inusual en el sentido de que es el único profeta que dialoga con las personas. Está claro que, mientras daba la profecía, era interrumpido, porque menciona este hostigamiento. Sus oyentes estaban ofendidos por su predicación porque su mensaje básico era: "¡Ustedes lo comenzaron todo! No fue Dios que dejó de preocuparse por ustedes. Ustedes lo hicieron primero. Si dejan de preocuparse por Dios, él no se preocupará por ustedes". En Romanos, en el Nuevo Testamento, el apóstol Pablo explica que los hombres renunciaron a Dios, así que Dios renunció a los hombres. De la misma forma, cuando una nación renuncia a Dios, él renuncia a esa nación. La profecía toma la forma de fuertes intercambios entre el profeta y el pueblo. En 12 ocasiones dice: "y todavía/ encima preguntan", dando a entender algún tipo de interrupción.
4. Esto es prosa, no poesía, porque los sentimientos de Dios se han secado. Dios está cansado de su pueblo y, por lo tanto, no volverá a hablarle por otros 400 años. Vemos el corazón divino aquí. ¿No estaría usted harto, después de haberlos llevado al exilio y haberlos traído a casa, si no se interesan en usted?
5. La quinta característica es que es la última palabra de Dios. Tal vez el orden cristiano de los libros en el Antiguo Testamento es correcto, después de todo. (Las Escrituras hebreas finalizan con Crónicas.) Éste fue el último mensaje de Dios para ellos, y la última palabra en ellas fue "maldición". Al día de hoy, cada vez que los judíos leen Malaquías en la sinagoga no leen el último versículo: "no sea que yo venga y hiera la tierra con maldición". En cambio, vuelven al versículo 5, para no tener que terminar con la palabra "maldición". Se rehúsan a terminar con la última palabra de Dios.

LA LUCHA POR SOBREVIVIR

Un bosquejo de Malaquías

Supervivencia pasada (1:1-5)
Jacob – Israel – amado – preservado
Esaú – Edom – odiado – destruido
Pecados presentes (1:6-3:15)
Sacerdotes (1:6-2:9)
   Sacrificios baratos
   Sermones populares
Pueblo (2:10-3:15)
   Matrimonios mixtos
   Divorcios insensibles
   Preguntas dudosas
   Diezmos impagos
   Palabras calumniosas
Separación futura (3:16-4:6)
Elección correcta
   Justos – sanidad en el sol
   Malos – quemándose en el fuego
Última oportunidad
   Moisés – legislador – recuerden
   Elías – precursor – reconozcan

Supervivencia pasada (1:1-5)

Para entender los primeros versículos del último libro debemos retroceder 1500 años. Malaquías anuncia que Dios amó a Jacob y aborreció a Esaú, los mellizos que no habían tenido buenas actitudes entre ellos. Parece una afirmación extraña para nuestros oídos. Es importante darse cuenta de que en la Biblia las palabras "amó" y "aborreció" no significan lo que significan en inglés-español. Amar a alguien es cuidarla y buscar lo mejor para ella. Aborrecer a alguien, en lenguaje bíblico, es no cuidarla y no buscar lo mejor para ella. Así que, cuando Jesús dijo: "No son dignos de seguirme si no aborrecen a su padre y su madre", no estaba queriendo decir que sus oyentes debían sentir amargura y resentimiento hacia ellos, sino que debían ocuparse más de él que de ellos.

Además, Dios no está hablando solo de Jacob y Esaú en el pasado, sino de las dos naciones de Israel y Edom, en el tiempo de Malaquías. Les está recordando que, durante los 100 años anteriores, él no ha hecho más que cosas buenas por Israel, y ha castigado a Edom. Cuando los babilonios vinieron a llevar a los judíos al exilio, los edomitas —los descendientes de Esaú que vivían del otro lado del Jordán— se alegraron y se unieron a los babilonios. Su grito fue: "¡Hurra! ¡Están acabados!". Se unieron a la espantosa destrucción, tomando los bebés de los judíos por los talones y haciendo estallar sus cerebros contra el muro de Jerusalén.

Desde ese día, Edom había estado bajo el juicio de Dios. Ocurrió durante un período largo. Dios los echó de su ciudad de origen, Petra, trayendo a los árabes contra ellos. Se vieron forzados a ganarse la vida a duras penas en el desierto del Néguev, donde no había cultivos.

En Malaquías, Dios dice a Israel que había hecho todo esto a Edom por lo que ellos habían hecho a los judíos. "Yo los he amado a ustedes y no me he ocupado de ellos". Malaquías les está pidiendo que piensen en su supervivencia en comparación con Edom, y que sean agradecidos a Dios. La lección es clara. Cuando nos quejamos a Dios, debemos pensar en todo lo que ha hecho a otras personas, reflexionar en lo que ha hecho por nosotros, y estar agradecidos.

Detrás de toda la predicación de Malaquías hay una idea particular de Dios que hacemos bien en entender. Él ve a Dios en tres funciones, como lo hace todo el Antiguo Testamento, y que son áreas que son olvidadas fácilmente por quienes no leen esta parte de la Biblia. Leemos el Nuevo Testamento y pensamos en Dios como el Padre amoroso, pero estas tres dimensiones de Dios, según se ven en el Antiguo Testamento, son vitales. Él es el Creador de nuestro pasado, el Rey de nuestro presente y el Juez de nuestro futuro. Debemos recordar este marco al encarar temas relacionados con Dios.

Pecados presentes (1:6-3:15)

Sacerdotes (1:6-2:9)
Las primeras personas que Malaquías ataca son los sacerdotes. Dios es visto como Padre y Amo, y debe ser respetado. En cambio, ellos estaban tratándolo con desprecio. Demasiado a menudo, en los cultos de iglesia, Dios es tratado con familiaridad en vez de reverencia y respeto. Aquí dice a los sacerdotes que están desprestigiando y deshonrando a Dios. Otra vez el pueblo responde preguntando: "¿Cómo?". Responde con dos instancias.

SACRIFICIOS BARATOS
En primer lugar, el pueblo estaba ofreciendo sacrificios baratos. En vez de escoger la mejor oveja, como se detallaba en la Ley de Moisés, estaban escogiendo la peor —animales ciegos y cojos— para ofrecer a Dios. Malaquías señala que, al no ofrecer lo mejor a Dios, estaban haciendo menos que lo que hacían para el gobernador persa. "Ustedes dan a Dios lo que sobra. ¡Dan a otro lo mejor que pueden dar!".

En segundo lugar, les dice que el nombre de Dios es grande entre las naciones, pero no entre ellos, de modo que los gentiles tienen más reverencia por Dios que ellos. El mensaje es devastador.

SERMONES POPULARES
A continuación, condena a los sacerdotes por decir al pueblo lo que quiere oír, en vez de enseñarles la Ley. Se suponía que eran personas que temían a Dios, y no que agradaban a los hombres. He aquí de nuevo una tentación y una presión

fundamentales sobre los que sirven a Dios en la iglesia. Es muy fácil dar a la gente lo que quiere oír para no perturbarla. Si se molestan, ¡uno sabe que no lo volverán a invitar!

Malaquías les recuerda el pacto de Dios con Leví, en el tiempo de Moisés, cuando se les dijo a los sacerdotes que no tendrían que trabajar por una paga, sino que serían apoyados por los demás, siempre que enseñaran al pueblo a temer al Señor. Pero ahora no estaban enseñándoles este temor. A los sacerdotes levíticos se les dice que el pueblo debía ver vidas piadosas y no solo escuchar sus palabras. Sus labios y sus vidas debían dar el mismo mensaje. Les dice que ya están bajo una maldición y hay cosas peores por delante. Muchos de sus hijos morirán, y el sacerdocio llegará a su fin, si continúan con este comportamiento.

Pueblo (2:10-3:15)
A continuación, Malaquías se centra en el pueblo. Había cinco cosas que mostraban que tanto su creencia como su comportamiento estaban decayendo.

MATRIMONIOS MIXTOS
Los jóvenes se estaban casando fuera del pueblo de Dios. A lo largo de la historia de Israel, Dios había insistido en que el pueblo debía casarse dentro de la nación. Esta práctica está ocurriendo también en la iglesia. Si uno se casa con un hijo del diablo, ¡tendrá problemas con su suegro! Además, tendrá una vida de mucha infelicidad.

DIVORCIO INSENSIBLE
El segundo problema era lo que podríamos denominar divorcio "insensible". Algunos practicaban la poligamia consecutiva. La poligamia simultánea es cuando los hombres tienen más de una esposa a la vez; la poligamia consecutiva es cuando tienen tantas esposas como quieren, siempre que

tengan una por vez. Ésta es otra práctica que se ha vuelto demasiado frecuente dentro de la iglesia. Pero le dolía a Dios, porque cada matrimonio es hecho a la vista de Dios, sea en un registro civil o en una iglesia. Todo matrimonio cae bajo la Ley de Dios. Esta Ley, según Jesús, es que la poligamia consecutiva equivale a adulterio, si bien los predicadores de hoy tienen temor a decirlo. Malaquías lo había enfrentado, y nosotros también tenemos que enfrentarlo, pero tal vez sea lo más impopular que hay que enfrentar en la iglesia de hoy. Dios simplemente dice: "Yo aborrezco el divorcio".

PREGUNTAS DUDOSAS

Cuando Dios acusa al pueblo de romper el pacto, contestaron: "Pero, ¿cómo lo estamos rompiendo?". Él contesta diciendo que estaban rompiendo el pacto entre ellos al casarse fuera del pueblo de Dios.

Pensaban que eran inocentes, y no les gustaba que este predicador los acusara. A la gente no le importa si uno hace afirmaciones generales, pero cuando uno detalla las cosas de manera específica, duele. Malaquías explica que esto estaba cansando a Dios. Estaba diciendo, en realidad: "Ustedes están diciendo: '¿Cómo puedes creer en un Dios de amor cuando está ocurriendo esto?' ¿Cómo se atreven a hacer esta clase de preguntas? Ustedes preguntan: '¿Dónde está la justicia de Dios?'. ¿Cómo se atreven a hacer esta pregunta? El juicio vendrá, si bien podrá no venir inmediatamente, porque Dios es paciente con nosotros. Pero jamás acusen a Dios de ser injusto o de ser indiferente a las cosas malas que suceden".

Como si no fuera suficientemente malo, Malaquías sacudió al pueblo diciéndole que, cuando Dios viniera a castigar a los malvados, comenzaría por su templo. Estaban clamando a Dios para que tratara con las personas malas, ¡pero cuando viniera serían ellos a quienes trataría! Los sacerdotes serían los primeros en ser juzgados, y luego el pueblo.

Hace una lista de las personas que no temen a Dios: los hechiceros, los adúlteros, los perjuros, los que defraudan a los trabajadores en sus salarios, los que retienen deliberadamente el pago de cuentas, los que oprimen a las viudas y a los huérfanos, y los que privan a los extranjeros de justicia. Son palabras bastante directas.

En este momento hay un cambio de tono bastante marcado. Es como si Dios hablara desde su corazón. Explica que el hecho de que el pueblo no haya sido destruido forma parte de su misericordia. Mientras que Judá tiene una larga historia de infidelidad, él sigue siendo fiel. Ellos podrán romper su pacto, pero él seguirá comprometido con ellos. Él les está diciendo: "Vuelvan a mí y yo volveré a ustedes". Es cierto que cuando nos alejamos de Dios él se aleja de nosotros, pero cuando volvemos a él, ¡él vuelve a nosotros! Dios está una relación dinámica de dos vías con su pueblo, y le responde en todo momento. Está constantemente encontrándose con nosotros donde estemos, respondiendo a nosotros, reflejando la actitud que tenemos hacia él. Hay quienes piensan en Dios como alguien que está sentado muy arriba en el cielo, bien lejos, haciendo decretos y moviendo a la gente como marionetas; pero ésa no es la imagen de la Biblia. La Biblia nos muestra a Dios como alguien que responde a nosotros todo el tiempo, que cambia de opinión cuando cambiamos nosotros, que se arrepiente cuando nos arrepentimos, que vuelve a nosotros cuando volvemos a él. Es una relación dinámica.

DIEZMOS IMPAGOS

A continuación, Malaquías les dice que están robándole a Dios. De nuevo, el pueblo cuestiona la sugerencia: "¿Cómo? Nunca le hemos robado nada a Dios". La respuesta, nuevamente, es brusca: "Han dejado de pagar diezmos y ofrendas".

Malaquías los pone contra la pared de una manera muy real,

y ellos objetan. Les explica que no han seguido con el diezmo, el diez por ciento, para Dios o las ofrendas voluntarias, así que están bajo una maldición por la ley del diezmo. La Ley de Moisés dice que, si uno paga, Dios lo bendice, y si no lo hace, Dios lo maldice hasta la tercera y cuarta generación.

Por supuesto, los cristianos no están bajo esa ley. ¡Jamás he predicado sobre diezmar en mi vida! He predicado sobre *dar*, porque en el Nuevo Testamento debemos dar a partir de la gratitud; ¡el Señor no quiere la dádiva de alguien si no la quiere dar! Pero en el Antiguo Testamento tenían que diezmar. Predicar sobre diezmar hoy siempre causará problemas. Mi esposa y yo una vez escuchamos a un joven en una iglesia predicar sobre este tema. La mayoría que hace esto se centra en las bendiciones y pasan por alto las maldiciones, pero por lo menos este hombre era consistente. Pero el mensaje era espantoso. Dijo a la congregación que, si no diezmaban, sus nietos y bisnietos sufrirían; que Dios castigaría a los que quebrantaban la ley del diezmo hasta la tercera y cuarta generación. Ellos estarían bajo una maldición.

De modo que, cuando llegó el momento de la ofrenda, recogieron la mayor cantidad en años, lo cual no era sorprendente. Pero después dije a los líderes de esa iglesia que era una enseñanza perversa, porque hace que la gente dé por temor. El Señor ama a un dador alegre, y nosotros damos bajo el nuevo pacto de la gracia. Para algunas personas, dar el diezmo sería demasiado poco, y para otros, demasiado. Tenemos que ser más flexibles.

Pero Malaquías podía decir legítimamente que el pueblo ya estaba bajo una maldición porque no había traído los diezmos. Si querían volver a tener bendición, tendrían que llevar todos los diezmos al depósito de Dios, y Dios abriría las ventanas del cielo y derramaría tanta bendición que no podría ser contenida. El contexto de esta promesa sugiere que se refería literalmente a nubes y lluvia, para poner fin a la sequía.

PALABRAS CALUMNIOSAS

Malaquías continúa su condena acusando al pueblo de pronunciar palabras calumniosas. De nuevo, responden preguntando cómo habían calumniado a Dios. Malaquías dice que era la forma en que habían denigrado el servicio a Dios, diciendo que no tenía sentido, porque aun los malvados prosperaban. Al hacerlo, decían que Dios no era Señor y no sabía lo que estaba haciendo.

¿Tuvo efecto todo esto? ¿Fue Malaquías un predicador tan efectivo como lo habían sido Hageo y Zacarías? ¿Respondió el pueblo? La respuesta es que algunos lo hicieron; consideraron el mensaje y se arrepintieron. Se hicieron cargo de sus responsabilidades y arreglaron las cosas. Dios incluso escribió en un libro los nombres de lo que tuvieron una respuesta ferviente.

Separación futura (3:16-4:6)

En la sección final, Malaquías describe la separación dentro del pueblo de Dios. Dice que dentro de Israel vendrá un día en que serían divididos en dos. Los profetas lo llamaban "el día del Señor". Aparece mencionado en otros profetas, como Zacarías, Amós y Joel. Es un día de la verdad, de ajuste de cuentas y de juicio. En ese día habrá dos grupos: los que sirven a Dios y los que no lo sirven.

Este pasaje incluye una hermosa descripción de la vida para los justos. Yo solía levantarme a las cuatro de la mañana para ordeñar 90 vacas en una granja de Northumberland. Durante el invierno manteníamos a las vacas adentro y las alimentábamos con comida especial y paja durante meses. Luego llegaba el día cuando las dejábamos salir por primera vez, en la primavera. Si usted conoce algo de la vida de campo, sabe lo que ocurría después. Hasta la vaca más vieja brincaba como una oveja. Las vacas grandes y pesadas saltaban por el campo de alegría. Malaquías dice que así será para el pueblo de Dios. Ellos también saltarán de alegría el día en que Dios venga para traer la salvación final a su pueblo.

Los que sean rechazados ese día son descriptos como "paja quemada después de la cosecha". En los días en que era legal en el Reino Unido, todo lo que quedaba eran cenizas. Así como los terneros saltando en un campo verde bajo el sol es una imagen de los justos, las cenizas de la paja son una imagen de los que no han respondido a Dios. Hay tres cosas que debemos notar aquí.

- Israel, como pueblo, sobrevivirá. Malaquías dice, en nombre de Dios: "Yo no cambio. No cambio mi palabra". Podemos estar seguros de que siempre existirá Israel.
- Pero también está claro que algunos en Israel se perderán. Obviamente, no todo judío que haya vivido jamás será salvado, ni significa que los judíos no necesitan el evangelio.
- Hay afirmaciones de que algunos fuera de Israel serán salvos. Malaquías dice que habrá algunos entre las naciones que formarán parte de los justos, así que tenemos indicios de lo que vendrá en el Nuevo Testamento.

Posdata (4:4-6)

Los tres últimos versículos están construidos alrededor de los dos más grandes hombres del Antiguo Testamento: Moisés y Elías. Éste es el último llamado de Dios a su pueblo de Israel en el Antiguo Testamento, su última palabra durante 400 años, antes de la apertura del Nuevo Testamento.

Dios llama al pueblo a recordar a Moisés y volver a la Ley, porque Dios es su gran rey. Luego les dice que él les dará otra oportunidad. Les enviará un profeta más, una figura de

Elías que vendrá a desafiarlos. Elías fue el primer profeta importante en cuestionar la idolatría y la inmoralidad de Israel, mientras que Moisés fue el profeta que los lideró en su salida de Egipto y quien les dio el Pacto y la Ley.

El Antiguo Testamento finaliza con estas palabras: "Si no escuchan a Elías, entonces la tierra será herida con una maldición". Tendrían una última oportunidad antes del día del Señor: un profeta más para preparar el camino del Señor. Durante 400 años esperaron que ocurriera esto. Fueron ocupados por los persas, los egipcios, los sirios, los griegos y los romanos, y finalmente llegó la oportunidad. De pronto, apareció un hombre vestido como Elías, que comía langosta y miel silvestre, tal como Elías. El país acudió en masa para escuchar a este hombre que predicaba el mensaje que Malaquías dijo que predicaría. Llamó al pueblo a volver a la sabiduría y a la vida familiar. Pero solo había venido como un precursor para preparar el camino para el Señor Jesús.

Cuando vamos al Nuevo Testamento, encontramos que había un gran debate acerca de si Juan el Bautista era Elías. En dos ocasiones, Jesús dijo que Elías era su primo Juan (Mateo 11:7-14; 17:9-13). En consecuencia, Malaquías y Mateo van de la mano en nuestras Biblias. Mateo nos dice cómo Elías ciertamente vino en la persona de Juan el Bautista. Usó adrede la vestimenta de Elías y comió la comida de Elías. Fue la revelación de la siguiente movida de Dios. Cuando Jesús llegó a un punto de inflexión luego de dos años y medio de ministerio, llevó a los discípulos al pie del monte Hermón y preguntó: "¿Quién piensa la gente que soy?", dijeron: "Bueno, algunos piensan que eres una reencarnación de Jeremías, u otra persona". Pero Jesús preguntó quién pensaban ellos que era él. Pedro vio la verdad y dijo: "Bueno, tú has vivido antes, ¿no es cierto? Pero no aquí abajo; has vivido allá arriba. Tú eres el Cristo, el Hijo del Dios viviente". Entonces Jesús llevó a Pedro, Santiago y Juan arriba a la montaña, y Moisés y Elías aparecieron y hablaron a Jesús. Malaquías lo prometió, y todo se hizo realidad.

Aplicación cristiana

1. Se nos dice en 1 Corintios 10 que todos estos ejemplos del Antiguo Testamento fueron escritos para el uso de los cristianos. Lo que ocurrió con la nación judía podría ocurrirnos fácilmente a nosotros. La apatía, la incredulidad, la inmoralidad y la insensibilidad pueden afligir al creyente cristiano también.

2. Debemos dejar que el Nuevo Testamento interprete al Antiguo. No estamos bajo las leyes del día de reposo o de los diezmos, sino bajo la Ley de Cristo, que es más estricta que la Ley de Moisés con relación al divorcio y el nuevo casamiento, y en muchos otros temas.

3. Por otra parte, no debemos ser libertinos en la forma que tratamos la gracia de Dios. Hay demasiados cristianos que terminan perdiendo el temor a Dios; si hacemos esto, no hemos comprendido plenamente el evangelio de Cristo.

4. Debemos recordar que el juicio comienza por la casa de Dios. Los escritores del Nuevo Testamento siguen el mismo patrón que Malaquías cuando se trata del juicio. Cuando Dios viene para juzgar, juzga primero a su pueblo y luego juzga a todos los demás. Habrá una separación aun de personas en la iglesia. No debemos ser autocomplacientes, suponiendo que, porque tomamos una decisión por Cristo en el pasado, estamos bien. Debemos "esforzarnos más todavía por asegurarnos del llamado de Dios", y perseverar en las cosas de Dios, si no queremos enfrentar el juicio que vino sobre el pueblo del tiempo de Malaquías.

www.ingramcontent.com/pod-product-compliance
Lightning Source LLC
Chambersburg PA
CBHW071053230426
43666CB00009B/1707